深圳国际仲裁院　编

My Story with SCIA

泉眼无声

国际仲裁的特区故事

北京大学出版社

图书在版编目(CIP)数据

泉眼无声：国际仲裁的特区故事 / 深圳国际仲裁院编. —北京： 北京大学出版社，2020.8
ISBN 978-7-301-31513-2

Ⅰ.①泉… Ⅱ.①深… Ⅲ.①国际仲裁—文集 Ⅳ.①D994-53

中国版本图书馆 CIP 数据核字(2020)第 143328 号

书　　名	泉眼无声——国际仲裁的特区故事 QUANYAN WUSHENG——GUOJI ZHONGCAI DE TEQU GUSHI
著作责任者	深圳国际仲裁院　编
责任编辑	王建君
标准书号	ISBN 978-7-301-31513-2
出版发行	北京大学出版社
地　　址	北京市海淀区成府路 205 号　100871
网　　址	http://www.pup.cn　http://www.yandayuanzhao.com
电子信箱	yandayuanzhao@163.com
新浪微博	@北京大学出版社　@北大出版社燕大元照法律图书
电　　话	邮购部 010-62752015　发行部 010-62750672 编辑部 010-62117788
印刷者	北京中科印刷有限公司
经销者	新华书店
	730 毫米×1020 毫米　16 开　40 印张　595 千字 2020 年 8 月第 1 版　2023 年 6 月第 2 次印刷
定　　价	98.00 元

未经许可，不得以任何方式复制或抄袭本书之部分或全部内容。
版权所有，侵权必究
举报电话：010-62752024　电子信箱：fd@pup.pku.edu.cn
图书如有印装质量问题，请与出版部联系，电话：010-62756370

泉眼无声

国际仲裁的特区故事

My Story with SCIA

主　编

刘晓春

副主编

曾银燕　何　音

顾问委员会（以姓氏拼音为序）

郭小慧　郭晓文　胡建农　黄亚英　蒋溪林
梁爱诗　梁定邦　刘春华　Peter Malanczuk
沈四宝　王桂壎　袁国强　赵　宏

编辑委员会（以姓氏拼音为序）

安　欣　董连和　李秋良　刘晓春　王素丽
谢卫民　杨　涛　曾银燕　赵彦莹

编辑部（以姓氏拼音为序）

迟文卉　邓凯馨　何　音　李雄风　孟　伟
钟　妙　庄淮清

半亩方塘（代序）

刘晓春

"半亩方塘一鉴开,天光云影共徘徊。问渠那得清如许？为有源头活水来。"在深圳经济特区建立40周年之际,我们共同回顾和展望中国国际仲裁在深圳经济特区的创新与发展,朱熹的这首诗也许最能表达大家对特区国际仲裁37年历史的共同体会,这本文集不止一篇文章引用了这首诗。

这半亩方塘,源于中国改革开放和经济特区建设。没有改革开放和特区建设,就没有特区国际仲裁。秦文俊老书记和黎学玲老教授等老先生的回忆,带领我们回到了中国改革开放之初,回到了广东省经济特区的初创年代,回到了特区仲裁机构筹建时"筚路蓝缕,以启山林"的动人场景。特区老一辈拓荒牛的文章告诉我们,特区国际仲裁机构在机构设置上源于1983年4月19日,但是她的精神源泉,她的开放和创新品格,可以说始于1980年8月26日,始于全国人大常委会批准施行《广东省经济特区条例》的那一天。特区国际仲裁为中国的改革开放而生,为特区建设而生,近40年来也一直为促进中国的改革开放和特区建设而不懈努力,先行示范,持续作出可能微薄但特殊的贡献。

这半亩方塘,源于内地与港澳地区的开放合作。是港澳地区工商界和法律界在改革开放之初的倡议,催生了粤港澳地区这第一家仲裁机构；是港澳地区和海外专业人士源源不断的加入,使深圳经济特区在中国内地最早向境外仲裁员开放,而且理事会里不乏香港和海外知名人士参与机构决策；是港澳地区和海外工商界近40年的信赖,使特区成为中国内地处理涉港澳和涉外商事纠纷的中心城市,大量跨境纠纷的有效化解,促进了港澳地区与内地经贸合作的繁荣和稳定,并在深圳经济特区逐步促进了中国仲裁的国际化。

这半亩方塘,源于一代代仲裁员的努力和坚守。近40年来,从1984年第一个仲裁员名册15名来自内地和香港的仲裁员,到如今1 000多名分布在77个国家和地区的仲裁员,还有境内外的调解员,他们都是这个舞台上永远的主角。是他们的智慧和汗水,为来自100多个国家和地区的当事人化解了大量纠纷,促进了市场经济和国际经贸的有序发展;是他们的共同坚守,使得这半亩方塘像镜子那样澄澈明净,天光云影都映照得清清楚楚。"问渠那得清如许?为有源头活水来。"仲裁院在2018年确定莲花为"院花",这种中国特色的"精神互勉"在深圳、北京、杭州、香港、澳门等地的新名册仲裁员大会上得到广大仲裁员的共鸣,大家都热烈鼓掌表示要"从我做起",争做"中通外直,不蔓不枝,香远益清,亭亭净植"的莲花,共同建设最干净的仲裁机构。不追求做最大,但要做最干净、最有公信力、让当事人最放心的国际仲裁机构,这是中国国际仲裁在特区创新和发展的最低要求,是大家在会上表达的共同愿望,也是许许多多仲裁员心底里从未放弃的理想追求。

这半亩方塘,源于层出不穷的新鲜有生力量。作为常设仲裁机构,特区仲裁最早起源于1983年的深国仲,先后在董有淦、周焕东、肖志明、郭晓文、韩健等领导的带领下,深国仲的管理工作人员从无到有、从少到多,他们来自内地的四面八方,他们来自境外的著名大学和法律机构,队伍不断壮大。是他们夜以继日、年复一年的坚持,使成千上万的案件得到有效管理,遍布各国各地区的仲裁员和当事人得到有力协助和周到服务,中国国际仲裁的"特区形象"在深圳闪闪发亮。特区仲裁还有一个源头是1995年因《仲裁法》实施而在工商、科技和房产等行政机关内设仲裁机构基础上组建的深圳仲裁委员会。当年我曾被深圳市政府抽调半年参加了深仲的筹建,清晰记得张建国、王刚毅等领导在筹建深仲时站位很高、非常给力,而先行了13个年头的深国仲在业务方面对当时的深仲给予了很多帮助,后来深仲先后在冯百友和宋魏生等领导的带领下逐步发展起来,成为1995年之后中国各地新组建的仲裁机构中的佼佼者,直到2017年

12月深圳市委市政府决定深国仲与深仲合并为新的深国仲,开创仲裁机构合并的先例。合并之后,特区仲裁管理工作团队的力量更加强大。无论是在深交所41楼,还是在中民时代广场办公室,夜深时还灯火通明成为常态。为了帮助仲裁庭化解当事人纠纷而主动加班的主人翁多是二十多岁、三十多岁的年轻人,专业和敬业是他们青春面孔上的标签,他们不仅是这半亩方塘的新的守护者,也是中国国际仲裁未来的希望。

这半亩方塘,源于永不干涸的创新思想和行动。创新是深圳经济特区的基因,也是特区国际仲裁的灵魂。在改革开放之初,特区国际仲裁本身就是深圳经济特区创新的产物。近40年来,"敢闯敢干、敢为人先"的特区精神,驱动着中国国际仲裁在深圳经济特区一次次突破阻力或局限,持续发展,追求卓越。深国仲在2012年提出的"3i"核心理念[independence(独立)、impartiality(公正)、innovation(创新)]中,innovation(创新)赫然在目。从仲裁员名册的国际化到仲裁规则的现代化,从用人机制的市场化、专业化到法人治理机制的法定化、国际化,无论是紧跟市场需求的业务模式还是有效制衡的监督机制、自我约束的管理制度,特区国际仲裁机构从来不缺创新精神和创新实践,理事会理事、仲裁员、调解员、执行管理层和工作人员,无不以此自勉和互勉。在众多创新实践中,也许深圳市委市政府在2012年通过对深国仲进行法定机构改革、建立以理事会为核心的法人治理机制是最具有自我革命精神的制度创新,在避免地方保护、行政部门干预和内部人控制方面进行了科学的制度安排,在国内外都属于率先探索,而且实践证明行之有效,为特区法治化营商环境赢得了声誉。可以说,正是由于源源不断的思想动力和创新实践,这半亩方塘清澈如初。

这半亩方塘,源于市场的信赖和支持。长期以来,特区国际仲裁的发展与全国法律界几代人的鼎力支持密不可分,也与海内外工商界的信赖密不可分。仲裁来源于商界,服务于商界;仲裁来源于市场,服务于市场。没有当事人的信赖,不为当事人服务,这半亩方塘就是无源之水。现今中国的仲裁机构是由政府按照法律规定设立的,但仲裁机构行使的并非公权力,仲裁管辖权来源于当事人的授权,仲裁的主要根基是公信力。所以,以当事人为中心,回到仲裁的初衷,这是我们特区国际仲裁必须坚持的。为什么要成立仲裁机构？当然是国家需要、市场需要、企业需要。没有企业、没有当事人的约定，没有当事人的一致授权，仲裁管辖权为"零"，所以我们必须思考仲裁宗旨的问题。其实，仲裁宗旨的异化问题，在境外也存在。记得在2010年，我陪同郭晓文主任到境外参加一个专业活动，当时来自各国的法律界人士你方唱罢我登场，讲的都是一套又一套的理论、说法，后来有一个荷兰商会的代表站到台上说："你们讲的都是你们法律人讲的话，你们考虑过我们商人的需要吗？考虑过我们解决纠纷的成本、效率吗？考虑过我们的商业惯例吗？"最后全场都被他这番很突然的讲话震动了。境内外不少仲裁规则，确实越来越呈现这样一种趋势：仅仅是为法律人而设计，对其最终用户——市场主体却不够关心甚至漠不关心，脱离了仲裁的本来目的。当时我们就深入思考：仲裁的目的、仲裁机构发展的目的到底是什么？我们应该跳出特区看特区，跳出仲裁看仲裁。特区国际仲裁是中国改革开放的需要，是市场发展的需要，是企业发展的需要。假如适应不了企业的需要，适应不了市场、社会发展的需要，仲裁最终会被市场抛弃。因此，特区国际仲裁的所有创新都不是为了创新而创新，而是为了满足国家和市场发展的需要而创新，为了满足营商环境市场化、法治化、国际化的需要而创新，为了满足市场主体不断变化的纠纷解决需求而创新。因为坚持以当事人为中心，特别是充分尊重当事人的意思自治，特区国际仲裁机构日益受到市场的信任和支持。在特区建立40周年之际，特区国际仲裁机构要对来自国内外100多个国家和地区的市场主体的信赖表示感谢和敬意。

  这半亩方塘，源于合作力量的不断涌入。从历史上中国贸促会的帮助到北京、上海、深圳三地国际仲裁的长期通力合作，从与国内兄弟仲裁机构的经验交流到与国际组织及境外著名国际仲裁机构的业务合作，从海外庭审中心的联合共建到互联网仲裁平台的长期建设，从中国国际仲裁研究院到跨国投资与法律培训中心，从每年一届的中国华南企业法律论坛到在境外联合举办的专业会议，从"广交会调解+华南国仲仲裁"到"境外调解+深圳仲裁"、再到"四位一体"纠纷解决机制创新，从粤港澳仲裁调解联盟到中国自贸区仲裁合作联盟、再到中国法学会支持建设的中非联合仲裁中心，深国仲在合作中学习先进，开拓视野，深深受益于各方，这半亩方塘也因此而源泉不断。

　　这半亩方塘,当然源于特区优良的法治环境。广东省委省政府和深圳市委市政府对特区国际仲裁机构从来都是"支持但不干预",这已成为法律界和工商界对特区法治化、市场化、国际化营商环境的长年共识,成为深圳这座城市国际公信力的一种"习惯",而且这种"理所当然的习惯"从1984年到2012年再到今天,通过广东省人大的立法和深圳经济特区的立法而成为颇具中国经济特区鲜明特色的制度安排,从而稳定中外当事人对特区国际仲裁公信力的预期。对于特区的这些制度安排和特区国际仲裁的创新发展,全国人大常委会法制工作委员会和香港特别行政区基本法委员会,最高人民法院和各地、各级人民法院,司法部和商务部、国务院国资委、国务院港澳办等部委办以及中国证监会、全国工商联,还有广东省人大常委会、广东省司法厅、广东省国资委、广东省工商联及深圳市的各个部门一直以来都给予了大力支持,香港中联办和香港特别行政区政府、澳门特别行政区政府等给予了很多帮助,这些支持和帮助也是这半亩方塘源源不断的力量源泉。

　　这半亩方塘,不大,但源远流长,活力不断,而且清澈可鉴,因为她有思想,有灵魂,有使命,有志气。1982年6月,芮沐先生在燕园就提出特区国际仲裁机构"要有志气逐步发展成为远东地区权威的国际仲裁中心",这是特区国际仲裁机构的最初愿景,也是几代仲裁员共同守护的初心。后来,最高人民法院院长周强在视察前海时希望深国仲发展成为国际一流仲裁机构,深圳市委、市政府提出深国仲要建设具有全球影响力的国际仲裁高地,深圳要建设国际仲裁的全球标杆城市,这都与最初的愿景一脉相承,初心不变。年轻的心有远方。

　　这半亩方塘,永远年轻。过往一切,皆为序章。

2020年6月20日,莲花山下

目录

但开风气不为师 / 秦文俊 ·················· 1

筚路蓝缕，以启山林
　　——特区国际仲裁机构的萌生与初心 / 黎学玲 ·················· 9

三十八年过去，弹指一挥间 / 朱士范 ·················· 21

公明廉威，奋蹄不息 / 陈安 ·················· 24

探索前行的特区国际仲裁 / 陈彪 ·················· 34

与香港仲裁员相处的点滴回忆 / 罗镇东 ·················· 43

特区仲裁早期片忆
　　——1980年代的特区涉外仲裁 / 郭晓文 ·················· 46

感怀在深圳国际仲裁院的十九年 / 韩健 ·················· 54

芮沐先生的寄望 / 沈四宝 ·················· 60

芝兰冉冉同舟来 / 梁定邦 ·················· 66

SCIA：国际仲裁的谦谦君子 / 梁爱诗 ·················· 72

四十年来两地情，渠渠天理境中行 / 袁国强 ·················· 77

回忆五则：特区仲裁往事 / 郭小慧 ·················· 82

回眸与前瞻 / 赵宏 ·················· 89

Some Remarks on International Arbitration in China:
　　My Experience with the Shenzhen Court of International
　　Arbitration (SCIA) / Peter MALANCZUK …………………… 98
Four Decades of Development of Arbitration / Huen WONG …… 112
结缘·同行·未来 / 刘春华 …………………………………… 120
人大议案与特区仲裁 / 黄亚英 ……………………………… 124
桥 / 冯巍 ……………………………………………………… 130
改革之路，创新之路 / 王璞 ………………………………… 136
前海与深国仲的良缘佳话 / 郑宏杰 ………………………… 144

创造与梦想 / 张力行 ………………………………………… 150
在合作中感悟"深国仲" / 张守文 …………………………… 154
中国仲裁国际化的一面旗帜 / 刘敬东 ……………………… 158
我最喜欢的国际商事仲裁机构 / 谢石松 …………………… 162
求学惟精惟一，寻道允执厥中 / 郭雳 ……………………… 167
见证·参与·前行 / 陈洁 …………………………………… 171
事在人为 / 杨国华 …………………………………………… 175
SCIA：跨境法律服务合作的推动者 / 王千华 ……………… 178
以莲为念，清香自来 / 洪艳蓉 ……………………………… 182
国际仲裁改革创新的中国高地 / 顾维遐 …………………… 189
Shenzhen and the Future of International
　　Arbitration / Mark FELDMAN ……………………………… 195
My Story of International Arbitration at SCIA / Susan FINDER …… 205

回忆与祝福 / 张勇健 ………………………………………… 210
更上一层楼 / 张玉卿 ………………………………………… 214
感受深国仲"走出去" / 傅伦博 ……………………………… 219
特区国际仲裁浓墨重彩的一笔 / 袁晓德 …………………… 226
阳春布德泽　万物生光辉 / 付彦 …………………………… 231
转身终不离初际 / 宫晓冰 …………………………………… 235

我与中国华南企业法律论坛 / 姚军 ·········· 240
这里的微笑比较持久，这里的握手比较有力 / 徐罡 ·········· 243
岁月相伴，携手并进 / 刘中 ·········· 246
深国仲的气质 / 郭世栈 ·········· 250
广交会上的华南国仲 / 张嘉庆 ·········· 254

两岸气正长携手，一江风顺好扬帆 / 刘德学 ·········· 258
我与特区国际仲裁之缘 / 白涛 ·········· 263
华南国仲：大湾区一面夺目的旗帜 / 邱进新 ·········· 271
那一个温暖的冬日 / 简慧敏 ·········· 275
粤港联手，同舟共进 / 王则左 ·········· 278
香港资深大律师眼中的深圳国际仲裁 / 王鸣峰 ·········· 280
My Story with the Shenzhen Court of International Arbitration / Sylvia Wing Yee SIU ·········· 283
Episodes of Canton-Hong Kong Cooperation in International Arbitration / Richard LEUNG ·········· 291
A Tale of Innovation / HUANG Zeyu ·········· 295

特区仲裁第一案与"民间仲裁"第一案 / 徐建 ·········· 310
我与深圳特区仲裁的二三事 / 叶渌 ·········· 313
这就是特区 / 费宁 ·········· 318
双城往事两则 / 朱茂元 ·········· 323
回眸、畅想与收藏 / 卢全章 ·········· 330
大鹏一日同风起 / 高峰 ·········· 336
羽梦之翼 / 张志 ·········· 342
值得回味的两则案例 / 朱征夫 ·········· 349
仲裁庭的"智囊" / 周成新 ·········· 353
缘结与斯 感念常存 / 刘澄清 ·········· 358
统建楼"吃瓜"散记 / 申铭 ·········· 362
仲裁庭的旧模样 / 黄思周 ·········· 364

法律人的荣耀 / 高树 …… 366

法律人的职业精神 / 吴友明 …… 373

情怀与坚守 / 郑建江 …… 376

传承与精进 / 李建辉 …… 379

创新包容的华南国仲与"创新经济" / 谢学军 …… 383

漫谈商事仲裁中的以当事人为中心和程序 DIY / 汪锡君 …… 388

仲裁员是怎样炼成的 / 鲁楷 …… 392

我为什么信任深圳国际仲裁院 / 隋淑静 …… 394

中国内地仲裁裁决境外执行首宗案例回顾 / 杨胜华 …… 400

共谁争岁月,点滴忆当年 / 郑东平 …… 408

角色转换之间 / 贺倩明 …… 413

一个推托不了的任务 / 李永海 …… 417

从青年律师到仲裁员之路 / 付增海 …… 420

善良与公正的艺术 / 孙红庆 …… 423

特区仲裁实践有感 / 左青云 …… 425

深国仲与深圳精神 / 马东红 …… 429

一名年轻仲裁员的感恩之心 / 钟澄 …… 433

船轻争向上,海阔敢当中 / 宋亮 …… 437

特区国际仲裁缘分二十年 / 温达人 …… 442

想起"两条鱼" / 韦小宣 …… 445

"监督是最好的支持" / 林建益 …… 449

"书本之外"的国际仲裁 / 周龙 …… 451

最忆向来携手处
——上国仲致深国仲的一封信 / 马屹 …… 455

从一片绿意到一树春天 / 蒋弘 …… 459

鲲鹏击浪从兹始 / 张玉生 …… 462

难忘的雨夜 / 孙淑宇 …… 465

十八年的两岸情 / 陈希佳 …… 468

潮平两岸阔,风正一帆悬 / 黄淑禧 …… 471

国际仲裁：深圳与世界 / 苏国良 …………………………… 474
深国仲的高瞻远瞩 / 鲍其安 …………………………… 478
我与深国仲 / 刘京 …………………………… 479
深圳：我所热爱的起点 / 杨玲 …………………………… 480
创新的价值 / 范铭超 …………………………… 484
My Story with Shenzhen：from Partnership to
　　Friendship / Andrew LEE …………………………… 486

值得铭记的一次挫折 / 许崇实 …………………………… 491
莫叹干时晚　奔驰竟朝夕 / 陈鲁明 …………………………… 493
人生若只如初见 / 李红 …………………………… 497
特区仲裁第一课 / 徐三桥 …………………………… 501
问渠那得清如许 / 陈彤 …………………………… 503
春风化雨，润物无声 / 肖黄鹤 …………………………… 507
二十三年如转头，万水千山一轻舟 / 林一飞 …………………………… 510
特区仲裁：中国仲裁的自我超越 / 袁培皓 …………………………… 518
莲花山下的"老朋友" / 蔡璐璐 …………………………… 522
我在仲裁院的那些年 / 周娟 …………………………… 525
冬至，写给山上的兄弟姐妹 / 陈睿 …………………………… 530
最美是遇见 / 潘达良 …………………………… 538

冰心玉壶　薪火相传 / 王素丽 …………………………… 541
积跬步以至千里 / 董连和 …………………………… 546
予人为乐，与己而乐 / 安欣 …………………………… 550
回望八十年代 / 曾银燕 …………………………… 553
华南国仲与"中国第一展" / 谢卫民 …………………………… 561
初心与本色 / 陈巧梅 …………………………… 566
仲裁追梦人 / 周毅 …………………………… 571
当时只道是寻常 / 钟妙 …………………………… 577
月是故乡明　路随仲裁宽 / 邓凯馨 …………………………… 586

春风细雨化干戈，四海之内执玉帛 / 陈家鸣 …………………………… 594
另一种担当 / 刘程 ……………………………………………………… 600
我和特区国际仲裁的"那些小事" / 刘欣琦 …………………………… 605
随着大海的方向 / 姚瑶 ………………………………………………… 609
仲裁初印象：从狮城到鹏城 / 李雄风 ………………………………… 613

荷角尖尖（代跋）………………………………………………………… 621

但开风气不为师

秦文俊

秦文俊,1932年5月生,湖北黄冈人。1949年7月在武汉中原大学政治学院学习并参加工作,1952年7月加入中国共产党。1975年任广东省委办公厅副主任、主任,省委副秘书长。1980年5月任广东省经济特区管理委员会副主任,同年6月兼任深圳市委书记(时设第一书记)。1983年任广东省委政策研究室主任。1986年6月任深圳市委副书记。1990年9月调任新华社香港分社副社长。中国人民政治协商会议第八届全国委员会常务委员。

2020年5月30日,秦文俊同志接受了深圳国际仲裁院的采访。

深国仲:秦老,今年是深圳经济特区建立40周年。您曾经担任广东省经济特区管理委员会副主任,可否请您回顾当年参与创建经济特区的过程?

秦文俊:我说不上是经济特区的创建者,但可能算得上一名见证者。1979年1月8日至25日,广东省委召开四届二次常委扩大会议,研究贯彻中共十一届三中全会精神。当时我任广东省委副秘书长、办公厅主任。会后,广东省委安排开展调查研究工作。为了改变经济落后的局面,4月2日,广东省委常委会议决定向中央提出要求允许广东"先走一步"的意见,在深圳、珠海和汕头建设"贸易合作区"。4月8日,在中央工作会议上,广东省委第一书记习仲勋同志在中南组发言:"广东邻近港澳,华侨众多,应充分利用这个有利条件,积极开展对外经济技术交流。……希望中央给点权,让广东先走一步,放手干。"

4月下旬,习仲勋代表广东省委向政治局汇报,正式向中央提出广东省要求创办贸易合作区的建议。邓小平同志赞同广东省的设想,他听说"先走一步"的地方名称还定不下来,就说"就叫特区嘛,陕甘宁就是特区"。中央工作会议同意了广东省和福建省的要求,决定在广东的深圳、珠海、汕头及福建的厦门试办"出口特区"。

5月14日,中央书记处书记、国务院副总理谷牧同志率领工作组到达广东,与广东省委共同起草解决广东"先走一步"问题的文件。6月6日,广东省委将报告上报中央。7月15日,中共中央、国务院批准广东省委、福建省委的报告,决定对广东、福建两省实行"特殊政策、灵活措施",要求两省抓紧有利的国际形势,先走一步,尽快把经济搞上去。这就是中发〔1979〕50号文件,决定先在深圳、珠海两市试办"出口特区",待取得经验后,再考虑在汕头、厦门设置。

中央50号文件下达后,广东省委责成我和丁励松等人组成工作班子,集中在省委党校研究落实中央文件,筹划"出口特区"。经过研究和讨论,大家认为,特区作为改革开放的产物,当然要广泛利用外资,引进先进的生产技术,达到发展生产、振兴经济的目的,但目光不能仅限于这一点,不能仅限于"生产基地",还应该是"窗口"和"试验场",使中国能够通过这个"窗口"观察外部世界,引进、学习外部的先进技术和管理经验,因此,可能"经济特区"这个名称与中央设置特区的初衷最贴近。

9月28日至10月5日,吴南生同志和我带队到深圳调研,并走访边防口岸。当时深圳经济非常困难,农民收入平均每人134元人民币,而同期香港新界农民收入为13 000多元港币,差距很大,深圳"逃港"问题严重。我们与深圳市委主要负责人反复交换意见,明确了"先走一步"这一首要问题,强调要尽快在深圳建成一条"富线"。回到广州之后,我们向广东省委上送了《关于加快深圳建设必须解决的几个问题》的报告,广东省委草拟了报中共中央、国务院的《关于建立出口特区几个问题的汇报提纲》。

12月17日,谷牧同志在北京主持召开广东、福建两省会议。广东省委向中共中央、国务院汇报广东省筹备建立特区的情况,提出要大胆放手,争取奋斗10年,把深圳、珠海、汕头三个特区建设成初具规模的现代化工业基地。广东省委还提出,我们的特区不仅办工业,还要办农业、科研、商贸、旅游、住宅、文化等事业,因此,将"出口特区"改称"经济特区"更确切。

1980年3月24日至30日,谷牧同志在广州主持召开广东、福建两省会议,检查总结中央50号文件贯彻执行情况,会议确定把"出口特区"改为"经济特区"。会后,中共中央、国务院下达文件。

同年4月25日,广东省委常委会议决定成立广东省经济特区管理委员会,代表省人民政府对全省三个特区实行统一管理,并直接经营管理深圳经济特区。5月4日,省委省政府任命吴南生同志兼任广东省经济特区管理委员会主任;副省长王宁、曾定石兼任副主任;我任副主任,丁励松任秘书长,共同负责日常工作。6月,广东省委任命吴南生兼任深圳市委第一书记,张勋甫任市委常务书记,我兼任市委书记,丁励松兼任市委常委、秘书长。

深国仲:1980年8月26日,全国人大常委会批准了《广东省经济特区条例》。为什么要制定这个条例?

秦文俊:1979年7月15日中央50号文件出台,半个月后,省委就正式启动出口特区条例的起草工作,由吴南生同志总负责,我和丁励松同志具体负责。

经过一个月的紧张工作,完成了初稿,除送交省委审定外,我们还邀请了一些香港知名人士开会座谈,征求意见。南洋商业银行董事长庄世平先生指出:如果没有法,你仅凭领导人讲,这个领导人可能今天在这个岗位,但明天如果他换职务了,或者生病了,换一个人的意见或许就不同了,凭什么呢,总要有个法律依据吧,我很赞同立法。同时,与会人士对初稿的内容提出了许多尖锐的批评意见。大部分人认为,条例的起草者思想还不够解放,对投资者怀有太多的戒备心理,生怕国门打开之后,外商来多了管不住,因此特区条例初稿中有太多这样的表述:不得这样,不得那样,应该怎样……这不是一个欢迎、鼓励外商投资的条例,而是限制投资者的条例。

这些中肯的批评意见,使我们深受启发。对投资者,包括港澳同胞、海外侨胞,办特区应该让他们赚钱,他们有钱赚,才会有大批人来投资,只有他们赚到钱,特区也才能赚到钱,这是相辅相成的辩证关系。思路转过来后,我们又着手重新草拟特区条例。

1979年12月27日,广东省五届人大二次会议原则通过了《广东省经济特区条例(草案)》。之后,根据谷牧副总理和国务院工作组的意见,再次对条例草案作认真修改。就这样,边征求意见边修改,前后草拟了13稿,并于1980年4月14日提请广东省五届人大三次会议审议。

在特区条例有无必要提请全国人大审议通过问题上,出现过两种意见。一种意见认为,特区条例是广东省的地方性法规,无须全国人大通过,也无此先例。另一种意见则认为,必须由全国人大通过,因为特区是中国的特区,应该有一部由最高立法机构审议批准的法规。

1980年8月26日,叶剑英委员长亲自主持五届全国人大常委会第十五次会议,国家进出口管理委员会副主任江泽民代表国务院作关于条例的说明,会议决定批准国务院提出的在广东省深圳、珠海、汕头和福建省的厦门设置经济特区的建议,批准并颁布施行《广东省经济特区条例》。至此,中国经济特区正式诞生,并有了法律保障。

深国仲:《广东省经济特区条例》对广东省经济特区管理委员会作了什么规定?

秦文俊:《广东省经济特区条例》中的很多条文对广东省经济特区管理委员会作了规定,经济特区的管理体制与我国传统的管理体制有明显的不同,体现了在中国改革开放之初广东省的先行先试和"特区特事特办"。

条例第三条规定:"设立广东省经济特区管理委员会,代表广东省人民政府对各特区实行统一管理。"广东省对深圳经济特区尤为重视,在第二十四条规定:"深圳特区由广东省经济特区管理委员会直接经营管理;珠海、汕头特区设立必要的办事机构。"

条例第二十三条则规定了特区管理委员会行使以下职权:(1)制订特区发展计划并组织实施;(2)审核、批准客商在特区的投资项目;(3)办理特区工商登记和土地核配;(4)协调设在特区内的银行、保险、税务、海关、边检、邮电等机构的工作关系;(5)为特区企业所需的职工提供来源,并保护职工的正当权益;(6)举办特区教育、文化、卫生和各项公益事业;(7)维护特区治安,依法保护特区内人身和财产不受侵犯。

条例明确了特区管理委员会在特区开发建设中的重要角色。其第五条规定:"特区的土地平整工程和供水、排水、供电、道路、码头、通讯、仓储等各项公共设施,由广东省经济特区管理委员会负责兴建,必要时也可以吸收外资参与兴建。"第七条规定:"客商在特区投资设厂,兴办各项经济事业,应向广东省经济特区管理委员会提出申请,经审核、批准后,发给注册证书和土地使用证书。"第九条规定:"特区企业的产品供国际市场销售;其产品如向我国内地销售,须经广东省经济特区管理委员会核准,并办理海关补税手续。"第十一条规定:"客商在特区所办的企业中途停业,应向广东省经济特区管理委员会申报理由,办理停业手续,清理债权债务;停业后,其资产可转让,资金可汇出。"

深国仲:现在看起来,《广东省经济特区条例》对广东省经济特区管理委员会的规定,与后来深圳经济特区在全国率先试行的法定机构管理机制的思路相近,与《深圳经济特区前海深港现代服务业合作区条例》及《深圳国际仲裁院管理规定》很神似。说起仲裁,可否谈谈当年筹建特区涉外仲裁机构的背景和初衷?

秦文俊:全国人大常委会批准《广东省经济特区条例》后,外商对特区投资环境的信心倍增,特别是深圳经济特区发展很快,外商投资比较活跃,经济发展充满活力。我们认为,对外开放需要立法先行,制定符合特区发展需要的单行法规,因此,广东省经济特区管理委员会在1982年上半年抽调了二十多名专家和干部到深圳经济特区进行立法问题调研。

据了解,立法问题调研组是在深圳市委政策研究室副主任周焕东同志的协调下,深入深圳各个企业去调研。其中,由中山大学的黎学玲、省高级人民法院的朱士范、省司法厅的陈昆甫、深圳市中级人民法院的许可、深圳公证处的麦德权五位同志组成的特区涉外仲裁机构调研与筹建小组向广东省经济特区管理委员会和深圳市委报告:自深圳特区成立以来,在客商签订的1 066份涉外经济合同中,有争议的占25%,有较大争议的占10%。大家的共识是,经济特区不仅需要良好的基础设施,更需要良好的投资法律环境,而合同争议解决是投资法律环境的重要组成部分。为了保障投资各方的合法权益,特区设立涉外仲裁机构迫在眉睫。其时,香港工商界和法律界的一些人士,如何世柱、廖瑶珠、阮北耀等,还有港澳工委,都建议广东省经济特区管理委员会在深圳经济特区设立涉外仲裁机构,借鉴法国、英国等国家的做法,建立一套国际通行的仲裁机制,通过仲裁方式解决深圳特区涉港澳商事纠纷,这样客商更容易接受和认可。我们认为这应该是有效的办法。

特区涉外仲裁机构调研与筹建小组工作效率很高,很快就把世界各国的仲裁法律制度、仲裁机构和仲裁规则作了比较研究,就设立深圳特区涉外仲裁机构的重要性、必要性、可行性作了深入分析,提出了具体筹建方案,以"广东省深圳特区经济仲裁院""广东省深圳市工商业联合会经济仲裁院"和"深圳经济特区国际仲裁院"为拟定的仲裁机构名称,先后相应起草了三版仲裁规则草稿。

经广东省经济特区管理委员会和深圳市委同意,1982年6月中下旬,特区涉外仲裁机构调研与筹建小组赴北京向对外贸易部、外交部、司法部、国务院特区办(时称国务院办公厅特区组)、国务院经济法规研究中心、贸促会、北京大学法律系、中国人民大学法律系、社科院法学所等有关部委和机构征求意见,多数部门和专家都肯定并支持特区设立涉外仲裁机构的想法,并要求特区仲裁机构的建设要符合特区经济的特点和发展的需要。

1983年年初,时任贸促会副主任兼法律事务部部长任建新和法律部仲裁处处长董有淦到广州来见我,也到深圳见了市委常委、副市长周溪舞,商量业务合作,提出特区涉外仲裁机构以"中国国际贸易促进委员会对外经济贸易仲裁委员会广东省深圳经济特区分会"的名义开展业务。

广东省经济特区管理委员会认为,双方可以进行业务合作,但是特区涉外仲裁机构应该有自己独立的仲裁规则和仲裁员名册。广东省政府发函(粤府〔1983〕125号)给贸促会,提出特区涉外仲裁机构与贸促会内设于1950年代的对外经济贸易仲裁委员会(以下简称"贸仲委")有五个方面的不同:第一,任务不同。贸仲委的任务是受理外贸契约纠纷,适用的可能是不同国家的法律;而特区涉外仲裁机构的任务,主要是受理中外合资和中外合作企业纠纷,按照规定适用的是中国法律。第二,仲裁员结构不同。贸仲委没有境外仲裁员;而特区与港澳关系密切,特区企业多数为港澳和华侨客商兴办,特区涉外仲裁机构仲裁员的1/3由港澳和华侨人士担任。第三,仲裁员的选择方式不同。贸仲委案件的当事人只能在仲裁委员中选定仲裁员;而特区涉外仲裁机构允许当事人在仲裁员名册中或之外选择仲裁员,有更大的灵活性,与世界上著名仲裁机构的惯例一致。第四,审理方式不同。贸仲委以公开审理为原则;而特区涉外仲裁机构以不公开审理为原则,符合当事人商业保密的需求,也与国际惯例一致。第五,收费标准不同。特区涉外仲裁机构的收费结构与国际惯例更接近,而且鼓励调解,调解收费减半。因此,广东省政府提出,当时的贸仲委仲裁规则不能适应特区的需要,所以特区涉外仲裁机构应该有自己的仲裁规则和仲裁员名册。

1983年4月,深圳市委批准特区涉外仲裁机构的编制和员额,特区仲裁机构就此成立。据深圳市委政策研究室副主任周焕东说,时任深圳市委主要领导亲自批准了7个人的编制,为深圳市政府直属正局级事业单位。特区仲裁机构随后制定了仲裁员名册,15名仲裁员中有8名来自香港地区。

深国仲:1984年,广东省人大常委会批准的《深圳经济特区涉外经济合同规定》,为了保障合同当事人的合法权益,提到在特区相关涉外经济合同纠纷由设在特区的仲裁机构仲裁。据您了解,当时作这样规定的考虑是什么?

秦文俊:在《广东省经济特区条例》颁布施行后,根据全国人大常委会的授权,广东省人大常委会先后批准颁布了多个特区单行法规,其中有不少是1982年立法调研成果的转化,包括1984年1月11日经广东省第六届人民代表大会常务委员会批准、1984年2月7日广东省人民政府公布的《深圳经济特区涉外经济合同规定》,比《中华人民共和国涉外经济合同法》的出台要早一年。

《深圳经济特区涉外经济合同规定》的适用范围包括:(1)特区内中国的企业或者其他经济组织(以下简称特区方),与外国的企业和其他经济组织或者个人,在特区内为发展经济和技术合作,依据中华人民共和国的法律确立相互权利义务关系的协议;(2)在特区注册经营的外资企业、中外合资企业、中外合作企业(以下简称特区企业)之间,特区企业与外国的企业和其他经济组织、个人之间,以及特区企业与设在特区的中国企业和其他经济组织之间,签订在特区内履行的经济协议;(3)华侨、港澳同胞、台湾同胞或其公司、企业与特区方、特区企业签订的经济合同。珠海和汕头经济特区参照执行。

特别值得提出的是,《深圳经济特区涉外经济合同规定》第六章专章规定了"合同纠纷的调解和仲裁",由设在特区的仲裁机构仲裁合同纠纷。这个规定很有价值,明确了特区仲裁的法律地位和特区仲裁机构的法定职能,有利于商事争议的解决,提升了特区的投资法律环境。由于有了这个规定,在实践中涉及特区乃至内地的经济纠纷得以有效解决,投资环境更可预见、更加透明、更加稳定,客商到特区投资更有信心,逐渐地也有信心以特区为支点到内地投资。这个对仲裁和调解的专章规定共有 5 条,比《中华人民共和国仲裁法》要早 10 年,在一定程度上起到了先行一步的作用。

广东的"先走一步"、特区的"先行先试",在中国改革开放和市场经济建设的进程中都是极具历史价值和现实意义的,同时也促进了港澳地区与内地的经贸合作、繁荣与稳定。

深国仲:秦老,您是特区创建的亲历者,在特区建立 40 周年之际,您对特区今后的发展有什么样的期待?

秦文俊:我只是特区创建的见证者。深圳特区是中国改革开放的代表作,敢闯、敢试、开放、包容是深圳特区的精神。这样的精神,40 年来激励着许许多多的特区人和改革者,也希望这样的精神,能够有益于特区的未来。

特区还要继续发挥好对中国改革开放的特殊作用。特区如果不特,不仅自身难以进一步发展,就是维持现状也不易做到,更不用说为国家发挥先行示范的作用,因此,标志开放的基本的东西不能变;而从另外一个方面说,一些具体的政策也不能不变,当然,这种变应该朝着更有利于进一步开放和创新的方向。

本文得到秦文俊同志家人的大力协助
刘晓春、曾银燕、孟伟记录整理

筚路蓝缕，以启山林

——特区国际仲裁机构的萌生与初心

黎学玲

黎学玲,1934年生,湖南湘阴人,1953年7月加入中国共产党,同年8月参加工作,1960年毕业于中国人民大学法律系。中山大学法学院教授。黎学玲教授主要从事经济法、涉外经济法和特别经济区法的教学与研究,是中国涉外经济法学和特别经济区法学的主要创建者之一。黎学玲教授于1982年参与深圳国际仲裁院的筹建工作并长期担任深圳国际仲裁院仲裁员,于2012年获颁"特区国际仲裁拓荒牛奖",2018年获颁"特区国际仲裁35周年功勋人物"。

在特区建立40周年之际,深圳国际仲裁院(SCIA)采访了黎学玲先生。

深国仲:黎老师好,今年是深圳经济特区建立40周年,也是特区国际仲裁机构成立37周年,您是主要筹建人之一,能否谈谈当时特区为什么需要创建国际仲裁机构?

黎学玲:谢谢你们来访。在深圳经济特区建立40周年、深国仲成立37周年之际,回顾我们深国仲的创建与发展是非常有意义的事。因为深国仲是改革开放的产物,是创办经济特区的产物,是特区特事特办、改革创新、敢为人先的产物。

深圳经济特区刚刚创办之时,各方面要求设立特区仲裁机构的呼声非常高。深圳经济特区从开始试办至1982年上半年,同外商签订的

1 066份合同中,尽管65%的合同履行得好,但有一般争议的占了25%,有较大争议的占了10%。这些合同纠纷怎么处理?客商为了保护自身的信誉与商业秘密,一般不愿意到法院打官司,国际上通常的解决办法是仲裁。仲裁与诉讼相比较,具有许多优越性,为广大客商所接受。由于特区没有商事仲裁机构,当时订立的大多数合同,对于纠纷的处理,要么没有仲裁条款,要么选择国外仲裁,这对我们特区与保护投资者各方合法权益很不利。

办经济特区,要吸引客商投资,不仅需要良好的基础设施,更需要良好的投资法律环境。处理好合同争议是投资法律环境的重要组成部分。为了创造良好的投资环境,保障投资各方的合法权益,特区各企业与有关单位迫切要求深圳经济特区设立仲裁机构。香港的工商界和法律界朋友也有此呼声,期待深圳经济特区设立仲裁机构。可以说,在改革开放之初的1982年,特区设立国际仲裁机构已经十分迫切。

当时我们主要考虑特区应设立一个什么样的国际仲裁机构?是由中国贸促会对外经济贸易仲裁委员会在深圳设立分支机构,还是特区自己设立独立的仲裁机构?我们觉得,由中国贸促会对外经济贸易仲裁委员会在深圳设立分支机构是一个办法,但不是好办法。当时对外经济贸易仲裁委员会实行的是委员制,其仲裁规则照搬苏联的做法,与国际通行做法不太相符,与特区的改革开放、现代化、国际化要求很不适应。

从深圳经济特区的情况和需要来考虑,设立特区自己独立的国际仲裁机构是最佳选择。特区实行的是特殊的管理体制,特区经济有自己的特殊性,有自己的一套法规体系,特区不仅需要有一个权威的、独立公正的仲裁机构,而且需要这个机构的仲裁规则与国际规则接轨,能及时处理争议。这样的仲裁机构最好是特区借鉴国内外的经验,尤其是国际仲裁经验,从改革开放入手,建立自己现代化、国际化的常设国际仲裁机构。

深国仲: 当时有哪些前辈参与了机构的筹建?

黎学玲: 1982年3月初,广东省经济特区管委会从省里高校、机关抽调了二十来人到深圳参加有关特区立法调研,我有幸被抽调参加了这项工作。我们由当时的省政府法制处柯义林处长统一带队,深圳方面则由市委政策研究室周焕东副主任接待与指导我们的工作。我们统一住在当时市委招待所五号楼,并在食堂统一用餐。全体人员集中开了几天会,周副主任给我们介绍了特区建设、外商投资等基本情况,特区法制建设要求和特区合同、公司、知识产权等立法问题,以及设立仲裁机构的问题。会议将我们分成几个小组,指定了各小组组长,明确了各组的分工与任务。我被安排在筹建仲裁机构小组,并被指定为组长。我们这个小组除省里派来的外,为方便工作还在深圳抽调了两人。我们小组共五个人,除了我,还有省高级人民法院的朱士范、省司法厅的陈昆甫、深圳市中级人民法院的许可、深圳市公证处的麦德权。朱士范、陈昆甫、许可等都是大学法律系毕业的,都有一定的司法工作实践经验。大家的工作热情很高,我们合作得非常好,工作不讲条件,不计时间,不为报酬。当时我们在深圳这个罗湖小镇上看到特区到处都在搞建设,到处都是工地,到处都在呐喊"时间就是金钱",鼓舞着我们要抓紧时间,完成任务。

深国仲: 当时筹建小组主要做了哪些工作?

黎学玲: 可以说当年我们筹建特区仲裁机构,同特区许多改革一样,完全是"摸着石头过河"。我们小组开始就国际经贸仲裁制度问题进行了学习与研讨,查阅了当时在中山大学和广州图书馆能够找到的所有国家涉外仲裁制度信息资料,编写了《外国仲裁机构及其仲裁规则的几个问题简况》。我们联系改革开放的发展形势与经济特区的实际需要,提出了调研提纲,主要是在深圳经济特区设立国际仲裁机构有什么必要性、紧迫性?怎么设立?仲裁员要不要实行名册制?怎么聘用?仲裁规则怎么改革等问题。我们带着这些问题走访了深圳外经贸、工商、司法等有关部门,进行了广泛的座谈和讨论。通过这些活动,我们完全被特区人的"时间就是金钱""特事特办""敢为人先"的精神所感染。建立特区国际仲裁机构是个新鲜事物,必须大胆改革,大胆创新,特事特办。我们日夜加班,不到三个月的时间,就明确提出了设立广东省深圳特区经济仲裁院(机构名称也曾拟定为广东省深圳市工商业联合会特区经济仲裁院、深圳经济特区国际仲裁院)的方案,草拟了《广东省深圳特区经济仲裁院试行规则(讨论稿)》等多个规则草稿。

在此基础上,1982年6月17日至30日,我和朱士范、陈昆甫带着特区设立国际仲裁机构的方案及其试行规则讨论稿,到北京向有关部门及专家、学者请教，走访了对外贸易部条法司、司法部公证律师司、国务院办公厅特区组（后称国务院特区办）、全国人大常委会法工委、国务院经济法规研究中心、贸促会法律事务部、北京大学法律系、中国人民大学法律系、中国社科院法学所等单位，提出了我们的想法与具体方案，就在特区建立国际仲裁机构的必要性和紧迫性、特区仲裁机构怎么建立、仲裁员怎么聘用、仲裁规则怎么制定以及仲裁立法等问题进行了座谈或交谈，听取了各方面的意见和建议。大多数专家、学者与多数部门负责同志主张特区自己建立专门的国际仲裁机构。全国人大常委会法制工作委员会委员、北京大学法律系芮沐教授说："仲裁机构不是司法机构，但它是准司法机构，要把仲裁权拿过来，而且特区要有一套自己的体系和做法，可由广东省人大根据全国人大的授权对特区仲裁进行立法，要在特区搞一个有地位的、有权威的、能适应特区特殊需要的仲裁机构，要有志气逐步建成远东地区权威的国际仲裁中心。"司法部公证律师司王左平副司长说："支持深圳设立特区仲裁机构，也可以请特区组考虑是否所有特区统一设立一个，没有必要每个特区都设立；如果由贸促会搞，其是否有力量、其规则是否适应特区的需要都是问题。"中国社科院法学所任继圣研究员说，贸促会那个路子不是办法，特区还是要搞自己的仲裁规则。国务院经济法规研究中心顾问、中国人民大学法律系刘丁教授说，设置仲裁机构要适应特区的经济特点，要有利于特区建设事业的发展，不能按老一套办事，贸促会那个规则是50年代搞的，已不能适应新的需要。

6月23日和28日，我们三人两次到国务院办公厅特区组，汇报了我们要在深圳经济特区设立常设涉外仲裁机构的想法、具体方案、在北京的调研情况以及相关部门负责人的意见，特区组领导人华雁、张戈等同志听取了我们的汇报，并十分热情地指示我们抓紧工作。华雁说："我认为特区单独搞好一点，仲裁机构的权威在于它吸收多少权威人士参加。深圳先办一个试点。特区的事情复杂，我们要自己摸索，不是贸促会那一套可以解决的。"

深国仲：您曾经多次讲过筹建小组当年为特区国际仲裁机构草拟了多个版本的仲裁规则（讨论稿），我们很感兴趣。

黎学玲：当时我们在对仲裁规则进行比较研究时，有两个发现。

一个发现是中国贸促会对外经济贸易仲裁委员会的仲裁规则,完全是照抄苏联工商会对外贸易仲裁委员会的仲裁规则;另一个发现是日本仲裁协会的仲裁规则是完全照抄美国仲裁协会。我们特区的仲裁规则怎么搞?不能完全照抄任何国家的,必须进行改革,制定一个反映特区特点与需要、与国际通行做法接轨、为当事人最能接受的仲裁规则。

经济特区是我国社会主义政权统辖和管理下的特殊区域,实行的是特殊的管理体制和特殊的政策,以特殊优惠的条件吸引外资、侨资和港澳资本,发展各种形式的外商投资企业。这是特区的根本特点,由此也给特区仲裁工作带来了一些新的要求。制定特区仲裁规则,既要依据我国有关的法律、法规和参照国际上的通行做法,又要从特区实际出发,反映特区的特点、要求与当事人的意愿。本着这样的想法,我们对我国的、外国的部分仲裁规则进行了反复比较与借鉴,着手草拟特区仲裁规则,四易其稿,于1982年6月12日完成了《广东省深圳特区经济仲裁院试行规则(讨论稿)》。

我们草拟仲裁规则主要考虑四个问题:

第一,关于特区仲裁院的任务、受案范围和基本原则。

讨论稿规定,仲裁院有三大任务,即依照本规则调解和仲裁经济合同争议;搜集、汇编合同争议的经验、案例,研究有关仲裁问题;增进与各地仲裁机构的联系,以适应国际经济贸易活动的需要。

仲裁院受案范围包括:外国公民、华侨、港澳同胞及其公司或其他经济组织同内地的公司或其他经济组织之间在特区发生的经济合同争议;特区内的中外合资企业、合作企业和外资企业之间发生的经济合同争议;特区内的中外合资企业、合作企业和外资企业同内地经济组织之间发生的经济合同争议;客商之间的经济合同争议,双方约定愿意提交本院仲裁的,也可以受理。

至于处理仲裁案件的基本原则,我们强调的是依据当事人在合同中约定的条款与法律进行仲裁;坚持独立自主和平等对待的原则;参照国际上的习惯做法;实事求是,公平合理;着重进行调解,调解不成的及时裁决。

第二,关于设立仲裁员名册问题。

当时中国贸促会对外经济贸易仲裁委员会长期以来实行的是委员制,而且人数也比较少,仲裁员只能在委员中选任。我们主张借鉴国外常设仲裁机构的一般做法,建立仲裁员名册,在名册中自由选择仲裁员。我们觉得,对深圳经济特区来说,自由选择仲裁员尤为重要。因为特区是华侨、港澳同胞和外国工商界人士的投资场所,特区引进的设备和技术是当代世界上先进的设备和技术,特区的经济争议所涉及的专业性、技术性都很强。自由选择仲裁员,让那些懂得专业和技术的行家来进行仲裁,就可以使争议案件得到合乎情理而又迅速的处理。

仲裁员名册,主要吸收各方面的知名人士和专家,同时主张吸收华侨、港澳同胞和外国工商界人士中的知名人士和专家参加。当时我们认为聘请华侨、港澳同胞和外国工商界人士担任仲裁员很有必要。他们对境外的经济贸易和技术情况最熟悉,对资本主义国家和地区的法律最了解。让他们担任仲裁员,特区常设仲裁机构对外的吸引力也就越大,影响也越大,有利于仲裁工作的开展,有利于维护和监督仲裁裁决的执行。

设立仲裁员名册,是否允许当事人在仲裁员名册外选任仲裁员呢?我们的主张是允许,保障当事人有充分的自由选择余地,以适应某些情况复杂案件的审理,增强特区仲裁机构的吸引力。因此,我们曾设想将设立仲裁员名册与允许在名册外选任仲裁员结合起来,只限定首席仲裁员必须在名册中选任。

第三,关于特区仲裁是否进行公开审理。

特区仲裁,审理是原则上公开进行还是原则上不公开进行呢?许多国家如英国、日本等国的仲裁规则规定,审理不公开。中国贸促会对外经济贸易仲裁委员会和海事仲裁委员会的仲裁规则,原则上规定"应当公开进行审理",但同时又规定"如果有当事人双方或者一方的声请,仲裁庭可以决定不公开进行"。我们主张,特区的仲裁审理,作为原则来规定,以不公开审理为好,如果有当事人双方或一方的申请,当然也可以公开审理。为什么当时我们主张原则上以不公开为好呢?因为在特区调研中发现,这是由特区经济争议案件的性质和当事人的一般意愿以及谋求和解的要求所决定的。在经济特区履行合同发生的纠纷,一般都涉及外商投资企业、特区甚至国家的经济情况,有些争议案件还涉及特区和国家的机密,公开审理是很不恰当的。从当事人来说,他们之所以愿意把争议案件提交仲裁机构处理,而不愿进行诉讼,一个重要原因就是不愿意把他们的纠纷公之于众,担心矛盾激化,影响关系。这一点港澳商人尤为明显。他们最害怕打官司,怕官司打输了,面子难看,失去商誉。从仲裁庭来说,审理不公开有利于开展调解工作。仲裁与调解相结合是我国仲裁工作的一条基本经验,特区的经济仲裁也需要运用这一经验。审理不公开,对于那些能够调解的案件,仲裁庭可以在查明事实、分清是非的基础上进行调解,促使当事人互相谅解,达成协议。

第四,关于仲裁审理时间问题。

各国仲裁机构对仲裁案件,从接受申请到作出裁决一般规定了一定的时间,有的规定为90天,有的是6个月,有的是3个月,等等。我们当时的想法是,仲裁审理作出裁决的时间要求是从快的原则。经济特区办事的特点强调的是时间就是金钱,是快速发展,因此,我们在讨论稿中本着快速办案的精神,规定被申请人在收到通知之日起15日内作出书面答复,并指定或委托指定仲裁员;双方当事人在收到通知之日起7日内共同推选首席仲裁员;审理日期由仲裁院主席或首席仲裁员会商决定;裁决书要求7日内作成。

深国仲:1984年1月11日,广东省人大常委会批准的《深圳经济特区涉外经济合同规定》专门规定,在特区履行的合资经营等合同,可由特区仲裁机构仲裁纠纷。黎老师可否讲讲这一规定的目的?

黎学玲:这是《深圳经济特区涉外经济合同规定》第六章的规定,这一章专门规定了特区合同纠纷的调解和仲裁。这一章规定,首先是为了解决特区仲裁机构的法律地位问题。在讨论制定《深圳经济特区涉外经济合同规定》的过程中,根据深圳设立仲裁机构的要求,以专章规定强调合同纠纷"由设在特区的仲裁机构仲裁",旨在解决特区本身仲裁机构的法律地位问题,为深圳设立独立的国际仲裁机构从国家授权立法层面奠定了法律基础;同时,这一章也是为了规范和解决特区对外签订的各类投资合同的纠纷处理仲裁管辖问题。在1982年的特区立法调研中,我们发现,在特区履行的合资经营合同、合作经营合同、自然资源合作开发合同有很多没有订明仲裁条款;有些虽订立了仲裁条款,但不少仲裁条款在法律适用与仲裁管辖问题上很不规范,相当混乱。通过这一立法强化了特区仲裁机构的法律地位与对合同纠纷的仲裁管辖。

深国仲:黎老师能否讲一下特区国际仲裁机构名称的演变过程?

黎学玲:刚才我已经讲过,1982年春天我们特区国际仲裁机构在筹建时曾经拟名为"广东省深圳市工商业联合会特区经济仲裁院""广东省深圳特区经济仲裁院"和"深圳经济特区国际仲裁院",并且已经有了仲裁规则草稿。1983年,广东省经济特区管理委员会和深圳市委、市政府正式设立特区国际仲裁机构时,其名称是"中国国际贸易促进委员会对外经济贸易仲裁委员会深圳办事处",简称"深圳仲裁办"。为什么呢?这和与中国贸促会开展业务合作有关。

1982年6月,我与朱士范、陈昆甫在北京就特区设立仲裁机构进行调研期间,曾去中国贸促会法律部介绍我们要设立特区仲裁机构的改革方案,同时说明北京有关部门与专家、学者大都支持我们的想法。时任中国贸促会副主任兼法律事务部部长的任建新与法律部仲裁处处长董有淦热情接待了我们。他们赞同特区设立仲裁机构,并且主张以中国贸促会对外经济贸易仲裁委员会在深圳设立分支机构的名义开展业务合作,第一步可称办事处,第二步可称特区分会。当时我们表示这是个办法,但坚持认为这不是好办法。特区要特事特办,要改革创新,最佳选择还是特区自己设立仲裁机构。回到深圳后,我们向广东省经济特区管理委员会以及深圳市委政策研究室汇报了在北京的调研情况。同年9月,我与周焕东又赴北京,参加第一次全国经济法制工作经验交流会,会议期间,董有淦处长找我们就特区仲裁机构设立与合作问题,再次交换了意见,我们表示即使以设立办事处的名义开展合作也应进行改革,特区仲裁机构要有特区自己的仲裁员名册和特区自己的仲裁规则,因为任务不同、结构不同。后来1983年广东省政府致中国贸促会的函也坚持这一点。

深圳仲裁办设立后,1989年更名为中国国际经济贸易仲裁委员会深圳分会,后来又在2004年更名为中国国际经济贸易仲裁委员会华南分会。1994年,我们中国国际经济贸易仲裁委员会深圳分会与北京的中国国际经济贸易仲裁委员会及1989年成立的中国国际经济贸易仲裁委员会上海分会为了进一步共建国际经贸仲裁品牌,开始使用同一个仲裁员名册。应该说,在改革开放的进程中,我们广东省深圳经济特区和上海市与中国贸促会长期友好、紧密合作,共同促进了中国仲裁的国际化和现代化,共同为中国的改革开放作出了贡献。后来在2012年,为适应仲裁的现代化、国际化发展需要,三地的国际仲裁机构终止了合作关系,深圳市人民政府依法将中国国际经济贸易仲裁委员会华南分会更名为华南国际经济贸易仲裁委员会,也称深圳国际仲裁院。

从最初的深圳仲裁办到深圳分会和华南分会,尽管机构名称冠以"贸仲",但实体上、事实上、本质上其一直是一家独立的特区常设仲裁机构。我们有独立的办公场所、独立的深圳地方机构编制、独立的依法登记的事业单位法人地位、独立的仲裁机构司法登记、独立的地方财政管理体制、独立受理仲裁案件、独立作出裁决、独立接受司法监督,而且最初的仲裁员名册与仲裁规则也是独立的。三地仲裁机构是各自独立的仲裁机构,长期开展业务合作但相互之间不存在隶属关系。

深国仲: 您在长期担任仲裁员这些年里,有没有一些印象深刻的案件?

黎学玲: 我在仲裁院办理的仲裁案件不少,印象深刻的事很多!难以忘记的是仲裁院独立公正、调查研究的办案作风。我与肖志明、周焕东等仲裁员合作办的不少仲裁案件,遇到关键问题事实不清时,常常走出去进行实地调查取证,这对我影响很大。1995年,我出任首席仲裁员办理一宗投资纠纷案件时,遇到出资问题事实不清,就从实地调查入手。浙江某公司与深圳某电子有限公司和香港某工业公司共同组建的一家合资公司,在履行合同中发生争议,浙江某公司作为申请人依约履行了出资义务,诉称合资方深圳某电子有限公司、香港某工业公司未履行出资义务,请求赔偿其投资损失。深圳某电子有限公司在庭上出示深圳某会计师事务所出具的验资报告作为出资依据,香港某工业公司则以采购货物款项已代出资为由进行辩驳。案件的焦点在于验资报告的真实性以及代出资行为是否成立。我与当时担任这个案件仲裁秘书的王素丽同志深入到会计师事务所仔细查阅了有关材料,发现会计师事务所为深圳某电子有限公司出具的验资报告的依据是合资公司的一纸声明,而且声明没有其他董事的签字;为香港某工业公司出具的验资报告依据的也是在某银行开立信用证所支付的保证金传票以及不具合法性的董事会决议。在查证这一关键事实的基础上,仲裁庭根据该会计师事务所出具的验资报告的虚假性,依法裁决终止合资合同,并由两被申请人承担违约责任,赔偿申请人的投资损失。仲裁庭通过调查研究、独立公正的裁决,不仅维护了胜诉者的合法权益,亦使败诉方心悦诚服。我自己则深深地感悟到,调查研究、独立公正是我们仲裁工作的生命线。

深国仲: 深国仲已经走过了近40年的创新发展之路,您觉得达到当年设立特区国际仲裁机构的预期了吗?

黎学玲: 我觉得达到了,而且很多方面超出了预期。38年前,我们筹建小组以及北京、广州、深圳的许多领导、专家和学者都有一个共同的愿望,就是要在深圳特区建立一个在全国、全世界有威信、有影响、全新的国际化、现代化的常设仲裁机构,目的在于完善特区投资法律环境,保障合同当事人的合法权益,促进内地与香港的经贸合作与稳定,促进特区的经济建设与全国的改革开放。我们特区仲裁机构创建37年来,从"一条小船"发展到"一条大船",到今天发展成为"航空母舰",不仅仅实现了我们当初的初衷,而且极大地超越了我们的梦想。

特别是从2012年加挂"深圳国际仲裁院"牌子并进行法定机构试点改革以来,特区国际仲裁机构高举习近平新时代中国特色社会主义思想旗帜,充分发扬了特区人敢为人先的改革创新精神,不断改革,不断创新,不断发展。两年前,我参观了仲裁院历史走廊里的照片,有"十个率先",我想,何止这十个率先啊!

我觉得现今特区通过立法方式实行以理事会为核心的法定机构治理机制,这是根本性的转变,提高了中国仲裁的国际公信力。近十年来,仲裁院坚持以当事人为中心的基本原则,扩大当事人意思自治空间,多次创新仲裁规则,在"选择性复裁程序"等方面进行了许多有益的探索,在金融领域创立了"四位一体"的纠纷解决机制;仲裁院坚守独立、公正、创新的核心理念,没有地方保护,不受外部干预,也"自我革命"消除"内部人控制",为当事人公正解决了大量的商事纠纷;仲裁院联合港澳,对外加强国际合作,与世界银行国际投资争端解决中心建立了亚洲庭审合作伙伴关系,并推动建立了粤港澳仲裁调解联盟等合作平台……这一切在国内外产生了广泛的影响。其公信力、权威性、仲裁的国际化、现代化完全超越了我们当年的预期。

以上种种创新、发展和进步,最让我高兴的是,仲裁院的领导班子政治站位高,业务能力强,具有很强的制度创新能力,法定化、国际化、专业化的法定机构治理机制极具创意,既适应国际惯例甚至引领国际同行,又符合中国国情和中国法律要求,体现出深圳市委、市政府"特区特事特办"的改革魄力。我很欣慰,近十年来晓文同志和晓春同志带领大家推行法定机构试点改革,很有当年改革开放之初特区人的理想情怀,很有正能量,而且推进得力,实践证明行之有效,沈四宝、梁定邦、梁爱诗等境内外知名人士在理事会发挥了重要作用。

昨天晓春给我打电话,说为了进一步在制度安排上增强特区仲裁的国际公信力,深圳市人大常委会和深圳市政府已在年初计划把2012年开始试行、2019年修订的《深圳国际仲裁院管理规定》的立法形式从政府规章升格为特区人大条例,并且刚刚决定加快立法程序,争取在今年8月26日左右完成这个立法项目,作为特区建立40周年的献礼,因为特区国际仲裁机构是特区建设的产物。听到这个消息,我很高兴!38年前芮沐先生和我们就希望通过人大对特区仲裁进行专门立法,现在终于可以在特区建立40周年之际实现这一愿望了!

深国仲:黎老师,2020年8月26日是深圳经济特区建立40周年,听说经济特区建立的法定时间与您的建议有关?

黎学玲:可能你们看到了中国人事出版社出版的《时代烙印》这本书,书中有提到这件事。还是在1982年6月,广东省经济特区理论研讨会在深圳召开,我代表法制和仲裁调研组在大会上作了发言。关于广东经济特区的建立时间,当时有不同说法。是以1979年7月中发〔1979〕50号文件为起点,还是以全国人大常委会批准《广东省经济特区条例》实施的日期1980年8月26日为标志?中发〔1979〕50号文件是创办经济特区的非常重要的指导文件,但不是法律文件。我在这个研讨会上指出,经济特区建立的时间,是否以全国人大常委会批准《广东省经济特区条例》的时间为依据?这一观点获得与会众多代表的认同。当时在座的深圳市委主要领导表示:"以后我们大家讲深圳经济特区的建立时间,就以全国人大常委会 1980 年 8 月 26 日批准《广东省经济特区条例》的时间为依据。"也许吧,我的小小建议起了一点点作用,关键是《广东省经济特区条例》深入人心。

深国仲：在特区建立 40 周年之际,您对中国国际仲裁在特区的创新和发展有什么期许?

黎学玲：我深深地感到,深国仲的发展,一直以来离不开一支优秀的政治上和业务上都过硬的专业队伍。我衷心希望在新时代,深国仲继续把我们的专业队伍建设成为政治站位高、德才兼备、业务能力强、团结协作精神好的优秀的稳定的团队。衷心希望我们深国仲不断发扬敢为人先的改革精神,不断增强独立、公正、创新的核心理念,不断壮大为中国国际商事仲裁的先锋队,发展为具有全球影响力和国际公信力的国际仲裁高地。在国家实施"一带一路"倡议的新时期,不断加强与"一带一路"沿线国家和地区的合作与联系,为保护合同当事人的合法权益,为我们中国企业"走出去",为"两个百年"战略目标和中国梦的实现,作出更多、更大的贡献。

仲裁院 37 年来的发展,一条非常重要的历史经验,就是我们的专业队伍中有一批有理想信念、有拼搏精神、业务素质好、朝气蓬勃、爱岗敬业的年轻人。有这样一批批可爱的年轻人,为我们仲裁院、为特区、为改革开放不断作出杰出的贡献。实践充分证明仲裁院的年轻人是我们仲裁院的希望所在。我衷心希望仲裁院的年轻人继承和发扬这一传统和家风。一个人一生的成败得失,最重要的是选择。你选择在特区国际仲裁院工作,无疑是正确的决策,那你就铁下心来,充分利用仲裁院这个战斗集体、这所国际化的大学校,认认真真学习、研究,扎扎实实地工作、拼搏,把自己锤炼成为德才兼备、有家国情怀和世界视野的国际仲裁专业人才,立足本职工作,在新长征路上,不断作出自己应有的贡献!

2020 年 5 月 18 日,曾银燕、孟伟记录整理

三十八年过去,弹指一挥间

朱士范

朱士范,1940 年 11 月生人,籍贯湖北省竹山县,毕业于湖北大学(现名中南财经政法大学)法律系,曾任广州海事法院院长,广东省高级人民法院常务副院长,广东省人大常委会委员、法制委员会副主任,中南政法学院兼职教授。1982 年参与筹建特区国际仲裁机构。

在特区建立 40 周年之际,深圳国际仲裁院采访了朱士范老先生。

深国仲:朱老您好。今年是深圳经济特区建立 40 周年,也是深圳特区国际仲裁机构(深国仲)成立 37 周年,能否请您介绍一下特区国际仲裁机构筹建的情况?

朱士范:谢谢。如你们所讲,经济特区国际仲裁机构,是伴随特区共同成长的。1982 年上半年,深圳经济特区已经开发了近三年时间,城市建设热火朝天,到处都是机器轰鸣的工地,人们忙碌地工作着,与内地是全然不同的景象。深圳本地注册了大大小小的公司,许多外商也开始直接或者"借道"香港到深圳投资。由于各种原因,各类经济纠纷开始涌现。我当时在广东省高级人民法院经济庭工作,接触了不少这类案件。但是,当时我国经济立法刚刚起步,并不完备,在一些领域甚至无法可依,案件处理结果并不十分理想。并且,一些外商对我们法院还不甚了解。在这种情况下,香港地区法律界、工商界的一些人士呼吁在特区建立一套国际通行的仲裁机制,处理特区发生的涉港澳和涉外经济纠纷。据说当时香港也打算修改仲裁法律、在香港设立仲裁中心。对我们来说,在特区解决涉及特区的经济纠纷当然是更优选项。

广东省经济特区管理委员会和深圳市委也意识到了这个问题,并指示成立工作组专门研究解决。于是抽调各方面专业人士到特区进行立法调研,我们小组专门负责调研和筹建深圳特区国际仲裁机构的工作。

深国仲:当时参与调研和筹建工作的都有哪些前辈?

朱士范:我印象中,我们这个小组一共有五位同志参与了前期工作,由中山大学法律系的黎学玲老师牵头,省司法厅律师处的陈昆甫、深圳市中级人民法院经济庭的许可、深圳公证处的麦德权以及我共五个人。我们当年都是年富力强、经验丰富的专业人士,对特区法律工作比较熟悉,这些人选也充分考虑了多元性和代表性的问题。我们几位前后调研、收集情况资料、起草规则说明等,工作了一年多的时间。

深国仲:您和调研与筹建小组其他成员具体做了哪些工作?

朱士范:调研工作涉及面其实非常广泛。一方面,我们广泛搜集资料,学习国际上其他知名仲裁机构运作的方式和经验,对仲裁规则、仲裁员名册、仲裁机构组织等问题做了大量的调查,积累了不少一手资料。另一方面,我们跟市场主体也进行了深入交流,了解他们的合同履行情况、盈利或亏损的原因,不少企业主的惨痛损失经历让我印象深刻,深感有必要设立专门的特区国际仲裁机构解决纠纷;此外,在深圳特区设立国际仲裁机构还涉及不少行政管理和法律制度上的问题,调研与筹建小组多次进京,拜访不少专家、学者和中央部门负责同志,听取他们的意见。在北京调研期间,司法部、外贸部、贸促会、社科院、北京大学等单位都对我们提出了许多有价值的建议。

调研与筹建小组还到中南海听取了国务院特区办和国务院经济法规研究中心的意见。

深国仲:我们了解到,当时调研与筹建小组起草了特区国际仲裁机构的仲裁规则,您能介绍一下相关情况吗?

朱士范:是的,我们通过学习一些国际先进的仲裁规则,愈发认识到,好的仲裁规则对于组织仲裁程序有非常大的帮助。当时中国国际贸易促进委员会下设的对外经济贸易仲裁委员会也有一套仲裁规则,但是那一套仲裁规划是以苏联经验、计划经济为基础的,不能够适应特区市场经济的发展形势。我们前后多次讨论和修改,拿出了多版特区自己的仲裁规则草案,其中一版规则名称为《广东省深圳特区经济仲裁院试行规则(讨论稿)》。顺便说一下,当时我们最初设想的机构名称之一是"深圳特区经济仲裁院"。这版仲裁规则体现了国际通行的仲裁惯例,我举个例子:当时对外经济贸易仲裁委员会的仲裁规则规定仲裁案件应当公开审理,而我们的规则规定仲裁案件应当不公开审理。这么规定的考虑是,不公开审理能有效保护企业的商业秘密,同时避免矛盾激化、损害商誉。从国际上看,法国、英国、日本等国家的仲裁规则基本都作此规定。这版仲裁规则不仅体现了涉外经济仲裁的协议性、自愿性、选择性,还根据经济特区的实际情况在机构设置、仲裁员选任、仲裁庭的组成上反映了独立性、代表性,审理程序上、手续上从简、从便、从速等。规则与国际接轨也有利于外商接受我们的规则。

深国仲: 感谢您对特区国际仲裁机构历史的介绍。从开始筹建至今已有38年、特区国际仲裁机构成立已有37年,您对深国仲这些年的发展有什么想说的吗?

朱士范: "三十八年过去,弹指一挥间。"当年结束调研筹建工作后,我依然回省法院工作,后来又去了省人大。1989年,我被聘为中国国际经济贸易仲裁委员会深圳分会(深圳国际仲裁院的前称)的委员。因为工作原因,我时常会关注深国仲的发展。2017年,听说深圳两家仲裁机构合并,开创了一个先例,我感到很高兴,特区国际仲裁机构应当有这样的勇气和志气,打造一个国际一流的仲裁机构。

深国仲: 您对投身特区国际仲裁事业的年轻人有什么寄语?

朱士范: 我们这一代人在改革开放的历史大潮中,做了一些有益的工作,感谢时代,让我们发挥所长。现在接力棒已经交到年轻人手中,希望年轻人不要忘记特区精神,要敢想、敢拼,保持创业激情,为特区、为国家的发展贡献力量。

深国仲: 感谢朱老!祝您身体安康!

王素丽、曾银燕、孟伟记录整理

公明廉威，奋蹄不息

陈安

陈安先生，1929年生，厦门大学资深法学教授、博士生导师，国际知名的中国学者。1950年厦门大学法律系毕业，1957年复旦大学马列主义研究生班毕业。1981—1983年应邀在美国哈佛大学研修兼讲学。中国国际经济法学会会长(1993—2011年)、荣誉会长(2012年迄今)。中国政府依据《华盛顿公约》三度遴选向"国际投资争端解决中心"(ICSID)指派的国际仲裁员(1993—2016年)。2012年获"全国杰出资深法学家"荣誉称号。近四十年来，陈安先生立足中国国情和广大发展中国家的共同立场，致力于探索和开拓具有中国特色的国际经济法学这一新兴边缘学科。撰写和主编的著作有《国际经济法总论》《国际经济法学》《国际投资法学》《国际贸易法学》《国际货币金融法学》《国际税法学》《国际海事法学》《国际投资争端仲裁："解决投资争端国际中心"机制研究》《美国对海外投资的法律保护及典型案例分析》等约40种。代表性著作有《国际经济法学刍言》(上、下卷，北京大学出版社2005年版)，《陈安论国际经济法学》(第一至五卷，复旦大学出版社2008年版)，*The Voice from China: An CHEN on International Economic Law*(《中国的呐喊：陈安论国际经济法学》，英文版专著，德国Springer出版社2013年版)，《中国特色话语：陈安论国际经济法学》(全四卷，北京大学出版社2018年版)。

陈安先生从20世纪80年代起即担任深圳国际仲裁院仲裁员，常到深圳经济特区办理仲裁案件。在深圳经济特区建立40周年之际，深圳国际仲裁院采访了年逾九旬的陈安先生。

深国仲：感谢陈先生接受后生的采访，您能否给我们讲述您和深圳特区国际仲裁机构是如何结缘的？

陈安：我和深圳特区国际仲裁机构结缘很早。1987—1988年间，我参撰和主编了国内第一套国际经济法学系列专著，含《国际投资法》《国际贸易法》《国际货币金融法》《国际税法》和《国际海事法》五本。秉持"以文会友"的精神，我给当时在深圳特区国际仲裁机构（现称"深圳国际仲裁院"）主持工作的董有淦先生奉赠一套国际经济法学系列专著，请他批评指正。

随后不久，董有淦先生邀请我前往深圳访问，并且聘请我担任仲裁员。我依稀记得，当时董先生派武汉大学硕士研究生毕业的曾银燕女士到深圳车站接应，火车误点迟到，她枵腹从公，耐心等待，给我留下深刻印象。

结缘和合作是不可分割的两个方面，互相扶持则是结缘和合作的核心内容。深圳国际仲裁院不但让我获得了参与国际仲裁实践的机会，而且对我开展国际经济法理论研究给予了重要的支持。其中两次尤其让我念念不忘：一次是中国国际经济法学会在1998年创办了《国际经济法学论丛》（每年两卷，其后改名为《国际经济法学刊》，每年4期），当时主持深圳国际仲裁院工作的肖志明先生和秘书长郭晓文先生决定每年购买100套，赠送给有关人士，持续了两三年。另一次是2018年年底北京大学出版社推出了我撰写的《中国特色话语：陈安论国际经济法学》（全四卷），深圳国际仲裁院院长刘晓春先生和总法律顾问曾银燕女士立即购买了140多套，除作深圳国际仲裁院仲裁员培训教材和参考书之外，还作为国际学术交流的礼品，赠送给全球著名大学法学院和联合国海牙国际法院等机构，借以进一步扩大这套书的学术影响和增强中国特色话语在国际论坛上的话语权、参与权。

此前，2018年5月间，刘院长和曾总顾问还邀请我前往深圳访问。刘院长亲自充当"导游"，在一系列图表和照片面前，为我仔细讲解了深圳国际仲裁院近年来的许多创新举措和飞跃性发展。让我印象最深刻的是，他反复强调：深圳国际仲裁院今后的发展战略和理念追求，是不求最大,但求最好,更求最"干净"!此语可谓"有的放矢,切中时弊",让我感触良多。因为,前几年中国就有一家名气不小的仲裁机构,因为其领导层"不干不净",导致"塌方式腐败",受到惩处,人们至今记忆犹新!国际上著名仲裁机构仲裁人员"不干不净"而受到公众诟病者,也不乏其人。刘院长敢于如此旗帜鲜明地提出上述发展战略和理念追求,确属高瞻远瞩,气魄不小!鉴于此,在刘院长邀我"题字留念"时,我不揣谫陋,参考"公生明,廉生威"的古训,挥毫写了"华南一帜,公明廉威"几个大字,与深圳国际仲裁院(也即"华南国仲")的同仁们共勉。

深国仲:陈先生,您作为特区国际仲裁机构的资深仲裁员,在机构设立初期便参与了许多仲裁案件的审理实践,能不能和我们分享一下印象最深刻的案件?

陈安:我先后在深圳、北京、上海参与办理了一些商事仲裁案件,但出于保密的原则,我们只能把一些案例尘封在案卷里面。在深圳国际仲裁院,我印象最深刻的一宗案件,就是1999年至2000年间中方四家公司和泰国贤成两合公司争端仲裁案,由于案情十分错综复杂且涉及在华投资的外商,该案在当时被称为"中国外商投资企业第一案"。我在这个复杂纠纷的第二次仲裁中担任首席仲裁员。

1994年8月,这个纠纷的第一次仲裁裁决发出后,后续又引出了旷日持久、涉及中国最高司法机关的连环行政诉讼案(被业界称为我国"行政诉讼第一案"),产生了深远影响。由于这宗案件已被媒体广泛报道,双方当事人也已经在行政诉讼中自行公开了相关细节,今天我就讲一讲这宗案件。

该案的经过:1988年12月5日,泰国贤成两合公司与中方四家公司签订合作协议,约定中方四家公司以土地使用权投资,泰国贤成两合公司投入建房资金,合作兴建贤成大厦。1989年3月,深圳市政府批准了该合作合同,深圳贤成大厦有限公司在深圳市工商局注册登记,领取了企业法人营业执照,执照有效期为1989年4月13日至1994年4月3日。1991年11月29日,贤成大厦正式破土动工。当时合作双方决意将贤成大厦建成国内最高的"中华第一楼"。

1991年12月11日,泰国贤成两合公司董事长吴贤成与香港鸿昌投资公司(以下简称"香港鸿昌公司")董事长王文洪签订了一份《股份合约》,约定双方各占泰国贤成两合公司50%的股权,以2.2亿港币为资本额,双方共同投资兴建贤成大厦,王文洪同意以1.1亿港币购入吴贤成拥有的贤成大厦物业50%的股权。同年12月16日,国家工商行政管理局变更登记贤成大厦公司执照,增加王文洪为公司副董事长,随后,王文洪开始向大厦投入资金,成为贤成大厦的实际投资者。

1992年6月,贤成大厦公司投资各方召开临时董事会,会议形成决议,确认了以王文洪为代表的香港鸿昌公司在贤成大厦投资的事实和实际投资者的地位,决定签订经营贤成大厦的补充合同,同意香港鸿昌公司作为投资者进入贤成大厦公司,并报政府有关部门批准。在这一关键时刻,身为公司董事长的吴贤成突然变卦,拒不履行公司董事会决议,拒不办理增加香港鸿昌公司为贤成大厦实际投资者的法律手续,同时不再向大厦投资。其中原因,是泰国贤成两合公司资金实力薄弱,资金周转不灵且负债累累,导致合作各方矛盾激化。1993年12月20日,泰国贤成两合公司将双方有关纠纷提交深圳国际仲裁院仲裁,请求裁决其与香港鸿昌公司签订的共同投资兴建贤成大厦的协议无效,香港鸿昌公司在大厦中无实际股权。该案仲裁庭于1994年8月1日作出裁决:(1)香港鸿昌公司在深圳贤成大厦中有实际投资;(2)在裁决作出后30日内,泰方须协同中方四家投资者办理香港鸿昌公司成为贤成大厦公司合作者的法律手续。该裁决为终局裁决。

裁决作出后,中方四家公司与香港鸿昌公司多次找到泰国贤成两合公司,协商履行仲裁裁决及处理合作公司延期的问题,但泰国贤成两合公司均明确拒绝履行仲裁裁决,并引发了后面的一系列行政诉讼及第二次仲裁。

紧接着,由于吴贤成失联、公司营业执照过期,大厦处于全面停工状态,合作陷入僵局。1994年11月4日,深圳市工商局、深圳市外资办、规划国土局、建设局等部门及中方四家公司、香港鸿昌公司代表召开协调会,会议通知了泰方,但泰方缺席。鉴于贤成大厦公司的营业执照已经过期且没有申请延期的事实,会议经各方面协调,大致达成了以下意见:依法注销贤成大厦公司,对公司进行清算,以维护各方利益,同时由中方四家公司与香港鸿昌公司组成新公司继续建设贤成大厦,新公司承担贤成大厦公司的合法债权债务。

协调会后,深圳市工商局注销了贤成大厦公司,同时组成清算组对公司进行了清算。中方四家公司与香港鸿昌公司合作成立了一家名为"深圳鸿昌广场有限公司"(以下简称"鸿昌广场公司")的新公司,将大厦改名为"鸿昌广场",并最终完成了项目建设。

1995年1月,身在中国境外的吴贤成以泰国贤成两合公司和贤成大厦公司法定代表人的身份,以注销贤成大厦公司和批准成立鸿昌广场公司及成立清算组的行政行为违法为由,对深圳市工商局、外资办提起行政诉讼。广东省高级人民法院受理此案后,于1997年8月11日作出一审判决,撤销深圳市工商局、外资办作出的注销贤成大厦公司、成立清算组和批准成立鸿昌广场公司的三个具体行政行为。深圳市工商局和外资办对广东省高级人民法院的判决不服,上诉至最高人民法院。最高人民法院于1998年7月21日作出终审判决,除维持一审判决外,还判决深圳市有关主管部门对贤成大厦公司和鸿昌广场公司的有关事宜重新处理。

这里我重点谈谈双方纠纷的第二次仲裁,也就是我担任首席仲裁员的那次仲裁。

1999年2月,中方四家公司根据有关仲裁条款,以泰国贤成两合公司作为被申请人向深圳国际仲裁院提出仲裁申请,请求裁决终止双方于1988年订立的合作经营贤成大厦的合同及相关补充合同,解散贤成大厦公司并依法清算。泰国贤成两合公司作为本案被申请人亦随即提出了索赔的反请求。本次仲裁的争议焦点集中在双方的合作经营合同及相关补充合同是否应当终止以及贤成大厦公司是否应当解散。要解决上述争议焦点,需要厘清三个方面的事实:一是合同各方当事人是否切实履行了合同义务,是否因一方的重大违约行为导致合作企业无法继续经营;二是合作企业是否已经发生严重亏损,无法继续经营;三是合同约定的合作期限是否届满。

仲裁庭根据双方所提交的证据进行了详尽的调查,最终认定双方均存在严重违约行为,相关合作合同及补充合同已不具备继续履行的条件,合营企业也已经无法继续经营,符合解散的条件。出现该种局面,归根结底,还是因为双方缺失诚信精神与合作意识,从而导致合作企业难以继续经营且负债累累,还引发了一系列的争讼,这其中的经验和教训确实值得我们认真发掘和反思。最终,仲裁庭于 2000 年 7 月 31 日作出终局裁决,支持了中方四家公司的请求,裁决终止双方订立的合作经营深圳贤成大厦的合同及相关补充合同,解散贤成大厦公司并依法清算。

在此期间,吴贤成又以贤成大厦公司和泰国贤成两合公司的名义,对深圳市规划国土局、外商投资局、工商局提起第二宗行政诉讼,提出总额高达 7 亿多元的"天价"索赔要求。广东省高级人民法院一审此案,以其不符合起诉条件为由,裁定驳回了吴贤成的巨额索赔之诉。吴贤成再度上诉至最高人民法院,最高人民法院依法驳回其上诉,维持了一审裁定。

2000 年 8 月 16 日,中方四家公司以仲裁裁决为依据,向深圳市工商局申请组织清算贤成大厦公司。随后,深圳市工商局根据《深圳经济特区企业清算条例》成立了清算组,中方四家公司的代表、吴贤成的委托代理人及香港鸿昌公司的代表,以及独立的多名注册会计师和律师组成清算组,对贤成大厦公司进行清算。经过两年的时间,到 2002 年 9 月,清算组完成了对贤成大厦公司的清算,清算组于 2002 年 10 月 19 日对外发布了清算结果报告。

与此同时,吴贤成又以泰国贤成两合公司及贤成大厦公司名义,第三次向法院提起行政诉讼,认为深圳市工商局依据《深圳经济特区企业清算条例》成立清算组,属适用法律、法规错误,应依据对外贸易经济合作部发布的《外商投资企业清算办法》予以清算。深圳市中级人民法院一审认定:根据 1992 年 7 月 1 日全国人大常委会通过的《关于授权深圳市人民代表大会及其常务委员会和深圳市人民政府分别制定法规和规章在深圳经济特区实施的决定》及《立法法》的有关规定,深圳市工商局依据深圳市人大常委会制定的《深圳经济特区企业清算条例》,对在深圳经济特区注册成立的企业法人作出组织清算组的决定,适用依据正确。吴贤成不服一审判决,提起上诉。广东省高级人民法院终审判决驳回了吴贤成一方的上诉,维持了原判。

对于这宗案件,我印象非常深刻,深圳国际仲裁院两次作出的仲裁裁决,在贤成大厦纠纷中起到了关键作用。仲裁裁决不仅保障了投资人的合法权益,也为行政机关作出行政行为提供了依据,裁决符合中国法律的宗旨和原则,同时也和国际通行的商事规范相适应。我个人觉得,今天回头看,深圳国际仲裁院对该案的最终裁决,是经得起历史考验的。它很好地维护了深圳的投资环境、营商环境,对这宗案件的裁决也在深圳国际仲裁院的历史进程中留下了光辉的一页。

为了给这宗案件留下客观的记录,我在 2004—2005 年撰写了一篇题为《外商在华投资中的"空手道"融资:"一女两婿"与"两裁六审"——中方四公司 vs.泰国贤成两合公司案件述评》。这篇长达七八万字的论文,对这宗案件的前因后果、始末经过及其经验教训,作了比较全面的陈述和评论。该文指出:改革开放以来,外商在华投资对于中国经济发展起了重大的促进作用。但是,其中也有一小部分外商,实力严重不足胃口却相当不小,力图以小本钱揽大生意,甚至千方百计、不择手段地搞"无本经营",商界形象地称之为"空手套白狼"或施展"空手道"功夫。这种现象在房地产开发经营中尤为突出。其基本运作方法是:以"中外合资经营"或"中外合作经营"为名,用低廉的代价从中国政府方面获得大片地块的土地使用权,然后以该地块的使用权作为抵押物,向中国的银行以及外国的银行或其他公司贷款融资,以供周转使用。在这个过程中,由于此类外商本身实力的严重不足和商业诚信的严重缺乏,往往引发中外公司之间的重大争端,并且"冤冤相报",产生连锁反应,迁延时日,相持不下,以致对有关合营企业或合作企业造成严重损失,也对中国的经济建设产生相应的负面影响。本文所评述、剖析的案件,就是这样一个发生在中国的、由某外商在房地产开发经营中搞"空手道"融资所引发的典型案例。其中有许多经验教训,值得认真总结。

这篇论文,相继收辑于我撰写的 2005 年北京大学出版社推出的《国际经济法学刍言》(上、下卷)、2008 年复旦大学出版社推出的《陈安论国际经济法学》(第一至五卷)以及 2018 年北京大学出版社推出的《中国特色话语:陈安论国际经济法学》(全四卷),供有心进一步深入研究此典型案件的人们参考。

深国仲:这是一个十分经典的案件,至今仍然十分值得我们思考。陈先生,多年来您在特区办理了大量国际商事案件,有什么体会要和后辈分享?

陈安:我一直主张,我们要继续加大改革开放力度,充分借鉴和吸收外国优秀经验,接轨国际标准,但不能盲从盲信外国法律权威,而要建立一套中国法律制度、法律文化的特色话语,建设法律与国际仲裁的中国高地。

我对 1994—1995 年在深圳参与仲裁的香港北海冷电工程公司诉美国约克空调与制冷公司一案,至今记忆犹新。该案当事人的相关纠纷先由香港当时的高等法院作出司法判决,再由深圳国际仲裁院作出仲裁裁决,案情复杂。

该仲裁案的相关背景是:1993 年美国约克空调与制冷公司诉香港北海冷电工程公司一案由香港高等法院审理,主审法官完全采信了当时一位在香港执业的英国皇家御用大律师提供的凭空捏造、虚假不实的书面证词(Affidavit),凭以断案,造成枉法裁断。

对于已在香港司法审判中公开的情节,我曾撰写中英双语长篇论文(《一项判决 三点质疑:评香港高等法院 1993 年第 A8176 号案件判决书》,载于香港城市大学出版的《中国法与比较法研究》,1995 年第 1 卷第 2 期;"Three Aspects of Inquiry into a Judgment:Comments on the High Court Decision 1993 No. A8176, in the Supreme Court of Hong Kong",发表于[日内瓦]Journal of International Arbitration 1996 年第 13 卷第 4 期;修订增补后的中文本发表于《民商法论丛》1997 年第 8 卷,法律出版社 1997 年版),成为当年国际法学界众所周知的典型案例之一。在这里我就不详细展开了。读者对此案如感兴趣,可以到裁判机关进一步追踪查索和研究,也可以参阅 2018 年北京大学出版社出版的《中国特色话语:陈安论国际经济法学》(第 1917—1949 页)。

深国仲:陈先生,您从 17 岁开始进入厦门大学学习法律,后来由于历史的原因,中断法学研究 27 年,但您后来重新回到法学院,一直保持着长久而旺盛的学术热情,可否向后辈讲讲您从事法学学习和教研的经历和体会?对我们后辈有什么寄语?

陈安:我从出生到现在,经历了新中国成立前的 20 年,到新中国成立后的前 30 年,再到改革开放后的 41 年,我感觉自身的命运是同国家的命运紧密联系在一起的。自改革开放后,我才正式开始国际经济法学的研究,有感于时间紧迫,须加倍地努力。近四十年来,我主要参与做了六件事:第一,筚路蓝缕,参与创建具有中国特色的国际经济法学科;第二,排除万难,参与创立中国国际经济法学会;第三,历尽艰辛,参与创办《国际经济法学刊》;第四,坚持理念,弘扬中华"獬豸精神",参与锻造中国特色国际经济法学的"学魂";第五,独树一帜,参与共创中国特色国际经济法学派;第六,从严要求,打造厦门大学国际经济法学专业学术品牌。

人生苦短,来去匆匆!我期待年轻人要珍惜和平稳定的做事创业环境,要有"知识报国""实干兴邦"的使命感。居安不能不思危,居危更不能不思危,面对当今风云激荡、诡谲多变的世界格局,更要履行自己的使命。作为学者,要笔耕不辍、不息奋蹄;作为法律工作者,要追求公平,担当道义,为国家和谐稳定多作贡献。我愿以此与深圳国际仲裁院的同仁们共勉。

最后,我想跟大家再讲讲"獬豸精神"。众所周知,"獬豸精神"乃是中华民族优秀文化传统之一,作为中国法律学人,包括仲裁界人士在内,都应当努力弘扬和践行"獬豸精神",敢于和善于"触不直者去之"!

厦门大学法学院院徽上有一只独角"神兽",叫獬豸。这是我们中华正气的形象化身和集中体现:坚持刚正不阿,"触不直者(邪恶)去之"。院徽的左下方是一个古篆体的"灋"(法)字,它是"廌"(豸)、"去"和"水"三字的融合体,意指神兽獬豸目光如电,善于识别正邪忠奸,也指它

厦门大学法学院院徽

刚正不阿,敢于"触不直者(邪恶)去之",而且执法如山,"一碗水端平"。院徽的右上方是一个天平图案,也含此意。这是中西合璧,追求"自然公正"(natural justice),即公平、正义、公正。此院徽是30年前我们共同构思设计的。不少来访的国内外嘉宾友人都称赞它"图像灵动,寓意深刻"。2018年我在北京大学出版社出版的《中国特色话语:陈安论国际经济法学》(全四卷)的"后记"中提到,该书第三编"国际投资法"和第四编"国际贸易法"各章中,含有我对自己在不同仲裁机构亲身经历的十几个典型仲裁案件的理论剖析和是非臧否。在这些"弘扬獬豸精神、

触不直者去之"的实录中,含有大量原始附件和确凿证据……其中獬豸"独角兽"所触而去之者,既有中外不法奸商,也有外国"权威"法官和"御用大律师",还有中国"权威"仲裁机构的高级仲裁员,另外还有个别见利忘义的中国律师。显然,这些枉法裁断、亵渎法律尊严的行径和人员,都有待同道学友们追踪研究,深入质疑,口诛笔伐,彻底批判。

"公生明,廉生威。"我与大家共勉。

曾银燕、钟妙记录整理

探索前行的特区国际仲裁

陈彪[*]

今年是深圳经济特区建立40周年。回望过去，老一辈特区人怀着远大志向，敢为天下先，艰苦奋斗，探索创新，创造了当今世界工业化和城市化发展的奇迹。作为与深圳经济特区共同成长的深圳国际仲裁，已成为深圳经济特区市场化、法治化、国际化营商环境的重要组成部分，为中国特色社会主义市场经济的法治化建设作出了突出贡献。

新名称，新征程

深圳国际仲裁院（原称中国国际经济贸易仲裁委员会华南分会，以下简称"深国仲"）是老牌仲裁机构，是中国改革开放和特区建设的产物。早在1982年，根据当时经济特区建设的客观需要和香港法律界及工商界的建议，在广东省人大、省政府的大力支持下，广东省经济特区管委会和深圳市就开始筹建特区国际仲裁机构。

1983年，经过一年多的筹备工作，深圳经济特区国际仲裁机构在改革中破茧而出，作为深圳市正局级事业单位，成为改革开放之后各省市设立的第一家仲裁机构和粤港澳地区第一家仲裁机构。在工作中，特区国际仲裁机构化解了大量商事纠纷，一直都是经济特区国际化营商环境建设的重要平台，为改革开放和特区建设发挥了重要作用。

在中国改革开放新时期，党中央、国务院对深圳经济特区的发展提出

---

[*] 曾任深圳市人民政府副市长。

了更高要求,市委、市政府进一步深化改革开放,创新探索国际化合作的新路径,决定对深圳经济特区国际仲裁机构启动法定机构改革。2012年6月16日,深圳市政府举行"粤港(前海)国际仲裁合作启动仪式暨深圳国际仲裁院揭牌典礼",为中国国际经济贸易仲裁委员会华南分会加挂"深圳国际仲裁院"牌子。我当时在市政府分管深圳国际仲裁工作,出席了典礼,并与时任香港中联办副主任郭莉、全国人大常委会香港基本法委员会副主任梁爱诗、广东省人大常委会法工委主任王波、广东省司法厅厅长严植婵及深圳市政府副秘书长高国辉共同为深圳国际仲裁院揭牌。当天,深圳经济特区国际仲裁机构的两位主要创建负责人周焕东和黎学玲老先生共同出席揭牌典礼。我清楚地记得,两位老人家当天衣装笔挺,精神抖擞,神情自豪。我很荣幸代表深圳市政府与广东省人大常委会法工委主任王波同志(现任广东省人大常委会秘书长)一起为两位前辈颁发了"特区仲裁拓荒牛奖"。

进入新的历史发展阶段,国务院作出了前海开发的重大部署,《深圳经济特区前海深港现代服务业合作区条例》明确规定在前海引入和创新国际先进的商事仲裁制度。深圳国际仲裁院顺势作为,按照深圳市委、市政府的部署,积极推进法定机构试点改革,踏上了创新发展的新征程。

新机制,新探索

深圳国际仲裁院作为深圳首批法定机构改革的试点机构,改革的关键就是建立决策、执行和监督有效制衡的法人治理机制,并通过制定特区政府规章的立法加以法定化,以稳定中外当事人对经济特区国际仲裁独立性和公正性的合理预期。这是深圳市委、市政府建设市场化、法治化、国际化战略的重要组成部分。

任何改革都不是一蹴而就的。由于经济特区国际仲裁机构进行法定机构立法是新鲜事物,市政府十分重视,制定了立法计划,法制和编制部门牵头研究协调。同时,加快深圳国际仲裁院改革的组织和推进。2012年5月中旬,深圳市委任命刘晓春为中国国际经济贸易仲裁委员会华南分会(深圳国际仲裁院)秘书长(院长),作为法定代表人和执行管理层的负责人;同月下旬,深圳市政府决定聘请11名专家为第一届理事会理事,郭晓文为理事长,刘晓春和王璞为副理事长,理事有境内的郑宏杰和境外的梁定邦等,组成决策层,行使机构重大决策权和对执行管理层的监督权。在2012年6月16日的深圳国际仲裁院揭牌典礼上,我代表市政府为第一届理事会理事颁发了聘书。理事会制定了章程,依照章程开始了法人治理机制的探索和实践。

在此基础上,并经过更加广泛地征求意见和更加充分的调研论证,2012年11月6日,深圳市政府五届七十一次常务会议审议通过了《深圳国际仲裁院管理规定(试行)》,市长许勤签发市政府令第245号颁布施行。据我了解,这是我国第一部专门针对特定仲裁机构的特定立法,深圳也成为全球第一个对特定仲裁机构进行法定机构立法的城市。

《深圳国际仲裁院管理规定(试行)》明确,深圳国际仲裁院建立以理事会为核心的法人治理结构,实行决策、执行、监督有效制衡的治理机制,理事会为决策机构,由11至15名理事组成,并由法律界、工商界和其他相关领域的知名人士和专家担任,其中来自香港特别行政区等地的境外人士不少于1/3。《深圳国际仲裁院管理规定(试行)》的实施保障了深圳国际仲裁院法定机构治理机制有法可依、有规可循。

事实证明,深圳国际仲裁院理事会和执行管理层砥砺前行,始终坚持认真依法行使职权,既相互尊重又相互制约,法定机构治理机制行之有效。深圳市政府作为仲裁机构的设立主体也严格执行政府规章,主要法定权力为聘请和解聘理事会理事,以及按照干部管理权限任命院长等执行管理层人员。深圳市政府通过理事会依照法定程序进行重大决策和对执行管理层进行约束监督,政府从来没有干预过仲裁院受理的案件。业内记载查询,中国有史以来最大仲裁案件的中美三方当事人也因为这个立法所确立的制度和原则而相信深圳国际仲裁的公正性,不担心地方保护,不担心行政干预,不担心内部人控制,因而在纠纷发生之后一致约定由深圳国际仲裁院仲裁。

《深圳国际仲裁院管理规定(试行)》出台后几年时间里,深圳国际仲裁院两届理事会的构成有所变化。有个别理事因为工作岗位或工作地点变化而离开理事会,也有新的理事接受市政府聘请而加入理事会。2015

年2月14日,深圳市政府增聘了梁爱诗、沈四宝、刘新魁等知名专家为理事。沈四宝教授是中国著名法学家、中国法学会国际经济法学研究会会长,是国际商事仲裁界的代表性人物。刘新魁博士接替冯巍担任中联办法律部部长,因此接替了理事席位。梁爱诗理事时任全国人大常委会香港特别行政区基本法委员会副主任委员,是香港特别行政区政府首任律政司司长,曾被香港特别行政区政府授予大紫荆勋章,长期以来,担任深圳国际仲裁院仲裁员,一直非常支持特区法制建设和国际仲裁创新。关于内地与香港的法律服务合作与创新,梁爱诗理事表示:"在内地做不到的,在香港做不到的,可以在前海先行先试。"

深圳国际仲裁院理事会理事高度重视并十分热爱理事工作。每一次与理事见面和交谈,我都能听到境内外理事关于深圳国际仲裁和营商环境建设的真知灼见。2017年6月29日,在第七届中国华南企业法律论坛"一带一路:中国企业与投资仲裁"研讨会上,深圳市政府为深圳国际仲裁院第二届理事会理事颁发聘书,该院新一届理事会理事首次集体亮相,国际化阵容又添新彩:13名理事中有7名来自香港特别行政区和海外,他们是:梁爱诗(香港特别行政区政府律政司首任司长)、梁定邦(香港证监会前主席)、王桂埙(香港律师会前主席、环太平洋律师会主席)、王振民(中联办法律部部长)、赵宏(WTO上诉机构首席大法官)、João Ribeiro(联合国国际贸易法委员会亚太区域中心主任)、Peter Malanczuk(德国海德堡大学学术委员会委员、香港大学法学院教授、香港城市大学法学院前院长)。在这次研讨会上,各位理事为深圳经济特区的国际化发展提出了许多宝贵意见。

我很高兴地看到,经过几年发展,深圳国际仲裁院的理事会制度越来越完善,显示出蓬勃的生命力。2019年深圳市政府对《深圳国际仲裁院管理规定(试行)》进行了修订完善,由市长陈如桂于2019年4月签发市政府令第322号颁布《深圳国际仲裁院管理规定》,并于2019年6月起施行。

目前,深圳市人大和深圳市政府已经决定将《深圳国际仲裁院管理规定》从政府规章上升为人大条例并已纳入2020年的立法计划中,以进一步稳定中外当事人对特区仲裁国际公信力的预期。这证明深圳国际仲裁院的法定机构改革和法人治理机制探索实践是行之有效的。

联合香港,携手共进

深圳国际仲裁院不仅是中国改革开放的产物,也是内地与香港法律界、工商界合作的产物。香港专业人士在深圳国际仲裁院的历史作用很突出,在经济特区立法中的地位也很突出。深圳市政府在2012年制定《深圳国际仲裁院管理规定(试行)》时,专门规定来自香港特别行政区等地的境外仲裁员不少于1/3。深圳国际仲裁院理事会和管理层严格执行这个法定比例,目前来自香港特别行政区等地的境外仲裁员占比达到41.3%。我切身感受到香港仲裁员参与仲裁业务的热情,对于促进内地和香港的经贸合作和繁荣稳定发挥了重要作用。

我清晰地记得,2016年1月6日,在深圳前海自贸区召开的深圳国际仲裁院香港仲裁员聘书颁发仪式暨培训会议上,我和香港特别行政区政府律政司时任司长袁国强资深大律师、沈四宝理事长和刘晓春院长共同为65名香港仲裁员代表颁发了仲裁员聘书。袁国强先生在致辞中回顾了香港与内地法律合作的历史,对近几年深圳与香港的法律及仲裁业界不断加强合作,通过提供专业的法律及仲裁服务共同完善深圳和前海的国际化、法治化营商环境表示充分肯定。我代表深圳市政府作了致辞,希望各位香港仲裁员能够以前海和深圳国际仲裁院为平台,充分发挥自身国际化和专业优势,服务好内地和香港特别行政区的工商界,为内地和香港特别行政区的融合发展贡献力量。

让我十分感动的是,深圳国际仲裁院理事会理事梁定邦和梁爱诗等,当天一方面以主人的身份代表理事会向香港仲裁员解读深圳国际仲裁院的治理机制和国际化规则,从证据规则等角度介绍、分析了香港与内地在仲裁实务操作上的差异;另一方面又以仲裁员的身份认真参与培训和讨论,回顾、分享了自己在深圳国际仲裁院初创时担任仲裁员办案的经历。那天来自内地和香港的专家讨论热烈,一直到天黑,香港仲裁员才离开深圳回香港。

2016年10月,深圳国际仲裁院启用其位于深圳证券交易所大楼的办公新址,并举行了新规则体系发布会,发布2016年版《深圳国际仲裁院仲裁规则》和《深圳国际仲裁院关于适用〈联合国国际贸易法委员会仲裁规则〉的程序指引》等配套规则。袁国强司长率领香港法律界的一批代表前来祝贺。

回顾当天,袁国强司长在致辞时认为,在落实"十三五"规划以及"一带一路"倡议的过程中,深圳经济特区和香港特别行政区在国际仲裁及其他争议解决方面有很大的合作空间。他指出,深圳国际仲裁院为内地和香港的合作构建了创新而稳固的平台,作出了重大贡献。他还指出,深圳国际仲裁院是中国现代商事仲裁制度的先行者,引领创新和发展,创下多个第一。深圳国际仲裁院新发布的程序指引,是内地首个仲裁机构以《联合国国际贸易法委员会仲裁规则》为基础制定的程序指引。程序指引的制定,是深圳国际仲裁院的一项极具前瞻性的创举,意义非常重大。根据该程序指引,仲裁当事人可以选择采用《联合国国际贸易法委员会仲裁规则》。这个安排充分反映深圳国际仲裁院尊重当事人的意愿,也同时兼顾跨境商贸仲裁国际化的特点。他强调,香港特别行政区政府律政司希望该程序指引能够进一步加强两地在国际仲裁方面的合作,产生更大的协同效应。香港特别行政区政府律政司会继续大力支持和推动深圳和香港之间的国际法律和争议解决服务的交流和合作,共同参与国际仲裁的发展,将两地的仲裁文化提升到新的高峰。

深圳国际仲裁院的新规则在修订过程中,理事会不仅充分听取了最高人民法院相关庭室的意见,还与香港特别行政区政府律政司多次沟通,并广泛征求了仲裁专家的论证意见,在规则创新方面考虑了中国国情与国际惯例的衔接,也考虑了内地与香港的衔接,深圳与香港共建国际仲裁平台的力度进一步加强。

服务市场,服务企业

在实际工作中,我能深深地感受到深圳国际仲裁院为市场和企业服务的理念,并且以这个理念开展了许多实实在在的创新服务。印象比较深的是两个平台的创建。

一是高科技和知识产权仲裁中心的创立。

2015年，国家设立知识产权法院，加强对知识产权的保护。晓春院长找到我，说深圳是高科技产业和知识产权高地，应该设立更为专业的知识产权仲裁平台，以更好地保护知识产权，促进高科技产业的健康稳定发展，希望市政府支持和批准。这个平台很快就建立起来了。

2015年5月11日，由华南国际经济贸易仲裁委员会（深圳国际仲裁院）举办的"中国高科技与知识产权研讨会暨华南高科技和知识产权仲裁中心揭牌典礼"在深圳高科技园举行。最高人民法院、广东省知识产权局和深圳市政府的代表一起为该中心揭牌，并向专家委员会委员颁发了聘书。当时的专家委员会委员有：中国法学会知识产权研究会名誉会长吴汉东、商务部世界贸易组织司正司级谈判专员赵宏、最高人民法院第一巡回法庭副庭长孔祥俊、最高人民法院知识产权审判庭副庭长金克胜、华为公司副总裁宋柳平、中兴通讯公司首席法务官郭小明以及香港的法律、科技、工商各界的代表等。深圳地区二百余家高科技企业参加了揭牌典礼，并参与了高科技与知识产权专业研讨。

二是华南（前海）海事物流仲裁中心。

深圳国际仲裁院执行管理层向深圳市政府提出，中国是国际贸易大国、海运大国、造船业大国，但是海事海商仲裁的中心一直在欧洲，在很多方面不利于中国企业维护合法权益；而深圳是华南重要的港口和物流枢纽城市，物流业是深圳的支柱产业之一，深圳正在推进实施粤港澳大湾区经济的发展战略，努力打造成为21世纪海上丝绸之路的华南重要节点，因此，建议深圳市政府支持建设海事物流仲裁中心。

2015年5月20日，由华南国际经济贸易仲裁委员会（深圳国际仲裁院）、前海管理局、深圳市交通运输委员会、深圳海事局、海南省海洋与渔业厅联合主办的"21世纪海上丝绸之路与自贸区仲裁研讨会暨华南（前海）海事物流仲裁中心揭牌仪式"在五洲宾馆举行。最高人民法院负责海事海商审判的民四庭时任庭长罗东川、副庭长王彦君南下指导，我们一起为"华南（前海）海事物流仲裁中心"揭牌。罗东川庭长指出，深圳国际仲裁院结合国家海洋战略、"一带一路"倡议和自贸区发展的需要，在前海设立海事物流仲裁中心，对于探索新形势下我国海事物流法律制度的创新和海事物流纠纷的处理都具有重要的意义。

走进"一带",走上"一路"

深圳国际仲裁院的国际化布局,是携手香港,共同走向"一带一路"。在仲裁服务国家"一带一路"的具体措施安排上,深圳国际仲裁院执行管理层的思路很清晰,一是走进"丝绸之路经济带",二是走上"21世纪海上丝绸之路"。深圳市政府认可他们的思路,并且积极支持。

关于"一带",深圳国际仲裁院在"丝绸之路经济带"的桥头堡喀什建立了工作平台。2018年9月27日,"深圳国际仲裁院喀什庭审中心"和"一带一路(新疆喀什)争议解决中心"在新疆喀什经济开发区成立。最高人民法院时任副院长罗东川专程从北京飞往喀什支持这一项目,我和新疆维吾尔自治区高级人民法院党组书记闫汾新、新疆喀什地委书记李宁平等陪同一起为中心揭牌。

支持深圳国际仲裁院在喀什设立庭审中心,可谓筹备已久、恰逢其时。深圳市政府的主要考虑是,一方面,深圳与喀什都是"一带"和"一路"的重要节点城市,两城有较强的经济互补性,市政府希望把"深圳所能"与"喀什所需"结合得更加紧密;另一方面,深圳也是援疆的主要城市之一,通过共建庭审中心,把"产业援疆、医疗援疆、社会援疆"进一步拓展到"法治环境援疆、国际仲裁援疆、营商环境援疆",将深圳国际仲裁院三十多年的经验和国际国内法律专业资源与新疆共享,推动深圳经济特区市场化、法治化、国际化营商环境向新疆延伸,并以喀什特区为支点,辐射相邻的中亚、西亚、南亚等"一带一路"沿线国家和地区。深圳与喀什两个特区,一东一西,一海一陆,都是国家对外开放的重要窗口和枢纽,很多经验值得互相借鉴共享。

关于"一路",深圳国际仲裁院提出,在与亚洲和欧洲的主要仲裁机构进行合作的同时,还有一个重点工作,就是"走进非洲"。对此,市政府也十分支持。

非洲是我国增长最快的出口目的地和贸易伙伴,有效化解中国企业与非洲企业的投资贸易纠纷也是中国仲裁机构的任务。深圳国际仲裁院长期以来重视对非洲的仲裁服务,聘请了多名来自非洲的仲裁员,受理案件当事人来自26个非洲国家。

为落实《中非合作论坛约翰内斯堡峰会宣言》以及《中非合作论坛—约翰内斯堡行动计划(2016—2018年)》,进一步贯彻《构建中非联合纠纷解决机制北京共识》与《构建中非联合纠纷解决机制约翰内斯堡共识》,深圳国际仲裁院积极参与中非仲裁合作,在中国法学会的协调下,形成了中非仲裁合作协同创新、全面合作的新格局。

2017年3月29日,"中非联合仲裁(深圳)中心"揭牌仪式暨"中非跨国投资贸易争议解决机制创新"圆桌会议在深圳国际仲裁院举行,中非仲裁全面合作新格局在深圳开启。我代表市政府出席仪式,并与中国法学会的领导、南部非洲仲裁基金会主席迈克尔·戴维·库珀(Michael David Kuper)、肯尼亚内罗毕国际仲裁中心董事会主席阿瑟·伊格里亚(Arthur Igeria)、深圳国际仲裁院理事长沈四宝、院长刘晓春,上海国际仲裁中心和北京国际仲裁中心的代表一起为中心揭牌。

同年6月,我率领深圳市代表团出访非洲,在内罗毕主办"中国(深圳)—肯尼亚贸易投资推介会",在亚的斯亚贝巴举办中国(深圳)—埃塞俄比亚贸易投资推介会,七十多家深圳企业在当地展出两千多件深圳制造产品。一同出访的刘晓春院长深入介绍了深圳国际仲裁和市场化、法治化、国际化的营商环境。在肯尼亚,内罗毕国际仲裁中心的CEO知道深圳代表团来了,专门前来出席推介会,与深圳国际仲裁院共同协调,签署协议,加强合作。同时,共同宣传中非联合仲裁(深圳)中心。这只是深圳国际仲裁院走出去、走进非洲的开始,有深圳国际仲裁院和中非联合仲裁(深圳)中心,中非企业之间的投资贸易会更加放心。

在深圳改革开放、创新发展的历程中,我真切地感受到深圳国际仲裁机构的同志们积极投身深圳经济特区仲裁事业的责任担当,真切地感受到深圳国际仲裁院刘晓春院长和全体工作人员的勤奋、朝气、激情与开阔的国际视野。相信在这群有理想的奋斗者的持续努力下,深圳国际仲裁院在今后的发展中定会勇攀高峰,更上一层楼,在主动服务粤港澳大湾区、深圳率先建设中国特色社会主义先行示范区的国家战略中作出新的贡献。

2020年6月写于深圳

与香港仲裁员相处的点滴回忆

罗镇东[*]

1983年,深圳经济特区设立国际仲裁机构,当时称对外经济贸易仲裁委员会深圳办事处,简称深圳仲裁办,现称深圳国际仲裁院(SCIA)。这是当时中国除北京以外唯一可以受理和处理涉外经济贸易纠纷的国际仲裁机构。深圳经济特区设立该机构,主要目的是就近解决港澳地区与内地之间日益增长的经济活动产生的纠纷。

既然在特区,就要特事特办,与国际接轨。其中的一项创举就是邀请境外的法律界、工商界知名人士参与深圳的国际仲裁,以增强仲裁机构的公信力。1984年年初,深圳仲裁办设立了一份"深圳经济特区特邀仲裁员"名册。首批仲裁员有15名,其中香港地区有8名,内地有7名。中国的仲裁史上,聘请境外人士参与国际仲裁,这是深圳特区的首创,也是一个非常英明的决定。

首批特邀的8名香港仲裁员是:阮北耀、孙城曾、陈子钧、何世柱、郑正训、郭宜兴、彭思梅和廖瑶珠,以后又陆续邀请了梁定邦、胡鸿烈、简福饴、李钜林、何美欢、梁锦松、梁爱诗等多位知名人士为仲裁员。

香港地区的法律体系属于普通法系亦即海洋法系。以英美为主体的普通法系有悠久的历史和成熟的制度、严谨的逻辑、清晰的概念及精确的语言,在国际上得到广泛的认可和使用。内地则属于大陆法系。很多法律都是借鉴和移植自德国、日本等大陆法系国家。粤港两地仲裁员和法

---

[*] 高谊咨询(深圳)有限公司资深顾问,万商天勤知识产权公司首席专家。1980年代曾任特区国际仲裁机构(时称深圳仲裁办,现称深圳国际仲裁院)副主任。

律人士的合作和交流,恰好可以互补,达致"大陆"和"海洋"的融合。这确实是一个极佳的机制。双方不但可以取长补短,而且也建立了良好的关系。记得1988年6月深圳市举办首届"荔枝节",梁定邦、阮北耀等仲裁员专程从香港来深圳仲裁办参加交流,两地仲裁员共同品赏荔枝,欢聚一堂。此后连续多年,"荔枝节"都是深圳经济特区招商引资、经贸洽谈、深港合作、海外联谊的重要节庆和平台。

我是1984年首批特邀的7位内地仲裁员之一,也是当时深圳仲裁办的副主任。在经年的国际仲裁和法律事务活动中,我与阮北耀、李钜林、梁定邦、何美欢、胡鸿烈、陈子钧、何世柱、廖瑶珠和简福贻等香港仲裁员都直接打过交道,或是同庭审案,或是共同讨论法律问题。从他们身上我学到了法律专业知识、职业操守、敬业精神、坦诚待人的态度和虚怀若谷的品质。可以说,我终生受益。

阮北耀律师是我早期接触最多的香港仲裁员。他是香港一家律师事务所的资深合伙人,是第六届至第十届全国政协委员。我们曾同庭审案,共同讨论案情。他业务精湛,思维严谨,令人钦佩。我曾多次上门讨教,每次他都热情接待,不吝赐教。即使我离开深圳仲裁办后,我们之间仍有书信来往,他对我帮助极大。

李钜林律师是我后期接触最多的香港仲裁员。他曾是香港的检察官,也是内地的政协委员。他精通业务,操守严谨,待人真诚,是我的良师益友。我们曾合作搞过一个英汉法律互译的"句典工程",合作愉快。他是翻译高手,有很强的驾驭中英文的能力。前几年我母亲去世,他专程到广州订下酒店,参加告别仪式。如此情谊,铭刻在心。

梁定邦资深大律师是我极其钦佩的香港仲裁员。香港回归前他是享有盛誉的御用大律师(QC),后曾任香港证监会主席和中国证监会首席顾问,现在担任深圳国际仲裁院副理事长。记得当年董有淦主任和我到香港给他送仲裁员聘书时,他欣然接受。然后一句客套话也没有,直接问我:你们是怎样处理冲突规范的?我回答后,他点了点头,接着又是下一个问题。这是一次令我印象深刻的谈话。多年后有一次路过香港去探访他,他当时任香港证监会主席,日理万机。秘书通知后他很快就出来见我,十分热情,相谈近一个小时。这又是一次难忘的谈话。

何美欢教授也是我敬佩的香港仲裁员。她是中外法学界享有盛名的学者,是多伦多大学和清华大学双聘教授。我在2000年的一桩仲裁案中为首席仲裁员,与何教授同庭审案。仲裁庭在讨论案情时产生意见分歧。我和何教授的意见基本一致,另一位仲裁员则有不同看法。何教授当时在加拿大,她专门写了一份长达9页的英文法律意见书传真过来,详细陈述了她的观点和理据,立论严谨,逻辑严密,她一丝不苟的治学态度和敬业精神令我受益匪浅、十分感动。我在裁决书中援引了她的很多观点,到现在我还保留着这份泛黄的法律意见书。何教授因脑出血不幸于2010年9月在香港去世。消息传到清华大学,校方决定集体为她默哀一分钟。

胡鸿烈大律师是另一位我很尊重的香港仲裁员。他曾是香港立法局议员,创办香港树仁学院,后任树仁大学校监。他是全国政协第六届、第七届委员,全国政协第八届、第九届常委。胡老先生与深圳仲裁办主任董有淦先生是浙江绍兴同乡兼同学,他们见面时一般都讲家乡话。他关心并支持中国的仲裁事业,曾亲临深圳仲裁办,并主动提供其在香港空置的公寓作为深圳仲裁办人员出差香港的居所。胡大律师对仲裁工作的热心和支持令人感佩。

廖瑶珠律师的快人快语也让我记忆犹新。有一次,案件结案后,我们请她在荔枝公园旁边的酒店吃饭,并给她案件报酬,当时有些香港仲裁员是不肯要报酬的,但廖瑶珠律师不一样,她说:"好,很好!"欣然笑纳。她说,既然有这个规矩,那就应当照章办事,这让我对她的爽快尤加钦佩,这么做当然是对的,有利于我们机构的长远发展。还有一次我和董有淦主任去香港,在浅水湾与廖瑶珠律师和简福饴大律师共进午餐,大家聊了一个下午,从对时局的看法到讨论法律前沿问题,让我学到很多。

在和其他香港仲裁员的接触中,简福饴大律师的爽朗大方,陈子钧大律师的幽默风趣,何世柱议员的平易近人,都给我留下了深刻的印象。

与智者同行,能启迪思维;与高人为伍,会开阔视野。香港的仲裁员是我的良师益友。

特区仲裁早期片忆

——1980 年代的特区涉外仲裁

郭晓文[*]

深圳特区涉外仲裁的源起

自打 1970 年入伍当兵直到退休,在几十年职业生涯中我曾从事过五六种不同行业的工作,但占据其中大半时间的却是仲裁,这是当年不曾想到的。不消说在"文革"以前,就是在实行改革开放后的 1980 年代初期,仲裁在中国都鲜为人知。我在北京大学法律系读本科期间,仅从冯大同老师讲授的"国际贸易法"课程中听到过对国际商事仲裁(国内称作涉外经济贸易仲裁)的简要介绍,真正接触和了解仲裁,还是到深圳特区工作之后。

1984 年初冬时节,我怀揣着在中央党校磨了几个月才拿到的调令从北京南下深圳,到深圳市委政策研究室报到。当时的深圳正受到邓小平第一次视察深圳特区的鼓舞,建设热情高涨,"三通一平"工程遍地开花,各类初创事业也纷纷上马。我所在的深圳市委政策研究室条法处(即后来的深圳市政府法制局和法制办的前身)主要任务是负责深圳经济特区单行法规和重要政策性文件的起草工作,同时还承担了深圳市委和深圳市政府法律顾问的工作,负责特区重大建设项目特别是引进外资项目合同的咨询和审查。接手具体工作后,我发现条法处当时还承担了一项

---

[*] 深圳国际仲裁院专家咨询委员会主任,曾任深圳国际仲裁院理事会理事长。

额外的任务,即为深圳特区涉外仲裁机构的设立和运行提供支持和协助。

关于特区涉外仲裁机构的创建过程,深圳法制建设的开拓者和特区涉外仲裁机构的创建人之一周焕东先生在世时曾撰有大事记。特区设立伊始,深圳的决策者就认识到,健全的法律制度,尤其是公正有效的商事争议解决制度,是吸引和保护外来投资,保证特区改革开放事业顺利发展的重要条件。但在1980年代初期,中国法院的经济审判刚刚起步,且在计划经济环境下,法院极少有审理经济纠纷案件的经验,因而前来特区投资的外商对通过司法程序解决经济纠纷缺乏信任。为规划深圳特区的法制建设,在广东省经济特区管理委员会的帮助下,深圳市委、市政府在1982年年初邀请了二十多名法律、经济和行政管理等方面的专家,由市委政策研究室组织成立调查组,在深圳特区进行了近半年的调查研究。当时的深圳实行精兵简政,政策研究室相当于特区的"参谋部"。周焕东先生时任深圳市委政策研究室主管法制工作的副主任,具体负责该项工作。经过调研,专家调查组草拟了一批单行特区经济法规立法的建议稿,还提出了在深圳特区建立一个涉外仲裁机构的方案,并由中山大学黎学玲教授领衔起草了《广东省深圳特区经济仲裁院试行规则(讨论稿)》等多个规则草稿。上述讨论稿由深圳市政府上报广东省政府审议,并以广东省政府名义报给当时的国务院经济法规研究中心,再由国务院经济法规研究中心转发国务院有关部委、办、局和有关机构征求意见,包括国务院特区办、外贸部条法司、司法部律师公证司、全国人大常委会法制工作委员会、北京大学法律系、中国人民大学法律系、中国社科院法学所和中国贸促会等。中国国际贸易促进委员会(以下简称"中国贸促会")早于1956年内设有对外贸易仲裁委员会(1980年改称对外经济贸易仲裁委员会,以下简称"贸仲"),从事对外贸易纠纷仲裁。但在改革开放前,由于长期实行计划经济制度和闭关锁国政策,中国外贸规模很小,且主要贸易对象是苏东社会主义阵营国家,因而罕有纠纷提交仲裁解决。据过往资料,在1979年之前的二十几年中,贸仲总共只受理了几十件对外贸易纠纷,其中绝大多数是以调解方式予以解决。1979年7月,中国第一部对外开放的法律《中外合资经营企业法》颁布实施,广东深圳、珠海、汕头经济特区相继设立,引进外商投资的窗口打开。《中外合资经营企业法》中规定,中外合资各方如发生纠纷,由中国仲裁机构进行调解或仲裁,也可由合营各方协议在其他仲裁机构仲裁。在这一背景下,中国贸促会对深圳特区设立涉外经贸仲裁机构的方案非常关注,向广东省和深圳市政府提出业务合作建议。广东省和深圳市政府同意了中国贸促会的合作建议。经过多次协商,确定特区涉外仲裁机构由深圳市政府组建,作为深圳市属局级事业单位,受理涉外经济贸易纠纷案件,独立行使仲裁和调解权;业务工作接受中国贸促会的指导,中国贸促会委派业务干部,经深圳市政府聘请参加该机构的仲裁业务管理工作;特区涉外仲裁机构名称分两步走,先定名为对外经济贸易仲裁委员会深圳办事处,然后再更名为对外经济贸易仲裁委员会深圳分会;为适应引进外资的需要,特区仲裁机构从香港、澳门等境外法律界、工商界聘请若干专业人士作为特聘仲裁委员(即仲裁员)。1983年4月19日,深圳市编制委员会下发了《关于设立中国国际贸易促进委员会对外经济贸易仲裁委员会深圳办事处的通知》(深编字〔1983〕35号文),确定"深圳仲裁办""为深圳市属局级事业单位,编制暂定七名"。1984年2月28日,深圳市委下发了〔1984〕10号文即《关于设立深圳特区仲裁机构的通知》,深圳仲裁办正式开始办公。

以上所述的情况,大致反映了创建特区涉外仲裁机构的设计和制度安排经过。但在当时深圳"一穷二白"("一穷"是指物资经费匮乏,"二白"是指人才短缺和经验空白)的条件下,怎样实现发展特区涉外仲裁事业的目标,则依赖于具体实践,当年创业者的勇气和艰辛努力值得后人敬仰。

两位携手创业的老主任

特区涉外仲裁的创业者,首先要提周焕东和董有淦两位老主任。深圳仲裁办成立时有主任一名、副主任两名。深圳市政府聘请中国贸促会委派的原贸仲秘书长董有淦为深圳仲裁办主任;深圳市委任命深圳市委政策研究室副主任周焕东兼任深圳仲裁办党组书记、副主任;另一位副主任陈丽中先生就任不久就另有任用(参加香港中英土地委员会中方代表团）。周主任和董主任都是我的老领导，也是我的恩师。周主任和董主任两人的经历、文化背景都有很大不同，但两人具有相同的品格：工作勤奋，生活俭朴，处事公正，宽厚待人，关心下属，爱惜人才。两位老主任相互尊重，密切配合，带领一群年轻人在深圳这片创新的沃土上开拓涉外仲裁事业。两人因特区仲裁事业相交，并成为终生好友。特区涉外仲裁机构在两位德高者领导下，宛如一个和睦的大家庭，形成了独特的文化氛围。

周焕东主任是土生土长的宝安人（深圳市的前身是宝安县），他于1949年新中国成立前就参加了革命，成为粤赣湘边纵队战士。在20世纪五六十年代，他一直扎根于农村基层工作，"文革"前曾先后担任过宝安县几个公社的书记，"文革"后担任宝安县委办公室主任。周主任身上最宝贵的品质是一生讲真话，办实事，从不逢迎领导，敢于仗义执言。当年在处理宝安县"逃港"事件时，他的个性充分彰显。了解深圳历史的人都知道，激发建立特区构想的直接起因，是改革开放前宝安县农民的大规模偷渡"逃港"风潮。"逃港"起于20世纪50年代后期。"文革"期间实行极"左"路线，农民权益被严重剥夺，生产遭到破坏，群众生活艰难，甚至食不果腹。而与宝安县一河之隔的香港经济繁荣，两地形成巨大反差，"逃港"规模不断壮大。仅在1977年至1978年间，宝安县"逃港"者就达数万人。这在当时被视为反党、反社会主义的"叛逃"罪行，是重点打击对象。1978年7月，习仲勋同志就任广东省委第一书记不久，就亲赴宝安县考察。当时周焕东随县委书记方苞陪同习仲勋书记到沙头角等"逃港"重灾区考察，面对中央派来的新任省委领导，他冒着被定为同情甚至支持"逃港"的政治风险向习仲勋书记直言陈情群众"逃港"的苦衷，还鼓励"逃港"被抓的农民和基层干部大胆向习仲勋书记说实话、道真情。习仲勋书记这次考察结束几个月之后，广东省委就批准了宝安县委《关于发展边防经济的若干规定》的报告（即"13条文件"），成为后来经济特区政策的前奏。

深圳特区建立后，周焕东先后任深圳市委政策研究室副主任、深圳市首任法制局局长、深圳市首任市人大常委会法工委主任，同时兼任特区涉外仲裁机构的领导职务，直到退休。周主任在特区涉外仲裁机构虽属兼任领导职务,但他热爱仲裁事业,从机构创建的策划、管理体制和编制的确定、开办经费和场地的落实,到机构人员的招聘和境内外仲裁员的聘请,他都倾注了极大的精力和心血。周主任作为本土的老干部和特区的"开荒牛",上至市委领导下到基层企事业单位工作人员,对他都很尊敬和信任,对特区涉外仲裁机构的工作也都很支持。可以说,周焕东主任对特区涉外仲裁事业的开创居功至伟。我在从北京来深圳前就和周主任通过信,来深圳后一直在他领导下工作,从他身上领略到了求真务实的作风,并受益终身。

董有淦主任于1984年2月中旬抵达深圳,参与仲裁办初期建设工作。第一次去仲裁办见到董主任的具体时间我已经忘记了,只记得是雨后天晴的一个下午,是和周主任一道过去的。仲裁办的场地是租用罗湖区蛟湖新村一栋当地农民自建的三层小楼。小楼建筑简陋,位于扩建中新园宾馆地块的边缘,周边旧房已经被拆得差不多了,雨后遍地积水,只能踩着工地上的砖头走过去。小楼一层用于开庭,二层用于办公,三层用作员工宿舍,没有空调,天气闷热,蚊虫很多。董主任和他老伴高阿姨也住在农民楼宿舍里。当时的深圳处于初建阶段,办公和住宿条件都很艰苦,不少机关和事业单位还都在临时搭建的铁皮房办公,由政府出钱租用农民楼办公算是较好的条件了。

董主任是浙江嵊县人,抗日战争期间毕业于重庆中央政治大学,1952年从中国银行调入中国贸促会法律部工作,参与了贸仲的组建和仲裁暂行规则的起草,属于中国仲裁事业开创者一代。他曾担任中国贸促会法律部仲裁处处长、贸仲秘书长,来深圳工作时已年逾65岁。董主任作为资深专家,按国家规定可超龄工作。对他在桑榆之年离开条件优越的北京,远赴初建的深圳开拓仲裁事业,我多少有些不解。后来我进入仲裁办工作,长期受教于董主任,才理解了他内心的想法。董主任的家乡浙江嵊县人杰地灵,近代出了许多学问大家和科学家,其中他最敬佩的是著名教育家和经济学家、北京大学的老校长马寅初先生(他们有亲戚关系,董主任称马寅初先生为姑父)。董主任那一代知识分子,成长于抗战的烽火中,救亡图存,以学报国,求中国摆脱贫弱苦难,是其共同志向。改革开放之前,中国尚未走上依法治国之路,法律学人知识荒废,百无一用。董主任曾跟我说起,1978年年底中共十一届三中全会作出否定以阶级斗争为纲、实行以建设社会主义现代化为中心的国策时,他已年届花甲,但一下子感觉年轻了好多岁,就是一心想在有生之年多干些工作,弥补耽误的时间。当他得知深圳特区要设立仲裁机构的计划,非常兴奋,深知这是发展中国涉外仲裁事业的重要机会。他陪同中国贸促会主管法律工作的任建新副主任(后曾任最高人民法院院长、中央书记处书记、中央政法委员会书记、全国政协副主席)亲往深圳,与特区政府领导和有关部门洽谈具体业务合作方案。合作方案确定后,他成为由中国贸促会委派、由深圳市政府聘请在深圳工作的人选。

董主任是我学习仲裁的第一位老师。他学识渊博,睿智谦和,耐心细致。和他一道工作,耳濡目染,我逐渐改掉了心高气傲和做事毛糙的毛病。从1984年初直到1992年退休返京,董主任在深圳特区工作和生活了整整8年。他后来多次跟我说起,在深圳的8年是他一生中过得最有意义、心情最舒畅的日子。

在仲裁中学习仲裁

由于深圳市委政策研究室条法处和深圳仲裁办的特殊关系,我时常为仲裁办办事。1985年有一段时间因仲裁办人手紧张,我还应急过去临时工作了两三个月。1988年6月,我受聘担任深圳仲裁办第二届仲裁员(即深圳经济特区特聘仲裁员),到了当年8月就从市法制局调到仲裁办,开始了长达27年的专职仲裁工作。刚接触仲裁时,知识和经验都很欠缺,手头的资料也很少,基本上是在办案过程中边实践边学习。

仲裁办案首先遇到的是适用规则问题。如前所述,1982年年初,由广东省经济特区管理委员会和深圳市委、市政府组织的专家组在设计深圳特区仲裁制度方案时,曾参照国际惯例起草了《广东省深圳特区经济仲裁院试行规则(讨论稿)》。后来,按照业务合作安排,特区涉外仲裁机构与贸仲共用一套规则,而当时贸仲适用的仍是1956年制定的《仲裁程序暂行规则》。据董主任说,1956年制定《仲裁程序暂行规则》时,一方面吸收了如协议仲裁、当事人选定仲裁员和一裁终局等国际通行的商事仲裁准则,但也较多参照了苏联"老大哥"的制度,存在一些瑕疵。因为以往受理的案件很少,且主要的实践是调解,虽然规则"暂行"了二十多年,也没有修改。深圳仲裁办设立后,决定先在办案实践中探索并积累经验,适时提出规则修改意见。由此,深圳仲裁办在实践中对《仲裁程序暂行规则》中若干不适当的规定进行了调整。例如,按照《仲裁程序暂行规则》的规定,仲裁庭以公开审理为原则,以不公开审理为例外,这显然与仲裁当事人的商业保密及商誉保护要求不符。深圳仲裁办对此采取变通方法,在受理案件时或开庭前与当事人沟通,在办案中实现了以不公开审理为原则。再如,按照《仲裁程序暂行规则》,仲裁裁决书主文应当在审理终结时当庭向当事人宣读。而实际办案中,开庭结束时裁决书一般尚未能完成定稿,而待合议定稿后为宣读主文而再次开庭,则不符合仲裁的便捷效益原则。为此,深圳仲裁办在受理案件时即与当事人沟通,达成裁决书主文不须当庭宣读的一致意见。在相关实践经验的基础上,1988年适时修改了仲裁规则,新规则于1989年1月1日施行。

在仲裁庭审理方式和风格方面,区别于法院诉讼,本没有一定之规,不同的仲裁员之间差异很大。深圳仲裁办在实践中,尽量安排不同背景的仲裁员参加同一仲裁庭办案,给仲裁员提供相互交流和学习的机会。深圳仲裁办的优势是,聘请的仲裁员中除了来自内地的知名学者、经贸技术专家、资深法官和律师,还有来自普通法背景的香港知名事务律师和出庭律师及行业专家。来自内地及香港的仲裁员在仲裁审理中各展才智,各显风采,相互切磋和借鉴,不断积累经验,对特区涉外仲裁审理水平的提高和日后逐渐形成规范,起到了重要促进作用。

在受理案件类型范围上,1980年代初期,特区涉外仲裁机构受理的仲裁案件仍以进出口贸易、来料加工、补偿贸易等方面的纠纷为多数。随着特区外商投资规模的扩大和行业种类的多样化,中外合资和合作企业、技术转让以及专利和商标使用许可、融资租赁、跨境银行贷款和担保、交钥匙工程项目等方面纠纷的仲裁案件日益增多,深圳仲裁办的仲裁经验也日益丰富。

中国于1986年12月加入了联合国《承认及执行外国仲裁裁决公约》(即《纽约公约》),这是中国仲裁历史上具有里程碑意义的事件。深圳仲裁办于 1987 年 5 月受理的一宗内地与香港当事人之间的贸易合同纠纷案件，经仲裁庭审理，于 1988 年 7 月作出裁决。胜诉方当事人依照《纽约公约》在香港高等法院申请强制执行仲裁裁决。香港高等法院经审理，于 1989 年 6 月作出支持裁决执行判决，创造了中国内地仲裁裁决依照《纽约公约》在境外获得执行的先例。1989 年可以说是深圳涉外仲裁机构发展史中的一个重要年份，也就在这一年，深圳市政府将深圳仲裁办更名为中国国际经济贸易仲裁委员会深圳分会，董主任被深圳市政府聘任为分会主席，周主任被任命为副主席。深圳分会组成了由深圳、香港、北京等地 12 位知名人士组成的委员会，于 1989 年 7 月 26 日召开了第一届第一次委员会，并将来自内地和香港的 39 位专家列入深圳分会仲裁员名册，这是特区涉外仲裁机构继 1984 年和 1988 年之后的第三个仲裁员名册。在此后不久，我被任命为深圳分会的首任秘书长。

感怀在深圳国际仲裁院的十九年

韩健[*]

因多种缘故,1991年在武汉大学任教并担任武汉大学-国家环保局环境法研究所副所长的我,萌生了趁自己还年轻,离开武汉调到外地工作的想法。当时,除了深圳国际仲裁院(当时名称为"中国国际经济贸易仲裁委员会深圳分会",以下统一称为"仲裁院"),东方航空公司和海南大学法学院也均已明确表示接受我,但我最终选择了仲裁院。1992年10月,我从武汉大学正式调到仲裁院工作。2011年11月,我从仲裁院退休,前后在仲裁院工作了整整19年。在我已走过的人生旅途中,曾在湖北潜江当知青下乡4年,在工程机械厂当产业工人6年,在政府机关工作1年,在高校从教6年,算来在仲裁院的工作时间最长。记得2011年在仲裁院为我召开的退休欢送会上,我曾感慨地说,自己年富力强的最好时光基本上都奉献给了仲裁院。

1991年到仲裁院联系工作调动时,首先约见我的是董老(董有淦,时任深国仲主席)。此前我对董老就有所了解。他是我国仲裁界的元老,在20世纪50年代初期就在我国仲裁机构工作,也是仲裁院的早期领导人之一。董老是我国仲裁发展的见证人,亲身经历了我国仲裁机构从无到有、从小到大的全过程。约定与董老见面的那天,我带上了自己撰写的二十多万字的油印博士论文《现代国际商事仲裁法的理论与实践》。我妻子和女儿也一同前往。当时仲裁院的办公地点位于深圳深南中路统建

---

[*] 曾任特区国际仲裁机构(时称中国国际经济贸易仲裁委员会深圳分会和中国国际经济贸易仲裁委员会华南分会,现称深圳国际仲裁院)秘书长。

楼 17 层。在仲裁院董老办公室里,我见到了董老和郭晓文秘书长。董老慈祥的脸上满是笑容,他亲切地与我、我的妻子和女儿打招呼。董老翻阅了我的论文后显得更加高兴,他告诉我,主管人事的党组书记周焕东主任(曾任深圳市委政策研究室副主任,时任深圳市法制局局长并兼任仲裁院副主席,后任深圳市人大常委会法工委主任)在外有事,今天未能来,我还需和周主任见一见。一两天后,我在仲裁院的接待室见到了周焕东主任。与董老不大一样,周主任几乎没有什么表情,话不多,直截了当,交谈了两句后他便说,"你的情况我已了解,你的调动就决定了"。此次见面不到 10 分钟就结束了。

在我办理调动手续期间,董老因年事已高不再任主席,周主任也不再兼任副主席,主席和副主席分别改由肖志明和郭晓文担任。我到仲裁院工作后没多久,董老便回到北京。由于仲裁院与中国国际经济贸易仲裁委员会之间的业务合作关系,我去北京的机会较多,常顺便去看望董老。每次见到董老,他都要关切地询问仲裁院的情况,让我无形中倍感肩上所负责任的重大,如果不能尽职尽责把仲裁院的工作做好,何以面对年事已高的董老?

在仲裁院工作的日子里,我与周主任多有接触。周主任退休后,我们相处的机会更多了。我发现,第一次在统建楼接待室见到的周主任,并不是完全真实的他。退休后的周主任,脸上总是带着笑,其言谈尽显出他是一位有着真知灼见、思想解放且性格开朗的长者。我想,也许正因为如此,周主任才会成为仲裁院的创建人之一,并且能够为特区国际仲裁作出重要贡献。董老和周主任已先后于 2009 年 12 月和 2015 年 11 月离世,他们为创建和发展仲裁院作出的贡献,他们的优秀品格和个人魅力以及对仲裁事业的挚爱令我一直对他们有发自内心的尊敬和缅怀之情。

调到仲裁院不久,我开始负责业务处的工作,并于 1994 年担任处长一职。当时,业务处所负责的业务就是办案业务,业务处的工作人员被称为办案秘书,但该处却被命名为业务处,而负责行政后勤工作的部门反倒被命名为秘书处。业务处这一名称直至 2003 年的体制改革才更名为秘书处,负责行政后勤工作的秘书处才更名为行政处。1998 年,仲裁院领导职务的设置由主席制改为秘书长制,我开始担任副秘书长一职。四年后，也即 2002 年，我开始担任仲裁院的秘书长和法定代表人，并曾兼任两届深圳市人大常委会内务司法工作委员会的副主任，直至退休。

在仲裁院工作的 19 年中，我亲身经历了仲裁院的多次改革。我印象较深的改革有：1996 年财政体制由政府全额拨款改为资金自筹，收支两条线；2003 年的人事体制改革，全员竞聘上岗，施行绩效评价；2010 年的事业单位经费性质改革及随后的法定机构改革，即在仲裁院建立以理事会为核心的法定机构治理机制。因适逢退休，2010 年的法定机构改革我只参加了初始阶段的工作。记得历次改革中，有些单位对改革望而却步，甚至有的单位打报告希望不要将其纳入改革，仲裁院内部也有个别人员存有疑虑。我始终认为，改革将有利于提升仲裁的独立性和公正性，有利于提高仲裁效率，而这正是仲裁院的发展不可或缺的，仲裁院应当抓住机遇，毫不犹豫地进行改革。在仲裁院同仁的共同努力下，上述改革都进行得较为顺利。实践证明，改革为仲裁院注入了活力，也为仲裁院的进一步发展打下了较好的基础。

自 2003 年起，仲裁院实行了公开招聘制、考核制和全员合同聘用制。施行这些制度时，仲裁院努力做到透明、公开和民主，注意发挥各处室的作用并听取用人处室的意见。公开招聘时，除笔试外，还要经过用人处室和仲裁院两级面谈考核，最后才确定聘用人选。每年的总结考核，大家不讲套话、空话，都是直奔主题，实事求是地认真总结往年的成绩、不足，交流工作中的经验教训和体会。

仲裁院始终强调，办理争议案件是深国仲的中心工作，依法独立公正地办理好所受理的每一宗案件是各项工作的重中之重，是仲裁院的生命线。为了抓好这一中心工作，仲裁院经常提示全体工作人员，仲裁院是提供仲裁服务的机构，仲裁院的发展靠的是信誉，而信誉的提升取决于服务质量，大家应在抓好服务质量上动脑筋、下功夫。

在抓好服务质量上，仲裁院重点强调两个方面的服务：一是对当事人的服务，二是对仲裁员的服务。俗话说，无规矩不成方圆。为了保证给当事人和仲裁员提供良好的服务，仲裁院全方位定规立矩。从当事人步入仲裁院前厅开始，前台如何招呼当事人和即时通知秘书人员，接到通知的秘书人员如何即时到接待室接待当事人及如何及时妥当处理咨询和立案中的疑难问题,到当事人咨询和立案事宜办完后如何向其交待清楚后续事宜,从如何准确无误地落实仲裁员的接机(车)、住宿,如何做好开庭的准备和仲裁员的接待工作,直到结案后如何及时支付仲裁员的报酬等,仲裁院均制定了有关规定,提出了明确具体的要求。

为确保办案程序进展步骤的准确和迅捷,无程序瑕疵地尽快结案,仲裁院对立案、仲裁庭的组庭开庭、当事人提交材料、典型共性问题的处理及回复、裁决稿的核校和审阅乃至裁决书的打印装订、签字和发出等仲裁过程的各个步骤,包括完成各程序步骤的具体时限,都一一作出明确具体的规定,并就各程序步骤所需发出的书面函拟定示范函供参考使用。

仲裁院还确立了每月一次的办案业务会制度。在办案业务会上,每位办案秘书陈述所办案件的进展情况,重点提出办案中遇到的问题以及解决问题的办法,所提问题经讨论当场确定解决的方法。此种方式不仅能够及时解决个案中的疑难问题,推进仲裁程序,且所有办案人员都可以从中受益,增加办案经验和知识,提高办案能力和水平。

仲裁院施行的上述包括各级负责人在内的所有职工的履职机制,自然而然地在仲裁院营造出一种对工作严肃认真但又让人心情舒畅的氛围,为仲裁院的紧密团结、互相配合、优质办案、优质服务、力戒工作瑕疵、拓展仲裁业务、提升对外形象提供了良好的条件。

保持清正廉洁,是优质办好仲裁案件的保证。仲裁院除了将廉洁自律教育纳入历次的仲裁员培训活动,还经常向工作人员强调,办案必须廉洁,不得借工作之便获取不当利益,并明确警示,如果发现有不廉洁之行为,将终止聘用合同,予以除名。记得在统建楼上班前几年,荔枝收获季节时还偶见有人给仲裁院工作人员送荔枝,后来大概是因为送不送办案都一样,就再未见有人送荔枝了。在这方面,我个人也曾有类似经历。有一次,某校友打电话给我说聚一聚,我问他,聚会有没有仲裁案件的当事人参加?这一问把他给问住了。他迟疑了一下,不好意思地说确实有仲裁院已受理案件的当事人。我说,那我就不能参加了。后来,该校友曾几次提起该事,并半开玩笑地说,请韩老师吃饭很难的。也许因为此事传出去了,以后再未有校友因为当事人的原因邀我吃饭聚餐。在仲裁院工作的19年里,没有听说发生过因仲裁院工作人员的不廉洁行为而被投诉的情形。

仲裁院在招聘工作人员时,便对应聘人员有较高要求。而对已在仲裁院工作,有志进一步深造的工作人员(无论是案件程序管理人员还是行政后勤管理人员)以及热衷于专业理论和实务研讨的工作人员,仲裁院均予以支持和鼓励。当时仅二十人左右的仲裁院,工作人员大多拥有硕士以上学位,有多人具有高级专业职称,而在工作期间经报考、录取和研读后取得更高学历、学位或第二学历、学位的人员就有六七人。后者中有的已成为仲裁院的骨干力量,有的离开仲裁院后经努力创业,已成为颇有成绩的律师。仲裁院不少工作人员还撰写发表了多篇论文,并出版有专著,仲裁院也出版了专业丛书。

在20世纪90年代,仲裁院的仲裁员名册中有相当一部分仲裁员是国内老一辈知名的专家学者。在仲裁院工作期间,我有幸结识他们中的一部分,并曾与一些专家学者合作审理仲裁院受理的案件。他们学识丰富、治学严谨、办案认真、为人谦虚、廉洁公正、待人真诚,在他们身上时时体现出实事求是、不趋炎附势和崇尚法治的精神。难能可贵的是,无论仲裁院是处于顺境,还是面临暂时的困难,他们都一如既往地给予仲裁院宝贵的支持。在我担任秘书长期间,正是他们的支持让我从中获得了不畏困难、敢于担当和不断进取的力量。他们在中国仲裁事业和仲裁院的发展史上留下了浓墨重彩的一笔。他们是中国仲裁事业发展的推动者,是仲裁院的支持者,是受人敬重的仲裁先行者。

在我退休前,有多名同事曾对我表示,"以后少了一位能说知心话的人""一下子还不大适应"等。我想,我是即将退休之人,大家此时所言应当是其真实的表露,而非对所谓领导的取悦,这令我感到欣慰。我从内心感谢仲裁院的工作人员,尤其感谢他们在我担任秘书长期间所给予的支持和配合,感谢他们对我的信任,感谢他们把我当作知心朋友。

我退休至今已近九年。在这九年里,知悉仲裁院各方面的工作都取得了骄人的成绩和进展,我感到十分高兴。另因办理案件或因其他事宜,我时而会去仲裁院。但凡碰到昔日的同事,大家对我仍是那么亲切和自然,留给我的是与昔日相处时一样的美好回忆。

走好昨天的路,才能更好地迎接今天;走好今天的路,才能更好地拥抱明天。值深圳经济特区建立40周年,深国仲也已走了37年的路,并正在一步一步走好今天的路。我相信,仲裁院的明天将更加美好,仲裁院定会不断发展,为彰显社会公正和正义,为维护当事人依法享有的权益,为我国的法治建设发挥更积极的作用。同时,我衷心祝愿仲裁院昔日和今日的同事们进步、快乐、健康!

芮沐先生的寄望

沈四宝[*]

初识特区

我在仲裁领域已经学习、研究、实践了数十年,但是作为仲裁员的身份真正介入仲裁实践,始于20世纪90年代的深圳。介绍我加入仲裁员名册的是当时被深圳市政府借聘到特区国际仲裁机构(时称"中国国际经济贸易仲裁委员会深圳分会")担任主任(当时称"主席")的肖志明。后来,每当我有机会在境内外作为仲裁员进行仲裁活动时,对老肖的感激之情就会油然而生。

我记得很清楚,特区国际仲裁机构在其成立之初的1984年,即率先在境外聘请仲裁员,开内地仲裁之先河。后来先后在1988年和1989年更新了名册。当时能够加入仲裁员名册的不是业界贤达就是知名专家学者。1983年我从美国留学回国,即到了对外经贸大学工作。肖志明主任的爱人是他北京大学的同班同学梁仁洁老师,也是我们对外经贸大学国际经济法系的教授兼支部书记,她比我资深。虽说举贤不避亲,但是当时老肖并没有推荐她,反而是推荐我这年轻后生加入仲裁员名册,当时我心里特别感动,也为老肖愿意培养年轻人而由衷感激。

从1990年年初起,我陆续南下深圳办理仲裁案件,特区国际仲裁机构成为我了解深圳特区这块改革开放热土的桥梁。当时社会对仲裁的理

---

[*] 深圳国际仲裁院理事会理事长,中国法学会国际经济法学研究会会长,最高人民法院国际商事专家委员会专家委员。

解还不是太深刻,跟北京一样,特区国际仲裁机构的案件还不太多。国内仲裁的发展当时还是相对滞后的。特区国际仲裁机构在改革开放的背景下应运而生,主要是解决涉外经济合同纠纷,所以当时仲裁的主要是涉外案件。由于经常来往北京和深圳,在深圳办理仲裁案件,慢慢地熟悉了很多人,结识了仲裁界的很多有识之士。

最早印象较深的是特区国际仲裁机构的原秘书长郭晓文。他比我年纪小,也是北京大学毕业的,我对他的第一印象就是很专业。他善于将实践经验上升到规范和理论高度。我当时在学校教授和研究的专业是公司法和三资企业法,经常有机会处理一些比较重要的三资企业合同纠纷,慢慢地我也找到了一些规律性的东西,但是并没有把这些经验上升到规则层面,或者说没有把它写成文章发表,偶尔零散地记录一下,但是不多,也未成体系。但我发现晓文在这方面就特别注意。因为当时的三资企业合同纠纷在整个仲裁中的比例比较高,好像占到50%以上,加之当时的三资企业是一个新生事物,我印象特别深的就是晓文连续写了三篇文章,对中外合作经营企业和中外合资经营企业纠纷的一些规律性作了梳理,对我专业上的影响特别深。我后来写《国际商法》等书的时候,在中外合资经营企业法部分,就曾直接引用了他总结的一些体会和经验。我觉得他确实是一位在我国仲裁界难得的专业与管理圆满结合的"双肩挑"人才。另外,我觉得他总结的虽然是深圳经验,但是实际上他已经在全国占领了理论上的制高点。后来,北京的相关机构请我参与起草关于处理三资企业纠纷的一些示范性和指引性文件时,我曾把晓文文章中的经验和我自己的一些体会也放到了这些指引性文件中,这在当时是非常有实践指导意义的。

总而言之,尽管当时的案子不是太多,秘书也很少,但是我觉得特区国际仲裁机构是非常专业的。当时在老肖领导下的晓文以及一些年轻人(现在年纪也不小了)的脱颖而出,不仅在深圳特区而且在全国涉外仲裁界的影响也非常大。通过结识这一群学友,我对特区国际仲裁的印象也进一步加深,联系也进一步紧密。

新的征程

在改革开放新的时期,特别是 2012 年以来,特区国际仲裁的快速、健康发展,离不开深圳市委、市政府的大力支持,这种支持的力度凸显了特区勇当尖兵的魄力,在全国是相当罕见的。特区国际仲裁机构如今不仅在硬件设施方面迎头赶上,跻身世界一流,并且还在制度建设,特别是治理机制方面进行了令人震撼的创新。

2012 年,深圳市政府通过了对特区国际仲裁机构的法定机构立法——《深圳国际仲裁院管理规定(试行)》(2019 年修订为《深圳国际仲裁院管理规定》,以下统称《管理规定》),建立了法人治理结构,实行决策、执行、监督有效制衡的治理机制。作为决策机构,理事会的成员由深圳市政府聘任,代表深圳市政府在审定特区国际仲裁机构的工作报告、宏观发展规划、财务预决算、制定仲裁规则和名册等重大问题方面进行决策和把关。

2015 年,我有幸被深圳市政府聘为深圳国际仲裁院理事,并在理事会担任理事长。按照特区立法的规定,理事会会议由理事长召集并主持,理事会采取票决方式审议议题。虽然我可以主持会议,但在具体事项的表决上我与其他理事一样,都只有一票表决权。我很快融入了理事会已经形成的专业、敬业、平等的氛围里。任职至今,我与梁定邦、梁爱诗、袁国强、王桂埙、Peter Malanczuk、赵宏、刘春华、郭小慧、刘晓春、黄亚英、胡建农、蒋溪林(还有因为工作变动离开了理事会的同仁:郭晓文、王璞、郑宏杰、冯巍、刘新魁、王振民、João Ribeiro)一起,中英双语开会,每人一票行使表决权。理事会成员中很多人都有响当当的名号,像梁定邦资深大律师,我在上个世纪末即和他以及其他专家一起,起草了在香港发行 B 股的重要规范。梁爱诗、袁国强二位都曾任香港特区政府律政司司长。但所有理事,不论资历深浅、职位高低、年龄大小,在开会表决时都非常民主,大家有不同意见可以在会上充分讨论,凝聚共识。

在我担任理事长期间,深圳市委、市政府的领导对我们理事尊重有加。我每次到深圳开理事会,深圳市政府领导都会联系特区国际仲裁工作的领导过来向我们了解理事会按照法定机构立法运作的情况。我和各位理事依照《管理规定》规定的法定程序履行法定职责,从未受到过干预。

在中国,仲裁机构的治理能够达到这种层次,我想离不开深圳特区政府的开放胸怀、改革决心、法治思维和立法保障,以及深圳现代化、国际化的营商环境。特区仲裁机构立法从制度上打消了中外当事人对行政干预、地方保护、内部人控制的顾虑,为特区国际仲裁机构打造有国际公信力的中国国际仲裁品牌、积极参与国际竞争奠定了牢固的基础。

我们过去常常用受案量和争议标的与国际上的仲裁机构进行比较,而深圳特区率先打开思路,为中国国际仲裁做长久打算,通过制度创新保障和促进中国国际仲裁能够持久地参与国际竞争,体现了深圳特区建设全球城市的雄心壮志。

所以,在我看来,2012年深圳特区的法定机构立法不仅是深国仲开启新征程的起点,也是中国国际仲裁走向新阶段的起点。

砥砺奋进

深国仲的蓬勃发展既得益于深圳市政府的开放胸怀、理事会的科学决策,更离不开以刘晓春博士为首的执行管理层追求卓越的理想抱负、雷厉风行的工作作风和卓有成效的日常管理。

《管理规定》作为经济特区政府规章能执行贯彻得这么到位,可以说是法律和法规执行的一个典范,其中执行管理层的作用是至关重要的。仲裁院院长、党组书记刘晓春带领的执行管理层,是一支有理想、专业、能吃苦、敢担当的团队,是一支既能把握正确的大方向,又能脚踏实地把事情做好、做到位的团队,能够围绕国家发展战略和特区发展目标,认真执行理事会的决策,主动接受理事会的监督。按照深圳市政府在法定机构立法中的规定,晓春院长也是理事、副理事长,是管理层中唯一的一名内部理事,这一规定有利于执行管理层的执行权与理事会的决策权既相对分离,又有机衔接。在实践探索中,执行管理层对理事会十分尊重,执行理事会决策很到位,反馈、通报的渠道非常畅通,严格自我约束,主动接受监督;理事会对执行管理层的监督到位但不越位。执行管理层还挑选优秀年轻干部担任理事会秘书,先后有杨涛、漆染、陈睿、李雄风,为理事会提供了优质的服务。

据我这几年的观察,晓春院长几乎把全部精力都投入到特区仲裁机构的日常管理、制度创新和战略发展之中。在他的率领下,王素丽、董连和、安欣、曾银燕等班子成员的配合协助也做得很好,院里的年轻同事也都很有事业心、很有服务意识、很有国际视野。特区国际仲裁干事创业的氛围十分浓厚,来到这里就能让人感觉到专业的力量和创新的冲动。我经常为他们的干劲所感染,以至于每次到深圳都把时间排得满满的。也许这就是特区与其他地方的不同之处!

执行管理层能创新,更加难得的是能坚持。有一件事坚持得非常好,这就是中国华南企业法律论坛。早在2011年,在最高人民法院和商务部的支持下,深国仲创办了"华南企业法律论坛"。每年一届主题研讨会,聚焦业界最前沿、最受关注的议题展开讨论。论坛连续办了9年,影响越来越大,不仅在华南地区,而且在全国已经是业界公认、期待的年度盛会,世界贸易组织(WTO)、联合国国际贸易法委员会(UNCITRAL)、国际投资争端解决中心(ICSID)等国际组织的负责人也前来出席论坛,参加讨论。我是从2013年第三届开始出席华南企业法律论坛的,那一届的主题是"中国股权投资与公司治理",直击当年热点。之后,我几乎每一届都出席。在2016年第六届论坛期间我与晓春达成共识,以后可以改名为"中国华南企业法律论坛",这样才名副其实,也才能更好地发挥论坛对中国企业的服务作用。我在该届论坛上作总结发言时,正式提出此想法征求与会者的意见,得到全场几百名来自全国和境外的著名企业高管的热烈响应。院里的执行力很强,次年第七届就正式更名为"中国华南企业法律论坛",一直到现在。2018年,"中国华南企业法律论坛"的专题研讨会还"走出去",走到了美国,以"中国国际仲裁是否公正"为题,在纽约曼哈顿举办了一场高质量、高规格的中美仲裁对话,增强了国际人士对中国仲裁公信力的认识。美国主要仲裁机构美国仲裁协会(AAA)、美国司法仲裁调解服务有限公司(JAMS)、纽约国际仲裁中心(NYIAC),还有伦敦国际仲裁院(LCIA)等机构的代表都到场与中国代表进行了深入交流。

这次研讨会吸引了中美经贸界、法律界人士120多人参加，我主持、参加过无数国内外的仲裁研讨会，可以说这次是迄今中方在境外举办的最成功的国际仲裁研讨会之一。

蓦然回首

过去二三十年，我以仲裁员、理事等多种身份参与了特区国际仲裁的发展历程，总感觉我与特区国际仲裁之间有一种冥冥之中注定的际遇。2015年前后，深圳市政府拟聘我为深国仲理事长，当我犹豫不决之际，晓文、晓春邀我访深。在一次参观仲裁院的历史档案馆过程中，我看到挂在墙上的一份1982年的手稿，旋即被吸引住，驻足细细品读：记录人是中山大学的黎学玲教授，口述人是我研究生时代的导师——中国国际经济法学的奠基人、北京大学法律系教授芮沐先生，时间是1982年6月28日下午，地点在燕园。当时广东省特区管委会拟在深圳设立特区国际仲裁机构，特别派人到北京请教芮沐先生的意见。芮沐先生推心置腹，为特区国际仲裁机构描绘了一幅具体的图景。

1981年，芮沐先生作为我的研究生导师，安排我去美国哥伦比亚大学学习。1983年初回国后，我到了对外经贸大学任教。我想，假如1982年6月28日的下午，我不在美国还在燕园，我可能会更早地进入仲裁的大门，我和特区国际仲裁的故事可能会是另外一个版本。历史不容假设，但它看起来始终在往同样的方向前进：芮沐先生对深圳特区要率先建成"远东地区权威的国际仲裁中心"的寄望正在逐渐实现。我万万没有想到，我能在深圳为实现芮老师数十年前对特区国际仲裁的厚望而尽微薄之力！

芝兰冉冉同舟来

梁定邦[*]

（一）

20世纪80年代，深圳经济特区作为内地改革开放的试验田，开始探索新的发展模式。我也是在那时开始与深圳有所交集。深圳特区不仅在经济上显示出蓬勃的生机，而且到处洋溢着学习的热情。1985年春夏之间，应深圳方面邀请，我组织了十几位香港法律界同行到深圳讲授香港法律，其中就包括后来的香港特别行政区政府律政司首任司长、如今同为深圳国际仲裁院理事的梁爱诗女士。讲座地点设在深圳大学最大的一间教室，前来听课的既有深圳本地的法律界同行，也有内地一些很有名气的法学教授，有许多是专程赶来的，一共有两百多人。以该系列讲座的讲义为基础，我们后来编了一本书，名为《香港法律十八讲》，这是当时唯一用中文写就的关于香港法律的书籍，由香港商务印书馆出版，后来销售到内地，多次再版，十分畅销，据说到了现在也还有一定的参考价值。这次讲座使我感到内地与香港法律界之间的交流与合作确有进一步深化的必要，而深圳正是连接香港与内地的桥梁，此后多年，我多次到深圳参与法律活动，其中非常重要的就是参与深国仲的仲裁案件审理。

1988年，我在深国仲第一次参与审理仲裁案件。我记得很清楚，仲裁庭的首席仲裁员是陈安先生，陈先生是厦门大学法学院院长，一位资深的国际法学者，态度严谨，和蔼亲切。我是其中一位边席仲裁员，另一位

---

[*] 太平绅士，深圳国际仲裁院理事会副理事长，香港资深大律师，曾任香港证监会主席。

是董有淦主任。董先生是深国仲的负责人之一,他有着杰出的专业能力和高超的审理技巧。虽然我一直接受的是普通法教育,与两位内地专家在思维方式甚至对某些问题的看法有所不同,但大家希望高效、公平解决纠纷的目标是一致的,我们彼此尊重,合作十分愉快。这次经历也让我进一步加深了对深国仲的了解。虽然深国仲当时刚成立才几年,但其在案件办理上的诸多做法能与国际接轨,我的印象是新鲜但不陌生,我的第一次内地仲裁非常顺利。

深国仲正是在那个年代随着特区一起成长起来的。一些前辈,如周焕东周老、肖志明肖老等,"筚路蓝缕,以启山林",带着几个年轻人,以艰苦开拓的精神,在特区开始进行中国仲裁制度创新。深国仲的仲裁员都是各界贤达,他们或是通晓中外法律,或是实践经验丰富,解决了大量的商事纠纷,形成了一系列很有影响的案例,维护了市场的有序运行,也在内地、香港及其他地区树立了公信力。20世纪90年代我曾协助深国仲在香港和伦敦出版中文版和英文版的国际贸易和国际投资仲裁案例集,听说是中国内地首次在境外出版仲裁案例集。重读当年的这些案例,大家可以看到,深国仲的仲裁员不仅视野开阔,而且很有水平,十分公正。

从20世纪80年代开始,我就深信仲裁是妥善处理商人间争议的最佳方案,它的当事人意思自治和国际化特点,能够让来自不同法域的当事人和律师在同一平台上对话。到了今天,尽管面临的各种新问题和新挑战层出不穷,但与此同时,令人欣慰的是,我们国家的法律制度、法律环境也在回应市场需求,不断进化与完善。以深国仲为代表的中国国际仲裁机构,锐意进取,已经可以比肩国际上其他历史悠久的国际仲裁机构。这与各位同行的努力是分不开的。

(二)

2012年,特区国际仲裁机构在原名称"中国国际经济贸易仲裁委员会华南分会"的基础上,加挂"深圳国际仲裁院"的牌子,并开启了极具深远意义的法定机构改革的序幕。按照改革后的架构,深国仲实行以理事会为核心,决策、执行、监督分离制衡的法人治理模式。这种法定机构的治理模式在香港亦有实践，廉政公署、贸易发展局、香港消费者委员会等机构均通过本地立法，确立了其独立运作的特殊地位，我服务多年的香港证监会（HKSFC）也是随着《证券及期货事务监察委员会条例》生效而成立的法定机构。多年来，我亲见法定机构治理模式的优势，完全相信深国仲的改革定能进一步巩固其作为中立裁判机构的独立地位，进一步取信于境内外当事人，并充分释放机构活力。因此，当年晓文和晓春代表深圳市政府邀请我担任仲裁院理事会的理事时，我毫不犹豫、欣然应允。

2012年6月16日，深圳市政府隆重举行粤港（前海）国际仲裁合作启动仪式暨深圳国际仲裁院揭牌典礼。会上，陈彪副市长代表举办机构深圳市政府向各位理事颁发了聘书，稍有遗憾的是，我因此前既定工作的时间安排原因，人在新加坡未能前往深圳现场见证仪式并接受聘书，故提前录制了视频，向出席会议和支持深国仲的各位嘉宾表示了感谢。我在视频发言中特别提到，在内地改革开放的新时期，深圳市政府和广东省司法厅批准特区国际仲裁机构启用新名称，支持深国仲立足前海平台进一步开展粤港仲裁合作，实属高瞻远瞩。深国仲通过吸纳更多的境外人士共同进行仲裁机制创新，建立开放性的法律服务合作平台，采用决策、执行、监督分离制衡的法人治理模式这种先进的治理结构，相信将为粤港法律界带来新的景象。我本人非常有幸被聘为理事，一定会竭尽所能，与其他理事一道，认真履行理事职责。

按照法定机构治理模式的安排，理事会是仲裁院的决策机构，类似于上市公司的董事会。第一届理事会刚成立时，理事会成员除了我，还有郭晓文、王璞、冯巍、刘晓春、郑宏杰、郭小慧、黄亚英、黄国新、王桂壎、Sally Harpole等社会各界知名人士，其中只有晓文、晓春是内部理事，其他都是来自业界的代表，充分显示了理事会社会化的特点。在理事会日常工作中，大家对深国仲的机构设置、仲裁规则修订、仲裁员名册更新、财务预算决算报告等重大事项充分发表意见，有时甚至会产生激烈的争辩，表决时大家一人一票，按多数票决。依我多年的经验来看，深国仲的理事会制度运行非常顺畅，其治理机制的规范程度不亚于内地和境外的上市公司。

通过理事会来实现仲裁机构法人治理，改变了内地过去政府直接管理仲裁机构的局面，能够有效消除境内外当事人对行政干预的担忧。我可以自信地说,深圳市政府对深国仲的支持是非常巨大的,但是对深国仲的干预是根本没有的。这恰恰是一个国际仲裁机构最重要的声誉保证,因为我们必须要公正,必须要不受干预。2012年11月,深圳市政府颁布了《深圳国际仲裁院管理规定(试行)》,在全球范围内第一次实现专门针对仲裁机构立法,这种勇气和气魄令人印象深刻。多年来,深圳在经济发展上做出了非凡的成绩,在对法治环境的建设上也非常有积极性和成效。我还记得,1988年,也就是我刚参加深国仲仲裁工作的时候,深圳成立第一届深圳市法律顾问委员会,当时请了不少香港法律界人士,非常荣幸我也是其中一员。从1988年到今天,我们看到深圳的法治建设对全国的法治建设有很大的影响,在仲裁方面尤其如此。

2017年,深国仲第二届理事会成立,我本人不仅有幸被续聘为理事,更被选为第二届理事会的副理事长,这也是港人第一次在内地仲裁机构担任理事会的重要职务。这不仅是对我本人的肯定,更是港深法律合作更为紧密的生动体现。第二届理事会的成员来源更加广泛一些,包括:沈四宝理事长(中国法学会国际经济法学研究会会长)、刘晓春副理事长(深国仲院长)、郭小慧理事(深圳市外商投资企业协会执行会长)、胡建农理事(深圳市政法委副书记)、黄亚英理事(深圳大学知识产权学院院长)、蒋溪林理事(深圳市司法局局长,2020年增聘)、梁爱诗理事(全国人大常委会香港特别行政区基本法委员会前副主任、香港特别行政区政府律政司首任司长)、刘春华理事(中央人民政府驻香港特别行政区联络办公室法律部部长)、王桂壎理事(环太平洋律师协会主席)、袁国强理事(香港资深大律师、香港特别行政区政府律政司前司长)、赵宏理事(世界贸易组织争端解决机制上诉机构主席)、Peter Malanczuk理事(香港大学法学院教授),还有后来因为工作变动原因离任的郭晓文理事(前理事长)、王振民理事(清华大学法学院教授)和João Ribeiro理事(海牙国际私法会议第一秘书长)。与第一届理事会相比,第二届理事会国际化程度更高,在13位理事中,来自香港特别行政区等地的境外人士有7位,超过《深圳国际仲裁院管理规定》关于"不少于三分之一"的要求。理事会以中英双语召开会议,有自己的议事规则,诸位同仁都是翩翩君子、和而不同。我想特别提及的是沈四宝理事长,他已经七十多岁,但鹤发童颜、精神饱满，每次来深圳参加理事会都是西装笔挺，参与讨论时声音洪亮，在涉及深国仲重大发展规划时，他总是能从长远角度出发，提出独到见解。第二届理事会的工作应该说卓有成效。深国仲在 2017 年年底开创了仲裁机构合并的先例，又陆续与联合国国际贸易法委员会、世界银行国际投资争端解决中心等国际组织和机构展开深度合作，2019 年又推出新版仲裁规则，持续引领规则创新潮流，深国仲的知名度和影响力进一步提升。

（三）

过去几十年，我经常往返内地、香港和国外之间，行旅匆匆之际，也亲身感受到了内地的飞速发展。改革开放四十多年，深圳从一个小渔村迅速崛起成为国际化大都市，以深圳为代表的内地城市在全球频繁亮相，成为全球产业链和供应链中的重要一环，中国和东亚地区也成为国际政治和经济视野中无法绕开的重要存在，对全球格局产生了重大影响。

过去 40 年，香港也成功抓住了改革开放的发展机遇，而"一带一路"倡议及"粤港澳大湾区"发展规划的提出，也为香港的发展带来新的良机。香港作为国际金融、贸易中心和国际航空、航运枢纽，于法制、金融体系及市场开放度上均十分成熟，拥有遍布全球的商业网络，也是公认的全球最自由经济体之一，短期内难以被其他城市所替代。我认为，香港现在的亚洲国际金融中心、人民币离岸中心及"超级联系人"的定位应继续深化，我对此也抱有坚定信心。

香港和深圳同为粤港澳大湾区的核心城市，在经济上有极强的互补性，应共同携手，打造世界级城市群。在法律服务业方面，深港也有继续扩大合作的空间。比如，在"一带一路"背景下，内地和香港企业赴海外投资，将面临各种风险，有时涉及的问题是前所未见的，需要考虑当地环境保护法规、合规营商制度以及有可能出现的各种情况。内地和香港企业可以根据其需要，充分行使深国仲仲裁规则赋予的选择权，或选择香港或者选择深圳为仲裁地，通过深国仲的国际化平台，高效解决商事争议和投资争端。

深国仲自 1983 年成立至今，曾经面临发展的困惑，但更多的是令人印象深刻的成绩。37年时光流转，深国仲已成为亚太地区国际仲裁的一个重要平台。一直以来，我在香港和国外参加各类演讲和活动时，总会大力推介深国仲，除了我的理事职责以外，更多是想让境内外专家看到中国国际仲裁在深圳经济特区和粤港澳大湾区令人惊叹的进步。如今看到深国仲在新的历史节点上发挥着独特的作用，我感到十分欣慰。深圳"40年再出发"，粤港澳合作也进入新的历史格局，我谨祝愿深国仲的未来更加美好。

SCIA：国际仲裁的谦谦君子

梁爱诗[*]

作为一名长期从事法律工作的香港人，我有幸经历了粤港法律合作的从无到有、从相互学习到相互融合的过程，和深圳特区及特区仲裁机构结缘也始于此。在深圳经济特区建立40周年的历史关头，回首粤港的法律交流过程，也是国际仲裁的谦谦君子——深圳国际仲裁院（SCIA）的成长历程。

改革启航

1978年年底，中国共产党十一届三中全会召开，从此中国走向建设有中国特色社会主义的改革开放道路。1980年8月，深圳经济特区成立，成为内地最早成立的四个经济特区之一，毗邻香港，以其特殊位置、任务和政策，成功地把经济重心从农业转向工商业及至今日的金融、高科技、创意与物流中心，GDP排名紧随北京、上海之后，为内地第三大经济强市。1980年，深圳经济特区的经济工作由广东省管理；后来，深圳经济特区享有省一级经济管理权限；1992年，全国人大常委会授予深圳市人大及其常委会、市政府分别制定特区法规和规章的权力，使深圳特区的特殊政策和措施法定化。深圳经济特区的发展有国家政策的支持，立法权的配合，还有地理位置、人才和时势之利，在改革开放四十多年的成就中

---

[*] 太平绅士，深圳国际仲裁院理事会理事，曾任全国人大常委会香港特别行政区基本法委员会副主任，香港特别行政区政府律政司首任司长。

大放异彩。特区仲裁机构作为改革开放的产物,由此应运而生。

深圳国际仲裁院创设于 1983 年,又名华南国际经济贸易仲裁委员会、深圳仲裁委员会,曾用名中国国际经济贸易仲裁委员会深圳分会、中国国际经济贸易仲裁委员会华南分会。SCIA 作为粤港澳地区最早成立的仲裁机构,为粤港澳企业解决大量商事纠纷提供了极大的便利,为粤港澳地区的经济融合和共同繁荣起到了十分重要的作用。让我印象深刻的是,SCIA 不仅是香港地区企业解决涉及内地纠纷的重要选择,也是香港法律界人士进入内地市场的重要渠道,早在 1984 年,SCIA 首批聘请的 15 名仲裁员中,就有 8 名来自香港。深国仲自设立开始即在聘请境外仲裁员、以保密方式审理案件等多个方面采取国际通行的做法,因其符合国际商事仲裁惯例,SCIA 与香港地区和国际同行在交流业务时很容易凝聚共识,深国仲的仲裁裁决走出国门的进程也非常顺利。

开创先例

1986 年 12 月,中国加入联合国《承认及执行外国仲裁裁决公约》(即《纽约公约》)。1987 年,广东粤海进出口公司与香港捷达公司发生跨境贸易合同纠纷,双方当事人约定由 SCIA 仲裁。该案于 1988 年 2 月开庭审理,同年 7 月作出裁决。该裁决于 1989 年 6 月被香港高等法院予以执行,开创了香港法院按照《纽约公约》执行仲裁裁决的先例,也是内地仲裁裁决在境外法院获得承认和执行的先例。从此,特区仲裁裁决在域外普遍得到承认和执行。

香港回归祖国后,内地与香港之间相互承认和执行仲裁裁决曾经一度遇到困难,既不能再适用《纽约公约》,也无法适用《中华人民共和国民事诉讼法》,在司法实践中,仲裁裁决的跨境执行申请被无限期搁置。针对这种情况,1999 年 6 月 21 日,我作为时任香港特别行政区政府律政司司长,与时任最高人民法院副院长沈德咏先生在深圳签署了《关于内地与香港特别行政区相互执行仲裁裁决的安排》。深圳经济特区见证了内地与香港仲裁司法协助重归正轨,并迈入新的历史阶段。该安排体现了"一国两制"基本方针,在内容上基本采纳了《纽约公约》的精神,圆满解决了内地与香港相互执行仲裁裁决问题。据香港司法机构统计,按照该安排,SCIA 作出的仲裁裁决在香港没有一例被不予执行。2017 年,SCIA 的仲裁裁决在香港获得执行的数量为内地最高,也高于香港之外的其他仲裁机构。2018 年 5 月 15 日,联合国国际贸易法委员会(UNCITRAL)选择与 SCIA 在深圳经济特区联合举办全球首场纪念《纽约公约》60 周年研讨会,我想这其中很重要的原因在于深圳特区是中国仲裁裁决依据《纽约公约》在境外获得承认和执行的起点。

先行先试

长期以来,大量香港律师都到过 SCIA 并发挥了重要作用,或者担任仲裁员,或者担任代理人,或者作为专家证人。我本人曾担任过仲裁员参与审理案件,也当过专家证人,就适用香港法问题发表过专家意见。

我离开律政司之后,经深圳市政府邀请,于 2015 年以一种新的身份——SCIA 理事,加入 SCIA,为特区国际仲裁事业和粤港法律合作尽一份绵力。出任理事的背景是,2012 年,深圳特区先行先试,引入法定机构管理模式,对 SCIA 制定了政府规章《深圳国际仲裁院管理规定(试行)》。作为中国第一个对仲裁机构进行的专门立法,其核心内容是确立以国际化、专业化理事会为核心的法人治理结构。根据该立法,SCIA 的决策权和对执行管理层的监督权由理事会行使,且至少 1/3 的理事来自香港特别行政区、澳门特别行政区和海外。这种先行先试的制度安排,体现了深圳特区开放和改革的气魄。

我和同样来自香港的梁定邦资深大律师、香港律师会前会长王桂壎和香港大学教授 Peter Malanczuk 从第一届理事会开始任职到现在,2018 年刚刚卸任律政司司长的袁国强资深大律师也加入理事会,和沈四宝、刘晓春、赵宏、刘春华、郭小慧、黄亚英、胡建农、蒋溪林(还有因为工作变动离开了理事会的同仁:郭晓文、王璞、郑宏杰、冯巍、刘新魁、王振民、João Ribeiro)一起,每人一票,行使表决权。理事们很专业、很谦和,也都非常认真、敬业、尽责。执行管理层对理事会都很尊重,执行理事会的决策很到位。过去五年时间里,作为理事,我近距离地看到 SCIA 在规范运作中不断探索、创新，特区国际仲裁的国内外影响力日益显著。

SCIA 理事有时要到世界各地介绍特区国际仲裁规则、与分布在各地的仲裁员进行业务座谈。SCIA 的年轻人怕我舟车劳顿，对我特别怜惜，远渡重洋的会议一般没让我参加。2018 年 6 月，联合国国际贸易法委员会邀请我代表 SCIA 赴纽约参加在联合国总部举行的《纽约公约》全球庆祝大会，我没有去。后来我从新闻报道得知，联合国国际贸易法委员会在联合国总部的会场上播放我的照片和介绍，我想这也是对"深圳+香港"作为《纽约公约》在中国的"落地通道"的一个见证吧。让我高兴的是，SCIA 代表团在纽约参加会议期间，还成功举办了"中国国际仲裁是否公正"研讨会，受到中美法律界和工商界的高度关注，我虽身不能至，但看到特区国际仲裁的制度创新得到国际社会的认可，我内心感到无比欣慰。

持续创新

特区国际仲裁能在 37 年间发展至今天的地位，我想主要是 SCIA 秉承"独立、公正、创新"的理念。SCIA 的仲裁员国际化，目前境外仲裁员占 41%，领先全国，仲裁员来源地覆盖世界主要经贸大国和"一带一路"沿线国家和地区；SCIA 的办案规则和程序严谨；SCIA 和其他国际仲裁机构的关系良好，并且能够抓住国家政策提供的机会。特区仲裁机构立法消除了境内外当事人对仲裁机构独立性、公平性的疑虑，作为一个独立的法定机构，SCIA 让中外当事人更有信心。

业务方面，SCIA 不断探索创新，率先在国内规定可以受理东道国与外国投资者之间的投资纠纷、制定《关于适用〈联合国国际贸易法委员会仲裁规则〉的程序指引》、实践"展会调解+仲裁""商会调解+仲裁""香港调解+深圳仲裁"机制、创设"四位一体"争议解决机制、创建"跨境调解联盟"、探索"选择性复裁机制"等，敢闯敢试，敢为人先。

国际合作方面，SCIA 多年来积极搭建国际合作平台，与联合国国际贸易法委员会、世界银行国际投资争端解决中心等国际组织以及国际商会仲裁院、香港国际仲裁中心、新加坡国际仲裁中心等知名国际仲裁机构建立合作关系，参与共建"中非联合仲裁中心"，并在美国设立了中国首个国际仲裁海外庭审中心。除此之外,配合国家大政策的发展,组织"一带一路"沿线国家和地区、粤港澳大湾区发展规划的仲裁调解机构联盟,服务跨地区争议解决所需。

结　语

　　2018年11月,我们理事会第二届第七次会议审议通过了2019年仲裁规则和仲裁员名册之后,随即策划在各大城市陆续宣讲新规则,培训仲裁员。我主动请缨,带着SCIA的同仁一起到北京、杭州、香港进行规则路演,至今记忆尤深。

　　"诚信合作"是2019年仲裁规则强调的核心价值之一,我们借路演的机会隆重推出SCIA的院花——莲花,以其高洁品格勉励所有同仁,独立、公正地解决纠纷。

　　中国仲裁随着祖国经济的腾飞,在案件数量和争议标的上已经可以和世界发达国家比肩了,SCIA的业务规模更是在亚太地区已名列前茅,但SCIA从不以此自矜,没有把案件数量上的"最大"作为发展目标,而是旗帜鲜明地追求做"中国最干净的仲裁机构"。国际仲裁有SCIA这样的谦谦君子,我觉得未来一定会更有可为。

四十年来两地情,渠渠天理境中行

袁国强*

前　言

在过去40年,世界经历了前所未有的蜕变。40年前,也许没有太多人能预料到互联网的发展和社交媒体对社会产生如此巨大的影响。40年前,也许没有太多人能预料到全球化对经济和政治的影响。此外,在过去40年,国家经历了重大改变,当中"改革开放"可以说是其中一个重要关键词,而深圳特区在改革开放的过程中扮演着不可或缺的角色。

国际仲裁(特别是国际商贸仲裁)有颇长历史,在过去40年出现了不同形式和层次的变革。中国内地也见证和参与了国际仲裁的演变。比方说,1995年,内地仲裁机构仲裁案件共有1 048件,总标的额只有2亿元人民币;到了2017年,内地仲裁机构仲裁案件共有239 360件,总标的额达到5 338亿元人民币,案件数量和总标的额分别是1995年的228.4倍和2 669倍。

在这巨大变革过程中,深圳国际仲裁院(又名华南国际经济贸易仲裁委员会,以下简称"深国仲")默默耕耘,多次大胆创新,成为国际仲裁先驱和改革排头兵。2020年8月26日是深圳经济特区建立40周年的重要日子,深国仲以"深圳特区40年·我与特区国际仲裁的故事"为题,举办征文活动。当刘晓春院长通知我有这一活动时,我欣然答应参与。原因

---

* 太平绅士,深圳国际仲裁院理事会理事,香港资深大律师,香港国际仲裁中心联合主席,最高人民法院国际商事专家委员会专家委员,曾任香港特别行政区政府律政司司长。

是我与深国仲有深入的交往,可以说见证了深国仲近年的发展,也见证了深国仲各位同仁对推动国际仲裁事业发展的魄力和热诚。简言之,深国仲在特区推动仲裁的努力和贡献值得肯定。再者,深圳特区建立40周年的日子,也是让我们回顾过去,展望未来的好时机。

深国仲的发展历程

1980年8月,深圳经济特区建立。两年后,为了配合特区的发展需要,广东省经济特区管理委员会和深圳市政府开始筹建特区仲裁机构。1983年4月19日,经报国务院批准,深国仲(曾称中国国际经济贸易仲裁委员会深圳分会、中国国际经济贸易仲裁委员会华南分会)正式成立,当时《中华人民共和国仲裁法》还未颁布。而香港国际仲裁中心1985年才于香港成立。换言之,深国仲比香港国际仲裁中心约早两年成立。

自成立后,深国仲经历了多次组织和制度等不同方面的创新,其中我认为特别值得重温的有:

(1) 1984年,深国仲首批聘用的15名仲裁员中,有8名来自境外,这无疑是创新之举,亦奠定了日后中外知名仲裁界人士参与深国仲发展的基础。

(2) 1986年,中国加入联合国《承认及执行外国仲裁裁决公约》(即《纽约公约》)。1988年,深国仲审理广东省粤海进出口公司诉香港捷达公司一案并作出裁决。该仲裁裁决其后于1989年6月被香港高等法院判决予以执行,成为内地仲裁裁决在境外获得承认和执行的先例。

(3) 2012年11月,根据全国人大常委会关于特区立法的特别授权,深圳特区制定《深圳国际仲裁院管理规定(试行)》,为全球首次对仲裁机构进行专门立法从而进行改革的先例,凸显了国家和深圳特区对深国仲和特区国际仲裁持续发展的重视。

(4) 2016年,深国仲发布《关于适用〈联合国国际贸易法委员会仲裁规则〉的程序指引》,该指引不但将香港视为默认仲裁地,还进一步将深圳仲裁规范国际化,有效吸引外商选择深国仲为仲裁机构。

我与深国仲

自从在大学修读国际商贸法开始,我对国际仲裁便产生了浓厚兴趣。毕业后取得香港执业大律师资格,我继续研修仲裁的相关法律,参与处理仲裁案件,同时开始留意内地仲裁行业的发展。

2012年7月1日,我接任香港特别行政区政府律政司司长一职,其中工作的一个重要方向是巩固香港作为亚太区国际法律及解决争议服务中心,以及推动仲裁和调解作为法院诉讼以外的解决争议方式。香港是中国的一部分,同时也是一个国际城市。仲裁的服务对象亦然,不单服务香港企业,也要服务内地和外地的企业以及国际商贸、投资界。内地、香港乃至海外的仲裁机构绝对可以透过协助而产生协同效应,令更多企业理解和选择仲裁。

在这样的大环境和理念下,我上任后第一次离开香港出差便是在2012年8月10日访问深圳,就香港的法律和仲裁服务在深圳(包括前海深港现代服务业合作区)的发展,与深圳市政府领导进行会谈。当时我体会到,深国仲作为立足前海的国际仲裁合作平台,绝对可将深圳特区仲裁服务推上更高台阶。其后认识了深国仲的刘晓春院长,自始更有机会深度关注及了解深国仲的发展和仲裁工作。

2016年1月6日,我获邀参加深国仲与前海管理局在前海万科企业公馆特区馆共同举办的"深圳国际仲裁院(SCIA)香港仲裁员聘书颁发仪式暨培训会议"。如上文提及,深国仲早在1984年便开始聘用香港仲裁员。2016年这次仪式,为65名到场的香港仲裁员颁发了聘用证书,为香港专业人士提供更多机会到深国仲参与内地仲裁事务。我在当天的致辞中指出,深国仲促进香港与深圳的法律和仲裁界不断加强合作,通过提供专业服务共同完善深圳和前海的国际化和法治化营商环境,成就有目共睹,应予以肯定。

2016年5月28日,我以香港特别行政区政府律政司司长身份参加"深圳前海合作区人民法院诉调对接中心揭牌仪式暨第一届前海涉港商事调解论坛"后,到访深国仲的前海仲裁庭。刘晓春院长向我介绍了深国仲自成立以来的发展,包括创立前海海事物流仲裁中心、自贸区金融仲裁中心以及高科技和知识产权仲裁中心等成绩。刘院长亦指出,根据《关于内地与香港特别行政区相互执行仲裁裁决的安排》的规定,深国仲作出的仲裁裁决没有一宗在香港法院被裁定不予执行。

2016年10月26日,我和香港法律界代表应邀与深圳市陈彪副市长一起出席深国仲新仲裁规则发布暨办公新址启用仪式,我以香港特别行政区政府律政司司长身份作了题为"香港建设区域法律服务和纠纷解决中心的机遇与挑战"的演讲。我指出,在仲裁服务方面,香港应研究与内地仲裁机构加强交流与合作,为内地企业和"一带一路"沿线国家提供国际仲裁服务。深圳国际仲裁院(即"华南国际经济贸易仲裁委员会")在加强粤港合作方面作出了重大贡献,无论是在仲裁案件管理、仲裁员名单以及实务和培训等方面,深国仲都为粤港的相关合作构建了创新而稳固的平台,并开创了内地仲裁裁决依照联合国《承认及执行外国仲裁裁决公约》获得境外法庭强制执行的先例。深国仲在2016年10月发布的《关于适用〈联合国国际贸易法委员会仲裁规则〉的程序指引》,是内地首个仲裁机构以《联合国国际贸易法委员会仲裁规则》为基础制定的程序指引,是一项极具前瞻性的创举,意义重大。根据该指引的规定,仲裁当事人可以选择采用《联合国国际贸易法委员会仲裁规则》。依据该指引第三条的规定,当事人如果没有约定仲裁地的,仲裁地为香港,除非仲裁庭另有决定。香港仲裁界十分赞赏和欢迎这项安排,希望该指引能够进一步加强粤港在国际仲裁方面的合作,产生更大的协同效应。

2018年1月5日,我卸任香港特别行政区政府律政司司长一职,同年4月再次以大律师、仲裁员和调解员身份在香港执业。然而,这次身份的改变,并没有改变我对仲裁的兴趣。反之,我可以以另一种身份继续参与推动仲裁,包括参与深国仲的工作。

2018年5月15日,我出席联合国国际贸易法委员会与深国仲联合在深圳举办的题为"《纽约公约》六十周年与'一带一路'"法律论坛,与一众法律界人士回顾《纽约公约》对国际仲裁的深远影响。如上文谈及,深国仲是首家以《联合国国际贸易法委员会仲裁规则》为基础制定程序指引的内地仲裁机构。因此,由深国仲在深圳主办该论坛实为恰当。

2019年2月21日,《粤港澳大湾区发展规划纲要》宣讲会在香港举行。同日,深国仲举行香港理事聘书颁发仪式暨粤港澳大湾区国际仲裁核心引擎建设新闻发布会,发布《关于增强核心引擎功能推动粤港澳大湾区建设的十大措施》和《粤港澳仲裁调解联盟争议解决规则》,同时启用2019年《深圳国际仲裁院仲裁规则》和《深圳国际仲裁院仲裁员名册》。在该发布会上,我正式获聘为深国仲理事,自此有机会以理事身份参与深国仲的工作,令我更深入理解深圳特区国际仲裁的情况,以及增加机会推动内地与香港仲裁界的交流和协作。

结　语

40年瞬间飞逝,但如果好好把握,40年可以让一个城市脱胎换骨。深圳特区过去40年的演变、改革、创新和进步,是大家共同努力的成果。当中深国仲创造了骄人的成绩,作出了在海内外令人瞩目的贡献,优化了深圳特区法治营商环境,提升了中国仲裁的国际形象。在这坚实的基础上,我深信深国仲定能更上一层楼,以其大胆创新的思维为深圳和国家在粤港澳大湾区和"一带一路"等各重要领域发挥更大的作用。

在此,我衷心祝愿深国仲往后的业务蒸蒸日上,也祝愿粤港仲裁协作进入新的纪元。

2020年6月于香港

回忆五则：特区仲裁往事

郭小慧[*]

结缘于特区

说起我与特区仲裁的结缘，不得不说我和郭晓文理事长、刘晓春院长的相识。他们现在都是国际仲裁界的资深专家了，但是回想起20世纪90年代我们初识的时候，我的脑海里浮现的仍是两张朝气蓬勃的面孔。

我和晓文的相识始于我在深圳市人大常委会担任委员的时候。晓文是特区仲裁的开荒牛，早年就担任特区国际仲裁机构（那时候称"中国国际经济贸易仲裁委员会华南分会"）的秘书长，也是人大代表，我们在人大会议上经常分在一个小组，我们讨论问题很投机，很容易达成共识。

我和晓春认识的时候，他在香港工作，担任许扬同志的秘书，因工作通过一次电话，就记了一辈子。那时香港还没有回归。后来晓春回到深圳，负责世界贸易组织事务中心的工作，又主动和我联系，主动为企业服务。他给我的感觉是富有激情，善于与人沟通，而且有极强的责任心，对自己的要求是做到最好。我们作为企业的代表，常常感受到的就是那颗服务企业的心。

我们是在国家正在经历向市场经济转型的那个时期认识的，能一起合作到现在，一个很重要的原因是我们对改革的理解相似、相同。我原来从北京来到特区，也是出于这样的一种激情。

---

[*] 深圳国际仲裁院理事会理事，深圳市外商投资企业协会执行会长。

改革的勇气

改革,是特区的魂。在改革开放时期,中国很多新生事物都是在深圳特区催生的,一些传统制度的禁锢也是在深圳特区被冲破的。但是,改革从来不容易。

今天我们看到特区国际仲裁机构蓬勃发展,对特区建设和中国改革开放发挥了很大作用,但她也曾经长期面临制度和机制方面的巨大束缚。为了冲破这些束缚,晓文他们十多年前就考虑特区国际仲裁管理体制改革了。我是中国经济体制改革研究会的常务理事,可能他们认为我比较了解企业和市场的需要,所以就主动和我做一些探讨。

记得有一次,我和晓文、晓春三人相约在五洲宾馆的咖啡厅探讨特区国际仲裁机构未来的发展,我们关注的焦点是如何从机制层面实现突破,也就是说,如何在特区国际仲裁机构的治理机制方面做一个大的变革,比较强烈的共识就是建立理事会,完善特区国际仲裁机构的科学决策机制,加强自我约束和外部监督,以强化特区仲裁的国际公信力。当时在仲裁机构的治理机制方面,这完全是前人没有做过的一件事,要在特区率先突破。那一天我们在五洲宾馆谈得很深,为后来特区国际仲裁机构治理机制改革打下了思想基础。

我们当时对改革所面临的阻力和风险有充分的认识。治理机制方面的改革会触动很多人的利益,这一步走出来实际上前途是未知的,而且阻力巨大。但是如果特区国际仲裁机构在原来的框架内继续墨守成规,就无法解开历史包袱,无法很好地回应企业的需要、特区的需要、国家的需要,无法代表特区和国家参与国际仲裁的全球竞争。所以,我们一致认为必须走出这一步,走出这一步是希望特区国际仲裁机构能够在一个健康的轨道上继续发展。

走出这一步,绝对不是为自己。如果是为自己,完全没有必要去冒这个风险。

至今我依然记得,2012 年春的某一天午后,我给晓春打电话,他说为了解决特区国际仲裁机构改革和发展中的一个紧急而关键的问题,正要出发去向一位主要领导汇报情况。我知道,那段时间深圳市委正在考察他,拟从副局级提拔为正局级,我作为服务对象工商界的代表也被市委组织部征求过对他的意见。我在电话里跟他说:这个问题是历史包袱问题,矛盾那么尖锐,涉及上上下下、方方面面、层层叠叠的关系,而你现在正处于提拔考察这么重要的时期,你如果考虑不要乌纱帽了,可以去。他直截了当地回答我:"这个问题必须及时汇报。特区建设的成果都丢了,我要这个'乌纱帽'干什么。"

我从他们的身上,感受到特区人改革的勇气和智慧。

2012年6月16日,倾盆大雨。那一天,在五洲宾馆五洲厅,深圳市政府举办"粤港(前海)国际仲裁合作启动仪式暨深圳国际仲裁院揭牌典礼",香港中联办、香港特别行政区政府律政司、广东省人大常委会、广东省司法厅、广东省工商联等机构的领导出席了典礼。粤港澳三地主要工商社团和法律机构的代表也都不畏风雨前来参加会议。深圳市政府副秘书长高国辉主持会议,副市长陈彪宣布中国国际经济贸易仲裁委员会华南分会加挂"深圳国际仲裁院"牌子,进行法定机构试点改革,并且代表深圳市政府为深圳国际仲裁院理事会第一届理事颁发聘书。我作为工商界的代表,与郭晓文、刘晓春、王璞、郑宏杰、黄国新、黄亚英、梁爱诗、梁定邦、冯巍、王桂壎、Sally Harpole一起组成第一届理事会,由郭晓文出任理事长,刘晓春和王璞为副理事长。当天晚上,理事会举行第一次会议,对仲裁规则的适用等重要问题作出决定,正式开始深圳国际仲裁院法人治理机制的实践。

看到特区仲裁机构改革的创想冲破阻力开始成为现实,我的内心无比欣慰。

当年11月,深圳市市长签发第245号市政府令,颁布施行《深圳国际仲裁院管理规定(试行)》,以特区立法方式巩固特区建设三十多年最新改革的成果,以法定机构管理模式推动和规范特区国际仲裁在改革开放新时期的创新发展。近八年来,按照法定程序和深圳市政府的授权,深圳国际仲裁院理事会前后两任理事长郭晓文和沈四宝与境内外所有理事一起认真履行法定职责,科学决策,严格监督,共同见证特区法治的进步。

为市场而创新

中国进出口商品交易会（以下简称"广交会"）是我国历史最长、层次最高、规模最大、商品种类最全、到会采购商最多且分布国别地区最广、成交效果最好、信誉最佳的综合性国际贸易盛会。作为商务部特别指定的唯一仲裁机构，深圳国际仲裁院与中国对外贸易中心于2007年共同创建国际贸易和知识产权纠纷解决机制，以"调解+仲裁"的方式，在广交会上现场解决国际贸易和知识产权纠纷，维护国际贸易秩序，对营造和谐展会、维护正常交易秩序起到了非常重要的作用。

我第一次踏进广交会会场，是和晓春去广交会与中国对外贸易中心副主任徐兵等会面，之后到广交会投诉接待站看望仲裁院派驻现场开展调解工作的年轻同事们。在B区投诉站门口，刚好看到一个中国参展商和一个外国买方因为贸易货品问题在现场吵得不可开交，当时广交会的现场工作人员站在那里面面相觑，不知如何处理。晓春当时就鼓动我："您了解企业，您也亲自试试去调解？"我三十多年来一直在深圳外商投资企业协会服务中外企业，我清楚这种纠纷的痛点在哪里，所以没用多长时间，就提出一个双方当事人满意的方案。事后我想到一个关键问题，我把晓春拉到一边，问："如果有一方当事人对我刚刚提出的方案反悔了怎么办？刚刚的努力岂不付之东流？"晓春马上回答我说："当初来为广交会提供现场调解服务时就曾想到过这个问题，传统调解的一个硬伤就是对双方当事人没有强制约束力，所以我们在广交会上推出'独立调解+独立仲裁'的方式，就像我们早就在深圳外商投资企业协会创设的机制一样，为了赋予调解结果以强制执行的法律效力，任何一方当事人均有权请求华南国仲（即深圳国际仲裁院）按照调解协议书的内容快速作出仲裁裁决。"

这一机制后来被正式写进《中国进出口商品交易会贸易纠纷防范与解决办法（试行）》，成为具有中国特色的国际贸易纠纷解决规则。最近我向仲裁院的同事询问这一机制的运行情况，他们告诉我，截至2019年年底，仲裁院在广交会上的仲裁调解服务已经辐射全球119个国家和地区。我想,一种为当事人定分止争的机制这么多年能够做到行之有效,并且在国际上的影响力日益增强,充分说明了这种创新机制是受市场欢迎和认可的。我亲身参与过,从企业需求的角度来下这个判断,我有这个发言权。

大湾区引擎

广交会上的"独立调解+独立仲裁"模式,说得更具体一些是一种"展会调解+商事仲裁"模式。早在 2007 年 7 月,仲裁院和我所在的深圳外商投资企业协会合作设立了深圳外商投资企业协会商事调解委员会,作为独立、公正地帮助外商投资企业以及其他市场主体解决商事争议的常设调解机构。深圳外商投资企业协会商事调解委员会的调解经过法定程序可转化为有强制执行效力的仲裁裁决,这是一种"商会调解+商事仲裁"的创新模式,深圳外商投资企业协会因此被民政部评为"全国先进民间组织"。

2013 年 12 月,经仲裁院牵头组织和推动,包括深圳市外商投资企业协会商事调解委员会和中国对外贸易中心(广交会投诉站)在内的粤港澳地区 15 家主要商事仲裁调解机构为成员机构,在深圳前海共同创立了粤港澳仲裁调解联盟(原称"粤港澳商事调解联盟"),通过整合粤港澳大湾区的商事仲裁调解资源,加强商事仲裁调解服务机构之间的业务交流和合作,共同提升粤港澳地区多元化纠纷解决服务水平,为当事人提供专业、高效、和谐的纠纷解决服务。粤港澳仲裁调解联盟的设立非常具有前瞻性,当时"粤港澳大湾区"概念还没有正式提出,我们就开始联合粤港澳三地的主要商事仲裁调解机构探索在"一国两制三法域"背景下争议解决机制的融合途径。

粤港澳仲裁调解联盟主席由粤港澳三地轮流推举担任,每届两年。第一届主席由香港大律师苏国良先生担任。2016 年,联盟成员机构推举我担任第二届主席。2018 年,粤港澳仲裁调解联盟成立 5 周年的时候,我将主席牌匾交接给了第三届主席——澳门世界贸易中心仲裁中心的高展鹏先生。2020 年,主席席位又轮换到香港了,由香港中国企业协会商事调解委员会的郭建安先生担任主席。粤港澳仲裁调解联盟成立7年来，深圳国际仲裁院作为常务副主席机构和秘书处，为粤港澳仲裁调解联盟的协同创新合作发挥了关键作用，促进了粤港澳三地法律界和工商界的交流、合作与共识。粤港澳仲裁调解联盟坚持平等、开放、合作的原则，由粤港澳三地轮流担任机构主席的机制行之有效，从一项在粤港澳大湾区争议解决领域先行先试的举措，已然成为粤港澳大湾区营商环境一张亮丽的名片。

走进非洲

2017年年底，为积极配合"一带一路"倡议的实施，推广特区国际仲裁规则，建立国际仲裁合作关系，我和仲裁院德籍理事Peter Malanczuk教授一起率团"走进非洲"，应邀访问了毛里求斯共和国与南非共和国，受到毛里求斯与南非两国工商界和法律界的热烈欢迎。

作为带队团长，我"由内而外"地感受到特区仲裁的国际影响力和蓬勃朝气。

先说"由内而外"的"外"。2017年11月21日，我们访问了毛里求斯商会及毛里求斯商会仲裁调解中心。尽管仲裁院与毛里求斯的国际仲裁交流有不错的基础，但当天一开始双方的会谈有点局促。在既定的探讨深圳和毛里求斯开展仲裁合作议题之外，我和毛里求斯商会主席Azim Currimjee先生畅聊仲裁合作如何服务企业。也许是因为我不仅是仲裁院的理事而且也是工商社团代表的原因，也许是因为我提出的以服务企业为中心的理念引起了共鸣，Azim Currimjee先生的态度变得十分积极。其实，仲裁院管理层经常强调的"以当事人为中心"，也就是"以市场主体为中心"，为企业服务，为市场服务，这本身就是仲裁的宗旨。毛里求斯方面在签署合作协议之后，安排毛里求斯国家广播和电视台对我们进行专访。毛里求斯方面对深圳营商环境改革非常关注，积极要求共建中非纠纷解决合作机制，在中非商事纠纷仲裁解决推广、仲裁庭审设施设备支持、仲裁员专业培训等领域开展深度合作，以促进中非企业合作。我切身感受到了深圳特区法治化、国际化、市场化营商环境在国际上的影响力和推动"一带一路"建设的作用,内心无比自豪。

说到"由内而外"的"内",我为出访团中的这一批仲裁院的年轻同事们感到骄傲。七天访问两个非洲国家,国际航班转机往返的时间就要花去两天多,我们不仅要拜访当地的政府部门和仲裁机构,还要与当地企业界的代表深入座谈,出访团的人数又不能太多,所以这些年轻人基本上每一个人都肩负几个人的任务,后勤、联络、策划活动、准备议题,基本上不需要我和 Peter Malanczuk 教授操心。出访期间的每一天,在白天紧张的访问交流和规则"路演"之余,出访团里的党员同志在深夜还以党小组形式认真学习党的十九大报告,令我深深感动。同行的德籍理事 Peter Malanczuk 教授也为之动容,我甚至看到这位老教授眼眶里的泪花。他跟我说:"我从他们年轻人身上看到了希望。世界的希望在中国。"

看到仲裁院年轻同事们朝气蓬勃的精神风貌,让我回想起二十多年前和晓文、晓春两位年轻的特区人相识的情形,以及与特区国际仲裁的缘分。我和特区国际仲裁之间远不止前述五个故事,也许出一本专著也难以记录完我和特区仲裁之间的点点滴滴——太多可爱的人、太多有趣的事了!我们看到,特区国际仲裁的精神已经一代一代有了传承,后面的故事就让年轻人去书写,去讲述吧。

回眸与前瞻

赵宏[*]

2020年是深圳特区建立40周年。40年弹指一挥间,深圳从中国南部沿海的一个小渔村成长为与"北上广"齐名的中国四大城市之一。当前作为中国特色社会主义先行示范区,深圳成为发展高科技产业、吸引高端人才、汇聚中西文化的国际大都市之前景不可限量。

自2016年当选世界贸易组织上诉机构成员,我开始担任深圳国际仲裁院理事,几年的接触让我对特区国际仲裁有了近距离的了解。特区国际仲裁这些年的发展,让我印象深刻,不禁刮目相看。不过,我在日内瓦提笔写这篇小文,主要是缘于我对芮沐教授的深深怀念。他是我在北京大学攻读法学博士学位的授业恩师,也是特区国际仲裁建设愿景的最早提出者。

初心与愿景

在位于深圳证券交易所大厦的深圳国际仲裁院陈列室展出的北京大学法律系教授芮沐先生于1982年论特区国际仲裁的7页文字记录稿,勾起了我对这一段历史的追忆,思绪何止万千。现在愿与仲裁界的朋友们一道分享,结合国际仲裁风云数百载的发展历程,回顾那些发端于中国改革开放初期的激动人心、一切从零开始的艰苦而辉煌的奋斗岁月,也借此怀念我的恩师芮沐先生。

---

[*] 深圳国际仲裁院理事会理事,世界贸易组织上诉机构主席。

1982年6月28日下午,广东省经济特区管理委员会和深圳市政府的工作组向北大法律系教授芮沐先生请教关于特区国际仲裁机构筹建的问题。根据会谈记录,当时兼任全国人大常委会法制工作委员会委员的芮沐先生谈道:"仲裁主要是为了解决涉外经济纠纷,除法院用司法手段解决问题外,还必须用仲裁方式,其渠道是相辅相成的。故设置仲裁机构这一点上,相信是没有人反对的,设置特区仲裁机构对促进特区建设事业的发展会更为有利。……特区建立仲裁机构要从特区发展前途看。要有志气地逐步使之成为远东地区的一个国际仲裁中心,不仅搞特区内的,也可以扩而大之,搞国际上的……为了把仲裁建立得更有权威,我们应当参考国际上一些好的经验,要对世界银行投资仲裁中心、法国国际商会仲裁院及美国仲裁协会三个机构的规程作很好研究。"

在北大读书期间,我深深敬佩先生在中国经济法和国际经济法两门学科建设和发展方面的卓越远见和奠基性的贡献,但当年未听他谈及关于开创特区国际仲裁事业所作的最初的设想。后来在深圳看到先生当年的讲话笔录,心中是如此亲切,仿佛先生的音容笑貌跃然眼前,同时深感先生38年前对我国国际仲裁事业的见解是如此深刻、明晰,富有远见卓识和指导意义。

中国开放之初与国际仲裁发展先机

回顾过去,先生当年对国际仲裁发展趋势的判断无疑是准确的。国际仲裁作为解决国际商事纠纷的有力途径,发挥重要作用,适用于改革开放的中国。先生的判断与国际仲裁在全球范围内的增长业绩也是相符的。欧洲的仲裁机构从20世纪70年代的十几个发展到20世纪90年代的一百多个,主要仲裁机构处理的案件数量同期翻了一番。[①] 1992年英国《经济学人》杂志大胆预见"国际商事仲裁:主导下个世纪法律改革日程的大思路"(International Commercial Arbitration: the Big Idea set to dom-

---

① 参见 Walter Mattli and Thomas Dietz(eds), *International Arbitration and Global Governance: Contending Theories and Evidence*, Oxford University Press, 2014, p. 2。

inate legal-reform agendas into the next century)。① 据统计,1992 年到 2011 年,美国仲裁协会(AAA)国际争端解决中心(ICDR)、国际商会(ICC)仲裁院、伦敦国际仲裁院(LCIA)、新加坡国际仲裁中心(SIAC)、斯德哥尔摩商会仲裁院(SCC)等主要国际仲裁机构受理的案件数量增长近 400%。② 事实上,过去十几年,世界银行国际投资争端解决中心(ICSID)受理的国际投资仲裁案件数量也大幅度攀升。过去几十年,可谓国际仲裁事业高歌猛进的时代。今天看来,由于当年清醒而明智的判断和正确的决策,中国的国际仲裁事业没有错失机遇,这是非常难能可贵的。而芮沐先生关于国际商事仲裁对解决中国涉外经济纠纷作用的论述比《经济学人》早了整整 10 年。20 世纪 80 年代,中国三家涉外仲裁机构位于北京、深圳、上海三地,并基于业务合作关系均冠以"中国国际经济贸易仲裁委员会"名称,共创中国国际仲裁品牌,到 90 年代初,中国国际仲裁案件数量就已经超过美国仲裁协会、国际商会仲裁院等知名国际仲裁机构受理的仲裁案件数量。③ 深圳经济特区国际仲裁机构与中国改革开放和特区建设同步,仲裁和调解当事人迄今已经遍及全球 119 个国家和地区。

由此可见,芮老在 1982 年为中国的特区国际仲裁事业发展指明的方向是正确的,在改革开放之初就把握了时代先机,38 年后再回首,不得不叹服先生当年的远见卓识。

对标世界先进与立法先行

当年芮沐先生在谈到特区建立仲裁机构时专门提出应考虑以下六个方面的问题:(1)由广东省人大根据全国人大常委会关于经济特区立法的授权制定一个特区仲裁条例;(2)特区仲裁机构的仲裁员可以考虑由

---

① 参见《经济学人》杂志,1992 年 7 月,第 18—24 期。
② 五大机构受理案件数量从 1992 年的 606 件增长到 2011 年的 2368 件,参见 Walter Mattli and Thomas Dietz(eds),*International Arbitration and Global Governance: Contending Theories and Evidence*,Oxford University Press,2014,p. 2。
③ 参见 Gary B. Born:International Arbitration:Law and Practice,2nd edition,Wolters Kluwer,2015。

境外人士担任且占一定比例,这也需要通过立法来规定;(3)仲裁机构要有必要的独立性;(4)仲裁裁决的执行,要有终局性;(5)仲裁费用不宜太高,也不宜太低;(6)要参考国际上的好做法。

从最初的设计与规划,芮沐先生对深圳特区仲裁事业定位高远,从起步就强调要瞄准国际领先的仲裁机构,学习借鉴其仲裁规则,考虑引进境外人士担任仲裁员,并保留仲裁规则必要的灵活性,在仲裁费用方面要求实事求是。即使现在看来,先生当年所述都不过时,当年的要求就是高标准,既高屋建瓴,又求真务实,可以落地操作,为中国仲裁的国际化和现代化指明了方向。

先生当年就提到应该制定特区仲裁条例。1984年1月,广东省人大常委会批准的《深圳经济特区涉外经济合同规定》专章规定了特区仲裁和调解,就是源于芮沐先生的建议,比我国1995年施行的《仲裁法》早了十余年。根据1992年全国人大常委会关于深圳经济特区立法授权的决定,深圳市政府于2012年制定了《深圳国际仲裁院管理规定(试行)》,对特区国际仲裁机构进行法定机构立法,这在全球也属于首创,为深圳国际仲裁事业的发展提供了法律保障,增强了境内外企业对特区仲裁的信心和信任。

按照上述立法的规定,来自香港特别行政区和海外仲裁员和理事都不少于1/3,这与芮沐先生当年的设想十分接近。从深圳国际仲裁院的治理结构看,其理事会成员绝大多数具有国际化背景,既有来自境外的法律、贸易、投资、金融领域的富有声望和经验的资深专家,也有来自内地的资深专家、学者,其构成可谓具有高度的国际化属性,这在知名国际仲裁机构都不多见。

据了解,深圳经济特区拟将《深圳国际仲裁院管理规定》从经济特区政府规章升格为经济特区法规,深圳市人大已经将《深圳国际仲裁院条例》列入2020年立法计划。在制度安排上,这也进一步践行了芮老当年提出的把特区仲裁机构办成"远东地区权威的国际仲裁中心"的愿景,实现了先生的夙愿。

仲裁发展回眸与思考

芮沐先生当年在特区筹建仲裁机构时就提出,司法诉讼、仲裁、调解成为解决纠纷的三种渠道,一层比一层宽,一层比一层专。他当时就指出:"仲裁具有准司法性质。……仲裁机构作出的裁决是终局的,不能重新审理,法院根据当事人的申请,就只是执行的问题……切不可把裁决认为可以上诉。"

芮沐先生对解决纠纷三种途径的判断和仲裁性质的定性不仅对国际商事仲裁是适用的,对国与国之间的纠纷解决也是适用的。过去几年我作为世贸组织上诉机构成员,主要处理的是世贸组织成员间的贸易纠纷,因此,常常禁不住把国家间的纠纷解决作为审视国际商事纠纷的参照系。从国际法的角度看,司法裁决、仲裁和调解也是国家间争端解决的主要途径。

仲裁作为解决国家间纠纷的一种手段,在格劳秀斯的国际法开山之作《战争与和平法》中,就从基督教教义对和平的尊崇和古希腊哲学家对仲裁的选择入手,阐述仲裁应当替代战争成为解决国家间纠纷的手段。[①] 后世著名国际法学者瓦特尔(Emmerich Vattel)在其著作《国际法》(*The Law of Nations*)中,在阐释起源于自然法的国际法如何在现实世界发挥作用时,也提出"仲裁可以作为解决国家间纠纷的一种现实的、理性的、道德的方式"[②]。美国独立战争后,美英之间达成了1794年签署的《杰伊条约》(Jay Treaty),其中规定运用仲裁手段解决美国独立期间美英之间遗留的纠纷,在1794年至1804年之间,依据《杰伊条约》达成了536项仲裁裁决,其中包括著名的1798年圣克罗伊(Saint Croix River)仲裁裁决。此后,仲裁案件数量不断上升,19世纪成为仲裁作为解决国家间纠

---

① 参见 Cesare P. R. Romano, Karen J. Alter, and Yuval Shany(eds), *The Oxford Handbook of International Adjudication*, Oxford University Press, 2013, p. 42。

② E de Vattel, *The Law of Nations or the Principles of Natural Law, Applied to the Conduct and the Affairs of Nations and of Sovereigns* (1758 edn, tr., Washington D.C.: Carnegie Institute of Washington 1916), 193–4.

纷途径的黄金时代①,仲裁为维护世界和平作出了贡献。

长时间以来,国际商事仲裁作为解决国际商事纠纷的重要制度也取得了长足的发展。早期仲裁大多无法摆脱临时仲裁的属性,因而无法避免地受到当地法院的干预和控制。即便在作为国际航运、金融、保险和贸易中心的英国,国际商事仲裁得到巨大的发展成为全球的中心,但当时英国的国际商事仲裁受到法院的干预也是十分明显的,包括法院对仲裁裁决的实体审查等。直到19世纪末20世纪初,现代国际仲裁开始发展,但其发展仍基于仲裁所在地的国内法。各国出台的仲裁法通常对仲裁协定和仲裁裁决给予承认与执行,同时也保留了司法对仲裁程序的严格监督。最早对仲裁进行立法的国家是英国,其于1698年颁布了第一部仲裁法。1806年法国《民事诉讼法典》第一次把仲裁纳入规范事项。美国的首个关于仲裁的联邦立法是1925年《联邦仲裁法案》。

为便利国际仲裁的发展并为其提供可信赖的国际规则框架,海牙国际私法会议于1899年和1907年通过了两个关于国际仲裁的公约,两个公约均名为《和平解决国际争端公约》(The Hague Convention for the Pacific Settlement of International Disputes),并在公约基础上创设了至今仍在运行的常设仲裁法院(Permanent Court of Arbitration)。

1919年全球商业界组建了国际商会(ICC),1923年国际商会设立仲裁院处理成员之间的跨国商事纠纷,随后在国际商会的支持下各方谈判达成了1923年《关于仲裁条款的日内瓦议定书》和1927年《关于执行外国仲裁裁决的日内瓦公约》。这两份国际协定基本被1958年承认及执行外国仲裁裁决的《纽约公约》所取代,至此,规范国际商事仲裁的规则框架基本确立,为国际商事仲裁事业的发展奠定了基础。

诚如芮沐先生所言,仲裁具有准司法的性质。尽管"当事人意思自治"原则为各国仲裁法所普遍确认,当事人可以签订协议、指定仲裁员、约定合同适用的法律、选择仲裁地和仲裁机构,但除仲裁法诞生前的早期仲裁外,仲裁行为依托于各国国内仲裁法,受仲裁法的规范,不得违反仲裁

---

① 参见 Cesare P. R. Romano, Karen J. Alter, and Yuval Shany(eds), *The Oxford Handbook of International Adjudication*, Oxford University Press, 2013, p. 44。

地的强行法和公共秩序。只有这样,仲裁裁决的效力才能得到法律的认可,得到法院的承认与执行,包括通过国际公约得到外国法院的承认与执行。因此,仲裁被定性为具有准司法效力的争端解决途径是适当的。

特区精神与规则创新

这里我想回顾一下我作为理事所参与制定的《深圳国际仲裁院仲裁规则》中的复裁制度。2018 年 11 月初,我在日内瓦收到深圳国际仲裁院新仲裁规则的修改稿,对于其中有些条款提出了一些文字修改建议,特别是其中的"复裁制度"引起我的高度关注。这与《仲裁法》所确立的仲裁裁决是一裁终局的规定,是否一致?

11 月中旬,我趁世界贸易组织上诉机构完成一个案件审理工作的间隙,回到国内,15 日赴深圳参加深圳国际仲裁院的理事会会议。记得那次的理事会全体理事都出席了。在会上我提出,尽管在某些情况下,双方当事人对"复裁"可能是有需求的,但"复裁制度"可能还要考虑是否符合仲裁院所在地中国仲裁法的问题,这引起大家尤为热烈的讨论。记得来自香港的一位理事表示,香港是普通法系,法律没有禁止就可以实施,香港仲裁条例对此没有禁止性规定,因此,如果当事人自由选择进行第二次仲裁,应该可以操作。那么问题的关键是如何解读《仲裁法》第九条的规定("仲裁实行一裁终局的制度。裁决作出后,当事人就同一纠纷再申请仲裁或者向人民法院起诉的,仲裁委员会或者人民法院不予受理")。该条是否为强制性法律规定?是否属于"一事不两裁"的禁止性规定?仲裁机构的仲裁规则与仲裁地法是否相冲突?讨论异常激烈,到晚餐的时候仍在继续。在夜晚的会议上,秘书处将其他一些国家仲裁法和仲裁机构规则关于复裁制度的规定,提供给理事们参考。最后,有关条款经过修订,成为现在的"选择性复裁程序"规则,即"在仲裁地法律不禁止的前提下,当事人约定任何一方就仲裁庭依照本规则第八章作出的裁决可以向仲裁院提请复裁的,从其约定。适用本规则快速程序的案件,不适用本条规定的选择性复裁程序"①。

深圳特区作为中国改革开放的重要窗口和中国特色社会主义先行示范区,创新和敢为人先是特区发展的灵魂和驱动力。这项制度创新是否也体现了这一精神?作为法律人,我们所捍卫的法治精神是什么?公平、公正、正当程序、合规、法律的稳定与可预见性……这一创新规则可否被视为在维护法律的稳定性与尊重当事人意思自治之间寻求平衡的一个尝试?在不同领域如何坚守法治的基本原则,同时也保持规则的创新与前进,也许是我们一生都需要思考的问题和追寻的目标。

后来获悉这项制度创新获得《环球仲裁评论》(GAR)2019年度创新奖提名。规则的创新和突破也许是特区精神的写照,但"选择性复裁程序"这一规则创新的过程本身让我感触更深。理事会13名成员,大家都是谦谦君子,无论是先生还是女士,无论来自内地还是境外,都能严格按照法定程序履行理事职责,在专业问题上认真、执着,热烈地讨论,甚至辩论,在智慧的火花中寻找最佳解决方案,因为心中的目标是共同的:在深圳经济特区建设具有全球影响力的国际一流仲裁机构,为国际仲裁的发展作出中国的贡献。

国际仲裁事业与中国

随着全球化的深入发展,过去几十年,国际仲裁事业取得长足的发展,在国际贸易、投资、保险、运输、海商领域都有显著的增长。国际仲裁机构的竞争与合作、国际仲裁规则的统一、对仲裁的国际治理等已经成为国际经济法研究的重要内容。改革开放后,中国的国际仲裁成长可谓后来居上,在案件受理数量和金额方面领先其他国际机构,在国际仲裁规则、仲裁员和国际仲裁管理的影响力方面仍有巨大的潜力。可以预见,在未来中国经济发展动能的支撑下,依托中国海外业务的国际商事仲裁前景可期,相信中国国际仲裁事业将有更大的发展。目前,国际仲裁事业不可避免地受到新冠疫情、经济民族主义等带来的冲击,但困难是暂时的。

---

① 2019年《深圳国际仲裁院仲裁规则》第六十八条。

如同波澜壮阔的中国改革开放事业,中国的国际仲裁事业发展正方兴未艾,其对当事人高效、便捷地解决国际商事纠纷所能够发挥的作用将更加突出。对此,我们应该有信心,也需要仲裁界同仁的共同努力。

光阴荏苒,38年前从零开始的规划,特区仲裁走过了一条其他国家几百年来走过的路,那些闪光、艰辛、奋斗的历程,多少人的奉献与付出,不知是否能慰藉芮老等老一辈法学家的在天之灵？前路可期,中国国际仲裁事业在深圳经济特区必将更上一层楼。

正值端午小长假,写此文纪念恩师芮沐教授,纪念中国国际仲裁的老一辈开拓者,也给深圳特区的改革开放故事加一点回忆,让过去的40年历程激励更多的年轻人脚踏实地、开拓进取,为实现中华民族伟大复兴的中国梦而努力奋斗。

2020年6月26日写于瑞士日内瓦

Some Remarks on International Arbitration in China: My Experience with the Shenzhen Court of International Arbitration (SCIA)

Peter MALANCZUK [*]

Introduction

The first time I heard about the arbitral institution in Shenzhen that was later called SCIA (Shenzhen Court of International Arbitration) was after 2001 when I had moved to Hong Kong from Europe and became Chair Professor and Dean of the School of Law at City University of Hong Kong. At City University, I also served as Director of the well-established MA Programme in Arbitration and Dispute Resolution. In the preparation of my courses I was surprised to learn that this arbitration body in South China was already established in 1983, only three years after the inauguration of the Shenzhen Special Economic Zone ("SEZ"), but still two years ahead of the Hong Kong Inter-

---

[*] Mr. Malanczuk is an SCIA Council Member. He is also an Adjunct Professor at the Faculty of Law of the University of Hong Kong, and a member of the International Commercial Expert Committee of China's Supreme People's Court. Previously, he was Professor (Chair) of International Law and Head of Department at the University of Amsterdam; Professor (Chair) of International Law and Head of Department at Erasmus University Rotterdam; General Editor of the Netherlands Yearbook of International Law; Dean and Chair Professor of the School of Law of City University of Hong Kong; Professor of Law at the Peking University School of Transnational Law and Co-Director of the School's Center for Research on Transnational Law.

national Arbitration Centre (HKIAC) which was formed in 1985 while Hong Kong was still under colonial rule. Moreover, it was interesting to note that the idea to set up the arbitration commission across the border in Shenzhen was promoted by Hong Kong business interests and arose from the emerging Guangdong-Hong Kong legal cooperation.

While being an independent arbitration commission, SCIA originally called itself "CIETAC South China" or "CIETAC Shenzhen". Basing itself in Shenzhen, the idea was to promote the oldest arbitration brand in China through a trilateral partnership with Beijing (i.e. the present CIETAC Beijing) and Shanghai (i.e. CIETAC Shanghai, the present SHIAC). But, as I was pleased to explain to my students, the CIETAC South China or Shenzhen (i.e. the former SCIA) also soon distinguished itself by being innovative in many respects and taking a lead in the development of arbitration in China. For example, it was the first arbitration institution in Mainland China to include foreign professionals in its panel of arbitrators in 1984. It was also the first institution in Mainland China of which an award was enforced under the 1958 New York Convention in 1989 (across the border in Hong Kong).

My real affiliation with SCIA, however, commenced in 2012/2013. In 2012, I was invited to join the SCIA Panel of Arbitrators as one of the foreign arbitrators on the list (in my case from Germany). Not long thereafter, in 2013, I was honoured with my appointment to the Council, the governing body of SCIA. I have been reappointed to the SCIA Council in 2017 for a term of five years until May 2022. Furthermore, in 2020 I joined the Board of Directors of South China International Arbitration Center (Hong Kong)(the SCIA HK), a new Hong Kong-registered affiliate of SCIA based at the International Finance Centre (IFC) in Hong Kong.

During the eight years I have so far spent working with SCIA, it has gone through important changes, including the famous so-called "CIETAC split" in 2012, when former CIETAC South China (i.e. the present SCIA) and former CIETAC Shanghai (i.e. the present SHIAC) jointly declared the termination of the trilateral partnership with CIETAC Beijing. The jurisdictional issues arising from the "CIETAC split" were finally settled by the Supreme People's Court in July 2015. The Court confirmed the legality and independence of SCIA in this decision. Another milestone was the merger of SCIA with the Shenzhen Arbitration Commission that was announced in December 2017. In the following brief comments, I would like to focus on two main aspects of my experience with SCIA, namely the SCIA Council and the SCIA Rules.

The SCIA Council

The innovative corporate governance structure of SCIA is focused upon the Council as the main governing body and, as such, it is unique in China. The council, supported by a structure of special committees, is responsible for taking all important decisions. It is independent from the government and designed to enhance openness and transparency.

The central and independent role of the Council is based upon special local legislation enacted by the Shenzhen Municipal Government in 2012 (Regulations on the Shenzhen Court of International Arbitration (for trial implementation), 24 November 2012) to ensure the independence, impartiality and integrity of SCIA arbitration. Art. 3 of the 2012 Regulations states:

"SCIA is a non-profit statutory body operating as an independent public institution. SCIA establishes a corporate governance system centered on the Council adopting effective mechanisms in decision-making, implementation and supervision."

These Regulations are related to the Qianhai Project (the "Qianhai Shenzhen-Hong Kong Modern Service Industry Cooperation Zone") the purpose of which is to engage Hong Kong, Shenzhen and Guangdong within the broader framework of the Pearl Delta Area (and now the "Greater Bay" blueprint) into close cooperation to develop a strong service-orientated economy for the Asia-Pacific and beyond. They also reflect the approval given by the

PRC State Council of the General Plan concerning the Qianhai Project of 12 August 2010. The statutory seat of SCIA is in Qianhai.

According to Art. 6 of the above Regulations, at least one third of the council members must come from outside jurisdictions. As Hong Kong has its own legal common-law based legal system-although it remains an integral part of China under the "one country, two systems" principle, it qualifies as an outside jurisdiction in this regard. While the First SCIA Council (2012-2017) had 5 members out of 12 from outside jurisdictions, the Second SCIA Council (since 2017) includes 7 members out of 13 from outside jurisdictions.

The purpose of this internationalization of the Council is to strengthen its independence, to promote openness and transparency, and to integrate qualified outside advice into its decisions-making process. For example, SCIA Council members from outside Mainland China include Ms. Elsie Leung, the former Secretary for Justice of Hong Kong; Mr. Anthony Neoh, Senior Counsel in Hong Kong and former Chairman of the Hong Kong Securities and Futures Commission; Mr. Huen Wong, who is a former President of the Law Society of Hong Kong and a former Chairman of the Hong Kong International Arbitration Centre (HKIAC); and Mr. Rimsky Yuen, Senior Counsel in Hong Kong, former Secretary for Justice of Hong Kong, and the present Co-chair of the HKIAC.

It may be noted in this connection, that the internationalization of SCIA is further enhanced by the additional statutory requirement in the 2012 Regulations that "at least one third of the panel arbitrators must be appointed from outside jurisdictions."

In my experience, in practice the Council has operated independently and professionally. Council meetings have been competently presided over by Chairman Shen Sibao (and his predecessor Chairman Guo Xiaowen). They are well-prepared and documented in both Chinese and English by SCIA staff under the able guidance of SCIA President Liu Xiaochun. Both languages are also used in Council deliberations.

The SCIA Rules

Appointed as member of the SCIA Council's Strategic Development and Rules Making Committee after joining the Council in 2013 and from 2017 onwards as Chairman of the Strategy and Rules Committee, I have always taken a special interest in the development of SCIA's Arbitration Rules. The SCIA Arbitration Rules that had been adopted in 2012 were revised in 2016 and have been updated again most recently in 2019.

Under the relevant legislation and the Rules, SCIA's jurisdiction is quite broad. It covers international cases, Hong Kong, Macau and Taiwan-related cases, as well as domestic cases. As the first arbitration body in Mainland China, SCIA's jurisdiction was extended in 2016 to further include investor-state disputes. Thus, SCIA may hear investor-state disputes and administer arbitrations under the UNCITRAL Arbitration Rules in Mainland China. SCIA goes beyond investment arbitration and accepts the use of the UNCITRAL Arbitration Rules for international commercial disputes as well. The SCIA Guidelines for the Administration of Arbitration under the UNCITRAL Arbitration Rules (the "Guidelines") constitute the first guidelines to apply UNCITRAL Arbitration Rules in Mainland China.

SCIA arbitration rules attach great importance to the seat of arbitration as the latter is decisive for the governing procedural law and the nationality of the award. According to SCIA Arbitration Rules, in normal commercial arbitration cases, if there is no agreement of the parties, the seat of arbitration is the domicile of SCIA (Qianhai/Shenzhen), unless arbitral tribunal decides otherwise, depending on the circumstances. In investor-state investment arbitration disputes accepted by the SCIA or commercial arbitration disputes applying UNCITRAL Arbitration Rules as agreed by parties, if the parties fail to agree on the seat and the tribunal does not decide otherwise, the default seat of arbitration is Hong Kong according to the innovative provision of the

Guidelines. This implies that the courts of Hong Kong Special Administrative Region (the "Hong Kong SAR") control the procedure and that the final award is considered an award made in Hong Kong SAR, enforceable under the relevant agreements applicable to the Hong Kong SAR, including the 1958 New York Convention and the relevant Agreement with Mainland China.

The SCIA Rules put a strong emphasis on party autonomy. This complies with a clear mandate laid down in the local legislation mentioned earlier. Art. 17 of the 2012 Regulations stipulates:

"The foreign parties may agree on the application of SCIA arbitration rules or arbitration rules of other arbitration institutions at home and abroad, or the *Arbitration Rules of the United Nations Commission on International Trade Law*, and they may agree on a modification of SCIA arbitration rules as well as the applicable law, the formation of the tribunal, the conduct of the hearing, the rules of evidence, the language of arbitration and the place of hearing or arbitration, provided such agreement can be implemented and is not in conflict with a mandatory provision of the law as it applies to the arbitration proceedings."

SCIA Rules further provide for efficient case dispute resolution mechanisms, backed up by a dedicated administrative structure of case management and allocation of staff and resources. Already the 2012 version of the Rules incorporated provisions on summary procedure, multiple contracts, joinder of additional parties, third parties, consolidation, and interim measures. The 2016 Rules, apart from adding investor-state dispute settlement, further included a duty of "bona fide cooperation" (Art. 6) and - at my suggestion - a new procedure for appointing emergency arbitrators (Art. 24). Among the innovations - again "a first in Mainland China" - introduced by the latest 2019 revision of the SCIA Rules is an optional appellate arbitration procedure, supported by special guidelines.

Given the diverse nature of cases falling with the jurisdiction of the SCIA, in addition to the SCIA Arbitration Rules and the Guidelines on UN-

CITRAL arbitration and optional appellate arbitration procedures, the Council has further adopted special sets of rules for financial loans disputes; maritime and logistics arbitration; and online arbitration.

Arbitration as described above is a central pillar of the SCIA dispute resolution universe. But, building upon Chinese traditions, it forms part of a broader framework which has been described as "Diversified Harmonious Dispute Resolution". This circle combines mediation and arbitration, on the one hand, and the facilitation of negotiation with arbitration, on the other hand. As regards mediation, it includes the Canton Fair Complaint Station for IPR and Trade Disputes, and the China Hi-Tech Fair Centre for Dispute Resolution Service, both established in 2007; the SCIA Mediation centre, established in 2008; the Shenzhen Securities and Futures Dispute Resolution Centre, and the Guangdong, Hong Kong & Macao Arbitration & Mediation Alliance, formed in 2013. As far as negotiation is concerned, SCIA's Negotiation Facilitation Centre assists parties in settling disputes through negotiations and offers the possibility of incorporating settlements into an enforceable arbitral award.

Conclusion

My experience in working with SCIA has been stimulating and positive. SCIA provides highly professional dispute resolution services with world class facilities located in the Shenzhen Stock Exchange Building.

SCIA's internationalization policy (e.g. in the composition of the Council and the panels of arbitrators) has been successful and is further intensifying with more and more global contacts. It has gone hand in hand with Shenzhen's internationalization policy, to which I was honoured to make a small contribution as a member of the Shenzhen Municipal Government's Advisory Committee on the Internationalization of Shenzhen (2013-2018). SCIA has also demonstrated its openness to internationalization by kindly appointing me as a foreign Council member to lead (or co-lead) official SCIA delegations to Mauritius, South Africa, Spain, Singapore and Sri Lanka to discuss cooperation.

The modernization of SCIA's Rules has been impressive, especially if one takes into consideration that the governing 1994 Arbitration Act in China is now a quarter of a century old and urgently needs some updating. Nevertheless, SCIA has made good efforts to follow international standards and it has often taken the lead in the development of arbitration in China. This is reflected in the increasing case load of SCIA which includes financial disputes, sale of goods disputes, real estate and construction disputes, corporate disputes, service contract disputes and investment and other disputes.

SCIA has greatly contributed to the rule of law through arbitration and mediation in the Pearl Delta. It will continue to play a decisive role in the context of building the Greater Bay Area and China's Belt and Road Initiative. SCIA's recognition by the China International Commercial Court of the Supreme People's Court as its partner in South China (in the First Group of International Commercial Arbitration and Mediation Institutions in the "One-stop" Diversified International Commercial Dispute Resolution Mechanism) is but a well-deserved confirmation of this important role. All that leads me to conclude that both the domestic and international arbitration communities expect a bright future for SCIA.

> 译文

中国国际仲裁散记：
我与SCIA的故事
——我眼中的中国特区国际仲裁

Peter MALANCZUK *

引 言

我第一次听说深圳特区仲裁机构（现称深圳国际仲裁院，即"深国仲"，英文简称SCIA），是在2001年。那时，我刚从欧洲移居中国香港，担任香港城市大学法学院首席教授和院长，同时兼任香港城市大学"仲裁与争议解决硕士学位课程"主任。备课过程中，我惊讶地发现，深圳特区仲裁机构的创设时间竟在1983年，比香港国际仲裁中心（HKIAC）还要早两年（1985年）。那时，深圳经济特区不过才成立了短短3年时间。当时香港尚未回归。有意思的是，在深圳设立国际仲裁机构的想法，也是出于当时香港地区工商界的考虑，以及法律界关于粤港合作的建议。

作为一家独立的仲裁机构，深国仲曾使用中国国际经济贸易仲裁委员会华南分会、中国国际经济贸易仲裁委员会深圳分会的名称，立足深

---

* 深圳国际仲裁院理事，香港大学客席法学教授。曾任阿姆斯特丹大学国际法首席教授、系主任，荷兰鹿特丹Erasmus大学国际法首席教授、系主任，《荷兰国际法年刊》总编，香港城市大学法律学院院长、首席教授，北京大学国际法学院法学教授、跨国法律研究中心联合主任。

圳,与北京(中国国际经济贸易仲裁委员会)、上海(中国国际经济贸易仲裁委员会上海分会,现称上海国际仲裁中心,即上海国仲)开展三地合作,共同推广中国国际仲裁历史上最早的品牌。就像我总是乐于向学生指出的那样,当年的深国仲在多个方面勇于创新,在中国仲裁事业的发展中敢为人先,很快便脱颖而出。例如,1984年,深国仲成为中国内地首个聘请境外仲裁员的仲裁机构。1989年,深国仲的仲裁裁决按照1958年《承认及执行外国仲裁裁决公约》(即《纽约公约》)在香港地区得到执行,深国仲成为中国内地首个仲裁裁决在境外获得执行的仲裁机构。

我与深国仲真正结缘是在2012年和2013年之间。2012年,我作为境外(德籍)仲裁员受邀加入深国仲仲裁员名册。不久后,2013年,我有幸进入深国仲的决策机构——理事会任职。2017年,我再次被任命为深国仲理事,任期5年,至2022年5月结束。此外,2020年,我成为华南(香港)国际仲裁院(即SCIA HK)的董事,华南(香港)国际仲裁院是深国仲在香港设立的独立运作的仲裁机构,位于香港国际金融中心。

在深国仲工作的8年间,深国仲经历了重要的变革。其中包括2012年著名的"三地贸仲合作终止"事件。当年,在深圳的中国国际经济贸易仲裁委员会华南分会(即深国仲)、上海的中国国际经济贸易仲裁委员会上海分会(即上国仲)与在北京的中国国际经济贸易仲裁委员会终止合作关系。2015年7月,最高人民法院对"三地贸仲合作终止"产生的管辖权问题作出最终批复。在该批复中,最高人民法院肯定了深国仲的合法性和独立性。2017年12月,深国仲宣布与深圳仲裁委员会合并,这是深国仲发展历程中的一个里程碑事件。接下来,我想重点讲讲深国仲的理事会和仲裁规则。

深国仲理事会

深国仲建立创新的法人治理结构,实行以理事会为核心的治理机制这在中国属于首创。理事会作为决策主体,负责机构所有事项的决定。理事会还设有几个专门委员会。理事会不受行政干预,旨在加强深国仲的开放性和透明度。

2012年11月24日,深圳市政府通过特区立法,发布《深圳国际仲裁院管理规定(试行)》[以下简称《管理规定(试行)》],为深国仲理事会的核心地位和独立性奠定了基础,确保了深国仲仲裁的独立、公正。《管理规定(试行)》第三条规定:"深圳国际仲裁院是不以营利为目的的法定机构,作为事业单位法人独立运作。深圳国际仲裁院建立以理事会为核心的法人治理结构,实行决策、执行、监督有效制衡的治理机制。"

《管理规定(试行)》与前海深港现代服务业合作区(以下简称"前海")的建设相关,开放前海的目的是在珠江三角洲(即现在的"粤港澳大湾区")的发展框架内,加强粤港之间的紧密合作,面向亚太及其他地区发展强有力的以服务为导向的经济。《管理规定(试行)》也体现了国务院在2010年8月26日作出的《关于前海深港现代服务业合作区总体发展规划的批复》的精神。深国仲的法定注册地就在前海。

《管理规定(试行)》第六条规定,理事中来自境外的人士不少于1/3。深国仲的第一届理事会(2012年至2017年)共有12名理事,其中5名来自境外。第二届理事会(2017年至今)共有13名理事,其中7名来自境外。理事会的国际化规定旨在加强其独立性,提高公开度和透明度,在决策过程中纳入有价值的外部意见。目前理事会中来自境外的人士包括:香港特别行政区政府律政司首任司长梁爱诗,香港资深大律师和香港证券及期货事务监察委员会前主席梁定邦,香港律师会前会长和香港国际仲裁中心前主席王桂壎,以及香港资深大律师、香港特别行政区政府律政司前司长、香港国际仲裁中心现任联席主席袁国强等。

顺便提一句,《管理规定(试行)》其他条款的一些规定,如来自境外的仲裁员"不少于三分之一",也进一步加强了深国仲的国际化水平。基于我的亲身经验,我认为理事会在实际运作中很好地体现了独立性和专业化。理事会会议由理事长沈四宝(及其前任理事长郭晓文)主持得非常好。在深国仲院长刘晓春的领导下,深国仲工作人员为每一次的理事会会议都做了充分准备,包括提前制备了中英双语文书材料。理事会审议也使用中英双语。

仲裁规则

2013年加入理事会后,我担任理事会战略发展和规则修订委员会成员,并从2017年开始担任战略发展和规则修订委员会主席,在此过程中,我始终对《深圳国际仲裁院仲裁规则》的创新和发展抱有浓厚兴趣,并尽力投入其中。《深圳国际仲裁院仲裁规则》自2012年开始实施,并先后于2016年和2019年进行了修订。

根据相关立法和规则,深国仲受案范围非常广泛,包括国际案件、涉港澳台案件和境内案件。2016年,深国仲的受案范围进一步扩大,成为中国内地第一个对投资者与东道国争议拥有管辖权的仲裁机构。也就是说,深国仲可以受理投资者与东道国之间的争议,并在中国内地根据《联合国国际贸易法委员会仲裁规则》对该等争议进行仲裁。不仅针对投资仲裁,深国仲也接受在国际商事争议仲裁中使用《联合国国际贸易法委员会仲裁规则》,并颁布了《关于适用〈联合国国际贸易法委员会仲裁规则〉的程序指引》(以下简称《程序指引》)。这是在中国内地适用《联合国国际贸易法委员会仲裁规则》的首个程序指引。深国仲的仲裁规则对"仲裁地"问题十分重视。仲裁地规定了仲裁适用的程序法律和仲裁裁决的籍属。根据《深圳国际仲裁院仲裁规则》,在一般的商事仲裁中,除非仲裁庭根据具体情况另有决定或者当事人另有约定,仲裁地为深国仲所在地(前海/深圳)。而对于深国仲受理的投资者—东道国之间的投资仲裁案件,以及当事人约定适用《联合国国际贸易法委员会仲裁规则》的商事仲裁案件,当事人未约定且仲裁庭未另作决定的,根据《程序指引》的创造性规定,默认仲裁地为香港。这意味着,香港特别行政区法律对仲裁地在香港的仲裁程序具有司法审查权,最终裁决应当视为是在香港特别行政区作出的裁决,内地法院可按照《最高人民法院关于内地与香港特别行政区相互执行仲裁裁决的安排》执行裁决。

《深圳国际仲裁院仲裁规则》充分强调当事人意思自治。这符合《管理规定(试行)》中对于当事人权限的明确规定。《管理规定(试行)》第十七条规定:"境内外当事人可以约定选择适用深圳国际仲裁院仲裁规则、境内外其他仲裁机构的仲裁规则或者联合国国际贸易法委员会仲裁规则,可以约定对深圳国际仲裁院仲裁规则有关内容进行变更,也可以约定适用法律、组庭方式、庭审方式、证据规则、仲裁语言、开庭地或者仲裁地,但其约定应当能够实施,且不得与仲裁地强制性法律规定相抵触。"

深国仲的仲裁规则持续创新,创建了完善高效的争议解决机制。2012年《深圳国际仲裁院仲裁规则》已经对简易程序、多份合同的单次仲裁、追加当事人、第三方、合并仲裁和临时措施等进行了规定。2016年修订的《深圳国际仲裁院仲裁规则》除增加投资仲裁相关规定外,还增加了"诚信合作"(第六条),并采纳了我的建议,规定了指定"紧急仲裁员"的程序(第二十四条)。2019年修订的《深圳国际仲裁院仲裁规则》进一步增加了多种创新举措,其中包括率先在中国内地仲裁规则中引入选择性复裁程序,并制定了相应的程序指引。

鉴于深国仲受理的案件具有多元化性质,除《深圳国际仲裁院仲裁规则》《程序指引》《深圳国际仲裁院选择性复裁程序指引》,理事会还针对金融借款争议、海事物流仲裁以及网络仲裁制定了专门的仲裁规则。

仲裁是深国仲争议解决业务的主要支柱。基于此,深国仲秉承中国传统文化,近年来逐步发展形成了"和谐的多元化争议解决机制"(HDR),把调解与仲裁有机结合起来,也创建了促进谈判机制。在调解方面,深国仲2017年成立了中国国际高新技术成果交易会权益保障中心;2008年成立了深圳国际仲裁院调解中心;2013年成立了深圳证券期货业纠纷调解中心及粤港澳仲裁调解联盟。在谈判促进方面,深国仲创建的谈判促进中心协助当事人通过谈判解决争议,并鼓励当事人将谈判结果提交仲裁院作出可执行的仲裁裁决。

结　语

在深国仲担任理事的工作经历令我深受鼓舞并感受到满满的正能量。深国仲位于深圳证券交易所总部的办公室,拥有世界一流的设施,提供高度专业化的争议解决服务。

深国仲的国际化(例如理事会和仲裁员的国际化)发展取得了巨大

成功,并且随着其全球联络的加强,深国仲的国际化仍在不断深化。深国仲的国际化发展与深圳的国际化政策相辅相成,而我曾有幸担任深圳市国际化城市建设顾问委员会委员(2013—2018年),为深圳的国际化建设贡献了绵薄之力。深国仲在开放合作方面从未止步,我曾作为外籍理事,曾受委派为领队(或联合领队)率团出访毛里求斯、南非、西班牙、新加坡和斯里兰卡讨论国际仲裁合作事宜,推广国际仲裁的深圳规则。

《深圳国际仲裁院仲裁规则》的创新性给人留下了深刻印象。《中华人民共和国仲裁法》颁布于1994年,距今已逾25年,其中一些规定亟待修订和更新。而在此背景下,深国仲的规则创新努力对标国际标准,引领着中国仲裁事业的发展。这反映在其受理案件数量的迅速增加,以及其受理案件类型的多元化:金融纠纷、货物销售纠纷、房地产建筑工程纠纷、公司纠纷、服务合同纠纷和投资纠纷等。

深国仲立足珠江三角洲地区,持续创新发展仲裁和调解工作,极大地推动了依法治国,并将在粤港澳大湾区和"一带一路"背景下继续发挥重要作用。最高人民法院国际商事法庭将深国仲列为华南地区唯一一家首批纳入"一站式"国际商事纠纷多元化解决机制的仲裁和调解机构,体现了其对深国仲的认可。凡此种种,我可以说深国仲的未来值得国内外业界期待。

深圳国际仲裁院迟文卉、李雄风参与了本文翻译

Four Decades of Development of Arbitration

Huen WONG [*]

Recently I was asked by an acquaintance from a non-legal background to define the beauty of arbitration. Apart from the obvious and anticipated denotation such as expertise, professionalism, impartiality, economy, efficiency and confidentiality..., I think I would also add "consensus", "mutual understanding" or even "respect" to the vocabulary lineup. Revealed in the process, these unique qualities play a critical role in the attainment of a relatively desirable outcome which sides, once conflicting or even hostile to each other, are able to come together and accept the decision as final and move on.

After all, as a form of Alternative Dispute Resolution, the value of arbitration lies in drawing a finishing line in a positive manner - some kind of "closure" or tidy-up of loose ends - which sometimes a lawsuit just simply fails to offer.

As a legal professional, I have always relied and prided myself on logic, precision and objectivity. Nonetheless, as I dive into the recollections I've come to realise that arbitration has always been my personal enlightenment.

I kick-started my legal career in 1983 - also the year when Shenzhen Court of International Arbitration (SCIA) was established. Back then, as a

---

[*] Mr. Huen Wong, JP is an SCIA Council Member. He is also the Chairman of Inter-Pacific Bar Association. Previously, he was the President of the Law Society of Hong Kong and the Chairperson of Hong Kong International Arbitration Centre.

trainee I had had the opportunity to work on the biggest arbitration case in Hong Kong at that time - the dispute over the construction of the Prince of Wales Hospital. The building of the Prince of Wales Hospital started on 1 December 1979. Expected to wrap by September 1982 and the hospital be operational by May 1983, this construction project was delayed by one year. This is the brief background of the case.

In the olden days, arbitration was nowhere to be found on the law degree syllabus. Professors at Law School taught you nothing about this intricate topic. Thus, as a trainee, I had no choice but to absorb as much knowledge and insight as I could through the job. To be frank, this on-the-job training was quite a test, interesting yet challenging.

Later on, I realised that arbitration indeed had had deep roots in Hong Kong. It practically existed even before the establishment of the entire judiciary system in 1842. Way back in local history, arbitration was, in fact, the earliest form of dispute resolution. Even before the enactment of the first Arbitration Ordinance in 1844, people in Hong Kong had already developed the belief and practice of turning to a trustworthy and authoritative source or figure to reconcile and settle their differences and disputes.

Thirty seven years had passed since my first exposure to arbitration. Throughout my career, I have witnessed how arbitration has come to maturity. Nowadays, arbitration has almost become the mainstream when it comes to dispute resolution, especially for cross-border investment and global transaction cases, as well as some other special areas such as building and construction.

As a veteran lawyer and arbitrator, I have been involved in numerous arbitration cases in Mainland China since the early 90's. Furthermore, having been appointed to the panels of several arbitration institutions and commissions, both in Mainland and internationally, in particular as a council member of SCIA since 2012 and as the chairman of The Hong Kong International Arbitration Centre from 2011 to 2012, I had the honour and privilege to work with leading arbitration experts in China and in the world. Just like collaboration of any kind, there was always a period of mutual learning and understanding while ironing out the details. In all those years when I acted as a co-arbitrator in many arbitration cases administered by SCIA, I had witnessed how gradually arbitration practitioners from Mainland and Hong Kong worked together with their paths to developing arbitration converge into the common goal of administering justice and resolving dispute in a fair, just and efficient manner. There were naturally and inevitably obstacles to overcome along the way, as we did not always agree on the deliberation. It may appear tough for someone coming from a common law background to work side by side with a counterpart trained in civil law. But there is a learning curve for everything - it is just a matter of time and exposure to achieve a solid understanding and respect of each other's legal thinking and approach. It's through working and collaborating with my Mainland Chinese counterparts that I realise - "consensus", "mutual understanding" and "respect" - these keywords are not solely applicable to disputing parties and the arbitration process, but also to arbitrators working on domestic and cross-border cases alike.

The arbitrators on a panel must reach a consensus that they together will work towards the goal of justice being done. It is so, irrespective of which party or institution has appointed them. Since there is also the well-known maxim that "Justice should be seen to be done", the arbitrators must do their best to understand the practice and procedures adopted in different jurisdictions. The arbitration proceedings must be conducted in an open and fair manner to all parties. All the rules must be applied consistently and impartially. Fortunately, this has been achieved in recent years largely because of the adoption of the UNCITRAL Model Law of Arbitration and Arbitration Rules by most jurisdictions in the world. During arbitration hearings, a lot of respect must be paid to our fellow arbitrators as well as the advocates who may come from diverse background. Some may be more familiar with the adversarial and others with inquisitorial system.

The term *globalisation* became popular in social science in the 1990s. It derives from the word *globalise*, which refers to the emergence of an international network of economic systems. *Globalisation* had been used in its economic sense (at least) as early as 1981, and I believe this phenomenon is not just about economics, culture, politics, information, people movement or even disease. Arbitration is also a kind of *globalisation* manifestation. Here I am not referring to the concept of "judicial globalisation" described by neo-liberal scholars. Rather, with the expansion of international trade and investment, there is an imperative need for all of us to be sufficiently invested in the multilateral processes of rule-making and dispute-resolution. This is where (international) arbitration comes in exactly. I've seen no other areas in international legal developments that could have surpassed the significance and performance of international arbitration, which has so seamlessly connected the diverse judicial systems. The extent to which the arbitration laws and rules are standardised and internationalised has enabled practitioners from different backgrounds to work together efficiently and effectively.

As already mentioned above, arbitration's merit lies in the fact that no matter which jurisdiction you come from, the arbitration laws and procedural rules are so close that they are almost identical. This greatness of arbitration is an exemplary expression of universality and its role in promoting the spirit of justice should be affirmed.

With the increasingly significant role played by the Greater Bay Area, I am sure SCIA has a lot to offer. With extensive experience and an impressive track record in cross-border arbitration combined, the SCIA has contributed to bridge the gap between the Mainland Chinese and Hong Kong legal professionals. By offering them an invaluable platform to learn from each other and develop reciprocal understanding, they will ultimately have a better comprehension of each other's legal thinking and approach over time. I am confident that this mutual development will continue to thrive in many years to come.

A final footnote to my story with the Prince of Wales Hospital:

Earlier in this article I mentioned how the construction dispute of the Prince of Wales Hospital had offered me a first glimpse of what arbitration was like in the early 1980's. Well, after more than three decades, I saw myself coming back to this hospital again-only I was heading the committee responsible for rebuilding it this time. When I joined the Hospital Authority as a Council Member in 2012, I was appointed as Chairman of the Capital Works Committee. Lo and behold, the Prince of Wales Hospital is among the enormous hospital redevelopment project list, awaiting to be revitalized. Interestingly enough, this time I am on the driving seat goading for the change, and participating in this full cycle of development brings me great satisfaction. I treasure this experience and satisfaction much as this is coming from a collective understanding, as well as consolidated efforts to make things better, and no arbitration required for the parties involved.

译文

仲裁四十载

王桂壎[*]

最近我被一位非法律背景的相识问起究竟何为仲裁之美。仲裁除具有专家办案、专业、公正、经济、高效、保密等特点外,我认为还应包括"共识""相互理解"和"尊重"。在仲裁过程中,这些特质得以彰显,并在实现

---

[*] 太平绅士,深圳国际仲裁院理事会理事,环太平洋律师协会主席。曾任香港律师会主席、香港国际仲裁中心主席。

相对理想的结果中起着至关重要的作用。即使双方曾经发生冲突甚至彼此敌对,双方也能走到一起,接受仲裁庭的最终决定并继续前行。

毕竟,作为替代性纠纷解决的一种方式,仲裁的价值在于以积极的方式为争议划上"终点线"——可以说是"搞定"或者了结了所有零星的问题——这是诉讼通常无法办到的。

作为一名法律专业人士,我笃信逻辑、精准和客观,并常常引以为傲。当我细细回忆,我逐渐意识到我的法律启蒙始终源自仲裁。

我从 1983 年——也是深圳国际仲裁院(SCIA,以下简称"深国仲")创设的年份,开始我的法律生涯。那时作为实习律师,我机缘巧合地处理了当时香港标的额最大的仲裁案件——威尔斯亲王医院建设工程争议案件。案件的简要背景是,威尔斯亲王医院始建于 1979 年 12 月 1 日,预计 1982 年 9 月完工,1983 年 5 月投入运营。但该项目整整延迟了一年。

在过去,法律学位课程里没有仲裁的一席之地,法学院的教授并不讲授这个复杂的课题。因此,作为实习律师,我别无选择,只能从工作中获取知识和见解。坦率来说,这种在职培训是一种考验,既充满趣味又极具挑战性。

后来我了解到仲裁其实在香港来源已久,它甚至早在 1842 年整个司法系统建立之前就已经存在。回溯本地的历史,仲裁实际上是最早的争议解决方式。在 1844 年第一部《仲裁条例》制定之前,香港地区就已经形成了这种观念和实践,即诉诸可信且权威的机构或者人物来调解和解决他们之间的分歧和争议。

自我第一次接触仲裁以来,已经过去了 37 年。在我的职业生涯中,我见证了仲裁如何日渐成熟。如今,就争议解决,尤其是对跨境投资和全球交易,以及建筑和建设工程等特殊领域的案件而言,仲裁已经成为主流。

作为律师界和仲裁界的一名老兵,我从 20 世纪 90 年代初起便参与了内地的多起仲裁案件。此外,作为内地和国际上多家仲裁机构的仲裁员,特别是从 2012 年起担任深国仲的理事以及在 2011 年至 2012 年间担任香港国际仲裁中心的主席,我有幸与中国和世界上一流的仲裁专家一起工作。如同任何形式的协作一样,我们总要经历一段琢磨细节、相互学习和理解的阶段。在我担任深国仲仲裁员审理仲裁案件的那些年,我见证了内地和香港的仲裁专业人士如何逐步合作,使仲裁朝着以公平、公正和高效的方式实现正义、解决争议的目标发展。在此过程中,自然要克服一些不可避免的障碍,因为我们不总是能在合议中达成一致。来自普通法背景的人与受过大陆法教育的同行并肩工作似乎有点难度,但是所有事物都有一个学习的过程——真正理解并尊重彼此的法律思维和方法,这只是一个时间的问题。通过与内地同行的协作,我意识到"共识""相互理解"和"尊重"这些关键词不仅适用于争议方和仲裁程序,也适用于仲裁员。

仲裁庭成员必须达成共识以共同努力实现伸张正义的目标。无论仲裁员是受哪一个当事人或是机构指定,都是如此。正义应当以看得见的方式被实现,仲裁员必须尽最大努力来理解不同司法管辖区所采取的惯例和程序。仲裁程序必须以对所有当事人公开、公正的方式进行。所有规则必须始终如一且不偏不倚地得以适用。所幸的是,近年来由于世界上绝大多数司法管辖区都采用了《联合国国际贸易法委员会国际商事仲裁示范法》和《联合国国际贸易法委员会仲裁规则》,这一目标因而得以实现。在庭审中,我们要给予来自不同背景的搭档仲裁员和律师同样的尊重。他们中有些人也许更熟悉对抗制体系,另一些则更熟悉询问制体系。

"全球化"(Globalisation)一词在20世纪90年代的社会科学领域非常流行。它源自动词"使全球化"(globalise),意指国际经济体系网络的兴起。经济学意义上的"全球化"至少早在1981年就已使用过,我相信这种现象不仅体现于经济、文化、政治、信息、人员流动或疾病等方面,仲裁也是"全球化"的一种体现。在这里,我不是指新自由主义者所描述的"司法全球化"概念。相反,随着国际贸易和投资的扩大,充分参与制定规则和争议解决的多边进程已成为一种迫切的需求。这也刚好就是国际仲裁发挥作用之处。据我观察,国际法律发展中没有其他领域能够在重要性和表现两个方面超越国际仲裁,后者已经无缝衔接了各种司法制度。仲裁法和仲裁规则的标准化和国际化已经使得不同背景的执业人员能够有效地开展合作。

如上所述,仲裁的优点在于无论你来自哪个司法管辖区,仲裁法和程序规则是如此接近,甚至已经基本趋同。仲裁的这种绝妙之处正是普适性的经典表现,仲裁在促进正义精神中发挥的作用应当得到认可。

随着大湾区发挥着越来越重要的作用,我可以肯定深国仲会大有可为。凭借丰富的经验和令人印象深刻的处理跨境仲裁的能力,深国仲为拉近内地和香港法律专业人士的距离发挥了重要作用。有了深国仲这样一个相互学习和增进了解的宝贵平台,随着时间的推移,内地和香港的法律专业人士终将对彼此的法律思维和方法有更好的理解。我有信心,这种共同进步的势头今后会更强劲。

译者:李雄风,深圳国际仲裁院理事会秘书

结缘·同行·未来

刘春华[*]

1983年成立的深圳国际仲裁院(以下简称"深国仲",也即"华南国仲"),是改革开放以来国家批准在各省市设立的第一家仲裁机构。多年来,深国仲始终与深圳经济特区比肩同行,既是中国改革开放的见证者,更是特区建设的参与者,也是港澳与内地的合作平台,秉承"敢闯敢试、敢为人先"的特区精神,始终坚持以构建市场化、法治化、国际化营商环境为使命,为促进内地与港澳的合作、为不断提升中国仲裁机构的国际知名度和影响力作出重要贡献。今年是深圳特区建立40周年,也是深国仲成立37周年,借这个机会,我和大家分享一下我所在的香港中联办法律部与特区国际仲裁之间的"结缘""同行"和"未来"。

结 缘

作为粤港澳地区第一家仲裁机构,深国仲在很大程度上是内地与香港经贸界、法律界的合作产物。1980年代特区建设之初,香港中联办的前身新华社香港分社就已经与深国仲结缘。香港中联办法律部与深国仲的深度互动,则始于2008年法律部刚成立的时候。因为推动香港与内地法律界的交流与合作是法律部的主要职责之一,所以成立之初我们就在以往工作的基础上与深国仲进一步加强了工作联系,着力推动深圳和香港两个"特区"在国际仲裁方面的交流合作。2009年,借鉴深国仲在深圳

---

[*] 深圳国际仲裁院理事会理事,中央人民政府驻香港特别行政区联络办公室法律部部长。

经济特区创建的"商会调解+深国仲仲裁"的模式,香港中国企业协会成立了商事调解委员会,"香港调解+深圳仲裁"的跨境争议解决模式由此诞生。

2012年,深国仲进行机构改革,设立国际化、专业化的理事会作为决策机构,创新法定机构治理模式,这既标志着深圳特区国际仲裁的发展进入全新轨道,也意味着香港中联办法律部与深国仲的关系迈入了新的发展阶段。香港中联办法律部历任部长都被深圳市政府聘为深圳国际仲裁院理事会理事,深度参与重大战略制定和重要工作部署。我本人也于2019年开始担任深国仲第二届理事会理事,倍感荣幸的同时也深感责任之重。但凡有机会接触或处理与深国仲和特区国际仲裁有关的工作,我都会格外上心。香港中联办法律部今后也会一如既往地继续为香港与深圳这两个"特区"在国际仲裁等领域的交流合作发展尽心出力。

同 行

国际仲裁界有一句经典格言,叫作仲裁的好坏取决于仲裁员(Arbitration is only as good as its arbitrators)。深国仲根植深圳,紧邻香港,深知仲裁员国际化对确保仲裁质量、打造仲裁核心竞争力的重要性。在创立之初,深国仲率风气之先,聘请境外仲裁员,1984年第一个仲裁员名册共有仲裁员15名,其中来自香港的就有8名。把香港元素"请进来"也是香港中联办法律部与深国仲的重要共识。2008年以来,我们一直积极推荐香港的法律界优秀专业人士进入深国仲仲裁员名册。目前深国仲来自境外的仲裁员共385人,其中来自香港的仲裁员占1/4左右。长期以来,香港的仲裁员在深国仲发挥了十分重要的作用,独立、公正地化解了大量的跨境商事纠纷,促进了香港和内地的经贸往来和社会稳定。事实证明,香港仲裁员的加入极大提升了特区涉外民商事纠纷的解决效率,助力深国仲提高在国际仲裁市场的专业化程度和品牌知名度,已成为深国仲立足特区、联合港澳、走向世界的亮丽名片。

香港元素不仅仅体现于香港专业人士以仲裁员身份参与办案、解决跨境纠纷,也体现于来自香港的理事深度参与深国仲的管理决策。早在

2012年，深圳经济特区就通过专门立法，不仅规定深国仲的仲裁员至少1/3应来自香港特别行政区和海外，还明确规定理事会至少1/3的理事应来自香港特别行政区和海外。深圳经济特区这种超前的制度安排，体现了制度设计者"联合港澳、走向世界"的开放胸怀和改革思路，彰显中国仲裁国际化、营商环境国际化的信心和决心。现任理事会13名理事中，有5名来自香港（我本人长期在香港工作，说起来也算得上半个香港人士）。在工作中我发现，理事会的所有理事，都是谦谦君子，对工作也都十分上心，十分认真，甚至"较真"。理事会会议都是中英双语，程序十分严谨，讨论十分充分和深入，所有理事都积极按照法定程序充分表达意见。大家有时候为了完善仲裁规则某条款的表述方法而"争吵"，有时候因为修改仲裁员守则中的自律措施而辩论，目的只有一个：建设具有全球影响力的国际仲裁机构。

长期以来，香港的仲裁员和理事与来自国内外其他地方的专家同行，深圳与香港两个"特区"同行。来自香港的专业人士，正是在深国仲这个平台上，通过参与办案，通过参与机构决策，亲身参与和感受内地与港澳的紧密合作，亲身感受中国内地仲裁的独立、公正、专业和高效，感受内地司法体制和营商环境的改革发展，也看到了国家自改革开放以来全面推动依法治国的努力和决心。

未　来

随着越来越多的中国企业"走出去"参与经济全球化，建设国际仲裁的中国品牌已成为时代赋予我们的光荣使命。作为先行者，深国仲始终致力于打造成为国际一流的仲裁机构，为国际商事争议解决的"中国方案"提供"特区经验"。

特别值得一提的是，为更好地适应并主动服务于国家全面开放新格局和重大发展战略，深国仲在过去把香港元素"请进来"的基础上，通过在香港设立机构的方式，果断"走出去"，加强与国际仲裁组织的交流合作，积极推动规则创新与国际规则接轨，共同推进亚太国际仲裁中心建设。我们深知作出这个决定的艰难与不易，但是方向对了，努力必有收获。我们相信,深国仲一定能够建设好在香港设立的机构,让香港工商界和法律界在这个平台上更多地享受到"一带一路"和粤港澳大湾区建设带来的机会,为增强香港与内地的合作、为营商环境的法治化和国际化作出新的贡献。

凭借长期以来在国际仲裁公信力方面的积累和提升,善用粤港澳大湾区"一国两制三法域"的特色和优势,深国仲已成为首批纳入最高人民法院"一站式"国际商事纠纷多元化解决机制的仲裁和调解机构,也是粤港澳地区唯一一个纳入该机制的仲裁机构。无限憧憬,未来可期。希望深国仲契合"一带一路"和粤港澳大湾区建设的步伐,打造全球一流的国际仲裁品牌,在国际仲裁舞台上讲好特区仲裁故事,讲好中国法治故事。

人大议案与特区仲裁

黄亚英[*]

我担任深圳市人大代表和常委会委员十年,有幸参与、经历和见证了深圳经济特区努力建设一流法治城市的历史进程。在这个进程中,深圳国际仲裁院作为深圳经济特区营商环境的重要组成部分,一直为人大代表所关注。很多人大代表都提出了促进特区国际仲裁发展的建议或议案。以下分享我参与的几个与深圳国际仲裁院有关的人大代表建议案和立法议案。

2015年:支持国际仲裁发展,维护深圳优良法治环境

该建议案的背景是:1983年4月19日,深圳市政府设立特区仲裁机构——华南国际经济贸易仲裁委员会(又名深圳国际仲裁院,曾名中国国际经济贸易仲裁委员会深圳分会、中国国际经济贸易仲裁委员会华南分会,以下简称"华南国仲")。这是中国改革开放之后全国各省市组建的最早一家仲裁机构,也是粤港澳地区第一家国际性商事仲裁机构。华南国仲属于深圳市政府批准设立并单独注册的独立仲裁机构(人事、编制、资产管理均隶属于深圳市政府,独立作出裁决,独立接受司法审查),因历史原因,华南国仲与设在北京的仲裁机构M、设在上海的仲裁机构S基于共同打造中国国际仲裁品牌的理念,开展了长期业务合作,共同促进了中国国际仲裁的发展。2012年,由于仲裁机构M单方面的原因,三地合作

---

[*] 深圳国际仲裁院理事会理事,深圳市人大常委会委员,深圳大学知识产权学院院长、教授。

关系终止。

与华南国仲终止合作关系后,仲裁机构 M 在未经深圳市政府同意和广东省司法厅登记备案的情况下,在深圳冒用华南国仲注册登记过的原名称违法开展仲裁业务,严重误导特区内外的当事人,造成深圳仲裁法律服务市场和秩序混乱。

为支持深圳国际仲裁发展和维护深圳优良法治环境,我和刘曙光、周荣生、刘渤、廖远飞、周子友、杜红、罗洲平、孙利等一共二十多位市人大代表,向深圳市第六届人民代表大会第一次会议提交了 20150661 号建议案《关于支持国际仲裁发展 维护深圳优良法治环境的建议》。该建议案全面分析了仲裁机构 M 相关行为的违法之处,并提出了若干具体建议。以上提案得到法院和政府相关部门的关注和回应。深圳市政府领导召集有关部门召开了协调会,广东省司法厅也依法作了处理,最高人民法院在 2015 年亦作出了司法解释,稳定了中外当事人对深圳经济特区仲裁法律秩序的预期。

最高人民法院和各地、各级人民法院坚持法律原则,对于稳定特区国际仲裁法律秩序起了重要作用。香港特别行政区政府于 2016 年 12 月在《香港特别行政区政府宪报》上也明确了深圳经济特区国际仲裁机构的名称,事实上香港法院一直以来在所有判例中都明确华南国仲的历史名称和现称。在这里要特别指出,司法部和广东省司法厅对深圳经济特区国际仲裁发展环境建设给予了大力支持,进一步稳定了当事人对特区仲裁的信心。司法部傅政华、熊选国等领导和公共法律服务管理局领导多次听取关于特区法治建设包括国际仲裁发展环境建设工作的汇报。广东省司法厅陈旭东、曾祥陆、梁震、陈建等领导也都十分关心特区国际仲裁工作。

2017 年:推广谈判促进机制

作为我国第一家也是目前唯一一家实行法定机构管理的仲裁机构,深圳国际仲裁院按照深圳市人民政府于 2012 年 11 月以市政府第 245 号令颁布施行的《深圳国际仲裁院管理规定(试行)》的规定,积极探索纠纷解决新机制，于 2016 年正式成立了中国第一个谈判促进中心，并制定了谈判促进规则，通过"谈判促进+仲裁"的创新性方式解决商事纠纷和社会矛盾，被《环球仲裁评论》誉为"中国深圳经济特区最新的制度创新"。

为更好地发挥深圳国际仲裁院谈判促进机制的作用，由刘晓春、刘曙光、高圣元、赵丽珍、何奕飞、于秀峰、叶青、钟华、谢春、张锦峰、陈寿、田地、刘权辉和我等三十多位市人大代表，向深圳市第六届人民代表大会第三次会议提交了 20170492 号建议案《关于在城市更新工作中切实发挥谈判促进机制作用的建议》。该建议案详细阐述了深圳国际仲裁院谈判促进机制的创新内容和试点实践情况，并提出了若干进一步推广谈判促进机制的建议，如在各区推广深圳国际仲裁院谈判促进规则和试点经验、在市区两级政府及有关部门制定的规范性文件和各类格式资料中，纳入由法定谈判促进机构推动的谈判促进机制，引导当事人选择谈判促进方式解决城市更新争议等。

据了解，以上建议得到了相关区和部门的采纳，龙岗区某非农建设用地项目、福田区某城市更新项目、罗湖区某城市更新项目等由深圳国际仲裁院谈判促进中心提供了谈判促进服务，取得了良好的效果。

2019 年：推动建设深圳国际仲裁大厦

2012 年 11 月，深圳市通过法定机构立法（即市政府第 245 号令），规定深圳国际仲裁院总部设在前海，支持前海开发开放。2013 年 7 月，深圳国际仲裁院前海秘书处进驻前海办公，开创中国国际仲裁机构进驻特殊经济区的先例，成为前海落实习近平总书记关于建设社会主义法治示范区指示精神的重要平台。前海深港现代服务业合作区管理局（以下简称"前海管理局"）和深圳市关于社会主义法治示范区和一流法治城市建设的方案都规划要在前海建设"前海法治大厦"（同时称"深圳国际仲裁大厦"）。据当时境内外多家媒体报道，深圳国际仲裁院将在条件成熟时整体入驻前海，境内外工商界和法律界纷纷赞许深圳市高度重视国际仲裁工作的战略眼光，社会各界也对"深圳国际仲裁大厦"以及由此带来的前海国际高端法律服务业聚集充满期待。

2017年12月25日,为推动形成全面开放新格局,积极打造国际一流营商环境、建设国际仲裁高地,深圳市委、市政府决定华南国际经济贸易仲裁委员会(深圳国际仲裁院)与深圳仲裁委员会合并,开创常设仲裁机构合并之先例,为国际商事争议解决的"中国方案"提供"深圳实践",代表中国参与国际仲裁的竞争与合作。

机构合并和业务快速发展,以及打造深圳前海区域性国际仲裁中心的需求,使得深圳仲裁的国际形象提升和办公场地整合扩充更为紧迫。基于以上考虑,我联合多位市人大代表,向深圳市第六届人民代表大会第七次会议提交了20190794号建议案《关于加快筹建深圳国际仲裁大厦打造亚太地区仲裁法治高地的建议》,建议市政府及有关部门尽快落实深圳国际仲裁院整体进驻前海的具体方案,尽快在前海建成深圳国际仲裁大厦。

深圳市委常委田夫和前海管理局各位领导高度重视并积极落实此建议案。深圳市副市长黄敏为促进该项目进行了多次协调,并到实地进行了现场办公,指出这是深圳作为中国特色社会主义先行示范区建设国际仲裁全球标杆城市的重要基础设施,要高效、高质量地完成建设。据了解,目前深圳国际仲裁大厦项目进展顺利。

2019年:发挥深圳仲裁在大湾区的引擎作用

在改革开放新时期,广东省委副书记、深圳市委书记王伟中对深圳国际仲裁院作出批示:"认真学习领会习近平总书记在中央财经工作领导小组第十六次会议上的重要讲话,率先加大营商环境的改革力度,高举改革开放、创新驱动的旗帜,进一步加强国际合作,建设国际仲裁高地。"深圳国际仲裁院积极落实批示精神,以建设国际仲裁高地为目标,凭借毗邻港澳的区位优势和深圳特区先行先试的创新环境,在深港合作、"一带一路"、粤港澳大湾区建设等方面的多项创新举措数次被评为深圳市年度十大法治事件。

为发挥特区国际仲裁在粤港澳大湾区建设中的重要作用,我和刘晓春、罗丽娟、汤洪波、孙利、李军、叶家嘉、李晓桃、钟华等多位市人大代表,向深圳市第六届人民代表大会第七次会议提交了20190745号建议案《关于进一步发挥特区国际仲裁在粤港澳大湾区引擎作用的建议》,建议深圳市委、市政府重点支持深圳国际仲裁院在香港注册成立的非营利机构"华南(香港)国际仲裁院"发挥作用,以更紧密的深港合作机制来促进法治化营商环境合作机制建设,辐射粤港澳大湾区和"一带一路"国家和地区。

2019年4月2日,香港特别行政区政府律政司司长郑若骅与最高人民法院副院长杨万明签署《关于内地与香港特别行政区法院就仲裁程序相互协助保全的安排》。2019年9月,华南(香港)国际仲裁院成为香港特别行政区政府律政司公布的合资格申请保全措施的仲裁及争议解决机构之一。

2019年:推动制定《深圳国际仲裁院条例》

深圳国际仲裁院改革成功的重要经验在于其实行了法定机构管理,该项管理的法律依据严格来讲只是具有深圳经济特区政府规章性质的《深圳国际仲裁院管理规定(试行)》(深圳市政府第245号令)及修订后的《深圳国际仲裁院管理规定》(深圳市政府第322号令),尚非特区人大立法。

为了进一步提升深圳国际仲裁的公信力,稳定中外当事人的预期,我作为领衔代表联合了刘晓春、王虎善、罗丽娟、何奕飞、周子友、王苏生、叶家嘉、刘晓燕、刘健、徐亮、吴贵洲、曹阳、邱令红等29位市人大代表,向深圳市第六届人民代表大会第七次会议提交了20190003号立法议案《关于制定〈深圳国际仲裁院条例〉的议案》,建议尽快将已经试行和实施七年多的《深圳国际仲裁院管理规定》这一政府规章上升为深圳特区人大立法。

令人欣慰的是,《深圳国际仲裁院条例》列入了深圳市人民政府和深圳市人大常委会2020年度立法计划。在陈如桂市长、艾学峰副市长、黄敏副市长,深圳市司法局蒋溪林、蒋小文、林正茂等领导,以及市人大常委会法制工作委员会刘曙光和市人大常委会监察和司法工作委员会任彤等领导的大力支持下,该条例立法项目已正式进入深圳市人大常委会立法程序。深圳市人大常委会骆文智主任高度重视,认为特区国际仲裁机构是特区建设的产物,是特区法治化、市场化、国际化营商环境的重要组成部分,由特区人大制定条例十分必要,要求依法加快程序,希望能在特区建立40周年之际出台。

本文写于2020年5月

桥

冯巍*

说起深圳经济特区建立40周年,不得不说说特区国际仲裁;说起特区国际仲裁,不得不说说香港的人和涉及香港的事儿。

暴雨天的新征程

2012年6月16日是一个暴雨天。我和香港法律界、工商界的朋友们一起跨过深圳河,冒雨到深圳出席"粤港(前海)国际仲裁合作启动仪式暨深圳国际仲裁院揭牌典礼",五洲宾馆五洲厅济济一堂。典礼之后的当天晚上,我参加了深圳国际仲裁院理事会第一次会议,与第一届理事会各位同仁共同商议特区国际仲裁机构在新起点的新发展。那一天行程满满,专业活动环环相扣,粤港两地法律界和工商界互动融合的场景至今历历在目。

当时我正在中央人民政府驻香港特别行政区联络办公室法律部工作。2012年年初,深圳市政府决定对深圳国际仲裁院进行法定机构立法,筹备建立以理事会为核心的法人治理机制。我们知道,特区国际仲裁机构自1983年初创之后,便和香港工商界、法律界密不可分,为解决涉港纠纷、促进两地经贸合作和稳定发展发挥了重要作用。中联办领导得知深圳市政府拟进一步发挥香港法律界专业人士在仲裁院决策机

---

* 曾任国务院港澳事务办公室副主任、香港中联办法律部部长、深圳国际仲裁院理事会理事。

制中的重要作用后,高度重视,遂于2012年派我为代表,经深圳市政府聘请,加入深圳国际仲裁院第一届理事会,从此和深圳国际仲裁院结下难忘的缘分。

仲裁院第一届理事会的其他10位同仁在内地工作的有郭晓文、刘晓春、王璞、郑宏杰、郭小慧、黄亚英、黄国新,在香港和海外工作的有梁定邦、王桂壎、Sally Harpole。以理事会作为决策机构,在香港和海外的仲裁机构是比较习惯的做法,也是国际市场比较认可的做法,但在内地还是新生事物。仲裁院管理层负责日常的执行管理,把机构的重大决策权和监督权交给理事会行使,需要自我革命的勇气和创新智慧。这是一项重要的改革,这项改革从第一天开始,就在十分规范的轨道上运行。6月16日晚,我们理事会为仲裁院定下章程、理事会议事规则,通过了当时关于适用仲裁规则和仲裁员名册的决定,中国国际仲裁管理机制创新改革的序幕从特区拉开。

深圳经济特区迈出的这一步很坚决,而且不停步于此。当年11月,深圳市市长签发了第245号市政府令,颁布《深圳国际仲裁院管理规定(试行)》,以特区政府规章的形式规定了法人治理机制的国际化和专业化,稳定中外当事人对特区国际仲裁公信力的预期。这体现了深圳市委、市政府对特区建设国际化、法治化、市场化营商环境的信心和决心。事实上,对特定仲裁机构进行特定立法,这在全球都是首例,深圳的国际化法治化营商环境因此而引人瞩目。

仲裁院理事会依法运作,其规范性一点不亚于香港和国际上的上市公司董事会。理事会会议以中英双语召开。所有理事都是专业人士,都是谦谦君子,而且都十分认真,甚至有些较真儿。尽管执行管理层每次提交审议的方案都已经十分合理,但全体理事追求至善至美,都会进行充分的国际比较,既对标世界最先进的做法,又基于中国国情,提出完善意见,寻找更合理、最合适的"中国方案"。理事都是受权于深圳市政府,代表境内外法律界和工商界,一人一票,依法定程序进行表决。大家的目的只有一个:共同建设最有公信力的国际仲裁机构和国际化法治化营商环境。

理事会机制的国际化、专业化和法治化已经成为仲裁院管理运作的良好习惯,也成为深圳经济特区的一道风景。八年来,两届理事会成员有了一些正常的变化,后来接受深圳市政府的聘请而先后加入理事会的理事有 Peter Malanczuk、梁爱诗、刘新魁、João Ribeiro、沈四宝、赵宏、王振民、袁国强、刘春华、胡建农和蒋溪林等,其中不少理事来自香港,也有一些理事(包括我自己)因为工作地点变动等原因离开了理事会。我想,新加入的理事都会喜欢这里并很快习惯这种科学决策机制,离开理事会的理事也会对这里的氛围恋恋不舍,我本人就是这样。

这是中国仲裁国际化和现代化在深圳经济特区的重要探索,这个新征程正式开始于那个暴雨天:2012年6月16日。这一序幕,由香港和内地法律界和工商界的代表共同见证,共同开启。

从"罗湖桥"到"粤港澳大桥"

仲裁院作为香港与内地法律界合作的桥梁,由来已久,可以说得上是促进香港与内地法律界交流与合作的"罗湖桥"。

早在1982年,就有香港律师和工商业人士向广东和深圳方面提出建议,在深圳经济特区设立仲裁机构,以解决涉港商事纠纷。仲裁院在创立之初即首开聘请境外仲裁员的先河,1984年首批聘请的15名仲裁员中,就有8名来自香港。

深圳是香港律师进入内地法律服务市场的桥头堡。长期以来,来自香港的仲裁员与来自内地的仲裁员一起,为化解香港和内地间经贸纠纷发挥了相当重要的作用。和我一起担任第一届理事会成员的香港资深大律师梁定邦先生,在20世纪80年代末即以仲裁员身份到仲裁院办理案件,解决了很多跨境纠纷。梁爱诗理事等知名专家,多次担任香港法专家证人,还有很多香港律师和大律师,在这里作为仲裁案件的代理人。

2012年12月,根据《深圳国际仲裁院管理规定(试行)》关于来自香港和海外的仲裁员不少于1/3的规定,仲裁院理事会制定了《深圳国际仲裁院仲裁员名册》,香港和海外仲裁员占比超过1/3。理事会在当时出台的新仲裁规则,明确允许包括香港在内的境外专业人士在仲裁案件中担任代理人。香港的专业人士通过仲裁院这座桥梁,既发挥了解决跨境争议的重要作用,又增进了对内地法律制度尤其是仲裁制度的了解。

在仲裁业务之外,仲裁院这座桥梁也在其他多个业务领域探索创新,为港澳专业人士提供参与内地法律服务市场的机会。调解就是另一个亮点领域。

早在2009年6月16日,我和香港法律界及工商界的朋友们共同见证了"香港调解+深圳仲裁"模式的诞生,仲裁院在香港推动共建香港中国企业协会商事调解委员会,通过调解,和谐、快捷、有效、低成本地解决跨境商事纠纷,受到香港工商界和法律界的高度关注。

2013年,我从香港调到北京工作,不再担任仲裁院的理事,但我对仲裁院促进内地与港澳交流合作的创新措施依然很关心,而仲裁院在"一国两制三法域"背景下探索争议解决机制融合途径的脚步从未停歇。

当年年底,仲裁院牵头创建粤港澳商事调解联盟(后来改称"粤港澳仲裁调解联盟"),包括香港中国企业协会商事调解委员会、香港联合调解专线办事处、香港国际仲裁中心香港调解会、香港仲裁司学会、香港测量师学会、香港和解中心和澳门世界贸易中心仲裁中心在内的粤港澳地区15家主要商事仲裁调解机构作为成员机构。联盟以平等、开放、合作为原则开展的跨境协同创新很有创造力和融合力,由粤港澳三地轮流推举主席。当时国家层面的"粤港澳大湾区"概念还没有正式提出,仲裁院以和谐、高效、有效化解三地跨境商事争议为目标,率先倡导粤港澳在仲裁调解领域进行合作,并担任常务副主席机构和秘书处,有前瞻眼光,也体现了担当精神。

2019年2月,在《粤港澳大湾区发展规划纲要》正式发布实施之际,仲裁院发布《关于增强核心引擎功能推动粤港澳大湾区建设的十大措施》。在仲裁和调解领域,仲裁院被认为是促进粤港澳三地法律界合作的"粤港澳大桥"。

走向未来

从一个曾有32年律师执业经历的法律工作者的角度出发,我认为特区国际仲裁不仅有着辉煌的历史和骄人的成绩,而且在未来还大有可为。

主要有两点考虑：

第一，特区国际仲裁未来的发展与粤港澳大湾区国家战略的推进密不可分。中央政府已经提出了粤港澳大湾区的发展规划。粤港澳大湾区发展的目标是什么？就是要建立一个世界一流的湾区。粤港澳大湾区的发展实际上涉及两个方面：一方面是硬件，即基础设施的互联互通；另一方面是软件，即制度的衔接。国际商事仲裁可以在制度创新上提供方案。2019年4月，最高人民法院与香港特别行政区政府律政司签署《关于内地与香港特别行政区法院就仲裁程序相互协助保全的安排》，这是自香港回归祖国以来，内地与香港特别行政区商签的第七项司法协助安排，也是内地与其他法域签署的第一份有关仲裁保全协助的文件，标志着内地和香港特别行政区在"一国两制"方针下实现了更加紧密的司法协助。仲裁院2019年仲裁规则体系中的《关于适用〈联合国国际贸易法委员会仲裁规则〉的程序指引》，创造性地将香港视为默认仲裁地，并且推出了《粤港澳仲裁调解联盟争议解决规则》，为推进粤港澳大湾区在商事争议解决制度方面的衔接提供了具体解决方案。我相信，仲裁院今后会更进一步贴近粤港澳三地的实际，根据国家战略需要和市场需求，创新规则，不断贡献特区方案。

第二，特区国际仲裁对中国"走出去"的长远战略发展具有非常重要的意义。2020年是深圳经济特区建立40周年。在十九大报告中，习近平总书记系统地提出了面向未来的国家发展战略，其中之一就是构建人类命运共同体。中国要"走出去"，要参与国际竞争，参与全球治理，参与未来国际规则的制定。国际商事仲裁规则是国际经济秩序中非常重要的组成部分。在过去的发展进程中，仲裁院联合港澳力量，在争议解决规则的国际化创新方面走在了国内仲裁机构的前列。仲裁院与中国对外贸易中心于2007年共同创建国际贸易和知识产权纠纷解决机制，迄今仲裁院在广交会上的仲裁调解服务已辐射全球119个国家和地区。仲裁院于2019年施行的新版仲裁规则，在国内首次探索"选择性复裁机制"，受到国际业界关注。仲裁院的商事争议解决规则和国际通行的规则是接轨的，甚至在有些方面是有引领作用的。我相信，仲裁院会不断创新、完善、运用好中国特色商事争议规则，能够为中国参与全球治理和国际商事规则的制定发挥更加积极的作用。

　　仲裁院是改革开放的产物,是特区建设的产物,也是内地与港澳合作的产物。仲裁院的几任院长和理事长——肖志明、郭晓文、刘晓春都是非常优秀的法律专业人员,他们都有很高的专业水平,都是优秀的仲裁员;他们有开阔的国际视野,与港澳和国际法律界有密切的联系;他们有很强的开拓创新能力,仲裁院在他们的带领下,在体制、规则、运作模式、工作方法以及对外联系等方面,将不断改革创新并日益国际化;他们有很强的亲和力,能够吸引国内外优秀的法律专业人士加入仲裁院的队伍。回首过往,一个个片段都属于珍贵的特区历史记忆。我由衷期待,特区国际仲裁未来能在粤港澳大湾区的融合中添上浓墨重彩的一笔。

改革之路，创新之路

王璞

王璞，1957年11月生，山东龙口人，中国政法大学法学学士。1989年至1991年在深圳市法制局工作。1990年5月被抽调至深圳市人大筹备组，1990年12月深圳市人大成立后至2005年在深圳市人大常委会工作，2000年任深圳市人大常委、法制委主任。2005年至2015年任深圳市法制办(市政府法律顾问室、市政府行政复议办)主任。2015年起任深圳市政协副主席。王璞副主席自2001年起受聘为深圳国际仲裁院仲裁员，2012年至2015年被深圳市政府聘为深圳国际仲裁院第一届理事会副理事长。

深国仲：王主席您好，感谢您接受我们的访谈。您是哪一年到深圳特区工作的？听说您是周焕东老主任的"得力干将"，您听周焕东主任说过特区国际仲裁机构早期筹建和运作的过程吗？

王璞：谢谢你们。我是1989年夏天来深圳的，从吉林省人大调到深圳市法制局。当时还有一个背景，深圳要搞立法，开始时想学习香港地区行政主导立法体制，搞立法委员会，后来中央认为深圳还是要尽快成立市人大，由人大开展立法工作。在这个背景下，我报名应试调入深圳市法制局。

周焕东同志当时是深圳市法制局局长，他也是深圳第一任法制局局长。来了以后我才知道，周焕东同志不仅是法制局局长，而且还是特区国际仲裁机构(当时叫深圳仲裁办)的党组书记。从1983年到1992年，周主任做了十个年头的深圳仲裁办党组书记，在两个正局级单位之间来回跑。深圳仲裁办是 1983 年成立的,比市法制局成立的还早,市法制局是 1985 年才成立的。两者都"脱胎"于深圳市委政策研究室。特区成立后,周焕东同志担任市委政策研究室副主任并分管条法处工作,他先后是仲裁办和法制局两个机构的筹建人和第一任领导人,先担任深圳仲裁办的党组书记,后又担任深圳市第一任法制局的局长,也是深圳市人大常委会法工委第一任主任,是特区法治建设的重要开拓者。

郭晓文是 1984 年从北京调入特区的,先后在市委政策研究室和法制局工作,正式编制调进深圳仲裁办是 1988 年,我到法制局的时候晓文已经调到仲裁办工作了,当时法制局的同志提到郭晓文时都说他是一个非常优秀的法制干部。那时深圳仲裁办成立的时间虽然还不长,是在 1983 年成立的,但却是全国各省市在改革开放之后成立的第一家仲裁机构。我之前在内地工作,没有听说过专门的仲裁机构,所以觉得挺新鲜。

改革开放初期,深圳仲裁办在解决经济贸易纠纷方面发挥了很大的作用,特别是外商从特区进入中国内地,他们习惯采用仲裁方式解决争议,他们认为仲裁更专业、效率高,而且可以自己选择仲裁员。那时候已有一些香港地区知名人士担任深圳仲裁办的仲裁员,包括深国仲现在的梁定邦理事。

当时周主任也给我们讲过深圳仲裁办是怎么成立的,包括与北京的中国国际经济贸易仲裁委员会的业务合作关系等。总体来看,深圳市委、市政府设立的特区国际仲裁机构是伴随着改革开放产生的,得到了香港法律界和北京有关单位的支持。在我印象中,当时我去过仲裁办,那时还在深南中路的统建楼办公,我在那里认识了一些香港法律界知名人士,如梁定邦资深大律师等。虽然现在看起来统建楼的办公环境比较简陋,但是在当时总体感觉还是"高大上"的。

深国仲: 2010 年 12 月,深圳市政府决定为中国国际经济贸易仲裁委员会华南分会加挂"深圳国际仲裁院"的牌子,并进行法定机构改革,您当时是法制办主任,能介绍一下具体情况吗?

王璞: 应该说,是改革开放到了新的时期,特区建设到了新的阶段,粤港合作也到了新的时期,建设国际化、法治化城市需要进一步加大改革开放的力度,对特区国际仲裁提出了更高的要求。2007 年前后,借鉴新加坡、我国香港特区的经验,深圳市开始探索事业单位法定机构改革以及法人治理机制改革。2010年,中国国际经济贸易仲裁委员会华南分会党组主动要求列入法定机构改革试点。记得当时中国国际经济贸易仲裁委员会华南分会党组向市里专门写了报告,我还在报告上加注了意见,表示支持此项改革,并将报告报送时任市委常委、组织部部长戴北方同志,北方同志批转给市编办。也是在同一年,国务院下发了关于前海深港现代服务业合作区(以下简称"前海")开发开放的文件。为了更好地发挥特区国际仲裁机构在改革开放新时期的作用,服务国家战略,支持前海和特区开发开放,市里同意"中国国际经济贸易仲裁委员会华南分会"加挂"深圳国际仲裁院"的牌子,开始探索法定机构改革之路。现在回想起来,当时戴北方等市领导和市编办王京东、孙福金,前海管理局局长郑宏杰,以及中国国际经济贸易仲裁委员会华南分会党组郭晓文、韩健、刘晓春等同志的意见都很一致。

深国仲:2012年11月,深圳市政府颁布《深圳国际仲裁院管理规定(试行)》,这是中国第一个以仲裁机构为对象的立法。当时您担任深圳市法制办主任,对这个管理规定的出台做了大量工作,能否请您讲一下管理规定出台的背景和过程?

王璞:《深圳国际仲裁院管理规定(试行)》是一个政府规章。大约在此前几年,郭晓文就与我探讨过这一改革设想,我们达成共识。立法工作启动后还是有一些不同意见,有一定阻力,当时我在法制办,首先统一大家思想,发扬敢闯敢试、敢为天下先的精神。当年由法制办分管领导石岗、社会法规处处长林正茂等同志与仲裁院的领导同志一起共同推进的起草工作做得很好。市政府协调国际仲裁工作的副市长陈彪同志主持了立法协调会,各部门都提供了参考意见,本来已经安排在2012年3月21日提交市政府常务会议审议了,但因为某些原因,包括还有一些不同看法,那次会议临时取消了这个议题。拖了一段时间,后来又提到了这个政府规章草案,市政府主要领导问我这个政府规章到底行不行,能不能搞,我说可以的,没有问题,符合深圳建设法治化、国际化营商环境的目标。坦白讲,这是个新事物,是需要担当精神的,这也符合习近平总书记"敢于担当"的指示。后来又举行了听证会等,从不同方面进行充分论证。

2012年6月,政府规章的制定工作还没有完成,但法人治理机制改革已经启动了。6月16日,深圳市政府举办了"粤港(前海)国际仲裁合作启动仪式暨深圳国际仲裁院揭牌典礼",香港中联办、广东省人大、广东省司法厅作为支持机构,各方面都很支持。记得当天暴雨,但从境内外赶到深圳来参加典礼的人很多,济济一堂。在典礼上,深圳市政府宣布深圳国际仲裁院理事会组成人员名单,晓文被聘为理事长,我和晓春为副理事长,来自内地和境外的理事一共有11名。当天晚上召开了理事会第一次会议,会议通过了章程,并决定了仲裁规则和仲裁员名册等一些重大事项,很有纪念意义。

11月6日,深圳市政府召开五届七十一次常务会议,最终审议通过了《深圳国际仲裁院管理规定(试行)》,虽然条文数量不多,但意义重大。该管理规定明确,深圳国际仲裁院又称"华南国际经济贸易仲裁委员会",原名"中国国际经济贸易仲裁委员会华南分会"。该管理规定的核心内容,是确立国际化、专业化的法人治理机制。按照该管理规定,政府不直接管理仲裁机构的具体事务,而是授权理事会作为决策主体按照法定程序对仲裁院的重大事务进行决策,并对执行管理层进行约束和监督,而且理事会成员还包括香港特区等地的境外法律界知名人士,这样就增强了特区国际仲裁的专业性和公信力,也符合国际惯例。我感觉,这是对仲裁机构进行的专门的法定机构改革立法,是我任法制办主任10年里最引以为傲的工作成果之一。这是一个创新,深圳市政府为此专门向国务院法制办做过汇报,国务院法制办领导表示支持,鼓励特区创新。立法之后,为服务前海投资企业,深圳国际仲裁院设立了前海仲裁处,成为前海法治建设的金字招牌,得到了国家和省委领导、最高人民法院领导的充分肯定。中央党校主办的刊物也刊文肯定深圳的改革成果。现在我们回过头来看,这一立法是非常成功的,也是以立法推动改革的代表作之一,这一工作得到当时深圳市市长许勤的大力支持,是深圳市政府敢闯敢试、勇于担当的印证。当然,管理规定从开始到现在,取得这么好的效果,离不开仲裁院领导晓文、晓春这些敢想敢试的法律人的努力;也需要自我革命的勇气,需要认认真真的执行。晓文他们不是"一般的执行",而是把管理规定的优势发挥到了极致。我每次参加仲裁活动都很骄傲。如果说深圳法治领域有哪一块工作能够与国际比肩的话,我首推仲裁院。仲裁院无论是从治理结构,还是从案件质量、受案数量、仲裁员队伍素质等各方面来看,都已经达到了国际标准,得到了国际上的公认,在亚洲各主要商业城市中也是领先的,为特区营商环境的改善和中国仲裁国际公信力的提升发挥了越来越大的作用。

这个立法是超前的,不仅在国内是第一个,在世界上也是首例,在制度上消除了当事人对"地方保护、行政部门干预、内部人控制"的顾虑,符合法治化营商环境、国际化城市和国际仲裁制度的要求,得到了境内外各界人士的好评。我认为,管理规定是仲裁院发展史上走向成熟的里程碑式的标志,也符合深圳建设先行示范区的要求,为仲裁事业发展提供了良好的示范。立法完成后,北京、上海等很多城市的政府领导和法制部门的同志都过来考察,我们谈了这个情况,他们非常佩服,甚至是羡慕。所以说,这个立法是有特区精神、特区风格的。

深国仲:《深圳国际仲裁院管理规定(试行)》以特区政府规章的形式确立了以理事会为核心的法人治理结构,您从2012年开始担任第一届理事会的副理事长,就您的亲身感受而言,理事会实际运行效果如何?

王璞:我很荣幸被深圳市政府聘为仲裁院第一届理事会的副理事长,一直到2015年我来深圳市政协工作才辞去了理事职务。我参加了任期内理事会的全部工作,我认为,理事会跟立法设计、法人治理结构改革规划是一致的,完全是按照管理规定运作。理事会的职权也是实实在在的,包括仲裁员名册更新、仲裁规则修订、财务预决算审议等重大事项都是由理事会决定。理事会理事有相当一部分是香港特区等地的境外著名的法律界和工商界人士,大家都很认真,一人一票行使表决权,共同决策。借助理事会的机制,仲裁院管理更加规范化,更有透明度,更有公信力。总体来说,政府通过理事会依照法定程序对仲裁院进行管理,"到位但不越位",实际运行效果非常好。

深国仲:理事会是仲裁院的决策机构,您能否举例谈谈理事会是怎样议事决事的?有没有一些难忘的会议或具体事件?

王璞:就像我前面所说的那样,《深圳国际仲裁院管理规定(试行)》

规定,仲裁院的重大事项由理事会决策。而且理事们都是经过认真研究、慎重讨论后才作出决策的,绝不是走形式。举例来说,理事会每年聘请审计师事务所对仲裁院的财务情况进行审计,由理事会财务监督委员会进行评估,然后对本年决算和下一年预算进行讨论和审议,由于理事们对国内和国际的市场现状和发展趋势比较了解,决策会更具有合理性,资源配置会更加精准。再如,仲裁院现在深圳证券交易所的总部办公地点就是理事会考察过、讨论过的。之前仲裁院在中银大厦办公,虽然也很好,但面积有点小,不能够适应新的发展形势。执行管理层初步选定深圳证券交易所41层后,理事们专门去现场考察。当时深交所41层还是毛坯房,各位理事西装革履到这里考察,走了一圈皮鞋都脏了。经过认真核算和讨论,大家一致认为很合适,符合仲裁院和深圳特区国际化形象,事实证明这个决策是正确的。类似于这样的事情,理事们都要充分考察、共同研究、发表意见,这个议事机制很好。

深国仲: 除您之外,第一届理事会成员还有刘晓春、郑宏杰、郭小慧、郭晓文、黄亚英、黄国新、梁定邦(香港)、王桂埙(香港)、梁爱诗(香港)等专家,请问您如何评价这些同事的工作?

王璞: 市政府聘请的第一批理事,无论是来自内地的还是境外的,都是非常优秀知名的法律界人士,因此我个人对第一届理事会其他同事的评价是非常高的,我有幸和他们一起工作,并从工作中学习到了很多知识,拓展了国际视野,提升了专业素养。

深国仲: 从理事会和深圳市委、市政府的角度,您如何看待仲裁院执行管理层的工作?

王璞: 这个问题问得很好。前面也讲了,首先,我认为,从20世纪80年代仲裁院成立,一路走来,历届领导本着改革开放、敢闯敢试的精神,勇于借鉴国际上最先进的管理制度,同时本着为企业服务、解决争议的理念,为中国仲裁事业和营商环境建设作出了很大贡献。前任党组书记郭晓文和现任党组书记刘晓春,都能把握好政治方向和业务发展方向,团结大家在特区干事创业。其次,仲裁院的管理层进行"自我革命"、按照深圳市的部署实行法定机构改革以后,在原来的基础上运作更加规范。执行管理层严格执行理事会的各项决策,无论是案件管理、仲裁员的选聘还是仲裁规则的修订建议等都能够严格按照各项制度办事。

无论我是在法制办还是在政协,谈到深圳的法治环境就离不开仲裁院。我接触到的最高人民法院等相关部门的领导,其他城市的同行,还有企业界的人士,甚至出访时印度、埃及等国家的友人,都为我们特区国际仲裁机构点赞,所谓对特区国际仲裁机构点赞实际上就是对管理团队的肯定。仲裁院的日常工作很繁杂,任务很重,都是靠管理层来管理。仲裁院执行管理层有三个特点,一是政治和业务素质高,二是思想解放、创新能力强,三是依法办事。

深国仲:深圳市场经济的发展离不开法治化的营商环境,请问您怎么看待深国仲在营商环境建设中的地位和作用?

王璞:深圳发展到今天,除了中央的政策外,最重要的就是良好的营商环境。而良好的营商环境,除政府的服务态度、办事效率外,法治又占有重要地位,而仲裁就是法治化建设的重要组成部分。对深圳这样一个外向型经济城市而言,仲裁的国际化特征又有特别的意义。

我接触过很多市场主体,他们在了解仲裁机构以后,更愿意选择仲裁解决纠纷,觉得仲裁程序比较简洁,一裁终局,可以自己选仲裁员,效率也更高一些。而且仲裁院经过机构改革以后,公正性更有保障,在审裁质量、效率各方面都更加得到当事人的认可,这对深圳建设国际一流的营商环境起到了不可替代的作用。

深国仲:2020年是深圳特区建立40周年,在"一带一路"倡议大背景下,深圳目前正面临粤港澳大湾区与先行示范区双区建设的重大历史机遇,请问您认为深国仲应当如何发力,服务进一步深化改革开放的发展大局?

王璞:说起"一带一路",20世纪90年代末我就同仲裁院的领导一起访问过埃及等国家,当时主要是了解国际仲裁的一些知识和信息并宣传我们特区自己的国际仲裁。应该说,仲裁院这么多年来一直在走国际化道路,与世界各国的法律界和工商界人士都有联系。我们访问了开罗区域国际商事仲裁中心(CRCICA),该中心的主席是一位非常资深的国际仲裁员,对特区国际仲裁机构评价很高。前几年,我出访印度时,还代表仲裁院理事会在新德里拜会了印度籍仲裁员 Sumeet Kachwaha 先生,并向 Sumeet Kachwaha 先生颁发了仲裁员聘书。印度同行很关注中国国际仲裁在特区创新发展的情况,并表达了跟我们开展进一步合作的意愿。同时,在国外的中国企业也十分盼望仲裁院能为他们提供法律服务,包括争端解决。

2020年是特区建立40周年,深圳是大湾区的核心引擎城市,同时也是"一带一路"的重要节点城市,现在又被确定为中国特色社会主义先行示范区,这对于深圳来说确实是一个难得的机遇,对于仲裁院来说同样如此。一方面,我们可以继续借鉴国际上的先进经验,持续优化体制机制,为营造法治化、国际化的营商环境作出贡献;另一方面,我们也可以创新仲裁制度,为"走出去"的企业保驾护航,这也是非常重要的。仲裁院在这方面有条件、有基础、有能力,我相信一定会大有作为。

最后,借此机会,预祝仲裁院在未来发展中坚持改革引领,坚持依法、依章程履职,坚持国际化方向,努力提高仲裁员素质,提高仲裁案件的审裁质量,在中国特色社会主义先行示范区建设中走在前面,在推动粤港澳大湾区建设和"一带一路"建设工作中发挥更大作用。

何音、孟伟记录整理

前海与深国仲的良缘佳话

郑宏杰*

纪念深圳经济特区建立40周年,回顾伴随着中国改革开放成长起来的特区仲裁机构,不能不提前海与深圳国际仲裁院的一段佳话。

2010年1月,我履新深圳市前海深港现代服务业合作区管理局局长一职。随着前海的制度设计、规划建设、政策调研、招商引资、人才引进等各项工作的不断进展,当时全部的焦点都集中在《前海深港现代服务业合作区总体发展规划》能否顺利通过国务院的审批,正是在这个过程中,前海与深圳国际仲裁院(当时称"中国国际经济贸易仲裁委员会华南分会",简称"华南贸仲")结下了不解之良缘。

十年前的机缘

2010年8月26日,深圳经济特区建立30周年之际,国务院关于《前海深港现代服务业合作区总体发展规划》(以下简称《总体规划》)的批复正式下达,这意味着前海已经上升为国家发展战略,深圳再次成为中国乃至世界瞩目的焦点。前海合作区也再次成为深圳发展的新契机、经济特区改革开放的新起点、深港合作的新平台。

现在才知道,华南贸仲从前海合作区设立时就给予了高度关注,也一直跟进前海的进展。华南贸仲敏锐地意识到,前海是深圳新时期新发展的新平台,也是华南贸仲在新时期新发展的新机遇。

---

* 曾任深圳国际仲裁院理事会理事、深圳市前海深港现代服务业合作区管理局首任局长。

当时，我整天忙于《总体规划》的宣讲报告和推介。一天，我接到时任深圳市机构编制委员会办公室（以下简称"市编办"）副主任孙福金同志的电话，说华南贸仲的领导刘晓春同志想约我见见，并告知我华南贸仲是很有影响和很专业的国际仲裁机构，今后对前海的法治建设和营商环境提升会有帮助。当时市里也正在讨论在前海设立前海法院问题，我心里想，国际仲裁不也正是前海所需要的吗？我连忙说："那好啊，怎么联系？"孙主任说："晓春同志会给你电话。"

很快，在深圳市委纪念深圳经济特区建立30周年大会上，我收到时任华南贸仲党组成员、副秘书长刘晓春同志发的手机信息。当天他也在会场上，他约我晚上电话商谈改革开放新时期在前海的合作与发展。当天晚上，我们俩在电话中谈得很投机，双方约好尽快见面详谈。

几天后，时任华南贸仲党组书记的郭晓文和刘晓春副秘书长一行应约来到前海管理局筹备组。当时前海管理局租借竹子林光大银行楼上的一角作为筹备办公场地。晓文书记温文尔雅，极具人格魅力和专业水准。他们在详细介绍了华南贸仲的历史沿革、工作情况和业界的发展后，特别重点谈到了国际仲裁机构如何进驻前海，集二三十年之经验，很希望为前海的法治营商环境建设做点贡献。我一听，华南贸仲的想法与前海的思路不谋而合。《总体规划》中专门写道：前海要打造社会主义法治建设示范区。法治环境建设恰是前海最重要、最关键又最具特色的地方。至此，双方都抱有积极的愿望和极大的诚意，商定接下来细细讨论。之后的日子里，晓春副秘书长为落实双方商谈的结果，前前后后跑了不少趟，从专业角度跟我讲解什么是国际仲裁、国际仲裁进前海对前海的作用、前海如何建设一流的法治化、国际化营商环境……我从一个完全的门外汉了解了仲裁是怎么回事。更让我动心的是建设国际仲裁大厦，引入国际顶尖法律服务机构等一系列想法。晓春副秘书长工作之勤勉，态度之认真，水平之专业，至今想起还感慨有余。

后来几年，随着双方合作的不断深入，特区国际仲裁的亮点在前海不断呈现：深国仲成为全球第一个实行法定机构治理机制的仲裁机构，而且立法规定具有三十多年历史的深国仲注册在前海；第一个在前海为香港地区仲裁员颁发聘书，成为境外仲裁员占比最高的内地仲裁机构；深国仲在前海首创粤港澳仲裁调解联盟、中国自贸区仲裁合作联盟、自贸区金融仲裁中心、前海海事物流仲裁中心、中国第一个证券期货业纠纷调解中心;深国仲还在前海受理并高效解决了中国有史以来争议金额最大的仲裁案件……

我曾在前海推介会上多次自信地向来宾介绍,到前海来最放心的是不怕有纠纷,这里不仅有前海法院,还有最好的国际仲裁机构,前海会拿出位置最好的土地,专门集中建设一批极具标志性的前海法院、国际仲裁大厦,以及国际法律服务中心,集中体现前海的法治精神和公平的营商环境。

现在想想,在前海法治营商环境的建设与合作上,前海管理局和深国仲如此协调和默契,真是机缘所赐!

一个"荣幸"的建议

2010年9月的一天,骄阳似火,天气奇热。我在市政府办完事刚回到前海管理局筹备办公室,突然想起晓文书记和晓春副秘书长两次邀请我回访华南贸仲,而我一次也没去过,于是想抽空过去认个门,看看国际仲裁机构的模样。晓春同志在电话里说:"热烈欢迎,我和郭主任等着你!"于是我驱车来到当年华南贸仲的办公所在地中银大厦B座19层。楼上办公室层高不高,走廊也不宽,办公场地显得有些局促。出了电梯,看到晓文书记、晓春副秘书长、素丽处长等几位同事已在办公室门口等候。晓文书记笑着说:"早就想请你来看看!咱们先一起转转。"他们领着我来到走廊,指着墙上的图片说:"先给你介绍介绍情况。"这时我才明白,晓文书记和晓春副秘书长邀请我来看看,是在给我增加合作的信心。

我一边听着晓文书记和晓春副秘书长的介绍,一边细细地品味和欣赏一张张图片。转了一圈,我才发现整个走廊就是一个历史长廊,一幅幅照片、一篇篇文字和一张张图表展示着特区国际仲裁机构伴随着改革开放、风风雨雨近三十年的成长历程。深国仲执着进取的精神,专业追求的努力,打不倒、挫不败的韧劲和骄人的业绩实实在在地赢得了业界的口碑和国内国际同行的认可。我一边听,一边看,一边想着:这就是业界的领头羊,入驻前海,非其莫属。

座谈结束要离开时,晓文书记和晓春副秘书长在大门口跟我说:"我们进驻前海想加挂个名称,以更好地服务新时期的改革开放,市编办已经同意了,市编委马上就要发文批复,名称是深港国际仲裁院,你觉得如何?"我忽然想起,刚刚看过的历史长廊照片中展示:1982年广东省经济特区管理委员会和深圳市委、市政府曾经拟将筹建中的特区涉外仲裁机构定名为"广东省深圳特区经济仲裁院"或"深圳经济特区国际仲裁院"。于是我和晓文书记、晓春副秘书长又回到刚才看到的照片前再次回顾历史。受此启发,我说:"加挂的牌子能否不称深港国际仲裁院,而称深圳国际仲裁院?前海虽是深港合作区,但国际仲裁不仅限于涉及香港的商事纠纷,应该更加突出国际化,突出深圳特区之特。这样地理名称更清晰,适用范围更广,业务简洁明了。"晓文书记、晓春副秘书长听罢,异口同声说:"这个好!"他们说,这也是他们所想,因为立足前海合作区,促进深港合作,机构称"深圳国际仲裁院"(Shenzhen Court of International Arbitration, SCIA)就像"伦敦国际仲裁院"(London Court of International Arbitration, LCIA)一样,在名称上更符合国际惯例,更容易为境内外企业接受。他们当场决策,请办公室马上撤回原来的报告,重新拟文给市编办。果然,市编委正式批复中国国际经济贸易仲裁委员会华南分会加挂的牌子就是"深圳国际仲裁院",并同意深圳国际仲裁院进行法定机构试点改革。

没想到的是,十年前不经意的一点建议成就了至今的一段佳话。回首过往,在前海法治环境建设早期起步中,深国仲主动给予前海管理局最积极的推动、最主动的支持,两个机构配合默契,深国仲使前海多了一张亮丽的名片;前海管理局也助力深国仲,使深国仲的牌子在前海越擦越亮,名声斐然。改革开放新时期,深圳国际仲裁院已经成为众口皆碑的国际品牌。

真是一个荣幸的建议。

探索"法定机构"

一个新机构的设立,最重要的莫过于制度设计。前海管理局成立初期和深国仲的认识一样,用什么样的治理机制将是决定事业成败的关键。前海管理局考虑到,有别于常见的公司制和行政管委会的方式,法定机构更能在前海这一特定区域起到严谨、高效、规范的作用。

法定机构引入国内较晚,因为有一个消化吸收、学习认识、适应国情的过程。简单地说,法定机构是依特定立法设立、运作和监管,具有法人地位的机构。它的主要形式有四类:提供某项特殊公共服务的公共服务型;对某一区域进行开发治理的区域管理型;行使一定的监督管理职能的监督管理型;享有准司法权的准司法型。

前海管理局正是从这一制度创新入手,经深圳市人大立法,在全国率先实行法定机构运作模式。实践证明,虽然还有很多需要改进和完善的地方,但决策快、效率高、成本低、运作规范等特点都已有所体现。做一个不完全恰当的比喻:前海管理局作为法定机构,可以简单理解为企业化的政府,而不是政府企业。

当年,加挂"深圳国际仲裁院"牌子进行法定机构试点改革的特区国际仲裁机构也在积极地谋划自己独特的、更加科学的治理模式。记得在与晓文书记、晓春副秘书长的多次互访中都比较深入地探讨过法定机构的设立、运作方式,特别是经常交流法定机构治理机制的看法。比较一致的意见是:深国仲是提供特殊公共服务的组织,设立法定机构、构建法定机构治理机制应该是不错的选择,可以增强特区仲裁的国际公信力和特区法治化营商环境的影响力。这是双方多次探讨后极有意义的共识,也为前海和深国仲最终的结缘——深国仲落地前海打下了坚实的思想基础。

在此基础上,双方合作推进速度加快。2012年5月底的一天,晓春同志到我办公室(当时前海管理局办公室暂时搬到了高新区武汉大学深圳产学研大楼),商量共同举办粤港(前海)国际仲裁合作启动仪式,我欣然答应。深国仲筹办涉外会议的效率很高,不到20天,2012年6月16日,粤港(前海)国际仲裁合作启动仪式暨深圳国际仲裁院揭牌仪式就在五洲宾馆举行。仪式由深圳市政府主办,由中国国际经济贸易仲裁委员会华南分会(深圳国际仲裁院)、前海管理局、深圳市政府法制办公室作为承办机构,中央人民政府驻香港特别行政区联络办公室、广东省人大常委会法制工作委员会、广东省司法厅、广东省工商业联合会作为特别支持机构。那天大雨滂沱，但来自境内外的法律界和工商界几百名代表几乎没有一个迟到，大家兴致勃勃，共同见证特区国际仲裁机构新名称的诞生和粤港（前海）国际仲裁合作的启动。在这个仪式上，我和其他理事，包括郭晓文理事长、刘晓春副理事长（院长）、王璞副理事长、郭小慧理事、黄亚英理事、黄国新理事等，以及来自香港特区的梁爱诗理事、冯巍理事、王桂壎理事等，接受深圳市政府颁发的聘书，成为第一届理事会理事。当晚就召开了第一次理事会会议，正式开始法定机构治理机制探索。

深国仲作为法定机构的法律地位和法定机构治理机制当年就得到特区立法确认。2012年11月，深圳市人民政府以政府规章的立法形式确认了深国仲作为法定机构的地位，深国仲成为全球第一家实行法定机构管理模式的仲裁机构。前海与深国仲的"缘分"在立法中也得到确认：深国仲这家有几十年历史的国际仲裁机构注册在前海，其国际公信力叠加到"特区中的特区"；深国仲是深圳经济特区和前海深港现代服务业合作区开展国际仲裁合作的平台。更加值得一提的是，特区立法明确要求深国仲建立以国际化、专业化理事会为核心的法定机构治理机制。作为曾经的理事参与其中，我感受到，深国仲一直积极进行法定机构治理机制和法定机构试点改革的探索，坚持依法运作，坚持独立、公正、创新的理念，至今仍然是最规范、最完善、最有成效的组织之一。

日月如梭，深国仲在前海也走过了近十个年头。作为当年的见证者、参与者，衷心祝愿深国仲这棵参天大树更加枝繁叶茂，结满公平、正义之果……

创造与梦想

张力行[*]

我是从2008年开始作为深圳国际仲裁院(也即华南国际经济贸易仲裁委员会,曾名中国国际经济贸易仲裁委员会华南分会)的仲裁员,加入这个华南地区最具影响力的国际仲裁机构的。当时,我从国外回到香港,在一家中资企业工作,随香港中国企业协会代表团访问深圳,从此缘结深国仲。后来几年,我又有幸受郭晓文理事长和刘晓春院长之邀,担任深国仲首席技术顾问和前海海事物流仲裁中心专家委员会主任,先后参与了前海海事物流仲裁中心的筹备和建立,以及深国仲在国内外的首个智慧仲裁项目。转眼12年过去了,真是弹指一挥间。深感荣幸的是,我不仅有机会亲眼见证了深国仲发生的巨大变化,而且还能有机会作为一名参与者尽了一份力。由于我在智慧仲裁建设项目上和深国仲合作最多,所以我想把"深国仲智慧仲裁创新与实践"这段富有挑战和创新的历程,作为我与特区国际仲裁的故事,并以此纪念深圳特区建立40周年。

由于工作的关系,我跟国内外不少仲裁机构都有过一些交往,但深国仲作为一家富有朝气、敢于创新的国际仲裁机构,给我留下的印象最深。不仅如此,我还与跟我一起奋斗过的深国仲同事们,特别是深国仲的技术团队结下了深厚的友谊。我们相互学习,取长补短,度过了一段难忘的美好时光。

---

[*] 深圳国际仲裁院首席技术顾问、海事物流仲裁中心专家委员会主任,曾在北京大学法律系任教和在中远(香港)集团有限公司任职,"北大法宝"创始人。

由于整个叙事都是围绕着"智慧仲裁"这个全新的概念展开的,所以我觉得有必要定义一下什么是智慧仲裁。智慧仲裁建设实际上是深国仲为实现仲裁现代化和科学化而启动的一项具有开创性的系统工程。迄今为止,国内外还没有关于智慧仲裁的确切定义。大体上讲,它应该是将大数据、人工智能、云计算、区块链等前沿科技应用于传统仲裁业的过程,其目的是使仲裁达到高度智能化的水平,从而实现仲裁的公平、公正、精准、高效的目的。

今天,各国仲裁机构竞争日趋激烈,要想在竞争中脱颖而出,把深国仲办成不仅是华南地区最好的仲裁院,而且是国际一流的仲裁机构,除拥有一流的国际化的仲裁员队伍、一流的管理和设施,还要提高科技水平,特别是在人工智能、区块链、云技术方面的应用能力。谁具有这样的超前意识,并能够加大这方面的投入和研发,谁就具有了先发优势。可以说,深国仲是国内外众多仲裁机构中在智慧仲裁上最先布局并付诸实践的仲裁机构。

应该说,深国仲启动智慧仲裁建设项目是恰逢其时。人工智能技术已经开始在各个领域应用。深国仲以敢为人先的精神,在国内外仲裁机构中率先布局智慧仲裁。二十多年来,深国仲一直高度重视在科技方面的研发和投入,先后开发了网上立案、网上办案系统、远程开庭系统,并实现基于移动互联的全流程办案,大大方便了仲裁员和当事人,广受好评。深国仲技术团队默默无闻的奉献,从技术上保障了仲裁业务的高效、有序运行,也为今天的智慧仲裁建设打下了坚实的基础。

智慧仲裁绝对不是一般意义上的自动化办案系统,它的技术门槛是相当高的。深国仲的王素丽副院长和网络仲裁处的陈巧梅处长对智慧仲裁的热情和支持令我深受感动。正是因为院领导们看到了未来仲裁发展的趋势,敢为人先,敢于大胆尝试和探索,并提前布局,才有今天深国仲在智慧仲裁方面的先发优势。而我们通过不懈的努力做了一些开创性的工作。

深国仲是国内外仲裁机构中最先尝试人工智能技术应用的机构。采用语义理解和机器学习技术研发的国内第一个仲裁机器人"3i",作为最强的仲裁大脑,可以回答几万个与仲裁有关的问题,并可以进行法条检索。让机器人与仲裁相融合是一个有趣的科学和哲学问题。"3i"机器人在司法界和仲裁界还是挺有名气的,并在2018年获得了中国互联网法律服务创新奖。我一直在设想把"3i"机器人与开庭环节对接起来,好让她成为仲裁员开庭时的助手。顺便说一句,为仲裁机器人起名"3i",是因为我十分认同深国仲在2012年提出的"3i"核心价值:independence(独立)、impartiality(公正)和innovation(创新)。其中每一个"i",都体现了特区国际仲裁的核心价值,都体现了特区精神,感染力超强。

我们正在进行的"基于人工智能的裁决书自动生成关键技术的研究",是又一项技术门槛很高的人工智能项目,需要根据深国仲长期积累的几万件裁决书构建"基于统计的法律语言模型"(Statistical Legal Language Model)来实现。这个研究的目的是为了辅助裁决书的起草和核阅,使工作效率和裁决书的质量得以提高。人工智能裁决书自动生成系统同样需要采用自然语言理解和处理、机器学习技术才能完成。经过近三年的研发,终于取得了不小的进展。裁决书的程序部分的草拟和规范化程度在国内众多仲裁机构中都是领先的。在涉及法律分析和推理的仲裁庭意见部分,我们针对民间借贷和买卖合同两类案件做了大胆尝试,并正在通过大数据和机器学习优化争议焦点和请求事项,以及法律依据和案例。这对辅助仲裁、裁决书起草和核阅都会有很大的帮助。

我们在法律检索技术方面也有突破性的进展,发现了通过"关键因子"检索的方法,从理论和技术上突破了长期以来困扰法律人的只能依靠"关键词"检索的技术瓶颈,使最高人民法院倡导的类案推送能够更加精准。

深国仲除通过仲裁方式解决大量商事纠纷,为深圳特区的发展作出巨大贡献外,在科技创新方面也是成绩斐然,开发的产品和技术获得了多项软件著作权登记证书和各类奖项,在业界产生了相当大的影响力。

对我来说,能够参与深国仲智慧仲裁建设项目,是一次法律科技理论与仲裁实践相结合的难得机会,可以把我在工作中积累的经验和人工智能融合起来,并移植到深国仲的智慧仲裁建设项目上来。将科技元素注入古老的法律领域,让它焕发青春,一直是我几十年来的梦想。与深国仲的合作使我有理由相信,通过数理统计、概率论、人工智能可以使仲裁更加精准、更加高效。这是一个大胆的尝试,是任何一个仲裁机构想都不敢想的事情。令我深感欣慰的是,深国仲的领导和同事们敢于尝试,允许试错,有拥抱未来仲裁的情怀,这实在是难能可贵的。

参与深国仲智慧仲裁建设项目是我人生中最难忘的经历,这是我自从上个世纪80年代在北大法律系(现在的法学院)开发国内第一个法律数据库(北大法宝的前身)后,第二次尝试将科技与法律融合的科学实验。当时的研发条件十分简陋,晓春院长作为当时的北大法学社社长和北大校刊学生记者,采访我时见证了当时的研发环境。今天,科技正在以指数级的速度飞速发展着,法律数据库的时代已经成为历史,人工智能时代已经到来。三十多年过去了,我们仍然能保持着当年的好奇心、想象力和创造力,一起为深国仲的智慧仲裁建设做开创性的尝试,这的确是一件令人兴奋的事。

正是因为深国仲拥有这样一支年轻、富有朝气、敢于创新的团队,所以我有理由相信,在不久的将来,深国仲一定可以成为一流的国际仲裁机构。它不仅拥有一流的国际化的管理团队和仲裁员队伍,还拥有一流的设施和科技水平,是名副其实的21世纪的现代化、智能化的国际仲裁机构。

在合作中感悟"深国仲"

张守文[*]

历经40年的风雨砥砺,深圳已从当年地偏无名的小渔村,崛起为国际著名的大都市;昔日的深"圳",已从"田间水沟"变成了中国的一线"重镇"。深圳特区的沧桑巨变,固然有诸多促发因素,而好的政策、法律和营商环境则缺一不可。

深圳特区的精神风貌,是通过具体的人和机构体现出来的。过去10年,我有幸参与了北大法学院与深圳多个机构的合作,其中包括市场监管局、证监局等政府部门,以及腾讯、华为等著名企业,这些机构及其领导都非常专业、注重创新,使人感到深圳"特区"的确与众不同。在诸多合作机构中,深圳国际仲裁院与我们联系最为紧密。在深圳特区建立40周年之际,回顾与深国仲的合作,我深切感到:深国仲既是深圳特区的一面旗帜,也是我国改革开放和法治建设的一个缩影。

从历史的维度看,在深圳特区建立后不久,深国仲即于1983年应运而生,其作为我国改革开放后在各省市设立的第一家仲裁机构,所面临的困难和需要付出的艰辛努力可想而知。我国在1984年才开始实行有计划的商品经济体制,开启城市改革,而深圳在此之前就着手设立仲裁机构,这的确是高瞻远瞩的布局,对这段历史后人应当铭记。

2010年12月12日,北大法学院一行数人到北大深圳研究生院参加工作会议,应郭晓文、刘晓春两位领导的邀请,我们会后到深国仲参访。

---

[*] 北京大学法学院教授,中国法学会经济法学研究会会长。曾先后担任北京大学法学院党委书记、院长。

当时晓春院长专门详细介绍了办公楼走廊中陈列的一幅幅照片,从领导和专家的题词、寄语,到仲裁机构不同历史时期的工作画面呈现,清晰地刻画了深国仲成长的足迹,由此可以勾勒出仲裁院从无到有、从小到大的发展轨迹,并揭示仲裁机构对于促进深圳特区乃至全国经济发展和法治建设的重要意义。看到深国仲办公室墙壁上展示的历史和成就照片,以及深国仲以当事人为中心的典雅的办公室设计,每个参观者都会深感其独具匠心的理念融入,并情不自禁地感叹深国仲确是一个"有文化"的专业机构。现在想来,正是这次参观留下的美好印象,为我们的合作奠定了重要基础。

此次参访后,我们与深国仲的合作日益密切。北大法学院有多位著名学者、校友被聘为仲裁员,我经常听到他们说起深国仲的突出表现,尤其是其在保障仲裁的独立、公正和创新方面的努力,而这些方面正是当事人最为看重的,代表着整体法治建设的基本方向,同时,也与我们的法学教育目标非常契合。

要实现独立、公正、创新等目标,仲裁机构尤其要不断提升仲裁员的专业素养,深国仲为此开展的工作给我留下了深刻的印象。尽管深国仲的仲裁员都是相关领域的专家,其专业水准、业务能力都很突出,但深国仲仍坚持每年对仲裁员进行多种形式的业务培训。北大法学院与深国仲就曾在北大联合举办过仲裁员培训大会。当时,法学院的学术报告厅座无虚席,来自全球各地的仲裁员济济一堂,认认真真参加培训。在这次会议上,著名国际经济法学家、深国仲的理事长沈四宝教授,商务部条法司原司长张玉卿先生以及多位资深仲裁员代表等都做了精彩演讲。各位演讲嘉宾的仲裁经验分享、相关理论思考,以及深国仲领导对仲裁新规的解析,使培训人员获益匪浅。

在这次会议上,一位来自北京的著名律师对我说,他此前已担任多家仲裁机构的仲裁员,但一直希望能成为深国仲的仲裁员,因为这里的仲裁员都是优中选优的,他特别强调"这里的入门门槛非常高,今天能来参加培训,和这么多名家在一起交流感到特别难得"。其实,我在应邀参加的几次仲裁员培训会议上,都听到过类似的表达,这恰恰说明在仲裁员队伍建设方面,深国仲是非常成功的,而队伍建设正是确保仲裁的专业性和公信力的基础。

为了夯实这一基础,深国仲早在1984年就率先聘请境外仲裁员,近些年境外仲裁员数量更是不断增加,这是其队伍建设和推进国际化的一个亮点;同时,深国仲还设立了理事会,延揽境内外多位资深的法律界人士加盟,从而进一步优化治理结构。这些努力更有助于将国际化与专业性、公信力相结合,并强化仲裁的独立性。

伴随着深国仲的发展,我们的合作也不断深入。2016年12月8日,在深国仲刚刚乔迁的新址——深交所"上层建筑"中装饰一新的大厅里,刘晓春院长和我共同签署了联合建立"中国国际仲裁研究院"的协议。对于联合设置研究机构之事,北京大学一贯要求极为严格。正是基于深国仲的重要地位和影响力,基于我们双方既往的合作以及对各自事业的推动,学校才最终决定批准该项目,并将其作为北大与深圳市合作的重要组成部分。

签约当天,恰逢仲裁员培训大会举行,来自各地的仲裁员在办公大楼41层的接待大厅,共同见证了我们的合作签字仪式。仪式结束后,大家一边凭窗远眺深圳市容,一边对深国仲的既往成就赞赏有加,强调其发展不仅体现为外在的办公条件的巨大改善,更体现在理念、业务的创新方面,因而对其未来发展充满期待。在随后举行的仲裁员培训大会上,刘晓春院长再次向大家解析了"独立、公正、创新"对于当事人、仲裁员和深国仲的重要意义,相信每位在场的仲裁员都体会到何谓"责任重大,使命光荣"。当天还有多位资深仲裁员、最高人民法院的优秀法官分享了他们的宝贵经验,我还聆听到了阔别多年的张力行老师一如既往的精彩演讲。

考虑到独立、公正的仲裁对于推进经济发展和法治建设具有重要价值,加强仲裁研究不仅有助于提升仲裁质量,也有助于促进学院的教学、科研和人才队伍建设,体现理论与实践的结合,因此,在签订合作协议之时,双方就筹备联合出版仲裁刊物。目前,我们联合主编的《中国国际仲裁评论》已经出版,期待仲裁理论与实务界全体同仁共同努力,将该刊物打造成仲裁研究的重要平台,为推进仲裁理论和实践的发展不断作出新贡献。

在近十年与深国仲的合作过程中,我耳闻目睹了深国仲的不断进步，这些进步既要归功于一大批优秀的仲裁员，又要归功于好的领导班子。领导班子对于一个机构的重要性是不言而喻的。我特别感谢深国仲不同时期的领导对双方合作给予的大力支持，从深国仲创始时期的郭晓文主任，到现任领导刘晓春院长和王素丽副院长、董连和副院长、安欣副院长、曾银燕总法律顾问等，每位都是优秀的专家，都曾多次对双方合作予以指导，他们的专业和敬业给我留下了深刻的印象，在此我向长期以来为促进双方合作、为深国仲发展作出重要贡献的领导们表示敬意！

好的理念、价值、文化，是一个机构长久不衰的内在支撑。在持续的合作中，我感到深国仲就是一个有好的理念、价值和文化的机构。在此谈一点未必尽妥的个人感悟。我觉得"深国仲"三个字，除大家都知道的基本含义外，从对其未来发展的希望和期待的角度，还可以有如下特殊内涵："深"不只代表地域意义的深圳或具有特殊历史意义的深圳特区，它还代表着深度，尤其是机构发展的深度、专业的深度，这与持续的"创新"追求相关；"国"则强调不仅要代表国家水平，还应在国际仲裁界有一席之地，这是另一种意义上的"独立"；"仲"不只是居中裁决、力求"公正"的含义，还表明未来在可比较的范围内，与各类优秀的仲裁机构相比应不分"伯仲"。

上述对"深国仲"三字的感悟，蕴含着祝愿，也是了解深国仲的人们的期盼。在这个独特的 21 世纪 20 年代的开启之年，在面临着诸多不确定性的历史新阶段，在各个领域都可能不断出现"大分流"的时代，愿我们与深国仲的合作不断深入，祝深国仲越办越好，深圳特区再创辉煌！

中国仲裁国际化的一面旗帜

刘敬东[*]

伴随着深圳特区 40 年的前进步伐,深圳国际仲裁事业也历经了 37 年的成长,成绩斐然、成就辉煌。现如今,深圳国际仲裁院——作为中国著名乃至国际著名的商事仲裁机构,已成为深圳特区一张亮丽的名片,为特区 40 年所创造的丰功伟业作出了一份独特的贡献。

在我读研究生时,就曾聆听国际法学界的前辈多次提及深圳国际仲裁勇于创新和大胆开拓,深国仲的管理体制、运行机制的国际化建设在国内始终处于领先地位。而后,在从事国际法学研究特别是国际商事争端解决制度研究的学术生涯中,一直对深国仲不断推出的各种创新制度、规则、举措高度关注,深国仲"敢为天下先"的精神令人钦佩。但真正与深国仲产生"最密切联系",还是在我作为学者挂职最高人民法院民四庭副庭长之后的几年。民四庭是最高人民法院指导全国法院开展仲裁司法审查工作的审判庭,为了落实最高人民法院司法支持仲裁这一重要方针,更精准、科学地制定相关司法政策和司法解释,与深国仲这样著名的商事仲裁机构之间开展专业性交流和业务调研自然必不可少,我也曾多次陪同最高人民法院领导或与民四庭的同事们一道赴深国仲参访、调研。感受最深的是,在国际化方面,深国仲取得的成就尤为突出,已成为中国仲裁国际化的一面旗帜。

长期以来,我国的仲裁业国际化水平处于较为落后状态,与世界发达

---

[*] 中国社会科学院国际法研究所国际经济法室主任,中国仲裁法学研究会副会长,曾挂职担任最高人民法院民四庭副庭长。

国家和地区的仲裁机构相比,国际化程度尚有不小的差距,这个问题一直是制约我国仲裁业发展的一块短板,与我国经济的发展速度与巨大成就不相匹配。回顾深国仲37年的发展历程,我们不难发现,深国仲的有识之士深知国际化对于我国仲裁事业的重要性。自深国仲成立之日起,就将国际化作为机构发展的最高宗旨,几代人努力开拓、进取,近些年来更是不断推陈出新,在国际化道路上奋力前行。

有两件实例令我印象最为深刻:一件就是,我们陪同最高人民法院贺荣副院长分别于2015年9月和2016年10月赴深国仲调研,期间,专门听取了深国仲刘晓春院长关于深国仲"六个国际化"(治理结构国际化、仲裁员结构国际化、业务结构国际化、仲裁裁决执行国际化、仲裁合作平台国际化和仲裁规则国际化)的工作汇报,最高人民法院领导对于深国仲采取的扎实、有力举措给予高度评价,并希望深国仲能总结特区仲裁国际化的实践经验,向最高人民法院提出国际商事纠纷多元化解决机制的具体方案建议,深国仲很快就将详细建议提交给最高人民法院,这些建议对于后来最高人民法院设立国际商事法庭的筹备工作提供了很有价值的参考。另一件就是,2016年年初,刘晓春院长等一行人专程到最高人民法院民四庭向时任庭长张勇健和我介绍关于深国仲在国内率先制定创新性程序规则的相关思路和方案,以及深国仲根植于中国国情、灵活运用《联合国国际贸易法委员会仲裁规则》和临时仲裁的一些有益做法。对于深国仲在规则国际化方面的大胆创新,勇健庭长和我表示非常钦佩,同时,对于深国仲以为当事人提供更多服务为宗旨,将适用上述规则的案件以香港特区为默认仲裁地的创意予以充分肯定,后来,这些创新性思路在新修订的2016年深国仲仲裁规则中得以实现,标志着深国仲在规则国际化方面又迈出了实质性一步。

构建高端国际合作平台对于像深国仲这样高度国际化的仲裁机构而言无疑是十分重要的,为此,深国仲作出了不懈努力,并赢得国际仲裁界的高度认可和赞赏。

我曾多次应邀参加深国仲举办的重要国际会议,不论是纪念联合国《承认及执行外国仲裁裁决公约》签署60周年,还是每年度举办的中国华南企业法律论坛,不仅各项议题凸显国际特色和前瞻性,而且参会的全球嘉宾阵容可谓十分强大,迎面而来的都是国际仲裁界的熠熠星光,联合国国际贸易法委员会秘书长安娜女士,世界贸易组织上诉机构前主席张月姣,国际著名仲裁理论与实务专家盖拉德教授、范登博格教授,香港著名法律界人士梁爱诗、袁国强、郑若骅、杨良宜等悉数出席,成为中国司法界、仲裁界与国际最高水平的法律机构和仲裁员开展深入交流的重要平台。每每参加深国仲组织的国际会议,我和同事们都能获得国际上最为前沿的仲裁法理论与实践的发展动态,都能与国际司法界、仲裁界就中国仲裁乃至国际仲裁所关注的热点问题展开热烈讨论,聆听国际仲裁领域的专家们对中国司法在支持仲裁发展方面所取得的巨大成就而给予的高度评价,与此同时,也能认真地听取他们给出的宝贵意见和建议,而这对于制定人民法院支持仲裁的司法政策和司法解释,甚至提升中国司法的国际公信力而言无疑是非常重要的。

  2018 年年初,为了助力最高人民法院国际商事法庭建设,在我挂职结束回到中国社科院后,我们专门邀请深国仲在深圳组织了一次"社科仲裁圆桌会议",探讨国际商事法庭的国际经验及与商事仲裁之间关系等重要热点问题,这是中国社科院"社科仲裁圆桌会议"首次在京外举行。对此次圆桌会议,深国仲高度重视,邀请最高人民法院国际商事法庭负责人及法官、国内外司法界、仲裁界等著名人士出席,会议提出了大量可行性建议。会后,法院的同事和我表示,这些建议对于中国国际商事法庭的运作,特别是法庭处理与商事仲裁之间的关系非常及时,难能可贵。

  2019 年下半年,中国社会科学院举办了中国与德国法律界关于国际商事争端解决的重要学术研讨会,包括世界银行国际投资争端解决中心(ICSID)仲裁员、现撤裁专业委员会主席、德国籍国际法学家 Rolf Knieper 教授在内的众多德国法律界人士对中德法律界这一盛事高度重视、拨冗参加,是多年来德国法律界访华参与交流人数最多的一次。德国法律界不仅以其民法、竞争法等法律的先进性为傲,更是在国际商事争端解决领域独树一帜,他们对同属大陆法系的中国法律界在国际商事争端中的作用产生了极大兴趣。在学术交流日程异常紧张之余,德国代表团的同行们表示,他们对深国仲的发展成就非常关注,提出能否请主办方联系安排去深国仲参观、访问。在中国社科院协调沟通后,深国仲欣然接受了德国法律界代表团的参访申请,并与之进行了座谈。会后,德方专家专门发信给我,表示对于深国仲2019年仲裁规则在"选择性复裁程序"、投资仲裁、重新仲裁、金融仲裁规则等方面的内容创新深感钦佩,认为上述许多内容代表了国际上最先进的理念,这对于德国的商事仲裁而言也是很值得借鉴的成功经验,对未来与深国仲的合作提出了倡议和展望。深国仲能得到一向严谨的德国法律界人士如此高的评价,其国际化程度可见一斑。

历经40年改革开放伟大历程,全面开放已成为我国的一项基本国策,"一带一路"建设深入推进、海洋强国战略稳步前行、自由贸易试验区建设如火如荼,中国的对外开放呈现出崭新局面,焕发着勃勃生机,这为中国的仲裁事业进一步走向国际提供了千载难逢的历史性机遇。

伴随特区40年的成长,深国仲作为中国国际仲裁的一面旗帜,令世人瞩目。回顾以上我与特区国际仲裁的点滴往事,使我更加有理由坚信,在中华民族伟大复兴的历史性时刻,深国仲定能在国际化方面取得更大成就,中国仲裁走向世界舞台中心指日可待!

我最喜欢的国际商事仲裁机构

谢石松[*]

我最喜欢的国际商事仲裁机构是深圳国际仲裁院。

与深圳国际仲裁院第一次亲密接触,是我在武汉大学攻读国际私法专业硕士学位期间。1987年夏天,我到深圳经济特区进行硕士毕业论文《国际司法协助问题研究》(其中第五章为"外国仲裁裁决的承认与执行")写作的调研时,当时在深圳重点调研了深圳市中级人民法院和中国贸促会对外经济贸易仲裁委员会深圳办事处(即深圳国际仲裁院最初的机构名称);与其第二次亲密接触,是1999年11月正式作为仲裁员开始在中国国际经济贸易仲裁委员会深圳分会(即深圳国际仲裁院的第二个机构名称)接办仲裁案件;与其第三次亲密接触,是2008年1月作为专家咨询委员会委员开始参与中国国际经济贸易仲裁委员会华南分会(即深圳国际仲裁院的第三个机构名称)的专家咨询工作;与其第四次亲密接触,是经华南国际经济贸易仲裁委员会(即与深圳国际仲裁院同时使用的第四个机构名称)理事会聘请,于2012年12月正式成为华南国际经济贸易仲裁委员会(深圳国际仲裁院)仲裁员,并开始在华南国际经济贸易仲裁委员会(深圳国际仲裁院)作为仲裁员接办仲裁案件和参与专家咨询工作。

国际商事仲裁法一直是我法律学习、法学教育、法学研究与法律实务生涯中的一个重要领域。如除1988年6月硕士毕业论文涉及外国仲裁裁决的承认与执行外,1989年9月独立完成的我导师韩德培教授主编的

---

[*] 中山大学法学院教授。

国家教委高等学校文科教材《国际私法》一书的第五编程序法涉及国际商事仲裁概述、国际仲裁机构、仲裁协议、仲裁程序及仲裁裁决的承认与执行五章内容(虽然该书因为其他一些作者未能及时完成书稿而最终未能公开出版,但由我独立撰写的第五编打印稿,作为内部资料保存在武汉大学国际法研究所资料室);1990年5月与我的老师李双元教授合作出版的《国际民事诉讼法概论》一书第五编国际商事仲裁,涉及国际商事仲裁的一般问题、仲裁协议和仲裁程序、外国仲裁裁决的承认与执行等内容;1995年9月开始担任广州仲裁委员会和深圳仲裁委员会仲裁员;1996年6月独立出版的《国际民商事纠纷的法律解决程序》一书上编为国际民商事纠纷的仲裁解决程序;1999年9月由黄进教授主编出版的司法部"九五"规划高等学校法学教材《国际私法》第四编国际民商事争议的解决中(由我独立撰写)包含有国际商事仲裁一章的内容;2003年2月主编出版了普通高等教育"十五"国家级规划教材《商事仲裁法学》一书。因为这些学习、教学、研究与实务工作的需要,我自攻读硕士研究生时开始,对我国国际商事仲裁实务就特别关注,特别是1991年博士毕业到中山大学法学院工作以后,基于地缘关系,对深圳经济特区特别关注,对深圳国际仲裁院的国际商事仲裁更是积极参与。

关注深圳国际仲裁院的国际商事仲裁实务三十多年,在深圳国际仲裁院直接参与国际商事仲裁实务工作二十多年,首先最喜欢她的服务精神。之所以喜欢她的服务精神,是因为我一直以为,审理和裁判民商事案件的人民法院和商事仲裁机构,一方面是享有裁判权的司法审判机构和准司法审判机构,另一方面是帮助民商事关系中的当事人处理民商事纠纷的服务机构,而从服务机构这一角度来说,深圳国际仲裁院的表现不管是相对于人民法院,还是相对于其他仲裁机构,都是最好的。我没有以当事人或当事人代理人的身份到过深圳国际仲裁院(虽然在我持有律师执照期间,有一些当事人想请我代理在深圳国际仲裁院审理的案件,但因为我只想以纯粹的仲裁员身份出现在深圳国际仲裁院而婉拒了),但我想,一个仲裁员的认识和感受,应该可以窥一斑而知全豹。在我亲密接触的深圳国际仲裁院,从肖志明主任、郭晓文秘书长,到郭晓文主任、韩健秘书长、刘晓春秘书长,到刘晓春院长、王素丽和安欣等副院长;从主任、院长到秘书,到前台的工作人员及其他工作人员;曾银燕、王素丽、谢卫民、钱明强、林一飞、安欣(我大部分时间都是称呼"小林""小安",觉得特别亲切)等由秘书做到处长、总监、副院长,几十年如一日,一如既往地让每一位仲裁员在参与每一个案件的处理时,从接受选定或指定的那一刻开始,都能够充分享受到最专业、最及时,同时也是最好的程序服务;一如既往地让每一位仲裁员的每一次开庭,从进到深圳国际仲裁院门口的那一刻开始,都能够享受到比宾至如归还要好的待遇(因为回到家里真的不可能受到像前台工作人员、秘书、财务人员、仲裁院领导那样发自内心的热情欢迎),没有因为时代变了、领导变了或者她们的身份变了,或者我去的次数多了,而有任何的改变。从前台工作人员一声热情洋溢的"谢老师好",同时亲自引领到仲裁员休息兼合议室,并当即奉上一杯热茶和一盘水果或者坚果等零食;到马上就有财务人员小万(万里涛)或小谭(谭鹏鹏)来收取差旅费发票(我习惯将上次开庭的返程票据留到下次开庭时一并交给财务人员报销),而且很快就将报销金额及开庭补助送到我的手上;再到办案秘书很快过来报告庭审前的准备情况及庭审时可能需要注意的程序问题;再到仲裁院的主任、秘书长、总监或者处长们过来热情地打个招呼、聊上几句,真的感觉特别的温馨和愉悦。深圳国际仲裁院的所有工作人员都称呼每一位仲裁员为老师,我所感受到的不仅仅是一个简单的称呼,我在武汉大学法学院做了10年的学生,在中山大学法学院做了将近30年的老师,我能够从深圳国际仲裁院的所有领导、秘书和其他工作人员那里感受到我对待自己的老师和我自己的学生对待我时那样发自内心的尊重和喜欢。

最喜欢深圳国际仲裁院独立、公正、创新、干净、担当、专业、高效的仲裁理念。因为我长期从事国际商事仲裁法的学习、教学、研究与实务工作(我本、硕、博学的都是国际法、国际私法,按照我导师韩德培教授"一机两翼"的国际私法理论,国际商事仲裁法属于国际私法的一部分,我同时在十几个仲裁机构担任仲裁员),还因为我是一个完美主义者,所以,我对国际商事仲裁独立、公正、创新、干净、担当、专业、高效等理念和优势有着特别执着的追求,而在深圳国际仲裁院直接参与国际商事仲裁实务工作的二十多年中,对此有着最为深刻的认识和感受。

在过去的二十多年中,我在深圳国际仲裁院作为边裁或者首席仲裁员、独任仲裁员,一共参与办理过多少案件已经记不清了,但到目前为止,不管是收取的仲裁费多达 1 650 万余元人民币的案件,还是收取的仲裁费只有 1 万余元人民币的案件,没有一宗案件受到来自仲裁院领导、秘书或者其他工作人员的干预,确保了仲裁庭和仲裁员的完全独立与公正。

关于深圳国际仲裁院在创新方面的努力和成效,应该说不仅完全跟上了深圳经济特区的改革开放步伐,甚至还走在了深圳经济特区改革开放的前列,这一有目共睹的事实,我不多说了。

至于干净和担当,在我与深圳国际仲裁院的领导、秘书及其他工作人员相处的这二十多年中,我与他们的关系和我所见到的、感受到的他们与其他仲裁员的关系,都是非常干净的,甚至是特别纯粹的。而讲到担当,一个特别典型的事例是我曾经作为独任仲裁员办理过一系列涉及股权转让的案件,被申请人因为受到无良代理律师的蛊惑,在第一次开庭后组织了十几个彪形大汉到仲裁院闹事,声称仲裁庭在庭审中不公平,偏袒对方当事人,并要求第二次开庭;而且在第二次开庭时又组织了十几个人到仲裁院闹事,开庭当天,仲裁院不仅找了辖区内的派出所所长和警察到场保驾护航,还找了深圳市司法局律师管理处的领导和深圳市律师协会的领导到场,刘晓春秘书长亲自把我从电梯口接到郭晓文主任的办公室,由律师管理处和律师协会的领导陪着我,郭主任和刘秘书长轮番做被申请人的工作,希望他们相信仲裁院和仲裁庭,并要求他们配合仲裁庭的庭审工作,从上午 9 点半一直到 11 点半,两位领导终于做通了被申请人的工作,被申请人答应开庭。虽然郭主任和刘秘书长告诉我,庭审程序结束后被申请人很满意,认为仲裁庭很公平,不存在偏袒对方当事人的情形,但是,我能够感受到,在这之前,仲裁院和仲裁院的领导们承受了多大的压力。通过这个案例,我还能够感受到,到目前为止,我能够在深圳国际仲裁院不受任何干扰地独立办理各种仲裁案件,应该是仲裁院的领导们基于他们的担当,帮我和仲裁庭顶住了各种压力。使我深切感受到了网络上广泛流传的那句话的真实含义:从来都没有什么岁月静好,只是有人在替你负重前行。

说到专业和高效,在众多的仲裁机构中,我一直以为,从整体上来说,深圳国际仲裁院无疑是最专业和最高效的仲裁机构。我自认为,我在办理仲裁案件和撰写仲裁裁决书时,一直都在追求最认真、最专业、最高效的仲裁理念;而且,因为我个人的生活习惯和工作习惯,经常会在半夜11点甚至12点多,因为案件中所涉及的相关问题而发邮件或者发微信给办案秘书;但是,我在深圳国际仲裁院这二十多年来合作过的所有秘书,没有一位例外,每一位秘书在追求认真、专业、高效方面做得都不比我逊色;不管是在实体问题方面还是在程序问题方面,总是能够得到他们最专业的及时回复和及时提醒。

深圳国际仲裁院是我最喜欢的国际商事仲裁机构,我也一直在告诉我的学生们,希望他们好好珍惜深圳国际仲裁院给予的每年两次在广交会上的调解实习机会,好好向仲裁院的领导和秘书们学习。

2020年5月12日于广州康乐园

求学惟精惟一，寻道允执厥中

郭雳*

成长是一场求学寻道的旅程。我初识仲裁概念，是在20世纪90年代的燕园。邵景春先生、张潇剑先生的课堂，为一群对新知识充满好奇渴望的少年开启了画卷。而客座前来授课的校友李洪积先生总是风尘仆仆，他带来许多来自仲裁一线的案例，常把国际仲裁的场景设置在外商投资、海事纠纷上，令大家虽不能至，心向往之。那时在园子里偶尔还能碰到散步的芮沐老先生，精神矍铄，面含笑意，几句简单的交流就能让我们兴奋不已。

世纪交替，到美国后选修"国际商事仲裁"，授课的Bishop先生在美国仲裁协会有着数十年的经验。他的分享令我多了一种来自资金提供方的视角，那本当时在冷气逼人的图书馆苦读过的厚厚教材后来也被背回国内，至今保留在书架上。后来在哈佛大学法学院参加Susskind先生组织的谈判培训项目，感受博弈论被应用于争议解决以及行为经济学给当事方和其他仲裁参与者带来的认知影响，对仲裁又多了一份理解。

律师与法官是法律人常见的职业选择，应用法律、维护正义在这条路径上有着很好的实践。我在取得中国和美国纽约州律师资格后，听从恩师召唤选择了回归北京大学讲台。不过深感幸运，定分止争的"味道"最终经由参与仲裁、调解而得以体尝，而首先赋予我这种机会的就是深圳国际仲裁院。

更难得的是，第一次组庭就遇上担任首席仲裁员的沈四宝先生。虽

---

* 北京大学法学院教授、党委书记兼副院长，中国法学会银行法学研究会副会长。

然案由是自己比较熟悉的领域——股权回购,初出茅庐的我开始还真有些紧张。不过,沈老师的大家风范很快让我平静下来。而且看得出,双方代理人对沈老师非常认可。庭审过程中,沈老师主持调解,无论是背对背,还是与两方共议,沈老师都举重若轻,法律之外的道理和利害也分析得令人信服,于是案件以调解结束,皆大欢喜。这次开庭亲身体会到了仲裁的魅力。

印象最深的国际仲裁经历是几年前审理的一宗涉港商事案件,案情历时数年,项目横跨多地,但工程投产进展及其收益均未达到预期,于是几方当事人对于当初支付款项是投资还是借款各执一词,不同案外人所扮演的角色也甚斑驳。这次跟我合庭审理、双方指定的仲裁员分别是业界贤达叶渌女士和肖胜方先生,他们均给予我颇多支持。

肖先生担任广东省律师协会会长、全国人大代表,公务繁忙,有一次为不误开庭专门从广州星夜驱车赶到深圳,敬业负责。叶女士是跨境商业纠纷解决领域的专家,常驻香港,为此我们特意建立微信群以加强沟通。有一次在约定的视频时间不巧她那边的网络系统出现故障,叶女士依然想方设法跟我们实现连线商讨,并分享了不少从业经验,令我非常感动。

这起案件案情复杂,双方代理律师团队都做了充分准备,几乎在所有争点上都针锋相对,先后提供了大量的卷宗。记得第二次开庭时,三位仲裁员使用行李箱才把材料带到现场,庭上双方更是辩论得十分激烈。深圳国际仲裁院为两场漫长的庭审提供了精良的设施、周到的服务和出色的保障。庭间休息时举目远望,深圳证券交易所大厦四周的一片绿意盎然也帮助大家暂时松弛了紧绷的神经。

为重现事实,与案件相关的几次股东会议的现场录音,以光盘和文字记录稿的形式呈现庭前。我曾在夜深人静时细听这些录音,与文字稿对照,虽然各方的语气不同、方言各异,商场上的讨价还价甚至剑拔弩张仍然能够浮现眼前。这些义利交织的诉求声辩与合同文本的遣词造句相结合,逐渐为我们还原了各方的真实意图。

另一条有用的线索是资金的轨迹。林林总总的转账记录被抽丝剥茧详细地整理出来,与事件时间轴进行具体比对,不同主体的主张再由此而被证实或证伪。很有意思的是,国家或地方在招商引资、外汇管理、工商登记等方面的一些机制变迁乃至"土改革",亦得以呈现。对于当事方来说,相关操作要求有时是他们不得不接受服从的变通,有些则又可能被事后拿来当作说辞重新演绎自己的举动,而这些也需要仲裁庭去查明判断,并评估其背后的法律意义。

那一年的国庆长假,我都在埋头撰写裁决书初稿,反复斟酌,琢磨怎样才能更好地回应当事人的主张或疑问。叶渌女士指出的中外仲裁文书差异,肖胜方先生提到的律师实务经验,这时候都汇成了有益的参考元素。尽管如此,在最后计算确定金额时依然特别小心,对照利息和违约金计算表一再验算核对。后经仲裁庭合议完善、办案秘书协助和仲裁院核校,裁决书最终定稿发出,这个案子得到了比较圆满的解决,我也收获了与学术论文写作不同的一次宝贵的裁决书写作经验。

事实上在教学科研之外,我也一直积极投入中国资本市场法治化、市场化、国际化建设。在这方面,"敢闯敢试,敢为人先"的深圳确实新意迭出,举措不断。2013年9月,在中国证监会的支持下,深圳国际仲裁院与深圳证监局共同发起,与深圳证券交易所和资本市场的主要行业协会共同创建深圳证券期货业纠纷调解中心,成为内地资本市场首家紧密结合调解与仲裁功能的纠纷解决机构,推出"专业调解+商事仲裁+行业自律+行政监管"的"四位一体"争议解决机制。此后,深圳国际仲裁院又与深圳证券期货业纠纷调解中心一起成立了专门的并购争议调解中心,在促进企业融资并购、保护投资者领域发挥着积极作用,我也有幸参与了其中的一些工作。

如果说配合国家机关立法、执法、监察以及发行注册领域的事务,有助于我从监管的角度理解金融市场,从事仲裁、调解、争议解决则从交易的视角激发我去观察并全面认识金融活动。而在机构层面,我所任教的北京大学法学院近年来与深圳国际仲裁院共建"中国国际仲裁研究院",在学科建设、科学研究、人才培养、论坛推广等方面积极开展合作,同样令人鼓舞。

回顾历史,深圳国际仲裁院创设于1983年,是改革开放后各省市设立的第一家仲裁机构,也是粤港澳地区第一家仲裁机构。当时我国国际经济法学的奠基人芮沐老先生曾向深圳市委提出发展仲裁事业的六点规划意见,建议将初创的特区国际仲裁机构的建设愿景设定为"远东地区权威的国际仲裁中心"。岁月也见证了深圳国际仲裁院的成长,在郭晓文先生、刘晓春先生等的带领下,我们很高兴看到以"独立、公正、创新"为宗旨的深圳国际仲裁院,正一步步成长为芮老先生所希望的样子。

新时代赋予中国前所未有的发展机遇。2012年,习近平总书记提出在前海"打造中国特色社会主义法治建设示范区",2019年中共中央、国务院正式发布《关于支持深圳建设中国特色社会主义先行示范区的意见》。在创建更优国际化营商环境的奋斗中,改革先锋深圳依然活力无限,仲裁事业未来前景光明。

见证·参与·前行

陈洁[*]

自从到深圳国际仲裁院担任仲裁员,深圳就成了我除工作地北京之外最频繁造访的城市。每次飞机降落宝安机场前,望着舷窗外触手可及的阳光以及阳光下高楼林立、绿树成荫的城市,联想到自己南来北往日行千里的奔波,其实也正是以这样的方式为这个南国最富生命力、最富创造力的城市添砖加瓦,我的内心顿时充盈着浓浓的自豪感和油然而生的亲切感,我的目光也不由地掠过机翼,在广袤的土地上寻找"湖山拥福,田地生辉"的一隅,那里有我急切奔赴的终点站——深圳国际仲裁院……

莲是一种信仰

一踏进深圳国际仲裁院,其典雅庄重颇具中式风情的装饰风格映入眼帘,令人耳目一新。在仲裁院走廊的墙上,错落有致地摆放着深圳国际仲裁院作为中国改革开放后各省市设立的第一家仲裁机构成长历程中最富历史意义的经典留影。而在仲裁院大会议室的墙上,则是一幅栩栩如生的莲花图。满塘碧绿的荷叶,朵朵洁白的莲花,香远益清、亭亭净植,令人心旷神怡。驻足画前,我的耳旁不由地回想起刘晓春院长在仲裁员培训班的致辞:莲花象征着出淤泥而不染,莲花是深圳国际仲裁院的院花,让我们共同努力,一起打造最干净的仲裁机构……

在浩如烟海的中国传统文化中,莲的洁身自好与周敦颐的《爱莲说》

---

[*] 中国社会科学院法学研究所商法研究室主任、研究员、教授。

早已深入人心,莲成为清正廉洁的象征。而莲花成为深圳国际仲裁院的院花也绝非偶然。在刘院长眼里,一定意义上仲裁比司法需要更高的公正廉洁的标准和更严的要求。为此,在常规的组庭之前仲裁员有关独立性的书面声明之外,深圳国际仲裁院在全国率先推行仲裁员宣誓仪式。2019年《深圳国际仲裁院仲裁规则》第四十条规定,仲裁庭成员必须当庭宣读庭审声明。"我声明,我将忠实履行仲裁员职责,保守案件秘密,保持中立、独立、公正、勤勉、高效审理案件。"这简短的声明不仅仅是追求一种仪式感,更是为仲裁员的廉洁自律提供了目标明晰、内涵丰富的理念与规则,也展现了深圳国际仲裁院为深圳特区的改革开放乃至粤港澳地区的协同发展贡献更多仲裁力量的决心与意志。

每一次凝视仲裁院的莲花图,每一次在仲裁庭当庭宣读庭审声明,我的内心都特别的澄澈宁静。从做仲裁员的第一天起,我就将专业公正作为自己仲裁员生涯的最高目标,而在仲裁院的点点滴滴的执业经历都在践行我的目标和原则。莲植我心,它时刻提醒着我言行如一,与之并肩,是其所是,非其所非。我深信,知止有定,何惧岁月漫长?心中有莲,自能抵挡霜刀风剑。

专业是一种态度

尽管在做仲裁员之前,我已经从事商法领域的教学科研二十余年,但就任仲裁员以来,不管是争议金额为数亿元的大案子,还是争议金额为几万元的小案子,我始终谨小慎微,如履薄冰。有人说:"法官办的不是案子,而是别人的人生。"其实仲裁又何尝不是如此。尽管仲裁主要是解决民商事纠纷,但很多案件,表面上看是一个投资协议,或一份买卖合同,可案件的处理结果却直接关涉当事人的生计和发展,关涉当事人对规则的信仰,对仲裁院的信任,也关乎对深圳这个改革开放前沿城市所抱以的期许和厚望。

回想起来,每一次开庭就像一场不动声色的侦探之旅。在卷帙浩繁的案卷材料里,在双方当事人的唇枪舌剑中,仲裁员的职责就是要明察秋毫,发现案件事实的真相,准确把握当事人的真实意思与诉求。为了能够在庭审中圆满完成预设目标,每一次开庭之前我都要认真做功课,详细研读案件材料,反复推敲证据和材料的证明力,寻找案件的问题点和解决问题的平衡点。而在每次开庭之后,我还要认真审阅庭审笔录,仔细琢磨开庭过程中的疏漏与不足,以使下次庭审有所改进。

至于裁决书的撰写,则是整个仲裁案件最后的落脚点。为了尽量快速高效,一般开完庭我便着手写裁决书。尽管作为学者长年累月就是以撰写论文为业,在某种意义上,写论文和写裁决书都要追求更好的叙事表达和说理论证,两者本质上是相通的,但每一次写裁决书,我都比写论文更投入、更认真、更细致。因为论文代表的仅仅是我个人的学术见解,即便有不成熟之处也可以留待日后修正,而裁决书代表的不仅是仲裁员,也代表仲裁院,更重要的是,它和当事人的利益休戚相关。所以,每次写裁决书,事实证据部分,我都力求做到完整清晰,不能有任何的疏漏;至于裁决理由,既要避免过于学术化的表达,也要切中肯綮,说理透彻,让当事人心悦诚服;至于裁决结果,一定要公平合理,于法有据。在撰写裁决书的过程中,我深深体会到一个研究员和一个仲裁员既彼此独立又相互依存的角色关系。一个好的学者未必就是一个好的仲裁员,但一个好的仲裁员必须具备良好的专业素养和开阔的专业思维。事实上,只有真正把握民商法的基本原理与具体规则的精髓,才可能把一些似是而非的疑难案件处理好。而通过仲裁案件,既大大丰富了我的专业素材,提升了我的专业能力,也给予我在教科书和课堂上、书斋里无法获得的体悟和经验。可以说,尽管裁决好一个案子也很辛苦,但一个社会矛盾的消弭,一个争议的妥善解决,带给我的思维上的启迪和心灵深处的快乐却无可比拟。我知道,无论是教学、科研还是仲裁,本质上都是服务于我们的社会、我们的国家,只有精益求精、永无止境的专业追求才经得起世事的变迁,也只有这种追求,令人倾力以赴却日益坚强。

同行是一种情怀

在每个仲裁院,仲裁秘书都是一个连接仲裁员和当事人、积极推进仲裁流程的特别重要的群体。而在深圳国际仲裁院,训练有素、朝气蓬勃、温暖有爱的仲裁秘书无疑是仲裁院最赏心悦目的一道风景。

每次一踏进仲裁院，仲裁秘书的笑意吟吟，一句温暖的问候，一杯暖暖的咖啡，犹如清风拨动琴弦，拂去我车马劳顿的疲惫；而在仲裁进程中，从仲裁庭组庭成功、邮寄材料、确定开庭时间、与当事人沟通联系、开庭前的程序安排、庭审中的记录，一切有条不紊，井然有序。而庭审结束后，仲裁秘书还要帮助仲裁员预约接车、预订酒店、快递案件材料、负责当事人后续的材料补充乃至裁决书的校核等工作。

每次打开仲裁院寄来的样式齐备、装订齐整的材料，我都会不由地回想起合作的仲裁秘书明亮而温柔的眼神，回想起他们对我无微不至的关心和帮助。我常想，人世间的遇见，不是在路上，而是在心里。人生路上，最美的风景盛开在心底，最深的心底都珍藏着最真挚的感情。而在我担任仲裁员的日子里，仲裁院的秘书就是仲裁院最美的风景，盛开在我最深最深的心底。他们的一言一行，让我深深体会到深圳国际仲裁院的专业高效、精诚合作、包容有爱；体会到深圳这个日新月异的城市文明友善、温润如诗又积极进取的特点；还体会到平凡生活中那些平静而美好的人们，他们的心中必定藏着不一样的山水。正是这股不显山不露水的力量，才使深圳国际仲裁院收案数量剧增而仲裁工作的推进如行云流水，才使来自全国各地的仲裁员在深圳国际仲裁院有巨大的认同感和归宿感，也最终使深圳国际仲裁院在东南亚乃至国际仲裁界享有声望和美誉。

在深圳特区建立 40 周年之际，深圳国际仲裁院也已成立 37 周年。回想 1983 年深圳国际仲裁院的成立，在我国波澜壮阔的改革长卷中也许只是一个小篇章，但对于整个中国仲裁业来说，却是划时代的重要节点。近年来，在特区各项改革全面推进，我国经济发展进入新常态的大背景下，深圳国际仲裁院秉承"敢闯敢试、敢为人先"的特区精神，不断改革创新，努力建设全球一流的国际仲裁品牌，为国际商事争议解决的"中国方案"提供"深圳实践"，谱写了一曲仲裁服务经济特区的令人鼓舞的奋进之歌。如果说，深圳特区的改革成就是我国社会经济发展的集大成者，那么深圳国际仲裁院无疑就是深圳特区改革发展的精彩缩影。作为深圳国际仲裁院的一分子，功成不必在我，相信深圳国际仲裁院来日可期，一切美好愿景都将如期而至。

事在人为

杨国华[*]

我们经常看到这样的新闻,说某个公司如何财源广进,某个机构如何兴旺发达。这样的新闻一般会分析原因,寻找"天时、地利、人和"的因果关系。在我看来,"天时"和"地利"固然重要,但"人和"才是决定性因素。前两者是时间和空间的客观因素,但不一定是必要条件。"天时"和"地利"看似不利而成功者大有人在。"天时"和"地利"看似客观,实为主观,因为有人就能化险为夷、扭转乾坤,也有人能把一手好牌打得很烂。因此我们发现,三者之中,"人和"才是必要条件,因为没有"人和",就不可能有成功。

"人和",当然包括人脉,也就是有利于成功的人际关系,齐心协力、众志成城。但是人脉的核心是领导者的能力。成功的事业,常常是领导者能力很强,率领一个团队,攻坚克难、屡创佳绩。因此我们可以得出结论:事在人为。人们常常会泛泛而谈"天时、地利、人和",列举很多因素,而对于"人和",对于成功的核心原因,却往往一带而过。这里可能有认识不足的原因,没有认识到人的必要性;可能也有文化的原因,不愿意彰显个人作用。

然而,"事在人为"却是我的方法论。看到关于成功的新闻,我最为感兴趣的就是背后的领导者,因为我知道所谓"天时"和"地利"可能都是个扯,"人和"才是本。在我的人生经历中,这个方法论曾被多次验证。

---

[*] 清华大学法学院教授,WTO上诉仲裁员,中国法学会世界贸易组织法研究会常务副会长。曾任商务部条约法律司副司长。

深圳国际仲裁院的成长,就是一例。在我的眼中,仲裁院能够有今天的发展,一个核心原因就是领导的作用。

实事求是地说,对于仲裁院的发展历程,我知之甚少,只是大概知道在短短十几年,就从"重启"实现了腾飞,成为颇有影响的国际仲裁院。但是我始终认为,领导者的作用是关键的。我曾经总结出理想人格的六个要素,即知识、文化、思想、信仰、使命感和执行力,而在我的朋友中,晓春是难得的"六要素"齐备者。

我与晓春的初次交往,应该是十几年前在中国进出口商品交易会(以下简称"广交会")上。当时我任职于商务部条约法律司,其中一项工作是协调组织中美知识产权谈判。美国企业和政府对知识产权保护的诉求较高,要求中国加强知识产权执法力度,包括加强展会期间的知识产权保护。我多次参加广交会,深切感受到在展览时间短、参展商众多的展会上实现知识产权的确权和保护之难。当时晓春已经从WTO事务中心调动到仲裁院(当时称"中国国际经济贸易仲裁委员会华南分会")工作,提出了在商务部支持下与广交会共同创建"展会调解+仲裁"机制的想法,并且参与了相关工作,建章立制,处理案件。由于专业人员的介入,采用"展会调解+仲裁"的方法,有关纠纷很快得到解决,国际压力得到了一定程度的缓解。后来,包括调解在内的广交会国际贸易纠纷解决机制,一直是中国加强知识产权保护的范例。从此我对晓春有了实干、创新的印象。

后来在北京或深圳等地各种场合的见面中,晓春经常谈起关于仲裁院建设的设想,特别强调芮沐先生早在深圳经济特区建立之初就提出的建设"远东地区权威的国际仲裁中心"的愿景。芮沐先生是法学界前辈、国际经济法律制度的奠基者,也是我在北京大学法学院的导师。芮沐先生提出这个期待,高瞻远瞩,但是将其变为现实,却前途漫漫。然而言谈举止之间,晓春是一直以此为目标的。2016年,晓春发起了"北京大学法学院与深圳国际仲裁院合作共建中国国际仲裁研究院"。我恍然感到,母校北大老师的期待在他心目中的分量,不是一个口号,也不是一个幻想,而是踏踏实实的行动。

作为国际仲裁中心,国际合作必不可少,仲裁院成绩斐然。2018年10月,晓春邀请我参加仲裁院与美国司法仲裁调解服务有限公司

(JAMS)的合作项目。起初我不太懂,后来到仲裁院参加圆桌会议和研讨会("中美贸易与高科技企业商事争议解决"),才感受到这种专业合作和制度性安排的创新性。至此我才明白,仲裁院的工作已经走向深入,开始生根发芽。同时我也开始明白,在仲裁院"重启",国际竞争激烈的情况下,仲裁院的领导者是如何殚精竭虑、开拓创新的。

作为领导者,一定百事缠身。然而,晓春是个很有文化、很有情趣的人。在微信朋友圈中,经常能看到他的手机摄影作品,配着唐宋诗词,诗画一体,赏心悦目。每次见面,我都会追问"这张照片是怎么拍的","这两句诗词是哪里找的",而他总是露出一副不值一提的表情。2019年夏天,看到一张湖光塔影的照片,我知道他出差到北京,约他来我办公室看山看云。他正要从北大去机场,于是带着行李直奔清华。那次,他在我办公室顺手就拍了一张窗户玻璃反光合成的照片,青山隐隐,万里云天,令我大开眼界。随后我们俩又简单聊了几句,话题依然离不开国际仲裁的发展,我也再次表达了对他的钦佩和信心。我不太了解他的工作细节,但是我相信事在人为,认为他具备"六要素",因此我期待他和特区国际仲裁再创佳绩。临别送他一本书:《战争与革命中的西南联大》。他对这段历史很感兴趣。

SCIA：跨境法律服务合作的推动者

王千华*

深圳特区仲裁应中国经济改革开放而生、而兴旺。深圳国际仲裁院（英文简称"SCIA"）秉持五湖四海汇聚优秀人才的精神，以"3i"核心理念"独立（independence）、公正（impartiality）、创新（innovation）"，汇聚了来自国际、我国港澳台地区与内地各法域的法律服务专业人士。我很荣幸在这个全球法律专业人士大家庭中与来自多法域的同行互相交流和学习，留下不少美好的记忆。

CO-COUNSEL（跨法域合作律师）

"深圳仲裁管辖+域外实体法适用"，即当事人约定适用域外实体法和由深圳国际仲裁院管辖，形成了有趣的融合（fusion）。尤其是近年，在人民币有序回流渠道逐步增多、境外当事人对深圳国际仲裁院的国际声誉越来越认可、对境内保全和强制执行制度及相关诉讼成本了解更多的情况下，约定由深圳国际仲裁院管辖并约定适用域外实体法的争议案件越来越多。相应的，在深圳国际仲裁院处理的案件中，当事人代理人团队构成中出现 CO-COUNSEL（跨法域合作律师）的现象比比皆是。

给我印象最深的是一个适用英属维尔京群岛（BVI）公司法的案件。当事人委托了内地律师和 BVI 律师共同代理。起初的分工是内地律师负责仲裁程序事务（适用内地程序法），BVI 律师负责实体法的解释和说明。

---

* 深圳大学港澳基本法研究中心教授。

实际运作中,由于不同法域术语间翻译的不同和制度背景差异等原因,不可避免地需要由内地律师对 BVI 公司法进行比较法说明,并随时和 BVI 律师辨析确认,以使仲裁庭充分理解 BVI 公司法的相关具体规定。为了充分辩论,对方代理人也积极参与进来。英语、普通话、粤语并用,内地公司法、BVI 公司法的概念齐飞,仲裁开庭过程俨然成了欢乐的比较法研究课堂。

跨法域合作仲裁员

域外当事人倾向于选定域外仲裁员。在适用域外实体法的案件中,域外仲裁员有较大机会被选定或指定。西九龙高铁的建设和"一地两检"的顺利实施,使得"从中环出发去福田快过去沙田"成为现实,深圳国际仲裁院所处的地理优势得到充分发挥。我很荣幸,能有不少机会和来自域外法律背景的仲裁员一起组庭,合作办理仲裁案件,充分认识到在仲裁程序事项安排、仲裁庭调查、证据规则、裁决书写作习惯方面的诸多细微差异,"族繁不及备载"。来自不同法域的仲裁庭成员之间能够真诚地进行专业交流,共同分析各种差异存在的制度文化背景,求同存异,形成得体的、友善的且深刻的专业讨论,加深了彼此之间对对方法域制度文化的认识。

域外法查明

尊重当事人的意愿,积极适用和查明当事人约定适用的域外实体法,是体现粤港澳大湾区和中国营商环境的重要组成部分。"深圳仲裁管辖+域外实体法适用"的组合一般都会导向域外法查明的仲裁程序。域外仲裁员的参与,弥补了仲裁庭其他仲裁员对判例法查明技术的实践经验的不足,这是仲裁相对于民事诉讼的优势之一。个人的经验是,仲裁管辖和域外法律适用是正反馈效应关系。深圳国际仲裁院准确适用域外实体法审理的案件越多,就越容易获得域外当事人的信任,并在合同管辖权条款中约定由深圳国际仲裁院管辖。

我有个小小的期待,深圳国际仲裁院将适用域外法积累的仲裁裁决作为推广成果,对案件裁决书去密化后积极对外展示。裁决书是对域外法律界和商界最具有说服力、最容易建立信任基础的公共产品之一。在编辑、公布或出版这些裁决书时,可邀请域外法律专业人士作为技术编辑顾问,对索引、注释、引文等进行编辑,以便这些裁决书能更好地为域外当事人和法律界所参考使用。同时,也可以通过研讨会和培训等形式,对接域外法律界和商界行业组织,通过案例分析的方式,组织建立常态化运作的法律文化交流平台,分专题召开内地和域外法律比较研讨会,对合同法、公司法、担保法、借贷法、证券法、婚姻法、继承法等实体法的比较进行专业、深入研讨,促进域外法律界人士对深圳特区法治环境的了解,增强其对内地法治环境的信心。

域外法律人士担任法律查明专家证人

根据内地涉外民事关系法律适用法和域外法律专业服务市场的习惯,当事人自行聘请域外法律专业人士出具法律意见书是仲裁程序中当事人查明域外法律的主要方式。域外法律专业人士在出具法律意见书时,通常附有本人与当事人或案件不存在利益关系的声明,并附有本人身份证明和专家履历和资格、资质说明或证明。

对域外法查明过程中的域外法律专家意见,我有些小小体会如下:域外法律专业人士在作为专家出具意见时,其职业习惯是在除了查明域外法律规范,包括成文法或作为判例法的普通法、衡平法中的判决理由(*ratio decidendi*),往往还会根据委托方提供的证据或陈述的事实,结合其查明的法律提出法律适用的意见,甚至其法律意见书的主要内容是提出将法律规范适用到具体个案的意见,而只将其查明的法律(包括成文法和作为判例法的普通法、衡平法)列为法律意见书的附件。有时,不同的法律专家基于同一成文法、判例或彼此间并不矛盾的判例发展树,可能因结合不同的案件事实和/或专家本人对案件事实的不同理解,得出不同的法律适用意见。我能理解域外法律专业人士的上述职业习惯,但不同意将案件的事实认定和法律适用的职责移交给域外法律专家或仲裁庭之外的其他人士行使,即对案件的事实认定、解释域外法律(包括理解判例)、适用域外法律等事项的职责仍应由仲裁庭行使。

围绕深圳国际仲裁院管辖和域外法适用实践的展开,在各法域法律服务人士作为代理人、仲裁员和/或专家证人不同层面的积极参与下,跨境法律服务合作生态已经成功地建立起来,这对于完善中国内地的法治化、国际化营商环境具有重要意义。作为这个生态的推动者,深圳国际仲裁院居功至伟。

谨以此小文,纪念深圳特区建立40周年、特区国际仲裁机构成立37周年。

以莲为念，清香自来

洪艳蓉[*]

时光荏苒，作为深圳国际仲裁院更名后的首届仲裁员，至今已有8年之久，期间多有与仲裁院工作人员和仲裁员的办案切磋、交流互动，收获颇丰。天地万物有灵，位于深圳市地标性建筑——深圳证券交易所大楼41层的深圳国际仲裁院，犹如一枝夏莲，多项仲裁业务好像莲瓣般舒展开来，经由莲心——"谦、洁、联、和"散发出令人心旷神怡的缕缕清香，玉立于深圳这座充满创新和活力的南方城市！

今日，借着纪念深圳特区建立40年的机会，提笔记录点滴过往，勾勒心中深圳国际仲裁院的形象，也是记录一段个人体验下的仲裁发展史，以致敬它一直秉承的"独立、公正、创新"的核心价值与不懈实践。

谦谦君子，服务为本

众所周知，深圳国际仲裁院原称中国国际经济贸易仲裁委员会华南分会，创设于1983年，2012年11月通过深圳特区立法，更名为"华南国际经济贸易仲裁委员会"（又名"深圳国际仲裁院"），创新以理事会为核心的法人治理模式，成为我国第一家以政府立法确定其职能和管理体制的仲裁机构，由此将仲裁这项古老的事业嵌入全新的管理机制和业务模式之中，致力于建设全球一流的商事争议解决平台和国际仲裁高地。

相信每个到过深圳国际仲裁院的人，大抵有着和我一样的感受。走

---

[*] 北京大学法学院副教授。

出41层的电梯,迎面而来的是深圳国际仲裁院宽敞明亮、可远眺深圳湾和香港新界山山水水的迎宾大堂。在深圳证券交易所主楼银灰色进口钢板、落地透明玻璃墙、4～5米挑高构成的单层空间里,中间电梯、四周会议厅/办公室的"回"字形空间构造,形成了仲裁院隐秘又开放的办公格局;厚实的冷色调地毯与柚色实木地板转角拼接,现代皮质沙发不经意地穿插于新中式明清家具之中,错落有致,适当的空间留白、人性化设计与高科技融合的会议室,营造出大气典雅、高效便捷的线下仲裁场所。透过窗户,无论是旭日东升、晚霞夕照,还是晴天阴雨、春花秋叶,气象万千,美不胜收。

然而,如此美景最有福分享用的应是前来仲裁院办案的人们。仲裁院在整个空间布局上,行政办公场所只占据整层办公区的边角一隅,不仅诸多办案秘书的工位未临窗,而且管理层的办公室也被要求少占空间,为的是将最好的设备和最美的风景留给当事人和仲裁员,一如刘晓春院长所说,为当事人和仲裁员提供最好的仲裁环境,是仲裁院义不容辞的职责。

漫步仲裁院内连接仲裁厅的走廊,一幅幅高仿真的明清山水大家的名作映入眼帘。这些作品大多"师法自然",设色典雅,笔力苍劲,疏落有致,气象恢弘,无形中加大了过道的景深,营造出宁静悠远、古意隽永的氛围。置身其中,令人自然而然地放下浮躁之情和对抗之心,有助于心平气和地对话案件,促进争议解决。而在部分回形走廊和一些仲裁厅/会议室的墙壁上,悬挂着与仲裁或仲裁院活动相关的珍贵历史照片、信笺文书,使人即使置身这个高度现代化的建筑里,也能时时地感受到仲裁在时间长河里的脉动和仲裁院致力于"公信力"建设的不懈努力。由此散发出的历史的厚重感和专业的权威感,不免令人正襟危坐,认真对待争议事实与法律适用。

从空间装饰到文化赋能,处处彰显着仲裁院管理者独运匠心,致力于"公信力"建设的努力。这份执着信念与不懈追求,终于在2018年年底仲裁院启动新仲裁规则并进行仲裁员培训的现场,刘晓春院长对院花——"莲"的阐释中得到淋漓尽致的展现。作为千年活化石,灼艳于夏日的莲,有着《群芳谱》中"华实齐生""百节疏通,万窍玲珑"的秀丽外形,更有《爱莲说》中"中通外直,不蔓不枝""出淤泥而不染,濯清涟而不妖"的君子品格。借莲为信,以莲为念,无疑是最契合仲裁"独立、公正、专业"精神内核的传神之选,仲裁院致力于光大我国仲裁事业,探索中国仲裁"深圳模式"的本心天地可鉴,而我更愿意将它的这种"莲"品概括为"谦、洁、联、和",从一个仲裁员的角度与大家分享其中的故事与感受。

洁白自若,独立专业

作为与法院司法裁判并行的争议解决机制,仲裁以遴选专业人士充任仲裁员,尊重当事人意愿组成仲裁庭作为解决争议的立足之本,"一裁终局"的法律属性对仲裁"公正性""独立性"提出了更高的要求。

回顾历史,早在1984年,深圳国际仲裁院就开创了最早从境外聘请知名专家担任仲裁员的先例。这一广纳专才,注重仲裁员国际性、独立性的传统延续至今。据统计,深圳国际仲裁院目前共有933名仲裁员,覆盖77个国家和地区,其中境外仲裁员385名,占比超过41%,其仲裁员结构国际化程度为中国之最。而我也从近年参与的仲裁案件审理中,深切地感受到了仲裁院为保障仲裁独立公正而作出的种种努力。

作为法学科班生,我在北京大学法学院研修并教授证券法、金融法等已有十来年之久,由此得以通过专业关考核,忝列仲裁员队伍。出于个人兴趣,从博士阶段开始,我就潜心研究资产证券化,后来陆续参与监管部门的证券化立法、受聘为证券交易所证券化项目外部评审专家,相关研究和实践从未中断,算得上国内较为熟悉资产证券化的专家学者。也可能由于这个原因,几年前我被指定为某案件的首席仲裁员,主审备受业内关注、争议金额高达几亿元的资产证券化纠纷。

然而,这个案件不仅很有特殊性,在审理过程中也是挑战不断。除具有争议金额高、案情与法律关系错综复杂等特点,属于专业性要求很高的新型案件之外,申请人一方为深圳大型金融企业,被申请人一方为某省具有国资背景的实业企业,牵涉多方利益主体,令人不免有"被干预"的担忧。从立案开始,申请人就聘请了国内顶级律师事务所的知名律师团队据理力争,被申请人则巧用仲裁规则,使出各种仲裁技巧,仲裁庭由此经历了包括管辖权异议、调查取证申请、公章和笔迹鉴定申请、涉及民刑交叉的抗辩、(某位)仲裁员因利益冲突退出仲裁庭而重新组庭、两三次全天开庭与激烈辩论等一系列挑战及事项处理,如此种种令仲裁资历不深的我倍感压力,案件审理几度陷入胶着状态。

在一年多的时间里,一方面,我曾心中期待仲裁院能给我一个方向,无论是"施压"还是"暗示"。但令人"失望"的是,自始至终没有任何人给我只言片语。看来果真是仲裁院院长履行指定仲裁员的职责后,有关案件审理的一切就都留给仲裁庭独立判断了。另一方面,面对复杂多变的案情,我总结抽象出不少类型化的仲裁程序问题,最终得以借助仲裁机构的帮助,向许多经验丰富的仲裁员请教,他们的经验分享与技巧指点帮助我闯过了案件审理中的一个个"险滩",这份经历始料未及却又收获满满。

在经历一年多的案件审理、仲裁庭沟通和对外请教之后,我拨开万千头绪,沉下心来重新全盘审视案情与争议所在,终于成功找到案件突破口,并用一个多月的时间写就了长达 5 万多字的仲裁裁决书,顺利结案。及至今日,我仍认为那是我获得最多成长,写得最满意,也最能彰显自己专业水平的一份裁决书。

尽管因为仲裁的保密属性,许多仲裁故事与文书未能最终公之于众,但一个尊重仲裁员专业能力、给予仲裁庭充分信任并保障其独立性的仲裁机构,最终必然有助于仲裁庭秉承公心拿出敢于为之负责的仲裁裁决书,仲裁机构的"公信力"由此也得以不断提升。感谢深圳国际仲裁院用自己的操守让仲裁员们各得其所,我想对于每一个爱惜名誉和钟情专业的仲裁员来说,这是一个可以实现自我的最好平台,一个专业成长和经验积累的最佳舞台。

联连相倚,相生共进

随着经济生活深化和社会进步,维权意识的提高带来了经济纠纷的日益增多,仲裁日渐成为帮助人们定分止争、保护合法权益的有效途径。

然而，仲裁的私密性很大程度上限制了其对外影响力，使之难以像法院的公开判决那样充分发挥示范效应。特别是近年来，股市波动和经济下行导致金融纠纷剧增，资管新规施行引发的理财纠纷、股票跌破平仓线引发的股票质押式回购违约纠纷，以及私募基金份额无法按期赎回纠纷等，成为商事领域备受瞩目的争议，是攸关民众"钱袋子"的紧要问题，更关乎金融安全与经济稳定大局。仲裁作为争议解决的主要途径，有必要在这场财富保卫战、金融稳定保卫战中发挥它应有的作用。无疑，深圳国际仲裁院在促进这一作用发挥方面，是先行者，更是佼佼者。

因从事证券法、金融法教学研究，我有幸在深圳国际仲裁院参加了一系列股票质押式回购纠纷案件的审理，并将一些裁判心得总结成《股票质押式回购的法律性质与争议解决》论文发表于法学核心期刊上。仲裁院很快注意到这类纠纷发生的普遍性以及新类型金融案件裁决的示范意义，及时联系我将裁决书做脱敏处理，提炼核心法律问题并辅以裁决分析，将之改写成典型案例，放入仲裁院官网上的"金融纠纷仲裁调解典型案例选编"栏目发挥示范作用，起到了很好的"同案同判"的指导效果。

但深圳国际仲裁院及时利用经典案例，发挥示范效应的举动，并未止步于此。随着热门金融争议话题的持续发酵以及监管部门逐渐加大金融风险处置力度，越来越多的人关注金融问题并渴望在业内进行交流及共商风险对策。很快，仲裁院联合知名律师事务所，并借助深圳市投资基金同业公会等行业自律组织的力量，邀请包括我在内的几位仲裁员，召开"新形势下金融资管争议热点问题研讨会"，就资管产品中差额补足协议、股票质押式回购纠纷、资管新规下的合同效力、资管通道业务与管理人责任等市场关注的话题展开裁判经验分享和问题研讨。

前沿而开放的实务研讨会在盛夏的深圳吸引了几百人到场聆听，盛况空前，更在会后形成诸多共识与风险应对方法。深圳国际仲裁院联通各界，不仅借助样案的示范效应，减少同案异判，提升仲裁公信力，更借由研讨发现业务规则及执行机制漏洞，促进实务界查遗补漏，防控风险。这些延伸的做法，看似偏离了仲裁机构的"定分止争"主业，然而我们不应狭隘地理解仲裁机构的功能，作为具有特殊作用的社会公共组织，仲裁机构应在更广泛的意义上发挥其对社会稳定与进步的价值。无疑，在这一方面,深圳国际仲裁院是有着远见卓识和先进做法的仲裁机构。

和合不同,维新担当

经济生活中少不了摩擦纠纷,但解决纠纷不仅耗时费力,还可能因此阻断未来合作之路。也因此,如何以最小成本有效地帮助当事人解决争议,在维护双方合法权益的基础上使其继续保持友好往来,成为晚近以来争议解决的新价值取向和发展方向。

现任深圳国际仲裁院当家人刘晓春博士,是国内较早从事这一方面研究的学者型专家。记得 2009 年,得知他以《证券仲裁的制度分析——美国的经验与中国的选择》为题撰写博士论文,时任《金融法苑》主编的我邀请他撰文支持。不久之后,他发来一篇名为《美国证券调解机制及其价值评析》的论文,洋洋洒洒近万字,该文探讨的问题成为《金融法苑》(第 79 辑)最受关注的议题。该文收获了诸多好评,至今都是国内系统介绍这一问题的佳作。

刘院长在深圳国际仲裁院一直没有停歇这一方面的探索与实践。转眼时间到了 2019 年,《金融法苑》迎来她的第 100 辑,并以"金融法治四十年"为题对外征文。刘院长携同事用心撰文,写就了《中国资本市场纠纷解决机制的局限与创新——以深圳证券期货业纠纷调解中心的实践为视角》。文章行文如流水,在总结分析中国资本市场传统纠纷解决途径局限的基础上,淋漓尽致地为我们揭秘了深圳国际仲裁院深度参与创新的"四位一体"中国资本市场纠纷解决新机制,成为备受瞩目的好文。

通过这篇文章,"四位一体"中国资本市场纠纷解决新机制得到了生动复盘。原来早在 2013 年,刘晓春和郭晓文、焦津洪、袁晓德、宋丽萍等领导在深圳达成了协同创新的共识并且很快就转化成对市场产生深远影响的创新行动。当年,深圳国际仲裁院就和中国证券监督管理委员会深圳监管局在中国证券监督管理委员会的支持下,联合深圳证券交易所(后来又加上上海证券交易所和全国中小企业股份转让系统)和主要资本市场行业协会开启了创建"深圳证券期货业纠纷调解中心"的探索与实践,以调解为化解纠纷的主要手段,以仲裁作为终局性约束力支撑,以行业自律和行政监管促进市场导入和诚信约束,整合资源和功能(总结为"专业调解+商事仲裁+行业自律+行政监管",即"四位一体")。几年运作下来,这一机制以和谐、高效、低成本的方式化解了资本市场大量的纠纷①,有力地促进了中国资本市场的健康有序发展,其成绩之斐然令人不禁为这一创新机制拍手叫好。

"四位一体"纠纷解决新机制的推出,直击争议解决痛点,令人耳目一新。看似四套机制简单链接,实则理念、公心、经验与技巧缺一不可,需要各家参与机构归位尽责,充分发挥合作协调作用。深圳国际仲裁院不为自身揽案,不以结案多少为成就指标,而将重心放在帮助当事人高效、便捷、低成本地化解纠纷之上,在促进这一机制形成的过程中发挥了主导作用,这份担当令人动容。根植于深圳这个具有创新精神的城市,深圳国际仲裁院天然地具有创新基因,更难得的是,不止步于作为一个单纯的事后裁断机构,而是协调其他社会组织在整个社会治理中发挥应有的积极作用,这或许也是成就国际一流仲裁机构的应有品格和思想高度。衷心祝愿深圳国际仲裁院为中国仲裁事业再添新瓦,百尺竿头,更进一步!

---

① 据统计,截至 2019 年 11 月 30 日,深圳证券期货业纠纷调解中心受理纠纷咨询共计 4 151 宗,符合《深圳证券期货业纠纷调解中心调解规则》要求而正式受理的调解案件为 731 宗,当事人来源遍布内地所有省份;已办结调解案件 674 宗,其中调解成功 554 宗,调解成功率为 82.2%,和解金额约 30.87 亿元人民币;申请仲裁确认的调解案件 413 宗,涉及金额 30 多亿元人民币,大量调解通过仲裁被赋予了强制执行力。参见洪艳蓉主编:《金融法苑》(总第一百辑),中国金融出版社 2019 年版,第 51 页。

国际仲裁改革创新的中国高地

顾维遐*

深圳特区,作为中国改革开放的先行地,一直以改革与创新为魂。深圳国际仲裁院,作为在改革开放背景下与深圳共同成长的特区仲裁机构,一直秉承敢为人先的精神,强调"独立、公正、创新"的核心价值,始终坚持成为仲裁国际化改革和仲裁创新的中国高地。

深国仲创设于1983年,是中国改革开放之后设立的第一家仲裁机构,也是粤港澳地区设立的第一家仲裁机构。自创设以来,深国仲一路开拓创新,取得了中国仲裁史上很多骄人的"第一"。1984年,深国仲在全国率先聘请境外仲裁员。1989年,深国仲开庭审理的广东粤海进出口公司诉香港捷达公司一案,开创了中国第一例内地仲裁裁决依《承认及执行外国仲裁裁决公约》(即《纽约公约》)在境外获得承认和执行的先例。2012年,深国仲率先建立国际化的法定机构治理机制。2013年,深国仲调解中心在深圳前海牵头设立粤港澳仲裁调解联盟。2015年,深国仲与上海国际仲裁中心共同发起创建中国自由贸易试验区仲裁合作联盟。2016年,深国仲更是通过规则创新,率先将投资仲裁纳入受理范围。2019年,深国仲领全国和亚太之先,探索仲裁程序的"选择性复裁"机制。

我自2015年加入深国仲的仲裁员队伍,深国仲是我仲裁实践的起点。作为学者型仲裁员,过去5年间,我有幸得刘晓春院长诸多启发。2020年正值深圳特区建立40周年,欣闻此书集结特区国际仲裁的故

---

* 香港大学法律学院副教授。

事,我欣然应允撰稿,希望与大家共同学习深国仲在仲裁国际化改革和仲裁创新进程中与众不同的成功经验。

充分利用靠近香港的地缘优势

深国仲充分利用其靠近香港的地缘优势,成为中国仲裁机构中仲裁员国际化程度最高和普通法优势最明显的仲裁机构。深国仲探索与香港在仲裁事业上的互利共赢,尤其是人才和案件这两个方面。

从人才的角度看,深国仲作为粤港澳地区第一家国际仲裁机构,自创始之初即引进香港地区法律人才。深国仲于1984年首批聘请的15名境外仲裁员中,有8名来自香港地区,是内地第一家聘请境外仲裁员的仲裁机构。目前,最新的《深圳国际仲裁院仲裁员名册》中共有933名仲裁员,境外仲裁员占比超过41%,仲裁员的国际化程度为全国最高。而在境外仲裁员中,来自香港地区的仲裁员有96名,占比最多,远超内地其他仲裁机构。并且,深国仲也是全球范围内聘请香港地区仲裁员最多的仲裁机构,这有利于发挥内地与香港地区仲裁员各自不同法域的专业优势,提升深国仲仲裁的比较优势和国际公信力。此外,在深国仲2012年确立的以理事会为核心的法人治理结构中,至少1/3的理事来自境外,目前第二届理事会13名理事中,有7名来自香港特区和海外。这样的安排在制度上强化了仲裁的独立性,有效消除了境内外当事人对中国仲裁机构本地化和内地化的顾虑,极大提升了其独立性和公正性。

从案件的角度看,一方面,在深国仲受理的仲裁案件中,涉港案件数量较多。2017年至2019年,深国仲受理的涉港仲裁案件有576件,案件争议总标的额高达310.7亿元。[①]另一方面,1988年深国仲作出的广东粤海进出口公司诉香港捷达公司一案的仲裁裁决,于1989年被香港地区高等法院承认和执行,开创了内地仲裁裁决按照《纽约公约》在境外执行的先例。香港回归之后,按照1999年6月18日通过的《关于内地与香港特

---

① 参见《深圳国际仲裁院境外仲裁员占比超四成》,载 https://m.chinanews.com/wap/detail/zw/gn/2020/04-19/9161629.shtml,访问日期:2020年4月19日。

别行政区相互执行仲裁裁决的安排》,深国仲作出的仲裁裁决在香港的承认执行率为100%,并且,深国仲的仲裁裁决在香港获得承认执行的数量也连续多年排名第一,充分说明了"国际仲裁的深圳质量"①。

率先建立粤港澳仲裁调解合作机制

2013年12月7日,深国仲在深圳前海牵头创立粤港澳仲裁调解联盟,这是深国仲在"一国两制三法域"背景下建立跨境商事纠纷解决合作机制的重大创新。值得注意的是,深国仲早于国家提出"粤港澳大湾区"概念将近6年,于国内率先创设了"粤港澳法律品牌",乃粤港澳大湾区建设先行先试的法律首创。该联盟的成员机构包括广东、香港、澳门的15家主要商事仲裁调解机构,联盟通过整合粤港澳地区的商事仲裁调解资源,加强大湾区法律机构和专业人士的交流与合作,为当事人提供优质、高效、多元化的争议解决服务。

自成立以来,粤港澳仲裁调解联盟强调三地争议解决机制及机构的合作与融合,有机整合多元化的争议解决资源,促进粤港澳地区国际仲裁和调解的优势互补,积极服务国家"一带一路"和"粤港澳大湾区"的建设与发展,有效解决了大量跨境商事纠纷。②

率先引进投资仲裁

深国仲于2016年发布《深圳国际仲裁院仲裁规则》时,领全国之先将投资纠纷案件纳入仲裁受理范围。同年,深国仲还发布了《关于适用〈联合国国际贸易法委员会仲裁规则〉的程序指引》,该指引将香港作为默认的仲裁地,首次将《联合国国际贸易法委员会仲裁规则》间接地落地中国内地,并且有助于实施深圳特区"联合香港、共同走向世界"的仲裁国际

---

① 参见深圳国际仲裁院官网(http://www.scia.com.cn/Home/index/aboutdetail/id/22.html)。
② 参见《深圳国际仲裁院〈关于推动粤港澳大湾区国际仲裁核心引擎建设的十大措施〉及解读》,载 http://www.scia.com.cn/Home/Index/newsdetail/id/2751.html,访问日期:2020年5月2日。

化策略①,这样的创新精神为全国做了表率。

另外,深国仲还与国际投资模拟仲裁庭竞赛(FDI Moot)全球主办机构奥地利国际法学研究中心(Centre for International Legal Studies)合作,将从2020年起举办每年一届的"投资仲裁深圳杯"(FDI Moot Shenzhen)赛事。这一举措亦展现出深国仲培养投资仲裁人才、领军中国国际投资仲裁的大手笔。

创设"选择性复裁"机制

2018年11月,深国仲再度修改仲裁规则,在全国率先创设"选择性复裁"机制,提出"选择性复裁"概念。新版《深圳国际仲裁院仲裁规则》于2019年2月21日起施行,其中第六十八条明确规定了"选择性复裁程序";并且,为了增强复裁程序的可操作性,深国仲还制定了《深圳国际仲裁院选择性复裁程序指引》。

一直以来,中国仲裁实行"一裁终局"的制度,这一原则保障了仲裁解决争议的高效率和既判力,这也是相对于诉讼仲裁主要的比较优势之一。然而,在"一裁终局"的制度下,若案件错裁,难以纠正,反而引起当事人的忧虑。在这样的背景下,深国仲根据市场发展需要,立足中国国情,借鉴境外知名仲裁机构的有益经验,首度在中国现行法律框架内设立"选择性复裁"制度。② 在仲裁地法律不禁止的情况下,允许当事人约定"选择性复裁",将仲裁裁决实体问题的上诉置于仲裁机制内部,给予当事人实体上被"二次救济"的机会,为调和"一裁终局"和对仲裁结果不满之间的矛盾提供了创新的解决思路,这一举措也获得了《环球仲裁评论》(*Global Arbitration Review*)2019年度全球仲裁创新奖的提名。③

仲裁制度的变革依赖于市场需求的变化,深国仲创新的"选择性复

---

① 参见深圳国际仲裁院官网(http://www.scia.com.cn/Home/index/aboutdetail/id/22.htmll)。
② 参见沈四宝、刘晓春、樊寄娟:《一裁终局的重新评估与复裁机制的创新实践》,载《法制日报》2019年11月5日,第10版。
③ 参见《特区国际仲裁:新规则、新突破——深圳国际仲裁院发布新版仲裁规则》,载深圳国际仲裁院微信公众号(微信号:SCIA700)。

裁"机制,在遵循现行法律框架的前提下,很好地回应了市场主体的需求,有益地补充了"一裁终局"制度,丰富了中国的仲裁制度,也为《仲裁法》相关规定的修订积累了宝贵的先行经验。①

创办"中国华南企业法律论坛"

2011年7月29日,中国华南企业法律论坛在深圳成立,该论坛是由深国仲联合华南地区(包括港澳台地区)代表性企业发起设立的专业性国际化法律论坛,每年举办一届大型主题研讨年会和若干次专项研讨会。② 从2011年至今,已举办九届,俨然成为业界的知名品牌,同时也是粤港澳地区不同界别专业人士交流的重要平台。从历年论坛的主题可知③,论坛每年探讨经贸法律热点,汇聚法律界专业力量,提升企业法律事务管理水平。深国仲这一举措,使仲裁与市场紧密接触。同时,通过特区的窗口,深国仲的法律品牌,将华南法律实务界和理论界最优秀的法律人才聚集在一起,提供对话和讨论的平台,探索仲裁与市场最热点、最核心的法律问题和经济问题,充分整合政府、企业、高校、仲裁机构、智库等多方面的顶尖人才、信息和资源。会后,更将论坛的讨论成果集结成书,为国家发展建设贡献最前沿的智慧和经验。

其实,深国仲的创举并不限于以上五项,但我个人认为,此五项最能体现深国仲在仲裁国际化改革和仲裁创新进程中的特区精神,最能体现仲裁改革创新高地和始终践行仲裁国际化的深国仲的精神。

2018年2月,我与新加坡国际商事法院法官 Anselmo Reyes 在英国牛津的哈特出版社(Hart Publishing)共同出版《发展中的仲裁世界:亚太地区仲裁改革比较研究》④一书,引起国际仲裁界的关注。我们共考察了12个亚太地区主要的仲裁法域及其相关仲裁机构,涵盖东亚的中国、日本和

---

① 参见沈四宝、刘晓春、樊奇娟:《一裁终局的重新评估与复裁机制的创新实践》,载《法制日报》2019年11月5日,第10版。
② 参见深圳国际仲裁院官网(http://www.scia.com.cn/Home/index/hb/id/53.html)。
③ 参见深圳国际仲裁院官网(http://www.scia.com.cn/Home/index/hb/id/21.html)。
④ Anselmo Reyes and Weixia Gu (eds), *The Developing World of Arbitration: A Comparative Study of Arbitration Reform in the Asia Pacific*, Oxford: Hart Publishing, 2018.

韩国，东南亚的新加坡、马来西亚、印度尼西亚、越南、菲律宾，南亚的印度，以及太平洋地区的澳大利亚。在考察中国内地仲裁改革时，我们对深圳特区仲裁和深圳国际仲裁院作了特别详细的跟踪研究。我们在研究中指出，深圳特区认识到国际仲裁的软实力意义，以及支持仲裁的经济意义，并且以创新的魄力积极改革其仲裁法律环境和仲裁机构。这使得深圳特区和深圳国际仲裁院能更成功，更国际化，也使深圳国际仲裁院以深圳速度成为亚太地区仲裁机构的引领者。

2018年11月，我又应刘院长之邀为深国仲举办的"大湾区仲裁论坛"开讲《内地仲裁裁决在香港的司法审查》，讲完后刘院长又与我深谈内地与香港地区的跨境仲裁合作与挑战。每逢我在深国仲开完庭，刘院长也总抽时间与我探讨深国仲的发展模式，其爱才惜才让我非常感动。

谨以此文致谢深国仲和刘晓春院长的知遇之情！高洁的莲花永远盛开，祝深国仲的明天更加美好！

Shenzhen and the Future of International Arbitration

Mark FELDMAN[*]

I met the President of the Shenzhen Court of International Arbitration (SCIA), Liu Xiaochun, at the School of Transnational Law of Peking University(STL) holiday party in 2011. The Founding Dean of STL, Jeffrey Lehman, introduced us. I had arrived in Shenzhen earlier that year, as I transitioned to STL following five years of service at the U.S. Department of State, where I represented the United States in investment treaty arbitration. At the time, I knew that Shenzhen was looking to establish a global reputation in a number of areas, including international dispute resolution. But I did not know, at the time, how closely I would work with the SCIA over the next decade, or indeed how much international arbitration in Shenzhen would transform during that time.

A few months after the STL holiday party, I visited, with several STL colleagues, the offices of the SCIA's predecessor, the China International Economic and Trade Arbitration Commission (CIETAC) South China Commission, where Liu Xiaochun then served as Deputy Secretary-General. Dr. Liu led a tour of the offices, including an impressive gallery of photographs illustrating the history of the institution, which was founded in 1983,

---

[*] Mr. Feldman is a Professor of Law at the School of Transnational Law of Peking University.

only a few years after the establishment of the Shenzhen SEZ. As Dr. Liu later observed, this arbitration institution in Shenzhen was the first mainland China arbitral institution to include foreign nationals on its panel of arbitrators and to have an award enforced pursuant to the New York Convention(across the border in Hong Kong).

Later in 2012, I attended the launch of the SCIA, together with a number of STL colleagues. Throughout the 2010s, dozens of STL students would intern at the SCIA, and a number of STL graduates ultimately would accept positions there.

One of those STL graduates, Chi Wenhui, currently serves as legal counsel in the SCIA's International Cooperation and Development Department and already has demonstrated leadership in that position, including a role as keynote speaker at a 2019 SCIA event on China-Africa Cooperation on Arbitration. Working alongside Chi Wenhui as legal counsel in the SCIA's International Cooperation and Development Department is Deng Kaixin, who has played a central role in the planning and design of the SCIA events in which I have had an opportunity to participate. My communications with the SCIA very often are communications with Deng Kaixin.

Looking back on almost a decade of collaboration with the SCIA, two developments, for me, stand out. The first is the SCIA's consistently expanding interest in investment treaty arbitration. The second is the SCIA's commitment to building relationships, globally, with leading institutions and individuals in the international arbitration community.

Regarding investment treaty arbitration, I have had a number of opportunities to play a supporting role in the SCIA's development of expertise in the area. In 2016, at the SCIA's offices, I was able to share some thoughts on my five-year experience representing a government in international investment disputes. Also in 2016, I collaborated with the SCIA on the development of a roster of arbitrators specializing in international investment disputes.

The SCIA's strong interest in investment arbitration was further demonstrated that year by the issuance of a set of updated arbitration rules, which confirmed that the SCIA was prepared to administer disputes between foreign investors and States.

In 2017, the SCIA reconfirmed its strong interest in investment arbitration by hosting a major conference on Chinese companies and investment arbitration. I chaired the first session on "Latest Developments in Investment Arbitration," which assembled an extraordinary set of individuals working in various capacities in the investment arbitration community, including senior government officials, leaders of arbitral institutions, practitioners, and scholars.

In particular, the session included the following participants: Meg Kinnear, Ma Yuchi, Yao Jun, Matthew Hodgson, Sun Huawei, Peter Malanczuk, Chiann Bao and Li Yuwen. In a later session at that event, I was able to provide commentary alongside Fei Ning and Julien Chaisse. The program attracted hundreds of registrants.

The participation, at the SCIA's 2017 event, of the Secretary-General of the International Centre for Settlement of Investment Disputes (ICSID), Meg Kinnear, was followed, in 2018, by the conclusion of a cooperation agreement between ICSID and the SCIA. The agreement provides for reciprocal use of hearing facilities and services in China and the United States; ICSID's 2018 annual report highlighted the conclusion of the agreement.

The cooperation agreement with ICSID illustrates not only the SCIA's interest in investment arbitration, but also the SCIA's larger efforts to build relationships with leading institutions and individuals in the international arbitration community. Building such relationships not only enhances the SCIA's global reputation but also supports the core Belt and Road Initiative (BRI) policy goal of connectivity. As stated in the Joint Communique of the Leaders Roundtable of the Belt and Road Forum for International Cooperation: "We stand for strengthening physical, institutional, and people-to-people connectivity among all countries."[①]

With respect to institutional and people-to-people connectivity, the SCIA unquestionably has advanced such policy goals over the past decade.

As one example of the SCIA developing connectivity between institutions, in 2018 I participated in a 3-day training organized by the SCIA and the International Chamber of Commerce (ICC), held in Shenzhen, on international commercial arbitration. The event attracted more than 20 foreign legal experts, more than 30 prominent lawyers working on foreign-related business matters in Guangdong province, and more than 500,000 viewers online. Prior to that event, in 2017, the SCIA had signed a memorandum of understanding with the ICC, which strengthened cooperation between the two institutions. The SCIA also has signed a memorandum of understanding with the Singapore International Arbitration Centre, again to advance international cooperation in the area of dispute resolution services.

The SCIA also strengthened its relationship with the United Nations Commission on International Trade Law (UNCITRAL) when jointly hosting in Shenzhen a commemorative event to mark the 60th anniversary of the New York Convention. UNCITRAL's decision to support the commemorative event in Shenzhen was significant. Participants again included senior government officials, leaders of arbitral institutions, practitioners and scholars. The Secretary of UNCITRAL, Anna Joubin-Bret, and Dr. Liu each delivered a keynote address.

The SCIA's efforts to advance connectivity extend to the United States. In 2018, I participated in an SCIA-organized event held in New York, which assembled prominent US-based members of the international arbitration community, including practitioners, scholars, and leaders of arbitral institutions such as the American Arbitration Association and JAMS. Notably, the SCIA's cooperation with JAMS has expanded to include the development of a Sino-American panel of in-

---

[①] Joint Communique of the Leaders Roundtable of the Belt and Road Forum for International Cooperation (16 May 2017), para. 10.

ternational arbitrators.

The SCIA's call for contributions, "Four Decades of Shenzhen SEZ-My Story of International Arbitration at SCIA," is retrospective in nature, but on the 40th anniversary of the Shenzhen SEZ I also would like to offer a few forward-looking thoughts. With respect to international dispute resolution, the global center of gravity continues to shift toward Asia. BRI infrastructure projects are centered in Asia, which means that BRI infrastructure disputes will be centered in Asia. Leadership in dispute resolution rulemaking - including third party funding, enforceability of judgments, and online dispute resolution-increasingly occurs in Asia. There also will be expanding opportunities for interactions in Asia among a range of providers of dispute resolution services, including arbitral institutions, mediation institutions, international commercial courts, and the multilateral Asian Infrastructure Investment Bank (which devoted its 2019 Yearbook of International Law to international dispute resolution).

The opportunities for interactions between providers of litigation, arbitration and mediation services are particularly good in Shenzhen, given that one of the two tribunals of the China International Commercial Court (CICC) - which has emphasized the importance of integrating dispute resolution services as part of its "one-stop" model - is located in Shenzhen. Indeed, the connections between the CICC and Shenzhen extend well beyond the location of the CICC tribunal. Shen Sibao, who serves as Chairman of the SCIA Council, and Peter Malanczuk, who serves as a Member of the SCIA Council, also serve on the CICC's International Commercial Expert Committee. Members of the International Commercial Expert Committee are authorized to support CICC decision-making in a number of respects, including by providing mediation services as well as guidance on questions of international or foreign law. My STL colleague Susan Finder also serves on the International Commercial Expert Committee, providing an additional significant connection between the CICC and Shenzhen. I also would note that the relationship between Shenzhen and the SCIA has been further strengthened by the recent merger between the SCIA and the other leading Shenzhen-based arbitral institution, the Shenzhen Arbitration Commission.

The SCIA's Shenzhen location not only increases opportunities for interactions with a range of providers of dispute resolution services, but also reinforces the SCIA's entrepreneurial spirit. Shenzhen is a young, technology-oriented city that embraces rapid innovation. That orientation has driven the SCIA's ambitious rulemaking and relationship building and will ensure that the SCIA continues to thrive, notwithstanding increasingly significant challenges to the global economy generally and international dispute resolution specifically. The accelerating pace of change is intimidating, but ultimately favors Shenzhen and the SCIA.

译文

深圳与国际仲裁的未来

Mark FELDMAN[*]

2011年,我在北京大学国际法学院(STL)的迎新晚会上,经北京大学国际法学院创始院长Jeffrey Lehman介绍,结识了深圳国际仲裁院(SCIA)的院长刘晓春博士。我于2011年年初抵达深圳,结束了在美国国务院长达5年的代表美国政府从事投资条约仲裁的工作,转而执教于北京大学国际法学院。在那时我就意识到深圳渴望着在各个领域的国际舞台上铸造全球性声誉,这当然也包括建设国际争议解决高地这一宏伟

---

[*] 北京大学国际法学院教授。

目标。但当时我没有预见到之后近十年我与深国仲会建立如此紧密的工作联系,更遑论深圳的国际仲裁即将迎来的诸多巨变。

与晓春博士相识数月后的一天,我与几位北京大学国际法学院的同事一起参访深国仲(当时名为中国国际经济贸易仲裁委员会华南分会)的老办公楼。时任副秘书长的晓春博士带领我们参观了办公场地,直至今日我仍对那一组机构历史照片印象深刻。深国仲创设于1983年,距深圳经济特区成立不过数年。正如晓春博士所说,深国仲不仅开创了中国内地仲裁机构聘请境外仲裁员的先河,也开创了中国内地仲裁裁决按照《承认及执行外国仲裁裁决公约》(即《纽约公约》)在境外获得承认和执行的先例。

2012年年中,我与北京大学国际法学院的许多同事共同出席了深国仲新名称的揭牌仪式。近十年来,大批北京大学国际法学院学子在深国仲实习,其中不乏佼佼者成为深国仲的一员。

其中一位北京大学国际法学院毕业生迟文卉目前在深国仲国际合作与发展处担任法律顾问,并已在工作中崭露头角,曾在2019年深国仲中非仲裁交流活动中担任发言人。我熟知的另一位是与迟文卉一样在深国仲国际合作与发展处担任法律顾问的邓凯馨。我有幸参加了深国仲举办的多个活动,均是由邓凯馨主导策划和组织的。我与邓凯馨的沟通交流较为频繁和深入,这些交流也是我认识深国仲的一个窗口。

回首与深国仲近十年的合作,我认为深国仲有两大发展令人瞩目。其一是深国仲开始在国际投资仲裁领域深入布局,其二是深国仲致力于在全球范围内与国际组织、领先仲裁机构及业界贤达保持广泛稳定的交流合作。

我曾多次协助深国仲在国际投资仲裁领域进行探索。2016年,我曾在深国仲办公室与深国仲的同事们分享我代表政府处理国际投资争端的经验。同年,我与深国仲共同草拟了国际投资仲裁员名册。2016年《深圳国际仲裁院仲裁规则》,更是印证了深国仲期望在投资仲裁领域深耕的决心,也表明深国仲为应对外国投资者与国家之间的争议所做的充足准备。

2017年,深国仲举办了主题为"一带一路:中国企业与投资仲裁"的中国华南企业法律论坛大型研讨会,再次彰显了其期望开拓国际投资仲裁的信心。我主持了研讨会的第一节"投资仲裁的最新发展",这一节汇聚了投资仲裁领域的各界著名人士,包括政府高级官员、仲裁机构负责人、从业人员和学者。会议的特别来宾包括:Meg Kinnear、马宇驰、姚军、Matthew Hodgson、孙华伟、Peter Malanczuk、鲍其安和李玉文等。在研讨会的第二节,我与费宁、Julien Chaisse 一起对发言进行点评。该研讨会吸引了数百人参加。

在参与深国仲举办的 2017 年年度活动后,世界银行国际投资争端解决中心(ICSID)秘书长 Meg Kinnear 女士与晓春博士分别代表世界银行国际投资争端解决中心和深国仲,于 2018 年签署了合作协议。根据协议安排,深国仲和世界银行国际投资争端解决中心将相互为对方提供庭审设施及配套服务。世界银行国际投资争端解决中心在 2018 年的年度报告中也重点强调了该协议的签署情况。

与世界银行国际投资争端解决中心的合作不仅体现了深国仲对投资仲裁的持续关注,也展现了深国仲在加强与国际仲裁界领先机构和业界贤达建立联系方面的巨大努力。建立这样良好的关系纽带既是提升深国仲国际影响力的重要举措,也是实践"一带一路"倡议互联互通目标的应有之义。正如《"一带一路"国际合作高峰论坛圆桌峰会联合公报》中所提及的:"我们主张加强各国基础设施联通、规制衔接和人员往来。"[①]毫无疑问,过去 10 年,深国仲在推进规制衔接和人才交流方面成绩显著。

深国仲在推动促进与机构间的沟通交流方面,还有一个可圈可点的例子:2018 年我参与了深国仲与国际商会(ICC)仲裁院在深圳举办的关于国际商事仲裁的培训。二十多名涉外法律专家及三十多名广东涉外律师领军人才现场参与了培训,并有超过 50 万观众在线观看。在此之前,深国仲于 2017 年与国际商会仲裁院签署了谅解备忘录,加强了两个机构之间的合作。另外,深国仲与新加坡国际仲裁中心也签署了谅解备忘录,以进一步推动争议解决服务领域的国际合作。

联合国国际贸易法委员会(UNCITRAL)与深国仲联合举办的第八届

[①] 《"一带一路"国际合作高峰论坛圆桌峰会联合公报》(2017 年 5 月 15 日),第 10 段。

中国华南企业法律论坛"《纽约公约》六十周年与'一带一路'"研讨会,加深了深国仲与联合国国际贸易法委员会的深厚友谊。我认为联合国国际贸易法委员会决定在深圳举行纪念活动意义深远。本次论坛的与会者同样包括政府高级官员、仲裁机构负责人、从业人员和学者等。联合国国际贸易法委员会秘书长 Anna Joubin-Bret 和晓春博士分别发表了主题演讲。

深国仲推动机构互联互通的影响力扩大到了美国。2018年,我参加了由深国仲在纽约举办的活动,该活动聚集了美国境内的国际仲裁领域的知名人士,包括从业人员、学者和仲裁机构的领导人,如美国两家主要仲裁机构美国仲裁协会(AAA)和美国司法仲裁调解服务有限公司(JAMS)的负责人。值得一提的是,深国仲与美国司法仲裁调解服务有限公司的合作进一步延伸到共同创建中美联合仲裁员名册。

深国仲举办的"深圳特区40年·我与特区国际仲裁的故事"征稿活动主要是回顾过去,但是在深圳经济特区建立40周年之际,我也想聊一些对未来的想法。就国际争议解决而言,全球重心都在向亚洲转移。"一带一路"的基础设施项目集中在亚洲,这意味着与之相关的争议将集中在亚洲,亚洲也会愈发获取争议解决(包括第三方资助、判决的跨境执行和线上争议解决)规则制定的主导权。与此同时,包括仲裁机构、调解机构、国际商事法庭和亚洲基础设施投资银行(以下简称"亚投行")在内的一系列争端解决服务提供者在亚洲的合作互动也将不断深入(亚投行制定并发布了2019年国际法年鉴,着重提到国际争议解决)。

最高人民法院国际商事法庭(CICC)的两个法庭之一选址于深圳,其宗旨是为境内外当事人提供"一站式"国际商事纠纷多元化解决平台。深圳为诉讼、仲裁和调解机构之间的良好互动提供了平台。事实上,最高人民法院国际商事法庭与深国仲之间的渊源不仅限于其所在位置——深国仲理事长沈四宝和深国仲理事 Peter Malanczuk 同时也是国际商事专家委员会的专家委员。国际商事专家委员会的专家委员有权为最高人民法院国际商事法庭的决策提供支撑,包括提供调解服务以及提供国际法或外国法方面的指导。我在北京大学国际法学院的同事 Susan Finder 也是国际商事专家委员会的专家委员,她也充当着最高人民法院国际商事法庭与深圳的联系纽带。

  深圳不仅为深国仲增加了许多与争议解决机构的合作互动机会,也为深国仲注入了创新基因。深圳是一个年轻的、创新的、高科技的城市。即便全球经济和国际争议解决面临着日益严峻的挑战,深国仲的宏伟目标仍持续驱动着她不断地进行规则创新和国际合作,从而蓬勃发展。世事无常,但变化中蕴含的机遇终将让深圳和深国仲进一步走向辉煌。

译者:邓凯馨,深圳国际仲裁院国际合作
与发展处(自贸区仲裁处)法律顾问

My Story of International Arbitration at SCIA

Susan FINDER [*]

My story of international arbitration at SCIA is likely one of the more unusual ones. I have been involved with SCIA for over thirty years, and have been privileged to know many of the former leaders. SCIA has consistently been one of the most, if not the most open and internationalized Chinese arbitral institutions, taking full advantage of being in China's most innovative and open cities.

I was privileged to come to know SCIA, then the Shenzhen Commission of CIETAC through Anthony Neoh, S.C., who brought me along to one of his frequent visits. I was then a lecturer in the Law Department of the City Polytechnic of Hong Kong. I have since been involved with SCIA at every stage of my career ever since, in teaching at what is now the City University of Hong Kong, a lawyer at Freshfields, Winston & Strawn, editor at Practical Law, and now teaching at the School of Transnational Law of Peking University.

In the early days, the office was then in Tongjian Building, and the rooms were not then fully air conditioned. I recall the hearing room becoming a nap room during the Shenzhen hot summers. At the time, (the late) Dong Yougan and Zhou Huandong led the office. Dong had studied law before 1949 and he overcame many difficult years of suffering during the Cultural

---

[*] Ms. Finder is a Distinguished Scholoar in Residence at the School of Transnational Law of Peking University. She is also a Member of the International Commercial Expert Committee of China's Supreme People's Court.

Revolution to head the Shenzhen Commission. It was an appropriate role for a professional and honorable man. Zhou Huandong was uniquely able to spot talent. The staff of the Secretariat at the time included many outstanding people who have risen to be senior members of SCIA, such as Guo Xiaowen (retired secretary general), Zeng Yinyan, Guan Li, and many others who I remember very fondly. Others have left Shenzhen and the Arbitration Commission but remain major contributors to Chinese arbitration, by serving as sole or panel arbitrators in difficult cases. Among them are Li Hong and Chen Luming, now outstanding lawyers in Shanghai. I recall some staff being able to intern in Hong Kong, giving them a practical idea of how another jurisdiction operates in practice. One of those Secretariat staff included Xu Sanqiao, now an outstanding lawyer in Shenzhen. When Mr. Dong retired and went back to Beijing, Mr. Xiao Zhiming succeeded him. Mr. Xiao as a leader from Shenzhen continued the internationalized and open tradition.

Thereafter Mr. Guo Xiaowen became head of the Commission, making a major contribution to Chinese arbitration - establishing SCIA as a statutory body with independent status. His clear thinking, deep consideration of the way a foreign model could be adjusted to fit Chinese realities, and skillful navigation of procedural requirements were truly impressive. It is at that time I got to know Liu Xiaochun better. The model of SCIA as a statutory body is an important guarantor of its autonomy, ability to innovate, and be an international force.

As many people know, in the past seven years I have been writing about the Supreme People's Court (SPC) in an English language blog, giving my perspective on its developments and am now a Distinguished Scholar in Residence at the School of Transnational Law of Peking University. In that role I have been honored to help our students understand international arbitration through SCIA, and I am glad that some of our students are making important contributions to the work of SCIA. As a SCIA arbitrator, I have been privileged to be invited to arbitrator training and major professional events sponsored by SCIA. It is thanks to these events that I have been able to learn about cutting edge issues involving the Chinese judiciary and arbitration, and become acquainted with some outstanding members of China's judiciary, including several senior judges of the SPC, judges of the Shenzhen Intermediate People's Court, and judges of the Qianhai Cooperation Zone People's Court. I was glad to see that Liu Xiaochun was one of the representatives of Chinese arbitration commissions who was invited to attend the first meeting of the SPC's International Commercial Expert Committee, and SCIA is one of the institutions cooperating with the SPC and China International Commercial Court (CICC).

SCIA has consistently been one of the most, if not the most open and internationalized Chinese arbitral institutions, secured by its statutory body status, taking full advantage of being in China's most innovative and open cities, attracting outstanding arbitrators from China and abroad to join its panel.

Congratulations to SCIA and may it go from success to success!

译文

相逢一笑是前缘

——我与特区国际仲裁的点滴

范思深*（Susan FINDER）

我在深圳国际仲裁院（SCIA）的国际仲裁故事可以说绝不寻常。与深国仲打交道至今已三十余年，这期间我有幸得识深国仲的很多领导。

---

* 北京大学国际法学院长期访问杰出学者，最高人民法院国际商事专家委员会专家委员。

寄身于中国最具创新性和开放性的城市,深国仲一直都是中国最开放和最国际化的仲裁机构之一。

我经由梁定邦资深大律师介绍,得以有机会了解深国仲——当时还叫中国国际经济贸易仲裁委员会深圳分会。梁先生彼时常往返于深港之间,我在香港城市理工学院法律系做讲师的时候曾随梁先生到过一次深国仲。从那时起,不管是我后来在香港城市大学任教,在富而德(Freshfields)律师事务所和温斯顿(Winston & Strawn)律师事务所做律师,在《实用法律年鉴》(Practical Law)当编辑,还是如今在北京大学国际法学院任教,我职业生涯的每一个阶段都与深国仲紧密相连。

早期的深国仲在统建楼办公,有些房间还没有装空调。我记得开庭室也是午休室。当时,深国仲的领导是董有淦和周焕东,二老如今都已作古。董老1949年之前即学习法律,后来在深国仲担任主任,对一位专业且可敬的老先生而言也不失为一理想的归宿。周老则堪称伯乐。当时秘书处的人员有很多后来成长为深国仲的中流砥柱型人才,比如郭晓文(时任秘书长,现已退休)、曾银燕、关莉以及很多我非常想念的人。还有一些已经离开深圳和深国仲,但以担任仲裁员办理疑难案件的形式继续为中国仲裁贡献力量的老友,包括李红、陈鲁明,两位现在是上海非常优秀的律师。我还记得秘书处当时派员到香港实习,以了解另一个法域的仲裁机构实际运作的第一手资料。其中一位就是现已是深圳顶尖律师的徐三桥。董老退休后回到北京,接任的是肖志明。肖志明延续了深国仲国际化和开放的传统。

再往后,郭晓文担任了深国仲的理事长,为中国仲裁作出了一大贡献——推动深国仲进行法定机构管理。他的思路清晰,对借鉴外国法定机构立法模式以适应中国实际的深思熟虑,以及对按规范行事的工作作风都给我留下了深刻的印象。也是在那个时候,我通过他得以更了解刘晓春。深国仲的法定机构管理模式是其独立运作、持续推陈出新、积极参与国际竞争的重要保障。

很多人都知道,过去七年我一直在英文博客上撰写有关最高人民法院的文章,就其发展给出我自己的看法。我现在是北京大学国际法学院长期访问杰出学者。担任教职使我有幸帮助学生通过深国仲了解国际仲裁,我很高兴看到我的很多学生毕业后加入深国仲,为其发展贡献力量。作为深国仲的仲裁员,我有幸多次受邀参加深国仲主办的仲裁员培训和大型的专业交流活动。正是通过这些活动,我才得以了解中国司法和仲裁的前沿问题,并结识了中国司法机关的一些杰出人士,包括最高人民法院的几名资深法官、深圳市中级人民法院的法官,以及前海合作区人民法院的法官。我很高兴看到深国仲被最高人民法院纳入"一站式"国际商事纠纷多元化解决平台并与国际商事法庭紧密联系,刘晓春也受邀作为入选机构的代表参加最高人民法院国际商事专家委员会的首次会议。

有法定机构地位的制度保障,有位于中国最具创新性和开放性城市的地缘优势,有中外最顶尖仲裁员慕名而来的人才效应,深国仲的开放和国际化始终都走在中国国际仲裁机构前沿。

衷心祝愿并期许深国仲,未来更上一层楼!

译者:李雄风,深圳国际仲裁院理事会秘书

回忆与祝福

张勇健*

深圳国际仲裁院成立37周年,与深圳特区共成长,为特区的建设和发展作出了突出贡献。我在最高人民法院供职期间,因为工作关系,与深国仲多有交集与合作,对于其敢闯敢试、敢为人先、不断进取、持续进步而取得的成绩颇为感佩。

我在担任最高人民法院民二庭庭长的时候,第一次和晓春同志见面认识,从此与深国仲开始有工作往来。2014年9月前后,晓春和素丽同志到北京,商谈最高人民法院业务庭支持深国仲举办中国华南企业法律论坛的事情。晓春同志的睿智和对工作的热情,给我留下了深刻印象,我们的交流非常顺畅而富有成果。此后,我们一直支持深国仲主办的中国华南企业法律论坛,我本人也多次出席会议并作发言。那一次,晓春同志还谈到证券纠纷调解机制创新的事情,这也正是最高人民法院关心的课题,通过多元化创新方式解决证券市场日益增多的民事纠纷,需要司法机关与行政监管、仲裁等机构共同努力,集思广益。那之后不久,我携员专程去深圳就此进行专题调研,与当地法院、证监局的同志讨论和交流,并且专门拜访了深国仲,探讨证券市场纠纷解决的途径,辨析多元解决此类纠纷的优势和效率,其时,晓春同志介绍了深圳证券期货业纠纷调解中心的运作情况和经验,给我留下了深刻印象。

我于2015年10月调职至民四庭。民四庭负责审理涉外商事纠

---

* 深圳国际仲裁院专家咨询委员会副主任;曾任最高人民法院审判委员会委员、民一庭庭长、民二庭庭长、民四庭庭长、第一巡回法庭分党组副书记、副庭长。

纷,也负责审理与仲裁审查相关的案件,和仲裁界的联系与合作颇为频繁,我也因此和深国仲的接触与交流更为密切。2016 年,最高人民法院贺荣副院长赴深国仲调研,我有幸陪同前往,记得当时深国仲还在中银大厦办公,办公场地显得较为拥挤,但贺荣副院长对于晓春同志介绍的深国仲三十余年发展历程留下了深刻的印象,对于深国仲的"六个国际化"特点,给予了高度评价,并鼓励晓春同志勇于探索、大胆尝试仲裁、调解、诉讼相互衔接的纠纷解决机制。2018 年 12 月,我还陪同最高人民法院罗东川副院长赴深国仲调研,罗东川副院长对于深国仲的发展进步和取得的一系列成就表示赞赏,并期待深国仲不断探索取得更多成绩。

我于 2017 年 4 月兼任最高人民法院第一巡回法庭的工作,第一巡回法庭设在深圳,和深国仲的接触更加方便。我有幸参加了深国仲举办的许多国内、国际研讨会和其他重要活动,会见深国仲邀请的重要国际嘉宾。例如,2018 年 5 月 15 日,联合国国际贸易法委员会(UNCITRAL)与深国仲在深圳联合举办"《纽约公约》六十周年与'一带一路'"研讨会。记得那次会议高朋满座,联合国国际贸易法委员会秘书长 Anna Joubin-Bret,深圳市副市长高自民,全国人大常委会香港特别行政区基本法委员会副主任梁爱诗,香港资深大律师、香港特别行政区政府律政司前司长袁国强等均来参会;会议代表有来自联合国等国际组织,中国、法国、德国、奥地利、美国、新加坡、马来西亚、韩国、菲律宾等国家和地区约 300 人,会议回顾了《纽约公约》的历史和发展,在中国特别是在中国深圳经济特区的实践,研讨"一带一路"背景下国际商事仲裁的未来和方向。我很荣幸受邀参会,介绍了中国法院采取支持国际仲裁的包容性司法态度,在国际上已成为执行《纽约公约》的典范。再例如,我应邀参加了 2018 年 12 月召开的粤港澳仲裁调解联盟成立 5 周年大会。深国仲积极响应中央号召,牵头在前海自贸区创建联盟。联盟的成员机构包括 15 家粤港澳地区主要商事仲裁调解机构,具有广泛的代表性和影响力。我在会上发言,对粤港澳仲裁调解联盟以多元化方式、通过仲裁调解来公正、高效、低成本解决相关国际商事纠纷发挥了重要作用、取得了不俗的成绩表示赞赏,并期待粤港澳仲裁调解联盟发挥更大的作用,成为粤港澳地区多元化解决商事纠纷的亮丽名片。

深国仲立足于特区,充分利用区位优势,加强与港澳的联系与合作,同时以广阔的国际视野,学习借鉴境外经验,勇于创新,敢为人先,在新的规则、制度探索方面做了很多有益的尝试。例如,有关受理投资仲裁的规则,适用《联合国国际贸易法委员会仲裁规则》的程序指引并以香港特区为默认仲裁地的规则,以及选择性复裁机制的规则,等等。在酝酿、草拟、制定直至适用这些新规则的过程中,深国仲十分重视调研和论证,广泛听取业界和专家意见。他们十分重视与最高人民法院的沟通,虚心征求最高人民法院民四庭、第一巡回法庭的意见。晓春同志多次带队到最高人民法院民四庭和第一巡回法庭介绍相关规则的意旨和目的,我和同事们认真研究深国仲的新规则方案,与深国仲的同志一起探讨和分析,从司法审查的角度提出改进或者调整的意见。实际上,这个过程也是我们学习和研究的好机会,使法院系统从事相关工作的人员及时了解仲裁领域的新动向、新知识与新制度。

特别值得一提的是,在最高人民法院筹建国际商事法庭的过程中,深国仲提供了积极有益的建议和意见,并直接加入了国际商事法庭的综合运行机制。国际商事法庭的设立是为适应"一带一路"建设的需求,为中外当事人解决商事纠纷提供一个可供选择的新平台。2018年1月23日,中央全面深化改革领导小组会议审议通过了《关于建立"一带一路"国际商事争端解决机制和机构的意见》,明确我国将设立国际商事法庭。为落实中央要求,我们在广泛征求意见的基础上积极筹建法庭,同时酝酿成立专家委员会,并设计成立多元化纠纷解决的综合性平台。在最高人民法院调研筹建国际商事法庭过程中,晓春同志多次带队来最高人民法院民四庭、第一巡回法庭,说明深国仲的建议和设想,后来还形成了详细的书面建议稿,提交给最高人民法院。2018年5月14日,深国仲与中国社会科学院国际法研究所、对外经贸大学国际商法研究所共同举办研讨会,主题是"国际商事法庭与仲裁的衔接"(我也应邀出席会议,介绍了国际商事法庭的酝酿过程和筹建设想)。与会的二十多位专家贡献智慧,就国际商事法庭的运作及其与仲裁程序的衔接介绍了国际经验,提出了借鉴和如何付诸实践的建议。最高人民法院国际商事法庭于2018年6月29日分别在深圳和西安挂牌设立。2018年12月5日,最高人民法院召开"国际商事纠纷多元化解决机制座谈会",公布首批纳入"一站式"国际商事纠纷多元化解决机制的国际商事仲裁及调解机构,深国仲与其他四家国际仲裁机构一起被纳入首批"一站式"国际商事纠纷多元化解决机制。

深国仲 37 年的发展和进步有目共睹,其规则与制度的创新、治理机制的现代化、仲裁员结构的国际化等,令人赞叹。我们衷心地祝福深国仲在今后的岁月里,为特区的建设、大湾区的发展和国家的经济繁荣继续贡献力量,为仲裁事业的不断发展和进步贡献中国智慧,早日实现最高人民法院周强院长 2013 年在视察深国仲前海国际仲裁庭时提出的发展目标:建设成为世界一流的国际仲裁机构。

更上一层楼

张玉卿*

20世纪60—70年代我在北京一家外贸公司工作,那时公司所有发往香港的信件都要先发到广东省宝安县(即现在的深圳市),然后由宝安县人工送到香港,香港的信件也是先送到宝安县然后再发往内地各省。那时宝安县的深圳就是个小县城,像个渔村,很落后,现今的深圳令人瞠目结舌,完全是个现代先进大都市,令我这个经历前后对比的人感慨万千,为深圳感到骄傲。还记得20世纪90年代末,我应邀参加一个关于深圳市今后经贸发展战略的研讨会,会上专家们建议深圳今后要注重发展高科技,不要搞低端产品。那时经常遭遇反倾销,我还在会上专门介绍了国际反倾销法律的基本知识及中国面临的问题。当时的深圳市市长李子彬出席了会议并表示感谢大家提出的建议。果然深圳二十多年来没有走别人的老路,而是在高科技道路上奋勇开拓,让人充满了期待,也令我心悦诚服。

深圳是中国改革开放最早的实验区,现在又在大力开展先行示范区的建设,我衷心祝愿深圳不断开拓前进,永当中国改革开放的模范和排头兵,引领、代表中国改革开放的方向。

我作为深圳国际仲裁院的仲裁员已有三十多年的历史,前后承担了上百起仲裁案件的审理工作。记得20世纪末,我曾主持审理一个国际仲裁案件,一方是美国公司,一方是广东公司,仲裁语言是英文,对方指定的

---

* WTO争端解决机构专家组成员,世界银行国际投资争端解决中心(ICSID)仲裁员,曾任商务部条约法律司司长。

仲裁员是美国著名的法学专家科恩教授（Prof. Jerome A. Cohen），开庭期间他住在香港，每天往返于深圳与香港，尽职尽责。中方指定的仲裁员是广东外语外贸大学的吴兴光教授。庭审进行了七天，听取了每一方聘请的事实证人和专家证人的证言，仲裁庭每天总结当天的开庭情况，安排好下一天的工作。这可能是当时开庭时间最长的仲裁案件。最终我们三个仲裁员达成一致意见，作出了裁决。深圳国际仲裁院专门指定了一位姓林的年轻人做仲裁庭助理，他不但将仲裁庭的庭审、后勤安排得井井有条，对相关文件也十分了解，仲裁员每提到一份文件，他都会很快把相关文件找出来，放到仲裁员的面前，却从不对案件问题表达自己的意见或观点，他认真负责的专业精神得到了当事人和仲裁员的一致肯定。案件效果和影响都很好，科恩教授对该案的审理和裁决很满意，事后曾多次对深圳国际仲裁院的安排、做法给予赞赏，认为深圳国际仲裁院与国际主要仲裁中心的做法非常接近。

深圳国际仲裁院一直以改革开放为己任，致力于在深圳建设有全球影响力的国际仲裁中心；聘请国际仲裁专家帮助深圳国际仲裁院修改制定符合国际标准的仲裁规则，并为各种不同类型纠纷制定了特定规则；提供优质服务，尊重仲裁庭，从不干预案件审理与决定；与时俱进，积极、及时举办研讨会，讨论热点及前沿问题。现在深国仲设有理事会，其中1/3的理事来自境外，仲裁员覆盖77个国家和地区，境外仲裁员占比超过41%，当事人遍及100多个国家和地区。深国仲已经非常国际化，是国内从事商事仲裁的样板。2017年12月，为打造国际一流营商环境、建设国际仲裁高地，深圳市政府决定将深国仲与深圳仲裁委员会合并，这为目前中国仲裁机构树立了榜样。

最近我读了一些关于欧洲仲裁历史方面的文献，书中介绍在文字出现时仲裁活动就存在了，距今已有三千多年的历史。民间，甚至国家之间发生纠纷、争端聘请公平、公正的人士帮助解决问题是极为平常的事情。中世纪前，国家并没有关于仲裁的立法，那时无论是个人还是企业都把信誉视为生命线，仲裁也主要靠当事人的信誉。当事人间如果订有仲裁协议，就要通过仲裁方式解决纠纷，仲裁员或仲裁庭对纠纷作了裁决当事方就要自动执行，否则要失去信誉、被罚款，甚至被逐出行业商会或协会。

逐出行业商会或协会被视为当时最严厉的处罚,因为自己再无法在行业内行事。后来,国家才逐步对仲裁进行了立法,其主要目的除了规范仲裁方式、程序以外,还规定了代表国家强制性的机构——法院的支持仲裁的义务。法院支持仲裁的主要义务是要求当事人遵守和履行仲裁协议,执行仲裁裁决,法院要作为仲裁的后盾,维护仲裁解决纠纷渠道的畅通。通过国家立法客观上形成了以公权力——法院解决争议和以民间公正——仲裁解决争议的两个并行的渠道。到了20世纪,联合国开始制定仲裁统一制度,出现了划时代的1958年《承认及执行外国仲裁裁决公约》(《纽约公约》),这是国际商事仲裁快速、健康发展的基石。20世纪60年代建立的联合国国际贸易法委员会(UNCITRAL),又为世界临时仲裁和机构仲裁制定了国际商事仲裁规则,与此同时,联合国国际贸易法委员会还为各国制定和修改仲裁法提供了国际商事仲裁示范法。前述国际规范代表了当代最先进、被广泛接受的统一法律与规则,是我们理应学习、效仿的对象,也是使中国国际商事仲裁在国际上建立公信力的标准。

但我们必须清醒地看到现在中国的仲裁还未完全依据这些统一法律与规则进行立法和实践。其中如何处理好法院与仲裁的关系就是目前比较突出的问题,需要引起中国司法界和仲裁界的高度重视,应尽快妥善解决。例如,根据相关规定,如果当事人向仲裁机构提起仲裁,而另一方当事人对仲裁协议效力持有异议并请求人民法院确认仲裁协议的效力,此时如果仲裁机构已对仲裁协议效力问题作出决定,则法院不予受理;但如果仲裁机构此时尚未作出决定,则法院应予受理并应通知仲裁机构终止仲裁。[①]

这一规定存在一系列问题,也给实践带来极大困惑。首先,此规定容易引起法院与仲裁机构争夺案件的情况,因为不诚实守信的当事人在发现另一方提起仲裁后会挖空心思寻找仲裁协议上的问题,诉诸法院逃避

---

① 参见最高人民法院《关于确认仲裁协议效力几个问题的批复》(法释〔1998〕27号,1998年10月21日最高人民法院审判委员会第1029次会议通过)。该批复第三点规定,"当事人对仲裁协议的效力有异议,一方当事人申请仲裁机构确认仲裁协议效力,另一方当事人请求人民法院确认仲裁协议无效,如果仲裁机构先于人民法院接受申请并已作出决定,人民法院不予受理;如果仲裁机构接受申请后尚未作出决定,人民法院应予受理,同时通知仲裁机构终止仲裁"。笔者曾撰写《试论商事仲裁自裁管辖权的现状与中国的改进》一文,参见《仲裁与法律》(第142辑),法律出版社2019年版,第1—23页。

仲裁,而那时仲裁机构可能尚未就仲裁协议有效性(管辖权)作出决定,因为仲裁庭认为管辖权问题更适合在案件最终裁决时作出。但受理申诉的法院不会考虑这些,立即接受申诉并要求仲裁机构中止仲裁程序,从而会使仲裁程序无法继续进行。在本人了解的一起实例中,当事人向法院提出合同约定适用的联合国国际贸易法委员会仲裁规则仅适用于临时仲裁,而涉案仲裁是机构仲裁,中国仲裁法不认可临时仲裁,故仲裁协议无效,请求法院裁决中止仲裁程序。但法院受理后,长期不予审理,外籍首席仲裁员曾代表仲裁庭数次给法院写信询问何时能就仲裁协议效力作出审理,以便仲裁庭安排相关程序,因为涉及外籍仲裁员申请签证、购买机票、预订饭店等一系列问题,法院却一直不予回复,也不作出裁决。最后迫使当事方私了结案,由此造成极为不良的影响。还有的仲裁机构为满足前述批复的条件,见被申请人已到法院申请仲裁协议无效(法院立案通知被送到仲裁机构),便加班作出仲裁协议有效、仲裁机构具有管辖权的决定,引起被申请人不满,造成当事人在仲裁庭上发生不必要的对抗。其次,有的法院不认真执行批复的规定,在收到当事人主张仲裁协议无效申请后,法院只发出受理被申请人诉称仲裁协议无效的立案通知,无明示要求仲裁机构中止仲裁程序的字样,使仲裁机构和仲裁庭不知所措,也不得不自行中止仲裁程序。另外,还有的地方法院打着批复的旗号,实际上是另有他图。在笔者了解的一起涉外仲裁案中,仲裁庭作出具有管辖权和法律责任的部分裁决之后,被申请人在自己属地的中级人民法院起诉据称是涉案仲裁案对方当事人关联公司案外的某第三人。该法院通知仲裁机构称:不管法院判决结果如何都会对仲裁案的最终裁决具有影响,所以通知仲裁机构中止对仲裁案的审理。该法院还要求仲裁案件的申请人在三日内向仲裁机构申请中止仲裁庭对仲裁案作出最终裁决的审理。事实结果是申请人并未申请撤销仲裁请求和中止最终裁决的审理,而仲裁程序不得不长期停滞。

上述案例虽然可能是极个别的事例,但对中国的仲裁工作,对中国的仲裁形象都带来了非常不好的影响,也给仲裁当事人造成了严重的经济损失。

然而,这些问题并不是无法解决的,国际上早已有通行的做法。首先,国际商事仲裁中,仲裁协议约定适用《联合国国际贸易法委员会仲裁规则》的情况相当普遍。其次,《联合国国际贸易法委员会国际商事仲裁示范法》对仲裁程序等问题都有明确规定,例如该示范法第十六条规定：(1)仲裁庭可以对其管辖权,包括对关于仲裁协议的存在或效力的任何异议作出裁定。为此目的,构成合同一部分的仲裁条款应当视为独立于合同其他条款的一项协议。仲裁庭作出关于合同无效的决定,在法律上不导致仲裁条款无效。(2)有关仲裁庭无管辖权的抗辩不得在提出答辩书之后提出。一方当事人指定或参与指定仲裁员的事实,不妨碍其提出此种抗辩。有关仲裁庭超越其权限范围的抗辩,应当在仲裁程序中出现被指称的越权事项时立即提出。在其中任何一种情况下,仲裁庭如认为迟延有正当理由的,可准许推迟提出抗辩。(3)仲裁庭可以根据案情将本条第(2)款所指抗辩作为一个初步问题裁定或在实体裁决中裁定。仲裁庭作为一个初步问题裁定其拥有管辖权的,任何一方当事人可在收到裁定通知后30天内请求第六条规定的法院对此事项作出决定,该决定不得上诉;在对该请求未决期间,仲裁庭可以继续进行仲裁程序和作出裁决。该示范法第八条对仲裁一方当事人就仲裁协议和案件实体性问题向法院提出申诉时还规定,除非法院认定仲裁协议无效、不能实行或不能履行,否则就应命令当事人通过仲裁解决纠纷;还特别规定,在法院对问题未决期间,仲裁庭仍然可以开始或继续进行仲裁程序,并可对争议作出裁决。该示范法于1985年制定,2006年修订,是现代最先进的仲裁统一法,在国际上受到非常高的评价。

  通过前述对比,我们不得不承认中国仲裁法和司法解释的规定,包括仲裁机构的某些实践,与国际规范还有一定差距,某些法院的做法对中国国际商事仲裁的负面影响是明显的。据联合国国际贸易法委员会统计,截至目前世界上已有83个国家和116个法域接受并采用了示范法。因此,以《联合国国际贸易法委员会国际商事仲裁示范法》和其仲裁规则为标准,修改中国仲裁法,废止或修改相关司法解释,是中国仲裁事业自立于世界之林的必由之路。

  欲穷千里目,更上一层楼。值此深圳特区建立40周年和深国仲成立37周年之际,衷心祝愿深圳改革开放事业不断蓬勃发展,深国仲发展成为中国杰出的国际商事仲裁中心。

感受深国仲"走出去"

傅伦博*

我与深圳特区仲裁机构的接触始于20世纪90年代。我当时在深圳市人大常委会办公厅和深圳市委全面依法治市领导小组办公室工作,与特区仲裁机构有工作交往,有些了解。

2006年3月,我担任深圳市人大常委会内务司法工作委员会主任,除联系深圳市法院、检察院、公安局、司法局等单位外,也同深圳仲裁机构多了一些工作上的联系。我当时联系的深圳仲裁机构有两家,一是1983年创建的深圳国际仲裁院(即华南国际经济贸易仲裁委员会,曾名中国国际经济贸易仲裁委员会深圳分会、中国国际经济贸易仲裁委员会华南分会,也即"华南国仲""华南贸仲"),二是1995年设立的深圳仲裁委员会。2017年12月两家仲裁机构合并。我同深圳仲裁机构的负责同志郭晓文、冯百友、宋魏生、韩健、刘晓春等建立了较好的工作关系。

我曾带队调研仲裁工作,协调司法机关依法处理好撤销及不予执行仲裁裁决的工作。我还以仲裁员身份参与过几宗仲裁案件的审理,感受到仲裁的便利性,一裁终局,依裁决执行,有利于快捷、及时处理经济纠纷。总体感觉是特区仲裁机构根据深圳经济特区建设需要在全国率先设立,伴随着深圳经济特区的发展而发展,通过公正、及时处理经济纠纷,保护当事人合法权益,保障深圳特区市场经济和对外开放健康发展。

感受比较深的是,深国仲在服务企业"走出去"的同时,自身也在坚持"走出去",在服务国家发展战略、建设有重要影响的国际仲裁机构方

---

* 曾任深圳市人大常委会监察和司法工作委员会主任。

面迈出了坚实的步伐。往事历历在目。

一场记忆犹新的专业研讨会

2011年7月29日,我参加了深国仲举办的"中国企业'走出去'的法律风险与防范"研讨会,这是全国最早召开的此类会议。多年后,我仍然记忆犹新。

当时的背景是,伴随着中国经济的持续发展和对外开放,越来越多的中国企业,特别是以广东省为主的华南地区企业开始走出国门,到境外进行投资贸易等经济活动。如何防范中国企业"走出去"所面临的法律风险,如何化解中国企业在境外商贸投资活动中所发生的纠纷,成为"走出去"的中国企业共同面对的问题。

面对这样的情况,深国仲在国家、广东省和深圳市有关部门和香港特区仲裁机构的支持下,与英国特许仲裁员学会(东亚分会)在深圳联合举办了"中国企业'走出去'的法律风险与防范"研讨会。出席研讨会的企业界和国内外知名仲裁机构及律师事务所代表四百多人,偌大的深圳福田香格里拉酒店大宴会厅座无虚席。会议由时任深国仲副秘书长刘晓春主持,秘书长韩健和英国特许仲裁员学会(东亚分会)主席乔·吉尔费瑟(Joe Gilfeather)分别致欢迎词和开幕词。

研讨中,华为技术有限公司、中国平安保险(集团)股份有限公司、腾讯集团、招商局集团等华南地区代表性企业的法务、高管,从企业角度介绍了中国企业"走出去"法律风险防范的做法,给我留下了深刻印象。金杜律师事务所律师结合办案情况讲到,一些"走出去"投资的企业,因为对当地法律不熟悉,知识产权保护意识不强,纠纷解决方式约定不明确,从而产生较大法律风险甚至陷入困境,这也给我留下了深刻印象。

中场休息时,我见到主持会议的刘晓春同志。晓春同志到深国仲工作前,在广东省人大常委会办公厅、深圳市世贸组织事务中心工作过,我们有过交往。在简短交谈中,我说深国仲组织的这次会议主题好,企业"走出去"需要仲裁机构提供法律服务,深圳特区的仲裁机构也需要"走出去",服务国家发展战略。晓春同志说感谢鼓励和支持,深国仲要"走出去"。

晓春同志在研讨会第三环节发言时,从涉外经济纠纷解决的便利性、公正性、经济性、有效性等几个方面,分析了中国企业在"走出去"过程中如何防范和化解法律风险、如何防范和化解纠纷,建议中国企业在安排纠纷解决方式时尽可能选择"主场战略",并表示深国仲将努力为企业"走出去"提供法律服务。

此后几年,深圳市人大常委会内务司法工作委员会较多关注企业"走出去"及特区仲裁机构"走出去"为企业提供法律服务、服务国家发展战略的情况,我先后参加了深国仲、深圳市经济贸易和信息化委员会、深圳市科技创新委员会共同主办的"中国高科技企业走出去的法律风险防范"研讨会,深国仲和前海深港现代服务业合作区管理局共同主办的"一带一路:中国企业与投资仲裁"研讨会等会议和活动。还应深国仲要求,同晓文、晓春同志一道去广东省人大常委会内务司法工作委员会和广东省高级人民法院就有关案件管辖处理问题进行汇报,取得支持。

我也留意媒体相关报道,当看到在广东省省长马兴瑞与新加坡教育部部长王乙康的见证下,深国仲与新加坡国际仲裁中心在新加坡签署了合作备忘录,促进解决"一带一路"经贸纠纷的报道,看到深国仲依托深圳市驻北美经贸代表机构在美国洛杉矶设立中国仲裁机构第一个海外庭审中心——深圳国际仲裁院北美庭审中心的报道,看到深国仲参与共建"中非联合仲裁中心"、设立中非联合仲裁深圳中心的报道后,我很高兴,感到这是特区仲裁"走出去"、服务国家发展战略的重要脚步,打电话或发信息给晓春同志,表示祝贺。

后来,听深国仲的同志介绍,全国人大常委会副委员长万鄂湘等领导、广东省人大常委会主任李玉妹等领导都到过深国仲调研,并寄予厚望;深圳市委、市政府领导对深国仲一直很支持,市委前后几任书记王荣、马兴瑞和王伟中等对深国仲的国际化工作作过指示;时任市人大常委会主任丘海曾带领部分市人大代表到深国仲专门调研特区国际仲裁"走出去"工作;市委常委高自民指导深国仲落实中央有关文件精神,积极参与我国"一带一路"国际商事争端解决机制的构建和机构建设;为了做大做强特区国际仲裁机构,增强特区仲裁的国际竞争力,市委、市政府决定深圳国际仲裁院与深圳仲裁委员会合并为新的深圳国际仲裁院,市委郑轲、高自民等领导和市委组织部、市编办等部门给予大力支持;合并之后,市政府陈如桂、王立新、黄敏等领导对深国仲建设具有全球影响力的国际仲裁高地提出了更高的具体要求。2018年12月,深国仲被最高人民法院纳入"一站式"国际商事纠纷多元化解决机制,国际化水平持续提升。

一次印象深刻的调研活动

2019年1月,根据中央关于地方机构改革的部署,深圳市人大常委会内务司法工作委员会更名为监察和司法工作委员会,我担任更名后的市人大常委会监察和司法工作委员会主任。随后不久的3月21日,我和部分市人大代表及新组建的监察和司法工作委员会部分委员到深国仲,调研特区国际仲裁机构服务"一带一路"和粤港澳大湾区建设情况。调研座谈会前,参观了深国仲位于福田中心区深交所大楼41层的办公区。办公区走廊挂满了展示深国仲改革创新发展历程的图片,刘晓春院长陪同参观,一边走一边介绍,如数家珍。

通过介绍我们了解到,作为中国改革开放之后各省市设立的第一家仲裁机构,深国仲一直在积极推动中国国际仲裁在特区的创新发展:1984年在中国率先聘请境外仲裁员;1989年开创中国第一个内地仲裁裁决依照联合国《承认及执行外国仲裁裁决公约》获得境外法院强制执行的先例;率先制定《关于适用〈联合国国际贸易法委员会仲裁规则〉的程序指引》;率先探索"选择性复裁机制";率先推出谈判促进规则;率先实践"展会调解+仲裁""商会调解+仲裁"和"香港调解+深圳仲裁"机制。深国仲走出去,与联合国国际贸易法委员会(UNCITRAL)、世界银行国际投资争端解决中心(ICSID)、国际商会(ICC)仲裁院等国际组织以及香港国际仲裁中心(HKIAC)、新加坡国际仲裁中心(SIAC)等知名国际仲裁机构建立了紧密合作关系……

晓春同志介绍过程中指着2011年"中国企业'走出去'的法律风险

与防范"研讨会的一幅图片说："傅伦博主任也参加了这次会议,他当时就鼓励我们'走出去'。"

在深国仲办公区走廊悬挂着的"天圆地方"照片前,晓春同志介绍说,"方"表示独立、方正,"圆"代表和谐、圆满。晓春同志还介绍了与"天圆地方"相联系的深国仲"3i"理念,即独立(independence)、公正(impartiality)、创新(innovation)。

在随后的座谈会上,深国仲工作人员介绍了近些年深圳仲裁机构走出去,服务"一带一路"和粤港澳大湾区建设的情况。深国仲早在2013年就发起成立了粤港澳仲裁调解联盟,有机整合粤港澳多元化争议解决资源,加强大湾区法律服务机构和专业人士间的密切交流和合作,服务国家"一带一路"和粤港澳大湾区建设大局。深国仲仲裁和调解当事人目前已遍及全球119个国家和地区,仲裁员名册覆盖77个国家和地区,基本实现"一带一路"沿线国家全覆盖,境外仲裁员有385名,占比达41%,国际化比例全国领先。深国仲第二届理事会13名理事中有7名来自香港特区等地的境外,包括香港前律政司司长梁爱诗、袁国强,香港证监会前主席梁定邦。近年来深国仲在香港执行的裁决案件数量位列内地仲裁机构第一位,执行率100%。2015年,深国仲在前海深港现代服务业合作区受理并用13天时间仲裁解决了一宗中美跨境投资纠纷,案件争议金额达134亿元人民币,为中国有史以来金额最大的仲裁案件。三方当事人和代理律师高度赞赏中国特区国际仲裁的独立、公正、高效、创新和专业。深圳仲裁的国际化程度、公信力不断提升。

参加调研的市人大代表、监察和司法工作委员会委员表示,这次调研活动印象深刻,对深国仲的工作给予了充分肯定。深圳国际仲裁因深圳特区改革开放而生,随深圳改革开放的发展而发展,近年来更是"走出去",服务国家发展战略,影响力遍及亚非欧美。深圳国际仲裁机构的独立性、国际化、公信力日益增强,在营造深圳稳定公平透明、可预期的法治化营商环境方面发挥了积极作用,在深圳特区改革开放发展的历史进程中,留下了闪光的印记,写下重要的一笔。

调研活动结束前,我还和晓春同志就制定《深圳国际仲裁院条例》立法事项作了沟通。早在2012年,在深国仲推动下,深圳市人民政府颁布了《深圳国际仲裁院管理规定(试行)》。2019年1月,黄亚英、刘晓春等部分市人大代表在市人代会上提出在特区政府规章的基础上总结完善提升,制定《深圳国际仲裁院条例》的立法议案。市人大常委会交由我所任职的监察和司法工作委员会办理。监察和司法工作委员会研究立法议案时,认为制定条例是必要的,同时也认真研究了立法权限问题。经认真研究,我提出,条例主要是对作为法定机构的深国仲怎么管理进行规范,不涉及仲裁基本制度,运用深圳经济特区立法权,在遵循宪法和国家仲裁法基本原则的前提下,先行先试,对仲裁院决策机构理事会、执行管理机构设置和职责作出规范,体现法人治理结构,是合适的,有利于同国际通行做法接轨,有利于进一步"走出去",建设有影响的国际仲裁机构。在沟通意见时,晓春同志认为,条例主要是对仲裁机构管理进行规范,核心内容是法定机构治理机制,建立健全国际化、专业化、社会化治理结构,体现法人治理,体现独立性,增强公信力,对营商环境建设和特区发展意义重大,希望人大支持该项立法。我表示,人大与有关方面沟通,列入市人大常委会年度立法计划,推进立法进程(我于2019年10月退休后,仍然关注深国仲条例制定情况。在本文2020年5月成文时,我通过深圳市人大常委会监察和司法工作委员会办公室了解到,市人大常委会已将制定深圳国际仲裁院条例列入2020年立法计划,市人大常委会骆文智主任、贺海涛副主任多次听取条例草案起草情况汇报;市人大常委会监察和司法工作委员会任彤主任组织条例草案征求社会各界意见的工作,并于2020年5月主持召开了条例草案专家研讨会,我应邀参加;条例草案拟提请2020年6月举行的市人大常委会会议审议)。

在深国仲的调研活动结束时,我们同晓春同志等来到深国仲办公区临深南大道的窗边,三月的深圳,春意盎然,放眼望去,主城区和深圳湾尽收眼底,高楼林立,车水马龙,生机勃勃,欣欣向荣。

我想,我们所在的深国仲正是在深圳特区改革开放大潮中创立发展、"走出去",并同深圳这个城市一起成长的。2019年春,中央要求深圳先行示范,建设成为具有全球影响力的现代化、国际化、创新型城市,成为我国建设社会主义现代化强国的城市范例,而法治城市示范是其重要战略定位。祝愿作为特区重要法治工作机构的深国仲,进一步立足深圳、扬帆出海,在服务"一带一路"建设和粤港澳大湾区建设、助力实现深圳城市发展目标的同时,早日实现建设成为具有全球影响力的国际仲裁高地的目标。

本文写于 2020 年 5 月

特区国际仲裁浓墨重彩的一笔

袁晓德[*]

时光荏苒,深圳经济特区从 1980 年成立至今,已整整 40 个年头,作为特区法治建设的突出成果,深圳国际仲裁院自 1983 年成立至今,也已经走过了 37 载春秋。在这段征程中,我有幸见证并参与了深圳证券期货业纠纷调解中心的发展与完善,尤为深刻地体会到经济与法治的紧密联动、相辅相成。站在新的时代起点,回首这段征程,我想讲述特区国际仲裁浓墨重彩的一笔——资本市场"四位一体"纠纷解决机制的创建和发展,以及与之伴生的深圳证券期货业纠纷调解中心的故事。

20 世纪 90 年代以来,中国资本市场发展迅速,一方面吸引了众多中小投资者入市,另一方面也催生了大量多样复杂的资本市场纠纷,亟须得到妥善解决。由于传统纠纷解决方式的局限性,构建专业、高效的资本市场纠纷解决机制迫在眉睫。

2012 年年底,深国仲刘晓春院长找到时任深圳证监局局长的焦津洪,提出结合他在美国证券仲裁调解机构学习的经验以及博士论文研究成果,尝试依托深国仲,集合调解、行政监管、行业自律多方资源,在深圳建立一个专门解决资本市场纠纷的机构。津洪同志随后找到了我,希望我能参与这项工作。当时我已退休,但被这个想法深深地打动,我感到中国资本市场正需要这样的机构。我有幸能继续为中国资本市场的发展贡

---

[*] 深圳证券期货业纠纷调解中心理事长,粤港澳仲裁调解联盟副主席,曾任深圳证监局副局长。

献力量，当然义不容辞！

在确立初步工作思路和方案后，深国仲与深圳证监局迅速开展推进工作。经过多次讨论，最后确定构建"专业调解+商事仲裁+行业自律+行政监管"四位一体纠纷解决机制。在中国证监会的支持下，2013年1月，深圳证监局与深国仲签署合作备忘录。当时深圳证监局的焦津洪、朱文彬同志和深国仲的郭晓文、刘晓春同志还有深圳证券交易所的代表付彦、资本市场的代表厉伟等参加了签约。按照合作备忘录的安排，两个机构共同推动在深圳设立一个独立的公益性二类事业单位法人——深圳证券期货业纠纷调解中心。深圳证监局作为业务指导单位，深国仲、深圳证券交易所、深圳市证券业协会、深圳市期货同业协会、深圳市投资基金同业公会作为创始理事单位。深国仲具体负责深圳证券期货业纠纷调解中心的日常运营，深圳证券交易所提供一处300平方米的办公室作为办公场地。

在这里我特别想给深圳市委和深圳市政府点赞。深圳证监局和深国仲的领导与深圳市政府领导及深圳市编办王京东主任等沟通此事，深圳市政府和深圳市编办在一个月之内就同意深圳证监局和深国仲的提议，完成所有审批手续，批准设立深圳证券期货业纠纷调解中心为公益性事业单位。我认为，在行政机构和事业单位"只减不增"的机构改革大背景下，为了保障资本市场的健康稳定发展，特区如此高效地给予支持，批准设立一个新的事业单位，很有魄力。1984年我就从上海来到深圳特区，目睹了特区改革和资本市场创建的一些事件。在改革开放新时期，特区对深圳证监局与深国仲推动的协同创新给予特别支持，让我又一次体会到特区建立之初"特区特事特办"的干事创业氛围，体现了特区的担当。

其后，深圳证券期货业纠纷调解中心理事会第一次会议在深国仲的前海国际仲裁庭召开，我被大家推举为理事长。在各方共同努力下，2013年9月23日，在深圳证监局会议厅召开深圳证券期货业纠纷调解中心成立大会，来自各地的调解专家和资本市场代表汇聚一堂。直到现在，我仍清楚地记得当时的心情，虽然是一个全新的机构，但我却发自内心地充满自信和期待，因为我知道，这是一个应运而生、充满创新能量的机构。它的诞生,将为中国资本市场纠纷解决开启全新的局面,也将为特区法治建设增添浓墨重彩的一笔。我感到信心满满,因为我的背后有深国仲及各理事单位的支持和助力,我所倚靠的是特区法治环境和投资者保护机构融合的力量。

深圳证券期货业纠纷调解中心的发展也确实如我所料,从开始运作到现在,各个理事单位合作无间,同心携手,共同为这个机构贡献自己的力量。这为机构的高效顺畅运作、公平公正处理案件奠定了基础。截至 2020 年 5 月 30 日,深圳证券期货业纠纷调解中心受理各类咨询案件共计 4 489 宗,正式受理调解案件 749 宗,其中调解成功 578 宗,和解金额近 30.97 亿元人民币。从当初一个不甚为业界所知的机构,成为被最高人民法院和中国证监会指定的"证券期货纠纷多元化解机制试点调解组织",深圳证券期货业纠纷调解中心的行业口碑不断积累,已产生立足深圳、辐射全国的行业影响力。调解当事人遍布中国内地所有省份,大量调解通过仲裁被赋予强制执行力,投资者保护功能得到充分发挥。

有一些典型案例,在市场上产生了很好的影响。2014 年,深圳证券期货业纠纷调解中心与中国证券投资者保护基金有限责任公司共同处理了"海联讯"上市公司虚假陈述民事赔偿案,帮助全国各地近万名投资者获得先行赔付;2017 年,化解某证券公司资管计划违约案,分布在全国各地的四百余名投资者共计获赔 5.65 亿元人民币;2017 年,成功化解了国内首例上市公司控制权纠纷——长园集团和沃尔核材上市公司控制权之争,并被最高人民法院、中国证监会评为"证券期货纠纷多元化解十大典型案例"。在调处上市公司控制权纠纷过程中,深圳证券期货业纠纷调解中心还于 2018 年成立了境内首家专注于资本市场并购纠纷解决的专业平台——"并购争议解决中心",以加强上市公司并购领域的法律问题研究和纠纷化解。

回顾过往的探索和实践,我的体会是,"四位一体"争议解决机制以保护中小投资者合法权益为中心,突破了传统纠纷解决方式的局限,创造性地将调解机构、仲裁机构、自律组织、监管部门有机整合起来,为资本市场提供了非常有效的纠纷解决机制。实践证明,深圳证券期货业纠纷调解中心的工作实现了经济价值、法律价值、市场价值和社会价值的统一。

近年来,深圳证券期货业纠纷调解中心又迎来了新的发展机遇。2018 年,上海证券交易所、全国中小企业股份转让系统、资本市场学院、中国证券登记结算有限责任公司深圳分公司等成为理事单位,为深圳证券期货业纠纷调解中心注入了新的力量。2019 年,为落实粤港澳大湾区建设的国家战略,以粤港澳三地共 15 家主要商事仲裁调解机构合作创立的"粤港澳仲裁调解联盟"为依托,在深国仲的支持下,深圳证券期货业纠纷调解中心参与推出了《粤港澳仲裁调解联盟争议解决规则》。此举推广了"四位一体"经验,确立了大湾区"调解+仲裁"紧密对接制度,推动了大湾区争议解决机制的互认、共生、衔接与融合。

在参与这些工作的过程中,最令我感动的有两点:一是创始单位深国仲持续多年的投入和付出。可以说,因为有深国仲团队的不断努力,我这个理事长才能做得踏实、安稳、省心。他们不计报酬、忘我付出,从零开始联络汇集资本市场专家资源,组织调解员完成了大量纠纷的调处工作。2015 年股市出现异常波动,大量当事人涌到调解中心,情绪激动地要求维权。深国仲团队和调解员担当在前,以温暖的态度化解了群体事件。正是因为有这样尽责、奉献的团队,深圳证券期货业纠纷调解中心才能有今日之发展,才能不断迸发创新、进取的能量。二是不忘初心、坚持公益定位。深圳证券期货业纠纷调解中心最初创立时,我们就确定了机构的性质为公益性事业单位法人,不以营利为目的,为保护中小投资者贡献力量。随着机构的不断壮大、受理案件的不断增多、争议金额的不断增长,外界也有声音建议我们修改管理制度,开启收费模式,并试图加入"分一杯羹"。但可以自豪地说,我们不为所动,踏实做事不讲"钱"是我们做事的风格,也是机构创办以来一直坚持的原则。直到现在,深圳证券期货业纠纷调解中心仍坚持最初创立时制定的规则——调解中小投资者与深圳证券交易所上市公司、与地方行业自律组织会员之间的纠纷,以及地方行业自律组织会员之间的纠纷,不收取费用。这一点,我们会坚持下去。

从 2013 年到现在,深圳证券期货业纠纷调解中心运作已进入第八个年头,我作为理事长,参与并见证了深圳证券期货业纠纷调解中心从一个想法到落地生根、再到发展壮大的过程。目前,深圳证券期货业纠纷调解中心已经成为中国资本市场纠纷解决的金字招牌,也成为深圳这一创新之地、金融之都法治化营商环境的亮丽名片。在深圳特区建立 40 周年之际,我期待深圳证券期货业纠纷调解中心发挥更大的作用、书写新的辉煌篇章。

阳春布德泽　万物生光辉

付彦*

中小投资者合法权益保护,是证券市场永恒的主题,也是践行习近平总书记以人民为中心的发展理念的具体体现。2011年下半年,我从北京回到深圳证券交易所法律部工作,主要任务就是做好证券市场规则制度建设,保护中小投资者合法权益,维护市场稳定运行。也就是从那时候起,我与深圳国际仲裁院结下了不解之缘。

翻开深圳国际仲裁院的历史,你会为其诸多的"第一"和"率先"而惊叹:成立于1983年,是改革开放后各省市设立的第一家仲裁机构;1984年,第一个聘请境外人士担任仲裁员的仲裁机构,彰显了深圳国际仲裁院国际化、专业化本色;1989年,开创第一个内地仲裁裁决依照联合国《承认及执行外国仲裁裁决公约》获得境外法院强制执行的先例。在组织及业务创新方面,2012年率先建立国际化的法人治理机制,确立以国际化、专业化的理事会为核心的法人治理结构,其中要求来自香港特区等地的境外理事不少于1/3;在制度上确立决策、执行和监督的有效制衡,强化仲裁的独立性,消除境内外当事人对中国仲裁机构独立性和公信力的顾虑;率先规定可以受理东道国与外国投资者之间的投资仲裁案件,率先制定《关于适用〈联合国国际贸易法委员会仲裁规则〉的程序指引》,率先探索"选择性复裁机制",率先推出谈判促进规则,率先实践"展会调解+仲裁""商会调解+仲裁"和"香港调解+深圳仲裁"机制。

2013年9月,深圳国际仲裁院与深圳证监局、深圳证券交易所共同

---

* 深圳证券交易所法律部总监。

推进设立深圳证券期货业纠纷调解中心,率先建立调解、仲裁、自律监管与行政监管"四位一体"的多元化纠纷解决机制。而我作为调解中心第一届委员,有幸参与了首宗案件的调解工作,见证了调解中心的建立、完善和发展壮大,为中国证券市场建立多元化纠纷解决机制作出了有益的探索。

  2013 年 9 月的一天,我接到调解中心的电话,问我是否愿意担任调解中心第一宗调解案件的调解员。经了解,案件是这样的:投资者 A 为某券商营业部的客户,在交易过程中,A 在买入某风险警示类股票时,原本应该按照交易所规则要求,阅知相关风险后方可买入,但由于营业部技术原因,A 虽然知道该股票为高风险股票,但没有按程序阅读风险提示。买入后该股票下跌,A 因出现亏损而与营业部产生纠纷,多次协商不成,并因为在往返营业部进行沟通过程中摔跤造成身体不适,导致矛盾激化。

  调解中心受理申请后,细致周全地做了各种准备工作,多次与投资者 A 及相关当事人沟通,了解其诉求,向其介绍调解工作的有关事项,并在一周内组织开展了调解工作。我在认真查阅证监会及交易所的相关规则制度后,认为该案中投资者 A 具有多年股票投资经验,对风险警示类股票有一定的认知,应该对自己的投资行为和结果负责。而券商营业部由于技术原因致使交易所相关业务规则没有落实到位,没有履行好投资者的适当管理义务,亦应承担一定的责任。据此,我对当事人双方,尤其是投资者 A 进行了耐心细致的讲解,讲明投资者应该树立风险意识和"买者自负"的道理;对营业部一方,针对其工作中的疏忽带来的后果及如果通过诉讼程序对其商业信誉可能造成的不利影响,帮其分析如果选择诉讼程序可能需要的时间成本及结果,为其提供解决问题的最佳路径。在大家的共同努力下,双方当事人终于达成共识,握手言和,僵持几个月的矛盾得以化解,积压在投资者心头的阴霾和不快一扫而光。双方当场签署了和解协议,确定了补偿金额和履行期限,营业部还向投资者赠送了高等级的服务套餐。

  虽然首宗调解案件并不复杂,但对调解中心来说,意义重大。良好的开端是成功的一半,而成功的另一个重要因素是持之以恒、坚韧不拔。调解中心在深圳证监局、深圳证券交易所、深圳证券业协会、深圳市期货同业协会、深圳市投资基金同业公会等机构的支持下,以"咬定青山不放松"的精神,持续为证券市场中小投资者保护工作作出不懈的努力和探索。

2015年股市发生异常波动期间,很多投资者因为场外配资、融资融券等业务与券商及相关机构产生纠纷,当时市场上因强制平仓引发的矛盾突出,大量案件蜂拥而至。针对这种新业务模式在立法和司法领域均没有先例的情况,调解中心根据当事人的申请,组织专业人士以最快的速度进行调解,为稳定市场、化解纠纷发挥了极其重要的作用。之后,调解中心受理的案件由最初常见的投资者与营业部之间的纠纷,扩展到强制平仓、公司僵局、股东之争、PE股权纠纷以及投资者与公司之间因信息披露违规而产生的损害赔偿等,受案范围不断扩大,案件情况也日益复杂,专业性要求越来越高。

独立、专业、高效、低成本解决证券期货市场的各种纠纷,是调解中心持之以恒的理念,也是近几年能够成功化解日益复杂的证券期货纠纷的原因所在。首先,从独立性来看,作为深圳市政府特别批准设立的公益性事业单位法人,调解中心理事会、秘书处依章程独立运作,其独立性和中立性获得资本市场纠纷当事人的信赖。其次,调解中心始终将专业性放在重要位置。为保证调解工作的服务质量,调解中心本着公益为民的精神,经过精挑细选,聘请了86名来自资本市场的调解员(目前已增加至106名),这些调解员均为证券、期货、基金、风险投资、金融及公司法等相关领域的境内外专家,具备良好的公信力、专业素养、调解能力和职业操守,能够针对行业特点和专业问题开展纠纷调处和矛盾化解工作。再次,坚持和谐、保密和低成本的原则,尊重当事人的感受,注重维护当事人间的良好关系,并可根据当事人意愿和纠纷的实际情况灵活提出解决方案,和谐解决纷争。同时,对中小投资者与机构之间的纠纷不收取调解费用,实实在在地践行以人民为中心的理念。最后,建立了调解、仲裁、自律和监管"四位一体"紧密结合的纠纷解决机制。当事人经调解达成和解协议的,任何一方当事人可依据和解协议中的仲裁条款,申请仲裁院按照和解协议的内容依法快速作出仲裁裁决,使得和解协议的内容具有可强制执行的法律效力。

调解中心成立至今,伴随着中国证券市场的稳步发展,也在不断发展壮大,得到社会各界的广泛认同。近几年,除创始理事单位外,上海证券交易所、全国中小企业股份转让系统、中国证券登记结算有限责任公司、资本市场学院等纷纷加入,聚集了更多有公信力的市场机构,也将为中小投资者提供更广泛、更优质的服务。

回首往事,历历在目。深圳证券期货业纠纷调解中心成立初期,时任深圳证监局局长的中国证监会焦津洪首席律师倾注了大量心血,全力推动调解中心的设立,并亲自谋划部署初期的工作;深圳国际仲裁院刘晓春院长更是在人力、物力方面给予大力支持,派出深圳国际仲裁院的精兵强将亲自负责调解中心的工作,安欣副院长和周毅处长都是调解中心成立初期的主要干将,为调解中心如何拓展业务、提高调解效率、吸纳行业专家等做了大量工作;深圳证监局的袁晓德副局长放弃了闲适的退休生活,义务担任调解中心的理事长;等等。

时光荏苒,岁月如梭。七年的时光,对于一个机构来说,正值青春年少,风华正茂。证监会易会满主席在2020年"5·15全国投资者保护宣传日"活动上指出:"投资者是资本市场发展之本,尊重投资者、敬畏投资者、保护投资者,是资本市场践行以人民为中心发展思想的具体体现。"我们有理由相信,当风华正茂的调解中心遇到投资者保护这个永恒的主题,一定会激发出探索求实的活力,迸发出激情四射的火花。正所谓:阳春布德泽,万物生光辉。

转身终不离初际

宫晓冰[*]

回首深圳经济特区建立40周年,难免想起深圳国际仲裁院的新生和中国华南企业法律论坛的成长。这两件事情,我都亲身经历和见证,那时候我还在香港特区工作。

深圳一小步,中国一大步

2007年,我从司法部律师公证司司长的岗位转到央企中国港中旅集团公司,先是任总法律顾问,后来兼任集团副总经理。由于我主要分管集团的法务工作,自然与香港中资企业的法务、高管及其毗邻的深圳特区法律界人士有较多接触。在深圳接触较多的是中国国际经济贸易仲裁委员会华南分会(现称深圳国际仲裁院)的郭晓文和刘晓春,两位领导都是北京大学法律系毕业的高材生。记得2008年我随香港中资企业协会代表团访问深圳,跟他们初相识,代表团对他们在深圳开始探索的"商会调解+仲裁"机制印象极为深刻。随后,他们推动与香港中资企业协会合作,共同创建"香港调解+深圳仲裁"跨境争议解决机制,为香港中资企业和其他企业服务。在与他们始于工作关系的交往中,逐渐感觉我们都有一种完善中国法治的理念与追求,并以此为纽带建立了深厚友谊。

2012年,我经历了中国国际经济贸易仲裁委员会华南分会的"华丽

---

[*] 中国华南企业法律论坛第一届、第二届主席,曾任司法部律师公证司司长,香港中旅集团副总经理、总法律顾问。

转身",或者说"新生",并尽我之所能为这一进程助了一臂之力。这一年,中国国际经济贸易仲裁委员会华南分会冲破了原有管理体制和运作机制的束缚,在深圳市委市政府、广东省委省政府和国家有关部委的支持下,以华南国际经济贸易仲裁委员会和深圳国际仲裁院的名义进行法定机构改革。

从我的观察来看,2012年的改革,不仅仅是机构更名那么简单,其意义在于建立国际化、专业化的法人治理机制,防止地方保护、行政部门干预和内部人控制,并且通过专门的特区立法加以法定化,在特区建设更有公信力的国际仲裁平台和稳定公平透明、可预期的营商环境。这需要创造力,需要自我革命的改革勇气,需要持之以恒的魄力和毅力,也需要深圳市委市政府有建设国际化城市的信心、决心和胸怀。因此,2012年12月9日,在华南国仲举行"启用新名称、新规则、新名册通报会暨2012年仲裁员培训会"上,当中外媒体问我对特区国际仲裁机构改革的体会时,我发自内心地说:"深圳一小步,中国一大步",被《香港商报》等用作整版报道的大标题。

近八年过去了,我欣喜地见证了这一"转身"的成果。华南国仲"转身"之初的2012年,仲裁立案242宗,争议金额39.62亿元人民币。2019年,仲裁立案7 815宗,争议金额792.23亿元人民币,增长到20倍。这些数据,充分印证了华南国仲在我国市场经济的法治化进程与争议解决机制中越来越重要的地位与作用,也折射出深圳这座特区先锋城市的国际公信力。

"十年磨一剑"

中国华南地区,尤其是粤港澳地区,是中国连接世界市场的主要通道之一。华南地区的各大企业,在这个高度市场化和国际化地区,拥有共同的或者说相似的企业文化和市场理念;各大企业的法律事务管理者,在促进企业的健康、和谐发展方面发挥着重要作用,也积累了维护企业合法权益的有益经验。但是,由于缺乏一个共同的平台,在不同法域、不同城市、不同行业、不同领域的企业法律事务管理者之间,各自拥有的法务工作经验未能得到充分的交流和分享。

基于以上情况,2011年年中,华南国仲开始推动创建一个跨境、跨省市、跨行业、跨所有制的企业法律经验交流高端平台,即中国华南企业法律论坛。由于华南国仲在广大企业中的公信力和推动力,以华南地区为主的代表性企业很快达成共识。2011年7月下旬,确定了15个发起人单位:香港中旅(集团)有限公司、华润(集团)有限公司、中国法律服务(香港)有限公司、中国南方航空股份有限公司、广发银行、深圳证券交易所、中国平安保险(集团)股份有限公司、华为技术有限公司、中兴通讯股份有限公司、深圳市投资控股有限公司、广东省广业集团有限公司、招商局集团有限公司、沃尔玛(中国)投资有限公司、广西北部湾银行和腾讯集团。中国华南企业法律论坛以粤港澳地区为重点,辐射境内外。论坛的首批成员共131人,主要为来自香港、广州、深圳等华南地区具有代表性的大型国企、民企和外企的法务、高管,也有来自境内外其他城市的代表。

在中国华南企业法律论坛筹建之初,第一届论坛主席由谁来当呢?晓春跟我商量,说我有代表性,希望我来出任主席。晓春自己在香港回归前后也曾在香港中资企业工作过,对境外中资企业的业务需求有多年的了解。论坛筹委会经过研究,鉴于我是"法律科班出身"、有在司法部工作的经历和在香港央企工作的背景,共同推举我担任首届论坛主席。

我觉得创建中国华南企业法律论坛是法律界和工商界的一件好事,承蒙大家的厚爱与信任,我欣然接受,担任第一届论坛主席。第一届论坛提名的副主席有姚军、阎飙、陈威华、吴晓晖、王立宪、王春阁、艾文博、徐罡、夏桂英、郑勇、张颖、郭小明、赵锡军。

2011年7月29日,华南国仲在深圳香格里拉酒店举办"中国企业'走出去'的法律风险与防范"研讨会,中国华南企业法律论坛正式宣布成立。来自粤港澳地区有关政府职能部门、裁判机构、工商界和律师界代表几百人出席了论坛的成立酒会。深圳市人民政府的领导到会祝贺。商务部条法司、最高人民法院民四庭、广东省司法厅、广东省国资委、深圳市中级人民法院等机构,以及英国特许仲裁员学会(东亚分会)、香港中国企业协会、香港国际仲裁中心、香港律师会、香港大律师公会、香港特许秘书公会等机构的负责人到会祝贺并与企业代表进行交流。

在首届中国华南企业法律论坛成立大会上,我作为主席介绍了论坛的宗旨:第一,推动华南地区企业法律事务管理者的信息沟通、专业交流、经验共享和业务合作;第二,加强华南地区企业法律事务管理者与境内外法律界的沟通;第三,提升华南地区企业法律事务管理水平、风险防范和争议解决能力;第四,促进论坛成员企业之间纠纷的和解;第五,追求企业法律事务管理者的共同成长和进步;第六,维护企业的经营安全与合法权益。

中国华南企业法律论坛作为中国企业法务的第一个论坛,每年年度主题研讨会都选定中国企业最关心的商事法律热点问题进行深入探讨。后来的多届论坛,最高人民法院、商务部、司法部、国务院国资委、证监会等部门和联合国国际贸易法委员会、国际投资争端解决中心等国际组织都派代表出席,与来自全国和境外的代表性企业法务、高管进行交流。法律界倾听企业的声音,企业倾听法律界的声音;监管机构和裁判机构倾听市场的声音,市场倾听监管机构和裁判机构的声音;实务界倾听理论界的声音,理论界倾听实务界的声音;境外倾听境内的声音,境内倾听境外的声音。在倾听中增进业务了解,在讨论中增进专业共识。

2013年12月8日,华南国仲举办第三届中国华南企业法律论坛暨"中国股权投资与公司治理"研讨会。我在总结讲话中表示:第一,本届会议主题选得非常好,紧扣三中全会关于深化经济体制改革的决定所指明的大方向,无论是股权投资还是公司治理,都是进一步深化改革的重要内容,广大企业十分关心;第二,本届会议邀请了来自中央部门以及有关高校的专家和学者,他们对本次主题中前沿法律问题的分析,对广大企业有非常深刻的启迪意义;第三,参加本届会议的资本市场从业人士、律师、公司法务和高管,他们提供了大量的股权投资和公司治理方面的信息和案例,这对中央相关部门在制定政策时有良好的借鉴作用。我相信,有各位论坛成员的积极参与,有社会各界的大力支持,在华南国仲的支持和推动下,中国华南企业法律论坛一定能够成为中国国际商事法律论坛的知名品牌,能够为中国企业的风险防范及处理发挥积极的作用,为中国经济的繁荣作出应有的贡献。

就是在2013年这届主题年会上,中国华南企业法律论坛主席团换届,中国平安保险(集团)股份有限公司的姚军接替我出任新一届的主席,我则继续担任顾问。由姚军主席和陈威华副主席等组成的主席团,做得非常好,中国华南企业法律论坛已经是中国国际商事法律论坛的知名品牌,而且发挥了非常好的作用。

难能可贵的是,华南国仲主导搭建的中国华南企业法律论坛一直以企业关心的问题为中心,除了每年的年度主题研讨会,还有众多的专题沙龙,都是围绕企业关心的热点、难点、焦点、痛点问题而展开,境内外企业受益匪浅。这充分体现了华南国仲"以当事人为中心"的理念和服务企业的宗旨。

更加难能可贵的是,中国华南企业法律论坛已连续成功举办了九届,今年将举办第十届。做好一件事可能容易,但能够坚持做好一件事很难,需要有理想、有信念、有毅力、有使命担当,需要初心不改。

华南国仲和中国华南企业法律论坛,于我而言都是十分美好的人生感念。

我与中国华南企业法律论坛

姚军[*]

早在 2011 年,华南国仲(即深圳国际仲裁院)创建华南企业法律论坛的时候,晓春院长就跟我说,建立论坛的目的是"搭建中国企业法律事务管理者跨境、跨行业高端交流平台,加强企业界和法律界、境内与境外、实务界与理论界、政府与市场、裁判机构与律师的充分交流,共同营造国际化、法治化营商环境"。中国华南企业法律论坛于 2011 年 7 月 29 日在深圳成立,由华南国仲发起,并在中国华南地区(包括港澳台地区)代表性企业的支持下,每年举办一届大型主题研讨年会和若干次专项研讨会,年会已经成功举办了九届。通过论坛的年度主题研讨会和各种专题沙龙,我们对热点法律问题进行探讨,既有专业人员的经验分享,又有专业人员的点评,使得企业关心的热点问题的法律解决方案更加清晰明了,这是华南国仲专业性的体现。2011 年 7 月,晓春院长提议让我担任第一届论坛主席团副主席,并让我在主题研讨会上分享中国企业"走出去"投资的风险管理经验,与来自境内外的几百名会议代表深入探讨热点法律问题,那次主题研讨的前瞻性很强,至今印象深刻。

第一、二届论坛主席是中国港中旅集团副总经理、总法律顾问宫晓冰先生(曾任司法部律师公证工作指导司司长),2013 年要举办第三届论坛时宫总即将退休,他提出要辞去主席一职。记得当时的华南国仲理事长郭晓文和晓春院长找我谈话,说中国平安集团在境内外有较强的影响力

---

[*] 第一、二届中国华南企业法律论坛副主席,第三至八届中国华南企业法律论坛主席,中国平安保险(集团)股份有限公司首席律师。

和代表性,希望我能接任论坛主席团主席。华南国仲当时在深圳市政府指导下已开始推行现代法人治理体系建设,华南国仲的领导充满干劲,要把特区国际仲裁机构建设成国际一流的国际仲裁院,打造"华南企业法律论坛"这一高端论坛品牌也是他们实现这一目标的重要工作计划之一。我认为这是一件对中国企业法制建设和营造法治化营商环境非常有意义的事,没有谦让就接下了这个担子,没想到从第三届一直干到第八届,一晃就干了六届。

论坛的选题很重要,作为论坛主席,我的工作主要集中在对热点问题的把握上。每届论坛筹备阶段,晓春院长都会召集论坛主席和副主席征求选题意见,安欣副院长带领仲裁秘书与我们一起探寻企业感兴趣的热点问题,确定分享专家和点评专家,令我印象深刻。每一届论坛的主题研讨会,来自全国各地的企业家代表和律师朋友都很多,主题研讨会结束了大家还久久不愿意散去。有一届论坛因为报名参加的人数太多,还搞了分会场,分会场人员只能视频参会。华南企业法律论坛已经是中国商事法律论坛的顶尖品牌,而且坚持得非常好。

记得2016年9月,我们将举办第六届论坛,当时"互联网+"的商业模式很流行,尤其是互联网金融更是如火如荼,论坛的主题选定为"中国互联网时代的法律创新"。这一主题吸引了全国各地的参会者,也吸引了许多在这一领域有研究的专家学者来论坛交流,百度、阿里巴巴、腾讯、华为、平安等科技公司齐聚一堂。9月10日,论坛如期举行,我是该届论坛主题研讨会的主持人之一,主持互联网金融环节,会场气氛热烈,发言嘉宾均是互联网金融行业最具代表性企业的重要人物,发言主题涵盖面极广,涉及互联网金融这一新业态的方方面面,点评嘉宾提纲挈领,直击要点,相信通过这次论坛,参会者完全能够厘清互联网金融的本质、互联网金融常见的几种业态、互联网金融的风险及管制。在主持环节,我通过串讲也表达了自己对互联网金融创新的意见,即互联网金融创新的底线是不能触碰金融犯罪的红线,创新的根本目的是高效快捷地服务客户,切记不能损害消费者的利益。这届论坛主题研讨会非常成功,在论坛闭幕环节,晓春院长要我致闭幕词,记得我告知大家深圳市政府希望打造华南企业法律论坛品牌,可能要在深圳前海给论坛一个永久的会址时,会场上掌声经久不息。

  我经常与沈四宝理事长和晓春院长交流看法,如何进一步打造这个品牌。我想这一定是论坛组织者心头的一件大事。我们希望"论坛"走出深圳,走向全国。所以大家一定会留意到"论坛"前面已加了"中国"两个字,即在第七届时,已经是"中国华南企业法律论坛"了。事实上,每届论坛的主要参会者,都来自全国各地乃至世界各地,著名企业和国际组织云集,支持机构常常有最高人民法院、商务部、国务院国资委、中国证监会、香港律政司、澳门法务局等,每届论坛都座无虚席,法律界的声音与市场的声音在此碰撞、互动、交融,法律界和工商界相互受益,这里早已经是全国性国际商事法律论坛,这里配得上"中国华南企业法律论坛"这个伟大的名字,每年都让法律界和工商界人士翘首以待。

  很有意思的是,中国华南企业法律论坛年度主题研讨会一般都是晓春院长致开幕词,沈四宝理事长致闭幕词并总结,他们的默契配合已经成为论坛的"惯例"和风景线。我和论坛的副主席,一般都是分别主持一些重要环节,南方航空的陈威华、广业集团的吴晓晖、华为的宋柳平、深交所的付彦等副主席,都是业界大家,我们在论坛上的配合十分自然,从来无须"预演""彩排"。我怀念与大家一起战斗的时光。我时常想,晓春院长和华南国仲的伙伴们是怎么把大家从天南海北聚集在一起的,而且那么多年大家"不离不弃"？每次看到他充满激情的神态,我都想问他：你是如何将压力转化为动力的？

  弹指一挥间,我从2011年7月29日加入论坛以来至今已经9年,期间担任了六届主席。2019年11月9日,在第九届中国华南企业法律论坛上,晓春院长宣布南方航空的陈威华接替我担任论坛主席、华润置地的总法律顾问刘中担任常务副主席,沈四宝理事长为我颁发论坛顾问聘书。我有点不舍,也充满期盼。2020年将迎来第十届论坛,我热切期盼着。虽然新冠疫情困扰着我们,但疫情下许多百年不遇的法律问题或许会给论坛提供一个百年不遇的话题。

这里的微笑比较持久，
这里的握手比较有力

徐罡*

2020 年是深圳经济特区建立 40 周年，虽然离我踏上南国这方热土转瞬已经 10 年，但是回首当年深圳湾的点滴浪花或许不仅有助于从一个小小的侧面解说今朝汇成粤港澳大湾区的时代洪流，而且是感恩在深圳结缘的几位好友的一个机会吧。

2010 年是深圳经济特区建立 30 周年，当年 2 月份，在结束了近七年作为北京奥运会组委会外部国际法律顾问工作之后，我有幸来到鹏城，此后两年担任沃尔玛中国投资有限公司(以下简称"沃尔玛中国")的法律总监兼副总法律顾问，主管沃尔玛中国有关并购和诉讼等方面的法律业务支持，翻开了我作为公司内部律师的职业新篇章，也见证了一段深圳国际仲裁院助力沃尔玛投资中国的岁月。

我在沃尔玛中国做法务遇到的最大挑战就是当时它对"好又多"近百家超市的并购与整合，那是当年沃尔玛在中国城乡实现跨越式发展的关键一步。整合工作的一项内容就是合同的梳理，要逐一审核"好又多"的各类合同，并且与沃尔玛中国的合同事项统一管理。尽管"好又多"的律师实战经验丰富，但是由于其分散化的法务管理模式，与沃尔玛相比，合同条款不是标准化的，所以当时我的一项任务就是和法务团队与整合团队一起尽快起草既能与国际接轨又能为本土所用的一套标准合

---

* 美国威瑞信公司(VeriSign, Inc.)法务总监，第一届中国华南企业法律论坛副主席，曾任沃尔玛中国投资有限公司法律总监兼副总法律顾问。

同,特别是大家关注的争议解决机制条款。毋庸讳言,跨国公司对于在中国法院打官司一直是心存疑虑的,那么仲裁自然就成为首选。但是,当时有一份由北方某知名仲裁机构出具的涉及沃尔玛中国的仲裁裁决却又让我们的法务同事和地产业务部门相当困惑。该裁决书意见乌龙,使得当事人双方都不得要领,结果多次对簿公堂,官司常年没有了结,与当事人双方选择仲裁的初衷完全背道而驰。在总结过往经验的基础上,我们决定重新调整通过仲裁解决商业争议的布局。

由于沃尔玛中国的总部设在深圳,中国国际经济贸易仲裁委员会华南分会(也就是现在的深圳国际仲裁院)又是近水楼台,深国仲就成为我们尤需加深了解的仲裁机构。深国仲的团队成员,包括当时接触较多的郭晓文先生、刘晓春先生、谢卫民先生、曾银燕女士和周娟女士等人,为我敞开了大门。我们围坐在门厅旁小桌边,在温馨的灯光下喝着咖啡、白水或清茶,他们向我介绍1983年以来特区仲裁机构的发展历史,尤其是深国仲秉承的"独立、公正、创新"的理念。记得说着说着,刘晓春就指给我看走廊里悬挂的一幅幅历史图片,其中一张当时最新的图片是深国仲与阿里巴巴合作并于2008年6月24日共同推出网上交易纠纷仲裁平台,时刻不忘法学泰斗芮沐教授"应有志气逐步建成远东地区权威的国际仲裁中心"的期许。

经过一段时间的接触和对深国仲仲裁规则的学习,我向沃尔玛中国的诉讼律师团队和沃尔玛亚洲区法务领导建议,趁着沃尔玛中国并购整合"好又多"的机会,在所有华南地区所涉商业合同的争议解决条款中引入深国仲的示范仲裁条款,立即得到了大家的认同。为什么大家毫无异议呢?因为深国仲的口碑过硬,给律师界留下了干练、干净和高效的良好印象,尤其是我们感到深国仲的机构文化与沃尔玛以诚信为基石的企业文化是相通的,而这一点对于沃尔玛中国选择合作机构是至为重要的。事实证明,我们的选择经得起考验。比如,在香港特区法院受理的仲裁裁决执行案件中深国仲连续多年排名第一,且支持率为100%,体现了国际仲裁的深圳质量。

在深圳工作期间,我有机会应邀作为15位发起人之一参与的一项创新事业,就是依托深国仲设立中国华南企业法律论坛。该论坛于2011年

7月29日在深圳成立(同时在福田香格里拉酒店举办了"中国企业'走出去'的法律风险与防范"研讨会),至今已是第九届,秘书处当时就设在深国仲的咨询发展处。据我所见,深国仲"敢为天下先",作为仲裁机构,它出面搭建了一个国企、民企和外资企业法务相互沟通和分享经验的平台,这一举措在所有国际权威仲裁机构中是唯一的。随后不久,2011年9月28日举行了第一届第一次主席会议,参会者分别介绍所在公司的法务管理经验,探讨论坛的总体规划和活动选题。我在会上除了简要介绍沃尔玛中国的法务管理,还重点介绍了总部设立在美国首都华盛顿的公司律师协会(Association of Corporate Counsel,业界简称"ACC")的活动和办刊情况,对于论坛初创或有借鉴之处。虽然我后来赴上海转任麦当劳中国有限公司的总法律顾问,不久又因家庭原因移居海外,但深国仲和中国华南企业法律论坛的朋友们一直和我保持着联络,使我非常荣幸地参加了2012年6月16日在深圳市五洲宾馆举办的粤港(前海)国际仲裁合作启动仪式暨深圳国际仲裁院揭牌典礼,并且及时了解深国仲的后续进展,欣喜得知它在美国洛杉矶创建了中国国际仲裁机构第一个海外庭审中心。

  2010年8月至11月,深圳报业集团主办了"深圳最有影响力十大观念"评选活动,当时入围的有"用创新赢得尊严""这里的微笑比较持久,这里的握手比较有力"等30条,从中又决选出"深圳,与世界没有距离"等十大观念,使我久久难忘,至今保留着《深圳商报》的有关剪报。我身边的沃尔玛中国的同事和深国仲的诸多朋友们是这些先进观念的实实在在的践行者。10年之后,当中国和世界面临百年未有之大变局,深国仲的作用更加弥足珍贵。它在2019年推出十大措施推动粤港澳大湾区建设,是深圳继续坚持改革开放的一块金字招牌,它的仲裁实践就是通过一宗宗案件一步步推进"接轨"的大事业。

岁月相伴，携手并进

刘中[*]

与深圳国际仲裁院的结缘初识，记得还是在 2003 年准备去英国读书之前，我当时在一家 A 股上市的深圳市属房地产公司工作，负责公司的法律事务。该公司的下属企业在 20 世纪 90 年代和香港投资方共同设立了一家中外合作经营企业，由香港投资方出资装修并负责经营管理一家五星级酒店，该企业提供不动产物业收取固定收益。2003 年，突如其来的"非典"疫情导致酒店经营收入陡降，香港投资方遂不认同固收分配模式引发纠纷，该企业决定按照合同约定的仲裁管辖，依法依约提出仲裁申请。

接受公司的工作任务后，我在互联网上查询到当时深国仲的办公地址，撰写好仲裁申请书，准备好立案证据材料，兴冲冲地来到位于福田区彩田路的中银大厦 B 座 19 层。深国仲的装修古朴典雅，接待立案咨询的工作人员非常和气，就仲裁程序对我进行了细致耐心的指导和讲解，令人感到如沐春风般的亲切和舒畅。立案之后不久，我就按计划踏上英国留学之旅，错失机会而没有深入参与后续的案件代理工作，一年之后回来问单位同事，案件已经审结。与深国仲的第一次相遇和初识就在这样的匆忙中开启，遗憾中结束……

不曾想到，从此便与特区仲裁事业、与深国仲结下了不解之缘。近二十年来，从专心致力于公司法务及案件代理工作，到 2011 年受聘为深国仲仲裁员，再到 2019 年担任深国仲发起设立的中国华南企业法律论坛

---

[*] 第九届中国华南企业法律论坛常务副主席，华润置地有限公司总法律顾问。

常务副主席,与深国仲的交集和工作联系越来越多,对深国仲助力特区经济建设和社会发展作出的贡献的认识也越来越深入。

37年前,1983年的初春,深圳市人民政府正式设立特区仲裁机构,这是中国各省市及粤港澳地区设立的第一家仲裁机构,是1995年《仲裁法》实施之前深圳经济特区先行先试的制度改革成果之一。正是无数个这样的探索与尝试,开启了改革开放初期"排头兵"的深圳精神,成就了深圳今天在经济建设方面取得的丰功伟绩。1984年深国仲率先聘请境外仲裁员,1989年开创中国第一个内地仲裁裁决依照联合国《承认及执行外国仲裁裁决公约》获得境外法院强制执行的先例。这些都是我国仲裁制度国际化的历史性突破,逐步增强了境外当事人对深圳国际仲裁的信任和信心。

怀着高山仰止之情,我有幸于2011年受聘加入深国仲仲裁员队伍,虽已跨入不惑之年,但仲裁员的这份社会责任担当和专业能力挑战,对我来说仍是如履薄冰,丝毫不敢怠慢。记得仲裁员上岗培训期间,现任深国仲副院长安欣还特意提醒大家,成为深国仲仲裁员之后,一定要积极办案、多方实践,千万不要成为"休眠仲裁员"。十年时光匆匆而过,点点滴滴积少成多,经手承办的案件竟然也有两三百宗,从阅卷到开庭,再到裁决书的撰写,留下无数个灯下笔耕裁决的难眠之夜。

通过对各类经办案件的审理、分析和裁决,我对仲裁制度的社会功能有了更多的全新认识和领会。作为有效化解民商事纠纷的准司法救济途径,毫无疑问,独立、高效、公正是其在当今中国司法现实环境中永恒持续的生命力。仲裁起源于西方,来源于市场,现代仲裁凭借其充分尊重当事人意愿、一裁终局、强制执行、不公开审理、跨域承认执行等诸多特点,得到越来越多市场主体的认同和接受。与行使国家审判公权力的法院不同,仲裁管辖权来源于当事人的约定和授权。为什么越来越多的商事活动当事人选择仲裁作为争议解决方式?最根本的考量因素就是仲裁机构的公信力,这种公信力并非来自任何权力,而是来自仲裁机构的中立性、独立性,以及由此日积月累形成的示范效应和公信力。

我所在公司每年签订的各类经济合同接近10万份,大量合同特别是投资类合同,多年来都建议经办单位约定仲裁管辖,除非过于强势的谈判对手不接受仲裁。在拟定各类示范合同文本的争议解决条款时,我们也优先考虑约定仲裁管辖,最核心的考量因素就是有深国仲这样具有高度社会公信力的仲裁机构,坚信深国仲依靠多年积累的信誉实力和其所提供的优质仲裁环境,其作出的裁决独立公正,经得起司法审查和历史检验。无论个案的成败,在案件处理过程中,企业法务从一开始就积极履职尽责,把公司权益未来可能遭遇的挑战和不公平对待,提前防患于争议解决机制的可预见和可控范围之内。

2019年,在一宗近10亿元人民币的投资争议中,深国仲在充分尊重仲裁庭程序管理权的同时,为案件程序的快速推进提供了专业意见,很好地协助仲裁庭快速处理程序中遇到的障碍。在案件实体审理方面,大多数案件的仲裁庭,能够深入探究纠纷背后的交易背景和事实,积极给予诚信履约方以应有的救济,裁决书于法有据、充分说理,实现了当事人从合作之初交易逻辑到纠纷解决法律逻辑的协调和统一。

仲裁作为当事人解决争议的一种协议安排,是化解经贸投资等各类争议的有效方式,在推动营商环境建设中起着独特作用。改革开放初期,中方签署的涉外经济合同,争议解决条款基本由外方主导,约定在欧美等境外仲裁机构仲裁。近些年来,这种情形有了明显的变化,国家政策层面坚持"走出去"投资,"拉回来"仲裁,积极防范风险和妥善解决争议。2018年,我们签订的一个金额超10亿元人民币的涉外合同,境外合作方坚持选择在新加坡仲裁,后来我们向合作方介绍了深国仲的仲裁规则,提供了仲裁员名册,合作方认为深国仲具有与国际经贸往来接轨的仲裁规则,具有熟悉境内外法律知识、国际经贸常识和外语能力强的仲裁员队伍和高素质仲裁机构管理人员,最终同意约定在深国仲仲裁。还有一些案件,当初约定在境外仲裁,后来履约过程中发生争议,基于效率和成本的考量,双方重新约定改为在深国仲进行仲裁。深国仲公正、高效、便捷、成本可期的仲裁服务,获得境内外法律界和工商界的普遍认可。

深国仲是伴随中国改革开放的进程而成立、成长和发展起来的具有鲜明特色的国际仲裁机构。岁月相伴,携手走来,深国仲既体验了深圳经济特区开创初期的艰难,也唱响过特区再出发的"春天的故事"。2020年庚子之年,在深圳经济特区建立40周年的重要历史节点,深国仲开启了中国特色社会主义先行示范区的仲裁新篇章。我坚信深国仲将一如既往地秉承"独立、公正、创新"的核心价值,持续发挥特区国际仲裁对打造深圳经济特区国际化营商环境法治促进的积极作用。

深国仲的气质

郭世栈*

我与深圳国际仲裁院结缘始于2004年,那时候我在华为公司负责法律部。华为公司因被美国思科公司起诉知识产权侵权最终达成和解而名气大噪,默默耕耘多年的海外市场终于全面开花结果,海外各国代表处的法务需求猛增,华为因此组建公司级法律部,为全球法律事务提供各种资源支持,国际贸易争议解决是其中重要的法务支持,位于深圳、具有国际视野的仲裁机构自然是首选。

那时候深国仲还叫中国国际经济贸易仲裁委员会华南分会,位于彩田路中银大厦19层,拥挤的停车场,不起眼的招牌,狭小的过道和电梯,但刚到楼下就能感受到深国仲高品质的服务理念,每次去拜访或开庭,深国仲都会有专门的工作人员事先在楼下停车场等候和引导。一出电梯进入深国仲宽敞明亮的大厅,职业的接待人员和肃穆的环境更让人体会到深国仲的专业性和国际范儿。后来搬迁到深圳证券交易所大楼,软硬件设施都得到大幅度的提升,更彰显其国际仲裁机构的气质。

深国仲自设立以来就具有国际视野,定位为国际商事仲裁机构,为中国企业"走出去"提供争议解决服务,因此只要有条件,我们都尽量把合同争议解决机构约定为深国仲。事实证明,深国仲不负盛名,每次都能公正、高效地审理裁决案件。

深国仲具有很强的开拓创新精神。有一次我和当时的郭晓文主任和刘晓春秘书长探讨,在我国"一带一路"的政策背景下,华为海外市场的

---

* 北京市天元(深圳)律师事务所合伙人,曾任华为技术有限公司法律部部长。

成功效应，必将影响和带动一大批中国企业"走出去"，但绝大多数的中国企业对于如何遵守当地法律、如何应对各种法律风险并没有做好充分的准备，因此有必要搞一个常设性的法律沙龙，将企业法务组织起来，做一些研讨、培训、交流、互动，帮助"走出去"的中国企业提高法律意识，以及提高应对全球法律风险的能力。2011年，中国华南企业法律论坛应运而生。首届中国华南企业法律论坛即汇集了华为公司、平安集团、万科、腾讯、中集等重量级企业首席法务官、法务副总裁等，各嘉宾聚焦中国企业"走出去"法律风险的主题进行分享，取得了良好的社会效应。中国华南企业法律论坛坚持每年举办一届，目前已经举办了九届。做一件对的事不难，但长期坚持做一件对的事实属不易。

深国仲勇立潮头，每次都能紧扣时代发展脉搏。2016年，全国各行各业都在探索"互联网+"的可行性，法律行业也不例外，很多法律人在思考：古老而传统的法律行业如何创新？据统计，当时全国各地共有138家新型法律服务机构在进行相关探索。我创建了"牛法网"，定位为高端互联网法律平台，聚合5%的"牛"律师，服务5%的"牛"企业，在法律行业具有一定的影响力。当时和深国仲沟通一致认为，无论是"互联网+法律"，还是"法律+互联网"，都有很强的现实意义和研究价值。深国仲敏锐地捕捉到这一时代特征。2016年9月10日，由深国仲主办、牛法网协办的第六届中国华南企业法律论坛在深圳召开，主题聚焦为"中国互联网时代的法律创新"。论坛契合当时最热门话题，来自高科技、互联网、金融、航空和物流等制造业及服务业的逾400家企业高级管理人员和法务人员，与各级法院法官、仲裁员、调解专家、高校学者、专业律师及政府决策、监管部门的相关负责人齐聚深圳，围绕互联网背景下法律领域的众多主题，探讨未来互联网背景下法律的创新和发展方向，把脉互联网创新驱动下的产业融合、经济发展与社会变化对法律服务的要求和挑战，共同展现了一场精彩的思想交流和碰撞的盛宴。论坛的主题研讨分为"中国高科技企业全球化战略与法务管理""互联网时代企业转型的法律挑战"和"互联网时代法律服务和争议解决机制创新"三个环节。深国仲院长刘晓春主持了研讨会开幕式。第一节论坛嘉宾就"中国企业全球化的法务布局""互联网企业法律事务管理""网络侵权的行业规制与制度完善"及

"电子商务和云计算:业务及法务国际化"等议题发表主题演讲。第二节"互联网时代企业转型的法律挑战",嘉宾就"传统企业在互联网时代创新的法律挑战""供应链企业互联网时代创新的法律挑战"及"互联网时代的隐私权保护""企业互联网转型的知识产权挑战"等议题发表主题演讲。第三节"互联网时代法律服务和争议解决机制创新",嘉宾就"全国企业破产重整案件信息平台建设情况以互联网方法助力企业破产重整""中国仲裁的互联网创新与实践"及"互联网如何为企业打造法律最强外脑"等议题发表主题演讲。腾讯、阿里、百度三大互联网巨头的法务负责人首次同台论道,华为公司副总裁兼首席法务官宋柳平、中国南方航空股份有限公司总法律顾问陈威华、平安集团首席律师姚军、特斯拉汽车公司全球助理总法律顾问裴颖等嘉宾倾情分享,与会者纷纷表示,此次论坛是高水准的知识海洋,是高品质的思想盛宴,受益匪浅。

2019年,中国风险投资发展了近10年,一大批早期基金已经到期或即将到期,大量早期的股权投资项目面临无法正常退出的清理问题,中国股权投资产业进入"融、投、管、退、清"的"清"时代,"估值调整""对赌""股权回购"等成了热门话题。深国仲又一次走在时代前沿,2019年6月29日,由深国仲主办、天元律师事务所承办、牛法网等机构协办的"股权投资与争议解决高峰论坛"在深圳成功举办。来自创投行业的专家、公司法务、仲裁员及律师等百余人参加了本次活动,就新背景、新政策、新趋势下股权投资中经常遇到的对赌回购、业绩补偿、投资条款设计、投后管理及争议解决等热点话题进行了深入讨论和交流。松禾资本创始合伙人董事长兼总经理罗飞、深圳市创新投资集团副总裁蒋玉才、中南创投基金总经理刘杰分别就"2019股权投资的新趋势""GP与LP:和而不亲""投资世界的变与不变"作主题演讲。在专题一"股权投资的风险控制"环节,红杉资本中国基金合伙人及总法律顾问张联庆、天元律师事务所合伙人李建辉、东方富海合伙人宋萍萍分别就"股权投资的风险控制——基金律师角度的一些观察与思考""从仲裁员视角谈投资条款的优化设计"及"科技创新项目投资中的知识产权问题"等内容作专题分享。专题二"股权回购与业绩补偿"由松禾资本合伙人、首席律师赵亮主持。赛富亚洲投资基金执行董事谢学军和我分别就"对赌条款的发展趋势和再思考"及

"大数据研究：业绩补偿与股权回购的争议场景和司法裁判观点"作专题分享。深国仲案件管理一处处长赵枫就"投资对赌的仲裁实践"作主题发言，介绍了深国仲受理的投资对赌等案件主要类型，并从仲裁机构视角对有关仲裁请求的提出、答辩以及证据准备等环节当事人需要特别注意的程序问题，提醒企业法务及代理律师予以充分注意。在专题三"投后管理与风险管控"环节，深创投原法律主管陈外华，君联资本合伙人、首席法律顾问欧阳浩，同创伟业董事总经理、管理合伙人唐忠诚，分别就"股权投资基金的税务问题——法律规定与实践""公司清算制度对私募股权基金运作的影响"及"投后管理的实战经验"作专题分享。各嘉宾共同就"基金合伙企业清盘的难点与出路"展开深入讨论。该次论坛，不仅增强了仲裁员办理相关仲裁案件的专业共识，也给创投机构和创业公司设计投资协议、规避投资风险提供了指导，为中国股权投资产业的健康发展提供了有力的保障。

也许是深圳作为改革开放前沿的原因，深国仲永葆创新精神。深国仲借鉴国际商事仲裁经验，以特区立法的形式进行了法定机构改革，率先引入以国际化的理事会为核心的法定机构治理机制，1/3 以上理事来自境外，让深国仲在国际上更有公信力，也成为中国第一个通过立法方式确立法人治理模式的仲裁机构。

我有幸受聘担任深国仲仲裁员十余年，期间接受深国仲指定或当事人选定审理了大量仲裁案件，也作为律师代理过众多深国仲的案件，对深国仲的创新精神，以及由此带来的国际公信力有着切身的体会。有一次，我被指定为一个案件的首席仲裁员，审理中发现申请人和被申请人均是伊朗的公司，两边的实际控制人也是伊朗人。远在数千公里外的同一国家的当事人居然选择深国仲作为他们解决争议的机构，深国仲的国际影响力和公信力由此可见一斑。

勇立潮头，开拓创新，这就是我理解的深国仲的气质。

广交会上的华南国仲

张嘉庆[*]

我与深圳国际仲裁院(又名华南国际经济贸易仲裁委员会、深圳仲裁委员会,曾名中国国际经济贸易仲裁委员会深圳分会、中国国际经济贸易仲裁委员会华南分会,简称"深国仲",我们习惯称之为"华南国仲")结下的缘分至今已逾15年。

记得15年前,我还在中国对外贸易中心担任企业管理处处长。中国对外贸易中心是当时的对外经济贸易合作部(后更名为商务部)在广州的直属单位,是一年两届中国出口商品交易会(后更名为中国进出口商品交易会,以下简称"广交会")的承办单位。当时,华南国仲在广交会展台上提供贸易纠纷法律咨询服务,我开始与华南国仲有业务往来,因为我当时负责投诉站的工作。广交会从1998年春交会(第83届)开始,每届均设立知识产权投诉接待站,2005年秋交会(第98届)更名为知识产权和贸易纠纷投诉接待站(以下简称"投诉站"),现场受理广交会的参展商和采购商投诉知识产权侵权或所签订合同发生的贸易纠纷等问题。我从2005年春交会(第97届)至2013年秋交会(第114届)担任投诉站的主任。投诉站很重要,但是由于缺乏足够的专业性和终局性,涉及广交会合同纠纷的投诉处理工作的效率一开始并不高。

投诉站贸易合同纠纷解决机制从2007年开始有了较大的转变,效果也有了较大的改善,源于中国对外贸易中心与华南国仲在广交会上开始

---

[*] 广东华瑞兴律师事务所副主任、合伙人,曾任中国对外贸易中心办公室主任、企业管理处处长,广交会知识产权和贸易纠纷投诉接待站主任。

深度合作。在当年的春交会(第101届)上,华南国仲的刘晓春同志向我提出,是否可以考虑协同创新合作机制,以"现场调解+仲裁"为思路,由华南国仲派员在投诉站提供纠纷解决服务,更好地发挥广交会投诉站的作用,化解广交会上发生的国际贸易纠纷,共建和谐、规范、安全的广交会。

我觉得华南国仲的提议很有价值。他们工作十分主动,很快就起草了合作方案,并且主动取得了商务部和中国对外贸易中心的支持。时任商务部条约法律司副司长李成钢(现任部长助理)支持华南国仲的相关想法,鼓励"研究并借鉴巴塞尔等展会的经验,创设我们自己的展会争议解决机制"。在2007年的秋交会(第102届)上,商务部为此在流花展馆召开了现场会议。我那天没有参加会议。据中国对外贸易中心的同事说,会议由时任商务部副部长易小准主持,外贸司司长王受文(现任副部长)、其他有关司局和中国对外贸易中心的负责人,华南国仲郭晓文书记、刘晓春秘书长、谢卫民处长、傅林涌同志等参加,大家充分讨论,当场达成共识,易小准副部长表示高度肯定,支持华南国仲提出的协同创新方案和"现场调解+仲裁"工作流程。

就在2007年这一届秋交会上,我们首次安排了华南国仲的仲裁员进驻投诉站贸易纠纷组进行现场调解工作,刘晓春、谢卫民、钱明强、林一飞等专家亲自上阵,他们以认真负责的工作态度和极其专业的工作精神,使贸易纠纷调解的成功率大为提高,为中国对外贸易中心与华南国仲在广交会上的协同创新机制开好局。

记得在某届广交会上,有一天,谢卫民处长兴奋地跑来对我说,他们今天成功地调解了一宗国外采购商拖欠国内企业货款的纠纷,当事人在作出愿意偿还货款的表示后,当即从银行取出十几万元现金交给国内企业的代表,双方还握手留影,场面皆大欢喜。自从华南国仲派出专业人员协助投诉站贸易纠纷组工作后,不时能听到此类消息,投诉站也得到一些当事人的表扬和感谢。

当然,投诉站贸易纠纷组的调解工作并不总是一帆风顺的,有时也会出现困难和波折。有一次,华南国仲工作人员虽苦口婆心地调解、斡旋,但收效甚微,双方当事人当时情绪都比较激动,在投诉站激烈争吵起来,完全不听工作人员的劝阻,最后还发展到双方摆出架势要打斗的地步。在这种情况下,投诉站只好请来驻会警察将双方当事人"请出"广交会,以维持大会的正常秩序。当然,此类事情并不多见,但由此也可看出投诉站的贸易纠纷调解工作并不轻松,既需要丰富的业务工作经验,也需要耐心细致的工作态度,华南国仲派出的专业工作人员均具备这些素质。每届广交会华南国仲都委派一位处级领导带队驻会,并配备多名具有丰富调解经验的仲裁员、调解员。面对来自世界各国的客商,华南国仲的工作人员用中英双语进行调解,说法、说情、说理。从流花展馆到琶洲展馆,每年两届,每届三期,一直坚持到现在,实在是难能可贵。其恒心、其毅力、其管理的持续性、其业务的专业性都让我印象深刻。

华南国仲的领导对广交会投诉站的工作非常重视和支持,刘晓春秘书长多次在广交会期间前来投诉站调研,了解调解工作的具体情况,发现工作中的不足,还虚心征求投诉站对他们工作的意见。广交会投诉站一度存在贸易纠纷投诉数量有所增加的趋势,为了更好地加强和规范调解工作,刘秘书长积极与投诉站进行沟通,商讨具体解决办法,持续完善合作机制。经过认真研究,中国对外贸易中心和华南国仲共同起草了《中国进出口商品交易会贸易纠纷防范与解决办法》,经商务部批准作为部门规范性文件从 2011 年秋交会(第 110 届)开始颁布实施。广交会同时出台了《广交会出口展展品质量及贸易纠纷投诉监控办法》,创造性地把参展商承诺、现场调解、仲裁、展会行政处理等有机衔接起来,从而在制度上保证了广交会期间贸易纠纷的有效解决。实践证明,华南国仲提出并践行的这套创新机制行之有效,而且坚持得十分好,促进了广交会交易的规范、和谐和安全。商务部历任领导(如易小准、李成钢等)每届到广交会"巡馆"时都会尽量安排时间到投诉站与华南国仲和中国对外贸易中心的负责领导见面,看望现场调解、仲裁工作人员,给大家鼓劲儿。也许由于有仲裁裁决作支撑,广交会上的国际贸易纠纷当事人大多愿意调解。据统计,迄今在广交会上按照上述规则解决纠纷的当事人已经遍及 119 个国家和地区。

在与华南国仲十几年的交往与合作中,我本人作为仲裁员也参与了几十宗案件的办理。我是在 2005 年 5 月 1 日有幸成为华南国仲的仲裁员,一直到今天,已有15年。我在广交会工作,对广交会上发生的国际贸易纠纷情况相对比较了解,因此以仲裁员身份办理了一些此类案件,其中有些案件由我担任独任仲裁员。在华南国仲领导和工作人员的指导和帮助下,我均较好地完成了任务。

对于仲裁员的具体业务,有一个从陌生到熟悉的过程。虽然我从1991年起就具有律师资格并担任过多年的兼职律师和企业法律顾问,从2013年退休后到现在,作为一名专职执业律师,长期从事国际贸易法律工作,但是,在担任华南国仲的仲裁员之前,我对国际仲裁尚缺乏充分的认识和了解。自从被聘为华南国仲的仲裁员后,我自觉加强了仲裁员的业务学习,除自学一些仲裁规则和相关的理论知识外,还积极参加华南国仲组织的各种仲裁员业务培训活动。同时,我坚持在仲裁实践中努力学习,虚心向华南国仲的领导和工作人员请教具体问题,处处留意老仲裁员们的工作方法,把每一次开庭都当成一次极好的学习机会。华南国仲的郭晓文、刘晓春、王素丽、曾银燕、安欣、谢卫民等领导以及我参与的每个案件仲裁庭的其他成员都是我的好老师,我从他们身上学到了不少在书本上难以学到的知识,对他们的无私帮助,我内心充满感激。

时光荏苒,15年一晃而过。作为华南国仲的一名仲裁员,我能在深圳特区改革开放40年的历程中,陪伴华南国仲一起走过改革、成长、发展、壮大的15年,内心感到无比自豪。在此,我谨以曾经的广交会投诉站主任和华南国仲仲裁员的身份,以我个人的名义,感谢华南国仲对广交会工作和中国国际贸易发展的支持和付出,感谢华南国仲给了我学习做好一名仲裁员的机会,感谢华南国仲的领导和工作人员给予我的信任和帮助。在深圳特区建立40周年之际,谨以这篇拙文回顾自己与华南国仲一起走过的难忘时光和结下的不解缘分,表达我激动的心情。

这真是我人生道路上一段美好的记忆。

两岸气正长携手，一江风顺好扬帆

刘德学*

深圳国际仲裁院创立于改革开放之初的 1983 年，是粤港澳地区第一家仲裁机构，也是粤港澳地区法律合作的重要平台。

2019 年 11 月 9 日，我受邀参加由深圳国际仲裁院主办的第九届中国华南企业法律论坛，主题是"中国企业与国际商事争议解决"。最高人民法院的罗东川和高晓力、国务院港澳办的冯巍和奚俊坚、司法部的姜晶、国务院国资委的肖福泉、香港中联办的刘春华、深圳市人民政府副市长王立新、深圳市政协王璞等领导和香港特别行政区袁国强资深大律师等都出席了论坛。最高人民法院罗东川副院长关于国际商事法庭"一站式"国际商事纠纷多元化解决机制的主题致辞令人印象深刻，其他领导嘉宾和专家学者的发言也给了我很多启发。我代表澳门特别行政区政府作了发言："在《粤港澳大湾区发展规划纲要》正式发布实施的开局之年，在大湾区法治建设正式起步推进的初始阶段，中国华南企业法律论坛对于进一步加强粤港澳仲裁机构的交流、合作，打造共建、共享的多元化纠纷解决机制，为企业提供优质、高效、便捷的法律服务和保障，以及对于进一步强化企业的风险防范意识和争议解决能力，都将产生积极的作用。"

粤港澳大湾区的建设需要一流的法治环境，一流的法治环境需要公正、便捷、高效的纠纷解决机制。在"一国两制三法域"的制度环境下，对于良好的多元化纠纷解决机制的需求更加殷切。仲裁作为一种纠纷解决机制，具有特别的优势，尤其是在充分尊重当事人意思自治方面。当事人

---

* 澳门特别行政区政府法务局局长。

可以选择仲裁地,还可以选择仲裁的准据法,可以预见在粤港澳三地法律存在差异和冲突的情况下,仲裁最有可能在制度和法律规则衔接方面率先实现突破。大力推广仲裁在纠纷解决方面的作用,有赖于多种因素协同发挥作用,也取决于各种内外部条件,其中很多因素又是环环相扣、互为因果、相互交织的。在这个过程中,要妥善处理好当事人、仲裁机构、政府以及司法机关之间的关系。

政府作为仲裁机构的设立者、仲裁适用的推动者和仲裁运作的监管者,具有十分重要的基础性地位和作用。政府需要制定良好的仲裁法律,需要与国际公约和惯例相结合、相符合,尊重国际经济规律,这是推广仲裁使用的前提条件和基础。此外,政府在尊重仲裁机构的自主性和独立运作的基础上,对仲裁业进行适度监管,为仲裁提供各种可能的激励性措施和便利性措施,是推动当事人选择仲裁的一个重要条件。

澳门特区政府近几年来在大力推广仲裁方面采取了各种措施,如2019年通过了一部新的仲裁法,紧跟《联合国国际贸易法委员会国际商事仲裁示范法》及其最新发展,并充分参考了仲裁制度比较先进的国家和地区的经验。新的仲裁法将有助于消除过往二元仲裁立法体制下在法律适用上存在的一些困难、疑问,也有利于维护法律的确切性和安定性,使在澳门特区作出的仲裁裁决更容易在其他司法管辖区内得到承认和执行。同样,其他司法管辖区内作出的仲裁裁决,也更容易在澳门特区得到承认和执行。

我们在新的仲裁法中引入了一系列原则,例如,当事人意思自治原则、辩论原则、保密原则、非形式化原则和简便原则、快捷效率原则、法院的最低限度干预原则等。这些原则无论是对于仲裁庭适用仲裁法,还是当事人准确地理解仲裁法,都将发挥非常重要的指导性作用。特别值得一提的是"法院的最低限度干预"原则。仲裁机构独立运作和仲裁庭作出裁决的公正和快捷,是仲裁发展的生命所在,只有公正、快捷地作出仲裁裁决才能赢得当事人的信赖,才能吸引更多的当事人在纠纷发生之前或者之后自愿地选择仲裁。但仲裁机构的公正、高效运作,又离不开司法的强有力保障和支持。无论是在保全措施的适用、证据保全、财产保全、仲裁裁决的执行、仲裁裁决的司法审查以及撤销等方面,澳门特区新的仲裁法都要求司法机关做出快速的应对,规定司法程序凡是和仲裁有关的,都是具有紧急性的。初步看来,澳门特区新的仲裁法比较平衡地协调了仲裁的自愿性和司法的强制性两者之间的关系。

在当事人方面,企业是最重要的市场参与主体,有效地预防和化解企业在投资和经营过程中的各种法律风险和冲突,既是企业自身的需要和责任,也是仲裁机构的职责和生命所在。仲裁机构需要以企业和市场需求为导向,为企业提供周到、及时、高质量的仲裁服务。只有这样,仲裁机构才能赢得自身的发展空间和存在的价值。

深圳国际仲裁院正是坚持以当事人为中心、紧跟市场需求的典型,多年来通过不断地探索创新,取得了有目共睹的巨大发展,在治理结构、仲裁员结构、仲裁规则、业务模式等各方面均达至国际先进水平。我作为澳门特别行政区政府法务局局长,近年来有较多机会与深圳国际仲裁院进行密切的交流与合作,目睹粤港澳三地法律和仲裁合作日益紧密、渐入佳境。

早在2013年12月,深圳国际仲裁院(即华南国际经济贸易仲裁委员会)就在前海牵头创建了粤港澳仲裁调解联盟,澳门世界贸易中心仲裁中心也是成员机构之一。我很欣赏联盟的合作机制,粤港澳三地轮流推举联盟主席,每届两年。第一届主席是香港特区的苏国良,第二届主席是广东的郭小慧,第三届主席是澳门特区的高展鹏(澳门特区的马善才担任第一届和第二届副主席),第四届主席是香港特区的郭建安。常务副主席机构是深圳国际仲裁院,其担负了联盟秘书处的大量工作。

2018年12月19日,联盟第三届第一次主席会议暨五周年纪念活动在深圳国际仲裁院举行,我受邀出席了该次纪念活动。记得出席当天纪念活动的除了粤港澳大湾区的仲裁调解机构代表,还有最高人民法院的张勇健、司法部的石海、广东省司法厅的陈建、香港中联办的刘春华、中华全国律师协会的欧永良等人。当天,我还被特邀列席了联盟主席会议,这是我第一次近距离观察联盟会议的具体运作。会议讨论了在粤港澳大湾区建设国家战略中如何更好地发挥联盟作用、制定联盟调解规则和联合调解员名册及《新加坡公约》带来的机遇和挑战等相关议题,平等、开放、合作、创新、包容、务实的气氛贯穿全场。在会议上,第二届联盟主席郭小慧向第三届联盟主席——澳门特区的高展鹏——交接了主席牌匾。

2019年5月6日,深圳国际仲裁院理事长沈四宝和院长刘晓春率团访问澳门特别行政区政府法务局,双方深入交流了澳门特区仲裁立法的情况、仲裁发展情况,深圳国际仲裁院的创新发展及大湾区合作共建的成果,共同探讨了共建大湾区仲裁合作新机制的新思路,并达成了进一步合作的意向和共识。

2019年5月7日,澳门特别行政区政府法务局与深圳国际仲裁院、澳门世界贸易中心仲裁中心、澳门律师公会自愿仲裁中心在法务局大楼共同举办"共建、融合、衔接、共生——粤港澳大湾区国际仲裁合作宣讲会暨深圳国际仲裁院澳门仲裁员聘书颁发仪式",这是《粤港澳大湾区发展规划纲要》出台后,粤澳两地首次合作举办国际仲裁主题研讨会,来自澳门特区和广东省法律界、工商界的专业人士百余人参加了本次活动,共同就推动粤澳两地仲裁制度、仲裁规则、仲裁合作机制的互认、共生、融合和衔接进行了深入探讨。我和深圳国际仲裁院理事会的沈四宝、刘晓春、黄亚英等共同为林笑云(全国人大代表、全国人大常委会澳门基本法委员会委员)和赵玉阜、方泉、易在成、范剑虹、沈云樵、冯健ateur、黄淑禧等澳门特区仲裁员颁发了聘书。郭颖玟后来也被增补进深圳国际仲裁院仲裁员名册。其实,早在多年前,澳门特区的黄显辉等知名专家就在深圳国际仲裁院的仲裁员名册上。我相信,澳门特区仲裁员在内地发挥的作用将会越来越大。

2019年11月26日,澳门特别行政区政府法务局与澳门贸易投资促进局在澳门联合举办"粤港澳大湾区仲裁制度简介会",我们再次邀请深圳国际仲裁院在会上介绍了深圳国际仲裁院法人治理结构的创立和多元化纠纷解决机制的发展创新,安欣副院长就2019年《深圳国际仲裁院仲裁规则》的创新内容与参会者深入进行了交流和分享。

2019年11月28日,粤港澳仲裁调解联盟第三届第二次会议在澳门世贸中心召开,联盟和深圳国际仲裁院再次特别邀请我列席,我代表澳门特别行政区政府法务局在会议上表示:"《粤港澳大湾区发展规划纲要》已明确将多元化纠纷解决机制作为重要战略目标,三地政府和仲裁调解机构紧紧围绕这个目标,齐心协力,在制度建设、机构建设、体制机制创新方面,都有所进展并加速前行。希望未来澳门特区能够与大湾区其他仲裁调解机构加强合作,实现优势互补、错位发展,最终达到强强联合,丰富一国两制新实践。"11月29日,深圳国际仲裁院院长刘晓春率领的工作团队马不停蹄,在登临码头离开澳门之前又一次专门访问了法务局,深入互换意见,我们共同探讨了大湾区商事纠纷解决机制协同创新的持续计划。

从与深圳国际仲裁院的交流中,我清楚地看到,深圳国际仲裁院十分进取、开放、包容,无论是在多元化纠纷解决机制的构建方面,还是在大湾区国际商事仲裁调解合作方面,都已经先行一步,澳门特区仲裁机构需要发挥自身优势,奋起直追,大力加强与深圳、香港以及内地其他地方的合作,使澳门特区仲裁也能够达到深圳经济特区国际仲裁的水平,共商、共建、共享跨境多元化纠纷解决机制,共同为粤港澳大湾区建设提供优质、高效、便捷的争议解决服务。

两岸气正长携手,一江风顺好扬帆。同在珠江口,共创新时代。我看好深圳经济特区与澳门特别行政区的合作,我看好粤港澳大湾区国际仲裁的未来。

我与特区国际仲裁之缘

白涛[*]

2020年8月26日是中国建立经济特区40周年,为纪念这个影响深远的日子,也同时展示深圳特区国际仲裁的发展,深圳国际仲裁院发起征文活动,我觉得很有意义。作为深圳特区建设初期的亲历者和特区国际仲裁不断创新的见证者,也应该借这个机会将我所遇到的一些人和事记录下来,毕竟遇见这些人和事对我来说是一种重要的经历,也是一种机缘。

深圳——第二故乡

1983年冬,在中技公司工作的大学同班同学去深圳特区出差后回到北京,见面时他兴奋地谈到了在特区的所见所闻,深圳从渔村小镇蜕变为大都市的起步,开始重新规划的农田,正在建设的港湾,像在白纸上作画,一切是全新的。同时他还带来了一个重要信息:深圳经济特区发展公司(后改名为深圳特发集团有限公司,以下简称"特发公司")在北京市法律顾问处张思之主任带领的北京市司法局赴深考察组的建议和协助下,正在筹备设立公司内部的法律顾问机构,正需要人。

看到报纸、电视对深圳特区的宣传,听了同学的切身感受,我被特区那种令人激动的春天的气息深深地吸引住了,动心要去追赶这个时代的大潮。于是开始与特发公司联系,向深圳市人事局招聘办申请商调函。

---

[*] 中国法律服务(香港)有限公司董事长助理,中国法律律师事务所合伙人。

办理调动期间，花长时间、大力气的是说服原单位放人。那时大学生毕业人数不多，各单位都抢着要，干了一年多就想走可见有多难。"只要好好干过几年你就是……"领导开始许愿，"去特区工作也是为了支援特区的建设"，我搬出支援特区建设的理由。最终说服了领导，办好了手续，拿到了调令。1984年初夏，我离开了故乡北京，搭上南下的列车，奔向中国改革开放的最前沿。

特区发展公司

我在深圳的四年多一直在特发公司工作。特发公司是根据《广东省经济特区条例》关于设立经济特区发展公司的规定，于1981年8月设立的。特发公司是我国改革开放、设立经济特区的历史产物，是深圳市最早的大型综合性企业集团，是当时深圳最有影响力的企业。特发公司负责特区的外资招商和技术引进、房地产开发（包括罗湖口岸联检大楼的建设）、对外贸易（拥有进出口指标审批权）等，甚至到沙头角"中英街"的边防许可证特发公司也能审批。深房（后独立成为深房集团）、深国商、万科、深高俱乐部、香蜜湖度假村、小梅沙旅游公司、华日汽车公司及一系列科技和信息企业都是特发公司的下属公司。我离开深圳出国时特发公司已有下属企业170多家。

建设初期的深圳急缺专业技术人才，深圳市人事局就到北京、上海、武汉等地招聘调干，所以我们调到特区工作的这些专业人员被统称为"招聘干部"。当时特区的各级领导干部大多来自广东省其他地区，招聘的干部主要是技术岗位。我很多同事是"文革"前的大学毕业生，到公司后担任设计师、工程师、会计师等。那时特发公司的董事长是孙凯峰，总经理是高林，都是老干部，但思想开放，带领公司实干创新，闯出一片天地。我年轻时期的最好时光正好赶上特发公司最红火的时期，也是特区打基础最如火如荼的时期。

第一个公司 In-House 律师机构

特发公司是深圳第一家公司内部设立法律服务专门机构的企业,这个部门就是我所在的特发公司法律顾问室。负责设立法律顾问室和主管法律顾问室工作的是总经理高林,一位随部队打到广东的"南下干部"。他对法律顾问室的工作非常支持。他具有那时特区领导干部的共同特征:多干实事,少说空话,讲效率,敢创新。高林总经理尊重专业意见,采纳了我们提出的很多关于合规管理、风险防范的建议。他以公司设立了法律顾问室为荣,经常挂在嘴边的是"我们公司有自己的律师"。当时律师的确是稀缺的,我到特区时特区的律师不超过 20 人。

法律顾问室当时除我之外,还有两位律师:一位是 20 世纪 50 年代法律系毕业的老律师;另一位是海军南海舰队军事法院转业的法官,他曾是南海舰队的英文翻译,英文很好。这两位都是值得尊敬的老先生,我从他们身上学到很多。由于当时特发公司的业务面广、下属企业多,所以我们这些在境外被称为"In-House Lawyer"的工作任务十分繁重,要参加招商的谈判和各种研究会议,还要起草各类合同及审查、修改下属企业上报的合同,干到深夜是家常便饭。

与深圳仲裁办为邻

特发公司招聘的干部住在位于老街蛟湖路的几栋二层旧民房里,房子比较简易,没有空调。民房、饭堂与对面的四层宿舍楼形成一个大院(隔壁的大院是深圳迎宾馆,邓小平同志南下深圳就住在迎宾馆的桂园)。我们院子那栋四层宿舍楼的楼下靠马路一侧有几间办公室,全部是落地玻璃,挂着白色纱帘,严肃中带着一点神秘。办公室挂的牌子是对外经济贸易仲裁委员会深圳办事处(以下简称"深圳仲裁办",后几经更名和搬迁,名称最终改为现在的深圳国际仲裁院,又名华南国际经济贸易仲裁委员会)。深圳仲裁办是广东省经济特区管理委员会和深圳市政府为适应特区经济建设解决纠纷的需要而新设立的机构,负责对特区涉外经济贸易争议进行调解和仲裁。

从 20 世纪 50 年代中期到设立特区时的 1980 年,由于当时中国相对封闭,二十多年间中国的国际仲裁机构办理的涉外仲裁案件不多,而且主要是处理一些与其他社会主义国家的贸易争议。中国的国际仲裁是随着中国改革开放和特区建设的步伐而开始发展壮大的,中国的国际仲裁逐渐被世界认可也是与中国对外经济贸易的蓬勃发展因而案件不断增多分不开的,也就是说,改革开放造就了中国的国际仲裁事业。而深圳特区当时正是中国涉外经济活动最活跃的地区。

推广仲裁条款

深圳仲裁办门前的马路是我们上下班必经之路,因而我们与仲裁办的工作人员不时有些交流。由于当时人们普遍对涉外仲裁了解不深,因此与仲裁办工作人员交流的主要话题就是如何在实践中推广仲裁条款。

虽然 1984 年 2 月广东省人大常委会批准的《深圳经济特区涉外经济合同规定》(那时《涉外经济合同法》还没有颁布,《仲裁法》更是在 10 年之后才颁布)设专章规定了"合同纠纷的调解和仲裁",但是由于人们对仲裁认知不多,一开始很多合同的争议解决并未选择仲裁。由于当时的《中外合资经营企业法》已经明确规定合营各方发生纠纷可由中国仲裁机构进行调解或仲裁,而《深圳经济特区涉外经济合同规定》更直接规定合资、合作经营各方选择仲裁方式处理纠纷的,"由设在特区的仲裁机构仲裁",因此引导和说服企业在合资、合作合同中约定仲裁条款相对容易,但是合资、合作以外的其他合同如技术引进合同、外贸合同和其他涉外合同选择仲裁并没有明确的依据。特发公司法律顾问室通过组织企业培训推荐仲裁,建议企业在起草合同时优先选择仲裁条款指定仲裁机构。实践中,特发公司法律顾问室也会根据情况在起草、审查、修改合同时主动写入仲裁条款。几年下来,在特发公司合同中优先选择深圳仲裁办解决纠纷已逐渐成为一种习惯。

兼职律师

1984年11月的一个周末,在深圳红岭中路园岭小区司法局招聘干部宿舍楼一个小屋里,几个律师正在起草中国第一个合作制律师事务所——深圳特区经济贸易律师事务所的章程,牵头的是我的大学同届同学徐建,参与人有我的大学同班同学王彦放、段毅、刘雪坛,还有我。这个合作制律师事务所自负盈亏,有承包的性质,是一项创新。1985年1月深圳特区经济贸易律师事务所成立,我作为参与人顺理成章地在事务所做兼职律师。1985年年底,徐建去了深圳市司法局任副局长(后也成为深圳国际仲裁院仲裁员)。1988年5月,段毅、武伟文、刘雪坛又成立了中国第一家民间性律师机构、第一家合伙制律师事务所——段武刘律师事务所,这个所的律师不再是国家干部,开了中国律师体制改革的先河。

接待之缘

特发公司法律顾问室除日常工作外,还要接待不少来特区考察的外地同行,同时也要配合市里的政策调研工作。1985年年底的一天,我们接到市委政策研究室的电话,政策研究室预约时间要来进行调研。两天后,按照约定的时间政策研究室的人来了,领队的是郭晓文。座谈中了解到郭晓文也是一位招聘干部,北大毕业。他说主要是想了解一些法律实务中的做法和遇到的问题,以便起草的法规在内容上更具有针对性和可操作性。我们介绍了企业履行合同的实务和实践中应注意的一些问题。几年后,郭晓文调到深圳仲裁办,转战涉外仲裁,成为深圳国际仲裁的领军人物。

随潮而动

我在特区工作了四年多后赶上了出国留学的大潮,便决定出国进修。1992年邓小平同志南方谈话后,改革开放向全国纵深发展,又出现了回国潮,于是我又决定追着潮水往回流。1993 年我回到深圳时,发现几年间深圳发生了巨大的变化。我在福田看到了一个标语,"抓住时机,大胆开拓",我想这句话的关键是"大胆",就是要有敢闯敢试的特区精神。邓小平同志南方谈话时说"大胆地试,大胆地闯""改革开放胆子要大一些,敢于试验"。搞特区就是要敢于创新,要有劈山平地的气魄。我刚到深圳时从市区去蛇口一路要经过很多土山丘陵,而今已是一马平川。南方谈话掀起了新一轮改革开放的大潮,可喜的是随着中国经济建设的高速发展,不仅特区涉外仲裁案件数量迅速增多,全国的涉外仲裁案件数量也显著增加,中国的国际仲裁已开始逐步被世界注视。

中国法律公司

1995 年我受聘到中国法律服务(香港)有限公司(以下简称"中国法律公司")工作。中国法律公司是司法部在香港设立的直属机构,1987 年注册成立,为内地和香港地区居民、机构提供法律服务。1997 年在中国法律公司架构下成立了中国法律律师事务所,该事务所是在香港律师会注册的第一家内地律师事务所。作为香港地区与内地在法律领域沟通的桥梁,中国法律公司在香港地区与内地的交流中扮演了重要的角色。

我到中国法律公司时董事长是柳老——柳谷书,总经理是庄仲希,副总经理是徐建。柳老是中国法律界一位非常重要的人物,他带领中国专利代理(香港)有限公司、中国法律公司走向世界。柳老也全力支持中国的仲裁事业,他和我们公司的另一位同事崔炳全参加了 1989 年 7 月在特区召开的中国国际经济贸易仲裁委员会深圳分会(深圳仲裁办改为此名)第一次委员大会。

调解与仲裁相结合

我到中国法律公司后主要从事法律服务和处理涉及内地与香港地区的相关事务,后来成为仲裁员处理一些仲裁案件。2007 年 3 月,中国法律公司牵头联合在港的主要内地资本企业创设了香港中国企业协会法律专业委员会,这是一个主要由各企业法务负责人参与的法律实务专业交流平台。2009年6月,受深圳外商投资企业协会商事调解委员会的启发,在中国国际经济贸易仲裁委员会华南分会(中国国际经济贸易仲裁委员会深圳分会已于2004年改为此名)的帮助下,中国法律公司又牵头联合在香港的主要内地资本企业创设了香港中国企业协会商事调解委员会,调解企业之间的商事争议。中国法律公司担任了这两个委员会的主任委员单位并承担秘书处的工作,由我担任这两个委员会的秘书长。

在郭晓文主任和刘晓春秘书长的支持下,为使经调解达成的和解协议具有可强制执行的法律效力,我们在调解委员会的调解规则中创设了调解与仲裁相结合的专章,规定当事人可以在和解协议中加入仲裁条款,约定任何一方可以向中国国际经济贸易仲裁委员会华南分会申请根据和解协议的内容作出仲裁裁决。这种"调解+仲裁"的模式受到企业的欢迎。

中国华南企业法律论坛

2011年7月,经华南贸仲郭晓文主任和刘晓春秘书长提议发起,中国法律公司作为发起人之一,主要由华南地区代表性企业共同创设的中国华南企业法律论坛在深圳成立。论坛一年一度的主题研讨会已经成为中国企业法律交流的盛事,特别是在粤港澳地区产生了重要影响。

粤港澳仲裁调解联盟

2013年12月,经深圳国际仲裁院(中国国际经济贸易仲裁委员会华南分会已改名为华南国际经济贸易仲裁委员会,并加挂了深圳国际仲裁院的牌子)郭晓文理事长和刘晓春院长牵头与香港中国企业协会商事调解委员会及粤港澳地区各主要调解机构协商,共同创建了粤港澳商事调解联盟(后改名为粤港澳仲裁调解联盟,以下简称"联盟")。联盟作为开展调解合作的平台,构建多元化纠纷解决机制。

2015年1月,两名香港商人在内地发生商事纠纷,争议金额超过

5 000万元人民币。双方向联盟提出调解申请,根据联盟《商事争议调解程序指引》的规定,双方共同选定深圳国际仲裁院调解中心作为调解机构并共同商定选择联盟成员——香港和解中心罗伟雄会长担任该案独任调解员。在深圳前海经过七个多小时的耐心调解,双方达成了和解协议。达成协议后,为了让和解协议确保得以执行,双方决定选择深圳国际仲裁院的"调解+仲裁"机制,将和解协议提交深圳国际仲裁院申请作出裁决。我作为仲裁员有幸被双方选定为案件的独任仲裁员,我根据和解协议内容作出了裁决。这是前海调解接轨香港的第一案。

结　语

时代大潮滚滚向前,改革与开放为缘,中国仲裁事业的快速成长与中国经济的高速发展为缘,粤港澳合作与跨境协同创新为缘。可以用当时特发公司简介中的表述来形容深圳国际仲裁的成长:"因特区而生,因发展而强。"

我想经过全体仲裁人的不懈努力,深圳国际仲裁院不断改革创新,将持续为国际商事争议解决的"中国方案"提供"深圳实践",打造出国际仲裁的中国品牌,成为国际仲裁的中国高地。

华南国仲：大湾区一面夺目的旗帜

邱进新[*]

2020年是深圳特区建立40周年。作为面向国际、对接香港的经济特区，深圳不仅为国家引进外资、发展经贸和促进产业创新升级作出了突出贡献，也为香港的产业升级换代并夯实其国际贸易、金融中心地位提供了重要的腹地和支撑。在促进国家改革开放、服务香港经济发展的过程中，深圳也从一个名不见经传的渔村发展成为现代化国际都市，成为中国内地对资本和人才最具吸引力的商业中心之一。

深圳的飞速发展及对资本的吸附力，离不开其持续改善和优化的营商环境。而深圳"亲商""友商"的环境，在一定程度上归功于深圳国际仲裁的发展，归功于1983年设立的华南国际经济贸易仲裁委员会。作为粤港澳地区第一家仲裁机构，华南国仲一直以"帮助中外当事人解决商事纠纷，构建公正、公平、和谐、有序的营商环境"为使命，以"建设全球一流的商事争议解决平台和国际仲裁高地"为愿景，以"独立、公正、创新"作为核心价值，为包括香港、澳门在内的华南地区经贸发展，乃至中国对外经贸交流，作出了积极贡献。

在纪念深圳特区建立40周年之际，我想从华南国仲服务香港中资企业营商的角度，讲述我与特区国际仲裁的故事。

2001年年底，我从国家商务部条约法律司被选调到香港中国企业协会（以下简称"中企协"）任职。当时，香港中资企业（绝大多数骨干企业

---

[*] 金杜律师事务所合伙人，香港中国企业协会法律专业委员会副秘书长，曾任香港中国企业协会综合事务总监。

均为协会会员)群体的内部法务团队力量总体上比较薄弱,发展也不平衡。除华润集团、招商局集团、广东控股(粤海控股)、中粮香港、光大集团、中海集团、深业集团等少数红筹企业集团,大部分中资企业尚未设置专职法务或合规岗位。在金融行业,除了有零售银行业务的中资商业银行(中银香港、交通银行香港分行),其他中资金融企业内部鲜有专门的法律或合规团队来保障企业的依法合规运营。

  为了强化香港中资企业依法经营意识,推动更多的企业建立法律合规岗,增进各中资企业法务人员之间的专业交流,经过反复调研、酝酿,我于 2006 年提议在中企协内部成立一个由会员企业法务人员为主体的专业委员会,得到当时负责日常会务工作的周捷先生和会董会的支持。2006 年冬,经过精心筹备,中企协在香港华润大厦举办了一次香港中资企业法务、合规专业人员交流晚餐会。这是香港中资企业第一次举办这个领域的横向交流活动。这个活动凸显了中企协对中资企业法务、合规人员保障企业依法合规经营作用的重视,在香港中资企业群体中引起强烈反响。后经过大半年的筹备,2007 年 9 月 17 日,中企协联合香港中华总商会、香港总商会、香港中华厂商联合会、香港工业总会在香港会展中心举行"中华人民共和国物权法讲座暨香港中国企业协会法律专业委员会成立仪式"。新成立的法律专业委员会将已设立法务或合规岗的中资企业纳入其中,由中国法律服务(香港)有限公司承担秘书处职责,其时任董事长的刘一杰先生担任第一任主任委员,我也被中企协指派为常务委员,后又兼任副秘书长。

  这个平台成立后,香港中资企业法务、合规专业人士之间的横向专业交流活动大为增多。法律专业委员会不定期举办各种主题的餐会、讲座,分享对热点法律问题的看法,也研究、探讨、解决各会员企业面临的带有共性的法律问题。其中一个比较有共性的问题是,香港的民商事诉讼中间程序(interlocutory proceedings)较多,程序冗长,时间成本和律师(包括大律师)费用都比较高昂。对于香港中资企业之间或中资企业有谈判筹码的商业交易,有无可能将由此产生的争议置于大家比较熟悉的法律环境和平台加以解决?特别是对于争议标的或担保权益涉及内地企业或个人的,如何降低财产保全或司法裁判执行中的不确定性?

其时,秉持服务香港特区与内地的商事争议解决之初心的华南国仲已与香港特区一些中资企业建立了"点对点"的接触,一些中资企业已初步认识到其仲裁服务的特点和优势,尤其是其地缘优势和综合服务优势。经时任深业集团法律事务部总经理陆继强先生介绍,中企协法律专业委员会与华南国仲之间的沟通和合作立即大放异彩。

2008年3月7日,中企协与华南国仲在深圳共同主办"香港中资企业常见合同纠纷及其解决模式"专题研讨会。中企协副总裁朱莉女士、法律专业委员会主任委员王立宪先生携香港中资企业绝大部分核心会员如粤海集团、深业集团、港中旅集团、招商局集团、中远集团、航天科技国际集团、中粮集团、中国法律律师事务所、光大集团、中国专利代理(香港)有限公司等数十位公司分管领导或法律事务部门负责人,与华南国仲郭晓文副主任、部分资深仲裁员等一起出席了此次研讨会。我很荣幸与刘晓春先生(时任华南国仲副秘书长)共同主持了这次研讨会。研讨会在分析香港中资企业使用华南国仲仲裁服务相关数据的基础上,围绕内地和香港特区诉讼和仲裁的比较,以及中资企业以往在香港特区与内地的商事争议解决经验等议题进行了经验分享。

通过这次研讨会,香港中资企业与会人员普遍认识到华南国仲的仲裁服务优势,认识到在商事争议处理中,选择自己熟悉的法律和语言、适用具有可预见性的程序,将是防范和控制法律风险的一个关键因素。这次研讨会的举办,也将华南国仲与香港中资企业群体之间的交流由过去的"点对点"接触提升至全面合作水平。从此,香港中企协及其法律专业委员会与华南国仲的双边合作日益扩大和深化。

2008年至2009年上半年,为响应香港特区政府关于商业纠纷"调解为先"的号召,减少香港中资企业之间的商事争议最终通过法院诉讼或在香港特区仲裁解决的比重,时任中企协法律专业委员会主要领导的王立宪、宫晓冰、罗蓄郁等组织包括秘书处在内的同事一起研究如何用调解的方式,低成本、高效率地解决香港中资企业之间以及中资企业与其他企业之间的商事争议,同时又赋予其可强制执行力,并要求我们向华南国仲请教。刘晓春结合当时华南国仲成立调解中心的创新实践,建议我们依托中企协法律专业委员会的组织架构和专业优势成立一个商事调解平台,将其调解程序与华南国仲的仲裁程序结合起来,由华南国仲在经该平台调解达成和解方案的基础上作出和解裁决。根据其专业建议,我和白涛秘书长等同事一同起草了中企协商事调解委员会组织架构、章程和《香港中国企业协会商事调解委员会调解规则》。华南国仲和刘晓春对此非常重视和支持,专门安排专业团队协助我们反复修改《香港中国企业协会商事调解委员会调解规则》并最后定稿。

经中企协执行会董会批准,2009年6月16日,中企协在香港南洋酒店举行了商事调解委员会成立大会,法律专业委员会主任委员王立宪被任命为第一任主席。华南国仲郭晓文和刘晓春两位领导等专程来港致贺。中企协商事调解委员会遵循自愿、独立、客观、公平、公正、保密原则,通过调解,和谐、快捷、有效、低成本地解决香港中资企业遇到的商事纠纷。

中企协商事调解委员会成立和运作后,鉴于我熟悉《香港中国企业协会商事调解委员会调解规则》,身份比较超脱,王立宪主席将该会第一起商事争议交由我负责调解。经过艰苦细致的工作,争议各方最终达成书面调解方案;该项调解方案依《香港中国企业协会商事调解委员会调解规则》的"专业调解+商事仲裁"机制,被提交至华南国仲作出和解裁决书,并最终顺利履行。

在香港五大商会当中,中企协在华南国仲的支持和帮助下第一个创立"专业调解+商事仲裁"争议解决机制,在发挥自身的平台作用、解决会员之间的商事争议方面,发挥了表率作用。追忆中企协(及其法律专业委员会、商事调解委员会)与华南国仲之间的合作,我对华南国仲精诚服务的精神,不忘初心、开拓进取创新的理念有特别深的感触。华南国仲之所以是大湾区一面夺目的旗帜,之所以广受国际认可,展示了中国仲裁的国际公信力和"国际仲裁的深圳质量",与其精诚、进取、创新的组织文化密不可分。

谨以此文,讲述华南国仲人在深圳特区建立40年历程中砥砺奋进、开拓创新的风雨历程,也向为华南国仲和香港中资企业发展壮大作出贡献的先贤们表示怀念和敬意!

那一个温暖的冬日

简慧敏[*]

2016年1月6日,是一个温暖的冬日。我仍记得那一天,南国的阳光被前海的树影揉成细碎的金黄,铺在万科公馆那条蜿蜒的小路上。我还记得,就是在那一天,我接过聘书,第二次成为深圳国际仲裁院的仲裁员。

我最初加入深圳国际仲裁院是在2012年。那时,深圳国际仲裁院刚刚以法定机构的身份亮相,外界对深圳国际仲裁院充满了好奇。我同时作为香港特区律师和内地律师,对"法定机构"四个字既熟悉又陌生——香港特区许多机构是以法定机构的形式存在的,但同样的组织形式在内地却从未听闻。因此,在收到深圳国际仲裁院邀请我担任仲裁员的通知时,我十分认真地研究了深圳国际仲裁院的"法定机构"这个身份。深圳市人民政府于2012年根据全国人大常委会授予的特区政府规章制定权,审议通过并颁布了《深圳国际仲裁院管理规定(试行)》,深圳国际仲裁院据此成为中国内地首个引入法定机构管理模式的仲裁机构。按照立法要求,深圳国际仲裁院建立了以理事会为核心的法人治理结构,施行决策、执行和监督有效制衡的管理制度,有超过1/3的理事来自境外。

后来的事实证明,正是因为具备这种创新性的法定地位和治理结构,深圳国际仲裁院的创新基因得以发挥重要作用。多年来,深圳国际仲裁院在祖国改革开放的前沿,极大地促进了中国仲裁事业的国际化、现代化。深圳国际仲裁院的国际化特别值得称道,自2019年2月21日起启用的《深圳国际仲裁院仲裁员名册》共有933名仲裁员,覆盖77个国家和

---

[*] 中国银行(香港)有限公司总法律顾问。

地区，境外仲裁员有 385 名，占比超过 41%，仲裁员结构国际化程度为中国最高。

2015 年 1 月，我曾以香港女律师协会副会长和中国内地事务委员会主席身份带领香港女律师协会一行访问了深圳国际仲裁院，当时参观了深圳国际仲裁院位处前海 e 站通服务办事大厅一角的办公地点。我仍记得，刘晓春院长亲自向随团访问的香港女律师协会成员介绍了深圳国际仲裁院的"3i"，即独立（independence）、公正（impartiality）、创新（innovation）的核心价值，给团员留下了非常深刻的印象。这三个核心价值也体现在深圳国际仲裁院对仲裁制度的不断探索中。值得一提的是，2016 年 10 月，深圳国际仲裁院在中国率先将东道国与外国投资者之间的投资纠纷案件列入受理范围。在我看来，这一创新填补了中国企业"走出去"过程中的纠纷解决空白，是对现有国际投资争端解决机制在"一带一路"沿线投资项目中的必要补充，让中国人有了自己的东道国与外国投资者之间的争端解决机构。同时，深圳国际仲裁院还实现了三大突破：一是在中国内地首次通过特别程序将《联合国国际贸易法委员会仲裁规则》进行本土化；二是在适用《联合国国际贸易法委员会仲裁规则》的仲裁中将香港视为默认仲裁地，实施深圳经济特区"联合香港、共同走向世界"的仲裁国际化策略；三是将国际通用的《联合国国际贸易法委员会仲裁规则》作为深圳国际仲裁院受理投资仲裁案件的规则，推动"一带一路"纠纷解决。

2015 年，我首次作为仲裁员参与了仲裁案件。那是一起股权投资纠纷，从申请人向深圳国际仲裁院提交仲裁申请，到仲裁庭作出终局裁决，总共耗时不超过 6 个月，体现了仲裁程序快捷、便利、保密的特点。这次经历，让我更加深入地了解了深圳国际仲裁院。秘书处为仲裁当事人和仲裁庭提供细致入微的服务，给我留下了十分深刻的印象。这次经历也加强了我对深圳国际仲裁院的信心，在日后的工作中，我经常向业务伙伴推荐选择深圳国际仲裁院的仲裁程序作为争议解决机制。

深圳国际仲裁院对市场需要的敏捷回应也让我赞叹和自豪。2019 年 2 月，深圳国际仲裁院启用新版《深圳国际仲裁院仲裁规则》，在中国首次探索"选择性复裁"机制。可以看到深圳国际仲裁院切实回应了国际市场参与者对于"一裁终局"制度的适当关切,这是对市场规律的尊重和对市场呼声的聆听,对中国的国际商事仲裁制度作出了非常有益的探索。

一转眼,我与深圳国际仲裁院结缘已七年多。在这七年多时间里,我见证了中国仲裁事业的发展。依托中国企业"走出去"和"一带一路"倡议的不断落实,以深圳国际仲裁院为代表的一批中国仲裁机构开始在国际商事争议解决服务市场崭露头角,成为国际业界的新星。我衷心地为深圳国际仲裁院取得的进步和成就感到自豪,也由衷希望深圳国际仲裁院继续立足中国,借鉴国际惯例,不断完善和发展,将国际商业仲裁实践之路走得更远、更稳、更精彩。

粤港联手，同舟共进

王则左[*]

我见证了深圳特区的发展，目睹罗湖区由无到有，而深圳国际仲裁的发展速度更是令人瞠目结舌，成果丰硕，使中国仲裁完成对外接轨，办案及仲裁裁决的质量达到国际水平。

多年以来，深圳国际仲裁院与香港仲裁业界交流频繁，合作良多。深圳国际仲裁院还于2013年发起成立了粤港澳仲裁调解联盟，香港仲裁司学会等香港数家主要商事仲裁调解机构均参与其中，为提升粤港澳地区多元化纠纷解决服务水平共同努力。最近与香港特区政府前律政司司长梁爱诗交谈时，又得知深国仲已积极落实在香港特区设立机构，这个问题我曾向刘晓春院长建议过。深国仲走进香港特区，设立华南（香港）国际仲裁院意味着更多的仲裁案件将会以香港特区作为仲裁地点进行仲裁。香港仲裁司学会欢迎深圳国际仲裁院来港，使需要仲裁的当事人多一个可选择的优秀仲裁机构，亦更好地落实香港在"一带一路"大背景下提供仲裁服务的角色。香港仲裁司学会祝愿深国仲此举措成功，亦会配合深国仲推广及培训仲裁员，发挥联合的优势，进一步提升两方的合作水平。

为贯彻十九大精神，落实《粤港澳大湾区发展规划纲要》，推动"一国两制三法域"机制及规则的共生、融合及衔接，深国仲积极作为，于2019年推出了新规则，进一步推进与国际仲裁规则接轨。我注意到，《深圳国际仲裁院仲裁规则》加入了第十八条"合并仲裁"、第二十条"追加当事人"、第二十六条"紧急仲裁员"等条款，与其他主要国际仲裁机构的仲裁

---

[*] 香港出庭大律师，香港仲裁司学会会长。

规则条款相若,例如《香港国际仲裁中心机构仲裁规则》第二十七条"新增当事人的追加"及第二十八条"仲裁合并"。《深圳国际仲裁院仲裁规则》的内容十分开放,例如,当事人可选择深国仲而适用《联合国国际贸易法委员会仲裁规则》的程序进行仲裁。

在国际仲裁渐由临时仲裁而倾向机构管理仲裁的趋势之下,很多机构的仲裁规则日趋繁复,特别备受关注的是"追加第三人"及"合并仲裁"条款,仲裁庭或仲裁机构不恰当地允许追加第三人或合并处理,往往会引致仲裁裁决在仲裁地被监管法院撤销或裁决强制地不予执行。建议深国仲可考虑制定实务指引,进一步说明追加第三人和合并处理的先决条件,以及机构、仲裁庭需考虑的因素。

我们期待进一步加强与深国仲的合作,携手支持香港建设为亚太区国际法律及争议解决服务中心,更好地服务粤港澳大湾区及"一带一路"建设。

香港资深大律师眼中的深圳国际仲裁

王鸣峰*

时光荏苒，今年已经是深圳经济特区建立40周年，也是我作为深圳国际仲裁院仲裁员的第三个年头。深国仲是伴随中国改革开放迅速成长起来的国际仲裁机构，而我也有幸见证了深国仲这几年在刘晓春院长的带领下不断进步、不断创新的飞速发展。

在我的印象中，深圳特区的国际仲裁与港澳地区，尤其是香港特别行政区有着很深的渊源。20世纪80年代，深圳特区随着外资的进入，各类境外公司和内地公司产生了大量的商事纠纷，基于这样的背景，广东省经济特区管理委员会在深圳推动建立了特区仲裁机构，主要目的就是更好地处理包括港澳地区商事主体在内的外资公司与内地公司在深圳特区甚至广东省的各类商事争议。也正因如此，在改革开放初期，深圳特区的国际仲裁在很大程度上也是为了解决涉港纠纷，而这些特殊性共同奠定了我作为一名香港执业大律师与深国仲（即华南国仲）之间存在的天然联系。

近几年，我目睹了深国仲的勇于尝试，各方面在行业内均已达到国际先进水平。例如，深国仲理事会的治理体制让我耳目一新，该理事会有1/3以上的组成人员来自中国香港特别行政区及海外。而这样的机制在内地实属罕见，这从某种程度上大大增加了特区仲裁机构的国际公信力。更让我感到惊喜的是，梁定邦先生被聘为深国仲第二届理事会的副理事长，据我所知，这也同时开创了内地仲裁机构中由香港特区仲裁员出任重

---

* 太平绅士，香港德辅大律师事务所（Des Voeux Chambers）资深大律师。

要职务的先例,此为深国仲勇于创新、敢于尝试的重要体现,同时也标志着内地仲裁机构在国际化进程中迈出了一大步。

这一举措在很大程度上消除了中外当事人,尤其是涉外当事人,将争议提交中国内地仲裁机构进行解决而对其公平性、独立性及合理预期所产生的各种疑虑。同时,该理事会的多元化组成也使得境外当事人对中国内地仲裁机构的独立性及国际公信力等增添了不少信心,从而获得更高的国际认可。

2017年,正值改革开放迈向40周年之际,深圳提出了建设创新引领型全球城市的发展目标,1983年成立的深国仲和1995年成立的深圳仲裁委员会于当年年底宣布合并。目前,国际化大都市的一个标准配备即为具有全球公信力和影响力的国际仲裁机构,正如伦敦国际仲裁院位于伦敦、国际商会仲裁院位于巴黎、香港国际仲裁中心位于香港一样,这些具有代表性的全球化城市均设有具有全球影响力的国际仲裁机构。深国仲与深圳仲裁委员会的合并在亚洲史无前例,扩充了资源,优化了机制,让我深刻感受到深圳特区在全球化建设道路上所取得的巨大进步。

深国仲的国际化程度之高同时还体现在其仲裁员名册中。据我所知,目前深国仲的仲裁员有相当比例来自港澳地区,能够有效地加强粤港澳三地的法治合作与协同创新,并在推进粤港澳大湾区的国际仲裁创新发展中发挥巨大作用。

这几年我有幸多次参加了深国仲所举办的各类国际研讨会,例如2016年的"中欧争议解决研讨会"、2018年的"国际仲裁实务与技巧"研讨会等,让我深刻感受到深国仲正在向走出中国、面向世界的战略目标大步迈进。这些研讨会均邀请了业内著名的各国专家,在不同理念的碰撞中,不但提高了与会人员的理论知识和实践水平,同时也增进了深国仲与全球各地国际仲裁机构的交流与互动,从而提升了国际影响力。

与此同时,在业务方面,我也亲身体会到了深国仲在案件管理上对科技应用的与时俱进。深国仲是内地最早开设网络庭审的机构之一,当事人可以在办案过程中通过网络提交证据材料及书面意见,甚至在网上完成立案或选定仲裁员等所有程序。当事人只需按照流程提交证据材料申请立案,立案成功后,案件的经办秘书及选定的仲裁员们亦可约定通过联网的方式安排庭审，即线上开庭。而庭审开始前，当事人只需登录网上办案系统或网上庭审登录系统便可顺利加入网上庭审。这些便利在疫情期间表现得尤为突出，作为该机构的一名仲裁员，我也曾通过线上开庭的方式参与了若干仲裁案件的处理，该方式节约了成本，提高了效率。

在经办案件的过程中，我了解到不少当事人对这个高效机制赞誉有加，例如，他们可以在立案时提供电子送达地址，并优先选择通过电子邮件、云端仲裁平台等电子方式送达通知和证据材料，仲裁费用亦可远程缴付，在病毒肆虐的特殊时期，该机制可有效降低疫情传播的风险，同时也可保证办案的顺利进行。

另外，在网上庭审过程中，无论仲裁庭成员身在何处，均可以借助语音转换文本的技术，自动生成庭审笔录，有助于仲裁员更快捷无误地完成开庭工作。在仲裁秘书团队的帮助下，还有专门的云空间用来存储庭审录音和录像，可以很好地保留庭审的整个过程。在我参与的几次网上庭审中，整个远程开庭设备运行流畅，对案件的按时推进具有极大的帮助。另外值得一提的是深国仲提供的证据交换存储平台。在该平台，当事人可以实时记录送达时间和送达内容，并向仲裁员及经办秘书同步传送证据材料，大大节省了纸质文档交换的时间和成本。在疫情期间，这个证据交换存储平台更是使特殊时期送达滞后的问题得到了有效解决。

这几年与深国仲的合作经历，让我更深刻地感受到内地国际仲裁机构的飞速发展。在深圳特区建立40周年之际，我在此预祝深国仲继续不断创新，向超一流国际仲裁机构继续迈进。同时也希望内地与香港能够进一步紧密合作，更好地服务于"一带一路"与粤港澳大湾区的建设。

2020年5月11日于香港

My Story with the Shenzhen Court of International Arbitration

Sylvia Wing Yee SIU[*]

I had the privilege of going to Mainland China in late 80s with my mentor Ms Elsie Leung Oi-sie GBM, JP. to give lecture to the law students. Students were extremely attentive and eager to learn about Hong Kong's common law system, they took full notes of everything we said. It was a pleasant surprise to find students following us even after the lecture, asking lots of intelligent questions. I knew then that Mainland China will have a bright future.

Upon taking courses on arbitration and mediation, I developed a fervent interest in Alternative Dispute Resolution (ADR). I joined the Trade Development Council and the HK Law Society on mission trips to Mainland China, South East Asia and other parts of the world to promote our legal services. I also attended ADR conferences internationally, locally and in Mainland China as participant and/or speaker.

My first contact with Shenzhen Court of International Arbitration (SCIA), (then known as CIETAC Shenzhen) was back in 2002 at an ADR

---

[*] Ms. Sylvia Wing Yee Siu, JP is the Vice Chair of Guangdong-HongKong-Macau Arbitration & Mediation Alliance. She is also the Chairlady of Joint Mediation Helpline Office, the Chairlady of Hong Kong Federation of Women Lawyers' ADR Committee, and the Immediate Past President of Hong Kong Institute of Arbitrators.

Conference. There I met Dr. Guo Xiaowen, then the Vice Chairman of CIETAC in charge of CIETAC Shenzhen (renamed as CIETAC South China Commission in 2004, and changed the name to SCIA in 2012). Dr. Guo impressed me with his wealth of knowledge in arbitration law in Mainland China and his willingness to share his knowledge.

In 2004, on behalf of Hong Kong Institute of Arbitrators, I invited Dr. Guo to hold a seminar in Hong Kong on "Enforcement of Arbitral Awards". HK Law Society, HK Federation of Women Lawyers and China Appointed Attesting Officers participated as supporting organizations. Over 300 participants enrolled. Elsie in her then capacity as Secretary for Justice of HKSAR delivered a welcome remark. A quick acknowledgement to Elsie should be made, as it was through her efforts which resulted with the "Arrangement Concerning Mutual Enforcement of Arbitral Awards between the Mainland and HKSAR" in 2000.

In Hong Kong, with Civil Justice Reform officially launched in 2009, mediation became "The Way Forward". In all civil cases, lawyers are to advise parties to attempt mediation, failing which and if without justification, judges can depart from their usual cost orders. Courses were offered to train up mediators, seminars and talks on mediation were well attended.

Upon learning that I have been giving talks on mediation, Dr. Liu Xiaochun (now President of the SCIA) invited me to speak at the 1st Commercial Expert Mediators' Training at CIETAC South China Commission.

At that training session, I expressed my concern with "Arb-Med-Arb", meaning the arbitrators for the parties, when requested by the parties to conduct mediation, changed their roles to mediators to conduct mediation for the parties. If the mediation fails, they then change back to their role as Arbitrators to conduct the arbitration for the parties. When I raised my concern at other ADR Conferences in Mainland China, I was told that CIETAC Beijing and CIETAC Shanghai, as well as other leading arbitration commissions have been using this method and it worked well.

I firmly believe mediators should take formal training, while I concur our culture values harmony and would turn to elders to work out differences in the past, it is wishful thinking to expect disputes can be resolved amicably by going to the elders these days. Mediators often face difficult parties, it takes training and practice to acquire skills such as building empathy with the parties, and effective communication methods to carry out a successful mediation process.

I felt ecstatic when Dr. Liu appreciated my concern about "Arb-Med-Arb" and the professional training of mediators! Dr. Liu had vision to equip SCIA to meet challenges in the new era. From articles he wrote, such as "The latest innovation for mediation in China", one can see that he was for innovative ideas. When Dr. Liu became the President of SCIA, he was instrumental in setting up a Mediation Alliance with Hong Kong Macao and Mainland China, it was an excellent platform for cross border disputes resolutions. I was proud to be present at the Inauguration of the Guangdong-Hong Kong-Macao Mediation Alliance in 2013 and nominated as the Vice Chair of the Alliance. In 2019, the Alliance changed its name to Guangdong-Hong Kong-Macao Arbitration & Mediation Alliance at its 5th Anniversary.

The office of SCIA now occupies a whole floor at 41/F, West Square of Shenzhen Stock Exchange, 2012 Shennan Blvd, Shenzhen. Previously going to SCIA to do an arbitration or attend an event there means taking a day off work, as either one takes the train, then a taxi, or hire a car which often met with traffic jam. Nowadays, SCIA is on top of the METRO, we can leave Hong Kong, get on the train, before one finishes reading the newspaper, one arrives the station, and can simply walk right up to SCIA.

Aside from holding arbitrations at SCIA, many important events were held there, one was a Spanish Arbitration Day in Shenzhen held on 21 Oct 2019. I attended together with my good friends Mr. Paulo Fohlin (Partner of Odebjer Fohlin, Stockholm, Sweden), Mr. Omar Puertas (Partner of Cuatrecasas, Shanghai, China) and Mr. J. Felix de Luis (Partner of Legal 21 Abogados,

Spain). I acted as the moderator, and was told by the speakers to be prepared to translate everything they say. Little did they know that Dr. Liu speaks fluent English and all the participants also speak good English. In fact, SCIA has actually been receiving guests from all over the world.

While watching the panoramic view from the 41/F, I flashed back to the early 80s at my first visit to Shenzhen, no building was in sight, it was bare land. Within 40 years, Shenzhen has become such a vibrant city. Since changing the name from CIETAC South China Commission to SCIA, under the guidance of Dr. Liu SCIA grew from strength to strength. I feel so blessed to be a Chinese, so proud to see how the great leap forward by China, so honored to have the friendship of brilliant leaders like Dr. Guo and Dr. Liu.

As Chairlady of Joint Mediation Helpline Office, with 9 member organizations (HK Mediation Council, HK Bar Association, Law Society of HK, HK Institute of Arbitrators, Chartered Institute of Arbitrators (East Asia Branch), HK Institute of Architects, HK Institute of Surveyors, HK Mediation Centre, HK Institution of Engineers), I look forward to working with SCIA in promoting mediation to resolve the disputes at the Greater Bay Area.

As Immediate Past President of Hong Kong Institute of Arbitrators, I also look forward to further collaborations with SCIA in promoting arbitration, mediation, adjudication & other ADR methods to resolve the Greater Bay Area and BRI disputes.

译文

我与 SCIA 的故事

萧咏仪[*]

20世纪80年代末,我有幸与我的导师梁爱诗女士(大紫荆勋贤、太平绅士)一同前往内地给法学生授课。那时学生们都非常专注,他们渴望了解香港地区的普通法制度,在课堂上认真记录下我们所讲的一切。让我们更为惊喜的是,即便在课程结束后,也有一些学生追着我们,问了很多极富思考力的问题。从那时起我就知道,中国内地一定会有一个光明的未来。

在学习仲裁和调解课程后,我对替代性争议解决机制(ADR)产生了浓厚的兴趣。我加入了香港贸易发展局和香港律师会,并作为考察团的一员访问了中国内地、东南亚和世界其他地区,推广我们的法律服务。我还作为参会者或演讲者参加了中国内地和香港地区以及国际上的 ADR 会议。

我与深圳国际仲裁院(当时名为中国国际经济贸易仲裁委员会深圳分会)的首次结缘要追溯到2002年的一次 ADR 会议。我因此而结识了郭晓文博士,他当时负责中国国际经济贸易仲裁委员会深圳分会(2004年更名为中国国际经济贸易仲裁委员会华南分会,2012年更名为华南国

---

[*] 太平绅士,粤港澳仲裁调解联盟副主席,香港联合调解专线办事处主席,香港女律师协会 ADR 主席,香港仲裁司学会前任会长。

际经济贸易仲裁委员会，又称深圳国际仲裁院，英文简称 SCIA）的工作，并兼任中国国际经济贸易仲裁委员会副主任。郭博士在中国仲裁法方面渊博的学识及其热忱分享的精神，令我印象深刻。

2004 年，我代表香港仲裁司学会邀请郭博士参与在香港举行的关于仲裁裁决执行的研讨会。香港律师会、香港女律师协会和中国委托公证人协会有限公司均参与其中，作为会议的协办方。这次研讨会的与会者超过 300 人。会上时任香港特别行政区政府律政司司长梁爱诗女士做了欢迎致辞。在此需向梁爱诗女士表示致敬，正是因为她的努力，最高人民法院《关于内地与香港特别行政区相互执行仲裁裁决的安排》得以在 2000 年正式实施。

随着 2009 年香港特别行政区民事司法制度改革的正式启动，调解成为"前行之路"。在所有民事案件中，律师应建议当事人尝试调解，若调解失败且无正当理由，法官可作出背离通常做法的讼费命令。自此之后，为调解员所设置的培训、研讨会、讲座等活动盛极一时。

在得知我一直在做调解相关的讲座后，刘晓春博士（现任 SCIA 院长）邀请我在中国国际经济贸易仲裁委员会华南分会第一期商事调解专家培训研讨会中发言。

在培训中，我表达了对"仲裁—调解—仲裁"（仲裁程序内的调解）机制的担忧，因为这意味着仲裁员将基于当事人的调解需求而转变为调解员的角色，以便对当事人之间的纠纷进行调解，而一旦调解失败，他们又将回归仲裁员的角色，对当事人之间的纠纷进行仲裁。当我在内地的其他 ADR 会议上表达这种担忧时，我被告知，内地一些仲裁机构一直适用此机制，且该机制运行得还不错。

我坚定地认为，调解员应该接受专业的培训，与此同时我也十分认同我们的文化重视和谐的价值，并拥有寻求长者解决分歧的传统。但如今，寄希望于诉诸长者而友好地解决争端是一厢情愿的想法。调解员通常要面对难以应付的当事人，这使得通过培训和实践获得调解技巧变得非常必要，例如如何对当事人建立同理心，如何运用有效的沟通方法来成功地进行调解等。

让我感到非常欣喜的是，刘博士对我所提出的关于"仲裁—调解—仲裁"（仲裁程序内的调解）机制的担忧以及调解培训的必要性表示赞许，他的远见卓识使 SCIA 具备了迎接新时代挑战的能力。从他撰写的文章，例如《中国商事调解的最新发展——以深圳国际仲裁院的创新为视角》中，不难看出他本人是"独立调解+独立仲裁"等机制创新的倡导者。刘博士担任 SCIA 院长后，推动粤港澳三地合作共建调解联盟，打造了一个跨境争议解决的绝佳平台。2013 年我有幸出席粤港澳商事调解联盟创立仪式，并被提名为联盟副主席。2019 年，联盟更名为"粤港澳仲裁调解联盟"。

现在的 SCIA 总部办公室位于深圳市福田区深南大道 2012 号深圳证券交易所西广场 41 层，之前从香港出发去 SCIA 参与仲裁或其他活动需要花费一整天的时间，因为交通方式的不便，先在香港搭地铁再转乘出租车方可到达，即便直接从香港租车前往，也往往会因塞车而被堵在路上。但如今的 SCIA 总部办公室坐落于福田高铁站旁，我们可以从香港西九龙站直登高铁，期间只需要阅读一份报纸的时间（14 分钟），即可到达目的地福田高铁站，然后直接步行抵达 SCIA 总部办公室。

除了受理仲裁案件，SCIA 也承办了非常多重要的活动。如 2019 年 10 月 21 日的"西班牙仲裁日"圆桌研讨活动，我和我的好朋友 Paulo Fohlin 先生（瑞典斯德哥尔摩 Odebjer Fohlin 事务所合伙人）、Omar Puertas 先生[顾博国际律师事务所（中国上海）合伙人]以及 J. Felix de Luis 先生（西班牙 Legal 21 Abogados 律师事务所合伙人）一同参加了该研讨活动，我担任研讨会的主持人。会议开始前，其他受邀的演讲嘉宾告知我做好准备向与会者翻译他们讲的内容，显然，他们并不清楚刘博士流利的英语交流能力，而且现场所有参会者都有很强的英语交流能力，当天的研讨会全程用英文进行，根本无须翻译。事实上，作为一个国际化的仲裁机构，SCIA 已经多次接待来自世界各国的宾客来访。

当我从深圳证券交易所 41 层俯瞰深圳全景时，我不禁回忆起 20 世纪 80 年代初第一次来深圳时看到的景象，目之所及没有高楼，一片荒芜。40 年的时间，深圳已经成为一座活力四射的城市。自从中国国际经济贸易仲裁委员会华南分会改名为 SCIA 之后，在刘博士的带领下，SCIA 蓬勃发展。作为一个中国人，我十分幸运能见证中国取得的巨大飞跃，也十分荣幸能与郭博士和刘博士这样的杰出领导者建立深厚友谊。

作为包括9个成员组织[香港调解会、香港大律师公会、香港律师会、香港仲裁司学会、英国特许仲裁员学会(东亚分会)、香港建筑师学会、香港测量师学会、香港调解中心、香港工程师学会]的香港联合调解专线办事处的主席,我十分期待与 SCIA 的合作,共同致力于推动粤港澳大湾区以调解方式解决争议。

作为香港仲裁司学会前任会长,我也十分期待与 SCIA 的进一步合作,以推动运用仲裁、调解、裁决等 ADR 方式,解决粤港澳大湾区及"一带一路"建设中的争议。

译者:迟文卉,深圳国际仲裁院国际合作
与发展处(自贸区仲裁处)法律顾问

Episodes of Canton-Hong Kong Cooperation in International Arbitration

Richard LEUNG[*]

I am delighted to note that SCIA is organizing this event to celebrate the 40th Anniversary of the establishment of the Shenzhen Special Economic Zone. The successful story of Shenzhen laid down the very important first step for China to gradually grow over the decades into a big economic country. The path has not been easy and cannot be achieved without much industrious hardwork, dedication and innovation by all people in China and in particular the great leadership of the Central Government.

Economic activities bring value to people but inevitably some may end up with disputes which need to be resolved either through the court system or by way of arbitration or other alternative dispute mechanisms. And in respect of international transactions or cross border activities, commercial people tend to favour the use of arbitration than court litigation in particular. On this note, SCIA (formerly known as CIETAC South China Commission) which was established in 1983 has played a very significant role in the provision of arbitration and ADR services to resolve the disputes happened in the Shenzhen Special Economic Zone and other places but users have chosen to use SCIA as

---

[*] Mr. Richard Leung, JP is the Vice Chair of Guangdong-Hong Kong-Macau Arbitration & Mediation Alliance. He is also a Barrister-at-Law of Des Voeux Chambers. He was the Branch Chair of CIArb (EAB) in the 2014/15 and 2015/16 Sessions.

the seat of arbitration and use its arbitration rules.

I joined the committee of the Chartered Institute of Arbitrators (East Asia Branch) in 2006/2007 and am still a committee member of CIArb(EAB) as of now. I was the branch chair in the 2014/15 and 2015/16 sessions. In 2009, I arranged the then International President of CIArb Mr. Joe Behan to pay a visit to SCIA and since then there had been many collaborations thereafter between CIArb(EAB) and SCIA. To quote a few very successful examples besides the usual activities such as seminars and training courses held throughout the past years:

(ⅰ) Half-day conference in Hong Kong "International Arbitration Involving PRC Parties" on 9th April 2010;

(ⅱ)A day conference in Shenzhen "Risk Control for Chinese Firms in Going Global" on 29th July 2011; and

(ⅲ)Half-day conference in Hong Kong "Doing Business in the PRC-Risks, Precautions and Dispute Resolution Options" on 17th January 2013.

I was particularly honoured to attend the Ceremony for the commencement of GD/HK (Qian Hai) International Arbitration Cooperation and the Opening of SCIA in 2012 and then take part in the formation of Guangdong, Hong Kong and Macau Mediation Alliance (with much secretarial support from SCIA) on behalf of CIArb(EAB).

SCIA is now one of the leading arbitration/ADR institutions in the world and is well-known and popular in Asia. I can see there are plenty more opportunities for SCIA to provide its good services to business people and/or international investors in the Greater Bay Area whenever they have disputes which need to be resolved efficiently and effectively. I very much look forward to continue our relationship with SCIA in the years ahead.

译文

粤港国际仲裁合作片记

梁伟强*

我很高兴得知深圳国际仲裁院发起了"深圳特区40年·我与特区国际仲裁的故事"征文活动,以纪念深圳经济特区建立40周年。过去几十年来,中国成长为一个经济大国,而深圳的成功故事是早期非常关键的一步。

经济活动给人们带来了价值,但不可避免的是,经济活动可能会产生纠纷,这些纠纷需要通过法院、仲裁或其他替代性争端解决机制加以解决。在国际交易或跨境商业活动中,人们更倾向于用仲裁而不是法院诉讼的方式来解决纠纷。在此值得特别指出的是,成立于1983年的深圳国际仲裁院(曾名"中国国际经济贸易仲裁委员会华南分会",英文简称SCIA),在提供仲裁和替代性争议解决服务、解决深圳经济特区的纠纷等方面发挥了非常重要的作用。即使是纠纷发生在其他地区的当事人也通常会选择在SCIA仲裁并适用SCIA的仲裁规则。

我于2006年加入英国特许仲裁员学会(东亚分会)的委员会,至今仍是该会委员。我还曾担任2014—2015年和2015—2016年两届英国特许仲裁员学会(东亚分会)主席。2009年,我安排了当时的英国特许仲裁员学会的全球主席Joe Behan先生访问深圳国际仲裁院,此后英国特许仲裁员学会(东亚分会)与SCIA进行了许多合作。除共同举办的研讨、培训等常规活动外,英国特许仲裁员学会(东亚分会)与SCIA还共同成功举

---

* 太平绅士,香港德辅大律师事务所(Des Voeux Chambers)执业大律师,粤港澳仲裁调解联盟副主席,英国特许仲裁员学会(东亚分会)前主席。

办了以下活动：(1)2010年4月9日在香港举行的"涉及中国当事人的国际仲裁"研讨会；(2)2011年7月29日在深圳举行的"中国企业'走出去'的法律风险与防范"研讨会；(3)2013年1月17日在香港举行的"在中国营商：风险预防及纠纷解决"研讨会。

2012年，我特别有幸参与了粤港（前海）国际仲裁合作启动仪式暨深圳国际仲裁院揭牌典礼，随后还代表英国特许仲裁员学会（东亚分会）参与了粤港澳商事调解联盟的创建。SCIA发起创建该联盟并承担了联盟秘书处的日常工作。

SCIA现已成为世界一流的仲裁机构之一，在国内外享有盛誉。我认为SCIA有更多的机会为粤港澳大湾区企业和国际投资者提供良好而高效的争议解决服务。我非常期待未来我们继续与SCIA携手合作，共同发展。

译者：钟妙，深圳国际仲裁院研究处副处长；
李雄风，深圳国际仲裁院理事会秘书

A Tale of Innovation

HUANG Zeyu[*]

The core values of the Shenzhen Court of International Arbitration (SCIA) are "independence, impartiality and innovation". They have been fused into the flesh and bones of the SCIA as an international arbitration institution since its establishment in 1983 in Shenzhen, China. The value of innovation is the one that best corresponds to Chinese "venturing, pioneering and leading the way" spirits of special economic zones. As a young practitioner and researcher in international arbitration, I was, and still am, greatly impressed and inspired by the tale of innovations unveiled by the SCIA.

My Impression of SCIA at First Sight

I first met Dr. Liu Xiaochun, President of the SCIA, at the Sino-European Dispute Resolution Seminar co-hosted by the SCIA and the ASA (the abbreviation of the Swiss Arbitration Association) on 18 June 2016 in Qianhai, Shenzhen. My wife, Chi Wenhui, currently serving as the legal counsel for International Cooperation and Development Department of the SCIA, made my acquaintance with Dr. Liu. The Sino-European arbitration cooperation agreement was signed between the SCIA and the ASA at the seminar. At

---

[*] Mr. Huang is a lecturer for Private International Law (Legal Practice) at the Faculty of Law of the University of Macau.

the time, I just finished the two-month European Union Internship in Brussels, Belgium. During my stay there, many Europeans intensively questioned and criticized the Belt and Road Initiative. Cross-border trade and investment between China and European countries were at the crossroads. In my view, such a seminar was very apt and to the point. Signing the Sino-European arbitration cooperation agreement not only further enhanced the economic relations between China and European countries, but also helped the European community better understand the vibrant development of law and practice in international arbitration within China.

Right after the seminar, I was invited to accompany several representatives of the ASA to have a tour of the offices of the SCIA. When entering the Futian office situated at the Zhongyin Building, I was amazed by the sound facilities and hearing rooms decorated with Chinese cultural elements. The core values of "independence, impartiality and innovation" could be found in every hearing room for arbitration proceedings administered by the SCIA. Surrounded by the clean work environment and professional staffs of the SCIA, I whispered to my heart, every arbitrator sitting here shall be bound to be independent and impartial. Thereafter, Dr. Liu led us to have a tour of the to-be-launched offices located in 41/F, West Square of Shenzhen Stock Exchange, which were still undergoing renovations. Stepping on the bare floor under renovation, Dr. Liu told us with full passion and enthusiasm the SCIA's vision to be China's venturing leader with pioneering innovations for international arbitration. With the sunset glory spreading over his face, I saw the sparkles in Dr. Liu's eyes and his robust determination to achieve that goal. After finishing the tours of the SCIA's offices along with the ASA's representatives, President Dr. Liu Xiaochun convened a summing-up meeting of the young staffs and secretaries of the SCIA to exchange their experience and thoughts on how to bring up and efficiently implement innovative measures to take internationalization of the SCIA to the next level. Fortunately, I was permitted to sit in on this meeting, where I got acquainted with Chen Siwei and other young secretaries demonstrating professionalism and efficiency. From that day on, I knew I was lucky enough to get in touch with the most innovative, efficient and ambitious professional team with expertise in international arbitration I have ever seen in China.

Ground-Breaking Innovations in SCIA Arbitration Rules

Not long afterwards, the SCIA published its Arbitration Rules (2016) and the SCIA Guidelines for the Administration of Arbitration under the UNCITRAL Arbitration Rules ("Guidelines for UNCITRAL Arbitration") on the New Office Warming Ceremony held on 26 October 2016. I had the privilege to attend the ceremony, witnessing a milestone in the history that the SCIA became the very first Chinese arbitration institution to hear investor-State arbitrations. Moreover, Article 3(4)-(5) of the SCIA Arbitration Rules (2016) and Article 2(2) of the Guidelines for UNCITRAL Arbitration empower the SCIA to act as an appointing authority or offer administrative services to international/inter-regional ad hoc arbitrations and investor-State arbitrations governed by the UNCITRAL Arbitration Rules. Another noteworthy innovation is the default rule prescribed in Article 3 of the Guidelines for UNCITRAL Arbitration that presumes the place of arbitration to be Hong Kong unless it is otherwise agreed by the parties or determined by the arbitration tribunal. Such a default rule of designating the place of arbitration is full of wit and wisdom in terms of technically circumventing the prohibition of ad hoc arbitration under Chinese law.

Apart from witnessing history on the spot, I was given the chance to get involved in launching the innovative rules mentioned above. Nearly one week before launching the new rules, President Dr. Liu Xiaochun realized that the future implementation of the Guidelines for UNCITRAL Arbitration might pose some questions and challenges in practice. He asked me about four questions, which are: (1) Which international arbitration institutions have enacted their own procedural rules or guidelines for arbitration under the UNCITRAL Arbitration Rules? (2) Can a foreign ad hoc arbitral award be recognized and enforced in mainland China? Is there any ad hoc arbitral award which has been successfully enforced in mainland China? (3) Is there any precedent in which an ad hoc arbitral award was rendered in mainland China? Which case? (4) Which commercial arbitration institutions can administer investor‐State arbitrations? Finally, I delivered an 8‐page research report to Dr. Liu, who later told me that he was satisfied with my research and acknowledged its usefulness. Compared to private international law which has abundant theories with a long history, the development of international arbitration in the past decades has been more based on pragmatic innovations and practical experiences. The four research questions raised by Dr. Liu in relation to the SCIA's ground‐breaking innovations in China were so thought‐provoking that I was inspired to go deeper into an exploration of the supplementary role of arbitration institution in ad hoc arbitrations and the potential future incorporation of ad hoc arbitration under Chinese law.

On 30 December 2016, the Supreme People's Court (SPC) promulgated the Opinions on Providing Judicial Safeguards for the Development of Pilot Free Trade Zones ("Opinions"). Article 9, paragraph 3 of the SPC's Opinions provides that "the arbitration agreement between the enterprises registered in the Pilot FTZs, which provides the arbitration seated in one specific place of mainland China and conducted by designated people to settle relevant disputes pursuant to specific arbitration rules, may be considered valid." Some commentators considered the judicial document as the dawn of ad hoc arbitration in China, while others contended that it was incompatible of Articles 16 and 18 of the Arbitration Law of the People's Republic of China. However, at that time I was extremely impressed with what SCIA had achieved in its Arbitration Rules (2016) and the Guidelines for UNCITRAL Arbitration. It was rather admirable to find out that the SCIA had such an advanced vision in transforming the landscape of international arbitration in China. Not until the

SPC promulgated the Opinions did I fully understand the wit and wisdom hidden in the innovative rules as provided in the SCIA's Arbitration Rules (2016) and the Guidelines for UNCITRAL Arbitration.

The interaction with SCIA as to the innovations in the Arbitration Rules (2016) consequently contributed to my academic explorations of the topic on ad hoc arbitration in China. My English research paper titled '*Institutionalization of Ad Hoc Arbitration in Mainland China: The Proposal for A Multi-Tiered Test*' was published in *International Arbitration Law Review* (Vol. 20, Issue 5). Before publication, the research paper was awarded with Third Prize in the 5th ZHONG LUN TROPHY Writing Competition on International Commercial Arbitration. In addition, I also delivered the presentations of the paper at the 2017 Youth Arbitration Week Seminar held by Renmin University of China Law School in September 2017 and at the 2017 UNCITRAL-UM Joint Conference held in University of Macau on 11 December 2017. I would like to express my heartfelt thanks to SCIA not only for giving me the opportunity to get in touch with the cutting-edge developments of international arbitration, but also for giving me new thoughts and gains in academic research.

It was, still is, and will be my great pleasure to be part of the tale of innovations introduced by the SCIA for international arbitration in China. A string of new innovations has been springing up like mushrooms, such as incorporating optional appellate arbitration procedures into the SCIA's Arbitration Rules in 2019, maintaining highly internationalized panel of arbitrators across the globe, enacting online arbitration rules and taking systematic steps to help foster the development of the Greater Bay Area, etc.

A Hub for International Arbitration in China

In my view, President Dr. Liu's vision to build the SCIA as a global leading commercial dispute resolution platform and a hub for international arbitration has already become the reality. Every year, the SCIA holds a series of seminars, workshops, training sessions and legal forums for practitioners, academics, government officers and entrepreneurs. These activities have attracted lots of talents from all walks of life, especially the experts in law and business. The most eye-catching annual event hosted by the SCIA is the South China Law and Business Forum. The Forum acts as the platform for judicial personnel, government officials, commercial corporations, law firms, arbitrators, lawyers and professors across the country and all around the world to discuss hot topics on international arbitration. I have attended the 7th and 9th Forums, which respectively addressed the issues concerning investor-State arbitrations and international commercial dispute resolution.

Listening to the speeches delivered by the keynote speakers on the Forums inspired me to carry on my research projects, including my PhD thesis on Chinese inter-regional conflict of laws. On the 9th Forum in 2019, for instance, Judge Gao Xiaoli from the Supreme People's Court introduced the judicial duty and operation of the China International Commercial Court (CICC), and she emphasized the CICC's pro-arbitration attitude. Mr. Gao Feng, a distinguished lawyer from the King & Wood Mallesons unselfishly shared with audiences his practical experience in recognition and enforcement of foreign arbitral awards in mainland China, including that of foreign ad hoc arbitral awards. The voice from the Macau SAR was also heard on the 9th Forum. Dr. Liu Dexue, the Director of the Legal Affairs Bureau of the Macau SAR, and Vong Sok Hei, the Secretary-General of the WTC Macau Arbitration Center gave a detailed account of Macau's efforts to develop arbitration service sector and the promulgation of the Macau new Arbitration Act in 2019. In the face of so many legal experts with diversified backgrounds, I found myself totally absorbed in the intellectual feast of international arbitration.

Except for the input of knowledge from these activities, I also came across some arbitrators sitting for the SCIA, for example, Prof. Shen Wei,

Prof. Song Lianbin, and Prof. Gu Weixia, etc. They are all renowned Chinese scholars and professors in international dispute resolution. I also had the opportunities to attend their lectures delivered in University of Macau and made friends with some of them. Besides the academics, the SCIA also incorporates outstanding lawyers with abundant experience into its panel of arbitrators. Ms. Sui Shujing, a preeminent lawyer from the DeHeng Law Offices, is one of them. Ms. Sui has practiced the law as a dispute resolution lawyer for more than 20 years. However, the humility and diligence Ms. Sui has demonstrated in my communications with her impressed me a lot. In a seminar held by SCIA last year, I sat beside Ms. Sui. She was always eager to absorb the information and knowledge of the seminar by taking notes. Her consistent diligence to learn more about international arbitration has encouraged me to be always humble in order to learn and grow.

SCIA in the Greater Bay Area

On 18 February 2019, the PRC Central Government promulgated the *Outline Development Plan for the Guangdong-Hong Kong-Macau Greater Bay Area* ("Outline Development Plan"). As part of the national strategy to jointly develop the Greater Bay Area, mainland China, Hong Kong and Macau are encouraged in the Development Plan to build up a diversified international dispute resolution framework. As a young PhD researcher staying in the Macau SAR for several years, I have been deeply impressed by the SCIA's frequent intercourses with the Macau legal community. As far as I am concerned, SCIA has paid a lot of efforts to work with the legal talents from Macau to establish the cooperative framework in dispute resolution. In the context of developing the Greater Bay Area, the core value of innovation inherent in SCIA would surely play a significant role in completing the historic task.

As early as 2013, the SCIA took the lead to establish the *Guangdong, Hong Kong and Macau Commercial Mediation Alliance*, which was renamed the *Guangdong, Hong Kong & Macau Arbitration & Mediation Alliance* ("Alliance"). It was a special honor for me, who was then working on my PhD thesis in Macau, to get involved in the 2nd Meeting of the Third Presidential Conference held by the Alliance in Macau on 28 November 2019. The meeting I attended in Macau was convened as a quick response to the promulgation of the Outline Development Plan. Not only have I met directors or representatives from 15 arbitration and mediation institutions, but also more importantly "mediation plus arbitration" innovative model and a set of new rules i.e. *Guangdong, Hong Kong & Macau Arbitration & Mediation Alliance Dispute Resolution Rules* were presented and clarified to the experts and arbitrators in Macau. On one hand, I felt very lucky to participate in the meeting, which gave me such an invaluable opportunity to have close contact with the front edge of the development of diversified dispute resolution framework linking three jurisdictions under the "One Country, Two Systems" policy. On the other hand, it was also fortunate for me to integrate the input of practical knowledge from the meeting into the process of writing my PhD thesis in relation to the development of Chinese inter-regional conflict of laws.

SCIA has never stopped steps on paving the way for innovations on international arbitration within the Greater Bay Area, and consequently has given birth to so many innovative measures to foster the Area. It is undoubtedly foreseeable that SCIA would make use of innovation genes to the fullest extent in order to carry on the mission of "jointly building, merging, connecting and accreting" diversified international dispute resolution framework within the Greater Bay Area. Generations come and generations go, but the gene of innovation shall remain rooted in international arbitration in Shenzhen special economic zone. I sincerely hope that SCIA will continue telling a tale of innovations imprinted with the core values of "independence" and "impartiality".

译文

创新引领未来

黄泽宇[*]

"独立、公正、创新"是深圳国际仲裁院(SCIA)的三大核心理念。自1983年深圳国际仲裁院创建于深圳经济特区以来,这三大理念已深深融入深国仲的血脉之中,推动着特区国际仲裁的发展完善。其中,"创新"这一核心理念最能契合"敢闯敢试、敢为人先"的特区精神。作为一名资历尚浅的法律工作者,我非常荣幸能够与深国仲结缘,在不断走近深国仲的过程中感受创新的力量,书写我所见证的特区国际仲裁创新故事。

深国仲之初见

2016年6月18日,机缘巧合,在澳门完成硕士毕业论文答辩的我报名参加了深国仲与瑞士仲裁协会(ASA)在深圳前海举办的"中欧争议解决研讨会暨中欧国际仲裁合作签约仪式"。在这次研讨会上,经深国仲法律顾问迟文卉的引荐,我幸运地认识了深国仲院长刘晓春博士,从此与深国仲结下了不解之缘。那时的我刚刚结束了在比利时布鲁塞尔进行的为期两个月的欧盟实习项目。实习期间,我感受到不少欧洲人对"一带一路"倡议的实施仍持有怀疑态度,中国与欧洲国家之间的国际贸易和投

---

[*] 澳门大学法学院国际私法(实践课)讲师。

资关系似乎正处于一个充满不确定性的十字路口。这次研讨会恰好回应了我在欧盟实习时的感受,我欣喜地看到深国仲作为中国领先的国际商事仲裁机构在助力中国融入全球化进程中的作用和担当。研讨会上,深国仲与瑞士仲裁协会签署了合作协议,在我看来这份协议意义深远,不仅进一步加强了中国与欧洲国家之间的经贸关系,而且使欧洲国家更好地了解国际仲裁在中国的发展现状,增进仲裁合作互信。

  研讨会结束后,我有幸受邀陪同来自瑞士仲裁协会的几位代表在刘院长的带领下乘车从前海到福田,参观深国仲当时位于中银大厦的总部办公室。这是我第一次走进深国仲办公室,深入其中感受特区国际仲裁机构的工作氛围和风格特点。踏入大门的那一刻,我和几位瑞士仲裁协会的外籍人士都被眼前独具中国文化特色的办公环境深深吸引了,国际化的庭审设施与中式典雅的装修风格完美结合,身处其中让人自然而然地感到心平气和、舒适和谐。走进每个庭审室,举目可见印有"独立、公正、创新"核心理念的标识。身处这一片雅致古朴、先进完善、干净整洁的"净土",我不禁在心中暗自低语:"坐在这样的环境里进行庭审的每位仲裁员一定都会自觉恪守独立、公正的职业精神!"参观完中银大厦办公室后,刘院长带领我们前往尚在装修中的位于深圳证券交易所西广场41层的深国仲新总部办公室参观。我在中国澳门特区、欧洲、美国学习交流时,也曾参观过一些国际机构的办公场所,但却从未有过这样的体验——站在尚在装修中的仲裁机构总部办公室现场,感受并期待建成后从这里发出的强有力的声音。我至今还清楚地记得,那天刘院长站在前台大堂的毛坯地面上,透过高大明亮的落地窗,指着窗外福田中心区及远处深圳湾的景色,充满激情和信心地告诉我们,深国仲的愿景是建设全球一流的商事争议解决平台和国际仲裁高地。当时正值傍晚时分,在满天彩霞中我深感震撼,我被这份热情和光芒深深打动。我有一种强烈的感觉,深国仲与其他任何仲裁机构都不一样,它有一种独特而神奇的魅力,一种在积蓄中暴发的创新力量。参观活动结束后,刘院长召集深国仲年轻同事们共同参与论坛总结座谈会,交流工作心得和想法,探讨如何使深国仲的国际化更上一层楼。幸运的是,我被允许列席了这次座谈会。在会上,我认识了陈思维和其他年轻的仲裁秘书,感受到他们认真尽责的精神,听取学习他们对仲裁工作的理解以及对中国国际仲裁发展的创新想法。行程至此,我已被这支特区国际仲裁队伍的实干精神和创新活力深深感染,激励我不断努力夯实本领,做好仲裁实务和研究工作,期待也能为特区国际仲裁贡献自己的力量。

深国仲仲裁规则的突破性创新

不久之后,深国仲在2016年10月26日举行的办公新址启用仪式上发布了《深圳国际仲裁院仲裁规则》(2016年)和深圳国际仲裁院《关于适用〈联合国国际贸易法委员会仲裁规则〉的程序指引》(以下简称《UNCITRAL规则程序指引》)。时隔4个月,已经成为一名国际私法博士研究生的我满怀期待地再次走进深国仲,在深圳证券交易所大厦41层已经装修完成、集合了中式典雅装饰与国际一流设施的新总部办公室里,聆听新仲裁规则发布的内容,见证深国仲成为中国内地历史上第一个能够受理外国投资者与东道国之间的投资仲裁案件的仲裁机构。《深圳国际仲裁院仲裁规则》(2016年)第三条第四款和第五款以及《UNCITRAL规则程序指引》第二条第二款授权深国仲可以在适用《联合国国际贸易法委员会仲裁规则》的国际/区际临时仲裁和投资仲裁程序中担任仲裁员指定机构或者行使其他协助管理职责。另一个引人瞩目的创新点是《UNCITRAL规则程序指引》第三条有关仲裁地推定的默认规则,即除非当事人另有约定或仲裁庭另有决定,推定适用《UNCITRAL规则程序指引》案件的仲裁地为香港。该默认规则的设计在技术层面上规避了中国内地仲裁法关于临时仲裁的禁止性规定,展现出深国仲灵活变通的务实态度和创新智慧。

除了在现场见证新规则发布,我还十分有幸参与了深国仲新仲裁规则的法律检索工作。在临近新规则发布会召开的前一周,为做好全方位的论证和准备,刘院长提出了四个问题让我协助进行法律检索:(1)有哪些仲裁机构制定了《联合国国际贸易法委员会仲裁规则》的指引?(2)外国临时仲裁裁决在中国内地的执行情况如何?是否有被承认和执行的案例?(3)是否有在中国内地作出临时仲裁裁决的先例?能否找出相关案例?(4)有哪些商事仲裁机构制定了投资仲裁规则或者程序指引?经过一番检索,我向刘院长提交了一份8页的检索报告,对上述四个问题一一作出了梳理论述。刘院长对我的检索报告感到满意,并认可了这份报告的实用性,其中部分内容被用于发布会答问环节。这一次的检索学习也增进了我对国际仲裁的思考,相较于拥有深厚理论基础和悠久历史传统的国际私法,国际仲裁在过去几十年的快速发展更多地归因于仲裁实务领域的实践创新。刘院长针对新规则的突破性创新提出的四个关键问题也启发了我在学术写作上的新思路——研究探讨仲裁机构在临时仲裁中发挥的作用及临时仲裁被纳入中国仲裁法的可行性。

2016年12月30日,最高人民法院发布了《关于为自由贸易试验区建设提供司法保障的意见》(以下简称《保障意见》)。《保障意见》第九条第三款规定:"在自贸试验区内注册的企业相互之间约定在内地特定地点、按照特定仲裁规则、由特定人员对有关争议进行仲裁的,可以认定该仲裁协议有效。"不少学者认为最高人民法院下发的这份文件是在中国内地进行临时仲裁的开端,但另外一些仲裁界人士则持批评意见,认为《保障意见》第九条第三款关于"三特定仲裁"的规定不符合《仲裁法》第十六条和第十八条的规定。在我看来,其实早在《保障意见》出台的两个月前,深国仲就已经在新仲裁规则中为自贸区"三特定仲裁"或者"临时仲裁"提供了新思路,推出《UNCITRAL规则程序指引》等创新规则,独辟蹊径,探索仲裁机构管理下的"临时仲裁",丰富境内外当事人的选择途径,推动中国国际仲裁的新实践。时隔两个月,我更深切地理解了深国仲新仲裁规则创新背后的意义。

多次参加深国仲的研讨活动,特别是对深国仲新仲裁规则的学习研究,启发了我对中国内地临时仲裁机构化的思考。随后,基于此前向刘院长提交的检索报告,我撰写了一篇题为"Institutionalization of Ad Hoc Arbitration in Mainland China: The Proposal for A Multi-Tiered Test"(《论中国内地的临时仲裁机构化:关于构建多层次审查机制的提议》)的英文研究文章,发表于《国际仲裁法律评论》(*International Arbitration Law Review*)第20卷第5期。该文章在正式发表前,获得了2017年第五届"中伦杯"全国国际商事仲裁征文大赛三等奖。此外,我还先后在由中国人民大学法学院举办的2017年中国青年仲裁周论坛和由UNCITRAL与澳门大学联合主办的学术论坛上分享了这篇有关深国仲新仲裁规则创新突破的研究文章。借此机会,衷心感谢深国仲不仅让我有机会接触国际仲裁的前沿动态,还让我在学术研究上有了新的思考和收获。

随着时间的推移,深国仲在制定仲裁规则方面深入探索,一系列规则创新如雨后春笋般涌现,例如,《深圳国际仲裁院仲裁规则》(2019年)中的"选择性复裁程序""网络仲裁规则"等安排,以及促进粤港澳仲裁合作的系列措施等,无一不展现了特区国际仲裁机构的创新引领和示范效应。我坚信,深国仲必将继续以"创新"理念为引领,在仲裁规则创新之路上不断续写新的篇章。

国际仲裁的中国主场

在我看来,刘院长当初站在尚在装修中的深国仲新总部办公室里所描绘的愿景已经成为现实。作为与深圳经济特区同步成长的国际仲裁机构,深国仲在不断完善仲裁服务之外,也致力于打造法律人共同交流分享的平台,每年举办大量高水准的专题研讨会及培训活动,吸引来自境内外的法律实务人士、专家学者、政府官员和企业高级管理人员走进深圳,了解特区国际仲裁,探讨争议解决前沿问题。其中,最引人注目的年度活动是由深国仲主办的中国华南企业法律论坛。该论坛自2011年成立时起,每年举办一届大型活动,针对年度热点、难点、焦点法律问题,邀请来自境内外法律界和工商界专业人才进行交流研讨,共同提升企业法律事务管理水平、风险防范和争议解决能力,已成为中国乃至全球范围内的高水平专业论坛。自2017年起我参加了第七届和第九届中国华南企业法律论坛,学习了有关国际投资仲裁和国际商事争议解决的最新研究成果和发展动态,切实感受到深国仲作为国际仲裁的中国主场所具有的国际视野、专业水准和辐射能力。

在两届中国华南企业法律论坛上聆听主讲嘉宾的主旨演讲极大地拓展了我的学术视野。在2019年举办的第九届中国华南企业法律论坛上,我近距离聆听了法律实务界众多前辈们就"中国企业与国际商事争议解决"这一主题所作的前沿分享,其中第二环节"大湾区仲裁规则衔接:临时措施与裁决执行"对正在研究写作有关中国区际私法博士学位论文的我有很大的启发。比如，最高人民法院高晓力法官不仅介绍了国际商事法庭的司法职责和运作情况，还明确强调国际商事法庭支持仲裁的司法态度，分享了国际商事法庭的功能特色；金杜律师事务所争议解决部管理合伙人高峰律师分享了他在办理中国内地承认和执行外国仲裁裁决（包括外国临时仲裁裁决）案件中的实务经验，增进了我对国际仲裁实务的认知和了解。另外，此次论坛还呈现了来自澳门特别行政区法律界的声音，这让在澳门求学多年的我感到格外亲切。澳门特别行政区政府法务局局长刘德学博士和澳门世界贸易中心仲裁中心秘书长黄淑禧女士分别介绍了澳门特别行政区为发展仲裁服务所作的努力，以及2019年重新制定颁布的澳门特别行政区新《仲裁法》，让与会者全面感受大湾区仲裁发展新动向。我深深沉浸在"干货满满"的论坛交流中，享受着由不同法域背景的专家们带来的"精神盛宴"，再一次对特区国际仲裁强大的魅力表示叹服，并由衷地感谢深国仲。

随着更进一步走近深国仲，我发现自己在学校里熟识的沈伟教授、宋连斌教授和顾维遐教授等国际争议解决领域的知名学者原来都是深国仲的仲裁员。我曾经在澳门大学参加过这三位教授举办的学术讲座，非常钦佩他们在仲裁领域的造诣。从他们身上我可以看到深国仲仲裁员的高标准和专业要求，以及深国仲对国际仲裁理论研究和专家智库的重视。除了吸纳知名学者，深国仲还将在仲裁实务界经验丰富的资深律师纳入其仲裁员名册。来自北京德恒（深圳）律师事务所的隋淑静律师就是其中一位。隋律师已执业逾20年，是北京德恒（深圳）律师事务所的资深合伙人，但从与她的交谈中，我感受到的不仅是丰富的实务经验，还有她的低调淡雅，以及谦逊勤奋。在深国仲举办的一次研讨会上，我有幸坐在隋律师的旁边，看到她全程认真地记着笔记，专注地汲取着演讲嘉宾在研讨会上分享的信息。隋律师作为资深前辈展现出来的勤奋和努力，也激励着我在从事国际仲裁实务和研究之路上始终保持一颗谦卑之心，勤奋踏实，不断学习，不断进步。

粤港澳大湾区国际仲裁

2019年2月18日，《粤港澳大湾区发展规划纲要》（以下简称《纲要》)出台,提出鼓励粤港澳共建多元化争议解决机制,促进法律及争议解决服务发展。作为一名在澳门求学多年的仲裁研究者,我深切地感受到,深国仲与澳门法律界紧密互动,积极探索建立合作关系,在建设粤港澳大湾区的时代背景下,以创新为引领,推动跨境争议解决机制的合作共建。

深国仲早在2013年即牵头粤港澳三地共15家仲裁调解机构成立了粤港澳商事调解联盟(后更名为"粤港澳仲裁调解联盟",以下简称"联盟"),共同推动三地争议解决机制的合作发展。2019年11月28日,联盟在澳门举办第三届第二次主席会议,当时正在写作博士论文的我十分荣幸地参与了会议相关工作。在这次联盟主席会议上,我见到了来自粤港澳三地15家主要仲裁调解机构的代表们,并与参会的深国仲的澳门仲裁员和法律同仁共同学习了联盟最新发布的《粤港澳仲裁调解联盟争议解决规则》并进行解读,了解大湾区争议解决的最新发展。身在其中,我感到无比幸运,感谢这个伟大的时代,也感谢深国仲带给我走进仲裁实务的机会,让我能够一边进行中国区际私法博士论文的相关研究,一边亲身参与了解深国仲在粤港澳大湾区"一国两制三法域"下争议解决机制共建中的探索实践,在学术研究与跨境争议解决实践两者结合的过程中,思考中国区际私法未来的发展。

深国仲在探索粤港澳大湾区仲裁创新发展的道路上从未停止前行的脚步,持续推出创新的成果。毋庸置疑,在建设粤港澳大湾区的时代背景下,特区国际仲裁将更多地发挥核心引擎作用,充分利用仲裁跨境执行的优势及仲裁规则的创新实践,依托联盟等合作平台,不断推动粤港澳三地争议解决机制的共建、共享与共生。辛勤耕耘结硕果,而今阔步新征程。我衷心祝愿并期待,特区国际仲裁在新征程中,继续以创新为引领,以独立、公正为底色,在一代又一代特区仲裁人的努力下,持续书写更多激荡人心的特区国际仲裁之传奇篇章。

译者:迟文卉,深圳国际仲裁院国际合作
与发展处(自贸区仲裁处)法律顾问

特区仲裁第一案与"民间仲裁"第一案

徐建*

1983年,激情燃烧的岁月,深圳,改革人心中的延安。我放弃央行的公职,从北京到深圳参与组建涉外律师事务所。那时全市还不到十位律师,特区涉外仲裁机构(时称"中国国际贸易促进委员会对外经济贸易仲裁委员会深圳办事处",简称"深圳仲裁办",现称"深圳国际仲裁院")也刚刚成立。

我迎来的第一个客户,是美孚石油公司在香港的总代理长河公司,因与深圳石油公司经营"美港油站"发生经济纠纷,聘我代理其提起仲裁。

案情大概如下:1981年11月12日,双方签订了《合资经营美港石油供应站合同书》,由深圳石油公司提供位于上海宾馆对面的土地,长河公司提供建设资金并提供石油资源,按比例分成。在合资经营期间,由于深圳石油公司人员违反规定,经常把加油的车辆引到附近的加油站加油,损害了长河公司的利益而成诉。

接案后,我进行了调查取证,并起草仲裁申请书。在立案时我才知道,这也是深圳仲裁办受理的第一宗仲裁案。1984年4月21日,仲裁案件开庭审理。记得那天下着小雨,我带着美孚石油公司香港总代理长河公司的女老板打着雨伞踏着泥泞的小路,来到老街蛟湖村的一幢民房前,门旁墙上挂了块方木牌,上面写着中英文对照的"中国国际贸易促进委员会对外经济贸易仲裁委员会深圳办事处"字样。女老板打量着这块牌子疑惑地问道:"这是国际仲裁会吗?它的裁决有法律效力吗?"我告

---

* 中国人民大学律师学院首任院长,曾任深圳律师协会会长。

诉她:"这就是中国的国际仲裁机构,你别看它简陋,但作出的裁决,法院必须执行,你放心吧!"

我们推门而入,看到大厅里摆着个八仙桌,周围已经坐了三位仲裁员。他们是董有淦先生、周焕东先生和陈丽中先生。深圳石油公司总经理也已在座。大家互相介绍后,仲裁庭交代仲裁纪律后,就开庭了。

我是第一次到仲裁庭代理案件,不熟悉仲裁的程序规则,好在仲裁庭的要求没有法庭那么严格。在我代理长河公司提出仲裁请求出示证据后,深圳石油公司进行了答辩,否认对他们的指控,接着双方进行了庭审辩论。我指出,深圳石油公司的违约行为证据确凿,违反中外合资企业法,损害了长河公司的合法权益,给深圳引进外资带来了负面影响,要求其改正并赔偿。深圳石油公司的代理人不承认违约并进行狡辩,还质问我:"你是中国律师,为什么替外商讲话?"我说:"维护外商的合法权益就是维护中国的法律。"庭审陷入了僵局,仲裁庭宣布休庭。

庭后,仲裁员背靠背做双方的工作。经过多次调解,最终长河公司同意和解,条件是收回 50 万港元投资,"美港油站"归深圳石油公司所有。深圳石油公司最终同意了长河公司的条件。1984 年 11 月 23 日,深圳仲裁办发出调解书,特区首宗仲裁案以和解结案。

通过参与特区国际仲裁机构首宗仲裁案件,我了解了仲裁的程序和作用,也对课本上讲的仲裁起源于民间,权利来自当事人授权有了感性的理解。仲裁的保密性、终局性、选择仲裁员的灵活性都比法院处理商事纠纷具有更大的优势,应该普及推广。基于特区仲裁第一案的启发,我做了一件不拘一格的事情。

不久,我组建了自负盈亏的深圳经济贸易律师事务所,迎来了第一宗非诉案:双方当事人要做丝绸生意,因初次合作互不信任,愿意各出保证金押在律师事务所,由律师做履约监督人。如一方违约由律师裁决将违约金赔给守约方。这是个新业务,既无法律规定,也无案例指导,做不做?经过全所讨论,大家认为:有双方当事人授权,有押金可执行,法律没有禁止民间仲裁,深圳又鼓励创新,何惧试错?

深圳经济贸易律师事务所和双方当事人签订了协议。协议约定,甲方负责提供货源,乙方负责办理出口批文,双方各出 40 万元保证金押在律师事务所,如一方违约,由律师裁决并执行。在履约过程中,由于甲方货源不实、资料不全,乙方无法办到出口批文,造成出口指标作废,乙方便要求律师行使裁决权,裁决甲方赔偿违约金。

于是,我和段毅、王彦放律师组成了临时民间"仲裁庭",按照深圳仲裁办的程序开庭审理。经过充分的质证和辩论,三位律师经过合议,认为甲方违约事实清楚、证据确凿,确实给乙方带来重大损失,故制作了裁决书,裁决将甲方的40万元保证金作为违约金支付给乙方,并当场交付支票予以执行。

被裁决败诉的甲方不服,向深圳市中级人民法院起诉深圳经济贸易律师事务所"私设公堂",法院以不属管辖范围不予立案。他们又向司法局投诉。不久我担任了司法局副局长,他们看投诉无望,又向省司法厅、司法部投诉,最后投诉到全国人大常委会。投诉的罪名在"私设公堂"外,又加了个"受贿枉法"的罪名。

面对诬告,深圳经济贸易律师事务所据理力争:仲裁权来自当事人自愿授权;国家没有仲裁法,法无禁止皆可为;当今世界上许多国家都有民间仲裁的立法和实践,应是我国仲裁发展改革的方向;至于受贿更是无稽之谈,我们纯粹为了改革创新,连律师费都没有收。

最终全国人大常委会的调查结论是:"事出有因,下不为例。"我们庆幸免于一难,遗憾的是宣布了民间仲裁不可为。后来颁布的《仲裁法》也没有提到民间仲裁。因此,特区这宗"民间仲裁"成了中国首例,也可能是最后一例。

我想,也就是在深圳经济特区,才可能不那么墨守成规,才可能有那么多创新的冲动,才可能有那么多不拘一格的人和事。

我与深圳特区仲裁的二三事

叶渌*

弹指一挥间,深圳特区的发展轰轰烈烈地走过了40年。1984年的深圳,正处于创造了"三天一层楼"的"深圳速度"的火红年代。我作为一个还在研究生院读书的学生,第一次参加了在深圳大学举办的夏季"香港法研修班"。时至今日,我仍然清晰地记得初到深圳罗湖火车站,第一次看到几十层的高楼时的惊讶:"天啊,这么高的楼怎么上去啊?"当年的我,还不知电梯为何物。

深圳40年来的发展,世界有目共睹。深圳也逐渐成为仲裁业务发展的一个重要城市。在此我跟读者们分享我亲历的二三事,一起见证深圳国际仲裁院发展的足迹。

华侨城的午餐和谈判促进规则的出台

我担任仲裁员审理涉外仲裁案件始于深国仲。二十多年来,从深圳中银大厦到深圳证券交易所大厦,深国仲的办公环境和硬件设施得到显著改善。除此之外,最令人印象深刻的是深国仲的同仁。无论是郭晓文主任、刘晓春院长,还是具体负责案件的办案秘书们,他们始终保持特有的一种精神:创新、务实、高效和平易近人。晓文主任和晓春院长谦虚、朴实,有着令人敬佩的专业能力和丰富的实践经验。

---

* 金杜律师事务所国际仲裁资深合伙人,国际律师协会(IBA)亚太委员会"一带一路"分委员会主席,曾任IBA亚太仲裁委员会联席主席。

与深国仲的同仁交往期间,我从未感受到官僚主义作风。每次见面,我都被他们的务实、高效和专业所打动,被他们对仲裁事业的专注与热情所打动。他们的服务精神体现在工作中的一点一滴,这也许就是深国仲在国内众多仲裁机构中引领风骚的原因之一吧。

2009年夏天的一个周末,我出差到深圳,与晓文和晓春相约在华侨城丹桂轩餐厅见面。在会面中,我聊到当时正在办理的一起中外合资企业的纠纷诉讼案件(没有提到当事人的名字)。该案案情复杂,涉及多方当事人,很有今天"集体诉讼"的特征,而且当事人分布在境内外。但是,由于与争议相关的协议有些包含仲裁条款有些则无仲裁条款,导致无论是仲裁还是诉讼,都不能一次性全面解决相关的商业争议。这也使得夹在仲裁与诉讼之间的群体性质的商业投资纠纷,成为一项难以处理的技术问题。

讨论中,我无意间提到深国仲是否有可能考虑应对这样的挑战,解决仲裁与诉讼各占一头、当事人自己无所适从的问题,比如是否可以通过仲裁机构组织相关当事人协商、用"谈判"的方式来解决这类夹在仲裁与诉讼之间的群体性的复杂投资纠纷。

说者无意,听者有心。2012年,《深圳国际仲裁院管理规定(试行)》(市政府令第245号)就明确规定了深国仲可以采取仲裁、调解、谈判促进、专家评审等方式,接受当事人的委托,给这类纠纷提供了一个有效的解决机制。后来,听说深国仲提出的"谈判促进"方式处理过争议金额超过人民币100亿元的群体性投资纠纷,得到中外当事人的好评。如今,谈判促进成为深国仲的一门"绝技"。打开网络搜索"谈判促进",除了看到国际劳工组织的"促进集体谈判",直接映入眼帘的就是2016年12月深国仲发布的《深圳国际仲裁院谈判促进规则》。

与深圳当地的经济发展相适应,深国仲运用谈判促进规则成功地处理了大量群体性纠纷。在不断摸索和总结经验的基础上,深国仲还于2016年设立了"深圳国际仲裁院谈判促进中心",专门履行谈判促进职责。根据实际需要,深国仲选定经验丰富的专家主持谈判促进程序。谈判专家超脱于利益相关方,通过沟通、谈判和调解,最大限度地帮助当事人实现多赢。

深国仲的"谈判促进"这一制度创新得到了境内外各界的高度关注,其中国际著名仲裁杂志《环球仲裁评论》(Global Arbitration Review)就专门以"谈判促进规则在中国深圳诞生"为题作了专题报道。

没想到当初与深国仲同仁之间不经意的交谈,在他们的努力下开花结果。这些年,深圳国际仲裁院谈判促进中心在城市更新、棚户区改造、公司治理、债务重组、知识产权、国际投资、国际贸易等领域涉及多方的群体性纠纷中发挥了依法有效解决社会矛盾与冲突的积极作用,成绩斐然。

仲裁规则修订的专家论证会

2016年8月9日,我收到深国仲的邮件。邮件中,深国仲表示其正在考虑修订仲裁规则,因此邀请国内多位仲裁界的专业人士(包括仲裁律师)参加专家论证会,听取大家对于仲裁规则修改的意见和建议。我曾经参与过《国际律师协会国际仲裁取证规则》(2010年)的修订(目前仍是其修改组成员),也参与过一些国际仲裁机构仲裁规则的修改讨论会,但参与国内仲裁机构仲裁规则的修订研讨会还是第一次。

那天的专家论证会,来自全国各地的专家们齐聚一堂、畅所欲言,提出了很多具有建设性的修改意见,没有一点套话和空话。主办方与参会专家,从上午一直讨论到下午,每个人的发言都被仔细地记录下来。我提出的修改建议,从仲裁机构的名称到具体条文的措辞(包括口头建议),以及我事后提出的包括当事人可以分期支付仲裁费在内的书面建议大部分被采纳,成为2016年《深圳国际仲裁院仲裁规则》的一部分。

在这次专家论证会上,我深刻地感受到了深国仲的专业、开放、透明以及对仲裁律师的尊重。

此后,2019年新版《深圳国际仲裁院仲裁规则》,保留了原有规则的精髓,又增加了创新的规则;例如确立了选择性复裁程序,以满足仲裁当事人的新需求;又如允许多份合同仲裁,加大了仲裁规则的灵活性和高效性。这些都充分体现了深国仲的开放性、国际性和创新性。

中国华南企业法律论坛

2011年7月29日,我受邀参加了深国仲举办的第一届中国华南企业法律论坛。在我的印象中,那时还未有过仲裁机构将法律界和工商界人士聚合起来的大型论坛。但深国仲敢为人先,以"中国华南企业法律论坛"的方式,架起了一座沟通的桥梁,让法律界和工商界的专业人士有机会汇聚一堂,共同探讨中国业界关心的问题。

第一届中国华南企业法律论坛的主题是"中国企业'走出去'的法律风险与防范",我也受邀在大会上作为嘉宾发言。我与参会嘉宾们分享了海外投资中可能遭遇的法律风险。

会议上,各领域专业人士与企业家们自由交流、各抒己见,分别从不同的角度,根据自己的实践经验,为"走出去"的中国企业支招儿。这些经验的交流与总结相信可以为中国企业在"走出去"的过程中避免法律风险提供有益的帮助。自此,中国华南企业法律论坛年年举办,成为深国仲的一个亮丽的品牌。

IBA 国际仲裁规则的探讨

2018年4月21日,由国际律师协会(IBA)、深国仲、深圳市律师协会联合举办的"关于国际仲裁——IBA规则介绍和案例分享"研讨会,在深国仲大会议厅举行。这次活动得到深圳市司法局的大力支持。

研讨会围绕IBA的国际仲裁规则,演讲嘉宾对包括《国际律师协会国际仲裁条款起草准则》《国际律师协会国际仲裁取证规则》《国际律师协会国际仲裁利益冲突指引》等重要的IBA指南进行了详细的介绍。这也是国际律师协会第一次系统地向从事涉外业务的中国法律界同仁介绍IBA在仲裁方面的规则。

该次研讨会吸引了来自日本、新加坡、印度、美国和俄罗斯等国家和中国深圳、广州、香港等地区的130多名法律界人士参加,得到了参会嘉宾的一致好评和国际律师协会的高度赞扬。

会议期间，无论是深国仲的管理层人员、来自境内外的演讲嘉宾，还是参会的各位学员，都在深国仲的食堂里排队取自助餐，平等有序，令人印象深刻。

2019年12月8日，我还受邀参加了深国仲和新加坡国际仲裁中心联合举办的关于国际化营商环境和国际商事争议解决的研讨会。会上，时任深圳市副市长王立新提到深圳要"打造最安全稳定、最公平正义、法治环境最好的营商环境"。我相信深国仲会通过不断努力，为这个目标的实现贡献出自己的力量。

2020年8月26日，是深圳特区建立40周年的重要日子。回望过去，我与特区仲裁的缘分弥足珍贵；展望未来，我对特区仲裁的发展充满期待。

2020年5月15日写于香港

这就是特区

费宁[*]

2015年11月,北京进入初冬,寒风料峭,浓厚的雾霾不时袭来,让人感到郁闷莫名。有一天,我刚刚走进位于北京酒仙桥商务区颐堤港办公楼的办公室,手机铃声急促响起,来电者是华南国际经济贸易仲裁委员会(深圳国际仲裁院)院长刘晓春。我与晓春院长相识多年,他年轻有为,仲裁业务娴熟,敢想敢干,在他领导下的仲裁院发展势头强劲,着实令人印象深刻。经过简短寒暄之后,晓春院长热情提出,深圳国际仲裁院准备重新修订仲裁规则,汇仲律师事务所(以下简称"汇仲")能否考虑组织一个工作团队,承担顾问咨询任务,帮助他们一起就仲裁规则的修订提出建设性的修改意见。

我国1995年《仲裁法》颁布后重新组建的仲裁委员会有250多家,各家仲裁委员会都把制定和修改仲裁规则视为头等重要的大事,但基本上都是由仲裁委秘书处的"自己人"负责起草,必要时组织专家开会征求意见,交由委员会审议通过,很少有把起草规则初稿的重要工作委托给"外人"完成的。晓春院长的提议让我一怔,但随即释然,毕竟是深圳特区的,"敢闯敢试、敢为人先"是深圳精神的座右铭,汇仲作为争议解决精品所,在仲裁专业领域拥有汇聚了几代仲裁人的较强工作团队,由具有实务经验的律师团队来起草规则修订稿,把仲裁机构的服务和仲裁用户的需求结合起来,谁敢说不是一个很好的尝试呢?我愉快地接受了晓春院长的邀请。想到即将面临的挑战性工作,似乎窗外的

---

[*] 北京汇仲律师事务所管理合伙人。

雾霾也烟消云散了。

2015年11月底,经仲裁院理事会同意,仲裁院与汇仲正式达成协议,深圳国际仲裁院聘请汇仲为特别工作小组和特别顾问,为深圳国际仲裁院提供约定的咨询服务,包括汇仲运用其专业知识和技能,辅助仲裁院对《深圳国际仲裁院仲裁规则》[2012年12月1日生效,以下简称《仲裁规则》(2012版)]的修改提供咨询意见。按照协议安排汇仲对相关国内外主要仲裁机构的仲裁规则进行调研,协助仲裁院组织关于修改规则的专家学者交流会议、演讲及资料推广等活动。

随后,汇仲迅速成立了专门的规则修改工作小组。这个工作小组由一批热爱争议解决、责任心强、业务精湛、经验丰富的精英律师组成,其中不仅包括中国早期从事涉外仲裁和争议解决业务、法律功底深厚、已在业界享有盛誉的资深合伙人和顾问,也包括最近十几年来活跃在国内和国际仲裁与诉讼前沿领域的中青年合伙人和律师。汇仲团队经过对国内外主要仲裁机构规则相关条文的对比研究,结合仲裁院的特点,逐渐形成了明确的规则修改思路,即深圳国际仲裁院新规则应该体现如下五个方面的特色:

(一)保持《仲裁规则》(2012版)的整体框架基本不变,整合修改《仲裁规则》(2012版),增加一些必要的条文,在传承的基础上有创新、有亮点;

(二)尊重当事人意思自治,考虑当事人在仲裁时间和费用管理上的需要,营造公平公正的仲裁氛围,体现以维护当事人合法权益为中心和以追求快速、经济、高效解决纠纷为目标的"当事人中心主义"理念;

(三)适应市场需要和行业发展需要,将经过探索被证明为行之有效的做法固化为仲裁规则;

(四)吸收借鉴国内外仲裁的新经验,增加仲裁程序对当事人的透明度,完善程序规则,进一步明确仲裁员权力,预防和适当惩戒拖延破坏仲裁程序或不诚信仲裁的行为,提高仲裁的效率和质量;

(五)在修订《仲裁规则》(2012版)的同时,深国仲还同时推出《深圳国际仲裁院关于适用〈联合国国际贸易法委员会仲裁规则〉的程序指引》和《深圳国际仲裁院海事物流仲裁规则》,与新规则相配套,从而形成完整的规则体系。

在此指导思想的支配下,汇仲工作小组在2015年12月至2016年9月先后向仲裁院提交了五个版本的仲裁规则修改草案,同时说明了修改或者增删相关规则条文的理由。期间,汇仲工作小组还曾赴仲裁院与秘书处的工作人员一起逐条研究修改草案,并在2016年8月协助仲裁院邀请内地和香港的来自于立法、司法和仲裁实务领域的三十余位资深专家和学者在深圳举办了规则草案研讨会,对规则草案进行了热烈而富有成效的讨论。我还记得,这次研讨会的热烈和激烈程度是我在二十多年的从业经历中罕见的。汇仲工作小组针对每条规则修改的法律依据、原因及理由,以及国内外各家主流仲裁机构的实践做法等逐一给予解释和说明,到场的各位专家争先恐后地发表意见和观点,以至于晓春院长在研讨会后段不得不将每位专家的发言时间控制在一分半钟。

工作小组起草的规则修改草案的确包含了一些当时看来颇有创新意识的亮点。例如,规则草案提出,仲裁院的受理案件范围应该扩大到受理投资者和东道国之间关于投资保护条约的投资争议;细化诚信合作原则,使之成为仲裁庭运用费用杠杆或其他措施惩戒仲裁过程中不诚信行为的有用工具;填补国内规则对抵销请求没有规定的缺漏;规定仲裁庭的释明权;规定仲裁庭可聘用专业速录人员对仲裁开庭情况进行全程记录并制作庭审笔录,该庭审笔录可由仲裁庭提供给当事人;规定仲裁庭在特定情况下有权拒绝撤案请求而继续仲裁程序;规定仲裁庭有权对和解协议的真实性和合法性进行审查,防范虚假和解和虚假仲裁;增设网上仲裁规则,以适应"互联网+"时代的需要。现在看来,这些规定大都具有前瞻性,甚至可能会成为今后国内其他仲裁机构修订仲裁规则时不能不考虑的焦点问题。

当然,规则草案还着力贯彻了"当事人中心主义"的指导思想。《仲裁规则》(2012版)在仲裁语言、多方当事人仲裁、合并仲裁、多份合同的单次仲裁、紧急仲裁员、仲裁程序进行、重新仲裁、仲裁费用划分原则等方面有缺漏或者不够完善之处,规则草案都尽量作了弥补。特别是在首席仲裁员的指定方面,规则草案强调对首席仲裁员的资格和指定途径要明确规定,以增强仲裁庭组成过程之于当事人的透明度,提升当事人的仲裁体验。

仲裁院对于汇仲工作小组提交的修改草案总体上表示满意。但仲裁院并未止步于此。事实上,仲裁院在其补充起草的《深圳国际仲裁院关于适用〈联合国国际贸易法委员会仲裁规则〉的程序指引》中甚至提出了一个石破天惊的想法,即仲裁院适用《联合国国际贸易法委员会仲裁规则》仲裁,除非当事人另有明确约定,默认仲裁地为深圳毗邻的香港而不是仲裁机构所在地深圳。规则公布之后的反馈表明,这一独到的设计受到了香港法律界的欢迎,他们认为这是仲裁院作为管理机构的经验优势和香港作为世界仲裁主选地优势的完美结合。

仲裁规则修订稿在经过仲裁院专家咨询委员会讨论之后,于2016年9月6日提交仲裁院理事会第十二次会议书面审阅并提出修改意见。在进一步修改完善之后,理事会第十三次会议于2016年10月18日正式审议并通过,自2016年12月1日起施行。该版本的仲裁规则简称为《仲裁规则》(2016版)。

《仲裁规则》(2016版)发布后,很快吸引了世界媒体的注意。英国著名的《环球仲裁评论》杂志采访了仲裁院和汇仲团队,于2016年10月31日以"Shenzhen Centre Welcomes Investor-State Disputes"为题,介绍了《仲裁规则》(2016版)的亮点。文章特别提到,仲裁院受理投资仲裁争议,以及以香港为仲裁地按照《联合国国际贸易法委员会仲裁规则》管理投资仲裁和商事仲裁,在中国尚属首次,有利于提升仲裁院仲裁的吸引力。文章对诚信合作的仲裁规则以及便利于公正、透明、迅速、有效地解决争议的条款设计也给予良好评价。2017年3月21日,深圳前海蛇口自贸片区管理委员会、深圳市前海深港现代服务业合作区管理局发布法治创新成果,仲裁院六项创新成果入选,其中与仲裁规则有关的创新成果有两项:一是率先在仲裁规则中将受理范围扩大到东道国与投资者之间的投资仲裁案件;二是率先制定《关于适用〈联合国国际贸易法委员会仲裁规则〉的程序指引》。

伴随着深圳经济特区建立以来40年的风雨历程,仲裁院在仲裁领域进行了许多有意义的研究和突破,为国际商事争议解决的"中国方案"提供了生动的"深圳实践"。荣幸的是,在"深圳实践"的过程中,我和汇仲团队的同事们曾有机会近距离与仲裁院合作,在规则修改方面贡献了绵薄之力。

潮平两岸阔,风正好扬帆。在庆祝深圳经济特区建立40周年的时刻,我祝愿仲裁院百尺竿头更进一步,创新发展永不停歇。

双城往事两则

朱茂元*

纽约：国际仲裁中美高峰对话

2018年6月27日下午两点多，在纽约城中心的布赖恩特公园（Bryant Park）西南角，120多位来自美国仲裁界、学术界、律师界、工商界的专业人士，把中国银行纽约分行18楼综合会议大厅连同外部走廊和前厅挤得满满当当。这场活动的主题"中国的国际仲裁是否公正"非常有张力，发起活动及主讲者是深圳国际仲裁院的刘晓春院长，参与对话的有刚刚卸任伦敦国际仲裁院院长的威廉·帕克（William W. Park）教授，美国仲裁协会（AAA）和美国司法仲裁调解服务有限公司（JAMS）的专家等。在活动主要议题结束后，深国仲的沈四宝理事长走上讲台总结道："这是一次国际仲裁的高峰对话，不仅在美国展示了中国仲裁的新形象，大家也了解了美国、中国和其他主要国家仲裁文化的特点。"五点钟左右对话会结束了，意犹未尽的律师、教授、仲裁员们聚在大厅、前厅和走廊里继续热烈讨论，交换名片，认识新朋友，直到夜里八点多，曼哈顿已经满城灯火，人群才依依不舍地散去。

当沈四宝教授在总结时说出那句"这是一次国际仲裁的高峰对话"时，我的一颗紧张的心才开始松弛下来。这里是纽约曼哈顿，一年三百六十五天，每日每夜，满城上下，到处都上演着各种精彩的活动，更不要说百老汇的经典剧目了，一剧演十年，日夜不停歇。但是很多活动看起来有

---

* 北京市中伦律师事务所合伙人。

精彩的图片,其实不过是自娱自乐的纽约一游而已。老纽约客都知道在纽约办活动说容易也容易,说难也难。在这活动一个多月前,晓春给我发微信,说我们要去纽约参加联合国举办的纪念《纽约公约》60周年活动,顺道拜访深圳国际仲裁院的美国仲裁员,给大家培训新修订的仲裁规则,问我在不在纽约,有没有空参加?老朋友来信息,好久没有联系了,我当然很兴奋。一来二往,我们两个通过微信语音把仲裁员新规则培训活动变成了要办一场国际仲裁高峰对话会,要在纽约发出国际仲裁的中国声音。不过,第一轮商量快结束时,我发现这个任务落到我自己头上了。

我放下电话,大脑高速运转起来。因为活动时间已定,只能在晓春他们来纽约参加联合国活动的那一两天,必须马上确定活动主题、主讲嘉宾、场地和邀请参会对象。其中相对容易的事情是确定场地,但是纽约活动多,好地方也要早早地预订下来。我马上想到中国银行的新大楼,在第六大道和40街的交界处,是城中的显要位置,其位于18楼的综合会议厅肯定合适,贵宾室、前厅、大走廊,装修现代,设备先进,场地开阔,一应俱全,经纽约消防局核定的最大接纳容量为120人,这个规模对这场专业活动来说也正合适。我立即给中国银行纽约分行徐行长打电话求援,希望他把场地预留给我们。我和徐行长是老朋友了,2000年前后,徐行长还在总行公司部当副总的时候,我就是总行的顾问律师,协助起草审定了中行的房地产信贷业务和风险管控流程,受他委托还给中行全国分支行做了巡回培训。徐行长不仅是中国银行美国地区的行长,同时也是美国的中国总商会会长,一听我讲中美仲裁界的大腕要聚到一起研讨商事仲裁的公平公正问题,一贯以增进中美商界交流为己任的徐行长爽快地答应了,还指定秘书小郭和总商会的行政班子全程协助筹备工作。场地就这样确定了。

既然定了要办国际仲裁高峰对话会,那就一定要邀请到国际仲裁的高峰人物作为主讲嘉宾。我又在脑子里把那些在华尔街行走的律师朋友们搜索了一遍。最终在McDermott做跨境税务筹划律师业务的周博士向我推荐了她的导师帕克教授,帕克教授刚刚卸任伦敦国际仲裁院院长,是国际仲裁界举足轻重的人物。中国国际仲裁虽然伴随着深圳的改革开放一起发展过来,历史积累并不长,但是最近十几年发展迅速。经历深圳国际仲裁院十多年改革进程的晓春肯定有一肚子话要说,是他和晓文设计、推动、亲历亲为地参与了深圳国际仲裁院(即原来的中国国际经济贸易仲裁委员会华南分会、中国国际经济贸易仲裁委员会深圳分会)的法定机构治理改革和国际化创新等一系列里程碑式的事件。对于如何建设一个中国国际仲裁的高地,为中国经济发展、改革开放事业营造一个公平公正的法律环境,我们之间的交流也没有断过,我知道他有着系统的深刻思考,他需要找一个等量级的人物对话。如果帕克教授愿意赴会,那就再好不过了。可是这位帕克教授虽然年过七旬,依然全球飞,国际会议、仲裁开庭、学术活动排得满满的,他的工作时长我们年轻人都赶不上。我只好请周博士不间断地追踪老先生,不断地给他发送深圳国际仲裁院和晓春的资料,以便他加深了解。一直到5月15日,经过反复调整时间,终于让帕克教授和晓春通过电话会议做了交流,锁定了对话主题,聚焦在中国国际仲裁的公正性建设方面。过了三天,我们终于收到了帕克教授的邮件,确认参加会议并担任主讲嘉宾。

　　落实了会议场地、对话主题和主讲嘉宾,一场国际仲裁高峰对话会的大框架就成型了。幸好得到总商会行政总裁 Candice 的全力支持,各项会务工作有条不紊地准备着。6月26日,晓春他们从广州飞来纽约,立即转机去了华盛顿访问世界银行,第二天早上第一班飞机回到纽约,我在城里等他们一起去拜访美国司法仲裁调解服务有限公司(JAMS),中午就在美国司法仲裁调解服务有限公司会议室里吃口盒饭,下午两点赶到中国银行纽约分行大楼参加对话会。等我们一见面,我发现晓春的嗓子几乎完全哑了,站在纽约街头,我只看见他跟我张嘴,却听不见他的声音,不知道他在说什么。原来他来美国前已经在国内连续办了两场大型专业活动,来美国后时差都没有调整就连轴转,身体实在有点吃不消了。这个样子,下午他怎么演讲和对话呢?我立即到超市买了润喉片,让他一次多含上几片,不间断地含着,尽量少说话。下午开场后,一站到讲台前,他的嗓子居然好了,演讲效果非常好,虽然听得出来声音还是有一点点沙哑。晚上客人散去,我们几个人一起去附近的餐厅吃饭,我们发现晓春的嗓子又哑了,神情看起来也极其疲倦,他只能看着我们大吃大喝、大声说话。

深圳：亲历中国最大仲裁案件

在纽约国际仲裁高峰对话会上，有几件事情令我印象深刻，其中一件是，晓春在主题演讲中简略提到深圳国际仲裁院仅用13天时间妥善解决了一件目前中国最大标的额的仲裁案件，该案涉及中美两国三方当事人。

这不禁让我回想起2015年5月，我作为该案的咨询专家协助晓春处理该案的日日夜夜。

那年春夏之交，有一天晓春突然给我打来电话，说有一宗案子希望我飞到深圳帮助处理。这宗案子三方当事人事前并没有签订仲裁条款，但是现在三方当事人经过"尽调"都愿意将争议提交给深圳国际仲裁院，并且共同要求晓春做独任调解员和独任仲裁员组庭处理，时间上又要求很急，希望尽快处理完。这是一起土地出让纠纷案件，有没有可仲裁性？案情涉及土地出让等一系列专业问题，案件标的额高达134亿元人民币，为中国有史以来最大标的额的商事仲裁争议。案件复杂，责任重大。

1992年大学毕业以后，我就一直从事与房地产相关的业务。自1994年到中伦律师事务所从事执业律师工作以来，几乎每天都在从事与土地、城市开发相关的业务。2005年我开始担任仲裁员，接受指定的案件90%以上也都是房地产和建设工程纠纷案件。正因如此，晓春才找到我。我立即收拾行装，根据晓春电话里简单介绍的案情，先把书柜里我认为有用的参考书装了一个箱子，隔天就到了深圳。第二天熟悉案件资料，第三天开庭开始协助调解。

到了以后才知道，晓春说三方当事人都想尽快解决争议是什么意思，原来是一天连着一天，每天晚上斡旋到十点之后，甚至凌晨三四点才休庭，连着调解了六天六夜，双方才签署了调解书。

因晓春是独任调解员，经晓春提议，双方当事人都同意调解庭有权邀请一位咨询专家向独任调解员独立提供咨询意见，以强化调解的专业性。这宗案子有三方当事人，其中一方是纽约曼哈顿闻名世界的地标建筑的管理方，精通土地交易、城市规划和房屋建造，他们的律师也是在华尔街叱咤风云数十年的顶尖律师。三方当事人请的律师来自中国、新加坡、美国等五个不同的独立法域或司法区,调解过程中英语、中文和粤语都得用上。

我的工作就是向独任调解员提供独立咨询意见。一打开案件相关材料,发现问题可不少。一份土地竞买合同,既有商事主体竞价购买的商事行为,也有原土地方办理规划审批和土地使用许可等行政法范畴的问题。在经过严密论证后,我认为三方争议的合同是一份多种法律关系并存的法律文件,仲裁院就土地竞买交易部分的商事争议有权仲裁。经过向三方当事人通报仲裁院的决定和依据,调解庭在三方当事人同意的情况下,确定了案件审理和调解的范围,对不属于仲裁院审理范围的其他法律体系的问题,也释明了解决路径,这样案件调解就正式开始了。

虽说是调解,因为案件标的太大,任何一点考虑不到都会造成重大利益偏差,导致扩大分歧,调解失败。让双方同意按照一定的程序循序展开,已经走过的程序和有共识的事实及法律问题,要逐步固定下来,慢慢达成共识,最终只在那些无法回避的问题上调解。事实上,因为三方都有继续交易的意愿,所以是在最后阶段呈现的严重利益分歧问题上再次做了一个调整的交易。

根据这样的认识,我协助晓春经过整整一天的讨论、协调和磋商,决定了案件调解的程序安排,那就是:首先确认并固定事实;其次是三方分别申述争议要点和理据;最后是聚焦共同同意的争议要点,理出三方的争点差异。调解方法也是采取首先由当事人各自提出自己一方的解决方案,再由调解庭提出折中方案,最后调解员与三方分别面对面、背靠背地协商,求同存异,消弭分歧,争取最终达成一致。这些工作始终有序进行,每一项议题都进行了一天到一天半左右的时间。每天深夜休庭前,三方都会得到明确的当天总结,知道哪些问题已经明确,哪些问题次日会继续讨论。现在回过头看,我觉得整个调解程序如行云流水一样流畅,没有浪费一丁点时间,更没有走折返路。晓春这个独任调解员责任重大,他表现出的高超的谈话技巧,坚守原则和折中妥协的完美结合,给我留下了深刻印象。

该案能够这么有效率地进展下来,核心问题是大家都认可调解庭提议的程序规则,也认可三方应该聚焦的实质性的事实问题和法律问题。

而晓春这个独任调解员展现的能力正是始终能够引导三方当事人把时间和智慧花在既定程序和焦点问题上。

我这个经三方当事人同意坐在庭上独立观察的专家认为三方当事人和他们的律师也都特别聪明和智慧，每一个关键问题都说透了却不点破对方，给协商留下了回旋的余地。而他们的敬业精神也值得每一位同道人学习，无论前一天工作到多晚，第二天出庭时，每一位律师都那么精神抖擞，为委托人的利益满血战斗。而他们前一夜回去一定又继续工作了很久，因为一开口讲话就知道，头一天留下的题目他们都做了细密专业的研究，给庭审带来了新的思想火花，让我不禁怀疑他们整整一夜都没有休息。

仲裁院内部安排协助晓春院长处理该案的工作人员钱明强、谢卫民、杨涛等很给力，调解庭秘书宓思和仲裁庭秘书尹冠军也很敬业。从业务细节到后勤服务，仲裁院都堪称国际一流，全过程紧张、有序、专业、高效、温暖。

为了确保调解的成果具备强制执行力，三方协商将调解的程序转为仲裁，仍然共同指定晓春担任独任仲裁员就此案作出裁决。一宗争议标的额达134亿元人民币的复杂案件，从立案到裁决结案，历时13天，我想这宗案件很可能创造了一项仲裁的历史。我有幸侧身其中，见证中外当事人对深国仲的信赖，对案件事实层层展开剖析的专业，以及当事人对公平、公正、效率的追求。事后得知三方当事人和代理人对案件结果都特别满意，对深国仲和刘晓春院长赞赏有加，那个华尔街著名的律师事务所因此还通知其客户尽量选用深国仲解决涉及中国和亚洲的商事纠纷，留下了仲裁历史上的一段佳话。

案子处理完了，这件事被我抛到脑后。两年多时间过去了，在纽约举办的以"中国的国际仲裁是否公正"为主题的国际仲裁高峰对话会上，我听到晓春旧事重提，不禁回想起点点滴滴。有一次，晓春和我们深圳办公室的合伙人律师谈起我参与处理了一宗迄今最大的仲裁案件，我才发现我竟然从未对外透露过我参与调解过程的精彩故事，我们深圳办公室的资深合伙人及管理团队对我参与这宗案件的信息一无所知。我觉得仲裁庭审案是根据当事人的委托进行的，仲裁案件不公开审理以保护当事人的商业私密。我作为调解庭聘请的专家当然应该遵守深国仲的规则,不能与无关的人议论案件。深国仲对案件管理也是这么要求的,我只不过是遵守规则而已。所以,我的同事不知道我参与了这宗仲裁案件的审理也就不足为怪了。

在纽约居住的时间也不短了,但想起重洋之外的深圳,想起深国仲,并不觉得遥远,而且一切都还是那么清新和亲切。

2020 年 5 月 31 日于纽约

回眸、畅想与收藏

卢全章*

人生如梦,有些时候由不得自己,而有些时候却是自己的选择。例如我的出生、下乡插队;又如考学、移居深圳。这些乍一看都像是人生河流自然地流淌,但细想起来有很多无奈,也有很多幸运。而受聘成为深圳国际仲裁院仲裁员,算是哪般,不好归纳,值得回味。

1992年邓小平同志南方谈话,深圳作为排头兵加快了改革开放的律动。为了加快推进利用外资的步伐,深圳市政府要研究制定一系列利用外资的政策和地方法规。36岁意气风发的我作为深圳市外资主管部门的工作人员,带着研究课题来到了深南中路统建楼,走进了中国国际经济贸易仲裁委员会深圳分会(深圳国际仲裁院曾用名,以下简称"深国仲")。接待我的是秘书长郭晓文,一个高挑俊朗、温文尔雅的大帅哥。记得那天与老郭聊的话题是外商投资企业合同纠纷的类型、处理难点以及企业清算等,用来指导我们在外商投资企业合同审批管理中要注意的问题。我们的对话像答记者问,彼此交流得很顺利。特别是老郭诚恳的态度、缜密的思维给我留下了深刻印象。从此一见如故,随后的几年,于公于私,公开还是私下,一有机会见到老郭就请教、交流,感觉很愉快。

1997年,我欣然受聘成为深国仲的仲裁员,1998年我又辞职下海做律师,与深国仲有了更多的工作接触。随后,结识了肖主任、曾银燕、韩博士、黄博士、三桥、王素丽……(请允许我使用当年的这些称呼)虽然他们来自五湖四海,个性鲜明,但善良单纯、规矩、有学养是他们每个人身上挥

---

* 广东晟典律师事务所高级合伙人。

之不去的共同气质。当时虽然感觉办公环境简陋,正所谓"十几个人来,七八条枪",但这里没有官僚,没有尊卑,那种清明尚书的文化氛围深深地吸引着我。而那时的我更像都德笔下《最后一课》中的小弗朗士,风尘仆仆地跟着曾银燕去北京参加培训,认真听取各领域大腕的专业传授。我知道,仲裁员肩负的社会责任与使命如同法官。

记得当年深圳"爆发"了"贤成大厦"系列案件。该案以外商状告深圳市政府行政诉讼案为主线,涉及外商投资企业合同纠纷、公司与股东债权纠纷、房地产预售合同纠纷等多起诉讼案。由于该案的影响巨大,全国人大常委会、最高人民法院、最高人民检察院以及外经贸部、外交部等各大部门都对该系列案件倍加关注。为此,深圳市政府聘请江平等一批专家与我们一同组成专案组集中办公。

由于该系列案在国内外影响较大,深圳市委、市政府主要领导亲自挂帅,严阵以待。为了掌握各路动态,做好各种应对准备工作,特别是掌握贤成大厦公司中外股东合同纠纷仲裁案的审理情况,我受命与深国仲做非正式沟通。因为我们知道该案所呈现的事实在法律认定上具有极大的不确定性,而该案的裁决结果又将极大地影响着后续案件的处理。

我来到老郭的办公室,"或明或暗"地讲了我的来意,希望得到深国仲的理解与支持。老郭听罢,瞬间严肃起来,一字一句地说道:"市政府的想法我能理解,但我们不是行政机构,我们无权也无法干预仲裁庭的案件审理,更不能以任何理由施加影响……我们必须维护我国仲裁在国际上的信誉和影响……"

临走时,老郭给了我一本仲裁规则。

走出老郭办公室,我心里五味杂陈。是老郭与我"打太极",还是深国仲明镜高悬?我本以为在为政府做沟通工作,光明磊落,但没想到被老郭一阵鞭挞让我很没面子。任务没有完成,回去怎么汇报?

那个时候我还不是仲裁员,第一次打开那本仲裁规则认真学习起来,但对于仲裁制度的内涵和精髓还是一知半解。我们过去讲的是原则性与灵活性的统一,更强调党的领导和行政首长负责。因此,站在市领导的角度和为深圳社会发展负责任的角度思考,我完全可以体会领导的苦心。不禁扣问,深国仲到底是个"什么东东",就那么不给面子?

据我所知,随后又有一位领导与深国仲沟通,但仍然是"竹篮打水一场空"。当时的我百思不得其解,也有人在会议上非议。现在想来,深圳市领导很开明,深国仲做事很有原则。也许就是这份"执拗"和坚持,才成就了深国仲今天在国内外的"江湖地位"。

二十多年仲裁员的工作经历,尽管不是我的主业,但却成为我短暂人生经历的典藏。

首先我想到的是这里清明、公正的文化氛围。

上帝说,每个人的灵魂都隐藏着两个人,一个是天使,一个是魔鬼。如果你总是和天使在一起,你就会释放善意,心怀感恩。

我感觉到了上帝说得千真万确。

这么多年来,每当走进深国仲,我的心情就莫名地好起来。无论是迎面遇上王素丽、曾银燕、安欣、谢卫民……还是碰到财务小万、办公室小黄、资料员小关,都能瞬间让我也变得春风满面,在与他们的交流中更能感受到那种真诚与温暖而毫无芥蒂。

仲裁员与秘书交流是最多的。二十多年来,他们都以饱满的热情投入到纷繁的案件管理工作中。功夫不负有心人,当年那些秘书们有的已经成为知名学者、大牌律师,或走上领导岗位,成为行业的翘楚。而新一代的秘书们更是承载着深国仲新的使命,他们不知疲倦地耕耘着这片土地。

久而久之,这里的文化氛围也影响了我,我自知性格急躁,但在这里我却变得性情温和了许多;我更加知道,这里是一片净土,是心中不可玷污的一片净土,我像守护天使一般守护着她,二十多年来不曾改变,也不曾放弃,我很庆幸,我拥有这份幸福。

也许我生来"福星重",在我的人生经历中,遇到的大都是有追求、品行高的老领导、好同事和好朋友。在机关工作期间,所在部门负责外商来深投资管理工作,一度门庭若市,不乏各种诱惑。但在领导言传身教之下,守住清贫,所在部门十年间没有一人被贪腐击倒;作为律师,我主要服务的客户之一深圳高速公路股份有限公司主要领导掌管数百亿元投资建设项目,却能警钟长鸣,举重若轻,与社会各种利益关系巧划界限,斗智斗勇,令人赞叹不已。再看深国仲的新老领导也都是心怀大业,志向高远,与他们相识为伍,是我人生的幸运。

在这里,虽然大家每天都平静地忙碌着案件管理工作,但不经意间我却发觉,深国仲无论是仲裁规则和各项制度设计,还是具体到操作环节,都蕴含着深厚的专业精神。

在国内诸多的仲裁机构中,大都设立了专家咨询委员会制度,为仲裁庭审理疑难案件时提供帮助。而专家咨询委员会会议讨论案件的结论意见以及对仲裁庭的作用,各仲裁机构在规则设计和实践上却大相径庭,各不相同。

国内大多数仲裁机构受法院审判管理制度的影响,比照法院的合议庭和审委会,多数仲裁机构将专家咨询委员会的意见视为审委会意见,成为仲裁案件实体审理的结论性意见,而混淆了仲裁机构与仲裁庭的关系。而在深国仲,明确规定了专家意见就是专业咨询意见,仅供仲裁庭参考。

起初,我对这里的专家咨询委员会"说话不算话"的制度安排不能理解,但久而久之、认真思量,仲裁庭的独立与责任制,才是最科学、最理性的制度设计。因此,无论是专家咨询委员会的意见还是仲裁机构对案件的核阅意见,都在始终如一地坚持和反复强调决定权利归属仲裁庭的原则,从而彰显了仲裁庭审理案件独立于当事人,也独立于仲裁机构。仲裁机构行使的权利仅仅是仲裁规则和相关制度的制定、修改、检查与执行。这些年我在深国仲办案超过百起,不曾有任何一起案件有机构某领导授意打招呼等不良现象,切实维护了仲裁庭的独立性原则,这一点难能可贵。

我受聘国内几家仲裁机构,发现仲裁庭能够完全独立办案的不多,要么来自制度的设计,要么是人为的干扰,并且都是打着对案件公正审理审查的态度,干扰仲裁庭的独立原则。长此以往,仲裁机构行政化倾向逐步显现,仲裁制度的国际运行准则被破坏,从而就会失去仲裁的魅力。

深国仲这几年提出的座右铭是"独立、公正、创新",我认为"创新"的提法科学而又有深远的意义。好比我国正在致力于数字货币与区块链创新技术,表面上看,就是一项新科技的应用,但认真思考,它将打破人们的思维和行为方式,将使各种造假、贪污腐败行为无处遁形,这将产生多么深远的历史意义呢?一个没有造假、昌明的公平社会不就是我们孜孜以求的吗?

建立数字化创新科技思想刻不容缓,临床医学的数字影像技术已经投入使用,我们有理由相信,法律裁判制度存在几千年,随着数字化科技时代的到来,机器人智能仲裁员指日可待。

仲裁机构的公信力往往是由该机构仲裁员的社会影响力决定的。深国仲拥有一大批专家学者,我和他们一起研究案件,讨论问题,受益匪浅。

我在深国仲认识了江平、梁慧星、姚壮、陈安等一批学养深厚的老前辈,以往读他们的著作,了解的只是他们的专业修养,而与他们一起工作,才深刻感受到大儒的风范。

回忆与姚壮老师一起工作的一段经历。那是十多年前,我们共同审理一起中外合作企业股东出资纠纷案。我与姚壮老师在合同法、公司法的适用、合同的守约方认定以及合同解除权行使等问题上的认识产生分歧。此后,案件两次提交专家咨询委员会讨论,姚老师认真查阅案件证据和资料,多次与我一起在电话里讨论。这种讨论是我不曾有过的认真和深入。因为每次讨论之前,姚老师都告诉我他查阅了哪些资料等,我一度被姚老师说服。但我在起草裁决书过程中,又把我再思考后的新观点解释给姚老师,姚老师欣然同意了我的意见,让我异常感动。姚老师这种不以权威自居、一丝不苟的大家风度让我记忆深刻。

不久,姚老师给我寄来他的一本文集,认真读来,音容笑貌跃然纸上,至今不能忘怀。我们深国仲也正因为有像姚老师这样一批令人敬仰的学者专家汇聚于此,才那么清新脱俗、值得信赖。

我说这里是一片净土,但也不是世外桃源,当事人动辄成百上千万元的利益纷争让仲裁员置身于漩涡之中。因此,洁身自好,警钟长鸣,是每个仲裁员不能忽视的一种觉悟。

深国仲已经走过37年的光辉岁月,如今已是华丽转身,今非昔比。而让我深感欣喜的是,如今这里的人,依然那么执着于仲裁事业,开疆扩土,孜孜以求。记得每次与晓春院长私下交流,他近乎于痴迷地热情畅谈着机构的创新与发展,征求我们这些老仲裁员的意见或建议,令我感动。

　　人生短暂,值得铭记的并不多。疫情当下,更是百无聊赖。正因为有了这份爱,才让我有了这份闲情和雅致……

　　谢谢晓文主任,谢谢晓春院长,谢谢这里所有的人……

大鹏一日同风起

高峰*

白驹过隙,深圳特区已至"不惑"之年。南海之滨,改革创新大潮在此奔腾不息。

深圳国际仲裁院自1983年创设,已陪伴深圳走过37年漫漫岁月。

1993年春天,初为律师的我来到深圳,至今已执业接近28年。有幸参与了深圳特区的开发建设,也有幸见证了深国仲的跨越式发展,回首这些年来的点点滴滴,我深感光荣和自豪。

他山之石,可以攻玉

争议解决业界有一句俗话,"如果公司有一项权利必须争夺,那必然是控制权"。对于企业家,经营理念和公司发展需要时间的积淀,企业家保持对公司重大战略和日常管理的控制就显得格外重要;对于投资人和收购方,取得公司的控制权也正是并购、收购的核心。

司法实践中,公司控制权纠纷是商事纠纷的重点,类型包括股权、表决权的争夺,公司法定代表人、公司高级管理人员任免权的争夺,公司证照、财务账册、办公场所及核心资产的争夺,以及追究高管、董事损害公司利益责任等。虽然公司法、商事法、司法解释对于公司控制权纠纷的规定日趋丰富和完善,但因诉讼程序耗时较长,且各地法院对于法定代表人变更、公章证照等问题的认定并不一致,导致当事人通过诉讼途径维护合法

---

* 金杜律师事务所国际中心管理合伙人。

权益的成本非常高昂。反之，违约侵权一方的成本低廉，可在纠纷期间持续霸占公司的经营和管理权，甚至转移公司的资产。

2012 年，一家境外控股公司面临这样的难题。境外 A 公司在深圳 100% 出资设立了负责实体业务经营并持有大量资产的项目公司 B 公司。因利益纠葛，深圳 B 公司的法定代表人带领管理层开始对抗境外 A 公司，实际转移深圳 B 公司的资产。境外 A 公司找到我们，希望重新获取深圳 B 公司的控制权。接受委托后，我们着手研究，设计了多种方案，但从时间和成本的角度看均不尽如人意。

我们先是考虑变更深圳 B 公司的法定代表人。从公司章程上看，似乎通过境外 A 公司作出股东决定即可实现，但落实到具体的公司变更登记，由于境外 A 公司不掌控深圳 B 公司的公章证照，经过多次努力和尝试，行政部门仍以不能提供公章证照为由驳回变更法定代表人申请。如采用行政诉讼的方式，不仅难度大、耗时长，还容易激化与行政部门的矛盾。因此，我们放弃了此方案。

另一思路是提起公章证照返还诉讼，但同样因为不掌握深圳 B 公司的公章和证照，最初的立案阶段就会遇到极大障碍；如采用股东诉讼的形式令法院立案，对于"股东任命的法定代表人"和"工商登记法定代表人"谁有权代表公司这一问题，司法实践中观点截然不同，争议较大，况且耗时长，而且很难解决执行层面的问题。

控股股东之所以遇到困境，本质是因为公司自治、行政确认和司法裁判三者之间的冲突。在一筹莫展之际，参加深国仲的培训会使我们有了灵感：能否通过仲裁程序作为公司控制权纠纷的突破口？随着这一思路不断抽丝剥茧，我们讨论了公司控制权纠纷的仲裁解决方案，简单概括为：

境外 A 公司根据深圳 B 公司的章程，召开股东会，委派新任董事长暨法定代表人。由新任董事长召开董事会并作出决议，针对 B 公司经营管理的乱象，由新任法定代表人代表深圳 B 公司与 A 公司签署相关协议，明确约定公章、营业执照等证照交还，法定代表人变更，停止转移公司资产等内容。同时，协议约定由深国仲仲裁管辖。鉴于原法定代表人继续对抗，A 公司依据协议向深圳 B 公司申请仲裁，由新任法定代表人代表深圳 B 公司参加仲裁程序,并达成和解,申请由仲裁庭依据和解协议的内容作出裁决。

有了初步方案后,我们立即进行了准备并提起仲裁。深国仲在收到仲裁申请后,对于此案给予了高度重视,指定资深仲裁员组成仲裁庭审理本案。经过开庭审理,以及对和解协议合法性、真实性的充分审查,深国仲仲裁庭最终裁决确认了和解协议的内容。通过本次仲裁,深圳 B 公司高级管理人员擅自脱离股东控制的经营管理权争夺纠纷转变为 A 公司与深圳 B 公司之间的合同纠纷,并依据生效仲裁裁决完成了深圳 B 公司法定代表人变更,公司证照、公章重新换发,顺利追回了已被转移的深圳 B 公司的资产,维护了 A 公司作为控股股东的合法权益。

通过本案的解决,仲裁解决方案作为"他山之石",对公司合法合规实现内部治理、解决公司控制权纠纷形成了完美助攻,为企业家合法掌控公司管理权、经营权提供了一套新的解决方案,可谓是一次创新。

推陈出新、精益求精

上述方案虽然取得成功,但并非尽善尽美。在深国仲举办的某届中国华南企业法律论坛和其他研究及学术会议上,许多专家和学者对此类仲裁解决方案提出了很多宝贵的意见和建议。

2013 年,我们又接受了另一相似案件的委托。这一次,深国仲对仲裁解决方案进行了深入的审查。首先,完善了仲裁程序,深国仲仲裁庭正式通知了新委派的法定代表人和原法定代表人参与仲裁程序,在庭审中请双方各自发表意见;其次,针对原法定代表人提出的管辖权异议,仲裁庭进行了深入研究,依据相关法律及仲裁规则的规定,确认了深国仲对案涉争议具有管辖权;最后,该案未采用和解裁决的形式,仲裁庭通过实体审理认可了协议的效力并支持了我们的仲裁请求。

随后数年中,公司控制纠纷的争议解决不断发展、不断完善,同一时期,司法实践对公司合法控制权的保护也在不断完善。最高人民法院在 2015 年的大拇指环保科技集团(福建)有限公司与中华环保科技集团有限公司股东出资纠纷案(俗称"大拇指案")中,首次明确认定工商登记的法定代表人与股东会任命的法定代表人不一致时,涉及内部争议应以股东会任免决议为准。最高人民法院的这一裁判趋势和导向,也正是对我们之前通过仲裁程序解决公司控制权纠纷的肯定,反映出深国仲接受我们采取仲裁方式解决公司控制权的方向是正确的。在随后的几次仲裁案件中,深国仲仲裁庭结合法律法规和最高人民法院的裁判观点,进一步认定应由新委派的法定代表人代表公司参加仲裁程序,原法定代表人无权参与仲裁程序,从而更加高效、快速地解决案件争议及进入执行程序,避免了冗长的程序和巨额的经济损失。即使原法定代表人其后还在不同法院提起了仲裁协议效力诉讼和撤销仲裁裁决诉讼,但各地法院均无一例外地认可我们所采取的仲裁解决方案的合法性和有效性,以及深国仲仲裁裁决的强制执行力。

纵观公司控制权纠纷仲裁解决方案的提出、完善和发展过程,深国仲作为独立、公正、专业的仲裁机构,本着营造公平透明、可预期的国际一流法治化营商环境的初衷,高度重视当事人意思自治,在适用法律、组庭方式、庭审方式、证据规则、开庭过程、管辖处理等方面深入细化、不断完善,保障当事人的合理合法权利,不仅增强了境内外当事人对深国仲独立性、公正性、专业性和公信力的信心,更彰显了深国仲"创新"的核心价值。

随着公司控制权纠纷的逐渐增多,相信在深国仲鼓励创新、不拘泥于形式的价值引领下,能够为境内外商事主体创造更为公正、公平、和谐、有序的法治环境和营商环境。

与时俱进,以人为本

作为深国仲的仲裁员,结合多年在仲裁院的办案经历,我对于其不断创新地营造出以人为本的仲裁环境感触颇深。

多年前的一次国际会议上,一位外国学者曾提起,在参与谈判和调解时将光线调温和,并在会议桌上摆上一些糖果和小零食,这些糖果和小零食可在不经意间让双方作出一定的让步,促成和解。对此观点,我初感疑惑,但仔细听了外国学者引述的研究数据和案例,不禁佩服细节对调解和谈判的巨大影响。一次在深国仲开庭调解一起案件时，我注意到桌上摆放了糖果和小零食，场地的布置是深国仲一贯的"新中式"典雅风格，使得开庭更为惬意。伴随调解和谈判的推进，当事人或代理人大多会有意或无意地吃一些糖果和小零食，氛围也从最开始的剑拔弩张逐渐缓和下来，当事人的语气渐渐平和，并开始慢慢吐露内心的想法，最终达成和解。深国仲对小小细节的完善，"不经意"间促成了化干戈为玉帛，帮助当事人更好地解决了商事纠纷。

除了办公环境，深国仲也在"人"上面下功夫。仲裁秘书作为仲裁庭、当事人和深国仲之间的"桥梁"，在每个仲裁案件中都有着举足轻重的作用。随着办案数量的增多，我注意到仲裁秘书们都具备极高的专业素养和能力，在沟通中也温文尔雅、得体大方。能与优秀的仲裁秘书共事，何尝不是一件舒心和愉快的事情呢？闲时，我与一些初任仲裁员的朋友谈及担任仲裁员的经历，他们都对仲裁秘书称赞有加。一位非律师朋友曾说，虽然其为法律界的专业人士，但也并非对仲裁程序了如指掌，仲裁秘书在程序推进上给予了相当大的帮助。我想，能获得仲裁员的称赞与感谢，应是对仲裁秘书能力的最好证明。

工欲善其事，必先利其器。在科技高度进步的今天，深国仲也紧随科技发展的步伐，开发了相应的手机客户端和系统，仲裁员通过手机、电脑即可随时查阅案件有关信息，甚至可以自动生成裁决书的模板。我因为工作需要，长期辗转全国各地，过去常担心会因此耽误了案件的审理。而现在，通过深国仲的远程办案系统，即能轻松实现案件办理并推进程序。同时，办案系统也更为贴心和人性化：开庭提醒、裁限提醒和停车位预约等功能一应俱全。

如果将制度创新、理论创新比作深国仲的"硬实力"，那么以人为本的创新精神则更是深国仲的"软实力"。"软实力"的提升和发展，更能体现深国仲的发展潜力和感召力。

近年来，党和国家对于深圳特区的利好政策，如《粤港澳大湾区发展规划纲要》和《中共中央、国务院关于支持深圳建设中国特色社会主义先行示范区的意见》等不断出台。相关文件明确党和国家支持深圳特区发展以深圳证券交易所为核心的资本市场，打造国际一流的法治化营商环境的决心。未来,随着与粤港澳大湾区和中国特色社会主义先行示范区相关政策的不断出台,深国仲作为扎根于深圳特区的仲裁机构,将必然面临更高的要求和挑战。

令人高兴的是,上述创新和发展仅仅是深国仲前进步伐中的"冰山一角",深国仲必然在建设全球一流的商事争议解决平台和国际仲裁高地的愿景上随着"鹏城",鹏程万里。

羽梦之翼

张志[*]

引 子

1990年11月,深圳,深南中路,统建楼。

深秋的南方不见丝毫凉意,炙热的阳光挤进布帘遮掩的窗棂,倔强地灼烤着人们的心绪。窗式空调嗡鸣着,沉重地喷涌出丝丝冷风,似乎在努力平复着现场紧张的气氛。在简易桌椅围成的庭审现场,某大酒店中外合作合同争议案正在开庭。董有淦、周焕东、梁定邦三位仲裁员正装端坐,时而平和,时而关切,时而探究地听取着双方的陈述和辩论。申请人一方阵容强大,由我国香港地区律师、大律师和英国律师组成代理人团队。被申请人一方虽人数不多,但实力不容小觑,由任继圣、徐建等律师担纲的代理团队,堪称内地律师的豪华阵容。庭审过程紧张激烈,普通话、英语、粤语,充斥其中。

彼时,我刚刚从法学院毕业,授业恩师的叮嘱和江平校长"法治天下"的教诲言犹在耳。22岁芳华与国际仲裁的此次相遇,让我有幸领略了董有淦先生的渊博持重、周焕东先生的细致周全、梁定邦先生的温润雅博、任继圣先生的机智豁达、徐建先生的英姿勃发,也见识了英国律师及我国香港地区律师、大律师等境外法律人的职业素养。也正是这次相遇,让我羽梦深植,渴望成为国际仲裁事业的一员。

---

[*] 万商天勤(深圳)律师事务所合伙人。

全文公开的裁决书

城市的巨大发展带动了区域内资产价值的提升,位于深圳特区中段的华侨城片区更是寸土寸金。日渐累积的土地开发利益,最终引发了老牌上市企业康佳集团股份有限公司(以下简称"康佳集团")与大股东华侨城集团公司(以下简称"华侨城集团")之间的争议。

2012年11月6日,经康佳集团申请,深圳市南山区城中村(旧村)改造办公室(以下简称"旧改办")发布《关于深圳市南山区康佳集团总部厂区城市更新项目实施主体的公示》,就康佳集团作为实施主体进行了公示。2013年8月12日,华侨城集团公司提交了《关于反对康佳集团作为唯一实施主体推进"康佳集团总部厂区城市更新项目"的意见函》,旧改办随即要求康佳集团就该意见函提出意见,并暂停了该项目的实施流程。2014年2月17日,旧改办向康佳集团下发《关于开展第二批城市更新单元计划清理工作的通知》,该更新项目被列入清理对象。康佳集团向华侨城集团打报告,请集团给出明确意见并予以答复。此后,双方多次协商,但始终无法达成一致意见。

双方的争议以康佳集团从中外合资企业到上市公司的二十余年演进历史为背景,不仅涉及合资合同履行和企业改制上市过程中的权益纷争,还与特区乃至中国土地法律制度与管理方式的更迭紧密相关。基于事件的复杂性,除非双方达成和解,否则无法寻求一个或多个民事或行政裁判程序解决争议。但在众多上市公司中小股东通过各种方式强烈表达诉求的情况下,在巨大利益和各自面临的管理责任面前,任何方案都难以两全,和解已无可能。

凭借多年参与国际仲裁的经验,我意识到,借助仲裁的灵活机制和独立性,或能为解决此项复杂争议提供合适的路径。而立意创新,声誉卓著,且最早通过法定机构立法确保独立性的深圳国际仲裁院(即华南国际经济贸易仲裁委员会,以下简称"深国仲"),是担此重任的最佳选择。刘晓春院长以其敢于担当的勇气、对国际仲裁制度的深刻理解和远见卓识,支持了这一想法。

从设想到实践，我进行了大胆的创新和突破，而仲裁的灵活机制，也使当事人针对特殊争议的程序设计成为可能。在我的指导下，争议双方达成了《仲裁协议》。《仲裁协议》包含以下核心设计：

首先，聚焦和固定争议范围。尽管双方存在诸多根本性分歧，且分歧的背景和内容非常复杂，但从双方的商业目的出发，我认为只要就一个核心争议给予结论，其他问题即可迎刃而解。就此，《仲裁协议》约定"双方均同意将'甲方（即康佳集团）是否有权作为该城市更新项目的唯一开发主体'作为争议事项提交深圳国际仲裁院仲裁"。同时约定"甲方应于本协议签订后十日内，向深圳国际仲裁院提出仲裁申请"。该申请以乙方为被申请人，其仲裁请求为（且仅为）"请求确认申请人（即甲方）有权作为[深圳市南山区康佳集团总部厂区城市更新项目]的唯一开发主体对该城市更新项目进行开发"。此项设计不仅使复杂争议简单化，而且有效避免了本案成为"土地权属纠纷"的可能性，排除了《土地管理法》有关土地权属争议应由人民政府处理之规定的适用。更为重要的是，该项设计锁定了双方业已达成的一项基本共识，即无论从历史或现状考虑，华侨城集团均认为，康佳集团参与地块的开发既符合康佳集团其他股东的利益，也符合华侨城集团维护国有资产安全、保证其持有的康佳集团股份保值和增值的意图。维护这项基本共识的意义还在于，无论裁决结果如何，均可以最大限度地平复康佳集团大股东和中小股东之间的矛盾，实现最广泛的共赢。

其次，自主约定仲裁员选任方式。《仲裁协议》在选择适用深国仲 2012 年 12 月 1 日起施行的仲裁规则"简易程序"的基础上，用创新思维灵活约定了独任仲裁员的选任方式。《仲裁协议》约定：根据前述规则之"简易程序"的规定，本案应由一名仲裁员组成仲裁庭对本案进行审理及裁决。就该独任仲裁员的选任，双方同意采取以下步骤及方式：（1）由仲裁委员会主任推荐 5 名仲裁员作为候选人。（2）由双方从推荐人选中各选定两名仲裁员作为各方的推荐人选。（3）如双方推荐的人选中有一人重合，则由重合者担任本案仲裁员；如双方推荐的人选全部重合，则由仲裁委员会主任指定其中一人担任本案仲裁员；如双方推荐的人选没有重合，则由双方均未推荐的候选人担任本案仲裁员。上述约定丰富了将当事人的意思自治引入首席或独任仲裁员选任机制的路径,使仲裁庭的组成过程更加透明和公平,增强了仲裁院的独立性和公信力。值得称道的是,宽于接纳和立意创新的深国仲,在多年对组庭方式进行变革实践的基础上,在2016年修订的仲裁规则中进一步细化了2012年仲裁规则的规定,从实践到规则条文率先开启了仲裁机构组庭机制的变革。

该案由王千华老师担任仲裁员,最终下达了《裁决书》。《裁决书》叙事周密,逻辑清晰,文采斐然。在仲裁庭意见的最后一段,王千华老师总结道:"本案涉及中外合资经营、企业股份制改造、土地划拨和土地有偿出让、中央部委直属国有企业与地方政府之间在土地管理方面关系的演变、城市更新等多个法律关系,是1979年以来中国经济改革和相关制度高速变迁发展的一个缩影。这35年来,高速、持续的企业组织制度和土地制度的变迁产生了时空压缩效应。对相关问题的评价,必须依据当时的制度环境条件来认识。对本案相关事实和法律关系的分析、判断和理解,也应建立在充分的历史回顾的基础上。因此,作为回顾相关历史事实的文本,本仲裁裁决书是一个整体,对其任何部分的解读,都离不开对其整体的理解。对本裁决书的任何部分所进行的援引或理解,应特别防止增删取舍、断章取义。"

在《裁决书》的运用上,再一次体现了刘晓春院长的灵活、务实、自信和有远见,经他建议,在征得双方同意后,《裁决书》在巨潮网全文公开,成为绝无仅有被公开披露的仲裁裁决。《裁决书》公开后,获得了康佳集团众多股东、资本界及证券监管部门的广泛认同。拖延数年,潜藏较大社会风险的争议就此消弭。康佳集团和华侨城集团在裁决基础上迅速达成合作方案,极具开发价值的历史用地得到利用,促进了关键生产要素和社会资源的重新配给,为深圳的城市发展作出了贡献,康佳集团的股价也从裁决时的每股人民币2.3元,一路飙升至人民币14.83元。

双方当事人一致同意公开该案裁决的做法,使仲裁机构的纠纷解决能力和声誉最大限度地变现为社会公义和法治价值,充分显示了深国仲的灵活机制、独立性和公信力。该案被收录进《中国改革开放40年与特区国际仲裁十大案例》,彰显了仲裁机构在解决公司僵局、处理复杂争议方面的独特作用。

当庭裁决

2019年11月,我作为独任仲裁员审理多个商业物业租赁合同纠纷。庭审过程中,我注意到,由于租赁合同解除和赔偿问题没有结论,出租方物业长期空置无法得到利用,承租方也因此不能迅速从争议中解脱出来,恢复正常经营。双方当事人共同面临的窘境,激发了我当庭裁决的想法。

以我的经验,仲裁案件当庭裁决并无先例可循,而且还可能面临一定的程序风险,这些风险包括:当庭裁决是否会影响当事人根据庭审情况进一步补证和质证的权利?2019年仲裁规则中明确规定的裁决书核阅程序是否对当庭裁决方式构成限制?仲裁法及仲裁规则中明确要求的裁决书应加盖仲裁机构公章对裁决书的下达和生效有什么影响?当庭裁决的做法是否会给仲裁机构今后管理造成不利的影响?等等。尽管如此,我认为,快速裁决,迅速解决争议符合仲裁机制"效率优先,兼顾公平"的理念;仲裁庭独立审理和裁决案件是仲裁机构独立性的根本体现和核心价值,机构对案件的管理及对裁决书的核阅,应当止于仲裁庭享有的独立裁判权;同时,当事人对仲裁程序设定的权利,完全可以打消前述顾虑。

据此,我向争议双方当庭释明:非常感谢双方律师以及当事人对深国仲的信任,选定本机构作为争议解决机构。高效、快捷、公平地解决双方争议是深国仲的宗旨,基于当事人的意愿,快速解决争议也符合本案争议双方各自的诉求。一方面,对被申请人而言,快速解决争议有利于被申请人了结现有的纠纷,全身心地投入到新的经营当中去,通过努力获取自己的商业利益。另一方面,对于申请人而言,快速解决争议也有利于盘活资产,为企业创造收益,同时为租赁物业周边的居民提供良好的商业服务环境。所以从仲裁机构的角度,从双方当事人的角度,从社会的角度,仲裁庭采取尽速裁决的方式都是合理的。根据《仲裁法》以及仲裁规则的规定,双方当事人可以约定案件所适用的程序。深国仲也一直倡导充分尊重双方当事人的意思自治,以实现深国仲的价值理念。

同时,经仲裁庭建议,双方就如下程序安排达成一致意见:(1)仲裁庭基于本案现有的证据,根据庭审查明的事实以及庭审过程中双方当事人表达的意见,就本案作出裁决。(2)由仲裁庭当庭作出裁决。(3)仲裁庭当庭作出裁决之后,根据当庭裁决的内容制作裁决书,及早送达双方。本案裁决书生效的时间为当庭作出裁决的时间。基于双方当事人达成的前述程序协议,仲裁庭当庭就本案作出裁决,并于作出裁决当日生效。

该案经仲裁庭口述,当庭作出裁决,并于当日生效。庭后,根据口述裁决内容制作裁决书加盖机构公章后,送达双方当事人。

庭审结束后,我心怀忐忑,向刘晓春院长汇报了庭审及裁决过程。令我宽慰和感动的是,院长仔细听取汇报后,对这一尝试给予了肯定,认为符合深国仲的价值理念和规则要求。

郭晓文老师曾说我"生命不息,折腾不止"。尽管是调侃,但我能感受到其中的关爱和期许。事实上,我在法律领域的诸多创新实践,始终离不开郭老师的鼓励和支持。在某种意义上,深国仲又何尝不是在"不安分"中创新发展?正是这种"不安分"和不断创新的文化,让我们在深圳这片热土上彼此认同、彼此支持、彼此成就。从骨子里我们有一个相同的认识——不创新,枉为深圳人。

湖山春暖图与莲花

从蛟湖村租用的民房,到儿童福利中心办公楼,到统建楼,再到中银大厦,如今的深国仲已迁至高踞城市之巅的深证券交易所大厦。踞于城市之巅的深国仲,在其入门大厅将明末清初画家恽寿平的一袭长卷贯穿其间,水墨勾画,淡泊雅逸,其志尽显;还有莲花驻壁,镂刻于仲裁员聘书之上。正如刘晓春院长所释,卓然而立者,俱为精神。机构变迁,世事更迭,而始终不变的是如一袭清流贯穿始终的书卷气和博雅风。

在深国仲,仲裁员都被尊称为"老师",仲裁员之间也互称"老师"。于我而言,这个称谓亲切而神圣。这不仅是因为在深国仲确有许多如郭晓文、韩健这样学养深厚的老师使我们常受教益,更因为这个称谓会时刻提醒我们,凡我辈中人自应秉承师道,卓尔不群。

最后,回到本文的题目——羽梦之翼。羽毛是清流自誉,倘若自惜羽毛，必不轻于依附。仲裁事业是爱惜羽毛的一群人穷其一生共同追求的梦想。而羽梦之翼就是深国仲至为推崇的独立、公正、干净的形象和创新、专业、高效的理念。37年的堂构相承，如今的深国仲声誉渐隆，这是前辈贤哲在深圳特区的历史长卷中共同绘就的辉煌一页，每一个参与者和后来者都有珍视和维护的责任。祝愿这一方净土基业常青。

值得回味的两则案例

朱征夫[*]

深圳经济特区从一个小渔村发展成全国 GDP 排名第三的一线城市,各方面取得的非凡成就有目共睹。深圳国际仲裁院(曾名"中国国际经济贸易仲裁委员会深圳分会"和"中国国际经济贸易仲裁委员会华南分会")作为中国改革开放之后各省市设立的第一家仲裁机构,以独立、公正为价值引领,以效率、务实和敢于担当的工作作风,积极推动中国国际仲裁在特区的创新发展,为特区的发展作出了积极的贡献,也为我国仲裁事业的发展起到了探索引领作用。我作为与深圳国际仲裁院打交道二十多年的法律工作者,对此深有感触。在特区建立 40 周年之际,我想通过我分别作为仲裁代理人和仲裁员办理的两个案件分享我的感受。

独立公正,不偏不倚

1997 年,我的法律顾问单位广州公司因中外合作开发房地产合同与境外投资方香港公司产生纠纷。基本案情是:1991 年双方签订合作合同约定广州某国有房地产公司出地,某香港公司出资,土地出让金也由该香港公司支付,并约定广州公司在合作公司领取营业执照后 140 天内完成项目前期用地工作,以能开工为准。合同履行过程中,香港公司因缺乏资金,部分注册资本延期,部分注册资本一直未缴,土地出让金支付延期,尽管广州市规划局下发了《同意部分工程施工的复文》,但项目一直未能开

---

[*] 中华全国律师协会副会长,浩天信和律师事务所合伙人会议主席。

工,最终导致广州市收回闲置土地办公室发出《关于收回闲置土地的通知》,拟将土地收回。合同约定双方争议提交中国国际经济贸易仲裁委员会深圳分会(深圳国际仲裁院的前身)仲裁解决。

作为广州公司常年法律顾问,我们建议其申请仲裁,要求解除合作合同并让香港公司赔偿损失。基于对案件事实和所涉法律问题的分析,我们认为,仲裁胜诉理应没有问题。但是,考虑到是仲裁程序,一裁终局,不像法院诉讼有充分的程序救济机制,况且,这是我律师执业以来代理的第一起仲裁案件,所以,压力不小,难免心生忐忑。虽然当时没代理过仲裁案件,但是对仲裁的程序价值和意义还是有所了解的。当时互联网还不发达,不像今天可以随时上网。为了熟悉中国国际经济贸易仲裁委员会深圳分会的仲裁规则,我们特意去仲裁机构的办公地址索要仲裁规则和仲裁员名册,回来仔细研读。在仲裁请求的确定、申请书的撰写、证据的收集整理和提交、代理思路和观点的提炼、确定及论证、对对方答辩意见的分析和驳斥等方面,我们都投入了精力,下足了功夫。香港公司还提出了反请求,以广州公司没有按期办理土地使用证为由要求支付违约金。

本案庭审中的主要争议焦点在于,香港公司认为土地使用权的变更应当先于资金投入进行。在土地使用权变更前,因土地使用权不在合作公司名下,合作公司无权投资和利用该土地。而广州公司认为,该土地是投入到合作公司的资产,自合作公司成立之日起,该土地已处于公司控制之下,在政府部门下发《同意部分工程施工的复文》的情形下,是否办理土地使用权变更不影响对土地的投资和开发。针对此争议焦点,我们向广州市国土资源和房屋管理局政策法规处征询意见,广州市国土资源和房屋管理局政策法规处的答复意见是:"合作项目公司就合作地块签订了土地有偿出让合同后,因有特殊情况经政府有关部门批准,项目公司完全可以部分先开工,并不一定要等到核发《建设用地批准书》之后,这种情况在广州市的房地产开发中时有发生。"我们将此意见提交仲裁庭,同时申请仲裁庭去广州市国土资源和房屋管理局政策法规处调查。香港公司提出异议,认为广州公司是广州市国有企业,为避免地方保护主义,不能只向广州市国土资源和房屋管理局政策法规处调查,还应向广东省国土厅或广东省建设委员会调查。广州公司对此提出异议,认为香港公司是广东省建设委员会直属企业在香港开办的子公司,具有明显关联关系,故不应向广东省建设委员会调查。最后,仲裁庭向广东省国土厅调查,广东省国土厅政策法规处认为,签订土地出让合同后为合作开发而成立项目公司,在土地使用权变更前所受让的土地是否可以动工,国家法律法规没有限制性规定,可视当地有关主管部门意见确定,并非一定要在土地使用权变更以后才能动工。仲裁庭最终裁决解除合作合同,部分支持了广州公司的赔偿请求,全部驳回了香港公司的反请求。

通过代理这起案件的仲裁,尤其是看到仲裁庭对调查对象的慎重选择,我切实感受到仲裁庭的独立公正、不偏不倚。而对于房地产开发这种地方政策性强、各地有不同的特点和做法的案件,仲裁庭能听取当地政府主管部门的意见,并作为裁决的参考,充分体现了仲裁机构务实的工作作风。经此一案,我对中国国际经济贸易仲裁委员会深圳分会有了直接的了解,对仲裁机构一裁终局的担忧和疑虑逐渐消减。在为当事人提供法律服务过程中,我会根据具体情况建议当事人选择仲裁解决争议。

定分止争,皆大欢喜

随着我在中国国际经济贸易仲裁委员会深圳分会代理仲裁案件的增加,仲裁机构对我也有了更多的了解。后来,我有幸加入仲裁员名册,在中国国际经济贸易仲裁委员会深圳分会开始担任一些案件的边裁或首裁。

2010年我作为边裁参与审理某民营企业诉南方某市水务局污水处理厂污泥处理BOT项目服务合同仲裁案。该案争议标的金额较大,涉及公共利益,案情复杂。各方充分利用仲裁规则行使了程序上的权利,增加了案件的复杂程度,裁决期限也两次延期。申请人曾提出先予执行请求被驳回,被申请人提出反请求又撤回,被申请人提出中间裁决请求被驳回,申请人后又增加了仲裁请求。历经三次开庭,当事人双方从开始的尖锐对立到慢慢缩小差距,双方都表露出和解的意愿,但又不愿意提出和解方案(补偿金额)。政府部门一方不愿意提方案是因为工作人员怕承担个人责任,民营企业一方不愿意提方案则是害怕暴露自己的底线,导致僵持不下。就在此时,一名仲裁员提出退出仲裁庭,由我来出任仲裁员。最后一次开庭前,我们三位仲裁员在一起用餐,谈到这个案件,都觉得这个案件不好办。针对当前的和解僵局,我建议由仲裁庭提出补偿金额方案,双方当事人分头请示汇报决定,此建议得到了另外两位仲裁员的高度赞同,也得到了当时中国国际经济贸易仲裁委员会华南分会(中国国际经济贸易仲裁委员会深圳分会于2004年更名为"中国国际经济贸易仲裁委员会华南分会")的支持。仲裁庭内部经过充分沟通,仔细权衡,提出了双方都能接受的补偿金额,最终促成双方达成和解协议,并根据和解协议制作裁决书,取得皆大欢喜的效果。此案的圆满解决,使我对仲裁庭的应有担当,以及中国国际经济贸易仲裁委员会华南分会依法灵活务实的作风有了更进一步的认识。

2012年10月,中国国际经济贸易仲裁委员会华南分会更名为"华南国际经济贸易仲裁委员会",同时使用"深圳国际仲裁院"的名称,2017年年底又与深圳仲裁委员会合并。但无论名称怎样变化,它始终都是特区的一张亮丽名片,始终与改革开放相伴,与公平正义相伴,与南方这片热土的包容务实相伴。作为律师,我也总是一如既往地向当事人介绍她、推荐她,一如既往地把她作为定分止争、维护权益的老伙计、好知己。

仲裁庭的"智囊"

周成新[*]

在多年的商事仲裁实践中,给我印象较深的是仲裁过程中的专家咨询机制。我曾作为仲裁员将经办案件中存在的一些问题提交专家委员会咨询,也曾作为专家咨询委员会成员参加过对一些仲裁案件的咨询。我认识到,这一机制能够为仲裁庭作出合法正确的裁决提供非常有益的帮助。

专家咨询机制回顾

1995年我开始在深圳国际仲裁院(时称中国国际经济贸易仲裁委员会深圳分会,2004年更名为中国国际经济贸易仲裁委员会华南分会,2012年更名为华南国际经济贸易仲裁委员会,又称深圳国际仲裁院,以下简称"深国仲")担任仲裁员的时候,其仲裁专家咨询工作机制已有效运作多年。为便于为仲裁庭提供专家咨询,深国仲的专家咨询委员会主要是由华南地区的知名法律专家组成。后来在1995年另行成立的深圳仲裁委员会也有专家咨询委员会,聘请深圳当地若干名专家组成。深国仲专家咨询委员会最初由郭晓文担任主任,原深圳仲裁委员会专家咨询委员会由袁成第担任主任。

上述两个仲裁机构在2017年年底合并之前各自的专家咨询委员会咨询制度有一个共同特点,就是专家提供的咨询意见仅针对仲裁庭提出

---

[*] 曾任深圳市法制研究所所长。

的问题且仅供仲裁庭参考,但不作为裁决的参考依据,也不提供给当事人发表意见,这与仲裁规则规定的专家咨询或鉴定报告不同。后者有严格的程序规则规范,专家提出的咨询报告或鉴定报告需要提交双方当事人发表意见,并可以作为裁决的参考依据。为区别两者,我将前者称为专家委员会咨询,后者称为专家咨询。

专家咨询委员会咨询机制的基本做法有以下几点:

(1)提起。通常由仲裁庭提出。当仲裁庭对案件处理存在较大分歧时,首席仲裁员可以向仲裁机构提出申请,持少数意见的仲裁员也可以向仲裁庭提出申请。持少数意见的仲裁员如果提出申请,首席仲裁员一般都会向仲裁机构提出申请,而仲裁机构一般也都会予以接受。此外,即使仲裁庭对案件处理意见一致,但核校人员发现裁决存在较大问题,而仲裁庭又不接受,裁决核校人或签发人也可以建议提交专家委员会咨询。

(2)问题。无论是首席仲裁员提出申请,还是持少数意见的仲裁员提出申请,或是裁决核校人或签发人提出申请,都需要书面提交咨询的问题,列出不同意见的分歧点及理由,以供专家委员会讨论咨询。

(3)咨询。专家咨询通常采用专家咨询委员会集体现场会议讨论方式,不能出席会议的专家可提交书面咨询意见。会议由专家咨询委员会主任主持,首席仲裁员通常出席,其他仲裁员可以出席也可以不出席。针对咨询问题,专家自由发言,可以向仲裁庭提问,从法理、判例、法律规定上提出应如何处理的见解,展开讨论。

(4)结果。在深国仲,咨询会议通常不形成结果性意见和书面意见,会议结束即完成咨询。对会议上专家发表的意见,仅供仲裁庭参考。在原深圳仲裁委员会,咨询会议通常形成多数专家结论性意见提供给仲裁庭参考,仲裁庭可以接受也可以不接受专家咨询意见,但如果不接受,被要求向仲裁委员会提交书面意见并说明理由。

(5)目的。召开专家咨询委员会咨询会议的目的,就是帮助仲裁庭对有争议的或重大疑难案件的处理提供更深入的研讨,化解存在的意见分歧,以便仲裁庭能正确地认定事实和适用法律作出裁决。可以认为,专家咨询委员会是仲裁庭的"智囊",在仲裁庭需要时为其提供意见咨询,既不影响仲裁庭独立办案,又有助于仲裁机构作出正确裁决,使仲裁

"一裁终局"制度的优势更好地得到体现。

两个案例

这里简略介绍两个我经历的向专家咨询委员会咨询的案例(案情进行过必要的改动整理)。

案例一:无效合同还是附条件生效合同。A 公司与 B 公司签订合作建房合同,合同约定 A 公司出地,B 公司出资,B 公司先支付 A 公司人民币 3 000 万元,房屋建成后按一定比例分配面积。后双方又与 C 公司签订合作建房合同,由 C 公司出资。各方发生争议后,诉至法院。一审法院判决 A 公司与 B 公司的合同因 B 公司不具有合作建房主体资格且未经房地产主管部门批准而无效,而 A 公司与 C 公司的合同有效。B 公司不服提起上诉。在上诉期间 A 公司与 B 公司签订补充协议,约定二审如维持一审判决,A 公司分得的房产交由 B 公司销售或自购,总价人民币 5 000 万元(含已支付的人民币 3 000 万元),B 公司支付 A 公司人民币 500 万元律师费和人民币 100 万元诉讼费。如果自二审判决生效后 90 天内 B 公司未能销售或自购上述房产并支付上述款项,则构成违约,已支付的人民币 3 000 万元不予退还,相应房产归 A 公司处理。二审判决生效后 90 天内被申请人未支付上述款项,A 公司提起仲裁,请求裁决 B 公司按补充协议承担违约责任。B 公司提起反请求,请求认定补充协议无效和返还已支付的人民币 3 000 万元。最初仲裁庭多数意见支持 A 公司请求。少数意见认为,补充协议关于房屋产权的处理是合作建房合同的组成部分,应与主合同一样被认定无效,B 公司已支付的人民币 3 000 万元应退还,其他违约责任约定有效可以裁决支持。经持少数意见的仲裁员申请,案件提请专家咨询委员会讨论咨询。仲裁庭认真听取了专家咨询意见后,最后达成一致意见,部分采纳了少数意见,裁决驳回双方的请求和反请求。主要理由是,补充协议属于附条件生效的合同,A 公司应首先办理所得房产可以销售的手续后,由 B 公司继续履行约定售房或购房义务。

案例二:合作企业实际控制方的责任如何认定。A 公司(外方)与 B

公司成立中外合作经营企业,对合作企业的权益 A 公司享有 20%、B 公司享有 80%,合作企业由 B 公司实际控制经营。该案还涉及另外两个案外人:B 公司投资控股的 C 公司及 C 公司又承包的一家加油站。自 1998 年起加油站交由合作企业经营,但合作企业未与 C 公司或加油站签订任何协议,只存在一些资金往来。加油站一直亏损至 2008 年年初开始有盈利,但自 2008 年 10 月 1 日起加油站被交回 C 公司。当年的已产生的利润未收回到合作企业。A 公司提起仲裁,请求确认合作企业享有对加油站自 1998 年至 2018 年承包经营权;B 公司决定将加油站交回 C 公司构成违约,应赔偿 A 公司交还加油站造成的可得利润损失。最初仲裁庭多数意见认为,合作企业与加油站不存在合法有效的承包关系,被申请人退还加油站只是给合作企业造成利润损失,申请人应当向合作企业提出分配利润主张,因而拟驳回申请人的请求。少数意见认为,仲裁庭不能审理认定合作企业与案外人之间承包关系是否成立,因为存在超裁之嫌,但可以审理认定 A 公司和 B 公司双方之间对合作企业实际控制经营加油站事实的有关约定;申请人有权要求被申请人赔偿交还加油站之前产生的实际利润损失。案件经专家咨询委员会讨论咨询后,仲裁庭形成一致意见,按少数意见作出了裁决。

不断改进

原深圳仲裁委员会曾采用"背靠背"方式进行咨询,即在出席会议的专家听取完仲裁庭各种意见后,仲裁员退席,由专家发表意见。会议结束后形成书面意见提交给仲裁庭参考。在一次咨询会议上,我作为专家建议改为"面对面"的咨询,借鉴深国仲的做法,允许仲裁庭成员直接听取专家发言,解释或回答专家提出的有关问题,与专家共同讨论处理意见,以便讨论能充分深入地展开,使仲裁员能更好地理解专家咨询意见。这一建议被采纳。

随着新型仲裁案件的增多,仲裁处理争议涉及越来越广、越来越深、越来越细化的专业知识。为适应这种发展变化,现深国仲对专家咨询委员会咨询制度做了改进,不再成立固定人员的专家咨询委员会,而是根据仲裁案件的类型和争议的性质，邀请若干具有相关专业知识的专家召开会议提供咨询。我们不妨将这种做法称为临时专家咨询委员会咨询，仍属于专家咨询委员会咨询范畴，因为仍然是若干专家集体研讨咨询，不同于仲裁规则中规定的专家咨询。相信这种临时专家咨询委员会咨询的办法更加灵活和更具专业性，因而效果应该会更好。

另外，深国仲近年来充分运用先进信息技术，开发了专门的远程视频会议系统，使得分布在境内外各地的知名专家"足不出户"就可以参加专家咨询委员会会议，效率更高，效果也很好。

当然，我们深知，专家咨询委员会不等同于法院的审委会，专家咨询委员会的专家咨询意见也只是提供给仲裁庭参考。根据2019年《深圳国际仲裁院仲裁规则》，仲裁庭应在签署裁决书之前将裁决书草案提交仲裁院核阅，仲裁院可以提出形式上的修改建议，也可以提示仲裁庭注意实体问题，但不影响仲裁庭独立作出裁决。在保密的前提下，专家咨询委员会的专家咨询是仲裁院核阅的一种形式，不影响仲裁庭的独立性。此外，仲裁院对于核阅机制有严格的规定，并非所有提请专家咨询委员会咨询的申请都被仲裁院接受，从而避免仲裁庭对专家咨询委员会咨询机制形成依赖，保证仲裁庭审理案件的独立性，在公正、效率和成本之间取得合理的平衡。

专家咨询委员会咨询机制是我国商事仲裁实践中的一个独具特色的做法。期待这一做法在我国未来的商事仲裁实践中继续保留，不断改进，更好地服务于我国仲裁事业的发展。也希望更多的仲裁员了解这一做法，在需要时利用好这一做法，使得案件得到公正满意的处理。

缘结与斯　感念常存

刘澄清[*]

时光荏苒,伴随着深圳特区的脚步,不觉间深圳国际仲裁院已经走过了37个年头。逝去的是岁月,留下的却是挥之不去的经历与记忆。

深圳国际仲裁院是深圳市政府为适应对外改革开放和特区建设需要而于1983年创设的特区国际仲裁机构,曾名"中国贸促会对外经济贸易仲裁委员会深圳办事处"(简称"深圳仲裁办"),业务上与中国贸仲会开展合作,后来,先后更名为中国国际经济贸易仲裁委员会深圳分会、中国国际经济贸易仲裁委员会华南分会、华南国际经济贸易仲裁委员会(深圳国际仲裁院)(为叙述方便,以下统称"深国仲")。

我与深国仲,相交久远。最初的结缘始于1986年的一宗仲裁案件。案件四方当事人:香港华鼎工程设备有限公司(以下简称"华鼎")、香港华联船舶有限公司(以下简称"华联")、中日(深圳)租赁有限公司(以下简称"中日租赁")和深圳市工业发展服务公司(以下简称"深工发")。纠纷起于一桩租赁担保合同,涉案金额7亿日元,这在深国仲当年受理的案件中标的额最大,且涉及纠纷四方的生死存亡与负责人的前途,因此四方高度重视,使出浑身解数。申请人华鼎与华联志在必得,被申请人中日租赁则全力解套,不想承担其以租赁形式分期偿付所收到的华鼎交付的100台大型工程翻斗车共计7亿日元的款项,被申请人深工发作为该笔交易的担保人更是极力推诿,想方设法不承担担保责任。

华鼎与华联的负责人之一宋毅英先生"文革"前毕业于哈工大,专业

---

[*] 广东万乘律师事务所合伙人。

基础扎实，改革开放后勤于学习，学以致用，善于总结，最早在香港出版了中英文的《国际贸易谈判与标准合同》一书，当时名气很大，被深国仲聘为首批仲裁员。对于此案，宋先生自认业务精通，胜券在握，亲自出马，没有聘请律师，前期仲裁申请书的撰写与证据收集等全是自己操刀，但在第一次开庭时，就被被申请人的律师连珠炮般的进攻打懵了，只会当庭叨叨"你们还有没有法律？还有没有法律？"而律师之言，正是在依据法律，不过取舍角度不一样而已。

庭审下来，申请人深感没有律师代理结局未卜，心急火燎经人介绍邀请我代理该案。

维护境外商人在深圳投资的合法权益原本就是深圳对外经济律师事务所的基本工作之一。我在听取了华鼎与华联的案情介绍及查看了全部文件后，同意代理。

此后，就是大量的案头工作，梳理错综复杂的法律关系，紧扣当时的法律规定，提出论据与证据，参与之后的仲裁审理。

该案仲裁庭也极为重视，五次开庭，最后定音，可见不易。申请人的请求全部得到支持。

拿到裁决书后，宋毅英先生兴奋异常，当夜即在香港设宴庆祝，喝酒喝得血压升高昏迷，直接送医院抢救，而深工发的老总也因此黯然下台。

这是我第一次在深国仲办案，也是我第一次代理这么大标的额的案件，感触良多。除了兴奋、专注、辛苦、忐忑、很有成就感，感触最深的还是深国仲的风清气正、仲裁员的专业与人品。

当时深国仲的主任是董有淦先生，该案的首裁是周焕东先生。董先生多年浸淫于我国国际贸易领域，有着丰富且深厚的贸易实务与法律知识和经验，受中国贸促会委派，由深圳市政府借聘为深圳仲裁办主任。董先生为人极为谦虚、低调；说话不紧不慢、条理清晰、直击要害；原则问题从不含糊、公事公办、践行独立与公正。周先生则一生勤奋好学，知天命之年还与众多年轻人一起参加各种考试，实践经验极为丰富，更重要的是，多年工作中正气凛然、坦荡无私。

我那时虽然有着深圳为数不多的法学硕士头衔，但国际贸易法律实务和经验实在寥寥。在代理该案时，我见缝插针地向董先生请教国际贸易中的许多实务与法律问题,董先生每次都有问必答,娓娓道来。案件结束,我亦受益匪浅,增长了不少知识。从周先生那里,我又深得正气熏陶,这影响了我一生的行事作风。长存感念,铭感五内。

那时深国仲的办公条件十分简陋,就在当时的宝安路深圳市儿童福利中心内挂个牌子,多人挤在一间办公室内,开庭的房间也很简陋,人员居住条件亦非常差,就住在解放路靠深圳河的一些阴暗潮湿的老房子里。记得有一次深圳下大雨,我正在深国仲和一名工作人员谈事,他太太打电话过来要他赶紧回家,因外面下大雨,屋顶漏水,家里已成"汪洋"。

客观条件虽然不堪,但深国仲的全体人员却乐在其中,努力工作着,工作氛围特别好。我那时特别惊奇于深国仲人员之间的友好、祥和。一心一意干工作,积极热情办案子,全然没有衙门作风和钩心斗角现象。

有人说,中国存在"一把手"文化现象,即一个单位"一把手"的作为决定了这个单位的风气、文化。对照深国仲,我深以为然。深国仲成立伊始,如上所述,第一任领导董有淦主任、周焕东书记,都是一身正气、两袖清风、认真负责、任劳任怨、平等待人,带出的队伍就正派、和谐、有底线,没有什么乌七八糟的事情;在审理案件时就能一直坚持独立、公正、积极进取,不断创新。而这种良好的风气、作风,也首先在领导层面一任一任地传承了下去,即使后来客观条件发生了巨大变化,但深国仲的初心未变、精神未变、风气未变。这太难得了,以至于我每每在进行一些重大涉外合同谈判时,总要喋喋不休地力荐当事人在合同文本中写上"凡因本合同引起的或与本合同有关的任何争议,均应提交深圳国际仲裁院,依其仲裁规则仲裁"。当事人问及原因时,我就会脱口而出:"深国仲是客观、公正、可信赖的,能守住法律底线。"

其实,我自己也曾经有好几次机会可以加入深国仲,成为其工作人员。

最早的一次,即我在深国仲代理的第一个案件结案后,董有淦先生就特意与我聊了一次,问我想不想到深国仲工作。第二次是深国仲刚搬迁到深南中路统建楼,一天时任副主任的罗镇东突然给我打电话要我到统建楼一趟,我到后老罗二话不说,先带我逐间参观了新装修好的办公室、仲裁庭、会议室等,然后问我条件如何。相较于原来在儿童福利中心的办公条件,统建楼的办公条件,已是天壤之别。我自然回曰"棒极了!"于是老罗就说:"觉得好,那就过来如何?"第三次是1987年年底,香港律政司唐明治(Michael David Thomas)先生访问深圳,我受深圳市中级人民法院王常营院长之邀作该次活动的现场翻译。唐先生依次参观了深圳市中级人民法院、深圳市人民检察院后到了深国仲,深国仲负责接待的董有淦先生忙里偷闲又问我到深国仲工作考虑得怎么样。那时我在司法局的处境不好,他们均有耳闻,在我落难时依然关心我,这让我心里热乎乎的。董先生的问话不巧被在场的王常营院长听到,王院长当即表示,小刘如果要离开司法局,那也得到我们法院来。

我那几年还沉醉在律师行当中,自认为是块当律师的料,就没有珍惜这些机会,辜负了厚望,也未能直接为深国仲的发展壮大作出什么直接贡献,留下了不小的遗憾。好在我后来受聘担任了深国仲的院外仲裁员,参与仲裁了一些案件,也算是略作报偿。

此生有机会与深国仲结缘,无论何时想起,都会情暖意满,记之隽远。

统建楼"吃瓜"散记

申铭[*]

我于2019年被聘为深圳国际仲裁院的仲裁员。但是,我与深圳经济特区国际商事仲裁结缘却是在32年前。

1988年我在外交学院读国际私法研究生第二学年结束,第三学年开始。按当时的学制,我需要到校外实习一段时期,为毕业论文的选题做准备。因此,我来到当时的对外经济贸易仲裁委员会深圳办事处(以下简称"深圳仲裁办",即现在的深圳国际仲裁院),这也是我第一次进入后来歌曲《春天的故事》中唱到的"有一位老人在中国的南海边画了一个圈"所说的"圈"中。

在我的印象里,当时深圳仲裁办的领导有董有淦老先生、罗镇东老师、郭晓文老师、万佳基老师等人,我所在的办公室有曾银燕、关莉等几个同龄人,而我与其他办公室有较多接触的年长者是黄雁明老师。虽然董老今已作古,但上述其他几位对深圳经济特区国际商事仲裁事业开创历程的了解,肯定比我这样一个实习生要丰富、翔实得多,所以,我写这篇小文权当一个曾经跑进瓜田吃瓜的外来人做些雪泥鸿爪的片段回忆。

深圳仲裁办的设立对深圳经济特区国际商事仲裁事业起到的重要作用,董有淦老先生、罗镇东老师、郭晓文老师等亲历者的文章、媒体访谈已多有介绍,毋庸我再多言。我只讲一个我从罗镇东老师那里听到的故事:在深圳仲裁办设立后,香港巨贾谢瑞麟曾亲自到访。谢老板衣着朴素,罗老师初见他时,还以为是谢老板的司机。深圳经济特区首开在地方上设

---

[*] 北京市孚晟律师事务所合伙人。

立国际商事仲裁机构的风气之先,这对香港商界是具有积极影响的。

实习期间,给我留下较为深刻印象的是深圳仲裁办的同事们在工作以外的相处其乐融融。下班之后,罗老师、郭老师和几个年轻人时常找一间办公室下上几盘围棋。记得最晚的一次因为赶上深圳暴风雨,我和罗老师、郭老师几个人一直下到半夜风止雨歇才推枰走人,电梯都停运了,我们沿着室外楼梯一边看着深圳夜景、一边呼吸着雨后格外清新的空气从17层走到一层。我回到北京后,曾银燕大姐曾写信给我,询问我在校学业和毕业后的工作情况,我当时回信说道:非常留恋你们那里的工作环境,特别是人际关系,令人感到轻松。(在此,我很感激曾银燕大姐仍保留着31年前我写给她的书信,重读之下,还能感受到曾经的时代气息。)

我在深圳仲裁办实习期间于学业上的收获,是对国际商事仲裁的程序法律适用问题产生了兴趣,并就此撰写了硕士学位论文《国际商事仲裁程序的法律适用》。其中,我对《深圳经济特区涉外经济合同规定》第三十六条第一款"合同当事人没有仲裁协议,当事人一方向仲裁机构申请仲裁后,另一方当事人以书面应诉的,视为双方已达成仲裁协议"这一规定进行了论述,而这正是我在深圳仲裁办实习期间受到的教益。

我在深圳仲裁办实习时,办公场所是在深南大道南侧的统建大楼17层,共有三部电梯,在上班高峰期,等电梯的人挤满了电梯间,有时我懒得排队或为了赶时间,就爬楼梯到17层。现如今深圳国际仲裁院的办公场所位于深圳证券交易所的高楼广厦,不管是硬件还是软件设施都远胜当年于统建大楼之时了。

由于这段实习生活是迄今为止我在深圳停留时间最长的一段经历,统建大楼也就成为我心目中的深圳地标,直到现在,还总要把统建大楼当作深圳其他位置的参照物。前不久我到深圳国际仲裁院开庭,住宿被安排在格兰云天大酒店,我的第一感就是这个酒店距离统建大楼不远。

回忆未必总是美好的,但美好的回忆总是美好时光在脑海中的定格。对我来说,在深圳仲裁办实习就是一段美好的回忆。

仲裁庭的旧模样

黄思周*

深圳特区建立40周年之际,深圳国际仲裁院度过了37个春秋。经过几代人的奋斗,她已是境内一流、境外具有重大影响力的根植于改革开放前沿的特区深圳的中国涉外仲裁机构。我作为她的仲裁员队伍中的一员,很荣幸能与其一起成长,见证特区法治建设的进步。

光阴似箭,35年前的情景仿佛仍在眼前。那是1985年的秋天,我才大学毕业两个月。某天下午下班时,副所长麦律师叫住我说,次日上午有个仲裁案件要我代他出庭,因为他有一个重要的谈判要参加,他强调已问过所里其他律师,均没有时间,只好让我代替他了。我很吃惊,因为我刚参加工作,还没出过庭,并且对案情一无所知,麦律师给我详细介绍了案情并给了我卷宗,鼓励说:"你行的。"

该案是一起内地企业与香港合作企业纠纷,我是港商的代理人,争议已经提交深圳国际仲裁院(当时称"对外经济贸易仲裁委员会深圳办事处",简称"深圳仲裁办")仲裁。卷宗不厚,但当天我还是为第二天的开庭做准备到深夜,没有想到的是第一次开庭就让我独自面对。

第二天早上我与从香港赶来的当事人一同到了位于罗湖区桂园的深圳仲裁办。开庭的场地在一个老房子的接待厅。首席仲裁员坐在办公桌后,边裁就没有办公桌了,办案秘书和对方当事人坐在一起(我起初以为办案秘书是对方代理人),我和我的当事人一起坐在一张半新的三人沙发上。大家就像平时接待客人一样坐在一张茶几的四周,没有专门的仲裁

---

* 上海市锦天城(深圳)律师事务所高级合伙人。

庭,这就是当时中国国际仲裁开庭的真实情景。尽管硬件如此,仲裁员却是资深的专家,仲裁程序中的陈述、调查、辩论和调解一个环节都不少。我非常紧张,一开始都说不出话来。仲裁庭人员很有耐心地鼓励我说出意见。我对自己当时的表现很不满意,以至于现在我做仲裁员,若遇到新手,都愿意耐心对待,让其尽量不要因为紧张而影响对案件充分发表意见。

深国仲就是这样起步的,没有完备的仲裁庭,却有公平、公正。深国仲的仲裁员、秘书尽心尽力服务商界,努力为深圳乃至中国营造良好的营商环境。

深国仲在深圳发展中一直是"高大上"的存在。当时深圳每年都要编一本《深圳投资环境》宣传册,其中有两个法律服务单位,一个是我工作的单位深圳对外经济律师事务所,另一个就是深国仲。法治环境是投资环境中极为重要的部分,深国仲一直是深圳营商环境中的法治金字招牌,深圳的招商引资缺不了她。因都是涉外法律服务机构,长期在《深圳投资环境》中排在一起,我自然对她多了一份关注。仲裁离不开律师,律师需要这个舞台。如今,深国仲已是全面发展了,我也不再年轻,在深圳特区这块神奇的土地上,但愿和她不离不弃,永远携手前行。

法律人的荣耀

高树*

特区仲裁,正在走向联动港澳、辐射全球的国际化之路,数十年的发展中,不断给特区法律人带来惊喜。

作为深圳特区第 119 名律师,从 1993 年正式执业开始,我便与仲裁结下了不解之缘。初出茅庐之际,接手的第一宗案件就是仲裁案,由此开启了我的律师生涯。而后我获聘为仲裁员,从律师视角转变为仲裁员视角,让我对法治、对争议解决有了全新的思考和理解。担任仲裁员期间,与法学大家有了深入接触的机会,拓宽了行业视野,也不断启迪我践行法律人的担当与使命。

如今,大湾区建设如火如荼,回首 30 年法律人生涯,能与特区仲裁一起,见证法治进程,这也是我作为律师的荣耀。

职业生涯第一宗案子是仲裁案
——深刻感受到特区仲裁的专业、高效

1990 年,研究生毕业的我在深圳市司法局律管处工作,那时我们在红岭路司法局大楼办公,中国国际经济贸易仲裁委员会深圳分会(深圳国际仲裁院当时的名称,以下简称"深国仲")在相隔不远的深南中路统建楼 A 座办公,因工作关系我与他们打过些交道。当时觉得深国仲是一个颇有神秘感也很具专业性的机构,那时国内有仲裁机构的城市只有三

---

* 广东华商律师事务所主任,曾任深圳市律师协会会长。

个，深圳是其一，作为法律人，我认为特区有一家仲裁机构是一大幸事。

真正走近仲裁，是在1992年我离开律管处，进入律所当律师的时候。当时我在一家国办所——深圳国际商务律师事务所当律师，特别巧的是，最早接手的两宗案件便是仲裁案。案件是合作建房纠纷，两宗案件标的额加起来接近人民币1亿元，当事人选择了深国仲为约定仲裁机构，于是我就有机会到深国仲开庭。

初出茅庐之际，能承接这样的案件很是兴奋，又因为从未开过仲裁庭，同时充满了紧张情绪。当时我做了非常多的准备工作，咨询了很多律师，了解仲裁庭是如何开庭的，专业上也做了详尽的资料准备。为了让自己更有底气，我还邀请律师事务所的崔主任与我一起开庭。

开庭时间是下午2点，1点我就坐在那里等候开庭。我还记得当时的深国仲地方不大，庭审设施也比较简陋，仲裁庭的首席仲裁员是肖志明先生，还有一位仲裁员是郭晓文先生。就这样我参与的第一次仲裁庭开始了，崔主任没有说话，全程让我发言，我将申请人的仲裁请求、仲裁事实和理由进行了详细阐述，在整个过程中，我深深感受到了仲裁的专业、高效和开放。肖志明先生和郭晓文先生是很有学问、很有水平的仲裁员，整个开庭的节奏把握得非常好。从下午2点开到5点半，结束时我长舒了一口气。

当事人申请了旁听，开完庭后我们在楼下聊天。当事人很高兴地说，高律师没想到你刚出道就这么专业有气势，像个大律师。我说别光评价我，也评价下仲裁员。当事人说，仲裁员很专业，而且特别细致温和，和法院的庭审有些区别。当时我对当事人说，建议你们公司以后的争议都通过仲裁来解决，仲裁一是相对开放，二是可预期性高一些，更有信心。两宗案件结果很快下来，执行环节等一系列也是我去代理的，全程顺利。后来当事人真的选择了以仲裁来解决公司争议问题，并且一直都信任深国仲。

担任仲裁员十几年
——不懈推动仲裁在深圳律师中的普及应用

2004年年初，我被选聘为深国仲仲裁员，当时律师在深国仲担任仲裁员的比例不高，深圳地区只有一两名。从2004年到现在，我担任了十几年的仲裁员，由律师到仲裁员的转变，也使我多了一个视角看社会、看待法治建设，对我自身能力的提升也有很大的帮助。

2004年，我是华商律师事务所的主任，也是深圳市律师协会副会长，无论是在律所层面，还是在律协层面，我一直在积极推动普及仲裁，与深国仲的接触也更深入。担任仲裁员十几年间，作为仲裁员办理的案件，慢慢超过了我作为律师办理仲裁案件的数量，我与仲裁的关系更紧密了。

律师办案，是提出你的诉求，提交到仲裁庭。而我现在是仲裁员，需要解决由第三方提出的诉求，首先需要你站在裁判者的角度，以更客观公正的立场去解决问题；其次要树立更强的规则意识，同时专业水平必须更高，协调能力必须更强，在开庭时要善于倾听双方代理人的意见。这些仲裁实践，这些换位思考，也开阔了我的视野。

2014年到2017年，在我担任深圳市律师协会会长期间，我更加积极地推动仲裁在争议解决中的普及和应用。做这些工作是出于两方面的考虑：一是案件交由仲裁，可以缓解当前法院"案多人少"的矛盾，减轻司法压力；二是仲裁相对开放的特点，更适合律师发挥专业所长，更能提高律师的专业水平。逐渐地，很多律师开始注重仲裁，深国仲选聘律师为仲裁员的比例也不断提高。

通过仲裁平台与多位法学大家深入交流
——对职业生涯产生了深远影响

担任仲裁员的一个令我倍感欣喜的事情是，在仲裁平台，我与全国各地的法学大家接触交流的机会变多了，由此我结识了众多法律人，与他们的交往对我的职业生涯也产生了很大的影响。

我与"北大法宝"创始人之一、法律实验室创始人张力行教授一起开过庭，庭审结束后，我们聊天时聊到了专业问题，张力行教授提出了一个令我印象深刻的观点，他说深圳律师一定要"走出去"面向世界，也要多请国际大律师"走进来"，请国际上的知名律师给国内律师讲课。

我们当时便开始策划请国际商业顶尖律师来深圳讲课，张教授帮忙邀请美国一流的商业律师，后来因为多种原因，这次策划未能落地，虽有遗憾，但在对深圳律师走向国际化方面，我至今仍不遗余力地推动相关工作。

另一位通过仲裁平台熟识的大家便是沈四宝老师，他是深国仲的理事长，在业界是泰斗级的人物，在他身上能看到正义、专业、儒雅的大家之风。2018年3月，深圳市前海"一带一路"法律服务联合会成立，我担任执行会长，我邀请了沈四宝老师参加成立仪式。当时我们坐在一起，开会前我们聊天，沈四宝老师说，高树你当过深圳市律师协会的会长，是一家大所的主任，又是联合会执行会长，你真大有可为。我当时说，感觉岁月匆匆，年纪有点大了。听到这句话，沈四宝老师有些不高兴，他问，你知道我多少岁了吗？我比你大了20多岁，我仍担任深国仲的理事长，仍在关心中美贸易、国际贸易领域，你觉得我老吗？20年后的你，就是现在我这个样子，你如果不觉得我现在的样子老，那么你就更不应该说你现在老了！

这句话令我很惭愧，同时也是莫大的激励。从那时开始，我时常想起沈老师这句话，70多岁的沈老师还在为法治事业、仲裁事业努力和付出，我比他小20多岁，有什么资格不努力、不付出呢？

作为法律人，职业生涯中可以与法学大家深入交流，对我来说，这是我的荣耀。

为及时开庭曾提前一个星期结束出国访问行程
——担任仲裁员既是责任也是使命

2018年12月，深国仲举行"2019版《仲裁规则》发布会暨仲裁员培训交流会"，首次探索"选择性复裁机制"，修订后的新版仲裁规则更充分体现了开放性、国际性、专业性、灵活性、效率性。当天的活动我也参加了，并接受了中央广播电视总台的采访，讲述新规则体系的改革意义，与国际接轨的重要性。

对于仲裁规则体系的完善，我长期保持关注，因为我曾经办过一个让我印象深刻的案件,这宗案件让我对此有了不一样的思考。1995 年,我作为律师承接了一个仲裁案件,是关于建筑工程的施工合同纠纷,我代理的是施工方,案件标的额人民币 1 000 万余元。仲裁裁决作出后,在执行阶段,对方突然提出曾经支付给施工方下面的材料商一笔 100 万元的款项,庭审时他们忘记提交了,现在找出来一些单据,因此他们认为裁决不合理,向深圳市中级人民法院申请撤销仲裁裁决。办理这起案子时临近春节,此时正值执行款到位,施工方是一个国企建筑单位,公司几千名员工没有回家,等着这笔款解决难题,因为这件事春节我也没有回家过年,留在深圳。我多次向深圳市中级人民法院提交代理意见,深圳市中级人民法院决定裁决不予撤销,随后对方当事人改变了策略,改为申请不予执行。

我坚持我的意见,这个案件既不能撤销裁决,也不能不予执行,因此我不断地写法律意见,写明对方庭审时未提供证据,是对方举证不能,因而对方应承担相应后果,而非转嫁给当事人施工方承担。另一个层面,我认为这里还潜藏着虚假诉讼、虚假仲裁的风险。一旦开了这个口,以后庭审每个人都会留一手,不提交全部证据,导向非常不好。那时的仲裁法规还不是很完善,但证据提交规则还是有的,深圳市中级人民法院经审委会定案,最终驳回对方的要求,施工方顺利拿到了款项,公司渡过了难关。

作为律师办理仲裁案和作为仲裁员办理仲裁案,有利于建构起不同的法律思维体系。作为仲裁员我参与过这样一个案件,我把它称为"头轻脚重的合同争议案",这是我自己总结出来的。案子概况是,双方合作 20 年,签署合同,期间甲方租给乙方几十万平方米场所,前 15 年,收取的租金很低,在最后 5 年,租金收得很高,超过了前面 15 年收取的租金。但合同也有条款,如果承租方经营环境恶化,或者是商业环境恶化,利润点达不到要求,可以解除合同。

庭审时,我格外关注经营环境恶化这一方面,我认为从条件上来讲,所谓营商环境的恶化,如没有评价指标很难认定。周边开了很多店,但其在总的营业额上没有减少。因为旁边出现了几个店,不能认为环境恶化,选择在合同没到期前,裁决解除合同是不合理的。

于是我提出以下意见："个人认为合同解除应循严格条件,申请人要求解除合同的理由及条件未能成就,从定分止争特别是僵局解困目的出发,可裁予以解除,但以申请人理由解除则欠妥。显见此时解除申请人系利益安排,而此安排系对合同义务规避而非其所称环境恶化等,况且其应支付三月赔偿费应是解除前置条件,裁决不宜另作解释。此案解除之主要法据应为合同目的已经无法达成,僵局解除符合双方选择。此情况下解除则须对作为出租人的被申请人之合同利益作出倾向性补偿,或对其请求予以充分关注和保障,才会对此类头轻脚重的合同给予合适救助,以维护合同和交易之诚信公平。"我的意见后来被仲裁庭两名仲裁员充分采纳,案件裁决下来后,双方当事人也表示满意。

担任仲裁员使我在专业领域收获了很多,我对仲裁员的工作也十分重视。2018年,我出访意大利米兰、罗马两家华商联营律所,在出访过程中,收到秘书发的提前开庭通知。好在出国前,我就把案件资料带在身边,行程中有时间就会认真看,因此对案件材料已经熟悉。仲裁开庭时间确定后,我立即决定提前结束出访行程,提早一个星期回国,参与开庭。这是我担任仲裁员的一份责任和使命,我也一直以工匠精神去面对每一个案件。

特区仲裁正在构建国际一流仲裁高地
——作为法律人对此充满信心与期待

身为特区法律人,我对深圳仲裁有着深厚的感情,深国仲以开先河之魄力,一路走来,创新不断,尤其是近年来国际化发展成绩斐然,为深圳、为中国不断提供改革经验。

深国仲有着非常优良的传统,仲裁员之间有着发自内心的尊重和谦和,大家互称老师,互相尊重,对当事人和双方律师给予充分的包容,让他们可以有充足时间和机会表达自身诉求。一直以来,我十分赞赏特区仲裁这种开放的体系和灵活的机制,无论是对当事人还是对律师而言,庭审上相对放松,没有剑拔弩张的紧张气氛,争议解决更加高效、便捷。

现在大湾区建设的蓝图已经铺开,深圳是大湾区核心引擎城市,是先行示范区，在"双区"机遇下，我希望深国仲在保持良好传统的基础上，在新的改革方向上，对标全球一流，提升国际化水平，进一步探索建设国际一流的仲裁高地，同时希望深国仲承担起大湾区法治创新的使命，在国际仲裁领域发力，持续输出深圳仲裁经验，成为立足粤港澳、辐射全球，让大家认可和信赖的仲裁机构，对此，我们充满了信心！

法律人的职业精神

吴友明[*]

当一个人改了名、换了姓、搬了家,甚至易了容,通过什么能识别"他还是他"?答案众所周知:基因。

当一个机构的名称、地址乃至人员都不复原貌了,又如何证明"它还是它"?也许见仁见智。但是,有一个机构数易其名,数迁其址,从统建楼,到中银大厦,再到深圳证券交易所大厦,人员更替更如老树新花,我们却依然能确信"她还是她"。她有什么样的基因密码呢?

我与"她"的结缘,始于20世纪深圳拓荒年代,那时的她名叫中国国际经济贸易仲裁委员会深圳分会。当我从事诉讼代理工作多年后首次在这家特区国际仲裁机构代理仲裁案件时,着实被惊到了。仲裁庭专业水平之高、工作人员态度之好,仲裁文档之规范、仲裁程序之严谨,整个感觉与代理诉讼案件有着云泥之别,给我留下终生难忘的印象。

几年后,某城市成立仲裁委员会,我成为其仲裁员,但并没有办理多少仲裁案件,原因是"出师不利"。在起初的一些案件中,对于仲裁庭合议的结果,当事人竟然不待隔夜就知晓了(个中缘由不足为外人道)。类似的情形让我十分困惑:仲裁,不应该是这个样子!深圳特区的国际仲裁机构就不是这个样子。

她的名字变更为"中国国际经济贸易仲裁委员会华南分会""华南国际经济贸易仲裁委员会(深圳国际仲裁院)"之后,也都不是这个样子。

2012年,我有幸受聘为华南国仲的仲裁员。后来机构历经更名、改

---

[*] 广东明门律师事务所合伙人、主任。

制,特别是去年的仲裁员换届,她都手下留情没有抛弃我。我要感谢她的知遇之恩,唯有办好每宗案件作为回报。

在这里与工作人员和仲裁员老师们合作更是难得的享受!他们来自70多个国家和地区,他们中有法学大家、集团高管,或著作等身、专业造诣深厚,或功成名就甚至饮誉全球,都无不热爱这一工作,并以此职务为荣,展现出高超的专业水准和专业能力,为我们诠释着法律人的职业精神。

什么是法律人的职业精神?

罗伯特·威尔金说:"法律职业的精神,是指曾激励众多伟大人物去热爱、研究、教授、实践和建立法律的意图、神圣感和灵感。法律职业鱼龙混杂,一些将自己职业变成交易的二流人物也混迹其中……他们熟记法律,大玩交易把戏,以其才能换取有偿的诉讼,将私利当作唯一的动机。而与他们形成鲜明对比的是那些为职业的精神所激励的人们,他们以职业的要求规范着自己的行为,他们以无私的奉献、道德勇气和深厚造诣记录着自己的一生。这份记录,如果世界能够知悉,亦将引以为豪。"

这段话石破天惊、振聋发聩,它从正反两方面告诫全世界的法律人。然而作为法律人,我却唯恐这段话为世人所公知,而让法律人城邦里的"鱼"被对号入座。当一个个高学历的法界精英因违法犯罪而银铛入狱的时候,我真希望他们不是"鱼"的证据和注脚,希望这些法律人不是将自己职业变成交易的二流人物(恰恰相反,他们往往被标榜为这个社会的上流人物),希望熟记法律的他们没有玩弄交易把戏,没有将私利当作唯一的动机。反过来,也不希望社会因此对法律人寄予过高的期望、赋予过高的使命。

理性地说,要达成威尔金所说的使命,非法学院莫属。当人们无限期待法学院能培养这样的法律职业精神时,那是另一种望子成"龙"。问题是我们从法学院学到法律知识的同时又习得了多少法律人应具备的职业精神呢?结果,我们中有多少人成为"莘莘"精致的利己主义者、"丛林正义"的胁从者,又有多少人沦为出售法律的"二流人物"?

由此看来,我反倒觉得这里比法学院更像一所法学院。

走进深圳证券交易所西广场41层,你定会如沐春风,感受到一种独特的气场。这里没有一丝的散漫、浮躁、戾气和庸俗,这里呈现的是专业、谦和、礼节、秩序。在这里无论是一年一度的中国华南企业法律论坛,还是各类业务培训会、学术交流会,或是新规则宣讲会,人气必定爆棚,研讨一定热烈,俨如大学的名师讲堂。

如果大学法学院主要是训练法律思维,研究学问,那么华南国仲在运用法律思维、忠实地履行解决争议、定分止争的法定职责的同时,还在弘扬仲裁法律文化,展现法律人的精神。这里有严格的工作人员管理规范和严明的仲裁员职业准则,这里有独立、公正的信仰,这里有不断与国际接轨的、创新的专业规则,这里有最前沿的专业理论成果和实务经验。总之,这里有"礼"。孔子曰,"礼失而求诸野",这不仅符合华南国仲的独立性,而且也是对她的形象素描。这里的工作人员和仲裁员都被尊称为老师。他们也许不是威尔金说的那种伟大,但博学、儒雅、谦和,热爱这个工作,热心研究法律并无私地奉献专业知识,骨子里浸透着对正义的执着追求。古人曰:君子如玉,用来形容他们再贴切不过了。在这里,连当事人都变得更加庄静自重,更加举止优雅。我想这些都是华南国仲能跻身全球最具公信力的仲裁机构、成为深圳特区40年来一张亮丽名片的缘由吧。

看到这里阳光而知性的美女帅哥秘书们,你们一定会暗生艳羡,不是因为他们的年轻、俊美、朝气和才华,而是因为他们在这光怪陆离的世界仍有机会并愿意选择在这一方净土继续"深造"。但愿更多的年轻人有机会像这里的前辈一样去塑造法律人的人格、锻造法律职业的理想,坚定法律至上的信仰,而皈依法治建设的神圣事业,成为一飞冲天的"龙",而不至沦为"咸鱼"。果若如此,他们将是真正的法律之海的"后浪",而世界必将引以为豪。

海为龙世界,云是鹤家乡。如果说华南国仲是法律人的精神家园,那么法律人的职业精神必定是她的基因密码。

2020年5月20日于珠海

情怀与坚守

郑建江[*]

2012年,深圳市人民政府依据全国人民代表大会常务委员会授予的特区立法权,发布《深圳国际仲裁院管理规定(试行)》,首创专门为一家仲裁机构进行立法,立法的核心内容是,确立深圳国际仲裁院以国际化、专业化理事会的法人治理结构,理事会不少于1/3的理事应来自香港特别行政区和海外,行使对仲裁院的决策权和对执行管理层的监督权,形成了以理事会为决策机构、院长为管理核心的新型法人治理结构,保障了仲裁机构独立运作和仲裁庭独立办案,在仲裁发展史上对仲裁的独立性、自主性起到了关键性作用。

在这一制度保障下,深国仲独立运作,仲裁员独立办案,不受任何外力干扰,消除了境内外当事人对中国仲裁机构独立性和公信力的顾虑。

我通过参与一起仲裁案件,深深感受到这个新型制度对仲裁独立性的保障。

从2014年开始,中国股市打破多年沉寂,股价突然快速上涨,各种期货交易也同步飞速发展。股市场内配资及场外加杠杆炒作股票和期货盛行。监管层迅速发现了这一问题,加大了对配资加杠杆的监管力度,2014年年底至2015年上半年,股市指数激烈波动,带动着期货市场大幅波动,指数从最高接近5200点一路下跌,造成当时中国股市及期货市场一片狼藉,因配资加杠杆产生的各种纠纷开始井喷。

就在这种背景下,我被深国仲院长指定,担任一起因配资加杠杆炒作

---

[*] 北京市中伦(深圳)律师事务所合伙人。

期货而产生的纠纷仲裁案件的首席仲裁员,与一位法学教授和一位资深基金业实务人员共同组成仲裁庭审理此案。

仲裁案件的申请人是一个专业投资的自然人,被申请人是一家大型公募基金管理公司,申请人出资数百万元作为劣后方、基金管理公司出资数千万元作为优先级组成一个资产管理计划。随后根据申请人指令,基金管理公司将资产管理计划交由申请人指定的一家专业投资咨询公司,由该投资咨询公司通过专业期货公司进行期货跨期套利交易。由于期货市场的高风险性和当时市场的激烈波动,该资产管理计划的资金在下场交易两天即产生巨额亏损,不仅把劣后级资金全部亏损精光,还连带造成优先级资金大额的资金损失,基金管理公司随后被迫将该资产管理计划清盘。申请人认为,基金管理公司作为资产管理计划的受托人,辜负了委托人的信任,有负法定的信托责任,要求其赔偿数百万元的出资损失,并向深国仲提起了仲裁申请。

由于案件发生之时,正是因配资、高杠杆产生的纠纷高发之初期,案件一受理就受到各方关注。我接受指定后,如履薄冰,明白肩上的责任,与另外两位仲裁员非常小心地共同研究和论证案情。仲裁庭另外两位仲裁员都非常有经验,其中一位是长期专注仲裁实践的法学专家,另外一位是基金业的实务专家,大家经多轮反复讨论后逐步取得了共识,认为信托法是基金管理法的上位法,因此,基金管理公司对委托人应承担高于一般委托责任的信托责任是毫无疑问的。但本案较为特殊之处是,基金管理公司最后又是依据委托人指令,将资产管理计划交由委托人指定的投资咨询公司全权进行投资,基金管理公司对投资决策不作干预。在这种情况下,基金管理公司的受托责任是否还像普通信托一样,对委托人需要承担信托责任?

在仲裁庭认真研究案情的同时,基金管理公司急得像热锅上的蚂蚁,一方面担心仲裁庭的专业水平不够,无法满足审理此类新型金融纠纷的需要;另一方面担心一旦仲裁庭的公正性稍有差池,裁决出现偏差,将对整个资本市场产生不可逆转的影响。因此,基金管理公司的管理层拜访了仲裁院,表达了这种关注和担心。深国仲相关工作人员和领导向基金管理公司来访人员耐心反复解释,仲裁院的决策和管理体制受到政府规章的制约,仲裁庭的独立办案和独立裁决受政府规章的保护,仲裁院不能也无法干涉,希望基金管理公司要相信仲裁庭的专业水平,相信仲裁庭的公正态度。

而在深国仲发生的这一切,我和另外两位仲裁庭组成人员在当时完全不知情,是在本案作出裁决大约一年多后的一次培训活动中听秘书处工作人员说起。好在整个仲裁过程,既没有仲裁院领导过问,也没有仲裁院的工作人员向仲裁庭提及基金管理公司的关注和担心,最后,仲裁庭在未受到任何干扰的情况下完成仲裁活动,仲裁庭完全依据证据反映出来的案情,公平、公正地依法作出了裁决。

我读大学和研究生是在 20 世纪 80、90 年代,在那个年代,我们国家和社会在经历刚打开国门、放眼世界并感受到与外部差距后,开始奋发图强,社会政治、经济和文化快速发展。那个时代学法律的人更是有一种"披荆斩棘树公理,执法如山判古今"的情怀,希望能给这个社会带来一股清流,这种情怀不是挂在嘴边的,而是内化到血液中、骨髓里,揉进了自己的专业学识、法律素养、人生经验、情感认知,以及同理心、包容心,还有"人生而平等"的执着信念,在参与仲裁活动中,这种理念会悄然植入对案件的判断和裁判结果中。

在忙碌的日常生活中,我们难免困于诸多烦扰,但我始终告诫自己不忘初心,在作为仲裁员处理案件时,恪尽职守,秉承自己的专业精神,把每一宗案件当作工艺品来精心雕刻打磨,认真踏实地裁好每宗案件,力求尽善尽美,让公平、公正变成一种力量,传递给这个世界人性的温暖,传递给社会满满的正能量。

感谢深国仲提供了良好的工作平台,让我们仍怀抱情怀的法律从业者能在这个平台上燃烧自己无悔的人生,为社会和国家贡献自己微薄的力量!

传承与精进

李建辉*

我与深圳国际仲裁院的故事,要从 25 年前说起。

20 世纪 90 年代初,改革大潮下南粤某滨海小城一夜之间成为热点,我和两个大学同学分别从山东、北京和广西南下创业,在某市成立了一家律师事务所。创业维艰,遍布小城的建筑工地渐渐变成烂尾水塘,初出茅庐的三个法律人在当时复杂社会环境的撞击下,满腔热血也日趋冷却。记得 1995 年初秋的一个下午,我与一个朋友去深圳探望在深国仲(时名"中国国际经济贸易仲裁委员会深圳分会")工作的钱明强,他热情地带我们在深国仲办公楼参观了一下。当时的深国仲坐落于深南大道南侧的统建楼,办公环境比想象中稍显简陋,但工作人员发自内心的微笑和问候,以及明强对仲裁规则的介绍,让我们久久不能忘怀。匆匆一瞥,除了对在高大上国际仲裁机构工作的明强师弟满心羡慕,对深国仲的最初印象就是专业、平等和友好,一个没有丝毫衙门气息的准司法机构,无疑在年轻法律人的心里注入一股清风。

1998 年夏天,我下决心独自一人退出创业受挫的律师事务所,加入了深圳律师的队伍。那是一段每一天都很艰难的时光,天天奔波于最基础的法律事务以至于对深圳每一条公交线路都了如指掌,主要受理涉外案件的深国仲对我来讲是遥不可及的。那时对深国仲的点滴了解主要来自律师事务所的前辈卢全章律师。卢老师很早就受聘担任深国仲的仲裁员,他对深国仲专业、独立、干净的高度评价一以贯之,由于仲裁员人数有

---

* 北京市天元(深圳)律师事务所合伙人。

限以及律师担任仲裁员比例受限,有机会担任仲裁员的都是精挑细选后的法律界精英,受聘者无不视之为一种荣誉。

2007年前后,深国仲(时名"中国国际经济贸易仲裁委员会华南分会")已搬迁至彩田路中银大厦,我有幸代理了在深国仲的第一起案件。我的一个当事人催讨一笔人民币两千多万元的欠款,对方态度极好,愿意签署任何还款承诺书但就是拖延履行。记得那时适用的仲裁规则已可以受理非涉外民商事案件,我认真研究了仲裁规则,发现其中有尊重"当事人拟制规则"的规定,于是在双方签署的还款协议书中加入了如下仲裁条款:如因本协议履行发生任何争议,任一方均有权向中国国际经济贸易仲裁委员会华南分会提起仲裁,案件由一名仲裁员独任审理,并在组庭之日起15日内作出裁决。协议签订后,对方仍然没有如约履行还款义务,我怀着试一试的心态向深国仲提起仲裁申请。现在想来,仲裁条款约定如此之短的裁决期限,是我明知不可为而为之的年少轻狂之举,也是对新规则的一次试水和挑战。最终,我作为代理人于案件受理后的第20日拿到了裁决书,得益于快捷的仲裁程序,被申请人没有足够时间转移财产,申请人最终通过法院强制执行追回了全部欠款。专业、高效、尊重当事人约定,在此次案件代理中体会尤深,自此之后我成为深国仲的坚定"粉丝"。

2012年12月,我怀着激动的心情从郭晓文主任手中接过聘书,成为一名深国仲仲裁员。接受聘任后近一年时间,或许是由于我从2008年后长期从事公司证券等非诉讼法律业务,对诉讼仲裁领域略显生疏,当事人及仲裁院并未选定或指定本人担任具体案件的仲裁员。2013年下半年,我接受了指定本人为仲裁员的第一宗案件,自此至今,我作为仲裁员已审结了47宗案件,目前尚在办理中的案件计8宗,其中近80%的案件由我担任首席仲裁员或独任仲裁员,审理的案件主要涉及股权、基金、上市公司及债务纠纷领域。回顾在深国仲担任仲裁员的7年时间里,从第一次开庭的前一天晚上紧张到辗转反侧,到能够自如主持一整天的大型开庭;从将近一年时间无人指定,到近年多次由双方当事人通过迭加排序共同选定,甚而由两位"边裁"基于信任共同选定;从一个仲裁新丁到接近资深仲裁员的历程,收获良多,感慨万千。

自2012年12月至今,本人亲历和见证了深国仲仲裁规则的三次修改,在规则创新及与国际接轨方面深国仲一直走在同行前列。2012 年仲裁规则首次提出当事人可以约定适用包括《联合国国际贸易法委员会仲裁规则》在内的其他仲裁规则,或约定对本规则有关内容进行变更,首次提出当事人可以约定首席仲裁员由已确定的两名仲裁员共同指定。2016 年仲裁规则首次提出仲裁院可以受理一国政府与他国投资者之间的投资争议仲裁案件,并首次列明"诚信合作"原则,规定当事人及其代理人应当遵循诚实信用和善意合作的原则参加仲裁,仲裁程序中违反诚信合作原则应承担相应的后果;就首席仲裁员的确定,增加了仲裁院院长推荐若干名首席仲裁员候选名单,由双方当事人通过迭加排序或相同人选产生的方式指定;2016 年仲裁规则首次作出关于网上仲裁程序的规定。2019 年仲裁规则创造性地提出选择性复裁程序,在仲裁地法律不禁止的前提下,当事人约定任何一方就仲裁庭依照本规则第八章作出的裁决可以向仲裁院提请复裁的,从其约定;就首席仲裁员的确定,除已有的仲裁院院长推荐候选名单、当事人迭加排序或相同人选产生的方式,还增加了仲裁院院长推荐候选名单、当事人排除剩余产生方式;2019 年仲裁规则还极有远见地规定了"信息技术应用"原则并同步推出《深圳国际仲裁院网络仲裁规则》,经当事人同意,仲裁院或仲裁庭可以决定全部或者部分仲裁程序借助信息技术进行,包括但不限于网上立案、送达、开庭、质证。2020 年在疫情凶猛导致现场开庭受阻的情形下,深国仲仍能够在规则框架下高效有序地推进仲裁程序,仲裁规则的创新可谓未雨绸缪。与时俱进的仲裁规则修订及法律机器人问答、自动生成裁决书程序稿等举措,遵循创新、专业、高效的原则,无疑极大地提高了仲裁效率。更重要的是,仲裁规则的修订建立在"当事人授权"的基石之上,尤其是首席仲裁员产生方式的多样化,仲裁机构在一步一步向当事人让渡权力,这是一直为外界所称道的,也是我所理解的深国仲"干净"理念的体现,从晓文主任到晓春院长,莫不如是。

在深国仲担任仲裁员的 7 年中,得以在办案过程中结识诸多良师益友。与韩健老师(曾任深国仲秘书长)共同组庭的一个案件,我作为首席仲裁员,在庭审组织、裁判思路乃至裁决书修改等方面均得到韩老师的提点和指正,受益良多,而又颇感汗颜。卢全章老师是我在律师事务所时的前辈,虽已退休仍活跃在仲裁庭上,卢老师清晰的观点表达以及一直坚持的"尊重合议"原则对我影响甚深。王千华教授,拥有丰富的法理知识和仲裁员经验,即便担任边裁,有他在身边的首席仲裁员也会倍加笃定。还有辛勤忙碌的仲裁院工作人员,安欣副院长似乎永远步履如风参与各种专业论坛活动,犹记得与我合作最多的陈思维秘书数日连轴转加班后的两只"熊猫眼"。除了深国仲的"人",给我感触颇深的还有在深国仲受理和审理的案件。历数我参与审理的五十余宗案件,深感经济形势及法律环境的变化对市场参与主体的影响之深远,作为仲裁员身份之外的非诉讼律师,通过法律纠纷似乎更能理解其背后的经济现象,在仲裁活动中独立、公正、专业地作出裁决,进而在本职工作中更精准地为客户提供法律意见。与"对"的人在一起做"对"的事,从中汲取成长的养分。为何如此众多的法律精英汇聚于此,在繁忙的本职工作中分出可观的精力投身仲裁,除了实现法律人公正裁决的理想,我想这可能就是答案。

15年间,深国仲已经三易其址。无论是最初简朴的统建楼,还是现代化的深圳证券交易所大楼,深国仲的办公环境总是风格淡雅,充满了浓浓的书卷气。从走进大厅开始,有别于一些裁判机构通常刻板的印象,工作人员总是笑意盈盈温和礼貌,专业而不失原则,我们称之为特区气质。在中银大厦办公时,庭审结束后我们常常与仲裁院工作人员共进午餐,边吃边交流,时常会遇到沈四宝教授、袁国强资深大律师等法律界专家,颇让人有些小激动;还有晓文主任,与他对话就像当年求学时面对可亲的师长。在深交所大楼,遇见最多的当然是精力充沛不知疲倦的晓春院长,听闻因为总是在吃饭时被追问对最新法律问题的观点,有的年轻办案秘书都不太敢跟他同桌吃饭了。

时光荏苒,伴随着深圳经济特区的发展,深国仲已经走过了37年。对于仲裁员而言,深国仲不仅仅是特区国际仲裁的一张名片,37年虽历经数次更名、合并及规模扩展,其独立、平和而又包容如同象牙塔般的氛围却始终如初,无论是在庄严肃穆的仲裁庭,还是在周末济济一堂的法律专题论坛,这种独特的氛围总能让人深吸一口气,静下心来。作为法律人,衷心祝愿深国仲植根于特区的这种文化和精神永远传承下去!

创新包容的华南国仲与"创新经济"

谢学军*

华南国际经济贸易仲裁委员会(即"深圳国际仲裁院",我们创投业界习惯简称"华南国仲")的"3i"核心理念:独立(independence)、公正(impartiality)、创新(innovation),给我留下了很深的印象,特别是"创新"。华南国仲创新包容,与时俱进,积极回应市场需求,遵循行业惯例,促进了"创新经济"的发展。

2000年以来,互联网、风险投资和股权投资在我国开始出现,发展迅速。在这些新兴领域,由于技术创新、商业模式创新、特殊的投融资模式,产生了很多新的法律问题,VIE结构、优先权、估值调整、回购权、否决权等新颖的法律结构和合同条款大量进入投资合同中,这些法律结构或法律条款移植自其他法域或来自本土律师的创新。可以说,正是这种法律结构和合同条款上的突破,风险投资才得以在我国落地并生根发芽,为许多高风险、高科技创新行业源源不断地注入资金,促进了我国高新技术产业的蓬勃发展。但客观来说,这些法律结构在中国既往的立法、司法体系中,没有成文法律予以确认,也没有接受过裁判考验,甚至和固有的法律观念、司法实践相互冲突,有可能会受到挑战,被认定无效或无法执行。但时间长了,人们渐渐习以为常,每天孜孜以求的是如何在每个具体项目中落实体现这些安排、严密准确书写合同条款等具体问题,很少考虑结构本身的法律效力和固有风险。

2010年前后,中国国际经济贸易仲裁委员会上海分会(以下简称"上

---

* 赛富亚洲投资基金合伙人、法务总监。

海贸仲",即现在的上海国际经济贸易仲裁委员会)在两起涉及同一家网络游戏公司 VIE 结构的案件中,以 VIE 结构违反了禁止外国投资者投资网络游戏运营业务的法律、行政法规的强制性规定,以合法形式掩盖非法目的为由,裁决该案涉及的 VIE 协议无效。2012 年,在另一宗案件中,最高人民法院终审判决,认定华懋公司委托中国中小企业投资有限公司投资民生银行的行为违反国家限制外商投资金融企业的有关规定,双方签订的《借款合同》《补充借款协定》《委托书》《补充委托书》无效。该案虽然不是典型的 VIE 结构,但在当时也被认为极具风向标意义,昭示外商通过委托代持方式进入外资禁止、限制类行业,合同可能被认为无效,相关利益得不到法律保护。差不多同一时期,我参加了由另一仲裁机构举办的有关 VIE 结构的研讨会,参会的仲裁员、律师、学者、退休法官等专家就 VIE 结构的合法性展开讨论,意见大相径庭。有些专家认为,持有经营许可牌照的企业股权结构中没有外资,企业签订技术服务合同、委托投票权,是企业的自主经营行为,不能认为 VIE 结构违反法律法规的强制性规定。但更多的意见认为,在法律法规明文禁止或限制外资进入的领域,外商通过合同控制和转移收入的方式,实质获得内资企业的控制权和投资利益,规避了法律法规的强制性规定,就是以合法形式掩盖非法目的,应该被认定无效。这几个案例和这次研讨会使我意识到,尽管 VIE 结构自出现以来已经十几年,应用广泛,相关行业的从业者认为理所当然,但在更大的法律圈里,VIE 结构这样的安排是否有效仍然缺乏共识。上海贸仲的案例不具有普遍意义,但不会是孤例。

  从一个法律人固有的经验和知识看 VIE 结构,很容易得出"合法形式掩盖非法目的"的结论,但再深入细究,难免会产生很多疑问。首先,如果认为 VIE 结构违反法律法规的强制性规定,用合法形式掩盖非法目的,那么首先违反的是国家对有关行业的准入、管理规定。有关行业的主管部门有权采取相应的行政处罚行为,对相关公司作出责令改正、停业整顿、罚款、没收非法所得的处罚,甚至吊销其经营许可证,但多年以来行业主管部门并没有作出这样的认定。其次,主张 VIE 结构违反法律法规的强制性规定的当事人,通常就是当初签署 VIE 结构进行融资、上市的当事人,难道当初很天真地认为 VIE 结构不会违反有关强制性规定,发生纠纷后才醒悟过来,主张VIE结构无效？最后,对于广泛采用VIE结构的互联网行业及其投资者而言,如果VIE结构不成立,整个行业就无异于建立在沙滩上的高楼大厦,随时可能整体沦陷。从2000年至2012年,以VIE结构在境外上市的中国企业已经超过100家,总市值超过1万亿元人民币,大部分集中在互联网行业,新浪、搜狐、网易、百度、腾讯、阿里巴巴(当时在香港上市又下市,还没有在美国上市)已经成为人们日常生活的一部分,没有上市的企业数量可能更多。可以说,如果没有VIE结构,这些公司不会出现,中国的互联网行业不会存在。作为一名仲裁员,当一份数页纸的论述和认定可以引起如此波及广泛、影响严重的社会后果时,确实值得再三斟酌和思考。在当时,有关的仲裁和司法案例在行业内引起轩然大波,依赖于VIE结构进行投融资的互联网、教育、媒体行业出现融资困难,在美国上市的中国公司股价低迷。如今,有关VIE结构合法性的争论已经告一段落,特别是2016年最高人民法院关于亚兴公司和安博教育一案的判决,十分智慧地解决了有关VIE结构的争议,为这个争议阶段性地画上了休止符。

除了VIE结构,风险投资、股权投资中广泛使用的其他条款也面临挑战,近些年来,比较集中的是对赌条款、回购条款。自20世纪80年代以来,我国司法实践中认为"名为投资实为借贷"是无效的合同条款。后来《公司法》施行后,又普遍认为投资方应当按出资比例承担投资风险,股东不能抽逃出资。2012年11月,最高人民法院在甘肃世恒、香港迪亚和苏州海富一案中认定,对赌条款使得投资人的投资可以取得相对固定的收益,损害公司利益和债权人利益,回购条款无效。该案同时认定,股东之间的补偿承诺,不违反《公司法》的禁止性规定,不损害公司利益和债权人利益,是当事人的真实意思表示,是有效的。

作为华南国仲的仲裁员,我有机会较早地接触到股权投资中的回购纠纷。对于回购条款纠纷,在仲裁中遵循常规作出回购无效的认定显然是比较容易也比较安全的选择。但是,当一个现实的回购纠纷呈现在案头,对案件的事实、证据进行全面、仔细的分析思考后,我发现对回购条款作出无效认定后,只会引起更多的疑问,难以说服自己。第一,回购条款本身没有《合同法》第五十二条规定的合同无效情形,也不存在导致《合同法》第五十四条规定的可以撤销的情形。第二,没有强制性法律规定股权投资就不能回购,相反《公司法》实际上有减少注册资本、利润分配和在某些情形下股份公司回购股份的规定,为回购提供可供选择的路径。第三,回购股份是否会损害债权人和其他股东的利益,是个事实认定问题,而不能预先作出假定。第四,公司作为回购主体,同时也是回购所需要的批准程序的义务主体。公司以回购未经董事会和股东会批准、未经债权人同意、未经商务部门批准为由主张条款无效,但公司并没有启动批准程序,没有申请何来批准?反复思考之后,我认为认定公司回购条款无效缺乏法律依据,而且有悖于诚信履行、全面履行的合同法原则。当然,这一结论和当时最高人民法院在苏州海富一案中的结论不一致,和公司法、合资经营企业法的有些规定也无法完全调和,存在一定的风险。经过反复权衡利弊,我仍然按照自己的意见起草了裁决书。不出所料,裁决书草稿在仲裁庭内部产生不同意见,赞成和反对各有其道理和依据,无法达成一致意见。虽然根据仲裁规则,可以按照仲裁庭多数意见形成仲裁裁决,但客观上,仲裁机构只要在仲裁裁决书上盖章,机构本身就要承担法律风险和声誉上的风险。在有分歧的情况下,华南国仲恪守仲裁规则,裁决书得以顺利发出。在败诉当事人向人民法院提出撤裁申请后,华南国仲积极配合法院进行司法审查,最终法院裁定维护了裁决书的效力。

鉴于股权投资中的回购纠纷日益增多,华南国仲通过中国华南企业法律论坛、华南国仲创新投资专委会等形式在北京和深圳等地举办了多次对赌纠纷专场讨论,也数次结合个案,邀请业内外专家就具体法律问题进行交流论证。在这些活动中,仲裁员、法官、企业经营者、基金投资人踊跃发言,热烈讨论,对回购纠纷中涉及的法律问题、商业逻辑、行业发展进行全面的探讨,强化了共识,有利于仲裁员在回购纠纷中作出更专业、公平的裁决。同时,对创业投资、股权投资领域也形成较大影响,与行业内的投资基金、融资企业形成良性互动。作为从业人员,可以自觉地在构思投资的法律结构和书写合同的时候,就开始考虑潜在的法律风险,细化和完善回购条款,使投资人和被投资企业、企业大股东和经营者、债权人更好地了解各自的权利义务边界,寻找各自的利益平衡点。

通常认为,高新技术产业的发展,离不开技术研发、风险投资和支持创新的法律制度。最高人民法院在 2019 年 11 月发布的《全国法院民商事审判工作会议纪要》提出,"既要坚持鼓励投资方对实体企业特别是科技创新企业投资原则,从而在一定程度上缓解企业融资难问题,又要贯彻资本维持原则和保护债权人合法权益原则,依法平衡投资方、公司债权人、公司之间的利益,"即要求在坚守法律原则的前提下,对创新企业投融资活动予以保护和支持。过去几十年,高新技术产业蓬勃发展,互联网、信息产业更是经历了亦步亦趋学习外国公司的做法、改良适应中国本土市场环境、自主创新领先于国际同行走向国际化的路径。在这个过程中,离不开宽容、呵护、鼓励创新的法律环境。华南国仲身处深圳特区,具有不拘泥于成见旧规、勇于创新、敢于突破的光荣传统,同时依托于专家资源,恪守专业严谨,鼓励学习研究,创造交流机会,体现的正是最高人民法院所提倡的这种精神。作为一个在互联网、风险投资领域从业二十多年的业内人士,我十分感谢华南国仲给予的机会,让我能从一个裁判者的角度思考日常工作中碰到的一些基本法律问题,并作为一名专业人士发出自己的声音。

华南国仲"3i"理念中的"创新",反映了这个身处特区的仲裁机构如何在创新中回应市场发展,回应时代答卷,从而一步步塑造行业影响力和公信力。华南国仲能发展成为今天这样具有国际影响力的仲裁机构,并不是偶然的,是市场和时代对仲裁服务的选择和回应。

漫谈商事仲裁中的以当事人
为中心和程序 DIY

汪锡君[*]

商事仲裁的"权力"来源于当事人的授权,以当事人为中心,充分尊重当事人意愿,是当事人选择仲裁的重要考量因素之一,也是仲裁的魅力所在。深圳国际仲裁院仲裁的每个案件,无论是为参加庭审的当事人送上一瓶水、庭审中对当事人的平等和友善对待,还是在审理案件过程中对当事人意愿的尊重、对当事人利益的保护,都贯彻着以当事人为中心、为当事人服务的理念。

以笔者近期经历的两宗案件为例,审理案件过程中对当事人意愿的尊重,在法院的诉讼案件审理过程中可能是难以做到的,或者是因为司法程序不允许,或者在法庭这种庄重、严肃的场合,当事人恐怕也不会提太多个性化的要求,但在深国仲却是能满足当事人的这种意愿的。

案件一:河南甲公司向深圳乙公司借款人民币100万元,借款到期后甲公司未能偿还,为此乙公司对甲公司提起仲裁。这个案件原定2020年6月15日与其他两个系列案件一起开庭,笔者作为仲裁员办理这几个系列案件。2020年6月2日中午,笔者收到办案秘书的信息,说甲公司一个关联公司与乙公司的案件当天下午在仲裁院开庭,这个关联公司与甲公司的代理人相同,甲公司和代理人为免多次往返于河南和深圳,希望能够把6月15日甲公司案件的庭审提前到当天晚上。虽然事发突然,但为当

---

[*] 深圳市工商业联合会(总商会)经济联络部负责人。

事人方便考虑,我们在征求对方当事人乙公司同意后,同意在6月2日晚上提前开庭。当天晚上,因为前一个案件庭审还在进行,我们这个案件一直等到晚上9点才开始庭审。但庭审过程十分顺利,双方当事人诚信合作,配合仲裁庭很快推进了庭审程序,只花了半个小时左右的时间就结束了庭审,并且双方也有了和解的初步意向。能够以自己多一趟本地往返,免去当事人一趟河南到深圳的长途往返,笔者认为还是十分值得的。

案件二:申请人某丙委托一家咨询公司代为办理深圳户籍,交了前期费用人民币3万元,2020年春节过后,咨询公司失联,未能完成为某丙办妥户籍的义务。某丙经济状况极为困难,上述3万元费用都是刷信用卡支付的,信用卡的还款时间早已超过,其无力偿还,心急如焚,恨不得立案当天就拿到裁决书,连连催促办案秘书加快进程。办案秘书在征询组庭意见时把上述相关情况告诉笔者,转达了当事人要求迅速作出裁决的强烈意愿。组庭后,我们根据疫情期间的特殊情况,按照仲裁规则的规定,迅速对该案进行了书面审理,起草了裁决稿。仲裁院在裁决稿提交的次日即完成校对、核阅、签发等全部程序,并于当日发出裁决。该案的案情没有特别之处,但是仲裁院考虑到当事人的实际困难和意愿,迅速完成相关程序,充分体现了以当事人为中心的理念。

以上只是笔者经历的两个小普通案件。说起仲裁中的以当事人为中心、充分尊重当事人意愿,笔者认为,莫过于当事人自己就仲裁程序作出特别约定——笔者称之为当事人的"仲裁程序 DIY"(Do It Yourself,自己动手制作)。

深国仲各个版本的仲裁规则都规定当事人可以就仲裁事项作出特别约定,比如 2019 年《深圳国际仲裁院仲裁规则》第三条第(三)款规定,"当事人约定适用其他仲裁规则,或约定对本规则有关内容进行变更的,从其约定。但其约定无法实施或与仲裁程序所适用法律的强制性规定相抵触的除外"。

笔者最早了解这个仲裁程序 DIY,还是在调仲结合的实践中。当时我负责深圳市总商会民营企业融资平台的相关事务,平台涉及一些纠纷,需要快速处理,以保护相关贷款银行和民营企业的合法权益。为此借助深国仲指导搭建的"商会调解+仲裁"模式,求助于深国仲。深国仲调解中心给出了一个调解并由当事人特别约定仲裁程序的解决方案。核心内容是：在保障双方当事人权益的前提下，在仲裁规则允许的范围内，将仲裁程序的答辩、组庭等各个环节所需的时间压缩到最短，并且约定书面审理。此后在一起标的额为人民币5 000万余元的银行贷款纠纷中，经我们协调，双方当事人未能就实体问题达成和解，但达成了上述形式的仲裁条款。仲裁院在受理案件后一个月左右的时间快速作出了裁决，有效地维护了当事人的合法权益，受到当事人的高度好评。

过去几年，笔者在担任商事纠纷调解员和仲裁员过程中，也接触了一些当事人的仲裁程序DIY案件。这类仲裁程序DIY案件一般要求仲裁庭在组庭后半个月至一个月时间内快速作出裁决。一般情况下，仲裁院和仲裁庭都会充分尊重当事人的意愿，使仲裁程序按照当事人的约定进行。但在一些情况下，为排除虚假仲裁、平衡和保障双方当事人的仲裁权利，仲裁院和仲裁庭也会按照仲裁规则的规定，进行相应处理。比如，对于可能涉及虚假仲裁的民间借贷案件，尽管当事人约定书面审理，但仲裁庭一般还是会开庭审理，就相关情况对双方当事人进行详细询问。又如，某些当事人的仲裁程序DIY条款约定，被申请人无条件放弃答辩权利，仲裁院和仲裁庭显然不能完全按此办理；某些当事人对仲裁程序DIY条款的时间设置不合理，无法实施，只能按照仲裁规则和仲裁法的规定办理。仲裁院和仲裁庭的这些处理，仍然是以当事人为中心，旨在保障当事人的仲裁权利和实体权益。

在"商"言商，作为服务企业的商会工作人员，笔者认为商事仲裁的以当事人为中心，可以归因于商事仲裁的起源。13至14世纪欧洲商业活动活跃，大量商事纠纷需要解决，而由行会、商会进行商事"公断"，"自己人的问题自己人解决"，就催生了现代意义的商事仲裁。可以说，商事仲裁天然具备以当事人为中心的元素，而商会作为商事仲裁活动的组织者，保障了商事仲裁中当事人的主体地位。虽然我国目前的商事仲裁制度与国际上的商事仲裁制度存在一定的差别，但仲裁机构与商会合作，可以更好地在商事仲裁活动中体现以当事人为中心的理念。深圳国际仲裁院与深圳市总商会等机构合作共建的"商会调解+仲裁"模式，已经在这方面发挥了积极和显著的作用。仲裁机构和商会还可以探讨该方面更进一步的合作，比如，可以由仲裁机构委托商会在一定条件下受理涉及商会会员的仲裁案件；可以由商会推荐工商界和行业中具有显著影响力的权威人士作为仲裁员，商事纠纷由当事人选择双方都熟悉和认同的业界权威人士来仲裁；可以由当事人选择在双方都熟悉的商会办公场所和其他商业活动场所对仲裁案件进行开庭审理；涉及一些专业性特别强的行业的，仲裁机构与商会、行会及业界可以共同研究制定相应的仲裁规则、审理指导意见等。

以上是关于商事仲裁中以当事人为中心的一点不成熟、不成体系的随想。相信以当事人为中心的理念将更广泛、更深入地贯彻在商事仲裁的每一个环节！

仲裁员是怎样炼成的

鲁楷[*]

到 2020 年 5 月,我加入深圳国际仲裁院的仲裁员队伍已逾 10 年,在这里审理的案件已经超过 400 件(含老深仲和老华南国仲),以投入的时间精力而言,我至少是 2/3 个"专职"仲裁员了。在我刚加入仲裁员队伍时,如果有人告诉我,我将来会为仲裁投入如此多的时间和精力,当时的我肯定不会相信的。仔细回味,一切又是如此的自然而然。

我的本行是律师。律师是有倾向性的,会穷尽一方的有利因素并穷尽对方的不利因素。律师做久了,难免有些职业病,看问题习惯于单边视角但又意识不到自己是单边视角。好在有老仲裁员("老"是指经验,不是指年纪)的指导,让我在新手期就意识到了视角问题。原话我记不清了,总结起来大意是:你的思路不能说是错的,但很不平衡。其实这已经给我留面子了,作为一名仲裁员,如果思路不够平衡,那肯定是错的。如果不是及时发现这个问题,恐怕我只有机会做一届仲裁员,审几个案子,就黯然谢幕了。

与诉讼相比,仲裁自有特色,这些特色基本都写在仲裁规则里。仲裁规则的重要性无论怎么强调都不过分,这个道理我在成为仲裁员之前就已经知道。为了熟悉仲裁规则,我多次全文手抄,但文字是死的,我很遗憾地发现,哪怕把仲裁规则背下来,遇到实操问题时该糊涂还是糊涂。又有老仲裁员告诉我,最熟悉仲裁规则的人是仲裁庭秘书,要把仲裁庭秘书当作老师。的确,身经百战的仲裁员不多,身经百战的仲裁庭秘书数不胜

---

[*] 广东广和律师事务所合伙人。

数,如果仲裁员真的把仲裁庭秘书当作文秘,那实在是太自大了。深国仲有一群极其可爱的秘书,他们经验丰富,执行力一流,在全力给予仲裁员帮助的同时又小心翼翼地绝不影响仲裁员对案件的判断。在深国仲,秘书对仲裁员的称谓是"老师",其实仲裁员很少有机会教秘书些什么,反倒是秘书会教仲裁员很多。从这个角度看,秘书才是真正的老师。

审理的案件多了,有时候会有一些骄傲情绪:我是裁判者,两造的一切努力都是为了说服我,案件的实体和程序问题都由我来决定,我是如此的正确——其实就是"飘"了。在第一次参加仲裁员培训时,老仲裁员就强调过这个问题,他说当一个仲裁员在积累了足够的经验后,要谨防发生态度粗暴和懈怠。我非常认同这一点,从我审理第一个案子开始,我都在每个案子开庭前一天温卷,做好庭审提纲,每个实体和程序问题都记在提纲里。这是个很好的办法,我甚至向许多仲裁员推销过我的庭审提纲。然而,即便如此坚持,粗暴和懈怠仍然会发生,我确实没能做到对待每个案子都像第一个案子那样战战兢兢、小心谨慎。这里必须要感谢深国仲负责核校的同事们,虽然我审理的案件的裁决书都是我自己打字,并至少校对一次,但多年来我写的裁决书被校核发现的各种错误,我都不好意思写出来。在你"飘"的时候能有人把你拉回来,这实在是一种幸运。

我很幸运加入了深国仲的仲裁员队伍,在这里,有人引导我、协助我、监督我,这些引导、协助、监督不是一次开会、两次上课,而是时时刻刻,自然而然。我喜欢这个集体,喜欢到不肯错过任何一次蹭工作餐机会的程度。期待深国仲的发展,期待更多的工作午餐。

我为什么信任深圳国际仲裁院

隋淑静[*]

无论是在仲裁案件中作为代理律师,还是担任审理仲裁案件的仲裁员,若问我如何看待深圳国际仲裁院,我给出的最重要评价是"信任"。

当下人类社会正进入极为复杂的阶段,国内国际的政治、经济、公共卫生等方面冲突迭起,局势瞬息万变。高科技手段的发展与应用,不仅加速了知识传播共享,也令我们过度暴露于信息泡沫之中——铺天盖地的"爆雷"与造假、惊天新闻层出不穷、博人眼球的矜夸或傲慢随处可闻……泥沙俱下,难辨真伪,这种情境下,"信任"变得弥足珍贵。

但我信任深国仲。我对深国仲的信任并非"盲目",而是有发展的历程和轨迹。姑且称之为"我与深国仲"的故事吧。

代理案件时,悄然种下信任的种子

最早与深国仲打交道,缘于和同事共同代理的一桩商事争议仲裁案件。那时,深国仲的名字还是"中国国际经济贸易仲裁委员会华南分会",我也还正年轻。

那桩案件的争议金额高,争议焦点多,涉及对 IBM 开发的商业应用软件内的巨量数据如何加以提取并作为证据,该证据能否证明案件事实;如何对有歧义的合同条款探究当事人的真实意思;如何为争议事实定性,及恰当确定所适用的法律条款,等等。总体来说,属于在事实、证据与

---

[*] 北京德恒(深圳)律师事务所合伙人。

法律适用方面都具有复杂性的案件。

作为代理律师,我们在如何呈现案件事实,如何向仲裁庭作通俗易懂的清晰陈述,如何进行证据编排与证明法律性质等方面,颇下了番功夫。虽然事先已知该案复杂,但并未料想案件的审理经过两次开庭、启动了审计鉴定、对审计鉴定报告提出了质询意见、出具报告的专家出庭解释和回答询问,我们基于紧迫性请求仲裁庭作出部分裁决、以部分裁决作为执行依据申请强制执行……为帮助受困的委托人,我们使出了浑身解数,用尽仲裁规则中所有可用的程序去帮助委托人寻求救济。终于,在历时三年之后迎来最终裁决。

由于该案对方当事人是国内有影响力的大公司,我们当时颇有顾虑。毋庸讳言,我们知道中国社会存在的"熟人文化",而仲裁庭当然不可能生活在真空之中。我们代理的是外企客户,不具有地缘优势,作为代理人,我们只在专业工作上追求极致……当终于看到裁决,尽管仲裁请求未获完全支持,尽管从专业角度我认为有些观点仍可商榷,但我们相信仲裁庭秉持了公正、独立与专业的理念。

读完裁决书的时候,盘桓在心中的忧虑随风而散,信任的种子悄然种下。从那以后,我用自己的经验向当事人推荐,将仲裁作为争议解决方式,因为仲裁能做到专业和公正;将深国仲作为选定的仲裁机构,因为深国仲能够保持公正和独立。

担任仲裁员数载,信任恰如春草,郁郁葱葱而生

2015年年底,我从事律师工作已满15年。那时,深国仲更新仲裁员名册,我有幸作为候选人通过遴选,受聘成为深国仲的仲裁员。

受聘担任仲裁员至今,我办理了数十件商事争议案件。不敢说桩桩件件都办得完美无缺,但我对每个案件都尽最大努力,用心对待,无论是作为独任仲裁员,还是在合议庭担任首裁或边裁。我内心的想法是,既然签下自己的名字,就要为案件负责,为自己的专业声誉负责,为聘请自己的仲裁院负责。让每个案件都经得起历史的检验,这是我从前辈那里学习的自我要求,也是守护法律人心中的荣誉感。

我清楚记得自己作为代理律师时,对仲裁庭的最大期望就是保持公正、独立和专业。因此,当我开始以仲裁员的身份审理案件时,便将公正、独立和专业作为不可动摇的当然准则。

从律师转而担任仲裁员,工作角色变了,工作方式与侧重点亦有所变化。作为代理律师,工作重点是实现委托方的利益。作为仲裁员,则要查明、认定案件事实,准确归纳争议焦点,正确适用法律;体现在裁决书内容上,应当事实清楚、证据充分、法律适用准确、观点清晰、说理透彻、逻辑周延。无论作为律师还是仲裁员,要高质量办理案件,都必须充分研究、认真准备,不断加强专业训练,努力提升综合素养。

胜任工作的能力不会从天而降,每个仲裁员都要经过新手阶段。在从新手到胜任自如的过程里,深国仲组织的高水平培训对仲裁员有相当大的助益。关于深国仲的培训,我认为具有以下特点:培训题目聚焦理论或实务的前沿、热点问题,讲课嘉宾确有真才实学,培训内容重实质而不空泛,课程紧凑而不拖沓。正因如此,我这素来有点惜时如金的人,几乎场场不落地参加深国仲的仲裁员培训。

关于深国仲组织培训的水准之高,我试举例说明。2018年11月,我参加了卢松教授等"中国仲裁三十人"成员在深国仲举办的国际仲裁知识培训。该次培训分六个专题,从国际商事仲裁程序的概述讲起,到组庭前程序、程序管理会议与程序令、国际仲裁中的有关证据问题、证人证言,最后以在国际仲裁与国内仲裁中担任仲裁员的差异结束。这次讲座,相对系统地介绍了国际仲裁方面的入门知识。由于主讲老师具有深厚的理论素养,丰富的国际仲裁实务经验,熟知中国律师与仲裁员的思维框架与路径,在培训中自然采用了比较法的研究方式,令我受益匪浅,并为我后来参加的国际仲裁学习打下有益的基础。

2019年4月,我有幸受邀参加深国仲高级顾问费宗祎先生莅临深圳而召开的专题研讨会。费先生发表了关于调解的讲话,论及西方社会如何评价我国的商事调解实践,鼓励仲裁机构探索将我国传统文化理念与调解手段融合,抓住《新加坡调解公约》开放签署的发展契机,促进以调解手段解决商事争议的实践等。费先生娓娓道来,高屋建瓴,我深受启发,遂用力推动当时在办的一起涉外股权转让争议案件(背景涉及上市公司收购、标的公司涉外与当事人主体涉外等)的调解进程。我虽然担任一方当事人的代理律师,但有意识地尝试超越一方立场,说服当事人着眼大局,以开放态度回应各方不时提出的诉求,以创造性思路解决障碍性问题,终于在调解庭及各方参与人的共同努力下,帮助原本剑拔弩张的多方当事人签下和解协议,再通过启动和解裁决程序,作出和解裁决,固定了调解成果。这个案件,是深国仲发起设立的深圳证券期货业纠纷调解中心调解成功的第一个并购案例。

从自身经验看,我认为深国仲组织的仲裁员培训在两方面具有重要意义:一是仲裁员通过培训可以提升自己的专业水准;二是有助于深国仲加强对仲裁员办案质量的综合管理。

关于深国仲对办案质量的管理与对仲裁当事人权利的重视,在深国仲规则中有两项制度值得一提:其一,2019年2月21日起施行的《深圳国际仲裁院仲裁规则》(以下简称2019年《仲裁规则》)第五十三条规定了"裁决书草案的核阅",即"仲裁庭应在签署裁决书之前将裁决书草案提交仲裁院核阅。仲裁院可以提出形式上的修改建议,也可以提示仲裁庭注意实体问题,但不影响仲裁庭独立作出裁决"。其二,2019年《仲裁规则》第六十八条规定了"选择性复裁程序",即"(一)在仲裁地法律不禁止的前提下,当事人约定任何一方就仲裁庭依照本规则第八章作出的裁决可以向仲裁院提请复裁的,从其约定。适用本规则快速程序的案件,不适用本条规定的选择性复裁程序。(二)选择性复裁程序按照《深圳国际仲裁院选择性复裁程序指引》的规定进行"。

核阅制度,构成仲裁机构对仲裁庭独立行使仲裁权的一定修正与制衡,这一制度在《国际商会仲裁规则》中亦有规定且更为严格。而选择性复裁程序,是深国仲对仲裁规则所做的大胆探索与重大创新,首次规定于2019年《仲裁规则》,为当事人认为仲裁裁决存在实体问题而主张纠错时,提供了实现救济的可能性。虽然目前尚不知晓这条规则的实际运用情况,但深国仲为保护仲裁当事人利益、推动仲裁制度进步而做出的探索与努力,令人心生敬意。

在深国仲参加有品质的培训交流、作为仲裁员审理案件、见证办案秘书认真负责案件程序的管理和服务工作、查阅深国仲的专家核阅意见并以笔谈方式反馈……在共同工作的过程中,我对深国仲因增进了解而更加信任。信任的种子不知不觉间破土生根,恰如春日碧草,郁郁芊芊,结丛而生。

莲花品格自况以,教人如何不信她

仲裁圈里常说,"有什么样的仲裁员,就有什么样的裁决书"。我相信,有什么样的仲裁机构,就有什么样的事业和风貌。

很多人都知道,深国仲创设于深圳,是中国改革开放后各省市设立的第一家仲裁机构,也是粤港澳地区第一家仲裁机构。深国仲深耕于深圳这片热土,拥有重量级专家云集的理事会,其中1/3以上理事来自我国港澳台地区及海外;率先聘请国际仲裁员,打造国际化、专业化的仲裁员队伍;面向国际舞台,合纵连横、发展合作,在境内外产生越来越大的影响力,成为深圳建设优化国际化营商环境的有力保障……但我并不想在深国仲的骄人业绩上"锦上添花",我想谈谈我亲历的一个场景,那个场景将我对深国仲的感受,由信任和敬重推至喜爱。

2018年12月23日,刘晓春院长在"共建国际商事争端解决新机制促进'一带一路'营商环境建设"会议上,宣布了2019年《仲裁规则》。出人意料地,他还郑重宣布深国仲将莲花确定为"院花",要求大家以莲花的品格自况,以高洁的精神要求自己,推动独立、公正地解决纠纷,诚信仲裁。

法律人大都知道公司法人格理论上的"法人拟制说"。我以往认为,深国仲作为一家仲裁机构,也是规则的产物,即便谈到"人格"问题,也由于"拟制"而应无爱无恨。但是,当刘院长宣布院花为莲花时,期许仲裁院和仲裁员有莲花的高洁品格,深国仲似乎一下子变得有血有肉,有了生动美好的品格特质,成为很多同道中人理想的寄托。

我切切实实地心生感动。因为我深知,当事人信任深国仲,律师信任深国仲,仲裁员信任深国仲,以及深国仲能够人才辈出、贤者云集,这是多么了不起的成就!这不正是她拥有公信力的一种体现吗?

当然,成就伟业的路上不会只有坦途。在去全球化渐成趋势,新冠疫情使各种困难叠加放大之时,经济生活中的投资受损、合作关系破裂、生产经营难以为继、民间借贷出现大量违约等,凡此种种,将产生多少倍于以往的民商事争议？若某些外国政府决定征收中国的海外投资项目,当涉外民商事争议纠纷持续爆发,中国所需要的高水准专业人才,是否已有足够的训练和能力准备？这当然绝不是某个机构的责任,而应是每个法律人的责任。

时艰之际,道阻且长。祝福我交托了信任、敬重与喜爱的深国仲,愿你继续勇立潮头,引领风气,不断创造、研究、探索,推动仲裁事业走得更远;愿你继续为社会培养英才;愿你保持公正、独立、干净,有如莲花一般的高洁品格。

中国内地仲裁裁决境外执行首宗案例回顾

杨胜华[*]

三十多年前,我与粤海集团的同事潘志恒、罗蓄郁、刘百粤等一起经办了广东粤海进出口公司向香港高等法院成功申请强制执行深圳特区仲裁机构裁决的案件。这是首宗中国内地仲裁裁决在境外获得成功执行的案例,现应深圳国际仲裁院(SCIA)的邀请,就该案的经办情况作简要的回顾。

贸易争议情况

1986年4月28日,广东粤海进出口公司(以下简称"申诉人")和香港YS贸易公司签订了编号为"86GD-0032YH"的"838"计算器售货合同,由申诉人将80 000套"838"计算器复出口给香港YS贸易公司,价格为每套0.79美元FOB广州,成交总价款为63 200美元。1986年4月30日,申诉人、香港YS贸易公司和香港捷达实业公司(以下简称"被诉人")三方签订了"86GD-0032YH"售货合同修改书,由香港YS贸易公司将编号为"86GD-0032YH"的合同中买方的权利和义务转让给被诉人。1986年11月1日,申诉人和被诉人就余下未出运的20 450套计算器重新签订了编号为"86GD-0745YH"的售货合同,由申诉人向被诉人出口

---

[*] 上海市锦天城(广州)律师事务所主任,曾任香港粤海集团行政部副总经理。

20 450套"838"计算器,总价款为8 180美元。鉴于该批计算器是复出口商品,出口方须在规定的期限内凭出运的单证办理退关手续,才能退回关税。因此,合同约定被诉人必须在1986年11月15日前将相关货物全部出运境外。合同签订时,货物已交付给被诉人,但被诉人没有按合同约定支付货款,也没有在1986年11月15日前将货物出运境外。申诉人多次要求被诉人履约,但被诉人始终不履行该合同,致使申诉人不能收回货款及退回关税。

当时双方签订的合同中的争议解决条款约定为提交特区国际仲裁机构(时称"对外经济贸易仲裁委员会深圳办事处",简称"深圳仲裁办",1989年改名为"中国国际经济贸易仲裁委员会深圳分会",均系深圳国际仲裁院的前称)仲裁解决。申诉人经多次向被诉人追索无果,便于1987年5月26日按照合同中仲裁条款的约定向深圳仲裁办申请仲裁,要求被诉人赔偿全部关税损失,退回货物或支付货款及其利息。

仲裁情况

(一) 受理和庭审情况

深圳仲裁办经过严格审查后认为本案符合受理条件,受理了本案,并向被诉人发出受案通知和有关材料。被诉人接到通知后,没有在规定的期限内选定仲裁员和答辩。深圳仲裁办代被诉人指定董有淦先生为仲裁员,董有淦先生和申诉人选定的仲裁员罗镇东先生共同推选了周焕东先生为首席仲裁员,三位仲裁员于1987年6月26日组成仲裁庭。

仲裁庭于1987年8月17日开庭审理本案,被诉人未到庭。嗣后,双方同意由仲裁庭进行调解,经仲裁庭耐心调解,双方于1987年9月9日达成和解协议,双方一致同意将合同价款调整为12 270美元,由被诉人带本票到广州办理合同货物出运手续,在1987年9月25日前将货物出运完毕。后来被诉人反悔,没有执行和解协议。申诉人即于1987年11月23日致函仲裁庭请求继续审理和作出裁决。1988年3月8日,申诉人又以书面提出:由于被诉人不履约致使该批计算器已无法复出口,为了尽量减少损失,申诉人在被诉人同意的情况下,于1987年12月8日领回被诉人存放于广州DS电子厂仓库中的"838"计算器16 124套,进行再加工,并代被诉人垫付加工费2 418.60元人民币和重新安装电池的款项20 540元人民币,经再加工后,申诉人将16 124套"838"计算器售出。因此,申诉人要求被诉人支付未领回的4 326套计算器的货款并赔偿因不能复出口而造成的关税等损失45 417.24美元。

(二)仲裁庭的判定与裁决

1988年2月29日,仲裁庭继续开庭,双方出席。1988年6月27日,仲裁庭再次开庭,被诉人经仲裁庭合法通知没有到庭。仲裁庭经过认真审查双方提交的证据材料后认为,被诉人签订"86GD-0745YH"售货合同后收取了货物而没有支付货款,没有按合同约定及时出运货物,已构成违约。被诉人的违约行为,已使申诉人蒙受货款、关税等经济损失,因此被诉人应负责赔偿。1988年7月12日,仲裁庭按照仲裁规则的规定,作出如下终局裁决:

1. 被诉人应偿还申诉人"86GD-0745YH"合同未退货之4 326套计算器的货款,计1 730.40美元。此款项应于1988年8月27日前偿付。

2. 被诉人应赔偿申诉人合同货款的利息损失,经仲裁庭核实为723.56美元。此款项应于1988年8月27日前偿付。

3. 被诉人应赔偿申诉人的关税等损失,经仲裁庭核实为163 952.30元人民币,或按牌价折合为44 192美元。此款项应于1988年8月27日前偿付。

4. 本案的仲裁手续费为437美元,办案费为2 000元人民币,由被诉人承担。

申诉人在申请仲裁时预付的仲裁手续费800元人民币,按1:3.72的汇率折合215美元,抵作被诉人应缴纳的仲裁手续费。此款项由被诉人在1988年8月27日前偿还申诉人。

被诉人还应向深圳仲裁办缴纳未缴的仲裁手续费222美元,办案费2 000元人民币。此款项应于1988年8月27日前汇付深圳仲裁办。

香港法院判决执行内地仲裁裁决的情况

上述裁决书发出后,被申诉人没有执行该仲裁裁决,没有向申诉人支付任何款项,申诉人经多次催促未果。申诉人为了保护自己的合法权益,为了维护内地仲裁裁决的尊严,决定按照联合国《承认及执行外国仲裁裁决公约》(即《纽约公约》)的规定向香港高等法院申请强制执行上述仲裁裁决。

那时,香港还没有回归祖国。1975年9月24日英国加入《纽约公约》,声明公约适用于香港。1986年12月2日,全国人民代表大会常务委员会通过《关于我国加入〈承认及执行外国仲裁裁决公约〉的决定》,我国于1987年1月22日向联合国递交申请,1987年4月22日《纽约公约》对我国正式生效。

由于我国刚刚加入《纽约公约》,国家和仲裁机构还没有制定相关的法规、制度或指引,更没有实践经验。香港虽然比内地早适用《纽约公约》,但也没有执行过域外的仲裁裁决,同样没有这方面的经验。因此,如何向香港法院申请强制执行内地的仲裁裁决,靠我们自己去探索。

我们选择香港廖绮云律师行代理本案在香港法院的诉讼。我们通过香港政府部门查到香港捷达实业公司是无限公司,该公司东主为陈氏两兄弟。按照香港的法律,无限公司东主对公司债务承担连带责任。我们便以申诉人作为原告向香港高等法院申请执行本案的内地仲裁裁决,将被诉人和陈氏两兄弟一起列为被告。

本案由香港高等法院 G. P. Nazareth 法官主审。被诉人通过其代理律师提出抗辩,反对执行本案仲裁裁决。他们提出两项理由:

1. 该仲裁裁决并非由仲裁协议约定的仲裁机构作出,根据香港《仲裁条例》第44节第(2)项第(e)段的规定,仲裁庭的组成若不符合约定,则该等裁决不得予以执行。因此,本案的仲裁裁决不应当得到执行。

2. 香港《仲裁条例》第2节对"(纽约)公约裁决"的定义是"在除香港以外的缔约国或领土依据仲裁协议作出的裁决",这里的"缔约国或领土"修饰的是"仲裁协议"而不是"裁决"。易言之,不论裁决作出时裁所属国是不是《纽约公约》的缔约国,在仲裁协议签订时,该国必须是《纽约公约》的缔约国,否则该裁决便不属于《仲裁条例》第 2 节规定的"(纽约)公约裁决"。

本案中,双方当事人于 1986 年 11 月 1 日签订仲裁协议;《纽约公约》于 1987 年 4 月 22 日对中国生效;内地仲裁机构于 1988 年 7 月 12 日作出仲裁裁决。被诉人认为,在本案仲裁协议签订之时,中国尚未成为《纽约公约》的缔约国,即使本案仲裁庭作出裁决时《纽约公约》已对中国生效,这一裁决也不是《仲裁条例》第 2 节规定的"(纽约)公约裁决";如果作相反解释,《仲裁条例》则会产生溯及既往的效力,涵盖原本不属于"(纽约)公约裁决"定义的裁决。因此,他们认为法院不应该执行本案的仲裁裁决。

G. P. Nazareth 法官认为被诉人提出反对执行仲裁裁决的两项理由均不能成立。他认为本案仲裁机构作出的仲裁裁决属于当时香港《仲裁条例》规定的"(纽约)公约裁决",应当得到执行。

G. P. Nazareth 法官认为,被诉人提出的第一项反对理由涉及的是约定的仲裁机构名称变更的问题。本案双方当事人在签订的仲裁协议中约定的是本案仲裁机构的前称,该仲裁机构在受理案件之后以变更后的新名称作出仲裁裁决,实际上还是由同一仲裁机构作出的裁决,变更的只是机构名称。尽管仲裁机构的名称发生了变更,但是作出仲裁裁决的仍然是当事人双方约定的仲裁机构,不存在因仲裁机构名称变更而导致"仲裁庭的组成不符合约定"的问题。另外,被诉人在知道仲裁机构使用的是变更后的名称后,仍明确继续参加仲裁。所以,被诉人提出的第一项反对理由不能成立。

对被诉人提出的第二项反对理由,G. P. Nazareth 法官从三个方面驳斥了被诉人的主张:

第一,香港《仲裁条例》第 2 节关于"(纽约)公约裁决"的定义中,"缔约国或领土"修饰的恰是"裁决"而不是"仲裁协议"。《仲裁条例》关于执行"(纽约)公约裁决"的章节属于程序性事项,并且仅对中国成为《纽约公约》缔约国后仲裁裁决的执行程序产生影响。他认为"缔约国或领土"修饰的是"裁决",在本案中并不会导致《仲裁条例》产生溯及既往的效力,将原本不属于"(纽约)公约裁决"定义的裁决纳入进来。

第二,与被诉人主张的解释相比,法院的解释更符合《仲裁条例》的目的。《仲裁条例》关于公约裁决的规定仅为程序性的,且仅对中国成为缔约国后仲裁裁决的执行程序产生影响。就《纽约公约》而言,实质性关注的是裁决,而非仲裁协议。

第三,即使法院的解释方法会使《仲裁条例》产生溯及既往的效力(但法院已经一再强调并非如此),这一解释方法也是符合《仲裁条例》字面意义及其必然含义的。

因此,本案应判决准许执行仲裁裁决。最终香港高等法院于1989年6月29日作出准予执行本案仲裁裁决的判决。

香港高等法院判决的执行情况

香港高等法院的上述判决作出后,被诉人没有履行,仍然没有向申诉人还款。1989年10月,申诉人按照香港法律的规定向香港法院申请强制执行上述判决。当时我与香港法院派出的执行吏一起前往被诉人位于九龙的公司办公室,要求被诉人履行高等法院的判决,被诉人的东主陈氏兄弟的态度非常强硬,他们没有让我们进入其办公室。他们指着办公室门口挂着的一个小小的公司水牌和门口摆着的两张沙发椅,说这就是捷达实业公司的所有财产,法院要就搬走。然后,他们对站在其办公室门口的执行吏说,你们不要在这里妨碍纳税人工作。执行吏做了记录后,我们便离开被诉人的公司。

由于捷达实业公司是无限公司,法院依法把东主与公司列为共同被告,共同承担公司债务,我们便委托香港经办律师调查该公司东主陈氏兄弟的财产。我们查到陈氏兄弟在香港有一套房产,便通过香港律师向香港法院申请禁制令,查封了陈氏兄弟的该套房产。当禁制令送达被诉人时,陈氏兄弟立即服软了,马上打电话跟我们说就这么几万美元,何必搞得这么大,要封楼!我们表示,只要还清所有款项,便立即申请解封。对方立即通知其律师与我们和解,并按仲裁裁决的内容向我们偿还了所有款项,我们也立即申请解封了该套房产。至此,本案虽然历经波折,但在我们锲而不舍的努力下,历时两年多,终于完满结案,我们的债权得以实现,内地仲裁裁决在香港强制执行的第一宗案例获得圆满成功!

结　语

历史给了我们一个偶然的机会,让我们有幸成为中国仲裁事业发展大潮中的一名弄潮儿,能够亲身参与和见证中国仲裁事业的发展。本案从法律性质来看,只是一宗数额不大的涉港货款纠纷案;但从影响力来看,它是中国内地仲裁裁决在境外获得成功执行的第一宗案例。此案有幸被称为中国仲裁史上的一个里程碑事件,它标志着中国内地仲裁裁决从此走向国际,获得境外法院的承认和执行。后来,我们获悉本案开创了两个先例,它不仅是中国内地仲裁裁决按照《纽约公约》在境外获得成功执行的第一案,也是香港法院按照《纽约公约》执行域外仲裁裁决的第一案,它为香港法院日后执行域外仲裁裁决,尤其是执行内地仲裁裁决创造了示范性案例。据统计,从1989年至1997年香港回归,内地有150多宗仲裁裁决在香港高等法院申请执行,其中大多数获得执行,仅有两宗案件的仲裁裁决由于某种程序上的原因被拒绝执行。

另外,香港高等法院在本案中对仲裁机构的名称变更和仲裁裁决的所属地这两个问题进行了明确的分析和认定,对正确理解《纽约公约》的精神和含义,对促进仲裁裁决的跨境承认与执行,都具有重大的意义。此后,香港司法机构对于仲裁机构的名称变更问题都采取了与本案主审法官 G. P. Nazareth 一致的立场,即认为即使名称变更了,但还是同一家仲裁机构。这在历年来香港司法机构提供的承认与执行域外仲裁裁决的统计数据中都有所体现。在香港司法机构公布的数据中都会注明特定仲裁机构的现用名及曾用名,说明指向的是同一家仲裁机构。以深圳国际仲裁院为例,深圳国际仲裁院曾经多次更名,在香港司法机构提供的历年香港承认与执行域外仲裁裁决的统计数据中,都会备注深圳国际仲裁院的中英文曾用名,指为同一家仲裁机构。

1997年7月1日香港回归祖国后,内地与香港特别行政区之间仲裁裁决的承认与执行已经变为一个主权国家不同法律区域间的安排,不再适用《纽约公约》。1999年6月,最高人民法院与香港特别行政区政府在深圳签署《关于内地与香港特别行政区相互执行仲裁裁决的安排》。

据香港司法机构的统计,按照《关于内地与香港特别行政区相互执行仲裁裁决的安排》的规定,内地仲裁裁决在香港特别行政区申请执行的案件,大部分都得到了执行。《关于内地与香港特别行政区相互执行仲裁裁决的安排》实施以来,在香港特别行政区获得执行的内地仲裁裁决中,深圳国际仲裁院的仲裁裁决数量居首位,其中2012年至2015年占被执行的内地仲裁裁决总数的31.4%。而且,深圳国际仲裁院没有一起仲裁裁决被香港法院拒绝执行。这体现了内地仲裁的质量,也体现了香港特别行政区法院对内地仲裁的支持态度,并体现了仲裁作为跨境纠纷解决主要方式的独特作用。

回顾经办本案的过程,我们深切体会到香港高等法院G. P. Nazareth法官对《纽约公约》和香港《仲裁条例》相关法律原则的精准把握和诠释;我们感谢香港廖绮云律师行经办律师的敬业精神;特别感谢周焕东先生、董有淦先生和罗镇东先生三位老一辈仲裁员认真负责和公平公正的精神,以及他们对本案作出的公正裁决;特别感谢粤海集团在本案中给予我们的指导和支持;特别感谢深圳国际仲裁院(SCIA)和郭晓文、刘晓春两任领导充分肯定我们在本案中的工作与价值,这次又让我们回顾本案的经历,分享中国仲裁事业走向国际的可喜进步。

> 本文得到深圳国际仲裁院刘晓春院长和我的老领导罗蕃郁先生的大力支持,特此鸣谢!

共谁争岁月，点滴忆当年

郑东平[*]

接到深圳国际仲裁院的征文通知,发现时光如白驹过隙,弹指一挥间,深圳特区建立40周年了,深圳国际仲裁院成立37周年了。我虽然不在深圳工作,在深圳国际仲裁院办理的仲裁案件也屈指可数,但是与深圳国际仲裁院还是有很深的渊源,亲身经历了深圳国际仲裁院不同阶段、不同时期的发展,目睹了深圳国际仲裁院从深南大道上一个不起眼的机构发展成为一个现在具有国际影响力的著名仲裁机构。

我们当年在法学院的时候,有国际法、国际私法、国际经济法课程,但并未开设仲裁这门课程,只是听外教教美国商法典的时候提到过,因此对什么是仲裁基本上不了解,对涉外仲裁更是完全不懂。我毕业后到湖北省对外经济贸易委员会(现在改为商务厅)工作,负责审批外商投资合同以及相关的法律事务,因工作需要才慢慢了解到仲裁。当时出于改革开放引进外商投资的需要,涉外的法律相对比较健全,有三资企业法。合同审批都按照三资企业法来办理。《中外合资经营企业法》的合资协议都是对外经济贸易合作部提供的格式合同,其中有关争议解决条款有两个选择,可以选择法院诉讼,也可以选择国际仲裁。当时由于外商对我国法律不是十分了解,一般都是在合资合同中按照国际商事惯例选择国际仲裁。早先都是选择瑞典斯德哥尔摩商会仲裁院,但那边又远又有语言障碍,后来就选择中国国际经济贸易仲裁委员会。湖北省的境外投资主要来自我国香港、澳门和台湾地区,大部分境外投资商人基于各种考虑,都

---

[*] 北京市中伦(武汉)律师事务所顾问。

要求在离香港地区比较近的深圳进行仲裁。所以合资合同一般也是选择在特区国际仲裁机构(即现在的深圳国际仲裁院,当时称中国国际经济贸易仲裁委员会深圳分会,后来称中国国际经济贸易仲裁委员会华南分会)仲裁。不过作为政府工作人员,当时我尚未真正接触到仲裁机构和仲裁案件。大约是1993年或1994年,同班同学到中国国际经济贸易仲裁委员会深圳分会工作,我去深圳出差找他玩,才第一次进到仲裁机构的办公室。那时候,中国国际经济贸易仲裁委员会深圳分会还是在深南大道上的统建楼里。当时的办公条件还是相当的简陋,统建楼里各种杂七杂八的公司都有,人来人往颇有些嘈杂,楼下就是深南大道,车水马龙。不过统建楼那里生活、交通很便利。我记得离开的时候,老同学就在楼下的士多店给我买了一袋面包和一瓶汽水,让我带上火车。当时还有点小感动。

后来我从政府机关出来,误打误撞成了一名执业律师,主要业务领域就是办理涉外法律事务,这样才有了更多的机会与深圳国际仲裁院接触。我第一次到深圳国际仲裁院办理案件,是代理一宗房地产开发纠纷案件。湖北省政府下属的一家公司与港商合资成立一家房地产开发公司,因为双方无法协商解决争议就提交到深圳国际仲裁院仲裁。我第一次代理仲裁案件,当时就是觉得,仲裁员和法官比起来完全不一样。仲裁员都非常专业,学识渊博,气度不凡,和那时的法院法官有很大不同。因为那个时候的大部分法官是从部队转业下来的,开庭审判时,很威严;而仲裁员开庭时态度礼貌温和,审理案件则是认真负责、一丝不苟,按照法理法条把案情理清楚。这些给我留下了深刻的印象,一个很朴素简单的感觉:深圳国际仲裁院是一个可以好好说理的地方。后来我在工作中向设立合资公司的各方力荐选择深圳国际仲裁院作为仲裁机构。

当我又代理一宗在深圳国际仲裁院仲裁的案件时,深圳国际仲裁院已经从统建楼搬到了彩田路的中银大厦。上到中银大厦的楼上,我还特意让秘书处工作人员带我到新办公室转了一圈。整个办公环境和人员配置都焕然一新,呈现出一个现代化、专业化仲裁机构的风采,我也算是"乡里人进城",开了一次眼界。那个时候彩田路那边比较偏僻,出租车围着中银大厦转了半天才找到，周边的酒店也比较少。秘书处还很热心地帮我订好了住宅局的招待所，离中银大厦很近，价格也便宜。这次代理的案件是一宗一家世界著名的酒店管理集团与香港一个财团关于武汉一个酒店的纠纷案件。案件本身并不复杂，香港公司与酒店管理集团签订了管理合同，但是酒店却迟迟无法开业，导致管理合同无法履行。但是由于被申请人香港公司觉得因为受到武汉当地公司的欺骗，未能及时提供酒店物业，从而导致无法履行合同，要求追加第三人。仲裁庭认为，"一码归一码"，香港公司未能履行管理合同，其与第三人的纠纷应该另行解决，在本案中香港公司应当按照管理合同给予酒店管理集团赔偿。香港这家公司也是著名的财团，了解国际惯例，比较尊重深圳国际仲裁院的裁决。我方也没有申请强制执行，香港公司就自动履行了赔偿义务。如果争议各方都是讲究诚信，都是遵守规则的当事人，那么在商业合同中订立仲裁协议，有争议采取仲裁的方式来解决，是对各方利益最好的保护。因为仲裁可以专业高效地解决争议纠纷。

我在深圳国际仲裁院还代理了另外一宗仲裁案件。武汉一家国有企业与一家台湾公司合资成立一家高科技公司，台湾公司提供设备和技术，武汉公司提供土地厂房。台湾公司将设备发到工厂以后，经双方开机测试，生产线设备完全无法正常使用，最后成为一堆废铁。武汉公司向台湾公司协商索赔无果后向深圳国际仲裁院提起仲裁。台湾公司答辩的理由是，不管设备是否能够正常使用，武汉公司从考察、购买、签合同、进关、商检、到试车等环节都是知道的，也没有提出异议，因此拒绝赔偿。武汉公司则认为，由于是新成立的一个公司，可能经验不足，在进口设备环节没有严格把关，但是机器设备完全不能使用是事实，台湾公司提供的是不合格设备，这导致资产严重损失，因此坚决要求台湾公司赔偿。这个案件比较特别的是，后来仲裁庭支持了武汉公司的仲裁请求，但是这个案件的裁决书上首席仲裁员却没有签字，这种情况是比较罕见的。申请人提供的各种证据包括图片和文字，都证明设备无法使用，也要求仲裁庭可以现场去勘查设备情况。台湾公司也没有否认设备存在严重质量问题。但是不知道为什么首席仲裁员在事实清楚、证据确凿、巨额国有资产流失的情况下拒不签字。尽管如此，深圳国际仲裁院最后还是作出了生效裁决。

深圳国际仲裁院坚持独立、公正、严谨、专业的精神,本着实事求是、依法仲裁的原则来处理仲裁案件,令人十分敬佩。我想,也许正是因为这样的办事作风和精神,深圳国际仲裁院在业界赢得了良好的口碑和信誉。

随着中国改革开放的深入和特区经济的迅速发展,深圳国际仲裁院经历过几次更名,但是更名却带来了一个小插曲。中国国际经济贸易仲裁委员会深圳分会后来更名为中国国际经济贸易仲裁委员会华南分会,又更名为华南国际经济贸易仲裁委员会。我代理的一宗合资企业纠纷仲裁案件遇到一个谁也没有料到的管辖问题。当年签订合资合同时约定,如果合资双方发生争议,将提交中国国际经济贸易仲裁委员会深圳分会仲裁,等到过了若干年后双方发生争议提起仲裁时,深圳市政府已经于2004年将中国国际经济贸易仲裁委员会深圳分会更名为中国国际经济贸易仲裁委员会华南分会,2012年又更名为华南国际经济贸易仲裁委员会(同时称深圳国际仲裁院),而设立于北京的中国国际经济贸易仲裁委员会也在这个时候对外称在深圳设立了一个办公室,叫作"中国国际经济贸易仲裁委员会华南办公室"。我代表申请人按照正常途径在华南国际经济贸易仲裁委员会(即深圳国际仲裁院)进行了仲裁立案。可是,被申请人却向中方以及中方的上级主管部门提出,认为原合资合同中约定的仲裁机构是中国国际经济贸易仲裁委员会深圳分会,因此应该向"中国国际经济贸易仲裁委员会华南办公室"申请仲裁而不是向华南国际经济贸易仲裁委员会申请仲裁,否则双方约定的仲裁协议无效。根据相关仲裁机构登记证书和历史沿革,我们认为,华南国际经济贸易仲裁委员会就是以前的中国国际经济贸易仲裁委员会深圳分会。合资双方签订合资合同时,"中国国际经济贸易仲裁委员会华南办公室"还不存在,因此双方不可能约定到一个不存在的机构进行仲裁。为了让中方及中方的上级主管部门相信我们选择华南国际经济贸易仲裁委员会是依据合资合同的约定,我还专门请深圳国际仲裁院出具了一份说明,深圳国际仲裁院对其历史沿革、更名的来由等作了详细的解释。这个事情充分显示出深圳国际仲裁院热心为当事人服务的精神。

伴随着深圳特区和粤港澳大湾区社会经济的高速发展，深圳国际仲裁院更加显示出其保障和促进经济发展、加强社会主义法制建设的重要作用。深圳国际仲裁院总部也搬到了深交所大厦办公。时值深圳国际仲裁院成立 37 周年之际，我将自己亲身经历的点点滴滴的片断记忆写下来，作为一个法律人对深圳国际仲裁院的祝贺！我相信无数个点点滴滴折射的时代光影汇聚在一起，就汇合成记录深圳国际仲裁院这些年精彩发展过程的大全景镜像。

角色转换之间

贺倩明[*]

　　律师制度和仲裁制度都有悠久历史,从史料来看,律师制度和仲裁制度均起源于古罗马和古希腊时期。律师制度的兴起是因为古罗马人发展了复杂的成文法典以及诉讼制度。诉讼过程中,尤其是刑事控告中,往往涉及对诸多复杂法律条文的理解和控辩双方的对抗,因此需要由接受过专业训练的人担任辩护人,这些辩护人的主要职责是帮助私权免受公权的滥用带来的侵害。古罗马时代的律师享有相当高的地位,律师职业诞生于私权与公权的博弈之中,常代表当事人与对造或与政府进行诉讼,并且律师职业讲究来自希腊地区一脉相承的修辞学及雄辩术训练。虽然仲裁制度与律师制度的历史渊源都可以在古罗马和古希腊时期找到,但不同的是,仲裁是由民间的智慧发展起来的。仲裁的产生是由于不同城邦之间商事交易频繁导致时有纠纷发生,为快速有效地解决纠纷,纠纷双方商定由共同认可的第三方处理其争议。因此,仲裁是随着商品经济的发展而产生的,仲裁来源于当事人双方将其发生的争议提交第三方解决的意思自治。由此可见,仲裁诞生于私权与私权之间的协商,与公权无涉。

　　律师的职业基因和职业训练注重对抗和思辨,律师需要长年累月的法律训练,要掌握娴熟的诉辩技巧,需要取得国家公权机构授予的资格证书方可执业。而仲裁员执业不以受过法律专业训练为前提,也不需要经过国家公权机构授予特定资格;仲裁员往往基于自身的阅历、名望和专业能力取得当事人的信任,从而被选定。虽然律师和仲裁员的基因不同,但

---

[*] 上海市建纬(深圳)律师事务所主任。

一个接受过法律专业训练,同时又具有丰富的社会阅历和专业声望的律师,往往具备成为一名优秀仲裁员的条件。

无论是律师还是仲裁员,两种法律职业都使我既敬畏又热爱,但与律师相比,仲裁员的工作则更具挑战性,也更有成就感。作为律师,以最大限度维护当事人的合法权益为使命;作为仲裁员,则以维护法律的正确实施、维护公平正义为使命。律师,常常选择对己方有利的事实,通过推理和证据去说服裁判者,律师呈现的事实和法律往往是经过精心筛选的,可能带有诱导性;而仲裁员则要拨开证据迷雾,穷尽各种办法还原事实全部真相,无论心证还是实证,仲裁员力求无限接近于真实。就对法律的运用而言,律师和仲裁员也存在很大差异——如果说律师是站在当事人的角度解释法律,仲裁员则站在立法者和裁判者的角度解释法律,探求法律背后的公平正义。

可见,律师和仲裁员两个角色虽都以法律为工具、以事实为基础,但两者无论是初衷,还是目标,都存在很大差异。处理好这两种角色的差异的关键,就在于在个案中准确理解"情""理""法"这三个字。律师对"情""理""法"的拿捏,是在不违反法律禁止性规定、不违反律师执业道德和执业纪律的前提下,从"情""理""法"三个不同的角度论证其当事人诉求的正当性。律师的"情"是基于一方当事人的委托,这里面有人情、有感情,也有信任之情,重点在于理解当事人的诉求,对当事人保持同理心,不辜负当事人所托。仲裁员视角下的"情"与律师视角下的"情"存在根本不同,虽然仲裁员也是基于当事人的选择和委任,但仲裁员应当独立于当事人,并应公平地对待当事人,仲裁员不能与当事人之间有"私情",仲裁员在裁判过程中更不能徇私情。仲裁员对"情""理""法"的拿捏主要体现在裁判过程中对自由裁量权的运用。在法律规定不明确、法律条文存在冲突、法律规定本身存在瑕疵、缺乏明确法律规定、法律赋予裁判者酌情调整等情形下,仲裁员需要结合"情""理"来判断案件的是非。这里的"情",通常指的是普遍存在的公序良俗、民情民意,与道德、风俗、习惯、传统、文化、商业惯例等有关;而"理"则指的是法理、哲理和天理,与法的本质和法的精神有关。

无论是律师,还是仲裁员,经常会遇到法律规定不明或者事实无法查清的情形。商业领域有着层出不穷的新型交易,而法律对这类交易要么缺乏明确的规定,要么规定明显滞后于市场的发展。在这种情形下,如何适用法律是律师和仲裁员面临的巨大挑战。举例来说,随着深圳城市化的发展,出现了大量以村集体土地权益为标的的合作开发和以无产权房屋为标的的租赁或买卖。这类交易随着深圳土地和房屋价格的飞涨而频发争议,其主要的争议点在于对合同效力的认定。通常转让方会主张该类交易行为因违反《土地管理法》(2004年修正)和《城市房地产管理法》的规定而无效,理由在于《土地管理法》(2004年修正)禁止集体土地流转,且《城市房地产管理法》也规定未取得产权或存在产权瑕疵的物业不得转让。然而,机械地适用这些法律,将会导致市场中普遍存在的类似交易行为处于极其不稳定的状态,也将使得大量的转让方以合同无效为名,行单方毁约之实。这类案件涉及的法律体系庞杂,各层级的法律规范多如牛毛,各地司法判决结果也有所不同。因此,此类案件对律师和仲裁员的专业要求都是极高的。

很幸运,在我的职业生涯中,我曾有机会以仲裁员和律师两种不同的角色分别参与这类案件的处理。因为两种角色定位不同,故两者在处理案件过程中的思维方法也存在根本不同。以仲裁员身份处理这类案件时,既要考虑案件本身适用法律的准确无误,又要考虑个案对市场交易秩序和社会公平正义的影响。因此,作为仲裁员,要有正确的价值判断,准确厘清事实细节和剖析法律。而作为律师,则更多的是从事实和法律细节出发,全面建构实现当事人利益的证据链和法律论证体系。于我而言,作为仲裁员处理这类案件时,一般先确定两大价值判断:一是维护契约自由,尊重意思自治;二是鼓励诚实信用。维持契约效力的稳定性是契约自由的应有之义,只有维护契约自由,才能维护交易关系的稳定,因此,对契约效力的否定应当尽量慎重。同时,裁决的结果应该让守约方获利,避免毁约方借法律漏洞获利,即便依法应当认定合同无效,在合同无效的过错认定和损失分摊方面也应该倾向于保护守约方利益。遵循这两条价值判断的原则,适用法律和认定事实便如同有了指南针,处理这类案件就会容易很多。

仲裁员和律师一样,其专业判断独立于机构,但其价值观和职业风格均深受其所在机构的影响。我在建纬律师事务所执业超过15年,在深圳国际仲裁院担任仲裁员和调解员也近10年,这两个机构对我职业生涯都影响深远。建纬律师事务所有着独特的专业文化,处处彰显极致的专业主义。而深圳国际仲裁院则具有与众不同的鲜明个性。其与众不同主要体现在两方面:一是治理模式;二是团队结构。深圳国际仲裁院有着国内独一无二的法定机构管理模式,其理事会成员是来自境内外声名卓著的专业权威人士,为仲裁机构和仲裁员的独立性提供了坚实保障。与此同时,他们有着一支具有国际化视野、开放包容、专业卓越的管理团队和秘书团队。这些元素为仲裁员构建了良好的仲裁生态环境,无论是去开庭,还是去开会,从前台端来的一杯咖啡,秘书递过来的一份材料,到专业速录员的一字不差地记录庭审过程,都让我肃然起敬。印象最深的是有一次听晓春院长介绍仲裁规则,无论是新规还是旧规,他都能够一字不差地脱口而出。在一些专业会议中,邓凯馨等办案秘书的流利英文也让我折服。正是因为机构如此优秀,才能让我心无旁骛地施展专业才华,才能使我通过对一个个案件的处理实现法律人的抱负。

当律师,通过维护当事人的合法利益而推动法律的正确实施和法律体系的完善;当仲裁员,通过个案中法律的正确适用,实现社会的公平正义——两者角色不同、初衷不同,但殊途同归,终极使命一致。我要特别感谢深圳这个优秀的城市孕育了享有国际美誉的深圳国际仲裁院,也要感谢深圳国际仲裁院能让我有机会担任仲裁员,我想,我会一辈子为此感到荣耀和自豪。

一个推托不了的任务

李永海[*]

中国融资租赁业在深圳得以蓬勃发展，与特区法治环境的不断完善息息相关。特别值得称道的是，特区国际仲裁机构对融资租赁行业发展的支持：一方面，特别重视行业惯例，讲究行业纠纷解决的专业性；另一方面，善于引导该行业的企业规范交易行为，防范法律风险。

2012年12月，华南国际经济贸易仲裁委员会（深圳国际仲裁院）聘请我为仲裁员。当年，深圳市政府通过特区立法，对深圳国际仲裁院进行法定机构改革，"独立、公正、创新"的特区仲裁精神从制度上得以落地生根。我很荣幸成为深国仲改革后的首批仲裁员和调解专家。

我不是法律科班出身，但深国仲聘请我为仲裁员，听院里说主要是为了更加专业、更符合惯例地解决已经出现且预期会逐年增多的融资租赁纠纷。我当时南下深圳不久，担任深圳市融资租赁行业协会副会长和法定代表人。几年来，我在深国仲参与办理了十多宗融资租赁纠纷案件，争议金额从数百万元到数亿元，有的是以裁决结案，有的是以调解结案。

作为深国仲仲裁员和调解专家，能够与成就非凡的法学专家、专业权威和企业家翘楚同堂比肩，让我诚惶诚恐，压力很大。我了解自己的优势仅仅是在国内、在深圳、在前海进入融资租赁行业比较早一点，有一点实践经验和体会心得，唯有一以贯之、兢兢业业地将业务做深、做透，有所创新、有所建树，积累和总结经验，为参与庭审裁决和调解的每一宗案件提供准确专业的租赁业务意见和建议，才对得起深国仲仲裁员和调解专家

---

[*] 深圳市融资租赁行业协会法定代表人、副会长。

这一荣耀一生的资格。

在深国仲担任仲裁员和调解专家,最大的感受是备受尊重。深国仲从各位领导、各处处长到仲裁庭秘书,每个人都很儒雅斯文。与深国仲各位同仁相处相交近十年,感受到的满是尊重、信任和理解,从未有过局促和不自然的感觉。

无论是原来的旧址中银大厦19层、现在的新址深圳证券交易所大厦41层,还是前海仲裁庭、罗湖中民时代广场仲裁庭,深国仲的设计和布置风格都是一样的简朴大方,一样的庄严肃穆,同时又让人感觉到无处不在的温馨和舒适。每一次开庭,从停车位安排,前台引领,到庭前合议,庭审服务,再到庭后合议,入口电子字幕,大堂电子屏显,一条备用领带,一套办公文具,一杯茶,一盘爽口水果,一份开胃甜点,一顿工作午餐,每一个流程,每一个细节,无不透露着专业精到、细致入微。

这种备受尊重的感觉,让我不能不认认真真地面对每一个经手审理的仲裁和调解案件,不能不发自内心地学习、领悟并自觉践行"独立、公正、创新"的深国仲精神。

这种备受尊重的感觉,还让我积极主动地参加深国仲在香港、深圳、广州、北京等地组织的各种培训、业务沙龙和专题论坛。唯有一次"强我所难"的事情:深国仲邀请我作为主持人参加一个大型主题论坛,我先是婉言相拒,但最终还是因为这种备受尊重的感觉让我无以推托,因此斗胆领命。

2014年8月,由深国仲发起,和前海管理局在南山希尔顿酒店可容纳数百人的大宴会厅联合组织举办"首届前海融资租赁法律论坛",邀请我做主持人。融资租赁行业在我国真正市场化并风生水起、蓬勃发展,至今不足10年。作为较早进入深圳、进入前海从事融资租赁业务的先行者,为了抱团学习、相互交流、精诚合作,行业内在各地组织的各种形式、各种规格的沙龙、交流会和论坛,我都是有请必到。但是这一次主持法律论坛,让我着实犯了难。如此大型的高规格跨界论坛,最高人民法院大法官、深圳市主管领导、深国仲和前海管理局领导、一众法律专家、融资租赁界泰斗屈延凯老先生、融资租赁头部企业老总等悉数到场,以我当时的租赁和仲裁"双新兵"身份,凭借仅有的一点租赁行业实践心得和仲裁经验,如何驾驭得了这样大的场面?

然而,无论我如何向深国仲谢卫民处长和前海管理局刘晓处长苦口解释,如何希望他们物色举荐更为合适的人选担纲论坛主持的重任,两位处长一再明确表示已经没有商量的余地,两家主办机构的领导都已经决定了,说由我来做论坛主持人最合适,他们最放心。

"重赏"之下不乏勇夫,超格尊重之下也会有勇夫。我最终领受了任务。距论坛开幕还有5天,在出差考察间隙,在飞机上,在中转途中,抓紧点滴时间了解论坛议程,搜集、研究两家主办机构及每位演讲嘉宾的新闻与背景资料,突击充电主持技术和技巧,反复草拟演练开场、推介、串场和结束语腹稿,推敲提炼介绍语、背景语和衔接语亮点。

8月6日上午9时,我宣布论坛正式开幕,然后有序地请出一个个重量级嘉宾,从融资租赁在国内发展的宏观现状到前海金融特区的政策环境,从租赁业务实践及合同执行中遇到的主要困境和问题到刚刚出台的最高人民法院有关融资租赁合同纠纷的司法解释,从仲裁实践、仲裁与诉讼的比较优势到租赁业务与合同拟订的风险管控,呈现了一场场精彩的演讲。

这是我第一次主持法律论坛。本来我缩手缩脚、缺乏信心,因为深国仲和前海管理局领导的信任、鼓励和尊重,因为用心准备,论坛达到了预期的效果,行业内的企业人员都说收获良多,合同交易的规范性和法律风险的防范意识大大加强了。

会后,我才更加明白深国仲让我当主持人的用意:让行业中的人来主持并"现身说法",让大家更加理解仲裁"来源于市场、服务于市场"。为企业服务,促进行业和市场健康、稳定、有序发展,这是深国仲的初心。我想,这也是深国仲一直深受中外企业信赖的主要原因吧!

从青年律师到仲裁员之路

付增海[*]

初次体验

我与特区仲裁结缘始于2008年12月,我和我的师傅卢全章律师在中国国际经济贸易仲裁委员会华南分会(就是现在的深圳国际仲裁院)代理一宗房地产项目及股权转让协议纠纷案件,争议金额人民币3.1亿元。那是我2002年从法学院毕业进入律所工作以来第一次承办争议金额上亿元的案件,也是第一次去仲裁委代理案件,所以记忆犹新。

首先让我耳目一新的是,去华南分会立案和法院很不一样。当时华南分会在深圳福田区中银大厦办公,我从电梯出来,一走进华南分会办公区,前台工作人员就很热情地走上前来问好,然后引领我到休息区坐下,问我要咖啡还是茶。很快就有一位工作人员过来,看了申请材料,礼貌地告诉我材料已受理,近几天会通知我是否立案及缴费金额。整个立案过程热情、专业、高效,让我对华南分会的服务精神印象十分美好。

立案之后的送达遇到困难:四个被申请人中有三个自然人是香港居民,他们多次拒不签收仲裁申请文件。依据仲裁规则关于"投递给受送达人最后一个为人所知的营业地、注册地、住所地、惯常居住地或者通讯地址,即视为已经送达"的规定,我们和仲裁秘书安欣女士(现为深圳国际仲裁院副院长)多次沟通,共送达了五次才完全确信完成了"有效送达"。为什么华南分会对送达这种程序性问题这么谨慎重视呢?因为华南分会希望杜绝仲裁裁

---

[*] 广东信达律师事务所合伙人。

决被法院以"仲裁程序违法"为由撤销的风险,体现出了其洁身自好、珍惜名誉的追求,精益求精的专业精神,以及对当事人高度负责的态度。

该案的开庭也开启了我对特区仲裁庭审的良好印象。华南分会由专家组成的仲裁庭公正、谦和、专业。开了两次庭,每次开庭都是一整天,开庭时给予双方当事人及代理律师充分发表意见的时间,对双方提出的事实和证据给予足够的关注和重视。作为代理律师,我感受到仲裁庭的专业、平等、公正,令我信任和放心。

之后收到了该案的裁决书,有 99 页,厚厚的一本。说理透彻充分,详细说明了支持当事人请求的理由及不支持的原因,令人心服口服。至今我还保留着这份裁决书,作为学习研究的资料。

和华南分会的第一次接触,印象美好。

了解越多,向往越多

随着我执业时间的增加,我代理了更多在华南分会仲裁的案件。在华南分会,常常能看到华南分会上至主任下至普通员工,见面都会热情地向来访者打招呼问好,感觉很亲切。我代理的每宗案件的仲裁庭成员,都专业公正,平等对待双方当事人,令我信任。

我的师傅卢全章律师是华南分会的资深仲裁员,他每年以仲裁员身份审理多宗案件,有些复杂案件的裁决书要写上百页。我知道仲裁员的办案补贴相对于律师费来说可以忽略不计。我好奇他为什么愿意做仲裁员,干这"苦活",他说这是一份沉甸甸的荣誉和责任,作为仲裁员公正地裁决案件,可以更直接地实现一个法律人追求公平正义的理想,为中国的法治建设尽一点点力量。

多年来我知道,他作为仲裁员审理的案件中,有些当事人试图通过各种关系找他通融,他都严格遵守仲裁员纪律,绝不与当事人及代理人有任何私下接触。

后来,我到信达律师事务所工作多年,同所的麻云燕律师、徐孟君律师也是华南分会的仲裁员,在和他们相处的过程中,同样能感受到他们的专业、敬业和独立公正的高洁品格。

当然，我还认识其他一些在华南分会做仲裁员的同仁和朋友，他们都是各行各业的专家，但他们都有一个共同点：专业、独立和公正。

见贤思齐，我暗自定下目标，希望自己在45岁之前能光荣地成为一名华南分会的仲裁员。

心想事成，获聘成为仲裁员

2015年，我光荣地被选聘为由深圳国际仲裁院发起创建的深圳证券期货业纠纷调解中心调解员，主持调解了多宗资本市场纠纷，对资本市场纠纷处理的经验更丰富了。

深圳国际仲裁院每年都会免费举办多场高规格、高质量的法律沙龙，尤其是每年一届的中国华南企业法律论坛，主讲者来自最高人民法院、行业监管机构、知名律所、知名公司等，从理论到实操，开阔眼界，启发智慧，已经成为华南地区法律人思想交流的一场盛会。

深圳国际仲裁院刘晓春院长经常亲自带队，携仲裁院各处室同事拜访律师事务所和企业，倾听市场的声音，回应市场的关切。这种真诚服务法律市场各方主体的精神令我们赞赏和敬佩。

2019年年初，经过17年律师工作的积累，在前辈老师们的支持关爱下，我终于心想事成，光荣地被选聘为深圳国际仲裁院的仲裁员，给我颁发聘书的是香港知名律师、香港首任律政司司长梁爱诗女士，她也是深圳国际仲裁院的理事和仲裁员。

我要像我熟悉敬佩的几位仲裁员老师一样，做一名独立、公正、正派的仲裁员，慎用自己手中裁决案件的权力，实现一个法律人追求公平正义的理想，维护深圳国际仲裁院在国际上良好的声誉。

结　语

最后，我想以深圳国际仲裁院"院花"莲花的品格和大家共勉："出淤泥而不染，濯清涟而不妖，中通外直，不蔓不枝，香远益清，亭亭净植，可远观而不可亵玩焉。"

善良与公正的艺术

孙红庆[*]

古罗马法学家乌尔比安称,"法乃善良与公正的艺术"。自担任深圳国际仲裁院的仲裁员以来,我愈发理解了这句法谚的含义。

我审理的案件中比较多的是自然人投资者与基金管理人/金融机构关于受托责任纠纷。这类案件的合同条款通常是由基金管理人或金融机构拟定的,而对仲裁机构的选定也包含在合同条款中。深圳国际仲裁院给仲裁员传递的理念始终是,仲裁庭不代表任何一方当事人的利益,仲裁员要做到独立与公正。这给了我坚持公正裁决的底气。记得在一个案件的核阅沟通会上,仲裁院业务总监谢卫民先生表示,仲裁院充分尊重和支持仲裁庭公正裁量,相信公正的裁决对于案件中的机构方在规范的、更高层次的发展上也会是一种促进。对此,我深以为然。好的仲裁机构不应成为期待规避应负责任的特定主体的首选,而应成为冀望公正、高效、专业、灵活解决商事纠纷之主体的首选。深圳国际仲裁院的院花是莲花,象征着品质高洁,她会吸引真正爱莲的人。

对仲裁员来说,办理案件可能只是日常事务中的一小部分,但我也希望在每一个案件中都能传递公正。对于案件中的争议焦点,尤其是比较疑难复杂的问题,我常常要检索和研究大量的法规、案例以及中外文献资料,以期每一个问题都得到认真的对待。裁决书上写出的一小段文字,背后却需要花费大量的时间和精力。而仲裁院工作人员也同样精益求精。记得我审理过一宗争议金额只有人民币 20 万余元的案件,我认为已经认

---

[*] 大成创新资本管理有限公司合规负责人。

真地进行了审理,并且提交的裁决书初稿的篇幅也很长。仲裁院核阅工作人员进行了非常认真的核阅,提出了核阅参考意见。虽然裁决结果基本未变,但核阅意见很有道理,因此我参考该意见对裁决书的说理部分进行了较大幅度的调整。我非常感谢认真工作的人,也请该案仲裁庭秘书转达了对核阅工作人员的感谢。只有认真,好的裁决书才能被打磨出来。

我理解深圳国际仲裁院是一个开放、透明、服务型的机构。在成为仲裁员之前和之后,我都参加了仲裁院举办的很多培训活动,比如中国华南企业法律论坛、股权投资与争议解决高峰论坛、商事调解实务与技巧培训交流会等。我记得在一次中国华南企业法律论坛上,仲裁院沈四宝理事长提出"深圳国际仲裁院是谁的"之问题并进行了阐述:仲裁院是当事人及其代理人的,是仲裁员的,是仲裁院工作人员的,是理事会的,是深圳的,也是国际的。法定机构治理机制的建立和完善为"善治"提供了坚实基础,而良好的治理也孕育出独特的文化。

君子之交淡如水。从与仲裁院的人打交道的点点滴滴中,我常常感受到现代文明或者说法治文明的魅力。在现实面前,法律人有时候难免失望,但在仲裁院我们却常存希望。"行公义,好怜悯,存谦卑的心",愿与同行共勉。

特区仲裁实践有感

左青云[*]

深国仲初印象

2013年8月19日,深圳国际仲裁院肖黄鹤处长、安欣副处长、周毅等一行到访北京大成(深圳)律师事务所,所里面非常重视,在深合伙人及管理层成员几乎都参与了接待和交流。

尽管对仲裁机构的性质有所了解,也知悉其与法院的区别,但毕竟仲裁机构也是对商事争议一锤定音之所在,因此,对于深国仲几位负责人的来访,我带着些许的好奇、些许的忐忑、些许的期盼。至少我刚开始的感觉是这样的。随着交流的进行,几位处长没有想象中的冷峻和威严,在轻松的气氛中,他们介绍了深国仲的基本情况,包括历史沿革、组织架构、仲裁员情况、示范条款以及使命、愿景、核心价值等。随着交流的深入,仲裁的优势、深国仲的特点,通过处长们专业、细致的娓娓道来,逐渐植入我和同事们的脑海中。

最后,听说他们要走访很多律师事务所,我感受到仲裁机构对律师的重视,同时也产生了一些疑问,仲裁机构与律师事务所过多交往,是否恰当?是否会影响裁判的公正性呢?

---

[*] 北京大成(深圳)律师事务所高级合伙人。

参与纠纷调解

深圳证券期货业纠纷调解中心(以下简称"调解中心")是由深圳国际仲裁院、中国证券监督管理委员会深圳监管局共同发起,资本市场相关行业协会共同参与举办的独立纠纷解决机构,是经深圳市事业单位登记管理局批准登记成立的公益性事业单位法人。调解中心以遵守宪法、法律、法规和国家政策,鼓励资本市场参与主体利用调解方式解决证券期货争议及资本市场其他类型的纠纷,倡导诚信、友善的道德风尚,促进行业自律及社会和谐为宗旨,在国内资本市场首创"专业调解+商事仲裁+行业自律+行政监管""四位一体"纠纷解决机制。

我曾较长时间在证券期货公司工作,从事律师职业后,又专注证券期货领域的法律事务。受行业协会的举荐,我有幸成为调解中心首批调解员,此后,受中心选派或当事人指定,参与了不少案件的调解。根据调解中心截至 2020 年 5 月底办案数据统计,调解中心受理各类咨询共计 4 489 宗,正式受理调解案件 749 宗,已办结案件 726 宗,其中调解成功 578 宗,和解金额近 30.97 亿元人民币。其中申请仲裁确认的案件 413 宗,转化率约为 72.7%,涉及金额 30.24 亿元人民币。大部分申请调解的案件,属于投资者和证券期货机构之间的纷争,往往矛盾积累时间较长且较为尖锐,投资者情绪较为激动,而投资者如提起诉讼或仲裁,实际是很难胜诉的,且裁决或判决结果在处理方式上较为单一。此时,调解员更多时候首先是个倾听者,以化解投资者心中的焦虑和愤懑,并最终通过耐心、细致、专业的疏导,以期缩小双方的差异,通过灵活的调解方式,和谐化解双方的矛盾纠纷。

调解中心由于融专业调解、商事仲裁、行业自律和行政监管于一体,在定分止争方面发挥了积极的作用。2014 年 2 月,时任中国证监会主席肖钢到深圳视察,对调解中心给予了充分的肯定。

代理仲裁案件

2015年,我代理的一宗"资管业务通道方的责任"纠纷案件,被深国仲编入金融仲裁调解典型案例。

根据仲裁规则,该案件由双方当事人各自选定的仲裁员及仲裁院院长指定的首席仲裁员组成合议庭审理,三位仲裁员分别为大学教授、基金公司高级管理人员、顶尖律所合伙人,均为涉案领域非常专业的兼职仲裁员,无论是庭审中对专业问题的认知、案件焦点的把握,还是最终体现到裁决书中的分析说理,可以说都非常精准。仲裁员在事实基础上,恰当地适用法律,这反映在结果的公正上,当事人胜固可喜,败亦欣然!

现摘录部分裁决说理内容,以飨读者:仲裁庭认为,本案资产管理计划是否属于被申请人的通道业务,以及通道业务是否违规,不会对申请人作为委托人、被申请人作为资产管理人这一民事平等主体之间的权利义务造成影响,申请人和被申请人的权利义务应当按照合同和法律进行认定;本案申请人委托被申请人进行资产管理时,不是基于对被申请人作为受托人资质、能力、人品、见识、工作业绩等了解基础上的信任,申请人无权援引《信托法》第三十条的规定要求被申请人对某某公司的行为承担责任;本案中,申请人请求被申请人对第三人操作失误造成的损失承担责任,不符合《合同法》第四百条的规定,仲裁庭不予支持。

从仲裁庭的组成,仲裁员的专业性、独立性到案件的审理过程,通过实践回答了本文第一部分我提出的疑问——仲裁机构与律师事务所交往,并不影响裁判的公正性。仲裁机构只是平台,真正审理案件的是兼职仲裁员,他们保证了仲裁的公正性。

仲裁之优与惑

仲裁有不少优点,如保密、高效、灵活等,为当事人称道;但也存在一些问题,如仲裁协议的相对性问题,会给办案带来一些障碍。

我代理的一宗股权权属纠纷案就遇上这样的难题。当事人一方自另一方受让某公司股权,受让款如约支付,约定由转让方暂为代持,并约定了仲裁条款;其后,转让方擅自将标的股权转给了第三方(非善意)。在这种情形下,如果是诉讼方式,应可在一个诉讼程序中解决,但仲裁不能,根据仲裁协议的相对性,受让方只能以转让方为被申请人,要求其承担违约责任,但转让方已不具承担责任的能力;如果受让方主张转让方第二次转让无效,还原甚或将股权归属到受让方名下,则需要另行通过诉讼解决,而诉讼仍不能解决受让方与转让方之间的争执,还得回到仲裁程序中。凡此,徒增当事人的诉累,且不利于维护当事人的合法权益。所幸深国仲在仲裁之外还引入了调解、谈判促进、专家评审等制度,通过多元化方式化解纠纷,有利于尽可能地减少诉累。

从与深国仲初相识到成为深国仲的一名仲裁员,我从点点滴滴中感受到这个机构在不断完善、积极进取。立志欲坚不欲锐,成功在久不在速。我衷心祝愿深国仲百尺竿头,更进一步!

深国仲与深圳精神

马东红[*]

弹指一挥间,来深圳已经二十余年,很幸运成为深圳发展过程中的一名司法建设的参与者和司法改革的见证人。回顾多年来在法院工作的经历,印象较为深刻的是,深圳在20世纪90年代末电脑和网络开始普及,法院的书记员、法官经过几个月的培训开始用电脑办公,无论是十指翻飞的年轻人,还是"一指禅"的老同志,都在电脑面前迅速改变了工作方式。另外,司法改革拉开序幕,无论是规章制度、组织架构,还是岗位设置、人员装备,从头到脚、从理念到行动都快速发生了变化。而在这个过程中,深圳多次充当了实验者、先行者,践行了自身改革开放窗口的定位和勇为天下先的改革精神。

2020年8月26日,是深圳经济特区40周岁的生日,我们祝福深圳越来越强,继续在中国巨变历程中保持敢闯敢试、一马当先的英雄本色。在这个特殊的历史时刻即将到来之际,作为法律人,伴随着前几年身份的转换和职业拓展,我看到了一棵茁壮成长的小苗——深圳国际仲裁院,它以让人惊叹的速度发展起来,已经成为中国商事争议解决领域一棵挺立的窜天杨。

记得第一次参与仲裁案件,是所在公司的一宗合同纠纷案件,当时在某地的仲裁委员会进行仲裁。通过参与整个仲裁流程,感觉仲裁流程与当时"二五纲要"后执行得非常不错的诉讼流程相比存在不少问题,特别是对于关键证据的接收和转递、开庭调查等环节都存在随意性过大、对当

---

[*] 北京市君泽君(深圳)律师事务所律师。

事人指引不足、证据是否被采信不予回应等不完备情形。由于这次经历，此后我一般都建议公司尽量选择诉讼程序处理纠纷。

第二次参与仲裁案件已经是三年之后，作为实习律师与指导律师共同办理由深圳国际仲裁院（华南国际经济贸易仲裁委员会）受理的案件。在代理此次案件过程中，我体会到了与之前的经历完全不同的感受：仲裁规则中英双语；仲裁员涵盖不同的专业领域，可选择性极强；仲裁庭秘书做事规范耐心；程序严谨完善；首席仲裁员庭审控制完美；流程顺畅且便捷。那时唯一感觉与诉讼特别不同的地方是，当事人双方提交的各种文件的转递制度。每一方当事人都可以收到对方当事人提交的所有/任何文件，包括各种授权委托资料、申请、意见、说明、参考资料等，在仲裁规则的框架下，只要仲裁庭没有安排证据关门时间，双方当事人对对方当事人的意见可以充分地发表对应意见，于是就出现了对对方代理词的回应、对对方回应意见的再次回应、对对方说明的情况反馈、对对方反馈意见的回复等意见往来。为此，我专门给院长提了一次意见，指出这样的意见发表流程太过于繁琐冗长，仿佛遇到滚刀肉一般，没干净利索的时候，规则上是否应该有个限制机制。院长耐心听取了我的意见，并对这种安排模式的原因和机制作了解释。当时听完，我虽接受但心里有些不服。

2019年2月，我有幸被选聘为深圳国际仲裁院的一名仲裁员，当时正值深圳国际仲裁院公布施行与深圳仲裁委员会进行机构改革合并重组后的新仲裁规则。新规则在2016年仲裁规则的基础上，借鉴境外仲裁实践经验，首次在国内仲裁界确立"选择性复裁机制"；在首席（独任）仲裁员的指定方式上增加了"推荐排除法"；在国内首次引入仲裁员及当事人"庭审声明"等制度，回应商事领域市场主体的需求；在多元化、专业化、高效率、低成本方面加大了措施力度；受理范围包括外国投资者与东道国之间的投资纠纷（国际投资仲裁）。

经过一年多的仲裁员实践，回头看曾经让自己在心里不服的程序安排，我终于充分理解了其价值和意义。当事人在仲裁庭充分地发表意见、表达观点，可以使仲裁员形成从整体到细节、从大致直觉到对争议焦点的逐项认知，从而对合同的签订、履行等环节有充分的认识和了解。这是一个当事人博弈为仲裁员形成认知添火加柴、纠偏去伪的过程。观点充分表达的过程,不仅是说服仲裁庭的过程,也是说服对方当事人的过程,由此仲裁裁决观点的形成从基础上更容易被当事人接受。作为仲裁员,在裁决书撰写过程中,会发现当事人很多重复的意见和观点,而这些意见和观点只能在特定的位置出现一次;这就意味着一旦当事人的意见开始大量重复,双方的观点便已经尽显。反过来看,作为当事人的委托代理人,则应注意避免大量意见不断重复,发表意见应具有针对性并围绕争议焦点进行。这个流程上的特点与诉讼极为不同,诉讼程序对单方当事人的申请、代理词等仅以法院为收受和判断主体的文件,不会送达对方当事人;双方当事人努力说服的对象是法官,法官的主导性特别明显。由此,极易出现一种现象,法官可能会为所支持的诉讼请求自行给出支持的理由,客观上体现为替代一方当事人寻找理由作为论据,有些理由甚至是该方当事人自己都没有提出的。从服判息诉的角度,仲裁裁决中保证当事人意见充分发表的过程,更容易让仲裁员作出贴近案件客观真实情况的判断。这一点在目前法院人少案多的矛盾进一步突出、案件质量和效率难以兼顾、司法改革继续深入但尚未完成的情况下,意义极为重大,反而能够体现司法程序这个古老制度应有的本来面貌。

除此之外,深圳国际仲裁院仲裁规则在管辖和送达制度方面的改革和完善,也非常有价值和深远意义。在坚持《仲裁法》关于仲裁约定的前提下,对于第三人加入仲裁、"应诉管辖"、无约定地址需穷尽已有送达方式等规定,都在程序上为当事人提供了权利保障,为案件事实的查明增加了更大的可能性。

2020年新年伊始,中国乃至世界遭遇了新冠病毒的袭击。在此次重大的人类浩劫面前,有教训、有代价、有反思,更有复工复产继续生活的努力。深圳国际仲裁院及时在2020年3月10日发布《关于疫情期间仲裁审理工作的意见》,对网络仲裁平台进行了功能升级,推行仲裁案件网络化处理,完善了"云上仲裁"、视频开庭、证据交换存储三大平台,并推出了鼓励措施,当事人在疫情期间选择网络远程仲裁服务实行仲裁费减免,不仅保证了案件的及时处理、方便当事人参与,更减轻了当事人的费用负担。同时,对于当事人在仲裁时效期间的最后6个月内因疫情原因不能行使请求权的,提出仲裁庭应审查确认仲裁时效中止。深圳国际仲裁院(华南国际经济贸易仲裁委员会、深圳仲裁委员会)正在通过坚持不懈的努力,践行一代法律人在商事纠纷解决机制上对法治建设的理想。

多年来,深圳都是以先行者的姿态在前行,这需要的是每一个决策的谨慎正确,每一次改革的勇气决心,深圳所取得的成就是改革开放四十多年中国实现历史性变革和取得伟大成就的一个缩影。作为设在深圳经济特区的仲裁机构,深圳国际仲裁院以独立、公正、创新作为奋斗目标,通过不断的努力为深圳经济特区的发展保驾护航、贡献力量。让我们共同努力,从点滴做起,让深圳国际仲裁院的明天更加美好。

一名年轻仲裁员的感恩之心

钟澄*

怀着感恩的心情写下此文。一路走来，很多人和事都在变，但对仲裁事业的初心不变。感恩身在深圳经济特区，能够有机会从理论、实践多个角度学习仲裁并为之作出自己力所能及的贡献。

一点学习经历

我开始学习国际商事仲裁是在准备攻读硕士研究生期间，因为报考的专业是国际私法，导师黄亚英教授也是国际商事仲裁方面的专家，所以着手阅读相关的教材和论文。仲裁法和国际商事仲裁在国内法学教育本科阶段均不是必修课，需要再学习。读研期间，有专门的国际商事仲裁课程，同时也将国际商事仲裁作为硕士论文的研究方向，最终论文获得了当年广东省唯一一篇法学专业优秀硕士毕业论文。学习期间在导师的引导下开始了解特区仲裁的历史和实践，本也有机会到特区仲裁机构实习，但因为准备提前毕业和考博而未能成行。

在黄老师和王千华老师的影响下，我于2008年有幸进入中国人民大学法学院，在赵秀文教授的指导下攻读博士学位，继续研究国际商事仲裁，这期间一方面通过参加境内外国际商事仲裁模拟仲裁庭比赛和在仲裁机构实习，增加了些许实践经验；另一方面有时间就到国家图书馆，阅读与国际商事仲裁有关的书籍，为撰写博士毕业论文做准备。虽然作为

---

* 深圳职业技术学院副研究员。

一名学生"前途未卜",但已经注定了这辈子会和仲裁结缘。

一点工作经历

2011年回到深圳后,我本想去高校工作但未能如愿。机缘巧合地进入了规划国土部门工作,开始了在这一领域的再学习。人在工作压力下会成长得更快,"位置决定思维",我很快被贴上了"规划国土"研究者的标签,也将研究重心转到这一领域。虽然不再更多地从理论上研究仲裁,但仍然关注这个领域的发展,并有幸于2014年受聘担任仲裁员审理案件,初步完成了从理论到实践的蜕变,能够将从本职工作中习得的实体法知识和学生时代的程序法知识相结合,充分运用到仲裁案件的审理中。本职工作一波三折,五年后又回到高校工作,但担任仲裁员审理案件从未间断过。五年来有幸审理了涉及出口代理、金融借贷、民间借贷、信用卡还款、货物买卖、动产租赁、物业管理、房屋买卖、房屋租赁、土地租赁、建设工程、装修装饰、承揽加工、委托管理、咨询服务、知识产权、股权转让、医疗纠纷等各种不同案件,大大拓展了自己的视野,丰富了办案经验。

一点记忆和十分感恩

感恩特区仲裁人的努力。仲裁是一门实践的科学,而实践的机会来源于仲裁人对仲裁环境的营造。大多数仲裁员有自己的本职工作,因此环境营造的中坚力量非仲裁机构的工作人员莫属。工作中深感特区仲裁机构的领导和工作人员的使命和担当,他们努力通过推动立法、协调司法、联系市场、国际合作等各种方法打造仲裁高地,努力在深圳经济特区创造优质的仲裁氛围,在为国家、社会作出贡献的同时,也为其他仲裁人创造了发挥自己才能的机会。

感恩仲裁界前辈的关心和支持。作为年轻的仲裁人,一路走来得到诸多前辈和同仁的帮助。难忘仲裁机构领导对我博士论文成书的夸奖和对我开展仲裁员工作的支持和鼓励;难忘案件管理部门领导和工作人员对案件程序管理工作的一丝不苟;难忘裁决核阅部门领导和工作人员的细致、耐心、包容和专业、有效的沟通与交流;难忘行政部门领导和工作人员为仲裁员办案提供的细致入微的服务。

感恩能在实际案例中得到锻炼机会。每一个案件背后都有一段故事,都关乎着当事人的切实利益,虽不见得能"办其人生",但办案绝无小事,作为仲裁员,必须明察秋毫,细致入微,既能将专业知识运用到案件审理中,又能从案件中学习到新的知识。难忘与资深仲裁员合议时,学习他们一丝不苟的精神和抽丝剥茧的分析方法,一句"千万不能先入为主"是我办案时经常提醒自己的话;难忘担任仲裁员不久,担任独任仲裁员面对某一系列案件,诸多被申请人情绪激动,争议双方矛盾尖锐时,从现场情绪处置到把握开庭节奏,再到加强裁决书中的说理,尽量将专业知识通俗化,最后得到当事人一句"虽然官司还要继续打,但你的裁决书我看懂了,看明白了"的回应;难忘一起涉嫌公章造假案件中,及时加强与申请人和相关方的沟通,化解了潜在的更激烈的争议;难忘为了查明案件事实,主动加强和相关部门沟通,与秘书一起现场取得关键证据;难忘参与医疗纠纷案件审理时,倾听医学专家的专业意见,实现法学与医学专业间的交流和互补。虽然没有办过什么惊天动地的"大案",但聚沙成塔,能把每一件案件办好,真是一种难得的享受和经历。

感恩能有继续学习的机会。学习是终身之事,深圳国际仲裁院能够一方面高质量办案,一方面积极组织各种形式的讲座,每次都是精心准备,主题务实新颖,讲者资深专业,故而有幸能够听到各行各业的法律精英们的给力授课。难忘聆听仲裁界前辈、专家和其他实务界精英们的讲座,难忘每一年城市更新沙龙的举办。此外,也感恩有幸与仲裁机构同仁合作,以深圳仲裁案例为基础,编写相关书籍,参与调研,研究规则,从写作中学习,并增长见识。

憧憬

特区立时吾未生,特区四十我亦中年。回望与特区仲裁的缘分和点滴往事,无不感慨坚守初心的不易,感慨大时代下每个组织、个人的成长、发展与机遇的关系。放眼未来,虽然没有人能知道明天会发生什么,虽然困难时时会出现,挑战无处不在,但"我们不能因现实复杂而放弃梦想,不能因理想遥远而放弃追求"。特区正在努力打造国际仲裁高地,能与诸多贤者共同为其持之以恒努力,幸哉。

船轻争向上，海阔敢当中

宋亮*

2020年是深圳经济特区建立40周年，也是前海深港现代服务业合作区（以下简称"前海合作区"）设立10周年，对于我来说具有非常特别的意义。我到深圳市前海合作区管理局工作9年多了，很荣幸能够投身于这个"特区中的特区"的开发建设。前海合作区担负着习近平总书记提出的"依托香港、服务内地、面向世界"的重要使命，核心任务就是要打造法治化、国际化、市场化的营商环境。在这里，我要感谢深圳国际仲裁院，正是因为深圳国际仲裁院在前海的国际化仲裁创新，为前海中国特色社会主义法治示范区建设作出了突出的贡献，完善的法治环境已经成为前海合作区发展的核心优势和永久动力。

深圳国际仲裁院已经走过了37年的风风雨雨，而我能够有幸参与深圳国际仲裁院的建设应当从10年前的一次业务合作说起，正是那次合作让我亲身参与了深圳国际仲裁院的一次重大的机构改革进程。

2010年前后，深圳市决定学习新加坡和我国香港特区的经验，对一些符合条件的事业单位进行法定机构改革，深圳国际仲裁院也名列其中。当时深圳市政府要求"中国国际经济贸易仲裁委员会华南分会"加挂"深圳国际仲裁院"的牌子，并以此开展法定机构试点改革。法定机构最重要的特色就是通过立法对这个特定机构的法人治理、职责权限、财务、人事等进行系统规定，通过法定机构的运作模式可以实现为机构量身定做一个适合其发展规律的机构运作机制来实现机构的改革创新发展。

---

* 深圳市前海深港现代服务业合作区管理局法治与社会建设促进处处长。

这项改革在国内还是一个开创性的改革探索实践,未来将遇到的风险和挑战都具有不确定性,深圳国际仲裁院毅然第一批参与到这项改革中,展现出特区国际仲裁机构敢于创新、敢于突破、敢于自我革命的勇气和担当。

当时的法定机构立法主要还是通过政府规章的形式发布,立法文本主要由深圳市政府法制办进行合法性审核、报送深圳市政府常务会议审议后,由市长签发政府令发布。2011年春天,深圳国际仲裁院立法项目启动时,我就在深圳市政府法制办行政法规处工作,主要从事立法和规范性文件审查工作,当时做立法工作已近9年时间了。按照职责分工,我们处的另外一位同事主要负责法定机构的立法工作,而且这位同事已经完成了南方科技大学的法定机构立法工作,法定机构立法经验比我丰富,本来应该由她来承担这项工作。但由于她当时已经怀孕,无法全程完成深圳国际仲裁院的法定机构立法工作,领导决定由我负责深圳国际仲裁院的法定机构立法项目。

立法工作启动后,我经常要与深圳国际仲裁院的领导同事一起开会讨论立法草稿。刚接触深圳国际仲裁院的各位同事,感觉他们都很专业、很务实,领导也很亲和。那时的秘书长是韩健老师,我国法学泰斗韩德培先生的儿子,学识渊博,为人非常仁厚和慈祥。郭晓文老师早在1984年就从中央党校法学教研室南下特区,曾经在深圳市委政策研究室条法处工作(条法处是深圳市政府法制办的前身,深圳市政府法制办的机构改制经历了立法工作组、深圳市委政策研究室条法处、深圳市法制局),也算是我的老领导了。刘晓春院长曾经在广东省人大从事立法工作并且具有在香港特区的工作经历,还在美国专门学习研究过国际仲裁和调解,对国际仲裁和调解具有非常深的理论功底和实践经验。那时候,我觉得深圳国际仲裁院的领导对法定机构改革非常期待,也非常明白自己的改革路径和方向,思想非常解放,目标就是要打造一个独立、公正、创新的国际仲裁机构,在国际社会中参与竞争。为了实现独立、公正的目标,避免内部人控制和行政干预,深圳国际仲裁院建立了以理事会为核心的决策、执行、监督相分离的法人治理模式,深圳国际仲裁院的重大决策由理事会决定,理事会成员包括香港特区等地的境外专业人士。同时,深圳国际仲裁院非常注重国际化发展,理事会成员以及仲裁员名册的组成都考虑到吸引我国香港特区等地的境外专业人士参与。这些内容最后都写进了立法中,作为制度化安排将长期坚持下去。

立法过程中还出现过一个小插曲。记得当时针对一个问题不能达成一致意见,我们争论了一个下午。鉴于 2012 年 10 月深圳市编委批准把"中国国际经济贸易仲裁委员会华南分会(深圳国际仲裁院)"更名为"华南国际经济贸易仲裁委员会(深圳国际仲裁院)",深圳国际仲裁院要求在立法中明确"深圳国际仲裁院"同时使用"华南国际经济贸易仲裁委员会"的名称。当时我不理解这个做法,不同意这样写,我认为如果深圳国际仲裁院使用两个名字的话就是"两块牌子一套人马"的运作方式,两块牌子对应的是两个机构,两个机构在法律意义上是承担不同的权利和责任义务关系的,而法定机构立法是一个机构一个立法,所以不同意用两个名字。深圳国际仲裁院的领导与我展开了激烈的讨论,跟我说明深圳国际仲裁院伴随中国改革开放和经济特区建设同步发展的历史脉络,以及两个名字对特区国际仲裁机构的意义,特别从保护中外当事人合法权益的角度出发,指出这种安排对仲裁案件管辖的影响。经过一番激烈的争论,我才发现深圳国际仲裁院的两个名字并不是我理解的"两块牌子一套人马"的概念,与前海管理机构的"前海管理局"与"前海蛇口自贸片区管委会"不可等同而语,完全就是一个机构同时拥有两个名字,深圳国际仲裁院可以使用两个名称对外开展业务,既承接历史,也开拓未来。最后我被说服了,采用两个名字的写法。时至今日,由于机构改革和优化整合,深圳国际仲裁院有三个名称,2019 年出台了新修订的《深圳国际仲裁院管理规定》,第二条中明确深圳国际仲裁院同时使用"华南国际经济贸易仲裁委员会、深圳仲裁委员会的名称"。可以说,立法是一个博弈和达成共识的过程,我们"立法人"不认领导只认法理和科学规律,这在法制办是一种传统和习惯,所以我们在立法时经常一个科级干部就敢于跟其他单位的局级领导争得面红耳赤,道理不辩不明嘛。同时,这件事情也说明深圳国际仲裁院搞改革创新真的是不容易,需要协调各方,争取支持,还要克服重重困难,如果稍有畏难情绪可能就没有办法把改革推进下去。

2012年,《深圳国际仲裁院管理规定(试行)》的出台标志着深圳国际仲裁院成为全世界第一个通过专门立法规范运作的国际仲裁机构,也是全国第一家实行理事会治理的仲裁机构,我很荣幸能够参与到这项工作当中,为国际仲裁事业贡献我的一点微薄力量。

《深圳国际仲裁院管理规定(试行)》中有这样一条规定:深圳国际仲裁院注册地址在深圳市前海深港现代服务业合作区。这条规定体现了深圳国际仲裁院领导的远见卓识,深圳国际仲裁院就是要通过前海这个国家战略平台在中国改革开放的新时期加强与国际规则的对接,参与国际仲裁竞争,抢占国际仲裁高地。也正是这条规定延续着我与深圳国际仲裁院的缘分。完成深圳国际仲裁院的立法后没多久,我就被调到深圳市前海合作区管理局工作。前海是国家批复的唯一一个中国特色社会主义法治示范区,我的主要工作是完善前海的法治工作机制,推进法治示范区建设,打造国际化、法治化的营商环境。注册在前海的深圳国际仲裁院便是前海合作区管理局所依靠的重要法治力量,两个单位相互合作和支持在前海开展了大量的法治创新,很多改革创新在全国都是首创,成为可复制、可推广的经验在全国推广。

记得国家批准在深圳设立最高人民法院第一巡回法庭,当时第一巡回法庭没有永久办公地址,临时在罗湖的一个老办公楼办公。一次开会的机会我们与刘晓春院长交流,刘晓春院长强烈建议我们将第一巡回法庭引进前海,他从下午到晚上向我们力陈理由:国家在深圳设立第一巡回法庭是对广东和深圳法治环境的重要支持,意义重大,第一巡回法庭这个机构非常重要,是最高人民法院的派出法庭,具有终审权,如果第一巡回法庭能够设在前海,就能在前海实现诉讼的终审,前海同时又设有深圳国际仲裁院实现仲裁"一裁终局",那么大案件的诉讼和仲裁都能在前海实现终审,可以稳定中外当事人对于在前海解决纠纷的预期,将使前海成为非常独特的法治区域,其优势不亚于新加坡和我国香港特区,必将有利于前海建立国际商事争议解决中心,打造国际化、法治化的营商环境。根据刘院长的建议,我们连夜起草请示,第二天一早就向局领导汇报,局领导觉得这个建议非常重要,马上就向深圳市委汇报前海的想法。同时,我们也经过深圳国际仲裁院的引荐专门拜访了第一巡回法庭的领导,表达想让第一巡回法庭设在前海的诚意。最后,在深圳市委、市政府的大力支持下,经过层层报送请示到最高人民法院,很快就得到最高人民法院批复同意的意见,第一巡回法庭的永久办公地址就设在前海。这个国家级的重量级机构落户前海,可以说为前海的法治建设注入一针强心剂,前海法治人欢欣鼓舞。这个重大机构的落地离不开深圳国际仲裁院的支持,这里要表示深深的感谢。为了支持国家提出的"一带一路"倡议,最高人民法院决定设立第一国际商事法庭,是在人类命运共同体的大背景下,实现中国逐步参与全球治理体系的一个战略举措,依托已经设立在前海的第一巡回法庭,决定第一国际商事法庭也设立在前海。第一国际商事法庭主导设立国际商事争议解决一站式服务平台,深圳国际仲裁院成为首批进入一站式服务平台的国际仲裁机构,诉讼与仲裁两种主要纠纷解决方式在前海的良性互动,正如当初设想的规划,成为前海国际商事争议解决中心的最重要支撑,为前海乃至整个中国的司法公信力和司法权威树立了信心和动力。

时光荏苒,岁月如梭,我伴随前海度过了初创 10 年的快速成长期,即将迎来高质量发展的黄金 10 年。深圳国际仲裁院经过这些年的发展,法定机构的探索实践、仲裁制度的融合创新、国际化合作的全面推进、仲裁业务的发展壮大都取得了举世瞩目的成就。

船轻争向上,海阔敢当中。期望深圳国际仲裁院能够继续依托前海中国特色社会主义法治示范区的国家战略平台的优势,加大研究和引入国际仲裁的先进制度,继续走在全国仲裁机构的前列,成为代表中国参与国际仲裁平等对话和竞争的标杆。我也希望能够延续我和深圳国际仲裁的故事,为国际仲裁的发展尽我的绵薄之力,成为特区国际仲裁打造国际商事争议解决中心的见证者和参与者。

特区国际仲裁缘分二十年

温达人[*]

我的法律职业生涯与深圳、与特区国际仲裁密不可分。

我毕业后发表的第一篇文章，是刊登在《人民司法》1998年第9期的《从恒利达诉宝安商贸案看仲裁协议的效力》，讨论的就是涉港纠纷中的仲裁条款问题。在深圳市中级人民法院（以下简称"深圳中院"）工作的20年期间，我审理的大多是涉外（国际）仲裁司法审查案件，因此，2002年我在香港大学普通法硕士学位论文的题目是《中国仲裁司法审查制度研究》。2015年，非常荣幸地成为深圳国际仲裁院的仲裁员和特邀研究员，直到如今。身处深圳经济特区，我能够先后以法官、仲裁员和律师的不同身份参与特区国际仲裁，这是何等荣幸的事情。特别是我在深圳中院担任法官从事国际仲裁司法审查的经历，让我对特区国际仲裁的观察可能多了一个视角。

大约在2004年，我在深圳中院审理了一宗买卖合同案件，原告是香港公司，被告是深圳公司。双方当事人签订的是英文合同。按照法律规定，外文的证据和材料都应当翻译成中文。香港公司提交了经翻译公司翻译的合同等证据材料的中文翻译。在审理过程中，我发现合同的中文翻译文本中的仲裁条款表述是"双方如发生争议，可以选择由香港国际仲裁中心仲裁"。出于对仲裁协议约定的慎重考虑，我找出合同的英文原件。结果发现英文合同原文写的是"should"不是"may"，当然即使是"may"是否就翻译成"可以"，也是可以商榷的，但是"should"的中文意思

---

[*] 北京市天元（深圳）律师事务所合伙人，曾任深圳市中级人民法院法官。

是"应当",是不存在任何异议的。因此,原告香港公司很可能是为了让案件在内地法院起诉,故意让翻译公司作出误导性的翻译。最终,我们以存在有效仲裁条款为由,驳回了香港公司的起诉。这件事对我有两个启示:第一,重要材料和证据即使经过翻译公司翻译,裁判者还是必须找出外文原文进行核实,而不能完全依赖翻译公司的翻译;第二,在涉外案件和国际仲裁中,学好外语还是很重要的。

另外一个案件印象也比较深刻,那就是 2015 年审结的来宝资源有限公司(以下简称"来宝公司")申请执行香港国际仲裁中心裁决一案,该案被评为 2015 年十大有影响力仲裁案例。来宝公司是一家总部位于巴西的世界 500 强企业,被申请人是深粮集团。在该案中,香港国际仲裁中心超越了双方当事人合同的约定,处理了不属于当事人协议约定仲裁管辖而应当由内地法院管辖的事项,而该事项系不可分的。我们作出的裁定,经广东省高级人民法院按规定上报,由最高人民法院核准、批复,驳回了来宝公司执行香港国际仲裁中心裁决的申请。这是我处理的第一宗裁定不予执行境外仲裁裁决的案件,也是内地近年来为数不多的不予执行境外仲裁裁决的案例。事实上,位于特区的深圳中院对于境外仲裁裁决一贯持开放、包容和审慎态度,不予执行的裁决数量不多。但是,从我审理的涉及境外仲裁裁决的司法审查案件来看,境外的一些仲裁员对中国的发展和变化不了解,对法律的认识也可能有偏差,甚至对当事人有偏见。应当说,中国国际仲裁经过长期的努力,特别是改革开放以来在特区的创新和发展,已经有了长足的进步,国际公信力也已经大为提升,深圳、上海、北京等主要城市的国际仲裁案件受理数量在国际上已不再落后,深圳国际仲裁院的仲裁和调解当事人已经遍布 119 个国家和地区。

我和深圳国际仲裁院的缘分从我一开始参加工作就开始了。其实,早在中国改革开放之初,在《仲裁法》出台之前的十几年,同在深圳经济特区的深圳中院与深圳国际仲裁院已经开始了司法与仲裁的良好互动,三四十年来为中国国际仲裁司法审查创造了很多案例和经验。深圳国际仲裁院的领导经常表示:最严格的司法监督是对仲裁最大的支持。我和我的法官同事在工作中也一直秉持独立、公平、依法、严格的态度对待每一宗仲裁司法审查案件,甚至"吹毛求疵"。也许正是在这种良好的互动中,"国际仲裁的深圳质量"才深入人心。

可能深圳国际仲裁院的每一位仲裁员,对"3i"核心理念[独立(independence)、公正(impartiality)、创新(innovation)]都有深刻理解。我对于其中的"独立"最有体会。仲裁庭的三个仲裁员中,首席仲裁员可能是最关键的,但是每个仲裁员都是独立的,"边裁"也不是"摆设"。在大多数情况下,大家的意见基本是一致的,但是针锋相对的争论也时常发生。我参与办理的案件中至少有两个案件是首席仲裁员和两位"边裁"意见不同,最终按照两位"边裁"多数意见作出裁决。为了保证裁决的质量,深圳国际仲裁院的专家咨询委员会制度起到了重要作用。对于重大疑难案件,专家咨询委员会向仲裁庭提供咨询意见。但是,专家咨询委员会不同于法院的审判委员会,专家咨询委员会的意见提供给仲裁庭参考,是否接受,最终由仲裁庭决定,按照仲裁规则作出裁决,充分保证了仲裁庭的独立裁判权。

2020年是深圳特区建立40周年,我与特区国际仲裁也有了20年的缘分。近40年来,中国国际仲裁在特区的创新和发展举世瞩目。特区国际仲裁的未来,更值得期待。

想起"两条鱼"

韦小宣*

20世纪90年代中期,我在深圳市中级人民法院经二庭(涉外经济庭)担任审判员。说来惭愧,那时的我一心专注于本职工作,对周围的事情不太关注,对中国国际经济贸易仲裁委员会深圳分会(即现在的深圳国际仲裁院)没有任何概念。直到有一天,我主办了一宗经济纠纷案件,从此便与深圳国际仲裁院结下了一段不解之缘。

那是一宗国际货物买卖合同质量纠纷,是我每年承办的几十宗经济纠纷案件中的一件。案件并没有什么特别之处,标的额也不大,只是主体有涉港因素而已。但后来听说,这是一宗被深圳市中级人民法院撤销仲裁裁决后原告就同一法律关系向法院提起诉讼的案件。据说,该案是深圳国际仲裁院有史以来第一个被法院撤销的案件,因而引起了仲裁机构和法院的高度关注,被业内称作"两条鱼"案件。案情大概是:原、被告(仲裁申请人与被申请人)因买卖水产品而引发质量争议,当事人封存了两条鱼作为质量检验样本因而得名。

不久,我所承办的撤裁后续的"两条鱼"案件依照正常程序作出了判决。判决结果跟仲裁结果并没有实质区别,只是根据原告起诉时变化,所作结果略有不同。然而,大家津津乐道的不是我审理的这个案件本身,而是与之相关联的前续仲裁案件的裁决是否有必要撤销?撤销的依据是否充分?深圳国际仲裁院对于仲裁裁决被撤销当然颇有微词,担心公众对仲裁的公正性产生质疑,进而影响深圳国际仲裁院的良好声誉。而法院

---

* 北京市盈科(深圳)律师事务所合伙人,曾任深圳市中级人民法院法官。

内部也对该案作撤裁处理存在不同看法。一时间,这宗撤裁案件引起了大家广泛的争议和探讨。

深圳特区是中国改革开放的前沿阵地和对外开放的窗口,东南亚各国和地区、特别是中国港澳台地区和华南地区的商人和投资者相对集中,商事活动较为活跃,伴随着经济繁荣而来的各种商事争端与日俱增,各种新类型的案件层出不穷,经济审判工作面临诸多挑战。其中管辖(主管)权异议、撤销和不予执行仲裁裁决之类的案件也不断出现,当时这类案件在全国并不多见。

深圳国际仲裁院当时主要受理涉外、涉港澳台经济案件,而我所在涉外经济庭刚好与之相对应。那时,审理撤销和不予执行仲裁裁决案件没有经验可借鉴,法律依据也有限,主要是《民事诉讼法》(1991年修订)第二百一十七条和第二百六十条,最高人民法院司法解释中涉及的不多,《仲裁法》尚未颁布,审理和报批程序也还不完善,而国内仲裁和涉外仲裁的审查标准又有很大区别。因而,这类案件看似简单,但具体到某个复杂的案件时确实不太好判断,尤其在超裁问题上时常会似是而非。审理这类案件时既要依法行使法院的司法监督权,又要体现对仲裁机构的支持,在尺度把握上确实有一定难度。现在回头看"两条鱼"案件的仲裁裁决被法院撤销,也许确实有值得商榷之处,但该案的裁决无论撤与不撤,无疑在仲裁发展过程中都具有一定的历史意义。

"两条鱼"案件让我意识到特区仲裁对于特区的经济建设和国际商事争端解决的特殊意义。于是,我便开始钻研国际仲裁方面的法学理论和案例。而随着这种类型案件的不断增加,法院庭室领导也开始着手组织我们学习讨论与仲裁相关的一系列专题。那时,由于我同时还承办其他涉及仲裁的案件,所以对这一类案件会特别关注。后来我将自己的一些心得体会撰写成文,先后在《人民司法》和《法律适用》两个专业期刊上发表,主要与同行分享和探讨了仲裁机构与法院之间的关系,法院在审理仲裁管辖权异议以及撤销和不予执行仲裁裁决两类案件中的审判思路和相关程序等。

1996年年底,深圳市中级人民法院经二庭与深圳国际仲裁院在深圳溪涌法官培训中心举办了一场关于涉外仲裁司法审查和监督的学术研讨会。通过学习,大家对于当事人意思自治,仲裁的独立性、自愿性,以及公权力的支持和监督作用等问题有了全新的认识,收获颇丰。

1997年5月,由深圳国际仲裁院牵头,涉外经济庭选派了几位法官前往香港参观学习,我荣幸成为其中一员。我们首先参访了位于湾仔的香港国际仲裁中心,中心负责人向我们详细介绍了香港国际仲裁中心的国际地位及运作程序等,开阔了我们的视野。期间,我们还参访了位于金钟的香港高等法院,并且旁听了一宗民事纠纷案件的庭审。香港高等法院上诉庭的廖子明法官亲自接待了我们。廖大法官向我们介绍了香港回归以前法院的基本架构、案件审理流程、法院与仲裁机构的关系等,并就大家关心的问题做了深入的交流。记得时值香港回归前夕,廖法官盛情宴请我们时,有件小事令我印象深刻。席间,他从口袋里拿出了两样东西,一张电脑软盘和一台小型录音机,解释说饭后回家还要加班工作,录音机是随身学习普通话所用,为回归后的工作提前做好准备。看到年近古稀的大法官竟还如此努力敬业,着实值得我们敬佩。香港之行受益匪浅,不仅拓宽了视野,提升了我对国际仲裁的认识,同时与深圳国际仲裁院的同行也建立起深厚的友谊,加深了彼此间的了解,留下了一段难忘的美好回忆。

2004年,我结束了20年的法官生涯,到律师事务所做执业律师,并先后受聘于深圳仲裁委员会和深圳国际仲裁院,成为一名仲裁员,每年审理的案件也为数不少。有趣的是,同样是裁判者,在案件审理上,法官与仲裁员让我有很多不同的感受。比如法官是"官",是法庭的主导者,所以给人一种不怒而威的感觉,当事人往往敬而远之。而仲裁员则是"员",庭审时与各方当事人"平等"地围坐在一起,没有高高在上的距离感,而这种方式恰好契合了仲裁自愿性的特点,故更容易被当事人接受,我自己也更加偏爱这种庭审方式,往往在宽松的气氛中就把案件事实查明了,最后能协商解决的就协商解决,不能协商解决的,败诉方一般对裁判结果也相对容易接受。也许应了一句老话:既然选择了,那就愿赌服输吧。在具体审理案件时,法官和仲裁员在逻辑判断和法律的运用上并没有什么区别,程序上除了仲裁特有的程序,其他也大同小异。但是,仲裁庭除了关注证据的"三性",对于自由心证的运用较之于法官的自由度似乎会更大一些,这也是由仲裁的特性所决定的。我作为一名曾经的法官、如今的律师,同时拥有裁判者思维和代理人思维,对于仲裁案件的处理或许更趋于客观公正,更加合乎情理。

从我认识、了解深圳国际仲裁院至今二十多年过去了,深圳国际仲裁院也从一个敢为人先、不断创新的仲裁机构发展成为一个制度完善、具有较强公信力的国际仲裁品牌,成为特区国际化营商环境的重要组成部分,我为自己能够作为其中的一员,见证并参与了它的成长和进步而自豪。离开法院成为一名律师也有十多年了,与仲裁院的缘分常常使我有一种重回大家庭的感觉,非常温暖。每当走进仲裁院都会有一种很强的归属感,熟悉的面孔令我倍感亲切,新生代一声"老师"使我感受到的不仅仅是尊重,还有使命感。

感谢深圳国际仲裁院给了我这么一个高大上的人生平台,让我能够继续裁判者的角色,在这个岗位上实现自我价值。我很珍惜仲裁员这个身份,这不仅仅是一种荣誉,更是一份责任。

"监督是最好的支持"

林建益[*]

因为长期工作在仲裁司法审查业务一线,我与深圳国际仲裁院多有交集。自1983年成立以来,深国仲不断开拓创新,为我国仲裁制度的完善做了许多基础性和开创性的工作。在三十多年的历程中,深国仲不乏经典案例和先进做法,推动了仲裁业的发展。通过司法审查工作,我对深国仲和她的仲裁员也有了更深入的认识。

1995年《仲裁法》开始施行,全国各地设立了众多仲裁机构。深圳市中级人民法院除审查本地仲裁机构的裁决外,还需要审查在深圳申请执行的外地仲裁机构的裁决。自2011年起,我开始正式办理仲裁司法审查案件,不时有当事人质疑:"仲裁裁决错误,法院就不能改吗?""谁给了仲裁庭这么大的权力?"……诸如此类的问题折射出我国内地民众对商事仲裁这一舶来制度的认识之浅,也反映了仲裁整体的公信力和社会认可度尚未与仲裁的定位和作用相匹配,以至于此类案件一度使法院承受信访压力。

2012年《民事诉讼法》修改之前,当事人尚能以认定事实的主要证据不足、适用法律确有错误申请不予执行内地仲裁裁决从而获得实体裁判的救济,此后则无此径。《民事诉讼法》的修改固然是我国仲裁法律制度与国际接轨的一步,但民众是否已有这方面的法律意识,仲裁的质量能否得到保证,我们难免心存疑问。

在"案复一案"的办案过程中,担心的信访案件并未持续增加,反而逐年下降,目前已明显少于其他诉讼案件。这背后并非更少人选择商事

---

[*] 深圳市中级人民法院涉外商事审判庭法官。

仲裁,相反,仲裁机构特别是深国仲每年收案数量大幅增长,案件标的金额屡创新高,当事人所涉地域在海内外延展。究其原因,仲裁之高效、便捷、意思自治等优势已被越来越多的民众所熟悉,相应的一裁终局、有限救济的风险也逐渐被选择仲裁条款的当事人所接受。与此同时,仲裁机构不断发展,仲裁程序日益优化,仲裁质量显著提高,应是其中的内在原因。深国仲历经更名、合并,在机构的治理上先行先试,在仲裁规则的完善上推陈出新,在国际化的探索上创新有为,在仲裁员及仲裁助理的选任上严选优选。法院也会通过司法建议、工作报告等方式将仲裁司法审查中发现的问题反馈给深国仲,并给予工作建议,深国仲则及时改进,形成良好的互动关系。比如,针对邮寄送达过程中因邮件存放快递柜无人领取而产生的送达合法性争议问题,深国仲在收到法院的反馈后,专门找邮政公司定制了印有"仲裁专递,请勿投递快递柜"特别说明的信封。对于司法审查,深国仲的管理层常说:"最严格的监督,是最有力的支持。"司法充分行使支持和监督的职能,促进了仲裁质效的提升,而仲裁机构的创新与探索,也对法官的业务水平提出了更高的要求。在深国仲精细化的程序管理之下,送达、仲裁庭组成等方面明显的程序性错误已很少见,当事人难以在仲裁司法审查中以此类错误来挑战仲裁裁决的合法性,仲裁裁决被法院撤销或不予执行的比例极低。

  与境外仲裁裁决相比,很多内地仲裁裁决的专业化程度并不逊色,行文结构方面往往更加清晰,而且仲裁庭对实体问题的处理也越来越注重说理论证,使当事人赢得清楚、输得明白,更容易认可裁决结果。除了语言环境所造成的读写习惯的差异,内地仲裁裁决主文对法律责任的表述更加讲究完整性和可执行性,应为优点。比如,对于裁决要求当事人履行的义务,阅读内地裁决主文通常即可明白,而境外裁决可能需要通读裁决书才能准确理解。

  回顾近十年仲裁司法审查的经历,我既有幸见证了我国内地仲裁法律的修改完善、仲裁文化的发展成熟,也切身体验到特区商事仲裁的蓬勃发展。作为多元化纠纷解决机制中的重要一环,仲裁将在化解纠纷、促进经贸、优化营商环境中发挥越来越重要的作用。我相信,身处作为改革开放窗口和试验田的深圳,特区仲裁的先行示范效应将会愈加凸显。

"书本之外"的国际仲裁

周龙[*]

日前,由深圳国际仲裁院举办的主题为"深圳特区 40 年·我与特区国际仲裁的故事"征文活动成为一道独具韵味的仲裁文化风景,吸引广大社会公众和诸多行业翘楚的关注。而作为参与过深圳国际仲裁院仲裁的重大复杂案件的一员,能有机会与诸君分享自己近些年来与仲裁院接触中的体会,深感荣幸。

深圳经济特区作为中国改革开放的先锋城市,同时也是中国仲裁国际化、现代化的先锋。作为国际化一线大都市,经济是这座城市发展的基础,它带给每个市民发展的机会,力求把最美好的一面呈现给大家,但其背后却暗流涌动,经济高速发展的背后隐藏着一场场不同程度的贸易风险和争议。这其中,商事仲裁淋漓尽致地发挥着自身的优势,为纠纷当事人提供了一种自主、便捷、专业、有效的纠纷解决途径,可以为当事人快速解决纠纷,节约时间成本和精力,减少财力和商业机会的损耗及流失。

深圳国际仲裁院自 1983 年设立以来,作为中国改革开放之后各省市设立的第一家仲裁机构,也是粤港澳地区第一家仲裁机构,一直以"帮助中外当事人解决商事纠纷,构建公正、公平、和谐、有序的营商环境"为使命,以"建设全球一流的商事争议解决平台和国际仲裁高地"为愿景,以"独立、公正、创新"作为核心价值,积极推动中国国际仲裁在特区的创新发展。这些年来,笔者印象最深的是,在改革开放背景下,深圳国际仲裁院不囿于现有的条条框框,也不是为了创新而创新,而是以当事人为中

---

[*] 广东深田律师事务所律师。

心,紧跟市场需求和企业需要,持续创新业务规则,全方位探索多元化、多层次的中国特色纠纷解决机制。

笔者的这一深刻体会,要从2015年由深圳国际仲裁院受理并近乎完美解决的一宗中美跨国投资纠纷仲裁案说起。该案因其争议金额高达134亿元人民币,被业界称为中国有史以来金额最大的仲裁案件,在当时引发国内外强烈关注。笔者作为中方当事人之一的代理人,参与了该案的"调解+仲裁"全过程。

由于深圳国际仲裁院采用以国际化、专业化的理事会为核心的法人治理结构,在制度上确立了仲裁机构运作和仲裁庭办案的独立性,可以有效消除境内外当事人对中国仲裁机构独立性和公信力的顾虑,使得其在国际上极具公信力。该案中,中美三方当事人的这宗巨额交易本来没有约定仲裁条款,在发生争议并陷入僵局后,经过充分尽职调查、讨论、比较和协商,我方与美方当事人最终一致决定选择在中国而不是境外、用仲裁而不是诉讼来解决纠纷,明确约定由深圳国际仲裁院组成独任仲裁庭来解决该纠纷,并共同选定刘晓春院长为独任仲裁员。

本案具有案情复杂,专业性强的特点。所涉三方当事人来自中美两国,仲裁当事人和代理律师分别来自中国内地和香港特别行政区以及美国、新加坡、英国。不同的法律背景,导致来自中美两国的当事人面临巨大分歧。任务之艰巨可想而知,仲裁过程中三方之间明争暗斗,剑拔弩张。我方坚定立场,把控风险,历时六天七夜,通宵达旦研究解决方案。

深圳国际仲裁院在受理本案后,充分利用当事人意思自治原则,创新使用多年来一直在大力推广的"独立调解+独立仲裁"的业务模式,在仲裁程序开始之前就鼓励当事人参加"促进式"调解。经当事人一致同意,独任仲裁员组成独任调解庭,通过"面对面""背靠背"等多种调解技巧,充分听取各方的意见与解决方案。各方当事人还一致同意,引入专家组协助调解庭厘清相关业务问题。美方不时需要向其位于纽约的总部汇报调解方案,由于存在时差,调解员和参与调解的各方都昼夜不分、"黑白颠倒"了。其中有几次在凌晨一两点,三方当事人"谈崩"了,而后又被调解庭"救活"了。有多次感觉都体力不支了,但谈判成功的希望好像又隐约在不远处招手,便又重新振作起来。这些场景,没有在书本中见到过,也从来没有想象过,但就在特区、在深圳国际仲裁院亲身经历过,且终生难忘。最终,通过调解庭连续几天几夜多达几十次的艰苦斡旋和灵活处理,三方当事人最终达成和解方案,并按照仲裁规则由仲裁庭作出和解裁决,一裁终局,避免了诉累,并且根据联合国《承认及执行外国仲裁裁决公约》,可以实现跨国执行。

在该案的仲裁和调解过程中我方团队观察到,美方以及美方合作方虽然表面上是一个整体,但内部依然存在分歧和利益冲突,针对此种情形,我方团队相应地准备方案及应对策略。案件审理前期,我方将重点放在法律依据和事实依据方面,寻找谈判的突破口。审理后期,将重点逐渐转移到调解方案方面,同时听取调解庭和专家组的宝贵意见。

仲裁和调解一般以不公开审理为原则,因此具有一定的私密性。本案仲裁和调解过程中出现了一个小插曲:对方律师团队中的一名助理未取得有关该案的授权文件,我方向仲裁庭要求该助理离场,仲裁庭同意我方的要求,对方主办律师没办法只能全程亲自做记录。

深圳国际仲裁院的仲裁环境和氛围完全不同于法院,仲裁庭的桌子非常讲究,有圆有方。仲裁庭不仅在法律和事实依据上说服各方,而且在审理氛围上让各方用比较平和的、理性的方式去处理并解决争议,这是我比较欣赏的另一个仲裁亮点。比较之下,我参加各地各级法院的庭审,如果当事人众多,有的法院连位置都没有,得靠法官安排加位,坐在旁边有点憋屈。

最终的调解结果不再赘述。我方临时组建的团队成员们在本次庭审后成为多年的朋友,在共同战斗过程中互相认可,也获得深圳国际仲裁院工作人员的充分肯定。听说美方的团队也很满意,几年之后还多次说起此案,并常常鼓励其亚洲客户选择在深圳特区仲裁。

在该案的审理过程中,我对深圳国际仲裁院处理案件的高效、专业、创新等精神和理念以及非常人性化的服务都感受颇深。记得在通宵讨论案件的凌晨,深圳国际仲裁院安排工作人员专门准备宵夜。由于仲裁案件安排审理时间有限、任务重,深圳国际仲裁院为参与仲裁调解、谈判的人员免费提供茶歇服务,以供各方工作人员及时补充体力,时刻保证精力充沛。连续几天几夜下来,我已记不清喝掉多少瓶红牛饮料。为方便讨论案情,保证当事人讨论案件的私密性,深圳国际仲裁院还为各方提供隔音效果一流的单独会议室。本案自立案到结案,包括调解和后来的仲裁程序,仅仅耗时13天,无不向世人展示着特区国际仲裁院的高效、独立、公正、创新和专业。

"仲裁"停留在书本上永远无法真正显现其无穷的生命力,只有在具体的实践中才能迸发出无限活力。生命源于需要,发展来自创新。在各种新技术日新月异、信息瞬息万变的时代,唯有将其与时代潮流相结合,不断创新理念、提升内涵、丰富机理、优化结构、拓展空间,使之更加制度化、规范化、法制化,使技巧、规则更加熟练地为仲裁员所掌握和应用,人们才会更加理解仲裁的庄严所在,才能成为一次次双方握手言和的见证。在此,笔者衷心期盼,在未来的历史长河中,深圳国际仲裁院能取得更加辉煌的成就。

最忆向来携手处

——上国仲致深国仲的一封信

马屹[*]

三十多年来,我们上海国际仲裁中心(又称"上海国际经济贸易仲裁委员会",曾称"中国国际经济贸易仲裁委员会上海分会")与深圳国际仲裁院(又称"华南国际经济贸易仲裁委员会",曾称"中国国际经济贸易仲裁委员会华南分会"和"中国国际经济贸易仲裁委员会深圳分会")一同奋斗在改革开放的前沿。自1994年起近二十年的时间,我们共用规则、共享名册,定期组织办案秘书交流与培训,共同提升中国国际仲裁的声誉和影响力,期间更是凝结了深厚的兄弟情谊。

今年是深圳经济特区建立40周年,也是上海浦东开发开放30周年。从渔村变特区,从农田变新城,我们是见证者,更是参与者。

我们引领开放,你在后起新锐深圳,我在老牌重镇上海

1983年,你成立在深圳;1988年,我成立在上海。我们的设立都早于《仲裁法》的实施,虽有先后,但同根同源,同心同德,那便是为了进一步发挥沪深两地在对外开放中的引领作用,改善我国的营商环境。开放的基因深埋在沪深两地的骨子里,也深埋在我们心中。

早在上世纪80年代,我们先后受理了各自的第一起涉外案件,并自

---

[*] 上海国际经济贸易仲裁委员会(上海国际仲裁中心)副主任、秘书长。本文为2020年6月马屹及上国仲全体同仁致深国仲的一封信。

此在国际化的道路上不断精耕细作,蓬勃发展。

我们每年受理涉外案件的数量不断提升,均在全国首列,其中不乏众多境外(含港澳台地区)仲裁员参与的仲裁案件、以英语作为工作语言的仲裁案件以及适用联合国国际贸易法委员会(UNCITRAL)仲裁规则的案件。案件当事人遍布全球大部分国家和地区,仲裁裁决根据《纽约公约》在境外得到承认和执行,有的案例还被编入国际商事仲裁理事会(ICCA)法律年报。

我们与国际仲裁机构开展丰富的交流与合作,推动中国仲裁与国际仲裁的深度融合。我们与联合国国际贸易法委员会(UNCITRAL)、国际投资争端解决中心(ICSID)、国际商会(ICC)仲裁院、新加坡国际仲裁中心(SIAC)、香港国际仲裁中心(HKIAC)等均长期保持着良好的互动,也是国际各界重视、关注的中国仲裁机构。2019年,斯里兰卡总检察长到访中国,先后走访了我们两家机构。

我们积极响应"一带一路"倡议,为企业解决跨境争议搭建平台。在中国法学会的协调下,中非联合仲裁上海中心于2015年11月设立,作为首个中非国家间争议解决平台,为中非商事主体提供纠纷解决法律服务。此后,中非联合仲裁深圳中心于2017年3月设立,形成了中非仲裁合作协同创新、全面合作的新格局。"中非联合仲裁机制"于2018年9月被写入《中非合作论坛——北京行动计划(2019—2021)》,打开了中非仲裁法律服务界多层次深度交流的良好局面,其中离不开我们的努力。

我们创新探索,你在前海蛇口自贸区,
我在上海自贸区、临港新片区

中国自由贸易区建设力度和意义堪与20世纪80年代建立深圳特区和90年代开发浦东两大事件相媲美,其核心是营造一个符合国际惯例的、对内外资的投资都具有国际竞争力的营商环境。自2013年上海自贸试验区先行探路开始,我国自贸区建设已经初步形成了"1+3+7+1+6"的基本格局,形成了东西南北中协调、陆海统筹的开放态势,推动形成了我国新一轮全面开放格局。

根据世界银行发布的《全球营商环境报告2020》，中国排名大幅提升至第31位。虽然仲裁在世界银行营商环境评估中占的权重并不高，但商事仲裁的发展是营商环境优化的一项隐形指标，具有重要意义。营商环境好的地区并不必然是国际仲裁中心，但国际仲裁发达的地区必然具有一流的营商环境。于是，我们又携起手来，在自贸区建设国家战略背景下，大胆创新，勇当先锋。

2013年10月，中国（上海）自由贸易试验区仲裁院揭牌成立，成为第一家进驻上海自贸区的仲裁机构，也是全国首家自贸区仲裁院。2014年5月1日，全国首部自贸区仲裁规则——《中国（上海）自由贸易试验区仲裁规则》施行，首创临时措施、紧急仲裁庭、调解员调解、名册外选定仲裁员、小额争议程序等创新机制，充分接轨国际先进的商事仲裁制度，符合自由贸易试验区的实际需求，为自贸区新格局提供了可复制、可推广的先进经验，形成了一定的溢出效应。经过不断的尝试与探索，上海自贸区已基本形成由"自贸区仲裁院""自贸区仲裁规则"和"自贸区仲裁司法保障意见"组成的"三位一体"的自贸区仲裁争议解决机制。

随着中国自贸区战略的深入实施，我们又一起开始酝酿中国自贸区仲裁合作联盟，旨在集聚自贸区资源，共同提高中国商事仲裁的专业化和国际化水平，促进中国自贸区的法治建设。犹记得2015年4月10日，在中国自由贸易试验区即将扩容之际，"第一届中国自贸区仲裁论坛暨中国自贸区仲裁合作联盟启动仪式"在深圳前海举行，中国自贸区仲裁合作联盟在深圳前海正式签约成立，是为服务中国自贸区法治建设而建立的合作机制。伴随自贸区版图的扩大，自贸区仲裁创新成果的辐射范围进一步扩大。去年，来自18个自贸区的31家自贸区仲裁机构代表在深圳共同讨论、签署并发布了《中国自贸区仲裁合作联盟宣言》。看到联盟的壮大，我们倍感欣慰也更有动力。相信在我们的共同推动下，中国自贸区仲裁合作联盟将在自贸区法治建设中发挥更大的作用，进一步提升中国仲裁的国际公信力。

我们持续领跑，你在粤港澳大湾区，我在"长三角一体化"城市群

作为国际化程度领先的中国仲裁机构，我们在各具特色的发展之路上摸着石头过河，我们在你追我赶的良性竞争中不断开创先河，对标国际最高水平，完善仲裁法律制度。

你依托港澳、服务内地、面向世界，辐射粤港澳大湾区。你创新管理模式，2012年通过特区立法，成为全球第一家实行法定机构管理的仲裁机构；于2013年12月牵头设立粤港澳仲裁调解联盟，整合三地商事仲裁与调解资源；2017年，你与原深圳仲裁委员会合并，开创仲裁机构合并的先河；于2019年发布最新的《深圳国际仲裁院仲裁规则》，在仲裁地法律不禁止的情况下，允许当事人约定"选择性复裁"，在册境外仲裁员占比超四成，获《环球仲裁评论》2019年度全球仲裁创新奖提名。

我立足上海、服务全国、放眼国际，辐射长三角城市群。在中国（上海）自由贸易试验区仲裁院成立后，相继设立了多个专业平台，更专业、更具针对性地解决全球当事人间的争议，其中包括全球首个航空争议解决平台——上海国际航空仲裁院以及全球首个金砖国家间争议解决平台——金砖国家争议解决上海中心，获《环球仲裁评论》2016年度最受关注仲裁机构大奖；2018年启用新《仲裁员名册》后，在册境外仲裁员占37.41%；2019年11月，发起设立的上海国际争议解决中心正式启动，打造国际争议解决新高地。

令人振奋的是，我们经年的努力，得到了国内外的广泛认可，除了GAR奖项外，两家机构均为首批被纳入最高人民法院"一站式"国际商事纠纷多元化解决机制的五家国际商事仲裁机构之一，成为共商、共建、共享的国际商事纠纷多元化纠纷解决机制中不可或缺的一部分。

改革的步伐永不止步。我们将共同面对中国新一轮改革开放带来的巨大机遇与挑战，愿我们延续深厚情谊，共享丰硕果实，求同存异，凝聚仲裁的中国智慧，在国际舞台上打响中国仲裁品牌。

从一片绿意到一树春天

蒋弘*

提笔,放下,再提笔;清晰,模糊,更清晰;脑海中不禁浮现深圳国际仲裁院清新、蓬勃、专业、进取的形象。

对于特区仲裁,最初的记忆源自1996年,那时的我刚刚毕业进入中国国际经济贸易仲裁委员会和中国海事仲裁委员会工作,工作地点在北京东北三环展览中心后面的一栋白色的六层小楼里。我有幸被临时安排在德高望重的前辈董有淦先生的办公室。与董老同在一屋办公的短短两个月里,早已退休的董老时常提起特区仲裁的创业,以勉励年轻人奋发工作。那抹初始的朦胧印象,扎根于祖国南方,地处改革开放前沿,生机勃勃,锐意进取,一片绿意盎然。

随后若干年的工作中,我与特区仲裁的接触和联系也越来越多。一年一度的三地会议,北京、上海、深圳三地国际仲裁同仁欢聚一堂,探讨业务,学习交流。会议由三地轮流主办,每年都根据当年仲裁工作中的热点问题甄选出专业前沿的议题,每个议题均由三地代表分别发言交流,之后大家一起讨论学习。会议印有专门的学习材料,每次都是厚厚的一本,内容务实丰富。大家讨论的问题从程序到实体,从立案到裁决,从思想到方法,真诚地讨论,极其热烈,处处闪烁着智慧的火花。每次韩总务实细致的讲课都让大家受益良多。每年结束时,大家都觉得意犹未尽,期待着来年的相聚。

---

* 北京汇仲律师事务所高级顾问,曾任中国国际经济贸易仲裁委员会上海分会副秘书长、中国海事仲裁委员会上海分会秘书长。

深圳的同仁总能带来与特区仲裁发展相关的话题,透视出特区仲裁与香港、澳门地区密切的互动与合作,折射出特区仲裁人对仲裁独有的思考和展望。记得在一次会议上,晓文主任谈到,仲裁的发展得益于国家的改革开放,改革开放初期,三资企业合同均约定仲裁条款,随着改革进程的不断深入,如果"国家粮票"逐步减少,面对越来越市场化、全球化的经济形势,我们该如何改革和发展?晓文主任的思考现实且理性,不仅是前十余年仲裁行业思考的问题,也是当下乃至将来若干年仲裁人依然需要思考的问题。

2006年之后,我常驻上海工作,时常往返于京沪之间,也时有到深圳出差的机会,很幸运有了更多机会观察、比较和思考仲裁与市场、仲裁与经济、机构治理机制等相关问题。仲裁来源于市场,服务于市场,但仲裁又相对独立于市场,仲裁的生命始终在于以独立、公正、高质、高效的方式为市场服务。仲裁与市场的关系好比成熟的恋人,彼此相恋相依,又若即若离;也好比抽象的艺术相较于具象的生活,既来源于生活,又高于生活。那段时间与深圳同仁的探讨更加广泛深入,这个过程好比在那一片盎然绿意中逐步勾勒出枝干、绿叶以及那深深扎入市场土壤的坚实广袤的根系。

2012年和2017年,深圳经济特区对深国仲进行了两次创新变革,一是以法定机构立法确立了以理事会为核心的法人治理机制,理事会1/3以上成员来自境外;二是对深圳的仲裁机构进行了合并整合。两次敢为人先、先行先试的创新变革在仲裁行业影响深远。或许若干年后,当我们回望历史深处这一段特殊的仲裁发展历程,才能真正理解这一深远的影响,以及背后决策者的魄力、坚定、担当、艰辛。2018年年初,深国仲晓春院长在《特区仲裁机构合并的背景与未来》文中的一句话或许是对此最好的注释:"跳出深圳看深圳,跳出历史看历史,跳出仲裁看仲裁。"

除机构机制创新变革之外,深国仲仲裁规则坚持以当事人为中心的原则,不断保持创新。2019年深国仲率先探索选择性复裁机制,这一探索引起众多仲裁人的思考。一直以来,一裁终局被认为是仲裁相较于诉讼的优势特征之一。但是,在近年的仲裁实践中,确实存在当事人对仲裁裁决实体内容不满、试图就裁决实体问题向法院上诉的情形。深国仲的探索采取的是选择性仲裁内部上诉机制,在仲裁地法律不禁止的情况下,遵从当事人 Opt-in 的选择约定,事实上属于一种内部纠错机制。坦率地讲,我对此问题的认知也是经历了一个过程,这个认知过程还在进行中。我曾就此问题向沈四宝教授和晓春院长求教并与他们进行探讨。现实中的确也存在少数公司企业恰恰因为担心仲裁的一裁终局而惧怕选择仲裁的情况,这一探索确实存在一定的客观现实基础。同时,仲裁地在英国、法国、荷兰、西班牙、印度等法域的国际商事仲裁案件允许或不禁止仲裁上诉制度,这使得中国仲裁机构这一探索在特别约定仲裁地的情形下具有现实的可能性和可行性。这一探索使得一裁终局的思维在客观现实的需求下重新得到思考和验证。在我最近参与的一个仲裁法修改课题项目中,选择性复裁、仲裁的上诉机制,已成为学者们关注的课题,或许在不远的将来我们会看到,由深国仲的探索而引起的更为广泛的研究和思考,以及当事人基于现实的需求从而实践选择性复裁这一机制,这种研究和实践对于中国仲裁理论和立法的积极影响。理论—实践—理论,创新—验证—修正,或许先行先试的意义正在于此,永恒的实践,求真求实。

记忆从一片绿意到一树的春天。每每步入深国仲位于深圳证券交易所 41 层的开庭室,优雅的环境,先进的设施,细致的服务,年轻的笑颜……脑海中又是那个清新、蓬勃、专业、进取的形象。

鲲鹏击浪从兹始

张玉生[*]

深圳,中国改革开放的先锋城市、中国经济发展的先行者,它高度浓缩了一个时代的精华,在这片土地上,从不缺乏探索的激情与创新的活力。1983 年,深圳国际仲裁院设立,成为改革开放后国内设立的首家仲裁机构。作为仲裁机构中的"领头羊""排头兵",深圳国际仲裁院一直是中国商事仲裁国际化的探索者、制度创新的先行者,对各地仲裁机构的发展起到了领头示范作用。

时光荏苒,深圳国际仲裁院已经成立 37 周年,厦门仲裁委员会也走过了 24 年的发展道路。也许是都处于经济特区的原因,深圳国际仲裁院与厦门仲裁委员会一直有着密切的联系和深入的交流。深圳国际仲裁院率先实行的一些创新举措对于厦门仲裁委员会的发展乃至中国仲裁事业的长足发展都提供了弥足珍贵的经验。在体制改革创新方面,深圳国际仲裁院率先引入法定机构管理模式和法人治理结构。2012 年 11 月 24 日,为推进深圳现代化、国际化先进城市和前海深港现代服务业合作区建设,深圳市政府通过特区立法,颁布了《深圳国际仲裁院管理规定(试行)》,深圳国际仲裁院借鉴国际商事仲裁经验,以特区立法的形式进行了法定机构改革,率先引入以国际化的理事会为核心的法人治理结构,成为中国第一个通过立法方式确立法人治理模式的仲裁机构。在总结 7 年创新经验后,深圳市政府在 2019 年又颁布了重新修订后的《深圳国际仲裁院管理规定》,并进一步深化体制改革,推动中国国际仲裁在特区的创

---

[*] 厦门仲裁委员会常务副主任兼秘书长。

新发展,为建设国际仲裁高地起到重要作用。深圳国际仲裁院率先实行的该项改革措施实现了决策监督权和执行管理权的分离与制衡,强化了仲裁机构运作以及仲裁庭办案的独立性、公正性,提升了中国国际商事仲裁的公信力。

在体制机制改革方面,厦门仲裁委员会与深圳国际仲裁院有着高度共识。2016年,厦门仲裁委员会也进行了体制机制改革,完善法人治理结构,形成决策、执行、监督相分离的法人治理机制。在仲裁规则方面,深圳国际仲裁院和厦门仲裁委员会也都致力于探寻高效便捷、灵活开放的规则体系。在2016年仲裁规则既有创新举措的基础上,深圳国际仲裁院进一步探索、强化、突破,形成2019年新仲裁规则,新仲裁规则首度探索确立"选择性复裁程序"、增设"庭审声明"环节、引入"当事人之间自行送达"机制等充分凸显仲裁优势的新举措。制定一部准确反映商事仲裁本质属性、恰当满足当事人多元需求的仲裁规则,也是厦门仲裁委员会一直以来追求的目标。厦门仲裁委员会立足现有实务经验,博采众长,积极探索改革创新。2020年5月29日,厦门仲裁委员会正式发布了新版仲裁规则,率先全面引进线上审理方式,率先制定以"排除法"确定首席仲裁员和独任仲裁员的规则,率先对滥用管辖权异议进行有效规制,率先对仲裁员小时费率进行更具操作性的细化规定并引入"搁置裁决"制度,率先设置仲裁程序参考时间表。无论是体制机制的创新,还是仲裁规则的创新,一切创新举措的探索与实行都是为了助力提升中国仲裁的国际公信力。

中国自由贸易试验区仲裁合作联盟(以下简称"自贸区仲裁合作联盟")的成立更是加强了双方之间的密切合作。为集聚自贸区优质仲裁资源,共同提升自贸区仲裁工作专业化、国际化水平,助力法治化、国际化、便利化营商环境建设,打造服务自贸区仲裁发展的合作机制和平台,2015年4月,由深圳国际仲裁院、上海国际经济贸易仲裁委员会等六家自贸区所在地的仲裁机构共同发起,在深圳成立了自贸区仲裁合作联盟。2019年12月,自贸区仲裁合作联盟第二届圆桌会议于深圳举办,作为自贸区仲裁机构,厦门仲裁委员会签署了《中国自贸区仲裁合作联盟宣言》,成为联盟成员机构。同为自贸区仲裁合作联盟成员,深圳国际仲裁院和厦门仲裁委员会之间的合作更加紧密,共负"仲裁机构积极服务经济社会发展大局和国家战略"的重要任务,共担"推广仲裁作为商事纠纷解决方式的适用,完善自贸区、中国乃至'一带一路'沿线国家国际化法治化营商环境"的重要使命。

说起自贸区仲裁合作联盟,我印象特别深刻的是,2019 年 3 月 28 日,司法部在上海召开全国第一次仲裁工作会议,在会议间歇,刘晓春院长与我及其他几家自贸区仲裁机构的负责人共商仲裁的发展,晓春院长充满激情地说:"仲裁一定要走专业化、市场化的发展道路,有条件的还要走国际化的发展道路。在这一点上,咱们几家自贸区的仲裁机构一定要作出表率,勇于改革和创新!"相同的理念,既支撑着深圳国际仲裁院和厦门仲裁委员会的共同使命,也联结着刘晓春院长和我的共同追求。

创新始终是仲裁事业发展的重要驱动力,深圳国际仲裁院敢闯敢试、敢为人先,走出了中国特色的仲裁发展之路。期待未来深圳国际仲裁院继续高歌猛进、绘就创新发展新蓝图,为中国仲裁事业的发展提供更多宝贵的经验。

难忘的雨夜

孙淑宇[*]

缘起：自贸区仲裁联盟

天津仲裁委员会与深圳国际仲裁院的交集缘起于 2015 年我国自由贸易试验区建设的历史机遇。是年 4 月，中国自贸区仲裁合作联盟创设于深圳前海，由华南国际经济贸易仲裁委员会（以下简称"深国仲"）和上海国际仲裁中心（以下简称"上国仲"）倡议筹建，由福州仲裁委员会、天津仲裁委员会（以下简称"天仲"）、深国仲、上国仲、珠海仲裁委员会和广州仲裁委员会六家仲裁机构作为创始成员机构。我作为天仲的代表，有幸参与了联合发起中国自贸区仲裁合作联盟的筹备、成立到开展工作的全过程。

2019 年 12 月，中国自贸区仲裁合作联盟第二届圆桌会议召开，联盟单位扩至 31 家，新朋老友再聚深国仲，大事业，新契机，作为参与者、见证者，自己受益良多。回顾这些年，有几件深受鼓舞的小事与大家分享。

雨中磨砺：以拼搏见精神

2015 年 4 月 9 日，雨夜，深圳博林诺富特酒店。

那天晚上，一开始并没有下雨。深国仲、上国仲和天仲三家仲裁机构的主要负责人郭晓文、刘晓春、闻万里、李树盈带着我们工作人员坐在太

---

[*] 天津仲裁委员会金融中心副主任。

阳伞下的一张小圆桌周围，反复斟酌《中国自贸区仲裁合作联盟合作备忘录》中的每一个字，为第二天即将召开的中国自贸区仲裁合作联盟成立大会的每一个细节做应急预案。

后来，下起了小雨，一滴、两滴、三滴……大家不走。雨线越来越密，大家还是不走。雨越下越大，太阳伞太小了，加了一个太阳伞也遮盖不住所有人，我看到领导们的衣领和衣袖都不同程度被雨水打湿了，但大家都没有半点儿退回室内的意思，而是继续认真讨论每一个字、每一个细节，眼神的交汇和语言的交流还是那么热烈……

期间传来消息，珠海仲裁委员会的同仁因为交通管制原因，一直堵在从珠海来深圳的高速公路上，天亮时能否赶到，亦未可知；又有消息说，有一位高级别嘉宾临时有变，恐不能出席；还有一些媒体联络要求、会议审批需求不断提出……

现场的我感觉做不完的准备工作，处理不完的突发事件，让整个筹备会气氛紧张到无以复加，同时体会到深国仲的全体工作人员为尽地主之谊更是被点燃了一般，工作紧张但有序，每个点位都有人，每个问题都有办法解决。大家几乎一夜无眠。

这场越下越大的雨使得四月的鹏城依旧春寒料峭，但是在几个机构领导的带领下一起拼搏，我们心中热血沸腾。好像在特区，大家都会有使不完的劲儿。

4月10日，晴天，前海。

中国自贸区仲裁合作联盟成立大会顺利召开，可以说是圆满成功。最高人民法院罗东川、刘贵祥和其他相关部委的领导、中国法学会国际经济法学研究会会长沈四宝教授等在会上对这一协同创新给予了高度肯定，各自贸区所在地的经济管理、自贸区管理机构、仲裁机构、法制工作部门、各级人民法院，各自贸区所在地和北京、香港、澳门等地的法学院校，以及美国的著名法学院校都有代表出席并进行了热烈讨论。

定格在我记忆里的，不仅仅是自贸区仲裁合作联盟第一批六家机构携手签约的高光时刻，还有深国仲刘晓春院长布满血丝的双眼和镜头前饱满的精神的风貌，更有一位深国仲同仁说的一句话，"没什么大不了的，拼一下就成了"。

战友情谊：以人才见实力

对深国仲进一步的认知，更多具象来自其高素质的团队成员。领军人刘晓春院长、老主任郭晓文先生自然是高山仰止；王素丽、曾银燕两位大姐可亲可敬，每次见面不拥抱一下，不足以表达思念；接触到的每一位工作人员也是从不同侧面将深国仲的形象立体起来。在各家机构奔跑在专业化建设的道路上时，国内外顶尖法学院毕业生就已汇聚深国仲。正是应了那句老话，人的因素是第一位的，专业的事需要专业的人、专业的平台。

这里特别要提到我的老朋友、好战友、深国仲院长助理杨涛先生。五年前他是自贸区仲裁合作联盟深圳方面的主要对接人，陪同晓春院长24小时内赴京、沪、深三地研讨合作细节，筹备期间更是事无巨细；五年后他是深国仲院长助理，带着"小朋友"们，再次圆满承办第二届圆桌会议，更多了一份镇定沉着、胸有成竹。五年间，我常常因为工作上遇到的问题叨扰他，而且理所当然地不客套，直接提问题，找他要办法，找思路，每每他都不遗余力地为我解答问题。我想是因为我们是互称一句"战友"的人，因为他就是那个说"拼一下就成了"的人。

组织创新：以成绩见发展

过去五年是天仲跨越式发展的五年，自贸区、"一基地三区"、京津冀协同发展等国家战略叠加，让天仲站到了更进一步的机遇关口。深国仲也经历了华丽转身，仲裁机构法定化管理经验为国内外仲裁机构发展开辟了一条可复制、可创新的示范路径。

每次造访深国仲，对具有浓厚中国味道的发展长廊和气吞山河的接待大厅总是百看不厌。深国仲，站在我国改革开放最前沿，确实用行动诠释了"敢闯敢试、敢为人先"的特区精神，深国仲人对于"十大率先"如数家珍，对于我们这些兄弟机构，在结合自身实际的前提下，又何尝不是极具学习价值的"深圳实践"。

作为深圳特区的同龄人，有幸为中国仲裁人，忆我与特区仲裁二三事，贺特区建立40周年，以兹纪念。特别是那个雨夜，永远难以忘怀。

十八年的两岸情

陈希佳*

时光飞逝,现今回想起希佳首次拜访深圳国际仲裁院,竟已是十八年前。2002年8月6日,希佳陪同甫卸任台北律师公会理事长的古嘉谆先生,率领台北律师公会会员代表团访问中国国际经济贸易仲裁委员会深圳分会(后称"中国国际经济贸易仲裁委员会华南分会"和"深圳国际仲裁院"),与肖志明主任、郭晓文秘书长及徐三桥处长深入探讨两岸仲裁界的实况,相互借鉴。当时肖主任明确表示:"廉洁、公正、独立、高效"是仲裁机构的基本要求。肖主任坚定的眼神,迄今仍历历在目。双方热烈又热情的讨论持续到晚宴,开启了台北律师公会与特区国际仲裁机构之间深厚情谊的序章。

数年后,2009年5月26日下午,希佳以台北律师公会大陆事务委员会主任委员的身份,陪同时任台北律师公会理事长的刘志鹏先生、常务理事李家庆先生,率领台北律师公会会员代表团再度访问深圳,与郭晓文先生、刘晓春先生等专家,就两岸经贸仲裁的发展及特点进行了热烈友好的交流和沟通,并就如何进一步加强合作达成了初步的共识。刘晓春先生特别引导台北律师公会代表团到《中国改革开放与特区国际仲裁的创新发展》历史长廊,详细解说照片的背景及人物,娓娓道来。每一张记录历史的照片,都印证了特区国际仲裁机构的历史传承与重要性。

---

* 英国品诚梅森律师事务所(Pinsent Masons LLP)中国区联合负责人、中华仲裁协会争议调解中心副主席及大陆事务委员会主任委员,曾任中华仲裁协会监事、台北律师公会大陆事务委员会主任委员。

特区国际仲裁机构于 2012 年 12 月 9 日下午在深圳举办"启用新名称、新规则、新名册通报会暨 2012 年仲裁员培训会",启用"华南国际经济贸易仲裁委员会"(深圳国际仲裁院)新名称,同时启用新规则和新名册,承先启后地开启了特区国际仲裁机构的新篇章。台湾地区法律界的多位知名人士都在新名册之列。希佳一方面非常荣幸代表中华仲裁协会,向数百名来自境内外的与会人士宣读了仲裁协会李念祖理事长的贺信,祝贺深国仲"开创华南经贸契机,宏图大展;加速粤港繁荣发展,传承创新"。另一方面,也非常荣幸参加仲裁员培训会,发表个人的获聘感言。

历年来,希佳多次担任深国仲所管理的仲裁案件的仲裁员。在办理案件的过程中,深国仲秘书处的专业及效率,自不必说;让人印象更深刻的是深国仲秘书处同仁们求知若渴、与时俱进的精神。2016 年 8 月 5 日,希佳担任中国台湾地区某上市公司与某大陆公司间仲裁案件的首席仲裁员,到深国仲开庭,深国仲经事前约定而热情邀请希佳趁此次行程之便与大家进行午餐会谈(lunch talk),分享希佳领导品诚梅森(Pinsent Masons LLP)工作团队为财政部撰写《PPP 项目合同指南(试行)》、PPP 示范项目案例分析等的心得,以及当时 PPP 项目的最新发展。深国仲的同仁们提出许多具有启发性的问题,我们一起探讨最新的实务问题,共享知识盛宴。

深国仲洞悉市场最新动态,随时回应当事人的需求,引领业界改革创新。例如,深国仲早在 2016 年 10 月发布的 2016 年版《深圳国际仲裁院仲裁规则》中,即率先将东道国与外国投资者之间的投资纠纷案件列入受理范围,并且发布了《深圳国际仲裁院关于适用〈联合国国际贸易法委员会仲裁规则〉的程序指引》(以下简称《指引》)。一方面在中国内地首次通过特别程序将《联合国国际贸易法委员会仲裁规则》本土化;另一方面,将国际通用的《联合国国际贸易法委员会仲裁规则》和《指引》作为深圳国际仲裁院受理投资仲裁案件的规则,推动"一带一路"纠纷解决。希佳非常荣幸地在上述规则正式发布前,即与多位境内外学者专家共同探讨上述规则的草稿,亲身感受到深国仲在推出新规则之前,广征各方专业意见、详斟细酌的严谨态度。又例如,深国仲关注到 PPP 项目在国内的蓬勃发展,以及其在跨境及"一带一路"建设项目中的重要性,随即于

2017年6月2日在深圳举办"PPP项目风险防范和争议解决研讨会暨华南国仲PPP专业委员会成立仪式",助力"一带一路"及粤港澳大湾区建设。在国家财政部、有关地方的政府发改部门、财政部门、法制部门的支持下,来自北京、上海、天津、重庆、广州、南京、台北、香港、深圳等地的150余名专业人士共同见证了政府与社会资本合作(PPP)专业委员会(以下简称"PPP专委会")的成立。希佳非常荣幸地成为首批应聘的PPP专委会委员之一,并且在研讨会中以"PPP项目风险防范与争议解决的境外经验"为主题向与会的150余名专业人士进行报告,共同探讨PPP项目风险管理和争议解决等方面的前沿和热点法律问题。

近来,深国仲于2019年4月4日在香港举行"深圳国际仲裁院与粤港澳大湾区:新规则、新名册研讨会",对2019年2月施行的《深圳国际仲裁院仲裁规则》进行解读,展开深入探讨,并为仲裁员颁发聘书,进一步推动粤港澳大湾区国际仲裁合作与融合,吸引了来自近20个国家和地区的150名仲裁员参与了培训交流。希佳再度非常荣幸地应邀以"普通法与大陆法下的仲裁程序"为题,依据所学理论与实际办案的经验,与大家分享普通法与大陆法下仲裁程序的主要异同。深国仲持续举办仲裁员培训,总是事前充分地准备,让所有与会人士收获满满;并且,仲裁员培训也给在册仲裁员提供了绝佳的相互交流平台,一直是仲裁员热切期待与积极参与的盛会。深国仲的仲裁员名册包括来自不同国家和地区、具有高度专业水平及多样性背景的专业人士,可以满足当事人在具体个案中的需求。

这十八年来与深国仲的接触与交流,每每印证深国仲秉持初心,坚定不移地实践着独立、公正、高效、专业地为当事人提供最佳争议解决服务的理念,既传承历史,又与时俱进,勇于创新,引领业界。在深圳经济特区即将迈入另一个四十年之际,谨献上最诚挚的祝福,期许深国仲持续砥砺前行,迎来一个又一个的高峰。

潮平两岸阔，风正一帆悬

黄淑禧[*]

我自 2017 年 11 月起担任澳门世界贸易中心仲裁中心（以下简称"澳门世贸仲裁中心"）的秘书长，亦因此有缘在工作中认识深圳国际仲裁院及其优秀专业的团队。

深圳国际仲裁院早于 2013 年 12 月成立粤港澳商事调解联盟（现称"粤港澳仲裁调解联盟"），因为澳门世贸仲裁中心是联盟成员，因此我多次参与由深圳国际仲裁院举办的活动。例如，出席粤港澳仲裁调解联盟的年度主席会议、带同澳门世贸仲裁中心调解员前往中国进出口商品交易会（广交会）考察观摩由深圳国际仲裁院设在展会现场的调解服务柜台、参加深圳国际仲裁院在香港举办的新规则解读暨仲裁员培训交流会（香港场）、出席深圳国际仲裁院与澳门法务局合办的粤港澳大湾区国际仲裁合作宣讲会、参加深圳国际仲裁院举办的第九届中国华南企业法律论坛。除了上述交流活动，澳门世贸仲裁中心与深圳国际仲裁院亦不时举行内部会议，交流两地的仲裁经验。我对上述每一项活动都印象深刻，从中获益良多。

深圳近二十年的经济发展有目共睹，现已是中国经济最活跃的城市之一，深圳外资企业数量快速增长，其中一个原因是深圳具有完善的外商投资便利化措施，加强了对外资企业权益的保护。大部分外资企业倾向于以仲裁及调解方式解决商事争议，而深圳国际仲裁院在这方面承担了非常重要的角色。仲裁机构是依法对争议当事人（不论是自然人还是法

---

[*] 澳门世界贸易中心仲裁中心秘书长。

人)之间的民商事争议专门进行仲裁的实体,必须确保其公正及独立性。深圳国际仲裁院的理事,超过半数成员来自境外,所有重大决策均由理事会决议。这种制度除了令深圳国际仲裁院的发展更趋国际化,亦能有效消除境内外当事人对中国仲裁机构独立性和公信力的顾虑。

2019年4月我很荣幸加入深圳国际仲裁院的仲裁员名册,并前往香港参加"深圳国际仲裁院新规则解读暨仲裁员培训交流会(香港场)"。深圳国际仲裁院于2019年2月生效的新版仲裁规则加入多项革新,例如,借鉴境外仲裁有益经验,首度探索确立"选择性复裁程序",以适应国际贸易和投资仲裁部分当事人的现实需求;适应市场主体对争议解决程序的多样化需求,在不违背适用法律强制性规定的前提下,充分尊重当事人的意思自治,进一步增强规则的灵活性和可预见性,等等。深圳国际仲裁院为草拟新版仲裁规则对很多先进国家和地区的仲裁法例和仲裁机构的规则进行了深入的研究,而且咨询了很多来自不同法律体系的仲裁及法律专家,因此,深圳国际仲裁院2019年新版仲裁规则的内容充分体现了开放性、国际性和专业性,极具参考价值。

2019年深圳国际仲裁院来澳门举办及参与了多个仲裁交流活动:澳门法务局联同深圳国际仲裁院、澳门世贸仲裁中心及澳门律师公会自愿仲裁中心合办"共建、融合、衔接、共生——粤港澳大湾区国际仲裁合作宣讲会暨深圳国际仲裁院澳门仲裁员聘书颁发仪式";澳门法务局和澳门贸易投资促进局合办题为"粤港澳大湾区仲裁制度简介会"的讲座,并邀请深圳国际仲裁院及澳门法务局法律专家分别介绍深圳及澳门的仲裁制度;深圳国际仲裁院牵头组织、澳门世贸仲裁中心承办"粤港澳仲裁调解联盟第三届第二次主席会议"。上述活动均有很多澳门工商业界、律师业界、仲裁和调解业界的人士出席,反应热烈,带动澳门各界更加关注仲裁制度以及其在粤港澳大湾区发挥的作用。澳门特别行政区政府代表亦多次在交流活动中指出,透过加强粤港澳三地仲裁机构的交流合作,推动建立多元化纠纷解决机制,将有利于大湾区的人流、物流、资金流等生产要素实现互联互通以及促进大湾区的发展。澳门的仲裁机构亦将配合粤港澳大湾区的政策,积极加强与内地及香港仲裁机构的交流和合作。

事实上,澳门于回归前已制定两部规范仲裁制度的法令,分别是第

29/96/M 号法令核准的《仲裁制度》(即内部仲裁法)和第 55/98/M 号法令核准的《涉外商事仲裁专门制度》(即涉外仲裁法)。虽然澳门已有仲裁制度长达二十年的时间,但实际使用率仍然偏低,未能得到广泛应用,个中原因涉及多个方面,例如,经济结构单一、制度建设滞后、具体诱因欠缺和宣传力度不足等。不过,随着澳门特别行政区立法会于 2019 年 10 月通过《仲裁法》(第 19/2019 号法律),将原来的内部仲裁和涉外商事仲裁合二为一,弥补了以往制度的不足和漏洞,解决了在适用上存在的困难和疑问,同时引入符合国际惯例的仲裁规则,令澳门特别行政区的仲裁制度更能与国际标准接轨,有助于其作出的仲裁裁决更容易在其他国家和地区得到承认和执行。

澳门新《仲裁法》的出台是澳门的仲裁发展新的里程碑。然而,由于过去澳门的仲裁制度发展较慢,现在亟须向邻近地区的仲裁业界学习,因此,每次我与深圳国际仲裁院的团队接触交流,均向其请教仲裁机构的管理经验,在此再次感谢深圳国际仲裁院团队的细心讲解及无私分享。我由衷佩服深圳国际仲裁院领导的高瞻远瞩,从改革架构制度、培训专业办案团队、创新仲裁规则,以至对外交流及对内的市场推广上,奠定国内企业及外资企业对深圳国际仲裁院的信心。

潮平两岸阔,风正一帆悬。澳门和深圳位处珠江口两岸,一衣带水,两地仲裁机构友谊深厚。冀望日后澳门的仲裁机构能与深圳国际仲裁院有更多交流的机会,共同更好地发展及促使粤港澳大湾区利用仲裁方式解决三地之间的民商事法律纠纷。

国际仲裁：深圳与世界

苏国良[*]

2020年是深圳经济特区建立40周年，而深圳特区建设和粤港澳大湾区的合作与发展有着紧密关系。在改革开放的新时代，深圳和香港于国际仲裁领域的发展积极地相互推动，通过香港国际仲裁中心（HKIAC）、深圳国际仲裁院（SCIA）、粤港澳仲裁调解联盟（GHMMA）等机构间的合作，为国际商事仲裁带动创新，以及共同拓展区域间的国际商事纠纷解决机制，为经济贸易活动提供国际水平的专业仲裁及调解服务。

值此历史时刻，可从深圳视角回顾国际商事仲裁这些年的发展，以展望国际商事仲裁在未来世界的发展方向。

从香港看深圳

40年前，《联合国国际贸易法委员会国际商事仲裁示范法》还没有发布（5年之后才发布），当英国1979年的《仲裁法》刚把限制法院对仲裁裁决的撤销或发回重审等明确写进法律，当香港正为走向国际金融中心而针对《仲裁条例》进行法律改革及为筹备香港国际仲裁中心开展研究，深圳特区的建设者已明白仲裁是支持特区经济贸易活动发展的法治建设根基的重要组成构件，对通过仲裁解决因应发展而必然产生的商事纠纷予以充分肯定并推行使用。

---

[*] 粤港澳仲裁调解联盟第一届主席，香港大律师、国际仲裁员及调解员，曾任香港国际仲裁中心秘书长。

随着深圳特区的发展，当时境外投资方对于拓展内地业务的兴趣浓厚，深圳自然成为仲裁交流的中心。香港仲裁业界与包括深圳国际仲裁院在内的同行及各界朋友的交往也日渐频密。本人亦因应当时香港仲裁司学会和香港国际仲裁中心的工作，分别以学会会长及中心秘书长的角色，与深圳国际仲裁院等同行机构建立联系，其后更有幸以深圳国际仲裁院仲裁员身份参与了深圳国际仲裁院在前海的首宗涉外仲裁案件的审理，亲身体验了刚启用、具有高灵活性及创新性的仲裁规则，为当事人服务。该宗案件最终通过与调解的紧密结合，圆满地以和解结案，当事人十分满意。

在"粤港澳大湾区"发展概念还没有正式提出来的2013年，在深圳国际仲裁院的推动下，本人也有幸与粤港澳地区的多家商事调解服务机构一起在前海共同创立现为粤港澳仲裁调解联盟的合作平台，并以联盟第一届主席身份为共同提升粤港澳地区商事调解服务水平和在亚太地区的地位服务。

通过种种参与，本人见证了深圳国际商事仲裁调解的整体发展及取得的成就，所获启发不少，亦相信可为仲裁领域的未来总结出一些启示。

从深圳到世界

如上所述，借鉴深圳国际仲裁已成功立足于世界的经验，可为国际商事仲裁的未来进一步优化方向带来一些启示。

启示之一：仲裁是支持经济贸易活动发展的法治建设根基的重要组成构件。

经济贸易活动的发展与法治建设息息相关，经济贸易难免有商事纠纷。商事纠纷需要有效的、可适用的纠纷解决机制。不论是深圳特区建立时期、前海自贸区成立之初，以及粤港澳大湾区的发展，一个扎根于当地的权威性的仲裁机构必不可少。商事纠纷，特别是涉外商事纠纷的解决务必通过一个境内外当事人均乐意接受及信任的机制来处理。国际商事仲裁是处理这些商事纠纷的必然手段。

因应1958年《承认及执行外国仲裁裁决公约》所赋予的国际商事仲

裁裁决的跨国可强制执行性，以及各国法院对国际商事仲裁亦相当支持，很多涉及不同国籍及/或不同地方当事人之间的商事纠纷、投资纠纷等也不会进入相关地方的法院系统。这些案件往往仅是依据仲裁协议，通过国际商事仲裁来解决纷争。

因此，仲裁是支持经济贸易活动发展的法治建设的根基组件之一，更是现今国际商事贸易不可或缺的法治要件。这也解释了希望推动及维护经济贸易活动发展的各地也开始学习深圳对国际商事仲裁给予大力支持的根本原因。

启示之二：仲裁是依据用家需求而主导的专业服务。

以深圳国际仲裁院为例，通过《深圳国际仲裁院管理规定》之法律地位，其定位已为配合粤港澳大湾区建设进一步发挥作用，为建设国际化、法治化营商环境而创新商事争议解决机制。

现行的《深圳国际仲裁院仲裁规则》给予当事人主导仲裁过程极大空间，依据用家需求更可约定包括香港特别行政区的普通法地区作为仲裁地。当事人可以委托包括中国内地、香港特别行政区、澳门特别行政区、台湾地区和外国律师在内的人士担任其仲裁代理人。因情况紧急，当事人可按规则在申请仲裁前或仲裁程序中申请财产保全或行为保全等临时措施，支持最高人民法院、香港特别行政区政府《关于内地与香港特别行政区法院就仲裁程序相互协助保全的安排》的操作，使现今国际商事仲裁中至为重要的一环得到落实。

以上均旨在促使国际商事仲裁可全面依据用家需求主导进行，从国际专业服务视野进一步发挥仲裁的作用。

启示之三：仲裁是不断与时俱进以超越当事人预期的创新机制。

仲裁是要不断与时俱进，以创新手段，不断地超越当事人预期，以完善国际商事纠纷解决机制。

来自不同法域的当事人、仲裁代理人及仲裁员亦对仲裁的预期不大相同。如何扩大仲裁的可包容性，使他们融合于国际商事仲裁的大环境、新趋势中，必须开启崭新的视野。单以仲裁语言而言，即使仲裁协议有约定，当事人及/或代理人也希望以自己的语言来参与仲裁。事实上，以电子文件册(eBundles)来进行仲裁、展示证据等，可说是仲裁领域的新常态；当事人、仲裁代理人、证人及仲裁员等以全面或部分远程视频方式参与仲裁于近期也渐渐变为国际商事仲裁的日常。

第五代移动通信技术（5G）的应用、大数据时代对仲裁进行的模式及/或仲裁相关人士的分析，以及人工智能（Artificial Intelligence）对仲裁代理人及仲裁员可能带来的冲击等，可将仲裁领域带至仅受想象力限制的无人领域。但不难想象的是，现今资讯科技可创新地超越当事人的预期，相信是指日可待的事情。

结　语

俗语有云，成功取决于思想和信念。只要有勇气就可跨越海洋。凭着坚持、创新和行动，深圳国际商事仲裁将可为仲裁领域带来一片不一样的天空。

深国仲的高瞻远瞩

鲍其安[*]

在我担任香港国际仲裁中心秘书长后不久,深圳国际仲裁院到访了我们中心。郭晓文和刘晓春的雄心让我敬佩不已,整个代表团也充满着想法和活力。当时的交流我至今仍铭记于心。

我们一直保持着良好的关系,携手进步。我有幸见证了深国仲和深圳的法律界多年来勇于改革、乘势而上并日渐成熟。深国仲的创新改革不但推进了深圳法律界的发展,更是挑战了全国甚至是全球对仲裁组织的认识。深国仲致力于与时俱进、力争上游,如今更着手处理本地区一些复杂的争端,让我深深感动。

深国仲的声誉建立在信用、质量和创新之上。有别于当年初识深国仲时的身份,如今作为仲裁员的我更是从深国仲获益匪浅,更能切身感受到深国仲的进步。深国仲在国际舞台上也是首屈一指的仲裁机构。

借此机会,祝愿深国仲能在未来 40 年日渐强大,在往更高的视野奠定坚实基础的同时继续极目前瞻并获得成功。

---

[*] 国际商会(ICC)仲裁院副主席,曾任香港国际仲裁中心秘书长。

我与深国仲

刘京*

平生第一次坐飞机,就是20世纪90年代初从北京去深圳国际仲裁院开庭。仲裁庭有一位香港执业大律师,这当时在内地并不多见。

第二次去,是作为香港国际仲裁中心副秘书长去拜访。深国仲已搬到中银大厦。据说是专门请香港设计师设计的。

再去,深国仲已在深圳证券交易所大厦,古色古香,远眺四望,颇有"大湾区"气象。

近一两年去,更多的是去审理案件。由表及里,对深国仲又多了几分了解。对经办秘书的友善、主动、活跃的思维和专业的态度,裁决核稿时的犀利,都有所体验和领教,且非一朝一夕之功所能至,是文化的传承和经验的积淀。深国仲的裁决也是少见的列明经办秘书姓名的裁决。

2019年,有机会参与紧急仲裁员程序的一次实践,深国仲"标新"而不"立异",审慎适用规则。"创新"的时代,守正反显可贵。

世事日新日繁,"不惑"不易。"礼闻来学",做好自己。回望过往,与有荣焉;展望将来,与有任焉。

---

* 北京汇仲律师事务所高级顾问,曾任香港国际仲裁中心副秘书长。

深圳：我所热爱的起点

杨玲*

南下实习

2006年4月，一如往常的初夏。武汉大学的晚樱开毕，白天的燥热已有盛夏的气息。

硕士研究生三年级的我，正带着骄傲和焦虑迷茫在毕业前夕。

记不得何种场景，一位女士来电，通知我去中国国际经济贸易仲裁委员会华南分会（即深圳国际仲裁院）实习。那时的我，工作和考博都还没有着落，但那是华南贸仲，必须去。买了西装、扛着行李，南下。

实习生的工作内容，没有什么特别的。打印、复印、寄快递、准备会议材料、整理案卷、帮带教老师做些辅助性工作。空闲的时间，翻看案卷、读裁决书。仍记得那时华南贸仲的案件很"洋气"——案件具有任何涉外因素都让我激动不已。虽然我在国际私法专业读了三年研究生，但近距离观察"活"的具有涉外因素的国际私法案件，最早是在华南贸仲。涉外当事人的送达、法律适用、程序语言的每个小细节，都在提醒我，在学校里学的东西在这里有用。

实践"国际仲裁"的真切感受来自2006年春季中国进出口商品交易会（以下简称"广交会"）——中国最大的商品和服务交易平台。华南贸仲设有专门的展台推介争议解决服务。仲裁是一种"服务"？仲裁机构

---

* 香港国际仲裁中心副秘书长兼上海代表处首席代表，曾于2006年春夏在深圳国际仲裁院实习。

是"服务提供者"？这显然"颠覆"了还没有走出校园的我的认知。大学的仲裁法课程,至今还在讨论仲裁的"准司法"属性。

我和另外一位来自中山大学法学院的实习生,跟着谢卫民老师一起去站台——派发机构的服务资料、用蹩脚英文向不同肤色的人介绍仲裁。在来来往往的商务人士中,我们回答各种关于"什么是仲裁"的问题。有两个至今想起来都很激动的画面:一位外国用户和本地企业在华南贸仲的展台当场签订仲裁条款;经过一位调解员的调解,本地企业就设备侵权问题与外国企业达成和解。

共同成长

2006年9月,我回到武汉大学攻读博士学位。在华南贸仲的实习,增加了我对国际仲裁的"八卦心"。从那时起,国际仲裁的人、事、案例、制度和机构于我都有莫名的吸引力。2009年,我完成了以《国际商事仲裁程序研究》为题的博士论文,其中涉及以实务经验为基础的研究,很多积累于我在世界各地的仲裁机构的实习过程中。之后的九年,我在华东政法大学当老师,研究国际仲裁制度,带领学生参与国际商事仲裁模拟仲裁庭辩论赛(Vis Moot),观察各地仲裁机构的发展。华南贸仲一直是我亲切且重要的研究对象。

当年一起实习的小伙伴们,有的留在了仲裁机构、有的出国读LLM、有的开始做律师、有的去了企业做法务。大家的人生道路开始不同。华南贸仲也发生了一些重要的体制性和机制性变化。

和我一起在广交会站台的那位女生,后来去了波士顿大学读LLM并留在纽约的一家银行工作——而我也在2016年去波士顿大学做访问学者。2017年2月,纽约大雪纷飞,当妈又当妈的我们多年后相见,在纽约43街的湖南餐厅,我们调侃在华南贸仲中银大厦对面莲花小区共住的日子。说起广交会,我们还记得对高跟鞋"业务"的不熟练,先后扭到脚的尴尬。她说,你还继续着你的热爱——仲裁;我说,你却在《纽约公约》的签署地安家。

2016年年底,已经加挂"深圳国际仲裁院"牌子并进行法定机构改革的华南贸仲发布两套新的仲裁规则,其中《关于适用〈联合国国际贸易法委员会仲裁规则〉的程序指引》令人耳目一新。在机构仲裁作为唯一形态的法域,一家内地仲裁机构尝试"委任机构"的服务,程序指引默认仲裁地点为香港特区,真的很"深圳"。当时在波士顿访学的我,一夜之间写完新规则的评论文章。那年,我已经近10年没去过深圳,但似乎又从未离开过。

再次重逢

2017年秋天,香港仲裁周前夕,我去中环签工作合同。刚到交易广场2座的办公室,Sarah(香港国际仲裁中心现任秘书长)就跟我说有一个深圳的代表团,你去见一下。这就是生活的乐趣,它总是给你惊喜。代表团年轻同行们的面孔,我已全不认识,但丝毫不影响大家一见如故——因为是一家仲裁机构。

2018年年初,我离开象牙塔,正式入职香港国际仲裁中心。从一个在远处观望的仲裁爱好者,到有机会近距离观察国际仲裁的细枝末节。"爱好"从深圳开始,"工作"从深圳的对岸出发。

20世纪80年代中期,香江两岸的两家仲裁机构先后成立。华南贸仲第一个依《纽约公约》在境外执行的仲裁裁决就是在香港;华南贸仲的仲裁员名单中、案件当事人中有相当比例的香港人士。改革后的深圳国际仲裁院采用法定机构的理事会治理架构,超过1/3的理事为香港法律界的知名人士。香港国际仲裁中心仲裁员名单中早年聘任的内地仲裁员,绝大多数也是华南贸仲的工作人员。如今香港国际仲裁中心很多案件的当事人为内地当事人。

仲裁,是应商人社会需要而兴起的服务。商业越发达的区域,仲裁越发达。在中国南方,改革开放的最前沿,深圳和香港的仲裁机构互动频繁。我加入了香港国际仲裁中心后,和深圳国际仲裁院的同行们同台献艺的机会增多,原来的友谊也随即增长。2019年7月,两家仲裁机构在深圳签署《更紧密合作协议》——希望携手服务好商业社会、共同提升国际仲裁的多样性、为仲裁的再进步努力。

2020年5月,人类冲突还在持续加剧。同在争议解决领域的我们,可以为人类文明做点什么?深圳和香港,在未来的若干年里,还会承担什么样的历史使命?我们是否还有勇气去探索、去实现理想?

但愿,这是最坏的时代,也是最好的时代。

创新的价值

范铭超*

说来惭愧，我与深圳国际仲裁院接触的时间不太长。但在这短短几年的合作中，我对深国仲"3i"理念中的"innovation"（创新）印象深刻。

令我耳目一新的是深国仲的"谈判促进"。在我看来，negotiation facilitation 似乎比 facilitative mediation 的说法更接近这项服务的本质。

用更加粗线条的方式划分，争议解决的方式其实只有两类：分是非或者谈条件。诉讼、仲裁无疑是"分是非"，而调解和谈判则是"谈条件"。

尽管主张 facilitative mediation 调解模式的法域一再强调，调解员通过促进而非介入的方式推动争议各方的和解，但客观事实是，在调解员不实质性介入时，真正起决定性作用的是争议各方，而不是调解员。

虽然我们很难黑白分明地区分哪些情况下争议各方需要中立第三方"介入"，哪些情况下需要"推动"，但我们知道，一定有一些情况不适合"介入"，而有一些情况只是"推动"是不够的。

在这个基础上，当中立第三方只是"推动"而非"介入"时，negotiation facilitation 显然比 facilitative mediation 更忠实地反映了争议各方与中立第三方在整个过程中的地位和功能，避免了争议各方对中立第三方的依赖从而失去积极谈判的主动性，也减少了中立第三方因误解自己的角色而越俎代庖的可能性。

或许很多人甚至没有听过"谈判促进"这个词，也许数年以后大家会看到，正是由于深国仲为这种服务起了这个充满创意但又恰如其分的名称，这

---

* 国际商会（ICC）上海代表处首席代表、国际商会（ICC）仲裁院北亚地区主任。

种服务的内涵和外延才得以确定,内容才得以稳定,同时也为中国传统的、明显以中立第三方介入为特征的调解划定了更为固定的生存空间。

与"谈判促进"的"四两拨千斤"不同,深国仲设立网络平台管理仲裁案件和运用网络技术进行仲裁审理更体现了创新所需要的细心、耐心和虚心。

中国改革开放四十多年来,人们似乎把"更高、更快、更强"和"时间就是金钱,效率就是生命"这两句话的运用发挥到了极致。毫无疑问,这是中国能够在短短四十多年间成为全球最大经济体之一的重要原因。然而,从无到有固然可以很快,从有到好再到优却不得不慢,不得不用"工匠精神"去一遍遍地打磨。

中国走向世界,中国仲裁走向世界,必须更精细、更完善,打磨每一个步骤、每一个环节。只有这样,才能树立起坚实、可信的形象。在这一过程中,细心、耐心不可或缺。

同时,走向世界也意味着要兼容。当人们埋头苦干,一心向前时,不知不觉已经超过了大半个世界。这时,比"更高、更快、更强"更重要的态度,变成了要学会宽容。在我们看来,5G是触手可及的,电子钱包是势在必行的,但其实世界上很多地方甚至都没有进入4G时代,支付仍然依赖纸币、硬币。虽然我们不必放慢我们的脚步,但仲裁服务的设计同样应当照顾到来自发展程度不如中国的国家的用户,应当同样对他们友好,同样便于他们使用。尊重并虚心向弱者请教,考虑他们的需求,才能更好地走向世界。

在我较为有限的深国仲网络仲裁案件的经历中,尽管不能披露具体案情,但我看到了工作人员的细心、技术人员的耐心和决策人员的虚心,这不仅使我作为深国仲仲裁员所参与办理的个案的质量得到了保证,也让我看到深国仲设立网络平台管理仲裁案件和运用网络技术进行仲裁审理的创新是真正具有长久的生命力的。

虽然仲裁只是中国改革开放四十多年波澜壮阔的画卷中一朵小小的浪花,但这朵浪花所折射出的积极上进的精神和态度却是在这四十多年改革开放过程中各行各业一以贯之的。深国仲坚持不懈的"innovation"也终将有一天会为国际仲裁带来杰出的"influence"。

My Story with Shenzhen: from Partnership to Friendship

Andrew LEE[*]

I was born in Australia. 40 years ago, I first visited China. Shenzhen was a little fishing village and had just started its Special Economic Zone. 20 years ago, I moved to China. Shenzhen had emerged as a place for financial and high tech. I became Chief China Representative for JAMS, one of the world's pre-eminent ADR institutions. My role was to head the Shanghai office and lead JAMS's China activities, working to develop partnerships with Chinese institutions. Some of our most significant programs were with SCIA as we established Sino-American projects together.

On the 40th anniversary of the Shenzhen SEZ, Shenzhen is a global financial hi-tech powerhouse. And now, 40 years after my first visit to China, I have returned to Australia to train Australian leaders on developing partnerships with China. My time in China with JAMS and my interactions with SCIA have been the highlight of my professional career. I have come to deeply respect the SCIA institution, the personnel and the ADR infrastructure. I am honoured to share thoughts and celebrate SCIA and four decades of the Shenzhen SEZ.

---

[*] Mr. Lee is the Former Chief China Representative for JAMS. He is now the Senior Consultant to Asialink Business, the leading national Center established by the Australian Government for Australian- Asia engagement.

I believe SCIA is an excellent international partner and flag-bearer for the Chinese ADR community.

SCIA's hardware is deeply impressive. A conveniently located, secure and welcoming office building for business executives. Well-designed meetings rooms with a distinct Chinese cultural flavour and a beautiful Chinese painted scroll decorating the entry foyer. Large arbitration courts with sophisticated technology, audio-visual and translation facilities. Comfortable resting places to take a break after a long session.

SCIA's ADR infrastructure is strong. Panels of credible neutrals-from Mainland China and abroad. A solid set of thoughtful, relevant and regularly updated rules. A system of governance that emphasizes impartiality.

Of course, many top international ADR institutions have those qualities. What makes SCIA stand out to me is its personnel. You can have the right building and the right computer and the right rules, but most importantly, you need the right people.

In our field, we meet a lot of people. We go to meetings, exchange a lot of name cards, emails and Wechat QR Codes. But how many people do we really recall? How many names and faces can we remember?

I remember President Liu Xiaochun, Vice President Wang Suli, Mr. Xie Weimin. Professional people, speaking knowledgeably, working passionately, showing clear business sense and with an impressive business network within China and internationally. I remember Deng Kaixin-who combines an amazing work ethic, irrepressible energy and a love of way-too-hot spicy food. I remember them as people I trust as business colleagues and people I admire as personal friends.

These feelings remain with me now that I'm back in my homeland of Australia. Today, I give trainings on how Australia can have better engagements and do better business together with China. I train with Government ministers, diplomats and Lord Mayors. I consult to banks, law firms and companies. I speak with universities, hospitals, museums and sports clubs. And I tell them, make sure you know about Shenzhen and make sure you look up SCIA.

The world is an increasingly uncertain place. Covid-19 has made international commerce challenging. Global politics is unpredictable. Cross-border disputes are becoming more frequent. Business is becoming harder.

We need less loud shouting and more thinking. We need more deeply trustworthy, highly professional, intelligent and fair partners with whom we can forge partnerships together.

We need more SCIA.

Congratulations to Shenzhen for four decades of SEZ and to SCIA for your 37 years of excellent growth. I'm looking forward to reading more about your wonderful achievements.

译文

我的深圳故事：从合作到友谊

Andrew LEE[*]

我出生于澳大利亚。40年前，当我第一次来访中国，深圳还是一个小渔村，经济特区建立伊始。20年前，我来到中国工作，深圳刚呈现出金融与高科技产业中心的发展态势。作为全球知名替代性纠纷解决机构之一的美国司法仲裁调解服务有限公司（JAMS）的中国首席代表，我的职责是负责

---

[*] 美国司法仲裁调解服务有限公司（JAMS）前驻中国首席代表，澳大利亚 Asialink Business 亚太事务资深顾问。

管理上海代表处和推进JAMS在中国的项目运营,并致力发展与中国同业机构之间的合作伙伴关系。我们与深圳国际仲裁院(SCIA)共同创建的中美联合仲裁员名册,能够代表其中最具意义的一些合作。

在深圳经济特区建立40周年之际,深圳已成为享誉国际的金融与高科技产业城市。如今,距离我首次踏上中国国土已过去40年,我回到了澳大利亚,作为联邦政府亚太事务智囊顾问机构的资深顾问成员,通过培训与咨询助力澳大利亚行业领导者发展与中国的合作关系。在JAMS期间的中国工作经历及与深圳国际仲裁院的合作互动,是我职业生涯中值得回忆的时刻。深圳国际仲裁院工作成员及其替代性纠纷解决机制都令人抱持敬意。我很荣幸分享我的想法并庆贺深圳国际仲裁院成立37周年与深圳经济特区建立40周年。

在我看来,深圳国际仲裁院是优秀的国际合作伙伴,也是中国替代性争议解决专业机构中的旗手、领军者。

深圳国际仲裁院的硬件设施让人印象深刻,适合商务人士需要的便捷地理位置、安全和气氛友好的环境、精心设计具有鲜明的中国文化特色的会议室、接待大厅漂亮的中国长卷轴画、配备先进视听和翻译设备的大型仲裁庭,以及可供在长时间工作后放松的休息区域。深圳国际仲裁院的商事纠纷解决机制也相当出众,在册仲裁员均是来自中国境内外的有公信力的人士,仲裁规则充分考虑当事人和市场需要并适时调整,此外还有一套保障其独立公正的监督机制。

诚然,众多国际顶级替代性纠纷解决机构都具备这些特质,但对我而言,人员素养令深圳国际仲裁院脱颖而出。办公场所、仲裁规则和精良的设施设备固然必不可少,至关重要的却是仲裁机构的工作团队。

我们在工作中,会遇到很多人,参加一次会议不知要交换多少名片、电子邮箱和微信二维码。但是我们真正记得的人有多少?有多少名字和面孔能被想起?

我记得刘晓春院长、王素丽副院长和谢卫民先生,三位给我的印象是:严谨的工作风格、优雅博学的谈吐和热情洋溢的工作态度,清晰敏锐的商务思维并且拥有相当广泛的国内外工作联络资源。对邓凯馨女士我也印象深刻,她兼具令人称许的职业道德和对工作旺盛的精力的特质,以及爱吃辛辣食物的习惯。我对他们记忆犹新是因为他们不但是可以信赖的工作伙伴，也是令我欣赏的友人。

如今我已经回到了故乡澳大利亚，但是这些感受依然未变。现在我培训澳大利亚人如何更好地与中国开展联系及发展合作，培训对象有政府部长、外交官和市长们，并为银行、律师事务所和公司提供顾问咨询，也经常应邀在大学、医院、博物馆和体育俱乐部演讲。在各个场合，我告诉他们：你要了解中国一定要了解深圳，一定要了解深圳国际仲裁院。

如今，世界面临的不确定性日益突出，新冠疫情使国际商事活动更具挑战性。全球政治变得难以预测，跨境争端日益频繁，商务活动步履艰难。

我们应该少一些互相指责，多一些思考。我们需要值得信任、高度专业、智慧且公平的合作伙伴，与之共同建立合作伙伴关系。

我们需要更多像深圳国际仲裁院这样的机构。

祝贺深圳经济特区建立40周年，同时也祝贺深圳国际仲裁院37周年非凡的成长，期待听到更多关于深圳和深圳国际仲裁院的成就。

值得铭记的一次挫折

许崇实[*]

20世纪80年代改革开放的初创期,深圳特区设立了涉外仲裁机构——对外经济贸易仲裁委员会深圳办事处(以下简称"深圳仲裁办"),即如今大名鼎鼎的深圳国际仲裁院的前身。1984年秋至1985年冬,我在深圳仲裁办短暂工作了一段时间,那段经历珍藏我心,时时回味,历久弥香。

由于我的上述经历,日前曾银燕师妹嘱我交一篇作文,以"深圳特区40年·我与特区国际仲裁的故事"为主题。回想我在深圳仲裁办的工作,实在举不出什么值得炫耀的个人事迹,举笔踌躇,颇感为难,一夜搜索枯肠下来,倒是想到一件蛮有意思的旧事,既关乎我个人,又关乎中国仲裁事业,特此记录下来,与同道分享。

1987年冬,我脱离体制,移居香港,在一家私人公司任职,从事金属矿产贸易。在与国际商家日常交流中,我公司捕捉到日本钢铁行业求购炼钢辅料"硅铁"的信息。生产硅铁工艺简单但非常耗电,因此,它属于高载能产品,多产自电力丰富、电价低廉的地方。在当年秋季广交会上,我公司就大举扫货,特别是与水电资源丰富的青海、四川等地外贸公司签约,其中一份合同的卖方是中国五矿进出口总公司四川省分公司(以下简称"四川五矿")。

随后几个月,国际市场硅铁行情上涨,四川五矿悔约,多次交涉无

---

[*] 香港高谊顾问有限公司董事,1984—1985年曾在特区国际仲裁机构(时称"深圳仲裁办",现称"深圳国际仲裁院")工作。

果，1988年8月，我公司决定依合同仲裁条款申请仲裁。老板知道我做过仲裁工作，熟悉仲裁程序，就让我代表公司就近向深圳仲裁办提交申请。那时深圳仲裁办案子不多，而我又是深圳仲裁办的同仁"摇身一变"的港商代表，带着件案回到"老东家"，引起小小的轰动。

该案开庭后，由深圳仲裁办主任董有淦主持调解。在董主任的主持下，双方当天就达成了和解协议，由深圳仲裁办出具了调解书。

一年过去，四川五矿竟不履行调解书，无奈之下我公司再次提请仲裁，主张按合同价与市场价之价差10万美元赔偿。深圳仲裁办（当时已更名为中国国际经济贸易仲裁委员会深圳分会）对本案颇为慎重，专门致函中国五矿进出口总公司下属日本五矿株式会社，调查合同交货期的日本市场硅铁行情，最后按照日本五矿株式会社提供的行情价下限，裁定四川五矿赔偿7.5万美元。

取得仲裁裁决书后，我代表公司向成都市中级人民法院提交了强制执行仲裁裁决的申请。法院审查后，居然以该裁决书实体违法为由，裁定不予执行。但按照当时的法律，没有任何救济程序，我公司徒呼无奈。

董有淦主任后来告诉我，这是中国涉外仲裁裁决被中国法院拒绝执行的第一案。他得知这个结果后很痛心，专函报告最高人民法院时任院长任建新同志，严肃指出，此案对于中国涉外仲裁的影响是毁灭性的。试想今后还有谁会相信中国的仲裁呢？

董有淦主任的报告引起了任建新院长的高度重视。不久，最高人民法院正式下文规定：今后涉外仲裁案件当事人凭仲裁裁决书申请法院执行，法院审查后若认为不应该强制执行的，须报经最高人民法院批准。中国涉外仲裁案件司法审查报告制度由此确立。这个行之有效的制度已实行了30年，成为中国仲裁制度的一块基石，成就了中国仲裁事业的长足发展。

硅铁案延宕两年多无果而终，公司老板对我的办事能力失望，最终导致我的离职，也算是初到香港的我在人生旅程上的一个小小挫折。不过回想起来，我参与的这个小案子，居然产生了如此重大的蝴蝶效应，催生了具有中国特色的涉外仲裁案件司法审查报告制度，也还是值得小小自豪一下的。

谨以此小文致敬中国仲裁事业的开拓人、我的恩师董有淦先生在天之灵。

莫叹干时晚　奔驰竟朝夕

陈鲁明[*]

2020年的春天,我们的生活被一场席卷全球的疫情按下了暂停键。静下来的日子里,网页上看到几张深圳的照片,不禁抚今追昔,思绪回到了1988年冬。当时的我在北京工作,在中国贸促会对外经济贸易仲裁委员会秘书处,刚刚作为年轻干部被提拔担任副秘书长。一天碰巧遇到对外经济贸易仲裁委员会深圳办事处(深圳国际仲裁院曾用名,当时简称"深圳仲裁办")的董有淦主任来北京,那是我第一次见董老。回想起来,那时的董老虽已近古稀,但依然精神矍铄,对年轻人也很是和善,他问了我的专业、毕业学校、籍贯和家常问题,听到我从小是在浙江长大,还特别又问了一句,南方人在北京生活还习惯吗?关爱之情溢于言表!临走时他留下一句,年轻人愿不愿意跟老同志一起南下"中国改革开放的桥头堡"?没曾想,我跟董老的缘分就此开始。之后没多久,董老来电问:"小陈,有没有想好?打算什么时候出发动身?"就这样,我受董老的热情感召南下深圳特区。

记得初到深圳之时,我也像其他初来乍到的人一样强烈地感到这里和中国其他地方差异巨大。明察秋毫的董老慈爱地鼓励我们,年轻人要善于发现,更要勤于总结,多走、多看、多想,看到哪里有不一样,说出来大家一起分享。那时的深圳仲裁办在深南中路的统建楼17层办公。特区初创之时办公楼电梯因停电不运行是常有的事。每每遇到电梯不运行,董老就和大家一起爬楼梯,董老几乎每次都是第一个到达,并且不喘

---

[*] 君合律师事务所上海分所合伙人。

大气，而一帮年轻同事硬着头皮跟着董老边爬楼梯，边笑着调侃"老同志身体就是好，都是老辰光打下的好底子！"但同时又会投去敬佩的目光，暗暗地被老同志的榜样力量激励，在工作中不敢有丝毫懈怠。

1989年后的一段时间，对外贸易遇冷，董老就考虑尝试筹划组织一次破冰之旅，通过积极主动地走出去，近距离地向美国法律界人士宣传中国对外贸易改革开放政策不会改变的主题。没想到我们这边的询问信函发出后不久，美国仲裁协会（American Arbitration Association，AAA）和一些著名的律师事务所就都向我们发来了邀请，于是由董老领队、周焕东副主任、郭晓文副秘书长，还有我组成的四人代表团就出发了。

那时的深圳还没有国际机场，我们是从香港转道飞往美国的。为了节约费用，董老就委托他的老同事也是好朋友——当时在中国（香港）专利代理公司任总经理的柳谷书先生（柳传志的父亲）派了一辆粤港两地牌照的车子一大早来深圳接我们去香港。后来看到柳传志在多种公开场合提及父亲对自己的影响时说起"我父亲极敬业，他60多岁到香港去开办事业，贷了80万元钱，后来做成了，为国家变成5个多亿的资产，60多岁了，下雨天徒步上班，为了省下6毛钱电车费"。平日里对自己极其节俭的柳老当天中午特地安排，带我们这些内地来的同事去华润大厦的顶层餐厅吃自助餐。印象深刻的是柳老拍着我的肩膀用他那带有镇江口音的普通话开玩笑道："小陈，年轻人，胃口好，一定多吃点，把我们老同志的这份儿也吃回来，吃饱了一顿抵两顿，晚上那顿我们也省了。"听了柳老的话，加上当时年轻也对自助餐好奇，我还端了一大盘生蚝到柳老面前，憨憨地问："您看我这顿自助餐应该吃回本儿了吧？！"柳老声音洪亮，性格爽朗，细微之处无不感受到他对同事、对后生晚辈的热情和关爱，如今回想起来依然历历在目，真是感慨万千……

傍晚时分我们就在启德机场登机飞往纽约。为了节省外汇，董老和周老跟我们一起乘经济舱，十几个小时的飞行，他们整个晚上不曾安睡，当飞机落地后看到两位古稀老人疲倦的样子，心里真不是滋味。

初到纽约，我们访问了美国仲裁协会，当时的协会主席罗伯特·科尔森（Robert Coulson）接待了我们。美国仲裁协会是世界上规模最大的仲裁机构，成立于1926年，总部设在纽约曼哈顿中城。会谈时，我们互赠了礼品,并介绍了各自的业务情况。董老的一句话让我至今记忆深刻,他说,中国的改革开放来之不易,绝不会因为一个事件而关门锁国。当时以美国为首的西方国家出台了一系列制裁中国的政策。董老带领我们在这个艰难的时刻勇于突破重围努力争取做好对外宣传,向美国朋友宣讲中国坚持对外开放的决心以及依法治国的方针,如同美国现代女诗人摩尔所说:"胜利不会向我走来,我必须自己走向胜利。"我们此行主动、积极、诚恳的态度也受到当地美国朋友的热烈欢迎和高度肯定。

在纽约期间,我们还拜访了几家律师事务所,包括德普律师事务所(Debevoise & Plimpton),这是一个在国际仲裁界口碑很好的事务所。当时的我不可能想象到 20 年以后,我会有机会与这个所的香港分所在 *Sanum v. Laos* 的国际投资仲裁一案中合作。

离开纽约,我们乘火车去了华盛顿,又拜访了几家律师事务所,美国众达律师事务所(Jones Day)也位列其中。他们所的一位合伙人曾是前参议员,非常热情地接待了我们,表示中美两国关系对双方都很重要,不应该因为某个事件影响而脱钩。当时的我未曾预想,20 年后我竟然也有机会成为美国众达律师事务所的合伙人常驻上海。

途经华盛顿后,我们一行去了加州,在旧金山拜访了美国格杰律师事务所(Graham James),它是美国最早开展中国业务的律师事务所之一。记得当时陪同他们主任一起接待我们的人中就有几位是中国籍律师,他们特别由衷地向我们表达了中美关系对他们个人的重要性。还有一家贝克·麦坚时律师事务所(Baker & McKenzie),曾在著名的湖广债券一案中代表中国政府,由于该案代理出色,获得中国政府的赏识,这家律师事务所后来在中国的业务也发展得非常好。在洛杉矶,我们又拜访了两家从事中国业务的律师事务所,并参观了加州大学洛杉矶分校的法学院,还与同学们交流了中外合资法的有关法律问题。对美国学生来说,合资法更像一个小型的合伙企业法,缺少公司法的普遍规则,对美国学生来说理解起来有难度。合伙企业法是公司法一个小的分支,合伙企业的封闭性决定了其很多规定是例外,而不是公司法的普遍规则。我们习惯于从例外的角度看世界,讨论国际问题,这样容易造成观点上的偏差和误区,在日常交流中也常会产生误会。

接下来的一天正好是个星期六,我们一行驱车前往旧金山湾区的帕洛阿尔托(Palo Alto),参观了斯坦福大学法学院。周末明媚的阳光里,学生们坐在草地上悠然读书的样子,以及这一路对美国法制建设规范的所见所闻,特别是美国律师"高大上"的形象,也许这些都促使我萌发了想要重新做回学生赴美研读法律的想法。

那次美国之行是在中美关系处于非常紧张和危险的时期,但当我跟前辈们经过努力一起走进美国,便有机会真正感受到两国人民间的善意和友好以及对增进交流的渴望,两国的法律专业人士更是对此抱有积极的态度和极大的诚意。

30年后当我有机会再次造访美国仲裁协会时,虽物是人非,但蓦然回首,今天的中美关系又同样面临新的问题和挑战,过往的经历让我们有理由坚信,中美两国政府都会认识到中美关系对两国人民乃至世界的重要性。这个世界已经变得越来越平,越来越透明,越来越你中有我、我中有你。眼前碰到的问题只是江河里的小浪花,最终会一起汇入奔腾的大洋。

"合抱之木,生于毫末;九层之台,起于累土。"曾经的过往,有老一辈法律人不惧困难、勇于探索、砥砺前行的身影;未来的日子,让我们投入更多的热情和努力,承担更多的责任和使命,用积土成山的精神,努力开创更加美好的明天!

人生若只如初见

李红[*]

1992年一个偶然的机会，在中国贸促会法律事务部和中国国际经济贸易仲裁委员会工作不久的我，跟随老领导肖志明先生南下到深圳国际仲裁院（当时称中国国际经济贸易仲裁委员会深圳分会，后更名为中国国际经济贸易仲裁委员会华南分会）工作。那一年，肖志明先生被深圳市政府借聘为中国国际经济贸易仲裁委员会深圳分会主席。

一来到深圳，我就被这里朝气蓬勃、开放包容的气象所吸引。当时正值中国改革开放总设计师邓小平同志发表"南方谈话"，深圳经济特区作为中国改革开放第一线，吸引了来自全国各地的人才和英杰。与千万个怀揣梦想的年轻人一样，我带着好奇与兴奋来到了这座欣欣向荣、有着无限机遇和美好前景的年轻城市，也由此开启了我的律师职业生涯。

深国仲初创于1983年，比1995年《仲裁法》实施早12年，其独立性和专业性，在中国内地和港澳台地区享有很高声誉。我在深国仲工作的6年期间，当时涉外商事争议仲裁在国内还很高端和小众，仲裁员的聘任极其严格，其专业背景和素养、秘书处办案人员的综合素质、办案的规范独立和国际化，代表了当时国内的最高水准。当时的仲裁员，均来自专注涉外法律教学的国内外知名法学院教授，以及国家部委、总公司层面长期从事涉外经济贸易和管理工作的老一辈专家，也吸纳了一些欧美国家的外籍仲裁员，包括现在还活跃在国际仲裁和法律界的梁定邦、Neil Kaplan、Michael Moser等。当时处理的涉外仲裁案件，当事人都是中国公

---

[*] 北京市中伦（上海）律师事务所合伙人。

司与外国公司,案件的代理律师也是少数从事涉外法律服务的境内律师和在香港有办公室的国际律师事务所的律师,办案过程中经常使用英语为工作语言。深国仲秘书处的办案人员都是毕业于国内知名学府如北大、武大、法大等的佼佼者,其综合素质首屈一指。我们有幸在深国仲工作,开拓了国际化视野。

得益于深圳改革开放、宽松包容和创新的独特环境,老一辈仲裁员和办案团队的高素养和专业性,奠定了深国仲作为国内最早一批从事国际仲裁的专业仲裁机构的国际地位,在中国改革开放后迎来了一段黄金发展时期。

1992年加入深国仲时我还很年轻,同事和日常工作中打交道的仲裁员都是法律界精英,对毕业于北京外国语学院英文和国际文化交流专业研究生的我而言既是挑战也是激励。当时秘书处办案人员不仅要负责案件的仲裁程序,也要协助仲裁员起草仲裁裁决书,需要与仲裁庭讨论和协调案件意见。在裁决书起草和核阅过程中,同事之间经常会就案件涉及的法律问题和争议焦点讨论斟酌。20世纪90年代初期电脑还没有今天这么普及,为保证裁决书质量,秘书处的工作人员都会让同事帮忙大声朗读稿子,自己则一边听一边核对稿件。这是深国仲的创举,也是一个很有趣的过程,同事们有时候会为某个法律问题产生分歧,激烈争吵,到最后再达成共识,也就是在此过程中,养成了我们仔细和严谨的工作习惯,也使我对法律产生了浓厚的兴趣。

除办案外,我还负责国际仲裁案件的开庭翻译和国际交流。得益于深圳"对外窗口"的优势,深国仲的国际交流活动丰富多彩,当时不仅去港澳地区,还去欧洲、新加坡和澳大利亚等国际仲裁机构交流。借助于英语专业的便利,深国仲给了我很多发挥特长的机会,在参加国际会议、接待国际仲裁机构主席包括深圳市市长接见国际商会仲裁院院长一行和香港国际仲裁中心(HKIAC)主席Neil Kaplan、出访国际商会等国际仲裁机构、参观顶尖国际律师事务所和举办专业研讨会的过程中,近距离与国际仲裁界泰斗交流,现在回想起来,这些特殊而珍贵的经历,极大滋养了我的文化修养,并使我开阔了眼界,也对日后我在律师执业生涯中从事涉外法律业务产生了积极的影响。

深国仲是一个温暖的大家庭,领导虽严格要求,但亦师亦友,同事之间相互勉励共同进步,彼此真诚相待、团结友爱,若兄弟姐妹一般。深国仲特有的氛围和"三观一致",使我在深国仲工作的 6 年中,与同事结下了深厚友情,大家做事思想统一、目标一致、行动一致。让我印象最深的是,大家中午有午休的习惯,有一天一个同事突发奇想将会议室的长桌拼在一起,格成区块,然后每人发一条毯子,同事们便齐刷刷地在这张"简易通铺"上午休。早上大家一起坐班车上班,分享生活中的点点滴滴。办案过程中经常加班,同事们也会互相帮助、配合,一起把工作做好。节假日时还经常组织外出旅游。那时工作虽然辛苦,工资也不高,但大家却很开心,精神上彼此给予支持。身处中国发展最前沿的特区,大家都胸怀大志,都勤勤恳恳地工作。

在深国仲工作期间,作为法律界的新人,我很荣幸得到领导和仲裁员的指点,他们鼓励我们敢于尝试新鲜事物和不同的解决问题的方法。在同事们的支持和鼓励下,我对法律的兴趣愈加强烈,开始考虑将法律作为终身职业。记得 1993 年,领导给了我和其他几个同事一个月的假期脱产集中复习,我们一鼓作气,当年全部顺利通过司法考试。正是这些经历促成我接下来做了兼职律师,而后开启了执业律师的职业生涯。

在深国仲办理的大量仲裁案件让我积累了很多法律实务经验,也对提高法学理论和学术水平提出了进一步的要求。在单位领导的鼓励下,我报考了武大法学院,并于 1997 年取得了武大法学院国际经济法法学硕士学位。那一年正值香港回归。

虽然我在 1998 年离开了深国仲,成为一名执业律师,后又到美国纽约大学法学院学习,回国后到上海开始了人生第二段职业征途,但在深国仲的工作和成长经历,给我留下了深深的烙印,包括我的工作方法和思维方式。近些年来,作为得到业内认可的涉外律师,我在上海主导并参与了大量涉外交易项目,能够与来自不同背景的欧美跨国公司客户有效沟通,成为他们值得信赖的顾问,无论多复杂和困难的项目和谈判,最终总能找到解决方案,为客户创造价值,这些都得益于我在深国仲的办案经验、经历和见识,得益于在深国仲养成的勤奋、专注和创新的习惯。作为律师,不仅要有严谨、审慎的执业理念,在提供法律服务时保持客观独立，始终忠于事实和法律，还要勤于思考，善于创新，要有踏实认真和不轻言放弃的勇气，最重要的是，要保持好奇心，持之以恒地不断学习。所有这些我所珍视的品质和习惯，都与我在深国仲的经历和积累的经验分不开。

在从事律师职业多年后，近些年，很高兴我又以仲裁员的身份回到仲裁领域，2019年有幸再次加入深国仲仲裁员的大家庭。时隔二十余年，当我再次回到深圳时，见到昔日的同事们，彼此就像见到分隔多时的家人一样，抑制不住内心的激动，不由自主地手牵着手，仿佛回到了1992年最初相见的时光。虽然时光留不住，岁月在我们脸上留下了印记，但大家内心珍藏着难忘的20世纪90年代。

值此深圳经济特区建立40周年之际，亦是伴随着中国改革开放成长起来的深国仲成立37周年之际，我作为一名曾经被深圳这座城市培育过、滋养过、打磨过的"老深圳人"，特借此契机祝愿深国仲继续秉承"敢闯敢试、敢为人先"的特区精神，以"完善仲裁制度，提高仲裁公信力"为抓手，不断改革创新，努力建设成为全球一流的国际仲裁品牌。

特区仲裁第一课

徐三桥*

我1989年毕业后的第一份工作,就是在特区仲裁机构工作。当时的机构名称叫对外经济贸易仲裁委员会深圳办事处(以下简称"深圳仲裁办")。

我记得当时董有淦主任交给我的第一个任务,就是为中国涉外仲裁裁决依据《承认及执行外国仲裁裁决公约》(即《纽约公约》)第一次在境外得到承认和执行这件事写通讯稿。我接到任务后信心满满,认为就是一个新闻通稿,作为一个研究生,这点小事算不了什么。我看了香港法官写的判词后,很快就写出第一稿,交给董主任审阅。等我拿到董主任修改过的稿子后,看到董主任对新闻通稿的结构、措辞甚至标点符号都作了认真的修改和标记,当时脸就红了。但董主任并没有责怪的意思,而是笑眯眯地鼓励我,让我把背景材料再看一遍,有些模糊不清的地方,需要仔细看看法官的判词,然后斟酌新闻通稿的用词是否准确。

就这样,在董主任耐心细致的指导下,我终于完成了新闻通稿,并发给了内地和香港的有关新闻机构,让中国仲裁裁决作为《纽约公约》裁决第一次在境外得到承认和执行这件事儿得到广泛宣传。

董主任为人谦和,总是笑眯眯的,像一个和蔼可亲的长辈对待自己的孩子那样,对我这样一个刚进入职场的年轻人关照有加。但是,做事情的时候,董主任绝对严谨、认真,即使一个标点符号错误也会指出来。正是

---

* 北京市竞天公诚(深圳)律师事务所合伙人,曾任深圳国际仲裁院(时称中国国际经济贸易仲裁委员会华南分会)副秘书长。

在董主任等老一辈仲裁人的引领、熏陶下,我才走进了中国涉外仲裁的大门,并迅速成长为一位年轻的仲裁员。

作为仲裁员,独立、公正自然是第一要义,勤勉尽责也是仲裁员不可或缺的要求。仲裁员案件做得多了,自然而然就会培养成严谨的工作作风。在每一个仲裁案件中,仲裁员都会竭尽全力,争取将案件的处理做到极致,有时候为了琢磨一个问题,日思夜想,其中付出的心血之多,甚至不为外人所知。有的案件,仲裁员还要"出力出汗",才能保证案件质量。我印象深刻的是一宗"先锋4号"进口合同纠纷。在该案中,申请人以进口的"先锋4号"经检验不符合中国药典标准为由,要求解除合同、退款和退货。对于进口的"先锋4号"是否符合中国药典标准这个问题,经过庭审质证和辩论,仲裁庭已有定论,认为解除合同的条件已经成就,申请人有权解除合同。但是,被申请人也提出一项抗辩理由,就是申请人不能按照货物的原状退回全部货物,失去了请求退货的权利。为了确定申请人是否能够按照货物的原状退回全部货物,我受仲裁庭的委托,前往仓库对货物数量进行清点。当时正值七八月份,广州天气炎热,即使什么都不做,也会一身大汗,而且仓库里没有空调和电扇,更加闷热,刚进仓库没多久,全身的衣服就湿透了。为了保证清点的货物数量准确,当时别无他法,只有忍受酷热,将全部货物搬出仓库,逐一清点。当时的情形,用挥汗如雨来形容一点都不夸张。清点完毕之后,最后确定进口的全部货物,除了送检的数量之外,其余的货物都在仓库里,可以按照进口货物的原状退货。最终仲裁庭根据货物清点的情况,裁决解除合同、退货和退款,圆满地解决了纠纷。

回首过去,从1989年至今,我的成长经历,一直和特区仲裁事业密不可分,可以说是伴随着特区仲裁的发展。特区仲裁事业的发展,也成就了我的事业,影响了我的人生。

问渠那得清如许

陈彤*

从学院路到中银大厦

我与仲裁结缘，始于2005年的一个冬日。时任深圳国际仲裁院（当时称中国国际经济贸易仲裁委员会华南分会）综合处处长的王素丽女士，代表单位来到法大学院路校区进行现场招聘，招聘会在小礼堂举行。我事先并不知道这场活动，只是在去锅炉房打水的路上偶然路过，就想进去听一下。因为连日写论文写得昏天黑地，胡子也没刮，就没好意思往前坐，坐在小礼堂最后一排靠近出口的位子。王处长当时讲的具体内容我已经不记得了，但她言语间充满热情，并且透着一种亲和力。我突然觉得，这个单位应该不错，于是就赶回宿舍，刮了胡子，拿上简历以及自己的一篇论文，赶回小礼堂给王处长递了上去。好在法大学院路校区面积很小，如果面积大的话，恐怕我也赶不上了。这是笑谈，但回头看看，人生很多时候就是这么偶然。之后接到通知，单位同意我去实习，根据实习情况决定是否留用。虽然前途未定，但我没有犹豫，奔上南下的火车T398，就来到了深圳。当时深国仲还是在中银大厦B座19层办公。于是，这里就成了我从事仲裁工作的起点。

---

* 万商天勤（深圳）律师事务所律师、合伙人，曾在深圳国际仲裁院秘书处和发展处工作。

从实习生到办案秘书

当时来实习的同学前后有好几批,均来自各大知名法学院系,竞争可谓激烈。最终能够被留用,我感到非常幸运。

正式入职后,我被安排在秘书处从事办案秘书的工作。单位为我指派的"师傅"是钱明强先生,那时候我们都叫他"钱哥"。说来有趣,这也是单位的一种文化,就是年轻同事往往以"某哥""某姐"称呼年长的同事,而忽略职务。就像当时我所在的秘书处,处长是曾银燕女士,我们也都是称她为"曾姐",只有在与外单位交流的场合才会称她为"曾处"。究其原因,我想首先是因为单位人比较少(如果我没记错的话,当时全员也就19个人),大家朝夕相处,彼此间都非常熟悉。更重要的是,整个单位从上到下所形成的氛围,也是一种平等、和谐的氛围。说到这里,就不得不提到当时单位的两位领导,郭晓文主任和韩健秘书长。他们平易近人的作风,为这种良好的工作氛围奠定了基调。

但说起我们从事的仲裁工作,却要面对这个社会不和谐的一面。从来到单位的第一天起,公正、专业、高效,这三个词就是时常响在耳边、记在心上的高频词汇。"程序无小事",曾姐常挂在嘴边的这句话,也是我们时刻提醒自己的警句。有关案件疑难问题,自己先研究,不懂就问师傅钱哥,钱哥也拿不准的就请示曾姐,曾姐认为有必要的,就请郭晓文主任和韩健秘书长把关,或者在单位内部召开专门的会议,由大家一起讨论,形成方案。这种注重专业、民主讨论的工作方式,使我受益匪浅。现在从事律师工作的我,每当自己一个人面对一些疑难问题,便会常常怀念那段大家坐在一起讨论案件的日子。另一个令我印象深刻的工作场景,就是与仲裁员一起讨论和分析案件。

仲裁的好坏,取决于仲裁员。仲裁的魅力,也来自于仲裁员。他们拥有不同的社会角色,有律师、学者、官员、公司高管,他们运用自己的经验和智慧,带着对是非曲直的判断和理解,带着对特定价值的追求,在仲裁的舞台上扮演着裁判者的角色。对于案件的判断,仲裁员之间也会有争论,但这种争论是必要的,也是有益的,因为真理越辩越明,特别是这种争论确实是出于对公正的追求。

我在仲裁院工作期间,总共经办了两百宗以上的仲裁案件,标的额最大的一宗案件标的金额达到人民币数十亿元,但没有一件案件裁决作出后被撤销或不予执行。这当然不是我一个人的功劳,因为每一个案件背后,都有单位同事、领导的指导和支持,都有仲裁员付出的辛苦和智慧。我为能与这样专业、敬业的人共事而感到幸运和自豪。

从秘书处到发展处

在仲裁院工作的后两年,我主动请缨到发展处工作。自认为在秘书处办案的经历,积累了一定的经验,可以以此为基础,向社会各界推广仲裁、宣传仲裁。同时,也很想与社会各界广泛接触,进一步了解公众对于仲裁服务的需求,以明确我们继续努力的方向。

发展工作特别需要开拓创新的精神。当时主管发展工作的是深国仲现任院长刘晓春博士。在他的领导和推动下,深国仲对外合作宣传的阵地不断扩大,而且不断有创新之举。当时发展处人手不多,有时举办大型活动,经常是一人身兼数职。记得有一次举办中国华南企业法律论坛,参会人数超过500人。会议前一天晚上,我直接去八卦岭一家印刷厂通宵驻场"监工"会议文件的制作。现在回想起来,依稀还记得那车间里昏暗的灯光以及油墨的味道。

在发展处的工作经历,使我愈加深刻地认识到:仲裁始终是整个社会运行机制的一部分,仲裁若要更好地服务于社会,就必须跟上社会变革的步伐,做出与之相适应的创新;作为一名仲裁工作者,一定要走出去、请进来,以广阔的视野和胸怀,拥抱外部世界的变革,才能为仲裁事业注入新的活力。

问渠那得清如许

在发展处工作期间,常常有机会与各界人士接触,其中,听到最多、印象最深的赞誉,就是"你们这里真是一片净土"。这是赞誉,更是勉励。

问渠那得清如许？离开深国仲之后，我转换过不同的职业角色，经过比较和思考，才逐渐领悟到，能有这一方净土，离不开天时地利人和，离不开方方面面的风云际会，离不开历史的种种必然和偶然。

因为难能，所以可贵。这方净土，之前是通过一代又一代特区仲裁人的努力，薪火相传；如今，特区已通过地方立法的方式，将这方净土的基础夯得更实。作为一名曾经在深国仲工作过的年轻人，作为一名仍在从事仲裁实务的法律工作者，衷心祝愿也完全相信，这特区仲裁的一方净土，必定能够在传承中得以光大！

春风化雨，润物无声

肖黄鹤*

题记：深圳国际仲裁院"深圳特区40年·我与特区国际仲裁的故事"征文活动组委会向我约稿，首先使我忆起2012年《深圳国际仲裁院管理规定（试行）》制定和实施前后的许多人和事。这部当年在全国乃至境内外引起广泛关注的中国首个仲裁机构立法、深国仲率先实行的法定机构改革和特区仲裁实践在前海的国际化探索与创新，是促使我离开工作22年的特区审判岗位、投身特区国际仲裁事业的直接原因。国家、省、市相关部门和时任各级领导的支持与期待，特别是深国仲领导班子对深圳特区国际仲裁事业的热爱和倾心付出，至今仍然历历在目，因此也再度忆起特区仲裁事业开创者们孺子牛般的许多鲜活事例，是为题。

早在2008年年中由深圳市中级人民法院办公室副主任调任涉外商事庭副庭长从事仲裁司法审查开始，我和深圳国际仲裁院（即华南国际经济贸易仲裁委员会，当时称中国国际经济贸易仲裁委员会华南分会）的结缘，就是通过一份份专业、严谨的仲裁裁决，进而认识深国仲恪守职业操守、勇于奉献担当的仲裁员群体，通过他们的裁决认识了这个以特区国际仲裁实践公平、正义，为当事人定分止争的仲裁机构。

2011年，深圳市人民政府开始制定《深圳国际仲裁院管理规定（试行）》，着手试行深圳特区事业单位法定机构改革，这是中国首次以地方政府规章的形式为一个仲裁机构立法的法律实践。根据立法程序，管理

---

* 北京德恒（深圳）律师事务所管理合伙人，曾在深圳国际仲裁院联络处工作。

规定的征求意见草稿向相关部门征求意见。由于仲裁司法审查案件由涉外商事庭管辖，深圳市中级人民法院对管理规定征求意见稿提出意见的工作由我所在的业务庭负责。适逢当时组织决定由我主持涉外商事庭的工作，因此有幸参与了这部对中国仲裁和特区改革意义深远的地方立法的一些工作。

2012年10月，组织决定我调任深国仲联络处处长，根据变动后的岗位职责要求，我继续跟进管理规定制定过程中的配套工作，参与立法过程的讨论，直到当年11月24日《深圳国际仲裁院管理规定（试行）》颁布实施。这部地方立法，开创了仲裁机构法定机构改革的先河，探索实行理事会治理机制，明确了仲裁机构境内外理事和仲裁员的要求，从制度设计上为中国仲裁国际化、增强仲裁机构治理公开性和有效防止内部人控制等做了许多深刻的探索，成为深国仲"独立、公正、创新"精神的制度基石，在当时被境外仲裁人士评价为"深圳一小步，中国一大步"。

当时深国仲的工作人员只有三十几个人，我们每天中午都聚集在中银大厦B座19层三四十平方米的多功能厅用乒乓球台临时改造的"餐桌"用餐，很多案件的管理和业务拓展沟通工作都会在这个时候自然交流和落实，形成了当然的"天天午餐会"。记得《深圳国际仲裁院管理规定（试行）》实施后的一天午餐后，阳光明媚，当时的郭晓文主任兴致勃勃地带领大家到对面的莲花山公园的特区纪念广场散步。可能是天气好的缘故，加上这项特区仲裁立法颁布实施，郭主任饶有兴致地给我们回忆起特区仲裁从1983年以来的许多故事，从狭小的罗湖办公区搬迁到统建楼的艰辛创业，从前辈仲裁员在艰苦的条件下审理裁决首宗涉港仲裁案件，到首个内地仲裁裁决在香港地区高等法院得到认可与执行的中国仲裁起步实践，他自信的言语和由衷的感慨，使我深深感受到特区老一辈仲裁人对这项事业的热爱和骄傲，也为自己有幸投身仲裁开始新的法律实践暗暗庆幸。郭主任指着一株粗壮茂密、遒劲有力的榕树意味深长地说，特区仲裁要像这株榕树，深深扎根深圳这片改革开放热土，吸引更多有理想、有担当、品质操守高尚的专业法律人来共同建设，把它做成大家的共同事业，才能把特区的法治建设得更好。见微知著，平实的言语闪耀着特区建设先行者的真知灼见和高瞻远瞩，使我们晚辈后生坚定了法律人的理想信念，明确了努力的方向。

随着当时的前海深港现代服务业合作区（后来又叠加了广东省自贸区深圳前海蛇口自贸片区）建设的推进和深化，深国仲领导班子认识到，前海开展国际仲裁服务是全面打造前海乃至深圳国际化、法治化营商环境的重要一环，特别是 2012 年年底习近平总书记视察前海以后，中央决定在前海建设社会主义法治示范区等一系列重大举措出台，深国仲的特区国际仲裁服务迅速落地前海成为 2013 年度的工作重点之一。

深国仲院长刘晓春同志当时分管我所在的联络处，负责这项工作，通过领导层面的紧密沟通协调，工作层面主动配合落实 2011 年起实施的《深圳经济特区前海深港现代服务业合作区条例》各项规定分解任务。2013 年，深国仲在前海设立了办公室并挂牌，成为深国仲国际仲裁服务入驻前海的标志。同年 9 月 23 日，前海国际仲裁庭由港籍仲裁员担任独任仲裁员开庭审理一起涉外商事案件，成为前海国际仲裁庭审理的首宗仲裁案件，标志着前海国际仲裁庭正式启动。同年，粤港澳仲裁调解联盟相继成立，深圳证券期货业纠纷调解中心设立并入驻前海，提供资本市场调解和仲裁服务，深国仲为当时的前海法治建设添上了浓墨重彩的一笔。

2014 年开始，为了学习和探索其他法律实践，我辞职成为北京德恒（深圳）律师事务所的一名执业律师，以多年从事审判、管理等实务经验和参与资本市场服务所积累的专业知识，开始专注于为众多企业和个人客户提供投融资法律服务。2015 年，我有幸受聘成为深国仲仲裁员队伍中的一员，从那时起每年参与承办各类仲裁案件，在从事仲裁实务过程中继续实现当年在深国仲工作时的仲裁梦想。后来，通过仲裁实践和参加仲裁员培训、交流，我努力从众多境内外优秀而专业的仲裁员身上学习他们精湛的法律技能，汲取老一辈仲裁人的法律素养，使自己继续成长为一名专业能力扎实、过硬的法律工作者，力争无愧于法律人的称谓，服务国家和深圳特区的法治事业。

是为记。

祝福深圳国际仲裁院和仲裁事业欣欣向荣！

二十三年如转头，万水千山一轻舟

林一飞*

（一）

二十三年前七月的一个清晨，我从福建至深圳的夜班大巴上下来，站在罗湖汽车站冷清的广场上，背着大学时用的蓝色的帆布包，脚步有点虚，人有点蒙，搞不清方向。

这就是深圳了？一个我了解不多但据说充满希望的城市。

天太早了，好不容易找到一个环卫大妈问明应该怎么坐公交车，等首班车。估计大妈看着我的形象，宛若看到一根纤细的青竹竿上挂着一个沉重的蓝色鸟巢，很感慨地说：出来打工，也真不容易。

挺容易的啊，不就是起早摸黑嘛，我们擅长。

我即将要去的地方在深南中路统建楼。坐车到了那里，太早了，还没上班。于是我就在楼下一个比萨店坐着等。店里就我一个客人。落地窗外的深南大道上，和店里一样安静，偶尔有车驶过。我静等新的一天的到来。

工作单位是中国国际经济贸易仲裁委员会深圳分会，从事的主要是国际商事仲裁。这基本上是我仅有的对新单位的认知。

对于仲裁，和对于深圳这个城市一样，我有所了解，但了解不多，限于书本上的介绍。来一个陌生的地方，做一份陌生的工作，对当时的我而言，少不经事，更多的是兴奋、不安和些许的雄心。毕竟青葱年少，从来无

---

* 一裁律师事务所顾问，曾任深圳国际仲裁院研究处处长。

数期许。这是一个新的开始。

半个月前,香港回归。

(二)

我刚开始工作那阵,仲裁机构处理的案件类型,三资企业类、国际贸易类占了相当大的比重。

作为仲裁助理,我处理的第一批案件中,有一宗涉及深圳基础设施项目的设备供应合同案件,卖方是美国当事人,买方是深圳某企业。对这个案子,印象较深,大概有以下理由:

(1)以英文作为仲裁语言。从仲裁文件到仲裁程序的进行,均是以英文进行。这是我经办的第一个以英文作为仲裁语言的案件。

(2)开庭时间长。忘了开过几次庭,记得有一次开庭持续了一周。中国仲裁实务通常不会安排很长的开庭时间。实际上这也是目前中国仲裁实务的惯常做法。

(3)材料多。结案后的案卷整理,我印象中材料超过50卷。大概这是我处理的所有案件中材料最多的案件之一了。

(4)国际性较强。本案仲裁员,中方选择了一名广州仲裁员吴老师(中国籍),美方选择了一名纽约仲裁员柯老师(外籍),首席仲裁员是由在北京的国家外贸部门任职的一名资深专家张老师担任。中方聘请的是中国律师,外方聘请的是美国律师。中方和外方的公司员工也各自参与了仲裁过程。

(5)典型国际贸易案件。案涉国际贸易的许多方面,我刚从外经贸大学毕业,部分知识还是"新鲜"的,正好有机会把书本上的知识与活生生的实践进行对比。

对于当时尚处于仲裁从业初期的我而言,这个案件诠释了国际商事仲裁的大部分程序内容,也提醒了我将来可能面临的压力。

（三）

在众多法律平台中，仲裁机构是理论与实践相结合得最充分的平台之一。仲裁员中有不少是各法学相关研究和实务部门的旗帜性人物，他们关心、关注中国的国际商事仲裁，也以实际行动推动中国商事仲裁的发展。

在仲裁机构从事仲裁工作，有许多机会可以向法学界众多前辈学习，不仅学习业务知识，也学习他们的人生态度。一不小心，就会和原本只在法学书籍和文章作者栏中见过名字的那些专家同框。对那个年代刚毕业的学生而言，有点没见过世面的样子。但其实在那时的心中，就是这样。

除了仲裁员外，对我而言，在仲裁机构中也有很多学习的机会，身边的各位同事多是独当一面的甚至业内某一领域的专家，如国际经济法、国际私法、合同法、仲裁法等领域。在这种专业氛围中，我感到自己成长的速度太慢。当然，今天回看，速度快了，华发早生。

（四）

我管理过的早期的案件，仲裁员起草裁决书，一般都是手写，不用电脑。电脑当时尚未成为办公标配。九十年代后期，Win95+WPS 慢慢开始普及使用。在统建楼那段时间，首席仲裁员起草完裁决书之后，一般会交到单位的办公室，由打字员打出来再核校。当时的案卷中，有时会把手写稿一起入卷。所以如果现在看老的案卷，可能还会发现很多仲裁员（如姚老师、肖主任、黎老师、周主任、赵老师……）的潇洒遒劲、如行云流水般的手稿。

后来，仲裁员们慢慢开始使用电脑，提供电子版的裁决稿。再后来，办公自动化逐步延伸到仲裁程序管理的每个环节。仲裁机构采取各种措施来减少不必要的环节，提高工作效率。目前，在起草仲裁裁决时，对于裁决书中重复的部分，办公系统可以根据程序进行过程中填入的各种信息自动生成,无需再从头撰写。仲裁庭可以节省更多的精力放到案件的实体判断上。

办公自动化的另外一个表现是出现了案件管理系统。最初每个人随时人工填写的案件统计表,也为办案系统自动生成的案件程序表格所代替。我的记忆中,刚开始办案的时候,每个月业务部门在了解案件管理情况的过案会前,都必须事先准备好手写的表格。这个习惯在搬到中银大厦19层后还持续了挺长一段时间。

裁决书的起草方式,也大概经过两个阶段,即由早期仲裁助理协助起草或按照仲裁庭意见起草初稿阶段,过渡到今天的完全由仲裁庭起草阶段。两种做法,各有利弊。但无论起草者是谁,仲裁裁决必须完全体现仲裁员的意志和认定,除此之外,不应受到任何其他干涉。

(五)

2000年前后是中国仲裁研究力量集结、力度加大的时候:郭老主编的案例评析,武大黄老师、复旦陈老师、人大赵老师各自的教材,韩总的专著,厦大陈老师的系列商榷,黄老师主编的国际商事仲裁丛书以及其中赵健和宋连斌的专题论著,王老师关于仲裁调解的博士论文,等等。这些研究,来自高校,来自实务部门,对于年轻时的我而言,都是非常优秀的资料和指引。谨借此机会向他们致敬。

大概也是从那个时候开始,我对仲裁研究产生了兴趣。究其原因,大概是因为这些我可以经常或偶尔见到的人给予的明示或无言的激励,是因为在特区的这段时间里,始终能够充满激情地工作和学习。

深圳的国际商事仲裁案件不少,日常的仲裁工作中有大量的素材,也会遇到大量的问题。遇到问题就向身边的同仁请教,与国内的同行讨论,日积月累,慢慢地将一些心得变成研究成果。这基本也是我现在的研究方式。

不仅是仲裁机构会遇到大量需要研究的问题,实际上法院在仲裁司法审查中也是一样。正如有一次我和高博士聊天提到的,"珍珠满地",有太多可以进一步研究的有价值的主题。

到今天为止,我在境内外出版了几十本仲裁和争议解决方面的书籍,每年原则上还会有一些成果和大家分享,各种形式的都有。我仍希望与各位同行一起,推进这项事业,另外也希望能尽量不要被发展的大潮过早地拍在"沙滩"上。毕竟,我做"后浪"的时间也不长。

(六)

仲裁机构通常会有一套或数套仲裁规则。仲裁规则是仲裁程序进行的路线图和指引,是当事人程序权利的具化。仲裁规则需要与仲裁制度的完善和仲裁业务的发展保持一致。必要的时候,仲裁规则应进行修订。

通常起草或修订仲裁规则主要不外乎:梳理业务,确定框架,确定要点,组织讨论,斟酌用语。但是,每一步,可能都要重复很多遍。尤其对于多少有些文字"偏执狂"的规则起草者而言,基本上,在最后公布并交印之前,都不存在定稿一说。

深圳国际仲裁院正式的规则适用可分成三个主要阶段:一是 2012 年 12 月之前,北京、上海、深圳三地的国际仲裁机构共同适用中国国际经济贸易仲裁委员会仲裁规则;二是 2012 年 12 月至 2019 年 2 月,适用单独的深圳国际仲裁院(华南国际经济贸易仲裁委员会)仲裁规则;三是深圳国际仲裁院与深圳仲裁委员会合并之后,2019 年 2 月开始,适用统一的深圳国际仲裁院仲裁规则。

我多次参与仲裁规则的修订,其中印象最深的有两个场景:一是 2012 年仲裁规则修订,不知道与郭主任讨论了多少次;二是 2016 年仲裁规则修订时,与刘院长不时讨论,并一起与一帮年轻人,逐字逐句,熬夜修改、定稿。除了小时候熬夜看金庸小说之外,这算是我为数不多的熬夜经历了。

(七)

中国内地仲裁裁决的境外执行,一是依据《承认与执行外国仲裁裁决公约》(《纽约公约》)在外国的承认与执行,二是在港澳台地区的区际执行。

1986年12月2日，中国加入《纽约公约》，次年4月22日，《纽约公约》对中国正式生效。1989年6月29日，广东粤海进出口公司与香港捷达实业公司仲裁案仲裁裁决获得香港高等法院的执行，这是中国内地仲裁裁决按照《纽约公约》在境外获得执行的先例。此后，有相当数量的中国内地仲裁裁决依《纽约公约》在境外获得承认与执行，当然，也有相当数量的境外仲裁裁决依《纽约公约》在中国内地获得承认与执行。

关于仲裁裁决的区际执行问题，我从事仲裁工作的这些年，正好是区际执行有实质变化的时期。1999年《关于内地与香港特别行政区相互执行仲裁裁决的安排》、2007年《关于内地与澳门特别行政区相互认可和执行仲裁裁决的安排》、2015年《最高人民法院关于认可和执行台湾地区仲裁裁决的规定》等，均是主要的区际执行法律文件，在实践中也发挥了重要的作用。当然，由于特定原因，仍然欠缺的部分文件，需要历史发展到一定的阶段之后，才可能更为完善。

我有一些专门的著述涉及仲裁裁决在境内外的执行，例如2006年出版的《中国国际商事仲裁裁决的执行》。如果今后时间允许，可以编撰一本新的。

（八）

中国的仲裁机构中，有一个不能不提的角色：程序管理人员。目前从仲裁机构出来并在各大律所从事争议解决业务的律师，很多原来都是从事这个工作。原因应该是，程序管理人员，可能会直接影响仲裁的效率，影响仲裁程序的推进，影响当事人和仲裁员心中对于仲裁时限甚至质量的预期。

仲裁程序管理人员，各机构、各时期名称可能不同，例如：秘书、助理、程序管理人、案件管理人、顾问等，其职能基本上是一致的，即依照仲裁规则，辅助仲裁庭管理案件程序，在仲裁庭与当事人、仲裁庭与仲裁机构业务管理部门之间起到桥梁作用。程序管理人员的责任心、沟通协调能力、程序安排能力，对于仲裁庭高效高质解决争议有重要的辅助作用。

我在仲裁机构的时候做了很多年的仲裁案件程序管理工作,迄今作为仲裁员在程序管理人员的协助下处理了大量的商事争议,对此体会颇深。不少机构,包括境内和境外的知名仲裁机构,都将其程序管理人员的高素质作为机构的名片之一。年轻的仲裁秘书们,任重而道远。

(九)

仲裁机构人才流动的去向有四个,一是律所,二是高校,三是公司,四是其他。仲裁机构是培养商事争议解决专业人才的"军校"。不少从仲裁机构里出来的人,在新的岗位上仍然从事与仲裁相关的工作,对仲裁事业的发展起着积极的作用。

几年前,我离开了仲裁机构,从另外一个角度从事仲裁实务与研究。我更多地作为仲裁员处理商事争议,更多地以律师团队负责人的身份提出商事争议解决方案,更多地从独立第三者的角度剖析中国和国际商事仲裁制度。前者让我能站在中间的立场上,公正、公平地处理仲裁案件,中者让我能够深入到商业实践中维护当事人合法权益,后者则让我的思考能更加多方位和多角度。

当然,个人在个案中是不能同时作为仲裁员与律师的,所以利益冲突和回避制度要严格贯彻。目前作为仲裁员主要构成的是律师,仲裁员工作仅仅是这一部分专业人士的兼职活动,在从事仲裁业务时仍需要处理好二者的关系。近期我辞任或不接受部分仲裁员委任,也主要是因为这方面的原因。

(十)

仲裁知识的学习和更新、仲裁水平的提高,是一项长期的工程,需要经过长期的积累。经常参与仲裁机构或其他专门机构的仲裁专业活动,参与其研究活动,会缩短这个过程。

在仲裁研究和仲裁培训上,主要仲裁机构都投入了大量的精力,以便提高仲裁参与各方的仲裁意识和素质,推广仲裁作为商事争议解决的主要方式,推动仲裁制度的研究和完善。深圳国际仲裁院在这方面做了大量的工作。

我曾经负责过仲裁院的研究部门,也参与了其中一些活动。有时候是精品研讨,面向仲裁员;有时候是行业峰会,面向涉及的商业界和法律界。在每次大型活动之前,基本上都是全院动员,从院长、副院长到新来的年轻人,很能体会到工作的热情。研究方面,比如最近刚刚出版的新一卷《中国国际仲裁评论》,该系列出版物由深圳国际仲裁院和北京大学法学院共同主办,由两者共建的中国国际仲裁研究院承办。

(十一)

繁忙的日子有个特性:当时觉得漫长,过后感觉短暂。转眼间离开仲裁机构也近五年了。这五年间,所做之事仍然是以仲裁和商事争议解决为主。个人研究和实务也在另外一个平台上良性运转。每年作为仲裁代理人和担任仲裁员处理的案件数以百计,发表或出版的著述也暂无永久断更的危险,其他各类涉及和专业相关的兴趣以及和兴趣相关的专业的尝试仍然在不忘初心的基础上率性而为。

仲裁也好,个人也好,有时会遇到一些磨难、挫折,但也不过如此,有时会遇到花团锦簇,但也仅是如此。心有多大,天地有多宽,世界就有多精彩。每每回想诸多良师益友、无数巨细往事,书生意气中,看万山红遍,层林尽染,恰是当时每酣醉,不觉行路难。正好,潮平两岸阔,风正一帆悬。

零散记忆片断,权当一路行来的风景留影。偶尔我会想起二十三年前的那个凌晨。一切都似乎顺理成章,与那个凌晨相互呼应,也与每个过往的时光相互呼应。

2020 年 5 月 19 日于深圳

特区仲裁：中国仲裁的自我超越

袁培皓*

2013年我开始在深圳国际仲裁院工作，这是我第二次来深圳。

第一次来深圳是在2010年，我正在香港中文大学做研究生的访学。当时，我的母校是法国巴黎第十大学，所以这个访学计划中的同学几乎清一色都是国际学生。学期中的时候正遇到复活节的假期，同学们投票选择一个地方参观旅游，出乎我意料的是，几乎所有的同学都选择了深圳，而不是香港。原来大家第一次来中国，不满足仅仅了解香港这个中国的特别行政区，也特别想实地考察深圳这个中国最成功的经济特区。这下子，我才明白，原来我眼里这个年纪轻轻的边陲"新城"早已蜚声国际。

外国人想来深圳看看，无非是惊讶于深圳创造财富和城市繁荣的速度。作为个人来说，我在2013年选择深圳，也是希望能在一个快速向上发展的城市找到自己的机会。除此之外，作为法科生，我相信一个迅速崛起的城市，其繁荣本身必定意味着强大的规则意识和良好的法治环境。怀着对法治精神和美好生活的向往，我开始了在深国仲发展研究处的秘书工作生涯。

深国仲给我的第一个最直观的感受就是坚持以市场为导向，我认为这是深国仲能够长期引领中国仲裁持续创新和不断自我超越的根本原因。以市场为导向属于大白话，体现在仲裁的专业术语中，就是充分尊重当事人的意思自治。一个仲裁机构是否尊重当事人的意思自治，要看其是否充分尊重当事人对仲裁程序全部事项的自我主导，这些尊重最终必

---

* 北京市君泽君（深圳）律师事务所合伙人，曾任职于深圳国际仲裁院发展研究处。

然要落实到仲裁规则的具体内容中。于是,我所在处室的主要工作任务之一就是研究仲裁规则,创新仲裁规则,从而保证我们的仲裁规则既有国际化视野,又能兼顾中国国情,完成中国仲裁的自我超越。

现行的 2019 年深国仲仲裁规则实际上是由七个不同的仲裁规则组成的合集,每一个特殊的程序性规则都是为了服务不同行业的商事主体在争议解决中的特殊需求而专门创设。在过去十年里,深国仲已经分别于 2012 年、2016 年和 2019 年更新过仲裁规则,这本身就证明了其服务市场、以市场为导向的决心。

但是,坚持当事人意思自治,充分服务市场主体的决心依然面临着很多现实的挑战。落后就要挨打,不仅仅存在于工业领域,在法律界、仲裁界也存在这样的现象。国际上的一些仲裁机构为了垄断国际仲裁的话语权,凭借其规则的全球市场占有优势,甚至不惜修改规则限制别人适用它们的规则。在没有特别安排的前提下,当事人一旦选择了这些仲裁规则,而没有选择由对应的境外仲裁机构来管理案件的话,就会陷入裁决或被不予承认,或被不予执行,或被直接撤销的巨大风险中。这种国际仲裁市场上的竞争,严重损害了仲裁市场每一个当事人的权利。为了既满足境内外当事人自由选择境外仲裁规则在中国仲裁的意思自治,又要妥善解决约定的仲裁机构与约定的仲裁规则不一致,产生的混合仲裁条款(hybrid arbitration clause)带来的法律冲突问题,2012 年《深圳国际仲裁院仲裁规则》第三条就已经规定,"当事人同意由仲裁委员会仲裁,但约定适用其他仲裁规则,或约定对本规则有关内容进行变更的,从其约定,但其约定无法实施或与仲裁程序适用法律的强制性规定相抵触者除外。当事人约定适用的其他仲裁规则规定由仲裁机构履行的职责,由仲裁委员会履行。当事人约定适用《联合国国际贸易法委员会仲裁规则》的,仲裁委员会作为仲裁员指定机构,并依约定或规定履行其他程序管理职能"。这在当时的中国仲裁界不能不算是一个重大创举。

2012 年《深圳国际仲裁院仲裁规则》很巧妙地解决了当事人选择深国仲却适用美国仲裁协会(AAA)、国际商会(ICC)、联合国国际贸易法委员会(UNCITRAL)国际仲裁规则的冲突,妥善解决了不同仲裁机构对仲裁员的产生、仲裁庭的组成等关键仲裁程序的管理权冲突问题,最大化地尊重了当事人的意思自治。

到了 2016 年和 2019 年，深国仲分别推出了《关于适用〈联合国国际贸易法委员会仲裁规则〉的程序指引》和《深圳国际仲裁院选择性复裁程序指引》两个重磅规则创新。这两个规则分别解决了联合国国际贸易法委员会（UNCITRAL）临时仲裁与中国现行《仲裁法》之间不兼容的困局的，消除了当事人在疑难复杂争议解决中对"一裁终局"制度的不安。

正是因为深国仲数十年如一日地坚守当事人意思自治这一仲裁的核心本质，选择深国仲的当事人就可以在程序中体验到丰富的获得感和满足感。因此，越来越多的人选择深国仲就是自然而然的事情了。

深国仲能够做到这一点，在于其制度层面推行的以理事会为核心的法人治理机制所带来的市场化和法治化基因。如果将其他仲裁机构的仲裁规则起草过程视为"对规则的发明"的话，深国仲的仲裁规则起草过程更类似于"对规则的发现"。这样一种将当事人需求放在首位考虑的内因，使得深国仲的创新和行业引领，首先不是仲裁机构行为，而是市场行为。在充分的市场竞争中，各式各样的商人、投机的资本、自由的贸易会自动归集到那些交易成本最低、风险可控、争议解决方式灵活的地方。选择了深国仲的商事主体，在体验到高效、便捷、公平的仲裁服务后，又通过其国内国际经贸交往，带动了深圳法治文化的对外扩展。这种法律规则的扩展不是暴力的推广，而是深国仲遵循了包括境内外各种商事主体各自的法律习惯、司法需求，来界定产权和行为的规则。一种代表中国声音的国际仲裁规则就此产生，并与其他大国的仲裁规则彼此作用、磨合，充分参与大国司法的全球化竞争。最后，发轫于深圳的这种仲裁法治文化就具有一种民族和地区的超越性，超越彼此之上，产生一种更具普遍性、世界性的仲裁规则。

深国仲的事业和深圳特区改革开放的故事一样，作为中国过去 40 年快速崛起的一个缩影，必然会造成所处体系的深刻巨变。当海量的案件源源不断地涌入深国仲，如何迅速在激流勇进中找到效率和质量的平衡点，如何捋清中国仲裁市场各种特殊性问题的普遍解决方案，如何化解社会公益责任与高端商事法律服务之间的紧张关系，是眼下深国仲新发展阶段的重要课题。简单地说，在回答中国仲裁国际化这个问题上，需要一种新的理念、新的叙事、新的思想。这种新理念最重要的思想支撑,就是对深国仲作为粤港澳大湾区第一家国际商事仲裁机构这一历史的重述,要重新认识和理解不同历史时期深国仲在深圳、在粤港澳大湾区、在中国乃至国际上的不同层次的改革和创新。换言之,对过去历史的重塑和理解,实际上就是在勾勒未来的方向。从这个意义上来说,今天对特区国际仲裁成功原因的历史总结,也就是对明天特区国际仲裁持续发展的未来想象。

深国仲通过坚守当事人意思自治的原则,顺应了深圳改革开放40年来不断市场化、国际化的地缘机遇,已经成为中国仲裁自我超越和改革创新的核心引擎。今天,作为深圳法治工作第一线的律师,一边受益于深圳一流法治环境的哺育,一边也获得了充分的精神容量去想象中国仲裁和中国法治的自我超越。我们深圳的律师们注定因为深圳高度国际化、市场化的现代产业结构,需要成为中国法律服务市场和中国法治环境现代化和国际化的引导者,而不仅是参与者。这是一种极强的使命感,每一个深圳律师都有责任在有限的生命中为深圳、为中国的法治进步留下更多不朽的注脚。只要我们都能坚守法治的精神和底线,这份略显超理性的宏大法治理想就会与外部世界追求和平与发展的大势统一;这份小到律师,中到仲裁机构,大到国家的自我解放和自我超越将会为新时代中国法治的深化改革注入永不枯竭的思想动能。

莲花山下的"老朋友"

蔡璐璐[*]

很幸运,在青春韶华,与深圳国际仲裁院相遇,走过一段美好而纯粹的时光。

于我而言,与其说有幸成为特区国际仲裁机构发展历史的见证者,不如说在这个映射特区改革发展印记的机构,我看到过多少仲裁人的梦想和希望,而我在这里的所见所闻,又为初入社会的我构建了怎样的精神高地。像是母校,即便离开多年,回忆起来依旧是繁花烂漫,气质干净明媚而令人慷慨激昂。

(一)

刚参加工作时,我和刚经历"重启"和法治机构改革的深国仲,都是崭新的。一开始我负责管理案件,当时所在的办公室编号是 A04,四个人,跟大学宿舍一样,每天 9 小时甚至 12 小时一起干活,一起"吃睡"。有时忙起来彼此"冷漠"到一整天都不讲话,常常是上午忙着接打电话、各自处理事务,下午开始"暗自较劲"做好争抢打印机的冲刺准备,争取把案子的程序赶在当天处理掉,晚上的时间比较适合校阅裁决书,没人打扰,思维也变得敏捷。不过也有同事喜欢这个时候公放摇滚乐,奇怪的是也并不觉得吵闹,似乎深陷另一种沉静。

---

[*] 华润置地有限公司法律事务高级经理,曾任职于深圳国际仲裁院案件管理处和自贸区仲裁处。

管理案件有意思的是除了接触各类法律纠纷,每天还会接触不同的当事人、律师和仲裁员。每个当事人似乎都有自己的故事和情绪,我那时候也不是都能理解。每次仲裁庭合议时,旁听具有丰富行业经验的仲裁员讨论案件事实和当事人诉求背后的"隐情",也是一件乐事。我想,洞察法律关系背后"隐情"的能力,是仲裁员行业经验的最好展现了。常常是一个合议会下来,坐在一旁的我,思路跟随不同专业背景的仲裁员的观点来回切换,频频点头,高密度的恍然大悟,案件事实、交易事实和法律适用也在"往返流转"的过程中不断完善、统一。

遇到特别重大疑难复杂的案件,为最大限度保证案件审理的专业性、公平性以及机构的独立性,按院里的管理制度,就要召集外部专家召开专题会讨论了。外部专家都是行业里的重量级人物。如果遇到这类案件,得"祝贺"一下自己:参与仲裁程序和法律问题的研讨,可以近距离从每位深国仲前辈、仲裁员和外部专家身上,感知到敬业和专业的魅力,有时也会为自己参与为实现公平正义而坚守努力的每个瞬间感动。

(二)

大约已是夜里 12 点,中银大厦 B 座 19 层的 1 号仲裁庭,院长和我们一帮年轻同事还在讨论新规则修订,针对新增和修订的条款,逐条推演当事人的适用情景。大家讨论到兴极之处,还会唇枪舌剑地争论起来,偶尔犯困时就会被院长的强力连环问惊醒,有没有回应当事人需求,有没有把权利赋予当事人,还有没有其他路径?院长的眼里好像总是闪着光,坚定、温暖、充满期待。时别多年,很多细节已经无法忆起,但还清楚记得,走出办公楼时迎来的那一树木棉花和路口的街灯,静谧而绚烂,还有空气中的淡淡花香。

类似这样的围桌讨论,还经常发生在深国仲的多媒体功能厅。一到中午,我们就把它改成自助小饭堂,乒乓球桌铺上一块桌布,大家围在一起吃饭闲谈,时不时有前辈同事们的家乡特产可以品尝。我从小吃东西不主动,个头又小,有次主任带了抢手的香肠来,还特意叮嘱我快来抢肉吃。午饭时间,经常还有业界前辈与我们年轻人一同围餐交谈,跟我们讲他们当年办理案件的奇闻趣事,讲怎么做个有趣的人,做个有精气神的人。有时候，我们也去莲花山下野餐，野餐之余还有主题分享、工作心得、经典案件、新规新法、社会热点，等等。院里的前辈也会给我们讲讲机构的前世今生，辈辈仲裁人的付出和希冀、坚守和变革。莲花山下，有棵大树是院长的"老朋友"，后来成了我们大家共同的"老朋友"。秋冬的午后，草地上树影斑驳，流动的阳光正好。

（三）

随着特区金融创新与资本市场的深化改革，深国仲也一直在探索这个领域的纠纷解决路径，我在深国仲的那段时间，也恰有幸见证了"四位一体"的资本市场纠纷解决新模式，从探索到创建再到付诸实践。我工作的第四个年头，深国仲迁址至离资本市场最近的深交所大楼，又是一个崭新的开始。在这里，深国仲和商务部国际贸易经济合作研究院、北京大学、联合国国际贸易法委员会、世界银行国际投资争端解决中心等国内外机构组织共建了一系列平台。为了及时有效解决市场发展伴随的各类纠纷，还率先创立了谈判促进中心、自贸区金融仲裁中心、并购争议解决中心等，深国仲一直在以她独有的创新方式回应着市场改革、国家发展。而我在这些开拓创新的征程背后，或亲历或旁观了一群胸怀梦想、身担使命的奋斗者奋力奔跑时的激情和艰辛。我清楚地记得大家笃定的神情、忙碌的身影，也清楚记得大家眼周的疲倦。

后来，我因个人原因惜别深国仲到企业工作。当初对前辈的话还一知半解的我，在适应公司运作和管理模式的过程中，对法人治理结构也逐渐有了更深刻的感悟。

（四）

40年来，特区始终在缔造"敢闯敢试、敢为人先"的改革传奇，深国仲每一次的创新变革，也无不展现出与特区发展的精神共振。而我，每当途经街角的木棉，想起莲花山下的"老朋友"，忆起前辈们的话语，仿佛又看到烂漫的繁花、干净明媚的阳光。

我在仲裁院的那些年

周娟[*]

我是2005年研究生毕业那一年入职深圳国际仲裁院的,那时候仲裁院还不叫这个名字,而是叫中国国际经济贸易仲裁委员会华南分会。我在仲裁院工作了十多年,前几年才离开,我亲历了仲裁院这十多年的发展历程。我在仲裁院多年的仲裁工作可以看作特区仲裁的一个缩影。本文记录了我个人在仲裁院工作时的些许片段,从中也能反映出特区仲裁发展的某些轨迹。

服务型的机构

每次仲裁院的例会上,领导常常强调我们属于服务机构,我们的工作定位就是如何服务好仲裁员和当事人。仲裁院的各项工作都彰显着这样的工作理念并竭力不断完善专业化的服务内容。比如,每次当事人来,前台人员都会主动给当事人端茶倒水。立案接待室会为当事人提供纸和笔,提供可以复印的地方,给当事人提供各类服务反馈表,由当事人填写对仲裁院各项服务的反馈。2008年仲裁院在中银大厦的办公室进行了装修,其中立案接待室和仲裁员工作室的装修可以说是整个装修中最为讲究的。如遇仲裁员来开庭,仲裁院综合处(行政处)会先派员到大楼外面入口处等待仲裁员的到来,仲裁秘书一定要提前在电梯门口等待,并引领仲裁员到仲裁庭合议室。如果是外地仲裁员来院里开庭,还会提前给

---

[*] 曾任职于深圳国际仲裁院秘书处、咨询发展处、调解处。

外地仲裁员预订酒店;仲裁员开完庭,还要派司机将仲裁员送回酒店。

庭审设施也是不断完善。我记得刚来时,开庭时的庭审笔录是仲裁助理(那时候还不叫仲裁秘书)自己手写记录在纸上,只能记录要点,没有录像只有录音,每次开庭前,我们都要提前调试好设备,及时开启录音设备。当时庭审笔录的作用只是供仲裁员参考,如果记录得不全,还得重新听录音,当事人是不能复印带走庭审笔录的。后来有了录像设备,庭审过程可以录像,就不用录音了,庭审笔录也改用电脑记录,但是当事人和仲裁员不能同步看,只有开完庭后打印出来才能看和修正,庭审笔录仍然是仅供仲裁员参考,当事人不能复印。再后来,开庭室内的仲裁员和当事人座位面前装了电脑升降屏,开庭时仲裁员和当事人可以同步查看庭审的记录情况,并且可以随时修正。再后来,仲裁院聘请了专门的速录员,仲裁院是当时最早提供庭审速录服务的仲裁机构。速录员能够准确无误地记录庭审的全过程,方便仲裁员和当事人查看庭审笔录,当事人可以申请复印庭审笔录。

专业化的仲裁队伍

仲裁院的专业化仲裁队伍不仅包括专业化的工作人员,更体现于专业化的仲裁员队伍,仲裁院仲裁员名册中的仲裁员都是行业翘楚和社会精英。我入职的岗位是仲裁助理,也就是现在的仲裁庭秘书,现在内部也称法律顾问、副法律顾问、助理法律顾问。仲裁助理负责仲裁案件的仲裁程序管理工作,属于办案第一线。当时仲裁院处理的仲裁案件类型主要是三资企业纠纷和国际贸易纠纷,其他类型的案件不太多。后来其他纠纷类型比如建筑工程类纠纷、涉及资本市场纠纷数量不断攀升。随着案件类型的多样化,仲裁员也随之遍布各个行业和领域。

我因为工作关系,借着办案的机会常年与不同的仲裁员打交道,能近距离地接触这些仲裁员是我的幸运,他们的专业操守和待人接物常令我印象深刻并由衷地佩服。限于篇幅我就举两个例子。

一位是中山大学的谢石松教授,风趣开朗,同时兼具严谨治学的精神。他每次来办案,都会主动跟每一个跟他办过案件的仲裁助理打招呼,不管是不是负责当天开庭案件的仲裁助理,让我们这些晚辈有如沐春风的感觉。对于办案,谢石松教授非常认真,他写的裁决书又快又好,而且几乎没有什么错别字或错误的标点符号。我们向他反馈这个情况时,他说写裁决书是他的责任,他有责任保证裁决书的质量,包括每一个标点符号。有一次,谢石松教授还专门带来了标点符号的使用规则给我们,给我们参考并用以统一裁决书中标点符号的使用。

另一位是天津大学的何伯森教授,他是国际建筑工程合同管理领域的知名专家。我认识他时他年事已高,七十多岁的高龄,给我印象最深刻的是他的谦虚好学。他在五十多岁的时候才从土木工程专业转至国际建筑工程合同管理领域,而且成为该领域的专家。我认识他的时候,他每天早晨8点钟都会去图书馆学习,有时一学就是一整天。我跟何伯森教授合作的几个案件都属于建筑工程类合同纠纷,工程类案件案情复杂、争议点多,案卷多而杂。何伯森教授在拿到案卷材料后会及时整理案卷信息,在开庭前就把案情梳理一遍,制作案情摘要表格,列出要审理的要点问题,然后发给我,请我帮忙看看是否还有遗漏,开庭后他会再根据开庭审理的情况进行修正和补充。由于他事先准备功课做得好,每次开庭都很有效率,虽然建筑工程案件一般比较复杂,他常常不用开第二次庭。何伯森教授属于工科出身,在国际建筑工程领域也是鼎鼎有名的专家,对于建筑工程类案件的争议焦点非常熟悉,也了解建筑工程类案件合同当事人的心理状态,当事人都很尊敬他。在征得当事人同意后,他通常还能通过调解的方式帮助当事人解决纠纷。

严谨的工作作风

仲裁院的裁决书很少遭遇被法院撤销或不予执行的情形,这些与仲裁院仲裁程序管理工作的严谨作风是分不开的。

我在仲裁院做仲裁助理时,当时管理仲裁助理的是由秘书长分管的秘书处。每周秘书处例会时,领导最常说的就是,仲裁助理在协助仲裁员管理仲裁程序事项时,要注意保证仲裁程序的合法性和公正性,要特别注意细节方面,保证裁决书的质量。那我们是如何做的呢?比如,在审查立案材料时,我们除了要审查当事人之间是否存在仲裁条款之外,还需要特别留意仲裁申请书上的当事人名称是否和涉案合同上的名称一致,有时候存在当事人在涉案合同上的名称与他的印章上的名称不一致的情形,这些我们都要仔细审查。因为这涉及输入电脑案件系统里的当事人名称信息是否准确无误,送达地址上的公司名称以及在仲裁程序中所发出的函件上的公司名称是否准确无误,这些都与仲裁程序是否正当有直接关系。在仲裁过程中当事人提交的所有案件材料,都要转交给对方当事人,不能有所遗漏,这是为了保证整个程序的完全透明。凡是涉及需要秘书处自拟发给当事人的函件,起草的内容都要仔细斟酌,保证给予各方当事人平等的充分发表意见的机会,避免不公正地对待当事人。仲裁院纪律严明,特别强调不得与当事人有私下接触,不得向当事人透露任何有关仲裁员的个人信息和案件审理信息,也不得向案外人透露仲裁案件信息。在管理仲裁程序的过程中,一旦发现某个仲裁员有明显的倾向或者有透露案件信息的嫌疑,仲裁助理就需要及时向秘书处汇报,若查证属实,会对仲裁员作出相应的警告和处罚。

不断创新的步伐

仲裁院的创新步伐一直都是走在最前面。现在普遍提倡的多元化争议解决服务创新,其实在十几年前我们就在做各种尝试了。

我记得2007年的时候,我们就开始着手筹备多元化争议解决的服务创新。时任副秘书长的刘晓春博士(现任院长)首先提出了将独立调解与仲裁相结合的想法,并很快付诸实践。2007年春季,他率队走访了深圳外商投资企业协会,以仲裁院的名义支持该协会设立商事调解委员会,首创商会调解与商事仲裁对接的争议解决机制。同年10月,仲裁院创设中国国际高新技术成果交易会权益保障中心,建立展会调处、行政调解、商事调解与仲裁"四位一体"的展会争议解决机制。也是同年10月,仲裁院作为商务部指定的中国进出口商品交易会(以下简称"广交会")唯一仲裁调解机构进驻广交会,为参展商和采购商有效化解国际贸易纠纷。仲裁院还以阿里巴巴为试点,联手开展网上仲裁试点,快速解决电子商务纠纷。2008年,仲裁院成立调解中心。2009年,仲裁院支持香港中国企业协会成立商事调解委员会,创设"香港调解+深圳仲裁+全球执行"跨境争议解决模式。2013年,仲裁院与深圳证监局、深交所等机构合作设立"深圳证券期货业纠纷调解中心",探索资本市场"专业调解+商事仲裁+行业自律+行政监管""四位一体"的争议解决机制。2013年,仲裁院推动在前海成立"粤港澳仲裁调解联盟",联盟成员包括粤港澳地区15家主流调解机构。

期间我因岗位变动,从秘书处调入咨询发展处(后改名为"调解处、发展处")工作,目睹和经历了上述大部分创新举措的诞生和发展,看到了仲裁院的同事们为仲裁院的服务创新所作的努力和付出。我记得,自2007年以来每届广交会仲裁院都会派员驻点,组织调解员参与广交会参展商和采购商之间纠纷的调解工作,全程用英文调解。常常调解工作还没有结束,广交会当天的闭馆时间已到,等调解工作结束时,出来已是披星戴月。

如今,仲裁院创新的脚步一直没有停顿,仲裁院创新的成果仍在不断增加。仲裁院的每一步创新都成为特区仲裁发展的重要见证。

冬至，写给山上的兄弟姐妹

陈睿[*]

写作背景

习近平总书记强调："发展是第一要务，人才是第一资源，创新是第一动力。"作为粤港澳大湾区第一个仲裁机构，深圳国际仲裁院自1983年4月19日设立以来，持续推动中国商事仲裁的现代化和国际化，一直坚持发展作为第一要务，人才作为第一资源，创新作为动力。特别是2012年《深圳国际仲裁院管理规定（试行）》颁布以来，深圳国际仲裁院坚持"独立、公正、创新"的"3i"（independence，impartiality and innovation）理念，积极参与国际化法治化营商环境的建设工作。

例如，2016年12月，深圳国际仲裁院在全球范围内率先设立谈判促进中心，被《环球仲裁评论》誉为"中国深圳经济特区的最新制度创新"。当时，深圳国际仲裁院的领导班子就明确提出"深圳国际仲裁院的各项工作必须围绕中心服务大局"，必须更好地服务市场化、国际化、法治化营商环境建设，全方位立体化全周期服务经济社会文化的全面发展。深圳国际仲裁院创造性地将"高大上"的谈判促进业务引入深圳旧城改造建设之中。适逢被誉为"中国棚改第一难"的罗湖二线插花地棚户区改造项目开启，深圳国际仲裁院指派承担谈判促进中心职能的前海秘书处（自贸区仲裁处，又称国际合作处）成建制"上山"进驻棚户区改造项目现场开

---

[*] 曾任深圳国际仲裁院理事会秘书、前海秘书处副处长（谈判促进中心副秘书长）、研究处副处长。

展谈判促进工作。该项目占地约63万平方米,规划总建筑面积约130万平方米,居民超过8.6万人,需拆除建筑约1 392栋,规模居全国之首,谈判难度系数极高。深圳国际仲裁院谈判促进中心迅速安排90余名谈判专家,按照《深圳国际仲裁院谈判促进规则》高效、和谐地促进谈判,三个月内《搬迁补偿安置前置协议》签署比例达98%。

坚持仲裁业务持续深入创新的同时,深圳国际仲裁院也非常重视年轻干部的梯队培养与锻炼,对具有海外留学背景的年轻干部提出了既要"钉起袖扣英文谈判"也要"卷起裤腿秧苗插田"的要求。在罗湖区棚户区改造项目过程中,仲裁院领导用心良苦,一批年轻干部被送往罗湖木棉岭谈判促进业务一线锤炼成长。除了具有土木工程和法学交叉学科背景、曾有乡镇工作经验的谈判促进中心秘书长杨涛处长(正文昵称为"涛哥")之外,其他组成人员基本上都刚刚离开校门:毕业于香港中文大学、北京大学的才女蔡璐璐(现供职于某大型房地产公司,正文昵称为"大头菜""璐璐");曾留学新加坡并在当地某国际律所就职的北大才女邓凯馨(正文昵称为"开心""胖版周冬雨");曾留学英国布里斯托大学研习国际法的陈宇明(正文昵称为"宇明")等。仲裁院领导要求,既要能喝洋墨水仰望星空,也要脚踏实地,懂国情、接地气、打硬仗。笔者很荣幸作为其中的一员"上山"参与了整个棚户区改造谈判促进过程,并于2016年12月21日农历冬至写成了此文。原本并未发表,只是用作同事之间的自嘲自勉、互勉互励。

适逢深圳经济特区建立40周年,深圳国际仲裁院开展"深圳特区40年·我与特区国际仲裁的故事"征文活动,特将"私酿"了近五年的小文找出应约,一是呈现当时自然状态下文字的"原汁原味",与当年一道"上山"并肩奋斗的战友分享"筚路蓝缕,以启山林"的时光;二是想以深圳国际仲裁事业创新中很小的一个切面,记录深圳国际仲裁"前浪"卷着"后浪"同心戮力、同心创新的经历,记录业务改革创新过程中的艰难点滴;同时也希望能坚定后来改革创新者的信心和勇气,没有过不去的改革创新的坎,也没有收获不了的改革气象万千;三是记录纠纷解决过程中的一些心路历程,以飨有兴趣研究深圳国际仲裁发展的各位专家学者。

自 2016 年 12 月 2 日临近下班时接待了项目单位前来咨询的刘总、侯总起，日历一不小心就翻到了 12 月 21 日，农历的冬至。深交所办公大楼①里的深圳国际仲裁院开始弥漫起喜洋洋的圣诞气氛，在中式装修的大厅里别有风味：精致的雪花剪纸惟妙惟肖，清新的空气透心爽，圣诞的灯饰亮晶晶，气氛祥和，仿佛预示着接下来一年的顺风顺水再攀高峰。②

"洋气不度二线插花地。"一早，雾蒙蒙雨沥沥，一遍又一遍洗刷着棚户区现场蚊帐山③的滑坡与小巷。突如其来的大雨整得谈判专员们措手不及，泥水溅满了老曹④的裤脚和璐璐的皮鞋，酸臭潮湿的霉气仿佛如抱怨的租客业主围堵着"握手楼"⑤。即便如此，深入棚改前线的"泥腿子们"⑥也乐呵呵的，毕竟自 12 月 7 日入驻项目起，每时每刻不曾间断的呵斥⑦似乎有了看得着的终点：木棉岭工作站 11 个网格的律师已完全固定，马山工作站 15 个网格的律师固定工作即将完成，棚户区改造谈判促进的框架基本成形⑧。比起之前 18 天、每天 12 个小时绷紧神经来调度人力资源缺口的节奏，即便日后还有业务培训、资料编撰整理、向各层领导汇报等许多重要的事情，相对而言也是 a piece of cake 了。⑨ 想起了院领导叮嘱"记录棚改工作的点点滴滴"，想起了还在黄昏里上山下山吭哧吭哧赶夜路⑩的老曹，想起了昨天中午在米线店给璐璐庆祝生日后四个人

---

① 2016 年 12 月 1 日，深圳国际仲裁院正式启用深圳证券交易所大楼 41 层的新办公场所作为总部。

② 自 2012 年起，经多年仲裁业务拓展积累，深圳国际仲裁院在院领导班子的带领下，每年的业务量、办案标的额都以 50% 以上的速度快速增长，国际影响力与日俱增。

③ 罗湖二线插花地棚户区之所以改造，很重要的一个原因是旁边的蚊帐山有整体滑坡的重大安全隐患。

④ 曹健雄先生，以下昵称"老曹"，当时在前海秘书处实习。

⑤ "握手楼"指楼与楼间距不符合国家有关规定，距离太近的楼房，常见于深圳城中村；且由于价格便宜而深受刚来深圳创业的人的欢迎。

⑥ 谈判促进中心同事们的自嘲称呼；源于我们在棚户区改造项目上待久了，回深交所总部时感觉配不上"高大上"的办公环境。

⑦ 在棚户区改造项目现场，管理者一般通过呵斥方式传递命令。

⑧ 棚户区改造项目，需要以网格化方式下派任务给每个谈判促进专员，推动专员上每一栋楼、每一层楼，与每一户签约，约定办埋有关权益事宜。

⑨ 由于罗湖二线插花地棚户区项目是深圳第一个棚户区改造项目，法律业务都是边摸索边推进，其中业务包括业务培训、资料编撰整理、向各层领导汇报等内容。

⑩ 棚户区改造时，周边交通环境较差，握手楼之间巷陌交错、灯光阴暗，是所谓夜路。

横七竖八的睡姿①,想起了前天院领导探班时涛哥的失声痛哭②……应付差事也罢,实在抑制不住的情感流露也罢,趁着吃热腾腾饺子的冬至③偷空给谈判促进中心的兄弟姐妹们作侧记,记录这"煎熬"的19天,记一记这不负青春岁月的"上山下乡"史。

带咱巡山的涛哥

网络语"大王叫我来巡山"在谈判促进中心里成为了现实,带咱巡山的叫涛哥,三个镜头以记之。

镜头一:眉头间的忧虑。时至岁末,一整年的前海业务工作就没有停歇的空当,涛哥起初真不想接这"找律师"的活儿。要知道12月的工作并不轻松:12月8日与商务部、北京大学的签约;12月16日的谈判促进启用仪式。④ 再摊上这横跨元旦、新年的漫无期限的活儿,真不知道什么时候才是个头。自9月底起的规则修订⑤,涛哥的年休假一次次往后推。因此,在向院领导汇报时,我第一次发现,涛哥从来都笑眯眯的脸上挂起了顾虑;再准确些,平时弥勒佛一般的笑脸严肃得不能再严肃,平坦亮堂的眉间牢牢地锁着大大的愁,犹豫的话头到了嘴边吞了一次又一次。这种事儿以前从来没接触过,干不好得罪人不说,可能还砸了仲裁院的名

---

① 项目组进驻棚户区改造现场后,食宿条件较为恶劣;项目组成员一般午饭后去小食店休息。
② 12月19日,院领导班子全体走访看望项目组,并询问工作进展。在洪湖人家餐馆晚餐时,想到工作局面尚未打开、项目各方质疑增多、家人牵挂等,杨涛先生情不能自已。
③ 国内传统习俗"冬至饺子夏至面",在南方,或以汤圆,或以馄饨替代。
④ 2016年12月8日,深圳国际仲裁院与商务部国际贸易经济合作研究院签约成立跨国投资与法律培训中心,以更好地服务国家"一带一路"建设,为我国各级政府部门和相关机构以及跨境投资企业培训解决投资争端甚至国家争端的高级法律人才。同时,深圳国际仲裁院与北京大学法学院签约成立中国国际仲裁研究院,其职责之一便是负责编纂由深圳国际仲裁院和北京大学法学院主办的专业性连续出版物《中国国际仲裁评论》。
⑤ 深圳国际仲裁院于2016年发布《深圳国际仲裁院仲裁规则》《华南国际经济贸易仲裁委员会海事物流特别仲裁规则》和《深圳国际仲裁院关于适用〈联合国国际贸易法委员会仲裁规则〉的程序指引》等三个仲裁规则,其中前海秘书处负责后两个规则的起草全流程。按照规则起草修订总负责人刘晓春博士的要求,前海秘书处于9月底临时受命,负责三个仲裁规则中英文的核改和制发。其中,杨涛先生负责三个仲裁规则的中文版核改和制发,我负责三个仲裁规则的英文版核改及统稿报送理事会的工作。

声;累了一整年的弟兄,也得休整休整了。那一刻的纠结,自此似乎便再无松动。

写这些文字的时候,突然有个很"穿越"的想法:若知道这"不务正业"的活儿需要前海的弟兄几个如此耗尽心力、体力,12月2日向领导汇报的那个时刻①,涛哥会不会说"不"?

镜头二:烟圈里的"熬"。准确的时刻,在12月17日下午16时左右。前一夜租户聚众围聚片区指挥部,面对各方误解,涛哥抽出了一支烟,熟练地凑过来借火,狠地一吸,过咽,过喉,过鼻腔,缓缓把愤懑一点点撕开,揉碎,再一点点吐向头顶杂乱无章的电线网。在那之前,我从未见涛哥吸过烟;在那瞬间,穿着格子衬衫牛仔裤的特区国际仲裁院处长仿佛回到了他在河南任乡镇办公室主任的时代②,在街头巷陌的熙攘里,在接电话时不停地赔笑脸里。

"没有对与错,只有适应不适应。"

解愁的火星一次次烧到了烟尾巴,混混沌沌的天色一点点黑了下去。甩掉烟蒂,踏上一脚使劲儿踩三下,涛哥露出了那招牌的笑容:"你小子晚上别给我打电话!咱这可又熬过了一天了!"

镜头三:洪湖人家餐馆里的"哭"。或许从没有人会将"哭"这个字和涛哥扯上关系。但是,12月19日夜里,这种关系就这么实实在在地发生了。哭前序曲的小主人公正正,对数日不见的爸爸失去了亲近感,早餐时头也不回不耐烦地向爸爸挥动着小手臂 Bye Bye 的瞬间牢牢地烙在了内疚父亲的脑海里。十余天来的各种"低声下气",却又不得不各种笑脸应酬,情绪如同储蓄已久的洪水,在那一遍又一遍的回放里,竟一下冲垮了最坚固的理性大坝⋯⋯

肯定没人看到涛哥哭过,也肯定没有人想到涛哥会哭。

回程路上才得知,司机黄师傅当时也噙着泪。

---

① 谈判促进机制的创设,起源于刘晓春博士带领杨涛先生和笔者的反复理论论证和推演。由于对传统纠纷解决机制创新突破较大,谈判促进机制受到广泛质疑;其中之一便是"谈判促进机制能否应用于实践?"鉴于此,在项目单位方面申请谈判促进后,杨涛先生和笔者便向深圳国际仲裁院领导班子汇报,坚持将谈判促进机制运用于棚户区改造,并获得院领导班子支持。

② 杨涛先生大学毕业后,曾选调于河南省某镇政府工作。

瘦下来的"胖版周冬雨"

二十天下来,"胖版周冬雨"彻底甩掉了"胖"。

开心嘴馋,便从一个柚子说开去。刚集中到木棉岭的第一天,提前三天已打点前站的开心自然领着众人访探金排和马山一线。出门前,开心便抱着柚子,说要和在马山一线的律师们一起分着吃。柚子说重不重,抱着柚子走近两华里的山路也实属不易,小美人也累得大汗淋漓。尚未坐定,小姑娘便招呼着律师们围拢,自己卯足气力使着蛮力开柚子。这粗重活儿自然是汉子的,我二话不说抢过来除柚皮。大致剥完,开心接过,认认真真地去除肉瓣上的皮,撕成一片一片,递到围上来的律师手里,嘴里还嘀咕着:"说话多了口干,分点柚子生津。"哆哆的语气先祛除了一半的燥火,如同凉滋滋的可乐浸泡过。分完了,自己没留一片,开心便自顾自地舔着指尖上的柚皮丝儿过瘾。"我们周围的人都太好了。"发自内心的口头禅,打前站的开心赢得了大家的支持。

开心爱哭,妥妥的萌妹子。除了被涛哥煽动哭以外,驻点最艰难的第一周的一次午饭后,萌妹子哭得楚楚可怜。"为什么我来干这男人活啊……我不是女汉子……眼睛都肿着像熊猫……都没时间谈恋爱了……""蒙查查"地跟着我和老曹上山下乡一周后,开心总算弄清了"自告奋勇"入列的原委,两行梨花雨唰唰地顺着脸颊流淌着,像极了晕开的水粉莲花图。我和老曹手足无措,赶紧拨通了涛哥电话。电话那头连哄带骗,好不容易才让她破涕为笑。

上了山,回了指挥部,湘妹子转脸成了"王熙凤":"我没事儿了!告诉你俩,出去以后可谁都不许说!"

大头菜璐璐

项目单位申请谈判促进后过了整整两个星期才见着璐璐。乍一见,也是一惊:

"璐璐怎么这么瘦了?"

"是吗？看来减肥效果好！"

沉默了一瞬间，迅速扯开了话题。

涛哥之前告诉过我，璐璐强忍着身体不舒服撑完了项目单位申请谈判促进的全过程。本欲请假休整，却因处里一时再无别的人手，又咬着牙撑着处理完了其他处室的工作。

她手上还有二十几个案子。

将心比心，自然懂得深几分。

12月20日，璐璐和小伙伴一起在山上的米粉店庆祝了生日。

"开心和璐璐，以后你们早点回去，这儿有我们呢。"山上的小伙子们一致承诺。

小绅士宇明

比起我和老曹，宇明的绅士风度相当了得。12月17日，第一天上山，宇明打着领带、满头大汗地准时出现在谈判签到现场。

现场了解情况后，有了些许顾虑，风度翩翩的宇明摘下了领带，但从未解开开领毛衫。

"老曹，咱俩收拾完一起走。"心疼开心和璐璐，最晚离开的男孩儿们有了新伙伴。

"村支书老曹"

其实挺"嫌弃"老曹。连轴转的20天里，只有我知道老曹的衬衣没洗过，没工夫洗。

其实真觉着挺对不住老曹。毕竟自12月2日从学校到仲裁院报到那一天起，愣愣的傻小子就跟着我连着三天一起熬夜到凌晨两三点，一次又一次拖着笨重的大行李箱跟着我蹑手蹑脚地回家，袜子不脱地倒头就睡；周末一大早又被我拉起来回总部整方案、定对策。

老曹不老，1992年生，岁数最小，尚未毕业。可被开心揶揄"长得着急，远看就是村干部"后，便再也没甩掉"老曹"这亲切的昵称。前台接待咨询群众、入户登门宣讲政策,三天如救火员一般的串岗后,老曹很快熟悉了业务,迅速成为谈判专员。年轻的小伙子一头扎进了木棉岭的角角落落,熟悉着社会交往的规则,熟络着形形色色的网格员。递烟、送水、准备宣讲材料……乍一看,老曹真的成老曹了。

入场第十四天,开心笑着拍了一下老曹的腰,老曹哼唧了一声。

"怎么了?腰疼犯了?"

"嗯。"

刹那间愧疚涌上心头。

"得,下午提前回去。我来顶。"

"谢谢睿哥。"

彪悍的人生无需解释,远大的事业无需注脚。

承诺了走仲裁的路,我们全力完成,我们一定完成,我们肯定完成。

最美是遇见

潘达良[*]

2020年4月,是一个特殊的暮春四月。

周六,回到深圳国际仲裁院中民时代广场办公楼。疫情期间,戴着N95口罩,走进静静的大楼,楼道里空空荡荡,难觅人踪……往常,到了周六、周日还陆续可见三三两两的加班人员进出大楼,今朝场景,大不相同。

今天,我就要收拾行囊离开深国仲。处室大调整,撤销仲裁案件审核处,压实案件管理处室的功能和责任,是深国仲根据"木桶效应"原理,贯彻"提质增效"策略的重大举措。我的借聘期限也届满,如今要惜别我奋斗过的深国仲。

前台,暖黄的灯光下,只有李大秋师傅在默默值守。

今天的1505办公室,也宁静异常。电脑、书籍资料,整齐有序地摆放在桌面上,不声也不响。只有小吉祥物身上的风铃,偶尔发出几下"叮当,叮当"的响声。

这里是我和同事们一起工作、学习多年的地方。2016年,我从肇庆仲裁委员会副主任的岗位退下来,当时的深圳仲裁委员会正在面向社会招聘审核处的工作人员,审核处是核校裁决文书的处室,责任非常重大。而我从事仲裁工作多年,一直都很想到其他兄弟仲裁机构学习,特别是深圳仲裁委员会一直走在全国仲裁行业的前列,肯定积累了很多宝贵经验,值得我参考和借鉴,所以我毫不犹豫地报了名。我很荣幸能在花甲之

---

[*] 曾任肇庆仲裁委员会副主任兼秘书长,2016年至2020年受聘在深圳国际仲裁院审核处工作。

年投身到特区仲裁的新征程中。审核处的人员,除我之外,从处长到科员都是高学历、高颜值的"70后""80后""90后"青年才俊。更重要的,他们都是有抱负、有情怀的法律人,他们是中国仲裁、世界仲裁的希望所在!在这里,同事们曾为保证仲裁裁决程序公正、实体公平而努力工作、艰辛付出;曾为解决裁决书的某个法律难题,夜以继日,绞尽脑汁,费尽思量;也曾为裁决书的是非对错争得面红耳赤,不肯罢休。因为,同事们都有法律至上的情怀、当事人中心主义的初心、公道正派的仲裁人人格。大家都深深懂得,无论案件标的额大小,我们核阅的并不仅仅只是一份裁决书,我们核阅的是仲裁当事人的合法权益,是仲裁当事人的重大关切,甚或是仲裁当事人的身家性命、未来人生。我们核阅的还是仲裁机构的声誉和公信力,是中国仲裁的声誉和公信力!

当然,在这里,同事们付出艰辛努力后,也享受着核阅意见为仲裁庭所接受、为仲裁当事人所认可的喜悦、欣慰和满足。

不经意间,我的书籍资料、个人物品收拾停当。

看着腾空后干干净净的办公桌,蓦然回过神来,审核处的历史使命就要完成,同事们即将根据仲裁院的安排,各自奔向新的工作岗位。几分不舍、几分失落。

耳边飘来恩雅(Enya)《天使的旅途》中那如歌似泣的天籁之音……有人说,在这漫漫的人生之路上,本质上,每个人都是在独自前行,只是在每个不同的阶段,在不同的路口,会遇上不同的人,与你同行一段;你们挥手告别,再迎接下一段旅途……很感伤!

转念,古人辞别尚有"无为在歧路,儿女共沾巾"的乐观豁达,现代人又何须为离愁别绪而感伤?我们应该感谢在美好时代的遇见。在某种意义上,人生由一次一次可数的遇见集合而成。生命中的遇见,是人与人、人与自然在时间、空间、思想、情感等多维度的特定相遇与交集。世事苍苍,人海茫茫,生命中的每一次遇见,冥冥之中已经注定,谓之缘分。感谢、珍惜并善待生命中的每一次遇见,就是感谢、珍惜、善待自己的人生。

今天的辞别虽然因为疫情而显得异样,但我深深理解,这是创新所呼唤之辞别。

创新,是深圳特区的生命,也是深国仲的生命。"3i","independence,

impartiality, innovation"（独立、公正、创新）是深国仲的价值取向、立院宗旨。从深圳仲裁委员会与深国仲的各自独立发展到机构合并；从"木桶效应"之"短板论"到"底板论"的务实分析；从仲裁之"法"到仲裁之"道"的孜孜探求；从似乎不可挑战的仲裁"一裁终局"到符合中国国情、国际惯例的"选择性复裁"制度的诞生；等等，都充分体现出深圳特区仲裁人"敢闯敢试，敢为天下先"的创新探索精神。深国仲正一步一个脚印地为中国国际仲裁在深圳特区的创新和发展砥砺前行，为国际商事争议解决的"中国方案"提供"深圳实践"。

深国仲承载着中国仲裁的未来，承载着世界仲裁的未来。今日之辞别，是为了明天的创新。有幸，在花甲之年遇见勇创全球一流的深国仲，并在深国仲这样优秀的团队中工作、学习多年，已经很满足、无遗憾。在离开深国仲之际，叙叙我和深圳特区国际仲裁的故事，是为告辞，亦作共勉。冀望深国仲翱翔中华、腾飞世界时，你在，他在，我们都在，我们还可续写和特区国际仲裁的故事，世界仲裁的故事！

本文写于 2020 年 4 月

冰心玉壶　薪火相传

王素丽[*]

1994年年底,我带着对法院工作的不舍和眷恋,由费宗祎先生引入深圳特区国际仲裁的大门。当时,国际商事仲裁之于我,还是近乎陌生的领域,甚至还有点神秘。倏然回首,不知不觉已经走过26个年头。我有幸见证了特区仲裁发展壮大的黄金岁月,几度春秋,山水一程,风雨同舟,那些难忘的日子,难忘的事,难忘的人,还在我脑海里,感触颇多,需要慢慢去感悟。因为爱在深处,情动于衷,反而更难理出头绪,一时竟不知从何说起……

回首深圳国际仲裁院的往事,我想起了老主任周焕东先生,还有他老人家的一份手稿。

周焕东先生,深圳特区国际仲裁机构的主要创始人之一。1983年至1992年,周主任一直兼任深国仲党组书记,并于2012年获颁"特区国际仲裁拓荒牛奖"。

深圳经济特区建设初期,周焕东先生时任深圳市委政策研究室副主任,1982年参与筹建了特区国际仲裁机构,退休后又亲自撰写了深国仲《大事记》,并将手稿交给我。《大事记》手稿至今一直珍藏在我的办公室,深国仲多次搬家,我都小心翼翼地保护着。不知怎样的心情,五味杂陈,这份手稿之于深国仲,仿佛是一件传家宝,平时轻易也不敢去翻看。

2020年4月27日,一个人的夜晚,一片寂静,我在办公室暖色灯光下,心心念念想再读周主任的《大事记》。已年过半百的我,眼睛不觉有

---

[*] 深圳国际仲裁院副院长。

点发涩,拿出书柜钥匙,在那个珍贵的角落,找到了珍藏手稿的档案袋。

我自言自语道,"嗯,还是先去洗洗手吧,不要弄脏了它";"再整整头发吧"。之所以如此郑重,是因为见字如面,打开手稿,就像与周主任久别重逢,字里行间透着的,都是一位深圳老干部的精、气、神。整理妥当后坐到办公桌前,忐忑而期待,小心翼翼地打开保存《大事记》的档案袋,周主任那熟悉而苍劲有力的笔迹仿佛在纸上跳动,每个字都占满方格,有力而大气,A3大的稿纸满满六十七页,诉说着特区仲裁的前世今生,历史被这些笔墨记下。

展开《大事记》,我静静地聆听老主任讲那过去的故事。映入眼帘的第一个标题就是"深圳经济特区的由来"。我的思绪一下被拉回20世纪80年代初建设特区的火热年代。彼时,也是创办特区仲裁机构的激情岁月。

文稿中提到,1982年3月,广东省经济特区管理委员会从省里和深圳市抽调了二十多名专家学者,到深圳经济特区进行立法问题调研,具体工作由深圳市委政策研究室负责。周焕东先生时任市委政策研究室副主任,他向调研组介绍了特区建设、外商投资情况,以及特区法制建设和立法方面的要求,设立仲裁机构的想法,并带领组员深入到深圳各处走访,到有关部门和企业调研。同时,还专门成立了特区仲裁机构调研与筹建小组,由中山大学的黎学玲教授、省高级人民法院的朱士范副院长、省司法厅的陈昆甫同志等五位组成,向广东省经济特区管理委员会和深圳市委汇报工作。筹建小组对特区设立涉外仲裁机构必要性的调研情况,包括对特区引进外资的履约数据分析,香港工商界、法律界的建言献策,内地相关部门和企业的建议,等等,《大事记》对此均有记载。最后达成的共识是,为了更好地吸引外资,更好地保护投资者的合法权益,进一步完善特区的投资环境,深圳经济特区建设亟须设立一家涉外仲裁机构。

文稿中还提到,深圳特区涉外仲裁机构调研与筹建小组工作效率很高,黎学玲教授、朱士范副院长等专家成员日夜加班,废寝忘食,在不到三个月的时间里,就完成了深圳特区设立涉外仲裁机构的可行性研究,提出了设立特区仲裁机构的具体筹建方案,并草拟了多个版本的仲裁规则,其中第一版初稿就是《广东省深圳特区经济仲裁院试行规则(讨论稿)》。

1982年6月中下旬,经广东省经济特区管理委员会和深圳市委同意,筹建小组赴北京调研,走访了多家部门,向对外贸易部、司法部、国务院特区办(时称国务院办公厅特区组)、全国人大常委会法工委、国务院经济法规研究中心、中国国际贸易促进委员会、北京大学法律系、中国人民大学法律系、中国社会科学院法学研究所等有关部门征求意见,多数部门和专家都支持特区设立涉外仲裁机构的方案,并建议特区仲裁机构的建设要符合特区的经济特点和发展需要。

黎学玲教授、朱士范院长和陈昆甫同志到北京调研时,曾专程向北京大学芮沐先生请教特区涉外仲裁机构设立事宜。芮老当时就提出深圳特区要率先建成"远东地区权威的国际仲裁中心"的期望,并对仲裁规则、仲裁员选聘等方面提出了具有前瞻性的六大措施和建议。时至今日,这些话对于特区仲裁事业仍有相当的指导意义。筹建小组北京之行的调研成果,由黎学玲教授执笔,最终形成了书面报告。之后,由周主任组织并主持会议,请黎学玲教授向深圳市有关部门一百多人汇报了北京调研的成果。如今,这份珍贵的书面调研材料,仍展示在深国仲理事会办公室。

在特区仲裁机构筹备之初,需要深圳市委决定机构的设立方案。周主任请示时任市委主要领导,从管理体制、性质职责、内设机构、人员编制,到开办经费和场地等各个方面,事无巨细,逐一确定并落实。手稿记载,1983年3月,深圳市委政策研究室向深圳市委提交了关于深圳特区仲裁机构的单位性质、职责职级和人员编制等方面的报告。1983年4月19日,市编委(时称市机构编制领导小组办公室)向深圳市委政策研究室发出了35号文。深国仲作为深圳市市属正局级事业单位的编制文件,也就是吾辈熟知的市编委1983年35号文件,以及深圳市委1984年2月28日发布的《关于设立深圳特区仲裁机构的通知》,就是在这种背景下出台的。

《大事记》的最后一项记录,时间定格在1992年3月31日,其中提及深圳市政府有关文件的内容,周主任不再兼任深国仲的领导职务。

我入职深国仲时,周主任已经退休。记忆中的他是一位性情中人,富有魄力,平易近人,正直而纯粹,还一直关心并参与着深国仲事业的发展。周主任退休后仍担任仲裁员,时常来院里开会、开庭。周主任办案,敬业、专业,总是用他那专门用来书写中楷的软头水笔亲自誊写裁决书。来往开庭,自行车就是他的交通工具。如有空闲,他还会有板有眼地教我们跳国标舞,那挺拔的身板和标准的舞姿,根本不像一位已退休多年的老人。他老人家关心晚辈,待我们如同父亲般慈祥而亲切。1996年3月8日妇女节,周老与我们聚餐还亲自点菜的一幕,恍如昨日,记忆犹新。

深国仲曾多次邀请老主任为大家讲历史,讲特区仲裁当年艰苦创业的故事。他曾多次绘声绘色地描述,当年请示特区仲裁机构设立事宜时,时任市委主要领导果断决定签字的情形。他常提起深圳罗湖区蛟湖新村68号,那个三层农民房,是深国仲租用的第一处办公场地,雨后大家如何踩着泥巴去开庭。后来,郭晓文主任又领着我们重走蛟湖路,虽然与当年相比已"面目全非",但还是能依稀找到那时的痕迹。2005年2月,周主任带领我们到深圳太阳最早升起的东部海边,现场讲解老宝安的历史和地貌交通,以及他小时候送鸡毛信和在东江纵队从事革命工作的往事。

2012年,在深国仲举办的多次座谈会上,他说起创办特区仲裁机构的那段峥嵘岁月,还是那么富有激情和感情,叮嘱大家要谋划好未来的发展。记得2012年4月10日的那场粤港澳地区仲裁员座谈会上,当说起深国仲的前世今生,他老人家和黎学玲教授说要竭力保护深国仲特区建设的成果,继续发挥好特区国际仲裁的作用,当时还拍案而起,话语铿锵有力,令在座者无不闻之动容。

那些年,春节前都有幸陪同郭主任、韩健秘书长、晓春院长到市委旁的通心岭小区看望周主任。在他家里,听他追忆创建特区及仲裁机构的往事,传看家里珍藏的老照片,欢声笑语中颇有感触。2014年和2015年,尤其是老主任最后那段时光,郭主任、晓春院长、银燕和我曾多次去探望,周主任仍不忘提起深国仲是深圳经济特区改革开放的产物,肯定仲裁院提出的"独立、公正、创新"理念,还挥毫留下墨宝,嘱托大家继续坚守之。

周主任的一生充满激情和活力。在他生命的最后时光,我们去看他,他在病床上依然精神矍铄,依然温暖如初,依然意犹未尽。那些场面,仿佛就在眼前。

周主任的底色是特区精神和专业追求。在胆略、勇气和魄力之外,他还有知识分子的纯粹、简朴与深刻。周主任等老一代拓荒牛,是深圳特区国际仲裁的开拓者及传播者。他们以敢为天下先的情怀和气魄,一起成就了特区国际仲裁事业。

深国仲启航并植根于粤港澳地区,具有实干敬业、包容开放、创新奋进、风清气正的特质。"问渠那得清如许,为有源头活水来。"特区仲裁事业能够不断传承,能够不断成长,就是因为始终有一群志同道合的人戮力同心,齐头奋进。

2015年11月5日,周主任永远离开了我们,但总觉得他老人家与那份手稿一直仍在,他老人家的风骨和精神,也已经与特区仲裁融为一体。就像他亲笔写下的特区仲裁《大事记》,其实并没有完结,后辈们依然在循着他所开辟的篇章,继续书写着特区仲裁的大事记。正所谓,故人已去道犹在。周主任的玉壶冰心,必然会化作历史长河中的一点星火,照耀着后来的特区仲裁建设者,激励大家奋勇前行。

积跬步以至千里

董连和[*]

2017年12月,一则重磅消息见诸报端,在中国法律界、国际仲裁界产生重大影响:作为中国改革开放后(1983年)设立的第一家仲裁机构的深圳国际仲裁院(华南国际经济贸易仲裁委员会)与作为《仲裁法》颁布后(1995年)我国各城市首批设立的仲裁机构之一的深圳仲裁委员会合并。合并前,两家机构的仲裁工作都走在我国仲裁界的前列。这一组织变迁,不但在中国仲裁机构应如何建设以及如何在依法治国中发挥好仲裁的作用方面有重大的借鉴价值,而且对将特区国际仲裁带入新纪元、推入新高度具有重大的历史意义。

在两个仲裁机构强强联合以来两年多的时间里,其社会价值和社会影响力叠加效果彰显:2018年为社会解决争议5 481宗,涉标的额人民币638亿元,比2017年分别增长50%和145%;2019年解决争议7 815宗,涉标的额人民币792亿元,比2018年分别增长43%和24%;特区国际仲裁机构作为粤港澳大湾区和华南地区的代表被最高人民法院纳入"一站式"国际商事纠纷多元化解决机制。

今年是深圳经济特区建立40周年。作为特区和我国改革开放的产物,特区仲裁由无到有、由小到大、由大到强。到今天,已发展成为特区对外展示的一个品牌。历久弥坚,终成可造之器、可用之才。

回头来看,一路走来,我有幸参与了深圳仲裁委员会自1995年成立以来近乎全过程的建设与发展。想想期间关于深圳仲裁委员会的故

---

[*] 深圳国际仲裁院副院长。

事,有很多话想说,却又难以言尽,故择其一二进行分享。

嘱托篇——高起点,高标准,建一流仲裁机构

深圳仲裁委员会在1995年设立初期便被党政机关和领导寄以重托与殷切期望。原最高人民法院院长任建新题名:"深圳仲裁委员会";时任深圳市委书记厉有为题词:"高起点,高标准,建一流仲裁机构";时任深圳市市长李子彬题词:"创深圳仲裁特色,办一流仲裁机构,公正仲裁,促进经济健康发展";时任深圳市人大常委会主任李广镇题词:"公正廉洁,服务社会";时任深圳市政协主席林祖基题词:"建一流仲裁队伍,创一流仲裁业绩";时任深圳市委副书记李容根题词:"廉洁奉公,依法仲裁"。这些领导的题名与题词,寄托着改革开放对特区国际仲裁的希望,也寄托着深圳特区对特区国际仲裁的厚望,由此也赋予了特区国际仲裁历史使命。

奋进篇——10年打基础,10年上台阶

在深圳市政府和国务院法制办的支持下,深圳仲裁委员会在一张白纸上作画。从机构设立,到仲裁机构工作人员、仲裁员队伍的组建;从办公地点的上步工贸大厦到特区报社旧址,再到中民时代广场;从手工剪贴合同仲裁条款等方式的仲裁业务推广到秘书手记、录音机录音的案件庭审;从5元钱的盒饭到褪色的桌子、发黄的白色墙壁和老旧的电脑;从各项业务制度的制定到机构章程和仲裁规则的确立;从市长李子彬作为名誉主任、市委副书记李容根和常务副市长李德成作为高级顾问的市领导的亲自指导以及历届分管市领导的亲自领导,到著名法学家江平、梁慧星、崔建远等法律界翘楚对案件审理的亲自参与,再到冯百友、宋魏生两任主任带领最初由全国各地政府、人大、法院等系统商调来的胸怀理想的法律专业人员组成继而不断发展壮大的仲裁工作人员队伍在案件审理、理论研究、制度建设、队伍建设、机构建设上攻坚克难、求真务实的自觉行动;年审理案件从1995年的32宗、1996年的134宗、1997年的66宗案件

(3年总标的额人民币17亿元),再到2015年的3 125宗、2016年的2 796宗、2017年的2 892宗(3年总标的额人民币445亿元),案件数量和标的额的大幅提升,深圳仲裁委员会一步一个脚印,10年打基础、10年上台阶,在奋进中锻造了自己在全国仲裁机构的影响力和在当事人的信赖与声誉。

创新篇——秉承特区基因,敢闯敢试

为体现当事人中心主义,深圳仲裁委员会数次完善仲裁规则;为大力推广仲裁制度,首设发展处和发展委员会;为贴身服务好金融业,在金融系统首设金融办事处;为保证裁决书质量,首设裁决书核阅机构——案件审核处;为增强仲裁员及工作人员的责任心,首创仲裁员承诺制度和错案追究制度以及文书差错追究制度;为提高仲裁效率,首先开展网上证据固化的仲裁服务;为承担社会责任,在消费领域首推"仲裁志愿者"服务,在医疗领域有针对性地适度开展医疗争议的仲裁服务;为给当事人释疑解惑,首设信访督察处;因应网络数据时代的需要,与有关机构合作,首创"电子证据固化+在线公证+在线仲裁"智慧法律服务平台,并获评深圳2016年度"十大法治事件";率先推动设立具有独立主体资格的民商事调解组织——深圳市民商事调解中心,建立了牢固的"调解+仲裁"争议解决机制;等等。

国际篇——立足国内,放眼全球

仲裁国际性色彩突出。循此属性,深圳仲裁委员会在国际化上扎实开展工作。除了积极稳妥地审理涉外案件(涉及美国、英国、日本、韩国、印度、荷兰、丹麦、德国、波兰、马来西亚、新加坡、意大利、加拿大、乌兹别克斯坦、比利时、泰国、英属维尔京群岛等31个国家和地区)还派出仲裁员和工作人员赴美国、英国、澳大利亚学习,访问了美国仲裁协会、法国国际商会仲裁院、瑞典斯德哥尔摩商会仲裁院、英国伦敦国际仲裁院、澳大利亚仲裁员与调解员协会以及俄罗斯、巴西的仲裁机构,并与美国、澳大利亚、新加坡、巴西等国的仲裁机构签订了合作协议。2017年6月,作为唯一受邀的中国裁判机构出席了由国际商会在巴黎举办的2017年度国际ODR(在线争端解决)大会,深圳仲裁委员会首次在国际会议上发布"云上仲裁"成果,展现了"云上仲裁"在ODR领域的创新探索和努力实践。

  回顾过去,有感慨和豪迈;放眼当下,有坚定与专注;展望未来,有信心和梦想。我们坚信,特区仲裁会越来越好!

予人为乐，与己而乐

安欣[*]

去年的一个傍晚，我正准备下班回家，一边与同事聊着天，一边等着电梯，站在旁边的一位老先生突然问我："请问，您是不是安欣？"我讶异地回答："是呀！"回头望向他，看着有点眼熟，却又实在不记得曾在哪里见过。

老先生惊喜地说："太好了，我刚才听到你说话的声音就觉得应该是你，但又总觉得不敢相信，恐怕你已经不记得我了吧？十几年前我曾经有一个案子在你们这里仲裁。当时你是办案秘书，那时候我总是给你添麻烦，打电话咨询仲裁问题，所以虽然见面不多，但对你的声音却印象深刻。刚才听到你和同事说话的声音，就觉得应该是你！"

一听到他那标准的北方口音，我的脑海里居然也神奇地闪现过多年前那记忆深处的许多片断。没错，我想起来了！我热情地与他握手，甚至还主动说出了这位先生所在公司的名称，并进一步和他确认是不是姓聂。

聂先生显然有些意外，大约是实在没想到事隔多年，我居然还能记得这些细节吧。他紧握着我的手略显激动地说："真想不到，当年我们那个案子那么小，你居然到现在都还记得！那一次仲裁给我的感受特别棒，要感谢你一直不厌其烦地给予我很多解答和指导。尽管最后我们并没有百分之百胜诉，但我觉得仲裁院独立、公正、专业，裁决分析得细致到位，我们对仲裁结果非常满意。这些年来，我公司的所有合同纠纷都选择在你们这里仲裁！你看，这不是最近我们又卷入一个纠纷，我今天是专程来立

---

[*] 深圳国际仲裁院副院长。

案的!"

聂先生越说越动情,而我也颇有些百感交集。时隔十几年,物是人非,依稀记起那时的聂先生正值壮年意气风发的样子,现如今他的头发白了大半,而我自然也不再是当年那个充满青春活力的小姑娘。

还记得当年那个案件是深圳某大楼门前的假山景观设计施工合同纠纷,争议金额不大,只有人民币十几万元。聂先生代表的申请人是一家艺术设计公司,从事景观设计和施工工程,因对方拖欠剩余工程款而提起仲裁申请。

彼时聂先生并未聘请代理律师,而是以法定代表人的身份独自参与所有仲裁程序。这种情形通常并不多见,想来可能是因为公司规模不大,出于节省开支的种种考虑吧。也正因如此,身兼代理人的聂先生,既要负责公司的经营业务,又要事事亲历亲为应对争议解决。在仲裁过程中,对方又先后提出了管辖权异议和工程质量鉴定申请,对仲裁程序不甚了解的聂先生,提交的材料常常不符合形式要求,难免三天两头给我打电话咨询各种程序问题,每一次我都耐心地给予答复和帮助。

想来那时的我一定没少和他通话吧,我的工作态度和解答也一定是让他满意的吧,否则也不会历经这十几年,我们都还能够凭借彼此的声音,辨识和回想起当年的那许多细节。

那一天聂先生向我表达的感谢,让我觉得莫名的欣慰。作为一名曾经的仲裁秘书,经办过数以百计的案件,也接触过形形色色的当事人,这期间有酸甜苦辣,却也有历练成长。或许只是一个小小的举动,几句耐心的答复,我们的每一分努力和付出,每一个善念和担当,带来的却是彼此的理解、尊重与信任。

思绪万千,我又不禁想起该案的独任仲裁员——梁仁洁老师。梁老师是我的母校对外经济贸易大学法学院教授,在校期间,我虽无缘聆听过她的讲课,但印象深刻的是我们的国际商法课所用教材的副主编便是梁老师。

犹记得当时的梁老师已年近七旬,但她却从未因这样一个小小的仲裁案件就有任何的轻视。她认真严谨地研读案卷材料,针对案件涉及的景观工程施工质量以及追加工程款认定等争议点,耐心细致地询问双方,还亲自前往施工工地进行现场调查,字斟句酌地起草裁决书,详细论证回应当事人的每一个争议焦点。

让我印象深刻的是,在那个年代,有很多老一辈仲裁员们都还是采用手写裁决书稿的方式,而作为秘书的我们则要负责帮忙录入到电脑中。也正因如此,早年的我能够有缘一睹很多仲裁界大咖的"亲笔真迹",在今日看来却是一份难得的体验和享受了。

诚然,像梁老师这样德高望重、兢兢业业、事必躬亲的仲裁员们还有很多很多,恕我不能一一枚举。白驹过隙,回首过往,从千禧之年踏入仲裁大门的那一天起,我从一名小小的仲裁秘书助理,到仲裁秘书,再成长为一名仲裁管理者。能跟随这些仲裁界前辈、老师们的脚步,聆听他们悉心的指导和教诲,向他们学习,并收获成长和进步,是我莫大的荣幸。

正如仲裁的基石是当事人意思自治,多年来,深圳国际仲裁院一直遵循"以当事人为中心"的理念。作为一名仲裁人,我们珍惜每一个向仲裁员老师们学习的机会,也珍惜每一个为当事人答疑解惑的机会,更珍惜每一个为当事人定分止争的机会。深圳国际仲裁院每年受理的仲裁案件数量从2000年我刚入职时的100宗,再到今天的近8 000宗,数量呈几何倍数增长,说明是一代一代仲裁人的努力,让特区仲裁的品牌不断擦亮,也让更多的当事人认识我们,信任我们,选择我们。

以诚待人,见贤思齐;予人为乐,与己而乐。这或许就是我们仲裁人毕生的追求吧!

回望八十年代

曾银燕[*]

站在深圳经济特区建立 40 周年的边上,回望 20 世纪 80 年代的人和事,仿佛一切就在昨天。

初到特区:一切都是那么新鲜

我选择仲裁作为自己的职业是非常偶然的,但是把仲裁作为自己一生的专业却是自己的选择。1987 年 7 月的一个炎热夏日,我怀揣着由学校开出的进入深圳经济特区的边防证,带着两箱书和简单的行装,怀着对新生活的向往和即将踏入社会的忐忑不安的心情,和三个同学一起在武昌站上了南下的火车,坐了二十多个小时,一路颠簸着到了深圳罗湖火车站。

当时深圳仲裁办没有宿舍,我临时住在红岭路上深圳市中级人民法院的招待所。在那里住了一段时间,约莫一个月后,搬到了布吉河边一座两层小楼,开始我住在二楼大概五六平方米的一间小房里,后来单位说男同事要住二楼,让我搬到了一楼同样面积的小房,和史黎一家为邻。再后来黄雁明住到了二楼的大房,万佳基主任一家也住在二楼阳台上的一间大房里。再之后深圳大学毕业入职的陈广佳住进了我之前的房间。我们就这样组成一个共同生活的大家庭。

后来听说这是周焕东主任在宝安县委任职时分配的住房,名称就叫"桂木园沿河北二巷 7 栋 6 号",周主任搬去通心岭政府新屋后,把这套房

---

[*] 深圳国际仲裁院总法律顾问。

作为仲裁办的集体宿舍。这房子紧临布吉河,和房屋垂直而立的是沿河而建的一排铁皮屋,即著名的人民桥小商品市场,是当时来深圳的外地客必逛景点之一,当然是淘服装等内地见不到的生活日用品。叫卖声、砍价声鼎沸嘈杂,常常在夜里一两点才渐渐安静下来。

房子很潮湿,特别是一楼,水泥地面常常渗水,下雨时更是淹到几寸高。这里地势低,管道疏通差,台风暴雨天气必定发生涝灾。我们经常要做的事是舀水、拖地、晒有湿气的物品。尽管潮湿,但门前窗外长满了热带植物和果树,郁郁葱葱,之前从来没有见过的菠萝蜜在树干上一个个挂大,令人诧异和惊喜。

到深圳的当天就去了仲裁办报到。仲裁办当时在深南中路59号统建大楼一座17层,从大楼南边的后门进入电梯间,对从未有过如此高楼电梯体验(甚至从未坐过厢式电梯)的我来说,真有又兴奋又有些飘飘然的感觉。后来才知道,统建楼共有四座,是当时深圳数一数二的写字楼。北临深南中路,对面的华联大厦正在建设中,其顶层的钟楼很有标志性。南边是矮矮的城中村和一些宿舍,深圳河蜿蜒而过,河那边即是香港的米埔,青山含黛,田野阡陌,水塘纵横。这里的空气让人觉得如此清新自然,如此不一般。我的新生活在美好中开始了。

仲裁办在租用罗湖区蛟湖新村的农民房和桂园路红围街儿童福利中心招待所办公三年后,终于在1987年夏天我来之前的一两个月搬入了自己拥有的——17层东边的370平方米办公场地,有四间(套)办公室和一个仲裁庭。当时尽管是简单装修,在我眼里还是非常雅致、大气和简洁,特别是用于开庭的仲裁庭,三张咖啡色的长条厚桌呈半围合状布局,配上同色系的绒条垫木椅,让人觉得沉稳庄严又亲切。唯一的一台窗式空调就安装在仲裁庭。

在仲裁办,见到了董有淦主任和罗镇东副主任。党组书记周焕东副主任当时还兼任法制局局长,大部分时间在法制局上班。还见到了办公室万佳基主任,还有许可、黄雁明、陈志林、孙黎、史黎、邓益明、陈慧红。当时关莉在深圳大学学习,偶尔回办公室一趟,惊为天人。报到的当天,万主任即带我去人事局办理手续,当时人事局在深南中路市委、市政府大院最后边的平房小院里,手续很快办好,我正式成为深圳仲裁办的一名工作人员了。

仲裁办只有十来人。南向有两套办公室。董主任、周主任和罗主任在东边的一套,进口处有一个小小的过厅,摆放着沙发,可以接待客人。两位老主任的办公桌并排放在稍大点的房间,对面是咖啡色的转角绒条沙发,周主任回来时就在这里办公。罗主任在小间。西边的结构相同的一套,有一间接待室,许可、黄雁明和孙黎在另一间办公室办公。北向有一个仲裁庭和两间办公室。万主任、史黎和我在主任房对面的办公室,后来陈广佳也加入,四张桌,每两张拼在一起,大家面对面办公,进口处有一个电话机,电话号码是365877。我们在学校是很少见到电话机的,也不会用,现在每间办公室都有一台电话机,用来和当事人联系,当时感觉是很新奇的。我们办公室的西边是仲裁庭,东边是财务室兼档案室、打字室等综合之用,会计陈志林,出纳兼打字员陈慧红,还有我们的办事员兼司机邓益明在那里办公。

董主任当时六十多岁,德高望重,他脸上总是挂着笑容,和蔼可亲,它心仁厚,对于刚刚进入社会的我们来说,自然就感觉多了一份温暖。董主任的太太高良姝女士,我们称高阿姨,也和董主任一起从北京来深圳照顾董主任。高阿姨是大家闺秀,优雅端庄,待人亲切。我记得大约是80年代末有一次在通心岭董主任家里,和高阿姨在一起,看着她将董主任的西服一件件熨好,每件放上樟脑球,再一一挂入衣柜。我心里感叹不已,觉得这里面包含着爱和品味。

但周主任就和董主任完全不同,他特别严肃,没有一丝笑容,我们大家都有些怕他。他是土生土长的老干部,粤赣湘边纵队老战士,对工作要求特别严格,爱学习,而且十分爱惜人才,为特区和仲裁办网罗了一批人才。

罗镇东主任"文革"前高中毕业即被高教部选拔为留学预备生,保送中山大学学习外语,准备出国深造。但"文革"开始后一切皆成泡影,他被发配到海南边远农村教书,后到海南师专任教,1977年作为中国科学院第一批录取的研究生,专门从事专利法的研究,对专利法和其实施细则的起草作出了巨大贡献。罗主任性格开朗,人又幽默,他当时刚40岁,尚未成家,是我们年轻人很喜爱的主任。

万主任是广东人,上大学去了北京,然后就一直在最高人民检察院工作,1986年调回了广东。万主任脾气特别好,人善,乐于助人。

许可在1960年大学毕业即分配去了青海,在异常艰苦的柴达木盆地和其他州县工作,1980年调回故乡的深圳市中级人民法院,是仲裁办筹建时的五人调研小组成员之一。或许是因为他之前长期在青海省公安厅劳改局工作,性子直,嗓门大,多接触一阵子,才了解他人很好。许老退休后总不忘学习,时不时到我办公室讨论案件,借阅新的司法解释等书籍。

陈志林操一口客家普通话,口音很重,有时要重复两次才能让我们听懂,令我们印象最深刻的是在餐桌上他要陈醋的时候,一定会说"上层(陈)次(醋)"。

我们称邓益明为"发仔",因为他长得和当时红遍天下的周润发太像了,甚至更帅。小邓是本地人,待人真诚,彬彬有礼,他开车带我们几个小伙伴玩遍了深圳的"五湖四海"。我第一次去沙头角就是他开车,印象中是周主任带我们去的。当时梧桐山隧道还没有开通,需要在弯弯曲曲的盘山小道上开三个多小时,车子多数时间在边境线上爬行,需要办特别通行证,此后隧道开通,需时缩短很多。那次旅行让我体会到当地人当时来去沙头角出入深山的艰辛。

我经常在东头办公室看陈慧红打裁决书,有时帮一点小忙。当时的打字机是老式中文铅字打字机,现在的年轻人只有在博物馆才能见到了。这种打字机,靠手指将铅字盘里一个个字块敲打在机头滚筒的油蜡纸上,然后再手推油墨把一份份的裁决书印出来,若错了一点,要全部重来。我仍记得在深夜的灯光下我们两人核对蜡纸上的裁决书,抓住滚筒一张张刷印裁决书的情形。没多久,罗主任提出一定要改变这种原始的打印方式。当时电脑这玩意还是很遥远的新鲜事物,他自己花了1 500港币在香港买了台苹果Ⅱ型电脑(还是没有硬盘的),也让仲裁办改朝换代用上了电脑和打印机来处理裁决书和文件。我尤记得在80年代末打印机已经升级为激光打印机,打印出来的裁决书效果与以前相比简直不可同日而语。用上电脑和打印机时,因为又进了新人,办公室不够用,仲裁办又把17层西边的一间大大的办公室租下来,作为办公室兼图书室和财务室,而原办公室就由俞大鑫、鲁昆、陈鲁明和徐三桥使用。

第一次办案出差远行的目的地是湛江,领导可能不放心我一人前往,就让原籍在湛江的陈慧红和我一起前往。记得我们从东门的长途汽车站出发,坐在最后一排,当时客车开出汽车站的情景还历历在目。简陋的客车一路扬尘向西,漫漫长路,星夜兼程,渔火帆影,月落日出。虽然辛苦,记得的还是美好。

上班不久就享受到交通福利,可以买辆自行车,于是我在解放路和宝安路交叉路口东南角的一家五金商场买了辆女式自行车。当时的自行车要上牌,执照至今还保留着,户主是仲裁办。大家都是骑车上下班,当时盗车率非常高,俗称"不丢十几辆车,不是深圳人",我确实被盗了十五六辆车。尽管盗车率高,当时深圳的社会治安还是非常好的,没有听说有任何恶性案件发生。

参加工作至今已33年,看过的风景,识过的人,经历的事千千万,有些已如云烟而去,有的却深藏心间。80年代的人和事回想起来总是那么亲切、自然、温馨而充满活力。80年代的特区,百废待兴,一切都显得简单,但一切都那么新鲜。

仲裁之路:一宗让境外媒体态度完全反转的中美纠纷案件

回望80年代刚出校门时,当时还真没有想到,一辈子就在特区做仲裁工作。有意思的案件真不少,每一个案件都是一个故事:838计算器、黄埔港的进口汽车零件、印尼的三夹板、深圳湾的红墙、竹园的倒影、东湖水库的漾波、南海舰队的潜艇、东海的鱼、远洋的货轮、意大利的叉车、贤成大厦的夕阳……一个个串联起来,用心阅读这些案件及其背后的故事就是我的人生。

在国际经贸关系日趋复杂,特别是中美贸易摩擦加剧的今天,我不由地想起1989年我作为办案秘书办理的一个案件。它曾经多次被登载在境外的各种媒体上,是一桩可以公开说的故事。

高西洋行(Golf and Western Marketing ltd.)是美国商人Alan R. Sporn在香港注册的公司(以下简称"外方"),其在1988年3—5月间与中国南海石油联合服务总公司及其下属公司(以下简称"中方")分别签订了三份来料加工合同和售货合同,由中方根据外方所提供的马来西亚乳胶每月加工出口1 200万只符合中国部颁标准的乳胶手套到美国。同年7—8月,中方提供的5个集装箱货物即500万只手套到达美国,被海关禁止入关,美国食品药品管理局(FDA)认为手套质量有问题,六成手套有漏孔并粘连。后 FDA 对中国乳胶手套发出禁运令。外方称:中方根本没有用其提供的原料生产货物,而是在报纸上登广告倒卖外方的原料;中国有关商检部门就该货物出具的商检证书是虚假的。

外方把案情透露给了境外众多媒体。

1988 年 11 月 7 日,香港多家媒体纷纷报道此事。其中,香港《星岛日报》报道称,"香港一家主要出口商最近跟其内地联营公司拆伙,系因该公司出口的数以万计防爱滋病病毒及 B 型肝炎病毒医生用检查手套有漏孔。这种手套在中国政府检测标准中一向被列为'甲级'产品",并称 Alan R. Sporn "已不打算合作下去,这将是他和中国内地公司的首次和最后一次合作经营",还透露"目前,该批由洛杉矶一家医疗用品进口商订购的五百万对手套已遭美国食品药品管理局(FDA)的卫生部门扣押,并正接受调查"。而"Alan R. Sporn 指出,美国方面对进口检查手套不合标准一事十分关注,当局并已表示正考虑禁止所有在中国内地制造的手套进口,而目前每月输往美国的中国内地生产的手套约共 5 000 多万对"。

12 月,境外多家媒体继续发酵。12 月 6 日,《星岛日报》以标题《与内地合营医生手套 产品输美六成有漏孔 港商索偿千万 拟起诉中方商品出口检查员》跟踪报道此事,称"出口到美国的五百万对防爱滋病及 B 型肝炎病的医生用检查手套六成有漏孔,并遭美国药物卫生部门扣押,Alan R. Sporn 报称令他损失达三千七百万元","已拆伙的中方合伙人却拒绝承担任何赔偿"。据该报道,Alan R. Sporn 的美国律师已在研究向中国政府提出诉讼的可能性。同日,《HONGKONG STANDARD》也以"$10m faulty gloves claim for Beijing(北京遭索赔价值千万美金手套)"为标题报道了此事,称 Alan R. Sporn "might issue a writ against the Chinese government for its part in a disastrous deal(可能将中国政府入禀公堂,追究其在一起灾难性的交易中的责任)"。

1989 年 1 月,高西洋行依据合同约定向我们(当时特区国际仲裁机构的名称已从深圳仲裁办改为中国国际经济贸易仲裁委员会深圳分会)提起了仲裁申请。在向中方发出仲裁通知并寄出外方的材料后,中方退回了材料,认为自己不是该案的当事人。外方律师根据法律和搜集的证据反驳中方的观点。双方陷入僵局。因涉及中方总公司和其下属公司的关系问题,我根据领导的安排到深圳市档案馆去查阅抄写中方设立机构的有关文件。

这期间,境外媒体继续"狂轰滥炸"。1989 年 5 月 3 日的《HONGKONG STANDARD》第 2 版又以较大篇幅跟踪报道该案件,称 Alan R. Sporn 因为和内地公司做生意而遭遇了噩梦,公司破产,自己被逼要卖掉豪宅,而相关纠纷已经诉诸深圳仲裁机构。"Today the gloves are sitting in Californian warehouse in the custody of the US Marshals Service and are the subject of a court action to have them destroyed.(如今这批手套被美国执法部门扣押在加利福尼亚州的仓库,法院已下令将其销毁。)" "Meanwhile last November Mr Sporn issued a ＄23 million writ against Nanhai, which is part-owned by Guangdong Province, for compensation through a Shenzhen arbitration court but as yet no decision has been forthcoming.(去年 11 月,Sporn 先生还同时对广东省政府部分持股的南海公司提起仲裁,向其追讨 2 300 万美金的赔偿,但深圳的仲裁院还未作出裁决。)"

1989 年 8 月,按照仲裁程序,俞大鑫、董有淦和李泽沛三位先生组成了仲裁庭。

当时中国的投资贸易环境正受冲击,一些外资纷纷撤离中国。正是由于此案所涉的乳胶手套事件,导致美国向中国乳胶手套市场发出了禁运令,此案是中美贸易关系受到阻碍的第一案。美国驻中国大使馆就该案所反映的问题于 1989 年 9 月向中国对外经济贸易部致函,希望关注此事。当时中国和美国政府双方组成的中美投资工作小组第一次会议也刚刚结束,双方讨论了投资、贸易和经济合作中的有关问题,其中也涉及贸易合同的仲裁问题,该案在会上被美方代表所提及。

1990 年 3 月开庭时,经仲裁庭努力,双方都表示愿意接受仲裁庭的调解。庭审当日仲裁庭马上进行了第一次调解,调解不成功。此后,仲裁庭又进行了五次艰难的调解,其间外方几次要求终止调解,并发函称其中国律师、英国律师和美国领事馆官员将参加聆讯。此间,外方不止一次提出,将要赴华盛顿参加美国国会将于 5 月下旬举行的听证会并作演讲,将此案公之于众,要求美国国会取消对中国的普惠制。

俞大鑫、董有淦和李泽沛三位仲裁员推进仲裁程序完美无缺,公平对待中美双方当事人,取得双方当事人的充分信赖。在仲裁庭充满智慧的斡旋和坚持不懈的努力下,双方当事人终于在 1990 年 5 月 11 日自愿达成了一致,中方同意向外方补偿一定金额的损失。至今清晰记得,在仲裁庭的主持下,双方兴高采烈,笑容满面,当场签订和解协议,并和仲裁庭成员以及机构工作人员合影留念。根据双方的和解协议,仲裁庭于 1990 年 5 月 18 日作出了调解书。后来,双方当事人自动履行了调解书内容。

当时中国投资贸易法律环境备受外界关注。和解协议刚签署,一众境外媒体随即进行报道。但是这一轮的报道,与之前态度迥异。

1990 年 5 月 13 日至 14 日,法新社、路透社和《HONGKONG STANDARD》《东方日报》《南华早报》《文汇报》《成报》等众多境外媒体纷纷以"中国内地司法态度令外商大受鼓舞"为标题称,"中贸人士及西方公司一直密切关注该宗仲裁,认为仲裁结果可以反映中国仲裁机构对贸易纠纷的态度。一名贸易顾问强调,深圳仲裁机构的判决令其他西方公司感到鼓舞"。"该贸易公司为美资背景……曾要求多名中方及美国官员协助,包括美国驻华大使馆,三名美国参议员以至美国总统布殊。原诉人本要求赔偿二百三十万美元,虽然最终只获赔偿六位数字的款项,但对仲裁结果仍表示满意。"

1990 年 5 月 19 日,外方当事人主动在《星岛日报》《HONGKONG STANDARD》和《文汇报》等媒体刊登《启示》,称:"中国国际经济贸易仲裁委员会深圳分会根据本公司的申诉组成了仲裁庭,经过仲裁庭的调解,双方本着互让互利的精神,圆满达成调解协议。本公司就这次合同纠纷的结果,恢复和加强了今后对华投资的信心。"

两年之内,境外媒体前后两轮态度截然相反的报道,让我第一次感受到具有公信力的国际仲裁对于一个地区、一个国家投资贸易环境是如此重要,也感受到特区在改革开放之初即建立国际仲裁机构的初心和使命。今天,尤其是在当前国际经贸形势日趋复杂的背景下,我们更加感受到特区仲裁人肩负的责任。

回望 20 世纪 80 年代,踏上特区这块热土,在中国仲裁国际化的道路上,从此风景无数,每一幕都还是那么新鲜而灿烂。

华南国仲与"中国第一展"

谢卫民[*]

作为华南地区最早设立的仲裁机构,深圳国际仲裁院(又名华南国际经济贸易仲裁委员会、深圳仲裁委员会,以下简称"华南国仲")一直朝着建设成为国际一流仲裁机构的目标迈进。值此深圳经济特区建立40周年之际,特以中国进出口商品交易会(以下简称"广交会")争议解决为视角,与大家分享我参与特区国际仲裁建设的若干经历与体会。

广交会争议解决机制协同创新

广交会自1957年春季创办,每年春秋两季在广州举办,被誉为"中国第一展"。每年来自200多个国家和地区的近20万名采购商,到广交会现场采购。

时任华南国仲(当时名称为中国国际经济贸易仲裁委员会华南分会)主任的郭晓文非常重视涉外仲裁的推广工作,在他的推动下,自2003年10月第94届广交会开始,华南国仲作为唯一一家商事争议解决服务机构进驻广交会,在展会现场为广交会参展商和采购商提供商事风险防范和争议解决免费咨询服务。

进入广交会4年之后,在时任华南国仲副秘书长刘晓春的多方努力下,从2007年10月第102届广交会开始,在商务部的支持下,中国对外贸易中心邀请华南国仲加入在广交会上开始争议解决机制创新合作,在

---

[*] 深圳国际仲裁院院长助理、业务总监。

知识产权与贸易纠纷投诉接待站,创设以调解为前置方式、以仲裁为后盾的展会贸易纠纷解决机制,处理广交会上的贸易纠纷投诉。

在总结华南国仲在广交会现场处理贸易纠纷投诉经验的基础上,在商务部的支持和指导下,广交会于 2011 年 10 月出台了《中国进出口商品交易会贸易纠纷防范与解决办法(试行)》,规定由华南国仲与中国对外贸易中心共同派出专业工作人员,负责贸易纠纷投诉接待与处理工作,采用"调解+仲裁"机制处理贸易纠纷。广交会还出台了《广交会出口展展品质量及贸易纠纷投诉监控办法(修订)》,建立被投诉名单及纠纷责任名单制度等监控机制。至此,广交会贸易纠纷投诉处理形成了一套行之有效的法律机制,这在世界上都可以说属于首创。华南国仲多年的努力,为维护广交会的声誉和构建中国对外贸易法律环境方面作出了积极贡献。

苏丹商人带给我的感动

我当时担任华南国仲咨询发展处负责人、调解工作处处长,具体负责广交会争议解决服务,有幸参与了广交会现场咨询服务和现场调解服务,从 2003 年 10 月到 2016 年 5 月,前后历时近 13 年。因为工作的原因,我先后结识了负责广交会投诉接待站的中国对外贸易中心企业管理处张嘉庆处长和梅灵处长等,得到了他们的大力支持和帮助,内心一直充满感激。

回想在投诉站值班的日子,一幕幕栩栩如生。再想到调解过程中出现的戏剧化效果、几度峰回路转,心里还是有不少感触,在此愿与大家分享一个案例。

苏丹一位商人投诉称,在上一届广交会期间与中方一供应商达成了一笔胶水购买交易,收到胶水后,发现其中有不少胶水干化,不能使用,被客户退回。说完,他当即从提袋中拿出几瓶胶水,可明显看出干化现象。

中方供应商收到投诉站工作人员的通知后,派代表来投诉站处理纠纷。我作为该案调解员,开始对双方进行调解。

我首先有一个简单的开场白,告知双方我的调解员身份、调解的含义、调解如何进行,等等,并告知调解过程中,一方发言,另外一方不要打断,不要使用激烈的言辞,等等。

在听取双方陈述过程中,为了让当事人围绕争议焦点进行陈述,不时地用比较中性的话给当事人做一下小结。由于苏丹商人不懂中文,跟他交流要用英文。跟中方交流一开始用中文。但外方对此不满意,说中方懂英文,为什么要讲中文?为排除外方的疑虑,大家都用英文交流。在调解过程中,我还特别注意给双方平等的交流机会,在询问或听取一方意见时,也注意时不时与另外一方进行眼神交流。

调解气氛是友好的,但双方对调解方案达不成一致。中方要外方把有问题的货运回中国,确认后可以换货,不同意赔偿货款;外方坚持要中方赔偿所有货款,称对中方货物的品质没有信心。调解陷入僵持阶段,调解员需要另辟蹊径。

考虑到双方给出的方案差距较大,我决定进入"背对背"调解,分别了解各方真正关注的问题。在"背对背"调解阶段,特别向当事人说明,单方会谈中了解到的内容将对另一方保密,未经该方当事人同意,调解员不会向对方透露一方给出的调解方案。

中方称,可能没有那么多有问题的胶水,但承认那批胶水在生产过程中出现了一些问题,由于卖给外方的价格非常低,没有多少利润,坚持不肯赔偿,但可以换货。为了增加调解的成功率,我鼓励中方想想是否有其他方案,比如,是否可以有新的交易,但在价格上给予外方更大的优惠,从而不仅可以解决本案纠纷,还可增加新的交易机会。中方表示可以考虑。

外方在单独会面阶段称,胶水在苏丹当地需求量较大,但与中方有过数次交易,每次都出现较多的质量问题,导致客户退货,不想再相信中方的话,一定要中方退还货款。看来外方主要是担心中方货物的质量,销售是不愁的。

通过"背对背"调解,我注意到,双方还是存在继续交易可能的,关键是外方对中方商品的质量是否有信心。

重新进入共同会谈时,我让双方把有关方案说给对方听,中方一听外方担心货物质量问题,马上保证质量一定没有问题,说上次生产过程中的问题解决了,不会再出现问题了。外方说自己无法再相信中方了。这时中方代表提出，要外方代表问问他的父亲，中方是否值得信任。外方代表犹豫不决是否要打电话给他父亲。为了推进调解，我建议外方代表不妨试试。外方代表现场拨通远在苏丹的他父亲的电话后，将电话递给了中方代表。中方代表与外方代表的父亲在越洋电话中聊得非常热络，显示出两人之间曾经有多次交易。中方代表保证，新生产的货物质量保证没有问题，请外方相信，若出现问题，中方负责全额赔偿。看来，中方代表与外方代表父亲的通话有了效果。外方代表与他父亲在电话中交流了一会儿后，表示愿意给予中方新的机会。

调解成功的机会越来越大，我决定趁热打铁，建议双方考虑具体方案，并提出在和解协议中加上若发生纠纷提交华南国仲仲裁的仲裁条款，这样可以有效保障双方的合法权益。最后，双方达成和解协议，中方向外方出口一批新的货物，价格打八折，若中方货物再次出现质量问题，中方将向外方赔偿所有损失。在签署和解协议时，外方代表称他之所以给中方一次机会，一个重要的原因是调解员值得信任。听到外方的话，我当时还是很感动的。

本案之所以能调解成功，我的感受是：第一，调解员在调解过程中一定要做到平等对待双方，要给予双方平等机会、平等的关注，从而赢得当事人的信任；第二，调解进入僵局时，要了解各方的真正关注点，要给调解方案注入新的元素，形成多个方案，不局限于纠纷本身，通过新的合作不仅能够解决纠纷，而且可以创造新的合作机会。

"为世界人民服务"

参与广交会现场调解的十余年间，调解成功的案件很多，常常能体会到当事人自愿达成和解协议的喜悦。华南国仲的同事、仲裁员和调解员一直持续向来自世界各地的商人提供争议解决服务。初步统计，自2007年起，华南国仲作为唯一一家调解仲裁机构，进驻广交会现场处理国际贸易纠纷，参与调解的当事人遍及全球119个国家和地区，和解成功率达到60%以上。因此，我时常会想，华南国仲在广交会提供的争议解决服务，不就是"为世界人民服务"吗？

其实，华南国仲自1983年设立以来，一直朝着建设成为国际一流仲裁机构的目标迈进，其一直坚持"独立、公正、创新"理念，在管理机制创新、仲裁规则创新、争议解决方式创新等方面都取得了长足的进步，主要目的就是给各个国家和地区的当事人提供最好、最快捷、独立、公正的争议解决服务。我相信，只要坚持"以当事人为中心"，建设成为国际一流仲裁机构的目标一定能早日实现。

初心与本色

陈巧梅*

25年前,踏上改革热土深圳,进入刚筹建的深圳仲裁委员会工作,当时的那份憧憬与热情,至今仍在我的脑海里回荡。

1995年的深圳,沐浴着改革的春风,散发着朝气蓬勃的气息。我从杭州来到深圳,在一座新城,一个新单位,扎了根,立了足。

创新,是形容深圳的高频词汇之一,这座城市的特性,也潜移默化地影响着与之共同成长的人。25年前,我是当时刚组建的仲裁委的第一批仲裁庭秘书。那时我们从零做起,每一个细微的变化,都是崭新的。现在,我担任深圳国际仲裁院(SCIA)网络仲裁处处长,与25年前无异,创新是特区仲裁不变的底色。网络仲裁、云上仲裁、移动微仲裁……我们把仲裁搬到云端,步履不停,躬耕不辍。

参与承办仲裁委第一宗仲裁案件

来到深圳,是因为爱情的力量,也是因为时代的感召。1993年大学毕业后,我进入中国远洋运输总公司浙江省公司工作,从事涉外海事方面的纠纷处理。20世纪90年代初期,正是外贸行业最火热的时代,在远洋公司工作的两年时间里,我跟着老师处理远洋货轮的保险、理赔工作,无形中积累了关于海事仲裁的实践知识。

1995年,在家人的力邀下,怀着对爱情的向往,对新城的好奇,我决

---

* 深圳国际仲裁院网络仲裁处处长。

定来深圳试一试。我记得特别清楚,那时杭州秀美如画,而深圳还在发展中,很多人并不理解。我去办户口迁移时,派出所的女民警十分惊讶,说:"小姑娘,你可想好了,真要把户口从杭州迁到深圳吗?"年轻的我已经下定决心,没有犹豫,迁了户口。

感谢深圳市法制办姐姐的推荐,让我有机会到刚筹建的仲裁委参加面试。负责面试的王刚毅副主任对年轻人很有耐心,言语间充满了鼓励,与我交流了半天,令我对特区仲裁的发展更有信心和动力。一周后,我荣幸地接到入职通知。就这样,23岁的我与刚成立的仲裁委结缘,一路到今天。

仲裁委正式成立于1995年8月,时任深圳市委书记厉有为为新单位题词,写的是"高起点,高标准,建一流的仲裁机构",这句话至今仍是我们仲裁人的追求和目标。

进入仲裁委后,我担任案管二处的秘书。作为初成立的机构,仲裁委一共十几个人,仲裁规则和仲裁流程还在试运行阶段,我们像创业的合伙人和伙伴一般,跃跃欲试。第一年,仲裁委承接案件32件,第一件案件就是由我担任仲裁庭秘书。至今还印象非常深刻,那是一宗建设工程合同纠纷,当事人公司的法务得知新成立的仲裁委邀请了一些建设工程专家,便补充约定了仲裁条款,选择来仲裁委处理纠纷。该案的争议焦点是造价结算标准,组庭后,在充分查明案情的基础上,仲裁庭委托深圳市建设工程造价管理站的造价专家陈广言先生进行专家评定,最终圆满解决仲裁委成立后的第一件案件,当事人十分满意。

每个人都是仲裁制度的宣传员

仲裁委发展早期,很多人对仲裁并不了解。为了扩大影响力,仲裁委的每个人都积极充当宣传员的角色,直到现在我还保持着这个习惯,走到哪里,都不忘宣传特区仲裁。

有一件事,现在回想起来依旧是满满的感动和温暖。当年为了推广仲裁,我们把深圳市国土局、工商局作为切入口,希望在格式合同中加入标准仲裁条款供当事人选择。当时与深圳市国土局政策法规处负责人李邮沟通后,对方很支持,说会在以后的合同中进行补充,但现在已经印好了一万多份空白的房屋买卖合同,如果这些合同也补充,只能手动粘贴。于是,在房地产纠纷仲裁室陈光龙主任的带领下,我们把这一万多份空白的房屋买卖合同全部搬回了仲裁委,大家集体加班,把原合同文本中的争议解决部分撕下来,贴上补充了仲裁条款的新的争议解决部分。用这种"笨办法",我们足足用了一周的时间才粘贴完。这也是当年仲裁宣传推广的一个缩影。

从国企转行到仲裁领域,每项工作几乎都是从零开始,对我来说没有想象中的压力,反而充满了幸福感和满足感,唤醒了我的全部工作热情。仲裁秘书被称为仲裁程序的管理者、推进者和服务者,从1995年到2005年,整整十年间,我在这一岗位上学习、领悟,之后又在多部门轮岗。每一个新岗位,都让我对特区仲裁有新的理解,拓宽了我的人生格局和眼界。

多元化纠纷解决理念萌芽生根

在我的仲裁职业生涯里,有一些案件对我影响至深,也促使我对多元化纠纷解决机制进行更深层次的研究和探索。

2009年在督察处工作时,我接到一个房屋租赁投诉案件。当事人从湖北来深圳经营餐厅,租下南山一个铺面,投入几十万元装修费用,然而由于出租房产为违章建筑,租赁协议被认定无效,执法大队要求当事人限期关门停业。因赔偿问题,当事人提起仲裁。当事人下午两点左右来找我们讲述情况,情绪很激动,竟坐到立案大厅门口,大吵大闹,阻挠工作人员和其他当事人进出。为了安抚她的情绪,我蹲坐在她对面,晓之以理,动之以情,反复劝解。天黑了,当事人都不肯离开。

这件事让我对仲裁有了更深刻的思考,每一个仲裁案件背后都是活生生的人和事,都是一段现实生活。当事人将全部积蓄用来装修,现实却给了她重重打击。我蹲坐在她对面那6个小时,深切体会到了她的绝望和无助。经过我和仲裁员、仲裁庭秘书联系多方数次调解,最终出租方同意给予一定的补偿,挽回了当事人的部分损失。我意识到,仲裁,除了法律层面的裁断,更要考虑到社会影响、人文关怀,只有这样才能使仲裁更有生命力和公信力。

这件事对我冲击很大,也坚定了我的一个想法,调解、仲裁是多元化纠纷解决机制的重要组成部分,我们要运用多元化手段,把社会矛盾纠纷化解在最前线。抱着这个想法,我在仲裁委领导的支持下,从 2009 年开始筹建特区第一个民办非企业独立调解组织——深圳市民商事调解中心,作为深圳市构建"大调解"体系的补充。

2011 年 4 月,深圳市民商事调解中心正式挂牌成立。9 年时间里,我们协调深圳市律师协会、商业联合会等各大行业协会,联系业内顶尖专家,联合大型律师事务所,设立调解工作站、知识产权调解庭、投融资纠纷调解庭,还建立了珠三角基础设施建设调解仲裁中心和"深港多元化争议解决服务平台",进一步推广"仲裁+调解"这一大格局。这些举措也引起了媒体的广泛关注,我作为筹建人,与有荣焉。

把仲裁搬到云端

此次疫情,特区仲裁的网络远程仲裁备受关注。实际上,从 2002 年起,特区就开始了仲裁的信息化之路,从官方网站、内网办案系统起步,到 2008 年深圳国际仲裁院与阿里巴巴合作建成网上交易纠纷仲裁平台,再到 2016 年仲裁委推出"电子证据固化+在线公证+在线裁判"为一体的云上仲裁服务,一整套的互联网仲裁体系基本建成。2018 年,深圳国际仲裁院网络仲裁处成立,融合特区仲裁的技术力量,乘着人工智能、区块链的东风,深圳国际仲裁院互联网仲裁之树更加枝繁叶茂。

互联网仲裁的再出发,起源于 2013 年的一次午间茶话会,仲裁员李文君、崔建玲向领导建议,电子商务时代,仲裁要紧跟时代步伐。淘宝网的网上交易纠纷最先引起我们的注意,能否通过调解仲裁一体化平台解决这些纠纷?为此我们多次前往阿里巴巴调研,也邀请阿里巴巴的部门总监来深圳与仲裁员交流。我们组成了一个 51 人的仲裁志愿者队伍,义务进行在线专家评审,人均一天的纠纷处理量达到二十余件。

由小见大,由点到面,互联网仲裁升级蓝图就此铺开。最初开始讨论的热点，便是电子证据的三难——取证难、固证难、确认难。我们与中国电信展开合作，推出运用哈希算法技术进行加密固化，用时间戳记录电子证据的关联信息并上传到仲裁办案系统的电子证据云档案馆，还为特区互联网仲裁取了一个颇具诗意的名字——"云上仲裁"。

在团队的努力下，互联网仲裁从计划一步一步走向现实，云档案馆、大数据中心、智能辅助系统、远程庭审中心，仲裁与技术的融合度与日俱增。在此过程中，深圳国际仲裁院首席技术顾问张力行老师为智慧仲裁提供了强有力的指导和帮助，给仲裁注入了科技的活力。2016年6月，我们接到联合国教科文组织举办的"在线纠纷解决国际会议"的邀请。带着特区互联网仲裁的研究成果，我们向与会三十多个国家的代表进行了详细介绍，获得良好的反响。多名专家表示，没想到中国的互联网仲裁已经达到了这个高度。这令我们十分自豪。

2020年疫情期间，互联网仲裁成为当事人的首要之选，这更让我体会到，做好互联网仲裁的必要性和迫切性。接下来，我们还将联合腾讯等机构，开发移动微仲裁，从而更加方便当事人。

特区仲裁人的使命

2017年12月，华南国际经济贸易仲裁委员会（深圳国际仲裁院）和深圳仲裁委员会合并，特区仲裁力量得到进一步增强，也让我们仲裁人对前路更有信心。

我从23岁进入深圳仲裁委员会，如今已与特区仲裁一起走过25年。我常跟朋友说，特区仲裁让我"见天见地见世界"，让我体会到当事人的疾苦，体验到创新的蓬勃力量，体验到使命在肩的驱动力，体验到与城市、与行业同频共发展的职业荣誉感与成就感。可以说仲裁塑造了我，让我从一个涉世不深的小姑娘，一路成长为能够独当一面、敢于创新的仲裁人，这其中，一句"感恩"不足以言表。

2020年是深圳特区建立40周年，这座城市依旧活力四射，而我们仲裁人经过时光的打磨，不褪敢拼敢闯的本色，永远年轻，永远在路上，永远不忘"建设国际一流仲裁机构"的初心与使命，不断续写与仲裁的故事。

仲裁追梦人

周毅[*]

说起来,我与深圳、与特区国际仲裁的结缘还要感谢我的妻子。

我们俩是研究生同学。她特别喜欢深圳这座城市。毕业后,我们没有多想,毅然离开北京南下深圳。

2008年,我参加工作的第二年。有一天,妻子跟我说,深圳国际仲裁院(那时候称"中国国际经济贸易仲裁委员会华南分会")正在招人,你不是喜欢断案么?去试试吧。我曾经跟她讲过我儿时的偶像是铁面无私的包公,梦想着有朝一日能够像他一样断案如神。也正是这个原因,研究生我选修的方向也与争议解决相关。那个时候不像现在,不要说单独的"商事仲裁"专业了,国内大多数法学院就连"仲裁法"这门课程都没有开设。尽管当时对商事仲裁还很陌生,但在她的鼓励下,我郑重地投出了应聘简历。

从此,我便和特区国际仲裁结缘。

家

我刚进入仲裁院时,单位人不多,领导平易近人,身边的同事一个个也都很斯文儒雅。从领导到办案同事,大家都是法律科班出身,而且一身正气,生活上嘘寒问暖互相关切,工作上讨论起专业问题来却据理力争,工作氛围极好,同事相处融洽,像个大家庭。

---

[*] 深圳国际仲裁院案件管理三处处长。

对于来办案的仲裁员来说，仲裁院也是他们的"家"。那个时候，在仲裁院这个"家"，经常可以见到特区仲裁的筹建人和拓荒者中山大学教授黎学玲老先生、特区仲裁机构第一任党组书记周焕东老主任。黎老先生身材魁梧、目光如炬、声如洪钟，每每来深圳，都不忘对我们这些年轻小辈们告诫一番；周主任尽管身材瘦小，但也精神矍铄，浑身散发着特区人热情奔放的劲儿，根本看不出来当时都已年近八十了。另外，新中国仲裁事业的重要开拓者唐厚志老先生、新中国经济审判和商事仲裁发展全过程的亲历者和推动者费宗祎老先生、我国著名民法学家梁慧星先生等众多法律界颇有建树和声望的大家们也经常会来仲裁院办案，我们作为法律界的新人，有机会和这些前辈们合作办案，近距离见识他们庭审时和蔼可亲、气定神闲、游刃有余的风范，第一时间拜读动辄上万字、字迹苍劲有力、说理畅达如行云流水般的手写裁决书，并在办案之余常常聆听前辈们的提点与教诲，真是三生有幸。

还记得仲裁院领导、前辈总是不忘告诫我们新人，我们机构的仲裁员们都是来自世界各地在各行各业有影响力的、德才兼备的专业人士，人家不辞劳苦地来我们这里办案，是在为仲裁院、为仲裁事业服务、作贡献，我们要服务好，让他们觉得这里就是他们的"家"。为了让仲裁员有"家"的感觉，我们会提前为前来开庭的外地仲裁员订车订房；在仲裁院当时并不宽敞的办公场所开辟出专门的工作室和休息室供仲裁员办公、小憩；有时候开庭到中午，便会让仲裁员留下来和同事们像家人一样围在一起共进午餐。经常听到有仲裁员不由地感慨：你们的服务真是贴心到位，让我有"家"的感觉，不愧是特区的仲裁机构。

这种"家"文化深深影响了我。"家"给人温暖，让人有归属感，同时也让我们这些"家庭成员"有了为"家"付出、与"家"风雨同舟、荣辱与共的责任感。时至今日，尽管随着机构的不断发展壮大，同事们越来越多，仲裁院的内设处室越来越多，各项管理制度也日益健全，但互助友爱的"家"文化始终没有消失，"家"的温度一直存在。

信任与信念

当事人信任我们，才会选择将纷争交给我们断处。仲裁的管辖权来源于当事人的信任。

在中国，仲裁的"一裁终局"制度是一把"双刃剑"，一方面它方便快捷，体现了仲裁的高效；但利剑出鞘，一剑封喉，若稍有不慎，便会伤及无辜，覆水难收。对于我们这些"舞剑人"而言，须德艺双馨，一招一式，务必万分小心。一个案件对于我们而言，不过是千万个案件中的一个，没什么特别的，但对于当事人而言，一个"不起眼"的案件却可能关乎一个企业的生死存亡。办好每一个案件，不辜负每一个当事人的信任和期许，是我们特区仲裁人心中始终秉持的信念。

记得仲裁院领导以前常常告诫我们年轻的办案秘书：如果把仲裁院比作一个工厂，那么我们的产品就是仲裁裁决，要想产品质量好，从受理案件那一刻开始到裁决作出，每一道工序都十分重要，丝毫马虎不得。我们的裁决书，一定要做到让赢的赢得有理有据，让输的输得口服心服，要经得起考验。

当然我们不光要保证产品质优，在生产过程中也要展现特区仲裁人应有的风貌。仲裁院对工作人员提出了要求：当事人当初基于信任选择了我们，现在人家有难上门，我们受人之托，当忠人之事。对每一位前来办事的当事人都要积极主动地提供力所能及的帮助。于是，每每可以看到，当事人一来到仲裁院入门大堂，就有前台接待人员的笑脸相迎，有亲切的问候与指引，有当事人和律师自己专属的工作间，有咖啡和暖茶……不少前来办事的当事人表示，来这里真是如沐春风，心情都变好了，都不想打官司了。

我还记得前些年作为办案秘书办理仲裁案件时，曾经有一家香港公司，连同其分设于广东、江浙的多家工厂，每年在仲裁院都有不少大大小小的仲裁案子。原来不理解为什么有些案件的双方当事人都身处外地，甚至争议金额不大，也都约定到特区、到我们仲裁院来仲裁，要知道基于便利性和成本考虑，当事人往往会约定在当地解决争议，而且仲裁收费也是有门槛的,小额纠纷基于费用成本考虑可能并不一定适合仲裁。后来了解到,这家企业因为最早有一宗案件在我院仲裁,企业老板对于我们的仲裁服务和裁决结果非常满意,就要求其整个集团所有的商事合同全部约定在我院仲裁。

我想,这就是信任的力量,也是信念的力量。

追　梦

特区仲裁机构,骨子里天生有着"敢为天下先"的闯劲,从不墨守成规、故步自封。回顾历史,特区仲裁的前辈们开创了国内首个聘请境外仲裁员、仲裁裁决依照联合国《承认及执行外国仲裁裁决公约》在境外得到承认与执行等诸多不同凡响的先例。

为在国际仲裁领域进一步发出中国声音,更好地服务中国改革开放之大局,数十年来,特区仲裁机构从未停下创新的脚步。近十年来,"创新"被院领导确立为特区仲裁机构"3i"理念之一。创新,犹如热血,在正值青壮年的特区仲裁机构和全体特区仲裁人的体内汹涌澎湃,驱动着特区国际仲裁勇往直前。

实行法定机构改革,建立以理事会为核心的法人治理结构,致力于打造中国国内最国际化的仲裁员队伍;吸引全球 77 个国家和地区的专业人士加入,境外仲裁员占比超过 40%;借鉴吸收境外先进经验、立足中国本土实际,广泛征求境内外工商界和法律界的意见,推出国内国际化程度最高、最能体现当事人中心主义、充分满足当事人实际需要的争议解决规则;发起设立中国华南企业法律论坛,打造华南地区法律人高端交流平台,构建商事法律共同体;为国家法治建设添砖加瓦,创设多元化争议解决体系;服务国家粤港澳大湾区和"一带一路"建设,与多个境外组织建立了深度合作与交流关系,搭建起国际化合作交流平台……种种创新事件目不暇接,引得境内外诸多机构竞相效仿。

在这里我想分享一下多元化争议解决体系中的两个平台/机制。

一个是中国进出口商品交易会(以下简称"广交会")国际贸易争议解决平台。2007 年,仲裁院向商务部和中国对外贸易中心提出"展会调解+华南国仲仲裁"机制的创新方案,与中国对外贸易中心开展深度合作,从 2007 年秋交会开始在每届广交会展会现场为广大采购商和参展商提供国际贸易纠纷调解和仲裁服务,以保障交易安全。我在进入仲裁院的当年,就有幸参与了此项工作,其后的每年四月份"春交会"和十月份"秋交会",每届三期,加起来每年有近一个月的时间,我和单位的其他同事们一起奔赴广州,驻守在展会现场,帮助境内外客商和参展企业调处纠纷。由于每一期展会仅持续短短 5 天,双方发生纠纷后,往往都迫切希望在一两天内或是当天就得到解决。我们接到案件后随即进入调解程序,常常连中午饭都顾不上吃,有时候从早上八九点一直调解到晚上八九点。虽然累,但是每每看到操着各种英语口音的当事人怒气冲冲地进来,到最后握手言和、喜笑颜开离去的情景,不可名状的成就感、巨大的喜悦和满满的能量便油然而生,顿时驱走所有疲惫和饥饿。13 年来,特区仲裁机构一直在这里坚守付出,已为全球超过 110 个国家和地区的境外客商和中国参展商妥善化解了上千宗国际贸易纠纷。直至今日,特区仲裁人仍然坚守在这里,为中国的国际贸易事业贡献自己的力量。

另一个平台可以说是仲裁院党组书记、院长刘晓春先生关于证券纠纷解决机制的博士论文的研究成果在国内的探索实践,是仲裁院与中国证监会深圳监管局共同于 2013 年推动设立的深圳证券期货业纠纷调解中心,属国内首创的专业调解、商事仲裁、行政监管、行业自律"四位一体"、有机结合的资本市场纠纷解决机制。2014 年年初,调解中心的场地落实以后,我有幸接受仲裁院指派,成为首批常驻调解中心的工作人员之一。如今,虽然因工作调动,我已离开这个平台,但我至今仍清楚地记得,当年我是如何守在空荡荡的办公室里诚惶诚恐地盼望着当事人的到来,等待电话铃声的响起。我仍清楚地记得我接到的第一个电话,电话那头的投资者浓重的湖南口音,从对调解中心的全然不知到将信将疑,从不抱任何希望到最后和证券公司达成和解而眼眶湿润、发自内心地感谢这个平台。彼时彼刻,我顿时感觉到了自己工作的价值,平凡而又不平凡。我想这大概也是与我并肩而行的其他所有特区仲裁人都能感受到的价值吧。深圳证券期货纠纷调解中心自成立以来 7 年间,得益于"四位一体"的创新机制,得益于众多来自资本市场、不吝为资本市场公益付出的优秀的调解员们的共同努力，妥善解决了大量资本市场纠纷，成为中国证监会和最高人民法院确定的证券期货行业试点调解组织，其参与解决的包括涉及全国 9 823 名投资者的海联讯虚假陈述投资者补偿案、获评 2018 年度证券期货纠纷多元化解十大典型案例的长园集团控制权之争案等一系列颇有影响力的案件，这些足迹注定会在中国资本市场争议解决历史上光彩夺目、熠熠生辉。

  两年多前，特区实现了中国仲裁机构的首例合并，特区国际仲裁的力量也更加壮大了。我坚信，特区国际仲裁的前景必将越来越广阔，而我，会一直在这里，追梦。

当时只道是寻常

钟妙[*]

"梦想就是一种让你感到坚持就是幸福的东西"（Dream is what makes you happy, even when you are just trying）。这句话记录在我最初入职的一本笔记本扉页上，我甚至不知道它的出处，但却时常让我想起那些关于仲裁工作的寻常往事。时光匆匆，我已到不惑之年，为仲裁事业奉献了最无悔的青春岁月，也更笃定地知道自己该选择什么样的道路。

结缘：那个最早等待机构开门的律师助理

我在法学院读书时，恰好是中国加入世界贸易组织前后，各类民商法、国际经济法问题等都处于激烈的讨论和不断变化中，同学们都有种迫不及待投身时代大潮的激情，我也不例外。"仲裁"这个词越来越多地出现在法学课本和论文里，但当时又不容易实际接触到，莫名地觉得有些神秘。

毕业后，我辗转到深圳成为律师助理。所在的律师事务所恰好在代理一些仲裁案件，刚入职场的我，有了机会近距离地接触"仲裁"。

那时我经常要跑好多地方，但最喜欢去的还是深圳仲裁委员会，不但因为离我住处最近，而且感觉仲裁工作人员普遍颜值高、职业素养高，从未嫌弃过我是刚入职场的小律师助理。我偶有带的资料不全、办事不稳，他们总是耐心解释，使人如沐春风。

---

[*] 深圳国际仲裁院研究处副处长。

当时深圳的单位普遍是八点上班,而我往往提前十多分钟就在仲裁委的玻璃门前等候。2002年12月初的一天,开门的姑娘笑意盈盈地告诉我:"你每次都来得好早,我们正招仲裁秘书,你要不来试试?你可以先来投简历。"

第二天早上,我很准时地等在门口,把准备好的简历投到机构。见到了我在仲裁委的第一位老师——秘书处邹处平处长。他拿过简历看了看说:"你还发表过一些文章,还有散文和诗,明天能全部带来给我看一下吗?"

第三天早上,我又很准时地等在门口,把我发表过的论文、散文和诗都带来了。散文和诗我重新用电脑排了版,打印成一本小集子,邹处长把原件看完了,小集子留下了,还愉快地和我聊了聊求学和工作的经历。

紧接着,我顺利通过了笔试、面试……12月中旬,仲裁委通知我入职。我从未想过,仲裁委的大门就这样向我打开了,我幸运地成为其中的一员。

回头看来,那时的我无人推荐,那些文章难掩稚嫩,仲裁委却把宝贵的工作机会留给了我,除了幸运,也说明深圳特区和仲裁机构选人用人风清气正,干事创业生机勃勃。

入职:我大概是仲裁机构调动处室最多的工作人员

入职后的十余年时间里,我从秘书处(后改为案件管理处)办案,到调研处联系专家咨询委、编杂志、编案例,到医患纠纷仲裁院(信访督察处)办案、接待投诉,后来在发展处、审核处、研究处任副处长参与管理工作……仲裁机构所有业务处室我都工作过,可能是调动处室最多的工作人员。

生逢其时,我遇到了中国仲裁事业快速发展的时代。中国加入世界贸易组织后,进出口贸易、外向型经济不断升温,市场经济活跃,商事仲裁机构也不断发展,仲裁以其公正、高效、灵活、专业以及裁决结果在境外执行的便利性,被越来越多的商事主体所接受和适用,处理案件数量、标的额和复杂程度不断攀升。在业务部门,办案秘书每年办理几百宗商事仲裁案件（从我入职时的每年人均 100～200 宗，到现在最多的年均办理逾 400 宗）。工作人员经常加班，甚至周末和工作日晚上都在开庭，但每一件繁琐工作的背后，都饱含着法律的生命力，体现着法律人的价值，我们的工作使法律的公平正义在一宗宗可感知的案件中得到实现，弥足珍贵。

最幸运的是，在仲裁工作中，我有机会和深圳乃至境内外最优秀的仲裁员、法律人在一起工作。至今，我所承办的案件未遇到任何一位领导或同事打招呼，大家均能按照专业判断处理纠纷；有任何困难，资深的同事、前辈都会不遗余力地帮助我，使我感受到不是一个人在战斗。入职之初，我有幸作为秘书跟郝珠江、张灵汉、崔建远等前辈一起办过案，有幸近距离接触梁慧星、江平、费宗祎、梁爱诗、梁定邦、杨良宜、赵宏等法律界大家。前辈们在特区仲裁机构办理案件、研讨讲学，兢兢业业，一丝不苟，他们对法律充满敬畏，对后辈平易近人、热情诚恳，这些榜样的力量鼓励我不断进步，成为更好的自己。

医患仲裁：最难忘那位"不能再见"的当事人

特区仲裁有很多在业内美誉度高的品牌：金融仲裁、证券仲裁、建设工程仲裁、国际贸易仲裁……除了这些商事仲裁，有一块业务低调务实地化解了大量矛盾却可能鲜为人知，这就是医患纠纷仲裁。

2010 年 10 月 12 日，深圳医患纠纷仲裁院正式成立，是仲裁委下设的专门负责仲裁和调解医患纠纷的职能机构，依据是深圳市政府颁布的《深圳市医患纠纷处理暂行办法》，系化解医患纠纷的一个重要途径。这在仲裁界是前所未有的。医患纠纷的可仲裁性、仲裁规则的制定、仲裁流程的设置、仲裁员的选聘等，当时引发了很大的社会反响。

2014 年起，我调到深圳医患纠纷仲裁院，在那里工作了一年多的时间。作为仲裁员，我调解了二十余宗医患案件；作为秘书，我协助其他仲裁员化解重大医疗纠纷近百宗。有很多当事人，我至今还能叫出名字，他们当中有脑瘫的孩子、为患儿倾尽心力的父母、视力几近失明的老人、意外残疾的家庭支柱……与我此前处理的众多商事仲裁案件相比，这段经历是非常特别的。

每一个当事人都是难忘的,但有一位当事人,我已经不能再见到他。2014年的冬天,一位憔悴瘦弱的中年男子来咨询立案,他刚刚和医院达成了仲裁协议,双方自愿将纠纷交由医患纠纷仲裁院解决。"我之所以选择到这里解决纠纷,是因为你们的医患仲裁规则写了结案期限是3个月,医生说我的生命可能只有3个月了。我想要一个说法。"这是他平静地对我说出的第一句话。这个中年男人,在深圳打拼,支撑着老家妻儿的生活,还要赡养父母。因自觉身体不适,他遵医嘱进行了腹腔微创手术,切除的肿块进行了病理检查,发现系恶性肿瘤;更严重的是,微创手术后,肿瘤在他腹部微创口周围腹壁种植,形成了新的肿瘤组织,并迅速扩散。他要追究的是医院手术失当、肿瘤在腹壁种植并加快扩散的责任。医院则认为手术是依规范操作,扩散是由于患者自身疾病造成的,医院没有责任。

立案后,我担任该案的仲裁庭秘书。起初双方矛盾分歧很大,在一次次补充材料、送达的过程中,我感觉到当事人的身体越来越虚弱。为了和时间赛跑,我们加快了组庭、开庭进度。该案仲裁庭由医学专家和法律专家组成,首席仲裁员是毛立军先生。仲裁庭经过前期细致的案情研判,认为虽然患者自身有肿瘤,但医院在手术过程中确有失误,使肿瘤在新创面腹壁种植并加快扩散,客观上缩短了患者寿命。医患纠纷仲裁院邹长林副院长和仲裁庭想方设法促进双方调解,经过多轮、持续的调解,医院承认了错误并愿意承担相应责任。从立案、开庭、调解直到最后获得医院赔偿款,不到3个月的时间,坚强平静的当事人当场潸然泪下。

结案后没多久,临近春节,我接到了当事人的电话,他回到了家乡,电话那头,亲友相聚热闹非凡,他用赔偿款安置好家人,对我们再次表示了感谢。这笔赔偿款,和我日常处理的其他商事案件比起来并不起眼,但却能使患者在春节安心与家人团聚,从容而体面地完成最后的告别,也使我更加深刻地理解了医疗仲裁高效、专业、维护社会稳定和人性尊严的价值所在。

开拓创新：高新科技和知识产权仲裁大有可为

2015年8月，我调到发展处，开始筹建仲裁委下设的位于深圳高新科技园的科技园工作站，这是我觉得最有趣、跨度最大的工作经历。顺便说一句，工作站的地址正好位于深圳南山区"粤海街道"的核心位置，后来南山区粤海街道因国际贸易摩擦"闻名中外"，这已经是后话了。

2015年12月9日，科技园工作站正式成立，系当时为化解高新科技产业、科技金融、知识产权等纠纷，兼具办案和宣传功能的仲裁服务平台。我作为工作站站长，角色转换使我有机会从另一个角度审视仲裁，了解市场主体的需求。

深圳高新科技园充满了朝气蓬勃的气息，高楼林立，背着双肩包的工程师行色匆匆，在咖啡馆、快餐厅甚至园区转角处，都有人在畅谈创业梦想。在不到20平方公里的热土上，上市企业已逾百家，高新科技企业数以万计。与此同时，科技园里既有法务制度比较成熟的华为、中兴、腾讯、大疆、TCL、迈瑞、大族激光等大企业，也有当时尚在起步阶段的微众银行、传音、柔宇等企业，还有一批雨后春笋般的孵化器和创客们。我连续参加了高新科技企业论坛、研讨会等活动，听到了很多陌生的术语：互联网思维、大数据、自媒体、区块链、众筹、孵化器、穿戴设备、平台战略……仿佛打开了一个全新的世界，甚至有些不知所措。隔行如隔山，仲裁服务究竟能为新兴产业的风险防范和纠纷化解提供什么？

当时仲裁委领导以及处室领导都鼓励我，"高新产业蒸蒸日上，年轻人大有可为，挽起袖子，开拓出一条新路！"在创业者分享会上，一位创业者的心得也打动了我："先干，再干好！"我们把"互联网思维"融入仲裁，拓宽视野，潜心钻研新兴产业，热火朝天地干了起来。

在进驻科技园之前，我们在网络仲裁方面有了一些尝试，但理解不深，也缺乏大量的应用场景。恰逢互联网金融方兴未艾，迫切需要高效处理纠纷的新思路。于是我们结合法律思考，不断探索运用网络处理纠纷。当时存在很多争议，引发了法官、仲裁员、律师等广泛讨论：在线形成的合同的真实性、合法性如何认定？如何防止篡改？是否会损害当事人的合法权益？能否形成一套规范化的网络仲裁规则？等等。当时在宋魏生主任、董连和副主任的大力支持下，由发展处熊天保处长、陈巧梅副处长牵头，我们与深圳市律师协会、深圳市经济贸易和信息化委员会等单位，举办了无数场论坛和交流会，探讨新问题。

2016年3月11日，"云上仲裁"——升级版的网络仲裁中心正式启用。我们边学习边摸索，向高新科技企业要资源、要经验，也推动当事人尝试运用这些技术。我们建设了电子证据存储、云档案馆，运用时间戳、数字证书，再到区块链技术的应用，关于电子证据的很多问题慢慢达成共识，迎刃而解；"云上仲裁"办案系统也不断升级，批量案件立案、在线送达、在线开庭，到后来智能抓取关键词形成裁决书模板、类案推送、文书电子章、电子签名的应用，网上办案系统基本建成。

"科技赋能"提高了解决纠纷的效率，赢得好评。2017年，"云上仲裁"入选深圳十大法治事件；2018年入选中国"智慧城市优秀解决方案"；2017年6月，联合国教科文组织举办的"在线纠纷解决国际会议"邀请我们向三十多个国家介绍"云上仲裁"系统，是中国被邀请的唯一一家仲裁机构。这些是仲裁机构顺应市场需求的集体智慧成果，而科技园工作站是其中一块重要的"试验田"。

我们积极举办或参与各类活动，寻找业界感兴趣的主题，如人工智能、大数据、区块链等进行普法，同时介绍仲裁制度在风险防范方面的优势，增强企业对仲裁的认识，提高仲裁条款的选择率。另外，我们"足不出园"为企业化解矛盾，两年多来，在科技园工作站立案、开庭、调解的案件逾200宗（批），标的额逾30亿元人民币，使企业近距离感受仲裁处理纠纷的高效和专业。和科技园的奋斗者、追梦人一样，我们见证了这里的日与夜、雨与晴。

在高新科技园，常见的还有知识产权纠纷。2017年11月，深圳南山知识产权保护中心（以下简称"知保中心"）正式成立。我们作为知识产权保护链上的重要一环，受邀在知保中心驻点，为知识产权案件提供一站式服务，助力南山区打造最严格的知识产权保护区，助力深圳建设国际知识产权先驱城市。之后我又投身到知保中心仲裁驻点的前期筹建工作。2017年12月5日，我作为首席仲裁员审理了某高科技企业技术开发合同纠纷案,该案成为在知保中心驻点开庭的首宗仲裁案例。深圳市委书记王伟中当天在知保中心调研,饶有兴趣地听取了我们用仲裁方式解决知识产权纠纷的汇报,给予了充分肯定。

2017年年底机构合并后,科技园工作站完成了短暂的历史使命,职能归口到仲裁院下设的"华南高科技和知识产权仲裁中心",该中心与世界知识产权组织(WIPO)、知名境外仲裁机构如美国司法仲裁调解服务有限公司(JAMS)、国际商会(ICC)仲裁院等都展开了紧密的联系和合作,有了更大的空间和平台。近年来运用仲裁解决高科技和知识产权案件,如专利实施许可、专利权转让、技术开发、技术服务、商标许可、软件许可使用、软件(委托)开发、著作权许可以及其他涉及知识产权的权益类合同纠纷在不断增长,这一领域空间广阔,还应不断努力,多做贡献。

当下,深圳高新科技园的企业正处于复杂的国际经贸形势之中,作为中国高科技企业的代表,它们令世界为之侧目,每一条新闻也牵动着我的心。我时常想起在科技园工作的场景。对于特区仲裁机构,我们帮助企业了解国际通行的争议解决方式,做好法律风险防范,为中国企业"出海"做好准备,非常有必要,十分有意义。对于我自己,这是一段重要的经历,时常提醒我关注市场主体需求,提供更便捷高效的仲裁服务,敢于探索新生业态,敢于担当和作为,和深圳特区同呼吸、共命运,到时代的大潮中去锻炼自己。

机构合并:特区仲裁机构做大做强

2017年12月底,一条重磅消息在仲裁界、法律界刷屏——2017年12月25日,华南国际经济贸易仲裁委员会(深圳国际仲裁院)与深圳仲裁委员会合并!

消息一出,我接到了无数电话、邮件咨询,确认这条消息的真实性。当天,我在微信朋友圈里写下感言:"创新是流淌在深圳血液里的文化。仲裁亦是如此,在创新和服务上从未停滞。选择仲裁解决纠纷的企业和个人,你们从此不用再在两家同样表现优异的仲裁机构中作出选择,一次解决选择困难症患者的烦恼,继续放心地选择在深圳仲裁。"这是我发自内心的留言。

深圳特区有两家仲裁机构由来已久。初创于1983年的深圳国际仲裁院和成立于1995年的深圳仲裁委员会,长期以来在特区改革开放和市场经济建设中发挥了重要作用。仲裁机构合并在中国史无前例,在全球也无先例可循。为什么是深圳?为什么要合并?消息引发热议。2018年1月15日,《法制日报》刊发了对院长的专访稿《深圳两家仲裁机构合并的台前幕后》。"跳出深圳看深圳,跳出仲裁看仲裁。"我觉得或许有更好的角度来看待这件事。我在发展处工作的三年多时间里,外出宣传时经常遇到的问题是:你们和同城另外一家仲裁机构是什么关系?都有哪些优势?等等。这些问题,有时候难免会令希望选择在深圳仲裁的当事人感到困惑。全球化的城市都有一个标配,就是在全球有公信力和影响力的国际仲裁机构。深圳作为中国第一个经济特区和国际化城市的代表,如果两家机构实行资源优势整合,将会是什么样呢?这个念头曾在脑海里一闪而过,但我也只是想想而已。没想到两家机构真的整合了,完全超出人们的想象。深圳这座城市令人着迷之处就在于,它不因循守旧,它理念超前,从不停留在想想而已。政府决心把两家仲裁机构整合,统一品牌,做大做强,对标世界一流,愿景很清晰,目标很明确,雄心和魄力令人赞叹。

亲历了仲裁机构合并"历史大事件",我们并未因此而"短期震荡";相反,具有远大理想和目标的一群人,走得更稳健、更长远。在迅速整合后,我们迎来了《纽约公约》60周年全球首场纪念活动,由深圳国际仲裁院主办,全球法律界、仲裁界群贤毕至,深圳发出了"国际规则的中国声音";深圳国际仲裁院持续加强中非联合仲裁中心合作、在新疆维吾尔自治区喀什建设庭审中心……深化与世界银行国际投资争端解决中心(ICSID)、新加坡国际仲裁中心(SIAC)、国际商会(ICC)仲裁院、美国司法仲裁调解服务有限公司(JAMS)、瑞士商会仲裁院(SCAI)等组织的合作;积极为粤港澳大湾区和"一带一路"建设贡献力量;2018年、2019年深圳国际仲裁院的受案数量和标的额均大幅攀升,而我们不求做受案数量最多的仲裁机构,我们要做最干净的仲裁机构;2019年深圳国际仲裁院发布新的仲裁规则,再次引发热议,赢得业界肯定。我们不能懈怠,既然选择了远方,就只能风雨兼程,这是我身处"热点"中心的一点真实的体会和感受。

回望来时路,仲裁往事历历在目,既寻常,又不寻常。我的经历在特区仲裁事业的发展进程中微不足道;而对于中国仲裁的现代化而言,特区国际仲裁的特殊贡献却不寻常。感谢深圳国际仲裁院,感恩各位领导、同事、仲裁员老师甚至当事人的关心、支持、批评、鼓励。在这奋进中的深圳经济特区,我和我的同行者,不忘初心,砥砺前行,最终交织成深圳这座城市和特区仲裁机构最亮丽的底色、最激扬的乐章。

月是故乡明　路随仲裁宽

邓凯馨[*]

2016年年初,在父母的软磨硬泡下,我向自己当时工作的新加坡律师事务所提交了辞呈,结束了在新加坡两年多的学习、工作与生活。此前,作为外国律师,我主要负责公司业务,但也有幸参与了一些国际仲裁案件。其中,令人振奋的一次国际仲裁庭审,是2014年随同律师事务所争议解决团队参加的由新加坡国际仲裁中心审理案件的开庭。庭审持续了四天,时隔多年,案件的具体细节我已记忆模糊,但远在南洋时给父母写的信件清晰地记载了昔日的感触:"通过这个案件的审理,我找到了我自己感兴趣的事业方向,那就是国际仲裁。我一定要朝着这个方向努力,尽管并不排斥当前的工作,但我确信,国际仲裁将是我最终涉足和深挖的领域。"

念念不忘,必有回响。2016年6月6日,我入职华南国际经济贸易仲裁委员会(深圳国际仲裁院),在深圳开启了我真正的国际仲裁之旅。那时,深圳对我来说就是"南海边的那个圈",是"小渔村、改革开放、经济特区、南方谈话"这些词汇的总和。彼时的我无法预知,自己将与这个城市产生千丝万缕的联系,曾经在心底埋下的国际仲裁的种子,将在这里获得无数前辈和同事们的培养浇灌、生根发芽。

---

[*] 深圳国际仲裁院国际合作与发展处(自贸区仲裁处)法律顾问。

世有伯乐，然后有千里马

初夏的阵雨，打湿的衬衫，第一次来迈进仲裁院大门时的紧张与兴奋，至今记忆犹新。刚进入大堂，就被拉入一个非洲法律团的接待筹备会议，来不及准备便火速进入工作角色。轻松热烈的会议氛围、细致周到的分工安排、开放包容的思维碰撞，一下子让我忘记了紧张，那么自然地被感染，那么自如地表达自己的观点和看法……在参与第一次会议面对第一份工作任务时，充盈于内心的是喜悦和自信。那一刻，我顿悟父母所说的"只有回国，才能找到真的归属"这句话的涵义。我感到欣喜，因为我知道，我回家了。

入职后的第一个挑战，就是办理仲裁案件。因为有国外工作经历，我接连管理了几宗涉外案件（涉俄罗斯、涉缅甸等）和涉港案件。在案件管理中，我最担心踩的坑就是送达不到位，每每发出《仲裁通知》前，我都恨不得把所有可能的地址翻个遍，逐字校对；最有趣的则是听仲裁庭合议，每当自己庭前列出的一个个问题得到仲裁员老师们的关注与讨论时，我就特有成就感，瞬间忘却疲惫，燃起继续努力的斗志；任务最艰巨的当然还是核校裁决书，巴不得向总法律顾问曾姐借一双火眼金睛，一眼望穿所有漏洞……恰逢仲裁规则修订工作启动，作为年轻仲裁秘书代表，我有幸参与《关于适用〈联合国国际贸易法委员会仲裁规则〉的程序指引》《深圳国际仲裁院谈判促进规则》的起草和论证，以及2016年版《深圳国际仲裁院仲裁规则》的修订讨论和翻译工作。

在一个集体加班的夜晚，为了抚慰夜以继日修改规则的小伙伴们，综合处点了外卖海底捞，大家都高兴坏了，围着热腾腾的火锅不由分说先来了个十连自拍。那晚应是奋战到了凌晨三四点，"这一个条款其他国际一流商事仲裁机构是怎么规定的？我们是否可以借鉴优化？""我们还能不能再将权利更多地给到当事人？""有没有体现服务精神？符不符合'当事人中心主义'？"——院长的连环发问是对抗深夜犯困最好的"提神剂"；当自己快要倒下时，又总能在睿哥拿起相机想要偷拍留"罪证"时突然神清气爽，活力满分。

那是一个下雨天,我和冠军带着最后一稿的修订意见以及领导同事们的嘱托与信任,奔赴印刷厂。逐页逐字对所有规则条款进行审定后,我们俩互相望了望对方,坚定地在规则上签下了自己的名字,正式交付印刷。那个时候,我们都才二十五六岁。

仲裁院就是这样一个神奇的地方,她给了我们年轻人无限的可能。如果不是因为仲裁院这个平台,我几乎不敢想象,我可以深入参与领先国际仲裁规则的修订工作;我更不能想象,自己还能承担起与各国际组织、国际争议解决机构沟通合作的职责。院长就是那个坚定的永远眼中有光的引路人,总是能给我巨大的动力去迎接挑战,完成看似不可能完成的任务;涛哥则是坚强的后盾,他的宽慰与鼓励总是督促我决不退缩、大胆尝试、勇于攀登。

"世有伯乐,然后有千里马。千里马常有,而伯乐不常有。"仲裁院就是我们这一批批年轻仲裁人的伯乐,我们在这里回顾一代代仲裁前辈的远大事业梦想,在这里见证特区国际仲裁的创新与发展,也在这里贡献自己的力量,发光发热,书写中国仲裁事业的重要历史篇章。

时有僵局,反复磋商变通途

在高密度的与非洲、欧洲、亚洲等的国际交流合作以及与北京大学、商务部共建研究培训平台的间隙,一项无比接地气的工作进入我们的视野,并迅速霸占我们"To do list"首位——深圳市罗湖区"二线插花地"棚户区改造谈判促进项目。

2016年12月5日,我第一次来到项目现场,就被悬挂在"握手楼"间的各式各样的横幅所吸引——"生命安全高于一切利益","棚户一拆迁,天地换新颜","危房需改造,惠民乐安居","改造万代福,子孙后代齐"。横幅下,是居民们来来去去的身影以及小餐馆、理发店、便利铺的浓浓烟火气。当渐渐熟悉了这里热干面、牛肉汤的味道,我也好似这些居民一样,对这即将被改造的城中村万般不舍。

12月7日,我们一行六人(涛哥、睿哥、宇明、璐璐、健雄和我)正式进驻罗湖二线插花地,代表仲裁院谈判促进中心开展"中国棚改第一难"项目的谈判促进工作。二线插花地棚改项目占地约60万平方米,居民超过9.3万人,建筑面积约130多万平方米,需拆除建筑约1 392栋。其棚改范围之广、建筑体量之大、安全隐患之复杂均居全国棚改之首。缺乏基层工作经验的我,在接到这一任务的时候兴奋与忐忑交织,只能靠"开弓没有回头箭"的勇气和决心与指挥部和各网格进行接洽,同时组织近百位律师进行培训、开展谈判。大到危险边坡和消防隐患防控、暴力抗迁等群体性事件处理,小到小孩入学转学安排、谈判专员的日常生活照料,三个多月"朝九晚九"的工作,就在忙忙碌碌中度过。在我们撤出项目时,签约率达到了98%。现在回忆起那段时光,具体的政策条款谈判策略细节已无法一一列清了,但晚上沿着漆黑的山路,快走到"出口"看到闪烁的夜宵摊灯光,听着耳机里传来Coldplay的那一句"Lights will guide you home, and ignite your bones"时,那种从心底洋溢起来的温暖,仍记忆深刻。是啊,前方的光明正照亮你回家的路,眼前的杂乱不安也终将消逝,迎接插花地人们的,一定会是更美好的、可以住上有电梯又安全的新房子的明天呀!

谈判促进是仲裁院的四项法定职能之一,该机制在设立之时主要面向的领域是公司治理、债务重组、知识产权、国际投资贸易等,没想到首先在棚户区改造、城市更新等项目上显出了"神通",且得到境内外各界的高度关注。其中,国际著名仲裁杂志《环球仲裁评论》(*Global Arbitration Review*, GAR)专门以"谈判促进规则在中国深圳诞生"为题作了专题报道。作为既接地气又国际化的一项机制,谈判促进在处理涉外业务上也毫不逊色。其中的一个案子则是涉案金额高达近60亿人民币的某中外合资企业公司僵局案。案件牵涉外资审批、合资经营惯例及做法,以及土地政策、招拍挂等实操问题。作为案件经办秘书,我协助谈判专家卢全章老师在半年内组织中外双方当事人进行了九次谈判促进会议。卢老师专业耐心,秉持着商事谈判追求1+1>2的原则,以法院清算流程、土地置换原则、继续经营合资企业的可能性及实现途径为主要抓手,利用"谈判柔术",把双方的注意力由合作不顺、互相赌气转移到利益最大化、配合土地评估、减少土地增值税等实际问题上来,将双方争执的重点限定在了利益、选择方案和客观标准上。虽然最终由于利益巨大,双方无法进一步妥协而并没能谈判成功,但据了解,双方在后续具体问题的处理上仍充分借鉴并得益于卢老师在促进谈判时提出的土地分宗处理原则及利益调整取舍的思路方案。这个案件的办理,让"商事谈判没有立场之争,只有利益之分"的理念一直影响着我。在中国进出口商品交易会(即"广交会")作为调解员促进境内外当事人调解和在仲裁程序中协助仲裁庭推进当事人和解的工作中,我开始学着在理解争议的同时寻找利益共同点;在国际交往与合作协议草拟时,我也经常告诉自己,只有多赢的合作才可能深入和持续。

有趣的灵魂总能相遇

得益于仲裁院平台的开放性,我在工作中遇到了许多有趣的人,他们是师长、前辈,也是朋友、知己。他们以不同的角色,在世界的不同角落与我们共同拼搏。

仲裁院理事长沈四宝老师总是散发着朝气活力并充满干劲。每每与他一起工作,都让我如沐春风,好不惬意。2018 年 6 月,仲裁院应邀访美,在包括所有路上的时间在内的短短 5 天里,沈老师和院长带着我和雄风用"深圳速度"走过华盛顿与纽约——在华盛顿世界银行总部与国际投资争端解决中心(ICSID)探讨投资仲裁方面的合作;在纽约联合国总部参加联合国国际贸易法委员会(UNCITRAL)举办的《纽约公约》60 周年纪念大会;在美国司法仲裁调解有限公司(JAMS)纽约办公室商谈中美企业纠纷解决合作机制;在纽约中国银行大厦进行中美国际仲裁对话,与当地 120 余名工商、法律界人士探讨"中国的国际仲裁是否公正"。整个行程,加上各种前期对接和后续总结,让我和雄风两个"90 后"几乎"电量耗尽"。但沈老师的乐观开朗和幽默,无形中感染着我们,使我们在眼皮打架的情况下,大脑依旧无时差高速运转。对待仲裁事业,他满怀热情,"我们就是要以国际最高水平对标自己,有不足就迎头赶上,要有制度自信,做出自己的特色","中国的仲裁要进一步的国际化,同时也要不断地向国际仲裁领域提供中国元素";对待生活,他也精气神十足,每天雷打不动早起散步的好习惯,在路边商店争分夺秒给儿媳妇买包包的兴奋劲儿,可乐三明治当午餐、三步并作两步奔忙于各个会场的马路疾走,与美国老友畅聊青年趣事、共同回忆20世纪80年代留美经历时的意气风发……沈老师传递给我们的不是生硬的知识,不是高深的哲学,而是一种笑看人生的豁达态度。

说起在华盛顿拜访ICSID秘书长Meg Kinnear女士,我与她的第一次见面是在2017年6月28日,"临时安排"在香港凯悦酒店早餐餐厅。为什么说是"临时安排"呢？她本是因其他工作经香港短暂停留,拟赴深圳出席仲裁院于6月29日主办的以"一带一路:中国企业与投资仲裁"为主题的第七届中国华南企业法律论坛。她的助理不了解深港之间只有一河之隔,所以特预订了28日从香港中转台湾再到深圳的曲折行程(Meg知晓后对助理完全没有一丝责怪,一边向我们解释她们要加强地理知识学习,一边把这个小插曲当作奇特经历自嘲式地与人分享)。通过邮件往来看到Meg的行程后,我又惊讶又想笑,立即告诉她的助理取消机票,并提出我们开车去香港接她来深圳,让她感受一下特区联通港澳的便利,这才有了6月28日在香港凯悦酒店早餐餐厅的会面。我们之间的交谈十分顺利,院长向Meg介绍了深国仲根据《关于适用〈联合国国际贸易法委员会仲裁规则〉的程序指引》受理投资仲裁的规则创新,Meg随即表现出浓厚兴趣并开始探讨双方在投资仲裁及庭审设施互用方面的合作可能。这次早餐会谈的成果,也在2018年6月我们拜访国际投资争端解决中心华盛顿总部,在国际投资争端解决中心所有同事见证下签署的合作协议中得到集中体现。值得一提的是,2017年6月Meg的深圳之行除与仲裁院的顺畅沟通及活动的顺利举办外,也不是"一帆风顺"的。仲裁院安排Meg参观中国平安保险(集团)股份有限公司时,友好寒暄后的面对面座谈则显得"火药味"十足。作为中国内地第一个状告东道国政府的企业,平安集团在ICSID诉比利时政府的投资仲裁案件止步于管辖权异议,这对平安集团来说打击很大。在座谈中,平安集团首席律师姚军先生对案件进行了回顾,并直言不讳表达了不满。这次的座谈更像是国际最权威的国际投资仲裁机构对中国第一个用户的"回访"。Meg的智慧在于,她在虚心听取用户意见、努力安抚用户情绪的同时,还科普了ICSID裁决后具体的救济措施。

在工作中,遇到的像沈老师和 Meg 一样有趣的人还有很多,比如尤其关心并提携年轻同事的联合国国际贸易法委员会秘书长 Anna Joubin-Bret;作为理事,对深国仲的各项工作无比上心、对仲裁规则逐字审阅修改,同时还有着在酒店咖啡厅"独饮扎啤"生活情调的德国长者 Peter Malanczuk;常年当空中飞人,一边扛起国际商会(ICC)仲裁院在中国的工作的大梁,一边还收养了近 30 只流浪猫、努力推动保护动物立法的国际商会仲裁与 ADR 北亚地区主任范铭超;法律职业素养和文艺天赋都极高、在工作和生活中都谦逊有礼、为了家庭离开热爱的中国回到澳大利亚、投身中澳合作事业、兼任养蜂者和超级奶爸的美国司法仲裁调解有限公司前中国首席代表 Andrew Lee;处理起巨额大案沉稳专业气场全开,在成功发表第一次英文演讲后又高兴得手舞足蹈像个大男孩的朱茂元老师;十年前便认为中国将成为全球经济重心、看好深圳这座年轻活力城市并想成为其中一员,果断结束了在美国国务院法律顾问办公室的工作,转而来到北京大学国际法学院任教,为仲裁院的投资仲裁工作提供宝贵智慧的 Mark Feldman;具有超强大脑"光速"搜索能力,愿意无条件为国际仲裁后辈们提供一切指点的英国伯明翰大学高级讲师、兼职律师 David Holloway;曾带领我踏进国际仲裁大门、给予我参与国际仲裁庭审机会,在上海出席中非联合仲裁论坛偶遇重逢时又感慨万分、给予我无限鼓励的新加坡资深大律师 Leng Sun Chan……浮现脑海的名字和身影好多好多,他们都是如此特别和鲜活的人儿,是我工作中的榜样,也是我生活中的养分。

有时会想,我们为什么可以获得这么多的国际关注,吸引这么多优秀的合作伙伴?与其说是因为深圳的包容开放和特区仲裁的机制规则创新引起大家的共鸣,不如说是因为"华南一帜,公明廉威"的精神品格引发了共情。各种美妙的相遇有共同探索、共谋发展的兴奋,更有高山流水遇知音的喜悦。

所有过往,皆为序章

回首过往,六年前在南洋种下的国际仲裁职业理想在这里生长,有幸见证并参与了仲裁院国际合作的版图从亚洲、欧洲、非洲拓展至北美,仲裁规则从 2012 年至 2016 年、2019 年的迭代更新,并在具体的案件管理工作中切身体会仲裁院的制度创新、规则创新为境内外当事人更好地解决争议所带来的改变,更亲历了机构合并后仲裁院人、财、物以及规则制度融合下的挑战与腾飞发展。巧合的是,滋养着特区仲裁不断发展的深圳,这座东方创新之城,近年来迎来了粤港澳大湾区建设、中国特色社会主义先行示范区建设等重大利好。

"大鹏一日同风起,扶摇直上九万里。"鹏城深圳必将以开放与创新为双翼,激荡时代的新风在寥廓长天自由翱翔。展望未来,在特区这片创新、创业的沃土上,在立法保障之以国际化理事会为核心的法人治理模式下,仲裁院将继续引领国际商事仲裁的发展前沿,助力大鹏稳健飞翔,载着一座城市、一个时代乃至一个国家的发展之梦,飞向无垠的远方。身处其中的我们,青年一代的仲裁人,更应孜孜以求,不辱使命,以"绝云霓、负苍天"的高度与格局,以"独与天地精神往来"的胸怀与勇气,遨游在中国仲裁事业光明未来的浩浩天途上。

春风细雨化干戈,四海之内执玉帛

陈家鸣*

如果不是亲历多场中国进出口商品交易会(以下简称"广交会")现场调解,我可能无法如此真实地体会调解的魅力和"调解+仲裁"创新机制的活力。

初试调解:纠纷解决的进与退

2017年4月15日,第121届广交会在广州开幕。根据商务部《中国进出口商品交易会贸易纠纷防范与解决办法》的规定,华南国际经济贸易仲裁委员会是广交会唯一指定的处理广交会贸易纠纷投诉的仲裁机构,为境内外参展商、采购商提供调解和仲裁服务。刚结束在深圳市中级人民法院执行局的借调工作回到仲裁工作岗位的我,第一次有机会亲历广交会知识产权和贸易纠纷投诉接待站的纠纷调解,心中充满期待。

广交会作为吸引全球眼球的中国会展名片,其作用在于为世界各地客商搭建桥梁,促成海内外交易。2019年广交会全年成交总额已达到590亿美元,在这样大量交易的背景下难免会发生纠纷。而境内外客商在广交会洽谈、采购的时间往往非常宝贵,难以承担巨大的时间成本,因此在发生纠纷之后很难寻求法院等途径维护权益。为满足国际贸易纠纷解决的需求,维护广交会正常的交易秩序,广交会知识产权和贸易纠纷投诉接待站承担起为海内外客商维权的服务。

---

* 深圳国际仲裁院国际合作与发展处(自贸区仲裁处)副法律顾问。

开幕后不久,我在投诉接待站迎来了第一个调解案件,来自印度的境外采购商投诉中国一家制造风扇的企业,理由是后者发出的风扇有质量问题产品无法正常使用,因而提出赔偿损失的诉求。中方企业则反驳称采购商的不正当使用导致产品发生问题,其不应该承担相应责任。双方各执一词,调解一度陷入僵局。与诉讼不同的是,调解在当事人的同意之下,调解员的人数可以是一人、两人或者多人。参与本案调解的调解员除我之外还有一名调解员,一开始采用的是促进式调解方法,在一方当事人较为强势的情况下,收效甚微。但在数轮背靠背调解之后,经过一天半的时间,双方当事人最后还是达成和解。

虽然最后促使双方达成和解,但最后以发货代替赔偿的结果在我看来并不是特别让人满意。这一次的调解经历给我留下很多思考的空间,在我心中播下了满是疑惑的种子。调解的全貌是什么?怎样发挥调解的优势和技巧?什么样的纠纷解决方式才与广交会交易习惯相符、才能受到当事人的欢迎?当时我并没有找到答案。

看山不是山:调解是经验的累积

在时隔三届之后,我又有机会参与广交会的贸易纠纷调解工作。与此前不同,这次工作对我提出了更全面的要求,除了需要作为调解员处理纠纷之外,还需要负责投诉案件数量的统计、整理,调解助理、专家进驻投诉接待站的协调、安排,以及华南国仲广交会展位的宣传推广工作。这让我对广交会的"调解+仲裁"解决机制的活力有了更深的理解。

广交会贸易纠纷的调解,是遵循国际贸易交易规定及惯例的专业调解。广交会专业的贸易纠纷调解服务,仅受理大会客商因广交会交易产生的相关贸易纠纷,且仅在双方当事人均在场的情况下开展现场调解。[①] 投诉纠纷的类型,与广交会交易的类型化特点密切相连。因此,广交会的争议解决机制也应符合其特点,形成与交易模式协同、灵活变通的

[①] 这里指的是广交会知识产权和贸易纠纷投诉接待站线下受理的纠纷,通过线上方式解决广交会贸易纠纷的案件不在此列。

和解方案。

机械呆板的解决方案是难以满足当事人需求的,也难以取得良好的争议解决效果。无可厚非,赔偿损失是最直接、行之有效的和解方案之一,在广交会的调解方案中占据一定比例。同时,在现场还常常能看到直接"数钱"履行和解协议,即在投诉接待站各方见证之下,把一定金额的美元或人民币现金直接交付给对方。这是当事人对广交会纠纷解决平台的托付和信任。

然而,不能说赔偿损失是促成和解的唯一方案。如果仅仅着眼于从赔偿数额上思考调解方案,往往不能取得良好效果,调解甚至会一度陷入新的僵局。怎样打开视野?调解方案的提出既需要丰富的经验,也需要有全局观念、跳出思维定势的思考意识。渐渐地,我感受到调解是文化、心理、法律、语言、技巧的融合,是一门艺术和创造。

把蛋糕做大、聚焦未来合作利益,是既有实际意义且立竿见影的解决思路。在该届广交会上,在一起国内参展商和阿富汗采购商关于冷风机的合同履行纠纷中,我通过从核定损失、货物转售、市场前景等方面入手,探寻当事人双方的利益点,把立场转化为利益,借助和解的形式,促成双方签订了为期3年近80万美元的合作协议。①

此外,类似的提供折扣或者VIP服务等调解方案都能促使双方朝积极方向靠拢。创造性地提供调解方案,固然可以为调解的顺利进行提供解决思路,但如果调解方案不是建立在对双方当事人履约行为和合同背景的了解上,就可能会与调解节奏脱钩,与当事人的根本利益背离。

对投诉争议焦点和事实查清的有效掌握,能引导双方当事人从诉诸"情绪"到关注"利益",为高效、积极解决矛盾创造基础。在一次美国采购商与国内参展企业的纠纷调解中,双方当事人已私下洽谈初步的和解方案,但由于赔偿金额不符合双方预期,谈判再度陷入僵局,最后也是找到投诉接待站协助解决。通过仔细核对双方提交的往来邮件,我发现交易过程及履约行为与一方陈述并非完全相符。为了避免各方再次陷入纠

---

① 参见《化干戈为玉帛 放下争议再度合作》,载http://www.cantonfair.org.cn/html/cantonfair/cn/info/2019-05/49306.shtml,访问日期:2019年5月2日。

葛，我结合"背靠背"的调解方式，促成双方达成了新的和解方案。① 在最后以合照形式为调解画上句号的时刻，当事人脸上洋溢的笑容以及真诚地握手、致谢的画面，与调解开始时双方针锋相对、咄咄逼人的场景形成强烈反差。

愈发感受到，调解的争端解决方式与广交会的宗旨是一脉相承的，通过投诉接待站的纠纷调解，再次使海内外客商建立合作伙伴关系，这也再次诠释了广交会的重要作用——"友谊的纽带，贸易的桥梁"。

百转千回：广交会云上调解第一案

由于2020年的疫情，第127届广交会于2020年6月15日在"云端"开幕。为保障广交会云交易平稳进行，华南国仲在双方十几年合作的基础上，迅速推出贸易纠纷远程调解服务，创设展会争议云解决方案。这是在特殊时期的创新举措，是华南国仲与广交会的智慧结晶，将争议解决服务从线下搬到线上。

幸运的是，我有机会被指定为国际贸易纠纷调解专家，处理了广交会云上调解平台受理的第一宗跨境贸易纠纷案。该案当事人为中国某企业和巴基斯坦一客商，因为对产品质量、托收付款等问题产生争议。在经智能身份核对、基本投诉材料审核之后，华南国仲让各方当事人"走进"云端调解室，"坐下来"调解。

与现场调解不同，各方使用的设备会对远程调解效果产生影响。其一，一屏之隔，使各方产生距离感，调解员较难获取当事人信任。其二，微表情难以捕捉，调解员不好观察当事人的表情变化。其三，当事人可能会采取挂线等直接宣泄情绪的方式，增添调解困难，使调解坠入冰点。

一开始，本案远程调解并不顺利。一方当事人比原定晚了近一个小时才上线，这把原来就紧张的关系，推到更为剑拔弩张的境地。作为"消防员"，我极力引导双方将注意力放在解决问题上，稳定情绪，缓解紧张气

---

① 参见《纠纷处理机制筑牢贸易安全防火墙》，载 http://www.cantonfair.org.cn/html/cantonfair/cn/info/2019-11/51409.shtml，访问日期：2019年11月4日。

氛,让大家心平气和"讲故事"。

几经耐心引导,双方的"历史恩怨"渐渐浮出水面。经了解,中巴双方做焊材、焊料贸易,几年来合作多次,交易金额达到数十万美元。巴基斯坦客商每次交易后都有余款,一直放在中国某企业账户。日积月累为之后的纠纷埋下隐患。现因巴基斯坦客商找到了新的供应商合作,希望中国某企业能够把之前所有余款一次性退回,但中国某企业不同意。

在退与不退之间,中国某企业坚持只能以货抵款,余款无法退回,巴基斯坦客商则不同意发货,坚持要退回所有余款。怎样让双方和解?我屡屡提出和解方案,探寻真意,同时抓住双方对案件事实的共识,逐一引导,或给予评估式意见,或提出新的利益点。最后,经过数个回合的"背对背"调解,案件出现转机,中国某企业同意考虑退款方案,并告知第二天给予答复。

第二天一早,中国某企业答复同意退款,但对退款金额持有不同意见。方向确定之后,调解驶入快车道。我果断顺水推舟,结合调解技巧,帮助双方放下成见,最终达成一致。

本案从情绪对抗、方案对立,到接受调解、同意调整,最后双方成功远程签字。整个过程虽不见硝烟,但利益纠葛清晰可见。"代表客户感谢您所做的努力,致以崇高的敬意。"在看到当事人的反馈后,我深感,虽然困难,但非"不能",百转千回,终有所值。

"先行经验":从商品输出到规则输出

自 2007 年第 102 届起,华南国仲与广交会共同创新设立以调解为前置方式、以仲裁为支撑的"展会调解+仲裁"的争议解决机制,为广交会采购商和参展商解决纠纷。争议解决涉及前端预防、中端处理、后端执行。为解决和解协议的强制执行问题,如果广交会一方当事人担心对方不履行协议,可向华南国仲申请快速程序,要求依据和解协议的内容依法作出裁决。这样,广交会投诉接待站形成的处理结果,通过借助仲裁裁决的法律效力,根据《承认及执行外国仲裁裁决公约》(即《纽约公约》)可以延伸到全球 163 个国家和地区申请强制执行,进一步保证了贸易纠纷解决的高效、便捷。①

经过 13 年的实践,华南国仲在国际贸易纠纷解决中已经形成行之有效的"先行经验"。华南国仲在广交会上处理了上千宗投诉案件。2017 年至 2019 年展会期间(广交会每年两届,每届三期共 15 天),共受理国际贸易纠纷 268 宗,涉及标的额约人民币 9 166 万元。目前,投诉案件的调解当事人已涉及 119 个国家(地区)。

正如华南国仲院长刘晓春博士所言,"毫无疑问,中国已经是国际贸易大国。从国际贸易大国向国际贸易强国转变的一个重要标准,就是我们能否从'输出商品'向'输出规则'转变,人家是不是认同并使用你的规则"②。"调解+仲裁"纠纷解决机制把选择权交给海内外当事人,由当事人确定调解的方向和结果,而当事人相信、选择了这样的纠纷解决规则和机制。而业已成熟运行的广交会贸易纠纷调解机制,更是在提醒"后浪"要继续保持创立初心,勇立潮头。

华南国仲在国际贸易纠纷处理中所累积的专业经验和品牌价值,是无形资产,为未来创新发展提供优势动力。广交会"调解+仲裁"机制的运用,是深圳特区经验在国际平台上的成功实践,是中国规则输出世界的重要例证。伴随全球经济活动的不断增强,"先行经验"定将不断丰富其内涵及外延,助力更多企业走出国门,不断创新区域合作。

---

① 截至 2020 年 3 月 31 日,《纽约公约》成员国已达到 163 个,参见 http://www.newyorkconvention.org/countries。
② 《深圳国际仲裁院刘晓春院长专访:建设国际仲裁的中国高地》,载 https://www.sohu.com/a/212638827_646904 ,访问日期:2020 年 5 月 2 日。

另一种担当

刘程[*]

当我开启职业之旅,就在期待自己将谱写什么样的人生篇章。我知道,在共铸中国梦的新时代,做与时代同行的勇敢奋斗者,就一定能收获激动人心的职业成就。生机勃勃的特区深圳吸引着我。于是,研究生毕业后,我就踏上了这片开放的热土。

初识:第一家专业处理医疗争议的仲裁机构

2015年8月,我考入深圳仲裁委员会。职场新人,对工作既陌生又期待,每天都感到新鲜和好奇。工作初期,每天忙于整理案卷、辅助开庭等业务学习,不知道要被分配到哪个岗位、做哪一方面的工作。9月的某一天,正在十四楼整理案卷的我,被告知去一楼找"大哥"。"大哥"问我,你害怕看尸检照片吗?我回答说,曾在检察院实习,看过很多尸检照片。就这样,办公地点从中民时代广场十四层搬到了一层,我跟着大家口中的"大哥",即现任深圳国际仲裁院监督处(机关党委办公室、医疗争议仲裁中心)邹长林处长做了近五年的医疗仲裁工作。

在中国,大家对医疗仲裁不太了解。刚入门的我,只知道深圳医患纠纷仲裁院成立于2010年(2017年12月,深圳国际仲裁院与深圳仲裁委员会合并,深圳医患纠纷仲裁院更名为深圳国际仲裁院医疗争议仲裁中心),是深圳市为妥善解决医疗争议、缓解社会医患矛盾设立的专业仲裁

---

[*] 深圳国际仲裁院医疗争议仲裁中心副法律顾问。

机构。2015年11月在深圳举办的中韩医患纠纷仲裁研讨会,让我了解到,深圳医患纠纷仲裁院,不仅是国内第一家,更是国际上第一家专业处理医疗争议的仲裁机构,开创了我国用仲裁方式解决医疗争议的先河。通过仲裁解决医疗争议,不仅是法律专业的工作,更能直接化解社会矛盾。我隐约感觉到,这份意义非常的工作,将镌刻我的青春风采。

了解:医疗仲裁的独特魅力

医疗争议具有特殊性,体现在我每天执行的具体工作中。商事仲裁纠纷涉及的是经济利益,当事人往往具备一定的基础知识或有能力聘请律师,仲裁程序较好推进。而医疗争议仲裁,纠纷涉及的是患者的生命健康,牵涉到患者和家属的情感,且当事人一般不具备相关能力,在仲裁程序推进过程中常遇到匪夷所思的难题。这对工作经验不足的我,是个考验。

有个申请人是一位八十多岁的老奶奶,因眼科纠纷来申请仲裁,由于家庭关系不和睦,一直是独自来处理仲裁事宜。加上双方当事人配合度极差,仲裁过程中申请人几乎每天来仲裁中心诉说苦楚,而被申请人却对申请人的所有质疑均不回应。在院领导的高度重视和指导下,仲裁员专家配合我们秘书人员与当事人多次协调沟通,寻求法律程序内的妥善解决方案,最终仲裁庭自行对本案的医疗过错参与度进行判定,并据此裁决,且结案效果极好。

有一位申请人有智力障碍,父母离异,法定监护人为申请人的母亲,因骨科手术产生纠纷。仲裁前曾多次至被申请人处企图跳楼自杀,仲裁过程中,经过仲裁庭细致专业的调解,最终双方达成和解协议。在这些案件处理过程中,我见证了医疗仲裁的专家断案优势,也体会到耐心、细心、专心对做好医疗争议仲裁工作的重要性。

在处理了数百宗医疗仲裁案件后,我对医疗仲裁的意义也有了一定的思考。

第一,是它的制度优势。相较于法院,对当事人来说,由于特区医疗仲裁机制的特殊安排,成本更低。在时间成本方面,医疗案件的仲裁庭一般由两位医学专家和一位法学专家组成复合式的专家仲裁庭,可对案件直接进行医疗损害责任判定,不需完全依赖鉴定机构,而且一裁终局,大大缩短了审限。经济成本方面,医疗仲裁案件每宗只收取100元仲裁费,对于当事人来说经济负担不大,但体现了政府对民生事业的支持,以及深圳国际仲裁院探索医患纠纷解决机制的公益目的。仲裁的不公开审理原则,也较好地保护了当事人的隐私。相较于行政或民间的调解,仲裁的裁决结果具有法律强制执行力,更能对当事人的权益进行保护。

第二,是它的社会作用。深圳市政府成立医疗争议仲裁中心的初衷,是为了解决当时尖锐的医患矛盾。医疗争议仲裁中心随着办案经验的积累和影响力的扩大,不仅能较好地处理已发生的医疗争议案件,做到案结事了,而且能通过经验分享,将潜在的医疗争议消灭在萌芽状态。比如,部分医疗专业仲裁员是三甲医院的科室领导,他们在参加仲裁工作的同时,针对医患矛盾中医疗机构的不足之处进行反思评判,组织医院科室学习总结,查找自身工作中的不足,努力避免产生医疗纠纷,增强了处理医患矛盾的能力和经验。部分法律专业仲裁员是医院法律顾问或相关行政机构工作人员,他们从法律角度对案件进行经验总结,促使医疗机构的医疗行为更加规范,避免医疗争议的产生。

第三,是它的人文价值。医疗仲裁是有温度的法律活动。参加工作后,经历的两版医疗仲裁规则均专门规定调解,在仲裁庭具有法律权威性的基础上,由医学专家从医学专业角度参与调解不仅成功率高,而且还有利于打开当事人的心结,帮助当事人开始新生活。例如,有一个案件,一位高龄产妇做了试管婴儿,足月待产产出死胎,在追究医院责任的同时也陷入了深深的自责,且认定自己无法再次怀孕,家庭几乎破裂。调解时,医学专家从专业角度分析原因,安抚她的情绪,并评价她的身体状况还可以再生育,让她重燃生活希望。又如,在审理一起患者因痔疮手术引起的伤口长时间不愈合案件时,仲裁庭经审理发现,患者是肝癌早期引起的"门静脉高压",导致肛门术后切口不愈合,告诉患者对肝脏要引起警惕,让患者提前发现了肝脏的疾病,尽早采取了治疗措施。

特区医疗仲裁的独特魅力不仅表现在它先天的特质上,还表现在它与时俱进的后天性格上。我参加工作时,医疗争议仲裁中心成立近五年,已形成了一套完整的办案管理体系,总结成经验并整理成案件汇编。但随着新型医疗争议的发生,如新生儿"不当出生"、电子病历的认定、美容整形效果认定等,医疗争议仲裁中心根据这些新情况,一直在更新完善,如启用2019年医疗争议仲裁规则,增聘不同医疗专业仲裁员,整理新的案例汇编,推广使用网上办案系统。

特区医疗仲裁的魅力,实质是政府一以贯之的"为人民、办实事"的鲜明品格。深圳国际仲裁院作为商事仲裁机构不仅努力解决传统的商事纠纷,还努力创新机制,应用其成熟的纠纷解决经验,引入特殊的专家队伍,以公益为目的化解医疗领域的社会矛盾,这也彰显了深圳国际仲裁院的另一种社会担当和仲裁人的职业价值,体现了特区仲裁的独特魅力。

感悟:关于仲裁和生活

五年的时间,让我对仲裁有了更深的理解,要把当事人摆在第一位,我们做的所有工作,都应围绕解决当事人纠纷这一核心。我们每天所处理的案件,站在办案人员的角度,不过是数百宗案件中普通的一件,但对于当事人而言,却是他人生中的重要事件。每宗医疗仲裁案件背后,都有着普通人生老病死的故事。所以,心里始终装着当事人,对做好工作、化解矛盾非常重要。

最让我感激的是深圳国际仲裁院从院领导到同事的关心、指导和帮助。我从一个初入职场的新兵,成长为能够应对复杂医疗争议案件的副法律顾问,没有领导的指导引航,没有仲裁员的支持和帮助,我不会有现在这样足够的信心。在仲裁院,遇到难题手足无措时,领导亲自指导、带头示范、指点迷津,仲裁员在专业上耐心帮助,让我这个年轻的仲裁工作者更有勇气和力量,同事间互帮、互学、互助的温暖氛围,让我在紧张工作之余,还收获了宝贵的工作情感和私人友谊。

五年来,医疗仲裁不仅是我的工作,而且对于我对生活的理解产生了深远的影响。在解决医疗仲裁案件的同时,也让我对生命价值、人性光辉、社会责任这些抽象的名词有了更加深入的体会。在翻看病历时、倾听患者或其亲属陈述治疗过程时,我会慨叹生命的脆弱与顽强,激发自己对生活的热爱,让自己面对困难时更加淡然。在妥善处理每一宗案件后,会感觉自己为社会、为他人做了一些有积极意义的事情。

深圳是一座创新的城市,深圳国际仲裁院医疗争议仲裁中心就是它的创新作品之一。深圳国际仲裁院以国际化视野和定位,在有效解决医疗争议的道路上持续探索、不断创新,助力特区构建共建、共治、共享的社会治理新格局。我何其幸运,在这条奋进的康庄大道上,留下了平凡的小小脚印。

展望:阳光大道上继续精彩

40年来,创新的特区土壤培育出许多奇迹。直到今天,这座城市仍涌动着开拓奋进的无限活力。深圳国际仲裁院作为医疗仲裁的拓荒者,它实现了这个领域的领跑。接下来,在创新中压实、拓宽医疗仲裁的阳光大道的故事,将继续精彩。作为身处时代洪流的仲裁人,我将努力谱写俯仰无悔的人生篇章。

我和特区国际仲裁的"那些小事"

刘欣琦*

深圳经济特区自1980年建立以来,如今已有40周年。伴随着经济特区的发展,特区仲裁的发展也自1983年深圳国际仲裁院的创设开始起步。1995年,随着《仲裁法》的施行,特区又成立了深圳仲裁委员会。2017年,为了更好地促进特区仲裁的发展,更好地服务于特区国际化营商环境的建设,特区两家仲裁机构开创了中国仲裁机构合并的先例。

2015年10月,我入职深圳仲裁委员会,因此在2017年年底有幸成为历史上首次仲裁机构合并的见证者。合并带来的变化将是明显的,比如管理体制、治理结构、仲裁规则、仲裁员名册等。因此,在我知道合并事宜之初,我对未来因为充满未知而心怀忐忑。随着合并的逐步推进,在和新同事认识、了解之后,发现虽然外在的事物、形式有了改变,但是因为大家都怀着一颗相同的初心,共同拥有对独立和公正的追求,有着更高和更远大的共同目标,我们可以迅速地融合在一起。

虽然从事仲裁工作只有短短的5年时间,但是我认识到建立独立、公正、创新的仲裁机构不是喊喊口号就能做到的,是需要从每一个案件出发,从每一件小事着手的。而在这条道路上,除了我们秉持着一个法律人应有的公正之心,更少不了仲裁前辈的言传身教。5年的工作时间虽不算长,却也有我想要分享的心得体会。借此机会分享我与特区国际仲裁之间的几件小事,以作纪念。

---

* 深圳国际仲裁院案件管理一处副法律顾问。

避免成为虚假仲裁当事人的"帮凶"

仲裁相较于诉讼的一大区别就是保密性,这是一把双刃剑。一方面有利于保护当事人的商业秘密和贸易活动,避免当事人因为商事争议的发生影响其应有的商业机会、市场信誉等;但另一方面也给了当事人一些可利用的空间。在最高人民法院《关于人民法院办理仲裁裁决执行案件若干问题的规定》出台之前,因虚假仲裁而受到权利损害的主体很难有救济途径。因此,仲裁机构必须守好第一道防线。但是对虚假仲裁的识别是需要丰富的社会经验、专业经验才能够做到的。

在我入职的第二年,我作为办案秘书办理了一宗法律服务合同纠纷。申请人是一家律师事务所,称代理了一宗土地司法拍卖的执行案件。双方约定土地拍卖金额超出司法拍卖起拍价的,律师费按照超过金额的30%计收,故申请人主张律师费及相应利息。起初,我将其作为一宗普通案件办理,而且在办理过程中看起来没有什么异样,被申请人无法通过已知地址送达,经过多次联系才来应诉,也提出了应当减免利息的抗辩意见,随后双方和解并且共同指定了独任仲裁员审理该案。然而,征询了两位仲裁员,在了解案情之后都拒绝了指定。当时负责分管案件管理的董连和副主任在了解本案仲裁员为何难以确定的时候,我汇报了案情,他迅速分析出本案有很大的虚假仲裁嫌疑,因为申请人的工作量与其主张的1 500万元人民币的律师费并不匹配,提示我在仲裁庭组成后务必提醒仲裁庭高度关注本案的交易真实性。仲裁庭组成后,仲裁庭向双方发出问题清单,要求双方解释并提供证据以证明申请人主张金额的合理性,起初双方答非所问地予以了回复。但是在仲裁庭的严肃追问下,双方当事人由于实在无法给出合理解释并提供相应的事实、法律依据,最终申请人主动撤回了仲裁申请。

该案让我对虚假仲裁有了具象的认识,为我敲响了时刻提防虚假仲裁案件的警钟。在后来的工作中,我又遇到过两宗存在虚假仲裁嫌疑的案件,因为有了这一次的经验,我能及时关注到案件的风险,在提醒仲裁庭后通过要求当事人提交基础交易的证据等方式,让有虚假仲裁意图的当事人意识到其目的已经被识破而主动撤回仲裁申请。

"低头拉车"和"抬头看路"

在机构合并之时,担任了两年办案秘书的我迎来了新的工作挑战。我的工作岗位调整到当时的国际合作处(自贸区仲裁处)。接到的第一个工作指令就是协助完成我院和联合国国际贸易法委员会联合举办的第八届中国华南企业法律论坛"《纽约公约》六十周年与'一带一路'"研讨会的筹备工作。这次活动云集了很多国际仲裁领域的知名人士,很多国际仲裁机构的代表应邀参加,共同纪念《纽约公约》这一国际仲裁中最为重要的国际公约签署六十周年。

活动结束后,我的工作依然围绕发展特区国际仲裁而展开。担任办案秘书时,主要时间都是在"低头拉车"、专注于案件程序管理,而在国际合作处工作,时不时"抬头看路"、观察和思考国际仲裁的发展。在工作中,我体会到,仲裁院作为中国改革开放和特区建设的产物,在近四十年的发展过程中,一直有开阔的国际视野,一直以国际先进标准来引领业务的创新发展。我想,建设国际仲裁的中国高地不仅是仲裁院的发展目标,也是特区的使命吧。

一年之后,我又返回到办案秘书工作岗位上。在经历了一年的国际合作与发展工作之后,我对仲裁工作又有了新的体会。尽管我国已经有数量众多的仲裁机构,很多机构每年也有数据庞大的受案量,然而仲裁在我国仍然是"小众"的,并没有被广泛了解和熟悉。很多当事人或者法律从业者,在参与仲裁程序的时候,常常只是按照民事诉讼的程序习惯参与仲裁。国际仲裁的许多习惯和惯例并没有真正为我国的仲裁参与者所知晓、熟悉及运用。仲裁院在制定仲裁规则的时候,如何兼顾国内和国际当事人对仲裁规则的期待,如何在发展自身的时候引领国内仲裁的国际化发展,也是需要我们思考的问题。

谦逊做人，认真做事

在仲裁院的工作中，不论岗位职责如何，我都有很多机会和仲裁员、仲裁前辈接触并向他们学习。在这一过程中，让我感触更多的是老师们的为人友善谦逊和对案件的认真负责。

刚刚入职的时候，每个仲裁员的职称头衔对我来说都是"金光闪闪"的，所以和老师们交流的时候总是小心翼翼的。但是慢慢地发现，不论老师们在其专业领域有多高的地位，对我都是十分友善和蔼的，而且友善的程度远远超过我的想象。当我提出非常基础的专业问题时，老师们也会耐心地给予指导和解答。

除此之外，我也体会到，尽管每一位老师本职工作都十分忙碌，但是老师们对待每一宗案件的态度都十分认真、负责而且专业。对于标的额小、案情简单的案件，老师们不会掉以轻心，一样会仔细查明和裁决；对于案情事实复杂、法律关系错综的案件，老师们总是能够抽丝剥茧地分析透彻，抓住案件的核心问题，给予充分的说理论述并作出公平合理的裁决。

所以，我把各位优秀的老师当作自己的榜样。专业水平的提高需要不断地积累和实践。但是为人谦逊、为他人着想和认真做事的态度我可以现在就开始努力去做到，而在实践之后也确实觉得有所收获。当我认真地办理案件并完成工作任务，同事、领导对我的认可和鼓励以及当事人收到裁决时的满意都转化为我继续努力的动力。当我耐心地解答当事人的问题，当我站在当事人的角度换位思考的时候，也总能得到当事人正面积极的反馈。

在深圳特区建设的 40 年历程中，在特区国际仲裁发展的 37 年历史中，我参与的这 5 年可谓微不足道，而我在其中作出的贡献更是微乎其微。但我想，深圳特区的发展和特区国际仲裁的发展正是在许许多多如我一样的特区人和仲裁人的努力下才取得了现有的成绩。在这个时间节点，能够回首自己的 5 年仲裁工作，记录下一个小人物细碎而记忆深刻的点滴，对我而言是荣幸而珍贵的。以此来鼓励自己继续在仲裁的道路上走下去，永不忘自己的仲裁初心，永不忘将独立、公正、创新作为我们的发展理念。

随着大海的方向

姚瑶[*]

2020年是深圳经济特区建立40周年,随着改革开放而成长起来的特区仲裁,也走过了风雨兼程的37周年。而我作为深圳国际仲裁院的一员,像一朵翻腾了7年的浪花,有幸成为特区仲裁建设中的参与者,在日夜奔流的大海中收获了很多熠熠生辉的珍贝。

故事一则

我刚参加工作的一两年,对仲裁工作,并没有很宏大的"事业感"。面对堆积如山的案卷和永远做不完的工作,最初的好奇与探索过后,竟渐渐觉得自己快要成了没有感情的办案工具。

有一天临近中午,来了一位收到仲裁通知后来现场咨询的当事人。她是一位上了年纪的阿姨,作为被申请人,态度倒是礼貌而冷静的,但是因为她对仲裁的陌生,我讲解的难度有点高,阿姨就像听不见我说话一样,在自己的世界里絮絮叨叨。我有点无奈,感觉除了耐心听她的"车轱辘话"似乎别无他法。

整整一个中午,我不知道跟她讲解了几次仲裁的整体程序以及积极应诉的概念,终于听到她说:"嗯,那我就听你的,回去准备准备材料。阿姨真的是第一次遇到这种事情,什么都不懂,谢谢你,小姑娘。"

多年后再听到院长反复强调的"当事人中心主义",总会想起那个中

---

[*] 深圳国际仲裁院案件管理一处副法律顾问。

午。在我还没有那么多办案经验和技巧,只是凭一股憨气直面当事人的时候,竟也收获了一位不懂法、不懂仲裁的普通老百姓的配合与感谢,这又何尝不是践行了"当事人中心主义"的宗旨。那点细微的成就感在岁月的洗练中变得熠熠生辉,承载着我的仲裁初心。

故事二则

作为办案秘书,我总有机会跟优秀的仲裁员老师合作,是历练,更是学习。而每每遇到业内大咖,我心里总会有点惶恐和担忧,不是担心对案件理解不透彻无法更好地帮助老师们合议,就是怕自己在跟老师们对接的过程中服务不到位影响仲裁院的声誉。而这种担忧在我第一次作为仲裁庭秘书为香港仲裁员梁爱诗老师服务的时候,达到了顶峰。

我犹记得自己在系统中看到仲裁庭成员中有梁老师时那种又惊又喜的心情。在院里举行的"《纽约公约》六十周年与'一带一路'"研讨会上,我第一次见到梁老师,当时就被她优雅平和的气质所吸引并记忆深刻。所以第一次给梁老师发电邮征询是否接案时,可谓是字斟句酌。没想到梁老师很快回复,不过半天就告诉我,利益冲突检索通过,可以接案。之后的沟通也非常顺畅,从确定开庭时间到当天的行程安排等事务性细节,梁老师也是非常及时地反馈。

这个案件不算复杂,庭后合议也很快有了初步意见,但因之后对当事人提交材料的处理等导致程序较为复杂而需要二次开庭。再次见到梁老师,感觉更加亲切。她随和而温柔,与她交谈让人如沐春风。除了案件,我们还聊了聊香港地区与内地当事人在应诉时一些有趣的程序性差异。

梁老师是我有幸合作的第一位香港仲裁员,给我留下了很深的印象,她所体现出来的专业和责任心,对仲裁员以及居中裁判者身份的理解,对当事人以及合议庭的尊重,对程序和细节问题的关注等,让我第一次切身体会到仲裁员来自不同法域的深远意义。

君子美美与共,君子和而不同。仲裁院的境外仲裁员占比达 41.3% 的背后,是开放的心态和国际化的站位。这种高度国际化的结构,可以打消境内外当事人选择深圳国际仲裁院时的种种顾虑。在处理涉外商事案件、解决境外当事人纠纷时,我们有实力提供更专业的服务,有底气接纳更多元的选择。

故事三则

深圳国际仲裁院自 2007 年 10 月起作为唯一的仲裁机构负责每届中国进出口商品交易会(以下简称"广交会")投诉接待站贸易纠纷投诉的调解仲裁工作,我报名参加了 2018 年的春季场,经历了一场让我身心疲惫的调解。

疲惫不是因为纠纷有多么复杂,听含混不清的英语有多么困难,而是因为当事人对我们的不信任。来调解工作站的外商,一开始态度比较友好,但听到我们为他讲解调解站的工作以及相关流程时,露出了不屑一顾的表情。后来中方的负责人到场,我们很快发现他们的纠纷除交易模式有些复杂,需要厘清个中关系外并无特别的地方,所以专家调解员很快就给出了建议方案,但外商却不断质疑我们的流程和必要性,对身份核验、协议签署、出示相关凭证等所有环节都不配合,他用各种比喻来解释他认为我们应该做什么,并质疑我们为什么做不到,关键是提了问题又不听我们解释。这时我们的专家调解员没有被他影响,用冷静克制的语调,放慢说话速度,跳出他的逻辑圈,有重点地强调他最终的诉求,直奔主题谈结果。效果非常明显,外商虽然一脸不情不愿,但至少开始配合。

最终历经近 4 个小时,各方接纳了专家调解员的建议并在现场直接履行,提议大家合影拍照的时候每个人都恢复了如常的笑脸,外商还开起了玩笑,变脸速度令人咂舌。

广交会调解工作进行了几天,只有这一个当事人让我印象深刻,我甚至一度怀疑与这种连基本信任都没有的当事人进行任何沟通都是没有意义的。但最终的结果,让我开始思考为什么专家调解员可以调解成功?

抓住核心需求,用结果引导谈话,不在言语上与对方辩论,而是绕过概念分歧直接解决问题。这大约是我在那次广交会上学到的最重要的一课。作为仲裁人员,往往很在意当事人对我们的评价和正确的认识,想通过"正概念"带着他们走到我们的理解平台上，但对于完全听不进去或充满怀疑的当事人，我们的目的仍然是更好地推动案件获得最终解决，帮当事人处理实际问题，其实这也正是通过实际行动来建立信任的桥梁。

故事四则

在仲裁院工作的几年，每每想起曾亲耳聆听费宗祎先生分享自己商事仲裁和审判经验及感悟，都心有戚戚焉。年逾九十的费老精神矍铄，满头银发，作为新中国经济立法、商事审判和商事仲裁发展全过程的亲历者和推动者，其对仲裁事业的热爱和深刻的理解，都令人动容。

费老一直强调仲裁工作者要有高尚的道德品格、独立的人格精神，要敢于抵抗外力的干预，"养吾浩然之气"。费老自己也正是在法律实践中秉持着这种理念与追求，传承优秀的法律文化，成为后辈的榜样。

而费老对仲裁与调解关系的阐述，更是让我对调解有了全新的认识和理解，犹记得先生说，"调解和仲裁是可以变更、转换、融合的，调解是东西方文化融合的结果。这确实代表了中国仲裁文化的方向，是受到了中国传统文化的影响。我希望大家通过实践，通过跟西方传统文化比较，进一步把我们中国式的仲裁和调解相结合的制度继续发展下去，在国际仲裁事业发展当中发挥更大的作用"。原来调解和仲裁并不是彼此割裂而僵化的，不同的思考深度和视角，让我有种恍然大悟之感。

而最令人难以忘记的，是大家合影留念时，费老偕夫人站在中间，然后他转过头特意向站在后排的我们介绍说，这是我们家最了不起的人。那样子仿佛仍是彼时的少年，真诚而得意，让人一下子明白什么叫"执子之手，与子偕老"。

老一辈仲裁人的风骨和气度令人向往，有幸睹之而令吾辈思而难忘；当代仲裁人秉承这腔热血，面对着不断变化的时代，充满激情地奔涌向前。我被时代裹挟着，但似乎也渐渐有了微薄的力量，让这汪洋的海更澎湃，大约这就是"事业"，是我七年仲裁工作最大的收获吧！

仲裁初印象：从狮城到鹏城

李雄风[*]

2017年是中国国际仲裁的重大变革之年，也是我个人职业生涯的转折之年。当年7月，我离开学习、工作了多年的新加坡，回到祖国改革开放的前沿——深圳，从一名从事船舶融资的执业律师转变为商事仲裁案件的法律顾问（仲裁秘书）。从狮城到鹏城，其国际仲裁给我的第一印象大不相同。新加坡国际仲裁中心（英文简称"SIAC"）位于麦士威议事厅（Maxwell Chambers），是一幢带有殖民地风情的南洋骑楼式建筑，从律师事务所下楼步行三分钟即可到达。麦士威议事厅一楼沿街方向是各种食肆，午间异常喧闹。在紧邻的前交通警察总部大楼的衬托下，麦士威议事厅显得不那么起眼，新加坡国际仲裁中心有种隐于闹市的感觉。[①] 而我初到深圳国际仲裁院（英文简称"SCIA"，以下简称"深国仲"）面试，经过高楼鳞次栉比的中心金融区到达深圳证券交易所的空旷广场时，周遭的大楼似乎被深交所一把推开，远远观望，深圳国际仲裁院给我一种虽处中国资本市场的中心，但超然独立的印象。

2017年年底，我入职5个月后，深圳传出中国首例仲裁机构合并的重磅消息：华南国际经济贸易仲裁委员会（深圳国际仲裁院）与深圳仲裁委员会合并。整合后的深圳国际仲裁院按深圳市人民政府2012年通过

---

[*] 深圳国际仲裁院理事会秘书。
[①] 2019年，前交通警察总部大楼更名为麦士威议事厅组楼（Maxwell Chambers Suites），成为扩大后的麦士威议事厅的一部分，容纳新加坡国际仲裁中心、新加坡律师公会、境外仲裁机构驻新加坡办事处等机构，成为新加坡的争议解决枢纽大楼。当年8月5日（星期一）上午，我随SCIA代表团到访刚入驻新办公室的新加坡律师公会，是其来访的第一批客人。

的法定机构立法《深圳国际仲裁院管理规定(试行)》(2019年修订为《深圳国际仲裁院管理规定》)进行管理,继续实行以理事会为核心的法人治理机制。继杨涛、漆染、陈睿三位前辈之后,我本人有幸担任深圳国际仲裁院第四任理事会秘书,也是整合后的深圳国际仲裁院首任理事会秘书,在日常履职中亲身经历了理事会如何领导整合后的深圳国际仲裁院进一步对仲裁制度和规则进行改革和创新,在随团出访时亲眼目睹、切身感受了特区仲裁在国际上的号召力和影响力,对特区仲裁的印象也逐渐深化。如果用最简洁的词语描述我对特区仲裁的印象,我认为"专业""朝气"与"担当"最能总结我这三年的体会。

专业:较真的理事会

深国仲理事会在某种程度上类似于上市公司的董事会。按照《深圳国际仲裁院管理规定》的规定,深国仲实行决策、执行、监督有效制衡的治理机制,理事会负责决策和监督环节,仲裁院年度工作报告、财务预决算、规则制定、仲裁员名册制定等重大事项均属理事会的职责范畴。在2017年年底整合之前,深国仲理事会制度实际已按照2012年颁布的《深圳国际仲裁院管理规定(试行)》有序运作了五年多,理事会已经建立起一套涵盖议事流程等各个方面的非常有体系的制度。与上市公司的董事会相比,深国仲理事会有两点不同:一是深国仲理事会成员中只有一名内部成员,即执行机构的领导人——院长,也是法定代表人和副理事长;二是深国仲理事会成员按照立法要求,来自包括香港、澳门特区等地的境外人士不少于1/3,而在我担任秘书的第二届理事会成员中,深圳市人民政府聘请的13名理事会成员中有7位来自境外。理事会成员既有在学术界德高望重的沈四宝理事长,香港大律师翘楚梁定邦副理事长,商会贤达郭小慧理事,专家学者黄亚英理事,特区法制部门的代表胡建农、蒋溪林理事,又有香港特别行政区政府首任和前任两位律政司司长梁爱诗、袁国强理事,香港律师会前会长王桂壎理事,国际公法权威马培德(Peter

Malanczuk)理事,中联办法律部负责人刘春华理事和国际组织的代表赵宏[①]理事。还有因工作调动在届中辞任的知名学者王振民理事、联合国区域组织领导人李伯乐(João Ribeiro)理事、特区仲裁拓荒牛郭晓文[②]理事。在我从新加坡回国入职深国仲之前,第一届理事会成员曾有冯巍、刘新魁、王璞、郑宏杰、黄国新、何蓉(Sally Harpole)等境内外著名专家。理事会会议用中英双语召开,不论是理事长还是理事,都是一人一票。一般事项要求 2/3 以上理事的出席票决,修订章程等重大事项要求 3/4 以上的全体票决。理事会形成的决议即为有效的法律文件,执行层必须切实执行,并适时向理事会反馈。理事会每次的会议决议绝不是走过场形成的一份冷冰冰的文件,每一次表决背后都蕴含着理事们专业、认真的态度,有时候甚至会出现理事为某个议题争得面红耳赤的情形,但理事会最后总能以非常智慧的方式解决。

2018 年 11 月 15 日,第二届理事会第七次会议审议 2019 年《深圳国际仲裁院仲裁规则》,围绕草案第六十八条"复裁程序"(Appellate Arbitration Procedure),形成了两种观点。一种观点认为,一裁终局是中国《仲裁法》既定的制度,深国仲作为中国的仲裁机构,在其规则里推出复裁程序,虽然回应了部分当事人寻求实体正义的迫切需求,但是忽视了国内的实际情况。另一种观点认为,深国仲仲裁规则的"复裁程序"有明确限定,即仅在"仲裁地法律不禁止的前提下",当事人才可以按其约定申请复裁,而在当事人约定在国内仲裁时,当然不会适用复裁程序,所以规则中的"复裁程序"并不与中国《仲裁法》冲突,反而赋予当事人更多的选择,充分体现了当事人意思自治。经过热烈讨论,第二种观点逐渐占据上风。按照理事会的议事程序,即使可能会出现反对票,但现场表决计多数,第六十八条"复裁程序"有望原封不动地过会。在最后投票表决之前,德国理事 Peter Malanczuk 教授为争取绝大多数的共识,提出在第六十八条的"复裁程序(Appellate Arbitration Procedure)"之前加上"Optional",改为"选择性复裁程序(Optional Appellate Arbitration

---

① 赵宏理事为 WTO 上诉机构主席。
② 郭晓文理事为第一届理事会理事长。

Procedure)"，原来内容繁杂的第六十八条分列为十项，形成单列的《深圳国际仲裁院选择性复裁程序指引》。这一提议立即得到所有与会理事的认可，一致同意了这一方案，选择性复裁制度于是有了如今的体例。2018年年底，理事会指示我撰写英文通讯，向国际仲裁界的知名专业刊物《环球仲裁评论》(Global Arbitration Review)通报深国仲的这一规则创新，对方非常重视，2019年年初，深国仲在规则中引入选择性复裁制度即被《环球仲裁评论》列为年度创新奖提名。

第二届理事会自2017年6月29日起至今已举行过13次会议，回想起来，执行机构提请审议的各种方案都要经过理事会会议多角度的"拷问"，我和列席的同事被理事就会议材料中的细节被问得诚惶诚恐、面红耳赤是常有之事，但我们从不气馁，反而以更一丝不苟的态度准备会议，力求尽善尽美、精益求精，我想这是我们常受各位理事的专业精神和严谨作风感染之故。

朝气：疾步曼哈顿街头的三代仲裁人

专业、严谨是我日常接触的理事们的一个侧面，而朝气却是我机缘巧合发现的另一个侧面。2018年6月下旬，理事长沈四宝教授和院长刘晓春博士率团应邀访美，我们"40后""60后""90后"三代仲裁人组成的"四人团"，三天时间里，疾步行走在华盛顿和曼哈顿街头，穿梭于大小会议之间，虽然没有机会在景点地标打卡，但也留下了和年逾古稀却健步如飞的理事长并肩战斗在美国的难忘回忆。

当时，深国仲受联合国国际贸易法委员会秘书长的邀请，赴美参加于6月28日在联合国总部举行的《承认及执行外国仲裁裁决公约》(即《纽约公约》)60周年庆祝大会。为充分利用这次访美机会，我们在28日前后安排了拜访在美国的主要仲裁机构和律师事务所，并计划于27日在纽约曼哈顿举行一场以"中国国际仲裁是否公正"为主题的研讨会暨美国仲裁员培训会。我们的访美行程包括路上的时间一共只有5天，实际上在美国只有3天的时间，来不及倒时差就已经要回国了。如此紧张的行程加上舟车劳顿，我和团里的"90"后同事凯馨出发前都担心沈理事长身体可能有点吃不消。

26日晚,我们从深圳出发,在广州乘机,星夜兼程,美国东部时间26日清晨5点到达纽约,在中转区域稍事休息,便马不停蹄飞往华盛顿出席当天下午和世界银行国际投资争端解决中心(ICSID)的合作签约仪式,辗转24小时之后我们到达华盛顿时已过中午。无暇坐下来吃午饭,匆匆换过行装,只能在酒店对面买Subway的冷餐三明治。国内的饮食文化讲究吃热食,尤其是初到异国,吃好第一顿饭对缓解劳顿非常重要,对上了年纪的长辈而言,一杯热水绝对强过冷餐果腹。但囿于紧凑的行程,我们只能安排两位领导吃美国快餐,还是冷的,作为具体安排行程的工作人员,说实话我内心非常忐忑。一路上我观察沈理事长和刘院长是否有倦怠的神情,却发现他们精神抖擞,一直都在聚精会神地商讨马上要举行的签约仪式的细节,怎么与国际投资争端解决中心秘书长梅格·金尼尔(Meg Kinnear)进一步探讨合作。到了下午近5点,活动结束之后我们风尘仆仆回到酒店,沈理事长站在大堂才说了一句:好像有点累了,我们今天都早点休息。回头看看我们两个"90后"年轻人,差点都要瘫坐在迎宾椅上了。

27日才是重头戏。天没亮我们就离开酒店从华盛顿出发飞往纽约,落地后直接去曼哈顿拜访美名知名的仲裁机构美国司法仲裁调解服务有限公司(JAMS),边座谈边吃午餐,一直洽谈到下午2点。结束后我们马上赶往位于第六大道的中国银行大厦,"中国国际仲裁是否公正"研讨会将在那里举行。根据出发前的报名情况,约有80人参加,据说在纽约工作日的下午,这已经算是一个不小的数字了。我们没有找专门外包的会务服务公司,会场有美国中国总商会(China General Chamber of Commerce-U.S.A.)和当地仲裁员老师的协助,但议程、嘉宾联系、来宾接待等事无巨细基本都由我们四人包揽,一人分饰多角。下午3点,活动正式开始前,整个会场包括外面的走廊、接待大堂已经被与会人士挤得水泄不通,后面了解到一共有121人参加了此次研讨会——比我们预计多了50%。美国中国总商会的当地同事说,他们好久没有在这个会场举办过这么热烈的研讨会了,没想到我们第一次在美国举办研讨会竟然有如此的号召力。外行看热闹,内行看门道,这次研讨会的主题直奔中美两国企业都关心的问题:"Is International Arbitration in China Impartial?"既然选定这个主题,我们当然有信心通过中美国际仲裁对话,提升中国仲裁的国际公信力。美国方面演讲嘉宾的名单透露着一丝中美国际仲裁"华山论剑"的味道:知名的仲裁机构美国司法仲裁调解服务有限公司(JAMS)、美国律师协会国际争议解决中心(AAA-ICDR)、纽约国际仲裁中心(NYIAC)和一些国际知名律师事务所派代表参加了小组讨论,伦敦国际仲裁院前院长威廉·帕克(William W. Park)教授也被我们的认真态度所打动(赴美之前我们已多次通过邮件和电话与帕克教授沟通研讨会的议程安排),精心准备了主题演讲。原定3个小时、到下午6点结束的研讨会整整持续了5个小时,到8点才结束。大家围着我们问了很多问题,对法定机构立法和仲裁规则创新尤其感兴趣,很多人说原来对中国仲裁不了解,没想到中国国际仲裁在南方的深圳经济特区能有这样的发展。直到曼哈顿华灯初上,大家才散去,时差带来的疲惫也被我们这种朝气和干劲一扫而光。

　　在曼哈顿的两天时间里,我快步穿梭于各个会议之间,无暇驻足欣赏街景。由于常常是只顾低头看路,丝毫都未曾察觉自己到了什么地方。犹记得在去拜访一家知名国际律师事务所的路上,我紧跟沈理事长和刘院长的脚步,走过一个熙熙攘攘的街口(曼哈顿好像到处如此,我已经"迅速"习以为常),听见刘院长在前面一边疾行一边头也不回地告诉我:"雄风,你刚刚经过的是百老汇大街。"我恍然大悟,回头再望过去,只能瞥见她的一角了。唯有一次下午参会的间隙,约摸一个小时,沈理事长提议抓紧时间带我们两个第一次到美国的年轻人在酒店周边逛逛,感受一下曼哈顿的市井气息。沈理事长20世纪80年代初赴美留学,就读的哥伦比亚大学就在曼哈顿,也在曼哈顿工作过,所以他对曼哈顿的街区如数家珍。我和凯馨跟理事长快步穿过两个街区,来到一家特别亲民的折扣集合店。理事长语重心长地说,也没时间带你们买纪念品了,干脆就在这儿买点实用的,这里我以前经常来,物美价廉,你们赶紧选。说完,便带我们挑起商品来,沈理事长一边为我们打量商品是否合适,一边帮我们比较价格是否合理。言之谆谆,就像一位长者带着刚到异乡的孙辈,生怕孩子上了当。这份温暖也是访美之行难忘的一个片段。

　　访美之行的辛劳是我出发前没有想到的,收获的见识和感动也出乎所想,最大的受益是经此一行,我对深国仲的传承有了更深刻的理解。在深国仲总部的历史长廊里有一组摄于1989年11月的照片,记录的是当时深国仲代表团访问美国法院、仲裁机构的情景,照片里几位特区仲裁前辈的年龄与我们这次出访团相仿,但展现的风貌都是朝气昂扬。31年过去了,不管出访的团员和对象如何变化,不变的是深国仲积极在世界各地奔走,勇敢发出中国国际仲裁声音的风发意气。

担当:做中国最干净的仲裁机构

2020年,深国仲执行管理层向理事会报告2019年的案件办理数量:2019年深国仲一共受理了7 815宗案件,涉案争议金额合计人民币792.23亿元,其中,涉外案件平均争议金额近6 000万元,数量为349宗,超过多数亚太地区国际仲裁机构2019年全年受案量。从业务规模上来看,1982年深国仲筹建之初,法学界前辈、北京大学芮沐教授对深国仲提出的"建成远东地区权威的国际仲裁中心"的发展愿景已然可以宣告实现了,但这样自矜的宣传从未见诸报道。其背后的原因在于深国仲从未追求规模上的排名——虽然这样的排名最吸引眼球,而是一直追求做最干净的仲裁机构。这种理念的契合,也是我从国外回来,能够顺利融入机构的工作环境丝毫不感到违和的地方。

我在国内外接受了7年的法学教育,深知书本上的法律和实际生活中的法律不是一码事,尤其是运送正义的方式在我们国家广袤大地上可能千差万别。我的第一份工作是在新加坡的一家英国与新加坡合营的国际律师事务所做船舶融资交易律师,工作内容高度精细化,一切自有条规,容不得我有任何逾矩之处。除了所内同事和委托人,每日只跟港务局的官员接触,做人和做事氛围都特别简单。而对国内的情形,我没有亲身体会,回国之前做好了心理准备:不突破底线自然是必需的,但如果太不接地气,可能到处碰壁。加入深国仲之后,才发现事实与自己想象的完全不一样——不是心理准备做得太少,而是自己想得太多。深国仲自20世纪80年代成立以来,各辈同事都极其珍视"华南一帜、公明廉威"(陈安教授语)这块招牌,不容得有丝毫的玷污,一直是中国国际仲裁的一块净土。2012年的法定机构立法确立以理事会为核心的法人治理机制就是对"行政干预、地方保护、内部人控制"顾虑的一个机制上的回应和保障。在深国仲的机构基因和文化里,从来不见暗箱操作、上下其手这类因素的身影,始终把当事人对机构的信任奉为圭臬。办案秘书以专业为依托,服务当事人和仲裁庭,从不做"第四仲裁员",也绝不做有损机构声誉的事。

回顾历史,在很多方面,像从1982年筹建时就首倡保密审理案件、尊重仲裁庭的独立性,到旗帜鲜明地提出做"中国最干净的仲裁机构",深国仲都显得有些特立独行,但我认为这正是勇于担当的表现。借物言志,莲花是最能代表深国仲这种追求和精神的"院花","中通外直、不蔓不枝"是对我们正直磊落行事的生动要求。我很庆幸,回到祖国就能来到一家与自己如此契合的机构工作,能够在深国仲这片莲塘里,做一枝亭亭净植的莲花,与大家一起为改革开放的热土映出别样的火红。

荷角尖尖（代跋）

庚子初夏，南海之滨，一个小小的提议萌生于莲花山下，引来穿越40年的回响和远及万里之外的共鸣。为回望40年前中国的经济特区诞生于深圳的最初画卷，追忆中国国际仲裁在特区创新和发展的曲折历程，深圳国际仲裁院发起以"深圳特区40年·我与特区国际仲裁的故事"为主题的访谈和征文活动，一个多月之间众多随笔美文翩翩而至。我们从中精选了125篇编入本文集，权当献给深圳经济特区建立40周年的小小礼物。

礼物虽小，却十分特殊。本书文章从不同角度谈特区、说仲裁，作者和访谈对象的时间跨度、地理跨度和职业跨度之大可能并不多见。既有九十多岁全球知名的老教授，也有二十多岁初出茅庐的大学生；既有特区国际仲裁机构的老一辈创建人和拓荒牛，也有改革开放新时期仲裁院理事会的前任和现任理事；既有中国内地北上广深等中心城市的专业人士，也有港澳台的同行者以及来自世界各地的国际友人；既有仲裁员、调解员和仲裁机构工作人员，也有法官、律师、专家学者和企业高管。

穿越时空，大家汇聚在特区建立40周年的边上，讲述自己与特区国际仲裁的动人故事：从经济特区的筹建到特区仲裁机构的创设，从与港澳合作到走向世界，从规则创新到仲裁办案，从调解成功的开心一刻到曾经遭遇的难忘挫折，从业务协作到机制创新……不同的故事，迥异的风格，却有着共同的背景板：中国改革开放与经济特区建设。

这个夏天，夜色降临之际，常常是编辑部开始共同读稿之时。一次次的共同夜读，一次次被作者感动。91岁高龄的老教授陈安先生，听闻这次活动,欣然接受访谈,并亲自动笔对访谈稿反复修改、润色达八次之多。有的作者,特意赶赴档案馆查询30多年前的案卷材料,确保案情描述精准、无错漏。有的作者,利用整个"五一"假期进行写作,还发动全家人通读稿件,提出文字修改意见。有的作者,为了更全面、更准确地还原当年的场景,赶回仲裁院与大家共忆旧事,忘情地从白天谈至深夜。有很多作者说,这次写随笔比平时撰写学术专著还要认真,因为这个平台是他们践行理想的好地方,在这里大家的关系很纯粹。正如有一位作者说"这里的微笑比较持久,这里的握手比较有力"。从一篇篇娓娓道来的故事中,读者或者可以回望特区建设和中国国际仲裁发展历程中的一幕幕场景,或者可以感受到特区国际仲裁的初心、使命、愿景和价值追求,或者可以体会到作者在特区参与中国国际仲裁创新和发展的一点一滴……

　　从一篇篇的故事,我们能够读出:近40年来,独立、公正和干净,是这里永恒的本色;传承与创新,是这里不变的主题。因为传承,这里不忘初心和使命,这里不缺底蕴和理想;因为创新,这里永葆青春和活力,这里拥有热情和未来。

　　"泉眼无声惜细流,树阴照水爱晴柔。小荷才露尖尖角,早有蜻蜓立上头。"特区国际仲裁事业因应改革开放和特区建设而生,"泉眼无声"而活力无穷,默默耕耘而不求回报。这一脉清泉,蕴藏和涌现的是中国改革开放的深圳力量;这一脉清泉,以其独特的方式讲述着国际仲裁的特区故事。近40年来,在这"半亩方塘"中,"小荷已露尖尖角",为国际商事争议解决的中国方案提供着生动的"深圳实践"。看着那尖尖荷角上翩然而立的红蜻蜓,我们在心里听到了国际仲裁的中国声音,和着那嫩嫩荷叶的淡淡清香,袅袅不绝,绵绵不断。在历史长河中,40年并不算长,特区国际仲裁的实践才刚刚开始。相信会有"接天莲叶无穷碧,映日荷花别样红"的时候,但"荷角尖尖"是这里永恒的青春形象,创新永远在路上。回顾过去是为了更好地展望和创造未来,是为了走好未来的创新和发展之路。2020年,让我们共同再起步,一起再出发。

　　感谢所有为特区国际仲裁事业的成长和发展作出贡献的人。感谢社会各界对"深圳特区40年·我与特区国际仲裁的故事"主题访谈和征文活动的参与以及对本文集的关心和支持。感谢本文集的所有作者和译者,也感谢由于篇幅限制原因而未能入选本文集的众多文章的作者,大家发出的国际仲裁的中国声音,我们都真切地听到了。也感谢每一位知心读者,我们相信,每一位读者也都可能与作者产生心灵的共鸣:这一脉清泉,泉眼无声胜有声。

编　者

(何音等执笔)

2020 年 7 月